●収録内容一覧

■2025年度中学受験用

桐光学園中学校

4年間(＋3年間HP掲載)スーパー過去問

入試問題と解説・解答の収録内容

2024年度　1回	算数・社会・理科・国語　実物解答用紙DL
2024年度　2回	算数・社会・理科・国語　実物解答用紙DL
2023年度　1回	算数・社会・理科・国語　実物解答用紙DL
2023年度　2回	算数・社会・理科・国語　実物解答用紙DL
2022年度　1回	算数・社会・理科・国語　実物解答用紙DL
2022年度　2回	算数・社会・理科・国語　実物解答用紙DL
2021年度　1回	算数・社会・理科・国語
2021年度　2回	算数・社会・理科・国語
2020～2018年度(HP掲載) 「カコ過去問」 (ユーザー名) koe (パスワード) w8ga5a1o	問題・解答用紙・解説解答DL ◇著作権の都合により国語と一部の問題を削除しております。 ◇一部解答のみ（解説なし）となります。 ◇９月下旬までに全校アップロード予定です。 ◇掲載期限以降は予告なく削除される場合があります。

～本書ご利用上の注意～　以下の点について，あらかじめご了承ください。

★別冊解答用紙は巻末にございます。実物解答用紙は，弊社サイトの各校商品情報ページより，一部または全部をダウンロードできます。
★編集の都合上，学校実施のすべての試験を掲載していない場合がございます。
★当問題集のバックナンバーは，弊社には在庫がございません（ネット書店などに一部在庫あり）。

合格を勝ち取るための
『スーパー過去問』の使い方

本書に掲載されている過去問をご覧になって，「難しそう」と感じたかもしれません。でも，多くの受験生が同じように感じているはずです。なぜなら，中学入試で出題される問題は，小学校で習う内容よりも高度なものが多く，たくさんの知識や解き方のコツを身につけることも必要だからです。ですから，初めて本書に取り組むさいには，点数を気にしすぎないようにしましょう。本番でしっかり点数を取れることが大事なのです。

過去問で重要なのは「まちがえること」です。自分の弱点を知るために，過去問に取り組むのです。当然，まちがえた問題をそのままにしておいては意味がありません。

本書には，長年にわたって中学入試にたずさわっているスタッフによるていねいな解説がついています。まちがえた問題はしっかりと解説を読み，できるようになるまで何度も解き直しをしてください。理解できていないと感じた分野については，参考書や資料集などを活用し，改めて整理しておきましょう。

このページも参考にしてみましょう！

◆どの年度から解こうかな　「入試問題と解説・解答の収録内容一覧」

本書のはじめには収録内容が掲載されていますので，収録年度や収録されている入試回などを確認できます。

※著作権上の都合によって掲載できない問題が収録されている場合は，最新年度の問題の前に，ピンク色の紙を差しこんでご案内しています。

◆学校の情報を知ろう!!「学校紹介ページ」

このページのあとに，各学校の基本情報などを掲載しています。問題を解くのに疲れたら息ぬきに読んで，志望校合格への気持ちを新たにし，再び過去問に挑戦してみるのもよいでしょう。なお，最新の情報につきましては，学校のホームページなどでご確認ください。

◆入試に向けてどんな対策をしよう？「出題傾向＆対策」

「学校紹介ページ」に続いて，「出題傾向＆対策」ページがあります。過去にどのような分野の問題が出題され，どのように対策すればよいかをアドバイスしていますので，参考にしてください。

◇別冊「入試問題解答用紙編」

本書の巻末には，ぬき取って使える別冊の解答用紙が収録してあります。解答用紙が非公表の場合などを除き，（注）が記載されたページの指定倍率にしたがって拡大コピーをとれば，実際の入試問題とほぼ同じ解答欄の大きさで，何度でも過去問に取り組むことができます。このように，入試本番に近い条件で練習できるのも，本書の強みです。また，データが公表されている学校は別冊の１ページ目に過去の「入試結果表」を掲載しています。合格に必要な得点の目安として活用してください。

本書がみなさんの志望校合格の助けとなることを，心より願っています。

株式会社　声の教育社　編集部

桐光学園中学校

所在地 〒215-8555 神奈川県川崎市麻生区栗木3-12-1

電　話 044-987-0519（代）

ホームページ http://www.toko.ed.jp

交通案内 小田急多摩線「栗平駅」より徒歩12分，「黒川駅」よりスクールバス5分，京王相模原線「若葉台駅」よりスクールバス15分

くわしい情報はホームページへ

トピックス

★「T&M入試」では，面接時に5～10分間の自己PRを実施します（参考：昨年度）。
★受験料は1回22000円，複数回同時出願の場合は割引制度あり（参考：昨年度）。

創立年 昭和57年

男女 別学

高校募集 あり

応募状況

年度	募集数		応募数	受験数	合格数	倍率
2024	①	男 80名	187名	174名	84名	2.1倍
		女 50名	91名	89名	54名	1.6倍
	②	男 80名	321名	233名	94名	2.5倍
		女 50名	169名	128名	75名	1.7倍
	③	男 60名	A 272名	198名	87名	2.3倍
			B 45名	36名	13名	2.8倍
		女 30名	A 109名	67名	40名	1.7倍
			B 17名	11名	10名	1.1倍
	帰	男若干名	47名	46名	26名	1.8倍
		女若干名	18名	18名	11名	1.6倍

2024年春の主な大学合格実績

＜国公立大学・大学校＞
東京大，京都大，東京工業大，一橋大，東北大，北海道大，筑波大，東京外国語大，横浜国立大，電気通信大，東京農工大，お茶の水女子大，防衛医科大，防衛大，東京都立大，横浜市立大
＜私立大学＞
慶應義塾大，早稲田大，上智大，国際基督教大，東京理科大，明治大，青山学院大，立教大，中央大，法政大，学習院大，昭和大，順天堂大

本校の特色

「男女別学」によって男女それぞれの特質を活かし，高い学力と資質を持った生徒を育成します。理解のプロセスも異なる男女それぞれの発達段階に即し，適切な教科指導を実践しています。校舎は別々ですが，行事などは男女が協力して行います。

入試情報（参考：昨年度）

【帰国生入試】
試験日時：2024年１月５日　８:30集合
試験科目：国語・算数・英語から２科目選択，
　　　　　受験生面接
合格発表：2024年１月６日　HP・掲示
【一般入試】
第１回試験日…2024年２月１日
第２回試験日…2024年２月２日
第３回試験日…2024年２月３日
〔第１回～第３回Ａ共通〕
集合時間：８:30
試験科目：国語・算数・社会・理科
合格発表：入試当日21:00　HP（掲示は翌日）
〔第３回Ｂ〕
集合時間：８:30
試験科目：国語・算数・受験生面接
合格発表：入試当日21:00　HP（掲示は翌日）
＊第３回Ｂ入試は，英語検定３級以上またはそれに準じる英語資格を有することを受験資格とする「英語資格入試」と，小学校時代に各種競技会・コンテスト・資格試験などで努力し続け，本校でさらにそれを伸ばしたいと考えることを受験資格とする「Ｔ＆Ｍ入試」として実施。

編集部注一本書の内容は2024年3月現在のものであり，変更されている場合があります。正確な情報は，学校のホームページ等で必ずご確認ください。

算数 出題傾向＆対策

◆基本データ（2024年度１回）

試験時間／満点	50分／150点
問　題　構　成	・大問数…５題 　計算・応用小問２題（11問） 　／応用問題３題 ・小問数…20問
解　答　形　式	解答のみを記入する形式で，必要な単位などはあらかじめ印刷されている。
実際の問題用紙	Ｂ５サイズ，小冊子形式
実際の解答用紙	Ｂ４サイズ

◆出題傾向と内容

▶過去３年の出題率トップ３
１位：角度・面積・長さ15%　２位：四則計算・逆算13%　３位：辺の比と面積の比・相似11%
▶今年の出題率トップ３
１位：四則計算・逆算16%　２位：辺の比と面積の比・相似９%　３位：角度・面積・長さなど６%

はじめの２つの大問は計算問題と応用小問の集合題となっています。四則計算，逆算，くふうして計算するものなどに続いて，数の性質，場合の数，速さと比，割合と比，食塩水の濃度，角度，長さ，面積，体積，平均算，相当算，過不足算，和差算，つるかめ算，倍数算などが出されています。

３題め以降は応用問題で，各単元の標準レベルの範囲からの出題が大半ですが，なかにはいくつもの単元がからみあった複雑な問題も顔を見せるときがあります。図形問題や数の性質からの出題が目立ちます。

◆対策～合格点を取るには？～

まず，正確で速い計算力を養うことが第一です。計算力は短期間で身につくものではなく，練習を続けることにより，しだいに力がついてくるものなので，毎日，自分で量を決めて，それを確実にこなしていきましょう。

次に，条件を整理し，解答への手順を見通す力を養うようにしましょう。基本例題を中心として，はば広い分野の問題に数多くあたることが好結果を生みます。数列や規則性，速さの問題などは，ある程度数をこなして解き方のパターンをつかむことと，ものごとを筋道立てて考えることが大切です。

分野＼年度		2024		2023		2022	
		1回	2回	1回	2回	1回	2回
計算	四則計算・逆算	●	◎	◎	◎	●	◎
	計算のくふう			○			
	単位の計算		○				
和と差	和差算・分配算						
	消去算		○				
	つるかめ算	○					
	平均とのべ	○		○	○	○	
	過不足算・差集め算					○	○
	集まり			○			
	年齢算						
割合と比	割合と比	○	○			◎	○
	正比例と反比例			○			
	還元算・相当算				○		
	比の性質	○			◎		
	倍数算			○			
	売買損益		○		○		
	濃度		○		○	○	
	仕事算						
	ニュートン算		○	○			
速さ	速さ	○		○		○	○
	旅人算		○		○		
	通過算						
	流水算	○					
	時計算	○					
	速さと比						
図形	角度・面積・長さ		◎	●	●	◎	●
	辺の比と面積の比・相似	○	◎		◎	◎	●
	体積・表面積		○		○	○	○
	水の深さと体積	○					
	展開図						
	構成・分割		○				
	図形・点の移動			○			
表とグラフ		○	○	○			
数の性質	約数と倍数		○	◎		○	○
	N進数						
	約束記号・文字式						
	整数・小数・分数の性質				○		
規則性	植木算						
	周期算						
	数列						○
	方陣算						
	図形と規則						
場合の数		○		○	○		○
調べ・推理・条件の整理		○				○	
その他							

※　○印はその分野の問題が１題，◎印は２題，●印は３題以上出題されたことをしめします。

社会　出題傾向＆対策

◆基本データ（2024年度１回）

試験時間／満点	40分／100点
問題構成	・大問数…３題 ・小問数…20問
解答形式	記号の選択と適語の記入が大半をしめている。ほかに，1～3行程度の記述問題もある。
実際の問題用紙	Ｂ５サイズ，小冊子形式
実際の解答用紙	Ｂ４サイズ

分野		年度	2024 1回	2024 2回	2023 1回	2023 2回	2022 1回	2022 2回
日本の地理		地図の見方		○	○			
		国土・自然・気候	★	○	○			○
		資源						
		農林水産業	○	○	○	★	○	
		工業					○	○
		交通・通信・貿易						
		人口・生活・文化			○		○	
		各地方の特色						
		地理総合		★	★			
世界の地理					○	○	○	
日本の歴史	時代	原始～古代	○	○	○	○	○	○
		中世～近世	○	○	○	○	○	○
		近代～現代	○	○	○	○	○	○
	テーマ	政治・法律史						
		産業・経済史						
		文化・宗教史		★				
		外交・戦争史						
		歴史総合	★	★	★	★	★	★
世界の歴史								
政治		憲法	○				○	
		国会・内閣・裁判所		○	○		○	
		地方自治		○				
		経済			○			
		生活と福祉						
		国際関係・国際政治	○	○		○		
		政治総合	★	★			★	
環境問題				○			○	○
時事問題			○	○	★	○	○	○
世界遺産								★
複数分野総合			★	★		★	★	★

※　原始～古代…平安時代以前，中世～近世…鎌倉時代～江戸時代，近代～現代…明治時代以降

※　★印は大問の中心となる分野をしめします。

◆出題傾向と内容

本校の社会は，あるテーマに沿って，それに関連することがらをはば広く問う総合問題となっています。また，長い文章を読んで答える問題や地図や資料を使った問題が多く見られます。全体的に見て，分野にかかわらずはば広く正確な知識が問われており，さらに思考力を必要とする問題が多く出されていますから，単純に知識を暗記するだけの中途はんぱな学習では，合格点を取るのは難しいでしょう。

●地理…日本の国土・自然・気候，各地域の農林水産業のようす，産業の特色，交通・通信・貿易，人口・生活・文化などの内容が出題されています。

●歴史…１つのテーマについての総合問題が多く見られます。具体的には，人物や地域の歴史をテーマにして，政治・経済・社会に関することがらを問う形式などとなっています。

●政治…時事的なことがらなどをテーマとして，憲法，経済，国際関係，国際組織，条約，環境問題などが出題されています。

◆対策～合格点を取るには？～

設問事項が広範囲にわたっているので，不得意分野をつくらないことが大切です。問題集を解いていて自分の弱点分野が見つかったら，すぐに教科書や参考書に立ち返り，理解できるまで復習することです。

地理分野では，地図とグラフを参照しながら，白地図作業帳を利用して地形と気候をまとめ，そこから産業のようすへと広げていってください。また，地域別だけでなく，農林水産業，工業など分野別にノートにまとめておきましょう。

歴史分野では，教科書や参考書を読むだけでなく，自分で年表を作って覚えると学習効果が上がります。それぞれの分野ごとに記入らんを作り，重要なことがらを書きこんでいくのです。また，資料集などで，史料写真や歴史地図にも親しんでおくとよいでしょう。

政治分野では，日本国憲法の基本的な内容，特に政治のしくみが憲法でどう定められているかを中心に勉強してください。また，時事問題も見られるので，ニュースを確認し，ノートにまとめておきましょう。中学受験用の時事問題集に取り組むのも効果的です。

理科 出題傾向＆対策

◆基本データ(2024年度１回)

試験時間／満点	40分／100点
問題構成	・大問数…４題 ・小問数…23問
解答形式	記号選択(複数選択有)と適語や数値の記入や，作図問題もある。
実際の問題用紙	Ｂ５サイズ，小冊子形式
実際の解答用紙	Ｂ４サイズ

分野＼年度		2024		2023		2022	
		1回	2回	1回	2回	1回	2回
生命	植物		★		○	○	★
	動物	★			○		
	人体			★		★	○
	生物と環境						
	季節と生物						
	生命総合				★		
物質	物質のすがた				○		
	気体の性質	○		○			
	水溶液の性質	★		○	○		
	ものの溶け方				○	★	
	金属の性質						
	ものの燃え方		★				
	物質総合				★		
エネルギー	てこ・滑車・輪軸		★			○	
	ばねののび方						
	ふりこ・物体の運動			★		○	
	浮力と密度・圧力						○
	光の進み方					○	○
	ものの温まり方						
	音の伝わり方				★		
	電気回路	★					
	磁石・電磁石						★
	エネルギー総合						★
地球	地球・月・太陽系	○	○	○			○
	星と星座		○		○		
	風・雲と天候	○	○	○		★	
	気温・地温・湿度						
	流水のはたらき・地層と岩石	○	○	○	○		○
	火山・地震			★	○		
	地球総合	★	★		★		
実験器具						○	
観察							
環境問題						○	
時事問題							
複数分野総合				★		★	★

※　★印は大問の中心となる分野をしめします。

◆出題傾向と内容

本校の理科では，実験・観察・観測をもとにした，正しい理解や思考力を必要とする問題が多く出されています。さらに，年度や試験回によって特定の分野から出題される傾向があります。また，分野別の大問のほかに，小問集合題(観察スケッチの間違いを指摘させるものなど)や，複数の分野を融合した総合問題なども出されており，より総合的な実力がためされるようになっています。

●**生命**…動物のからだや植物のつくり，動物の特ちょうと分類，ヒトのからだのしくみとはたらきなどが出題されています。

●**物質**…物質の反応，水溶液の性質，気体の性質などが取り上げられています。

●**エネルギー**…てこのつり合い，水の圧力，ふりこの運動，電気回路，磁石，音の伝わり方などが出題されています。

●**地球**…太陽の動き，地層，火山，天気，月とわく星の見え方などが出題されています。さらに，環境問題も出されています。

◆対策～合格点を取るには？～

各分野からまんべんなく出題されていますから，基本的な知識をはやいうちに身につけ，そのうえで問題集で演習をくり返しながら実力アップをめざしましょう。

「生命」は，身につけなければならない基本知識の多い分野ですが，楽しみながら確実に学習する心がけが大切です。

「物質」では，気体や水溶液，金属などの性質に重点をおいて学習してください。そのさい，中和反応や濃度など，表やグラフをもとに計算する問題にも積極的に取り組んでください。

「エネルギー」は，かん電池のつなぎ方や方位磁針のふれ方，磁力の強さなどの出題が予想される単元ですから，学習計画から外すことのないようにしましょう。

「地球」では，太陽・月・地球の動き，季節と星座の動き，天気と気温・湿度の変化，地層のでき方などが重要なポイントです。

なお，環境問題や身近な自然現象に日ごろから注意をはらうことや，テレビの科学番組，新聞・雑誌の科学に関する記事，読書などを通じて多くのことを知るのも大切です。

国語 出題傾向＆対策

◆基本データ(2024年度１回)

試験時間／満点	50分／150点
問題構成	・大問数…３題 　文章読解題２題／知識問題１題 ・小問数…21問
解答形式	記号選択のほかに，本文中のことばや自分のことばを使って書く記述問題も見られる。
実際の問題用紙	Ｂ５サイズ，小冊子形式
実際の解答用紙	Ｂ４サイズ

◆出題傾向と内容

▶近年の出典情報(著者名)
説明文：今井むつみ　秋田喜美　市橋伯一
小　説：椰月美智子　安壇美緒　小川洋子
随　筆：荒井裕樹

●読解問題…小説・物語文から１題，説明文・論説文・随筆から１題が出題されています。設問としては，小説・物語文では，場面の把握，状況の読み取り，登場人物の心情やその理由，本文における語句の意味，文章全体の内容理解など，説明文・論説文・随筆では，文脈に関する空らん補充，細部の読み取りに関することがら，筆者の考え，文章の表現の仕方などに加え，会話形式での要旨も出題されています。
●知識問題…漢字の書き取りや，同音の漢字の使い分けに関する問題，語句の意味，慣用句や四字熟語などが出されています。

◆対策～合格点を取るには？～

入試で正しい答えを出せるようにするためには，なるべく多くの読解問題にあたり，出題内容や出題形式に慣れることが大切です。問題集に取り組むさいは，指示語の内容や接続語に注意しながら，文章がどのように展開しているかを読み取るように気をつけましょう。また，答え合わせをした後は，漢字やことばの意味を辞書で調べてまとめるのはもちろん，正解した設問でも解説をしっかり読んで解答の道すじを明らかにし，本番で自信を持って答えられるようにしておきましょう。

知識問題については，分野ごとに短期間に集中して覚えるのが効果的です。ただし，漢字は毎日少しずつ練習するとよいでしょう。

分野＼年度			2024		2023		2022	
			1回	2回	1回	2回	1回	2回
読	文章の種類	説明文・論説文	★	★	★	★		★
		小説・物語・伝記	★	★	★	★	★	★
		随筆・紀行・日記					★	
		会話・戯曲						
		詩						
		短歌・俳句						
解	内容の分類	主題・要旨	○	○	○	○	○	○
		内容理解	○	○	○	○	○	○
		文脈・段落構成			○			
		指示語・接続語		○	○	○	○	
		その他	○	○	○	○	○	○
知	漢字	漢字の読み						
		漢字の書き取り	★	★	★	★	★	★
		部首・画数・筆順						
	語句	語句の意味	○		○	○	○	○
		かなづかい						
		熟語			○			
		慣用句・ことわざ				○		
	文法	文の組み立て						
		品詞・用法						
識		敬語						
	形式・技法							
	文学作品の知識							
	その他							
	知識総合							
表現	作文			○				
	短文記述							
	その他							
放送問題								

※　★印は大問の中心となる分野をしめします。

2024年度 桐光学園中学校

【算　数】〈第１回試験〉（50分）〈満点：150点〉

注意　１．定規・コンパスは使用できません。

２．円周率は3.14とします。

３．比はできるだけ簡単な整数の比で表しなさい。

1　次の□にあてはまる数を求めなさい。

(1)　202.3×2.3＝□

(2)　$0.5-\frac{1}{4}\div\left\{\frac{1}{6}\div\left(\frac{1}{3}-\frac{2}{5}\times\frac{1}{2}\right)\right\}=$□

(3)　$\left(\square-\frac{7}{8}\right)\div\frac{5}{6}+\frac{3}{4}=1.2$

(4)　Aの$1\frac{1}{3}$倍とBの$\frac{4}{7}$倍が等しいとき，AはBの□倍です。

(5)　A君，B君，C君の身長の平均は150cm，D君の身長は154cmです。この４人の身長の平均は□cmです。

2　次の□にあてはまる数を求めなさい。

(1)　落とした高さの$\frac{2}{5}$だけはね上がるボールがあります。□mの高さからこのボールを落としたところ，３回目にはね上がった高さは12.8cmとなります。

(2)　コインを投げて表がでたら持ち点を30点増やし，裏がでたら持ち点から10点減らすゲームをします。最初の持ち点を200点とするとき，コインを15回投げた後に持ち点は410点になりました。コインの表は□回でました。

(3)　Tさんは家と学校を往復するのに，行きは毎時５km，帰りは毎時３kmで歩きました。このとき，Tさんの往復の平均の速さは毎時□kmです。

(4)　時計の長針と短針が重なってから，次にまた重なるのは１時間□分後です。

(5)　下の図は，三角形ABCを面積の等しい５つの三角形に分けたものです。BCの長さが12cmのとき，DEの長さは□cmです。

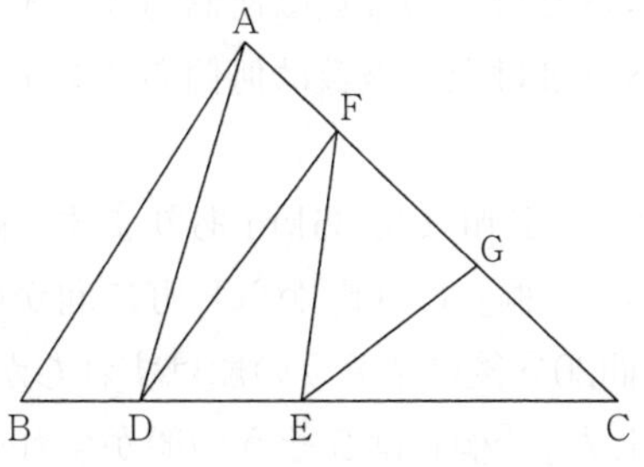

(6)　下の図のように，立方体から立方体を切りとった形をした容器が水平に置いてあります。この容器にいっぱいになるまで水を入れました。入れた水の体積の半分だけ水を捨てると，残った水の深さは底面アから□cm です。

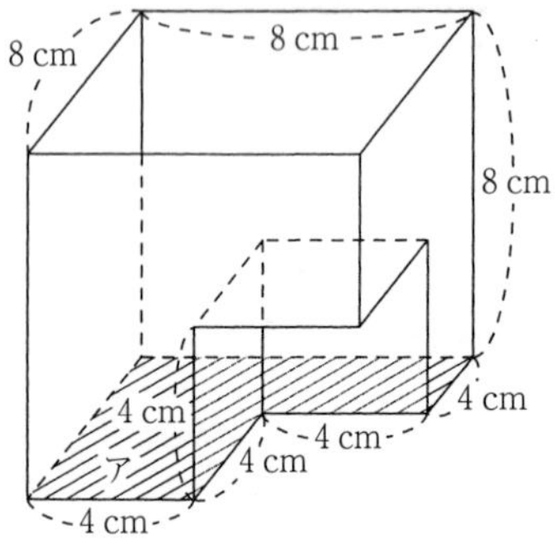

3　35人が横一列に並んで座っています。次のルール［１］，［２］にしたがってみんなが立ち上がったり，座ったりします。

［１］　となりの人が立ち上がってから，１秒後に自分も立ち上がります。ただし，両どなりの人が同時に立ち上がった場合は１秒たっても自分は座ったままでいます。

［２］　立ち上がったら，１秒後に座ります。

最初にまん中の１人が立ち上がりました。そのときを０秒とします。例えば，立ち上がっている人を○，座っている人を×と表すと，０秒後，１秒後にはそれぞれ次のようになります。

０秒　：　×　×　……　×　×　×　○　×　×　×　……　×　×

１秒後：　×　×　……　×　×　○　×　○　×　×　……　×　×

このとき，次の問いに答えなさい。

(1)　２秒後には何人が立ち上がっていますか。

(2)　８秒後には何人が立ち上がっていますか。

(3)　17秒後には何人が立ち上がっていますか。

4　[1]，[6]，[8]，[9]の４枚のカードがあり，カードは上下を気にせずに置くことができます。[1]，[8]は上下を逆にしても[1]，[8]となり，[6]，[9]は上下を逆にするとそれぞれ[9]，[6]となります。例えば，[1]と[6]の２枚のカードを取り出したとき，16，19，61，91の４個の２けたの整数を作ることができます。このとき，次の問いに答えなさい。

(1)　この４枚のカードから１枚を取り出して作ることができる１けたの整数は何個ありますか。

(2)　この４枚のカードから２枚を取り出して作ることができる２けたの整数は何個ありますか。

(3)　この４枚のカードから３枚を取り出して作ることができる３けたの整数は何個ありますか。

5　一定の速さで流れている川にそって川上のＡ町から川下のＢ町まで36km あります。静水時での速さが等しい２そうの船「桐」と「光」があります。「桐」はＡ町からＢ町に向かい，「光」はＢ町からＡ町に向かい同時に出発したところ１時間20分後に２そうの船はすれちがい，すれちがってから１時間40分後に「光」はＡ町に着きました。「桐」は２そうの船がすれちがった直後にエンジンが止まってしまったため，しばらく川に流されましたが，その後エンジンがなおったため，再びもとの速さでＢ町に向かったところ，「光」がＡ町に到着したのと同時に「桐」もＢ町に着きました。図は２そうの船の位置と時間の関係を表しています。このとき，次の問いに答えなさい。

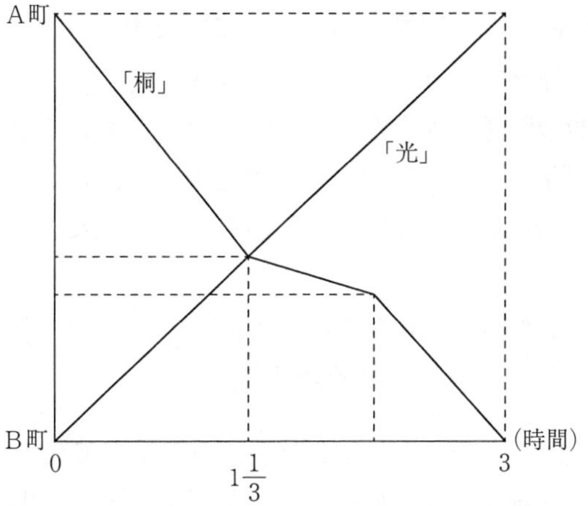

(1)　川の流れの速さは毎時何 km ですか。

(2)　２そうの船がすれちがったのはＡ町から何 km の地点ですか。

(3)　「桐」のエンジンが止まったのは何分間ですか。

【社　会】〈第１回試験〉（40分）〈満点：100点〉

1　次の文章を読んで，後の問いに答えなさい。

　昨年，ア広島でイG7サミットが開催されました。サミットは1975年に［　①　］で第１回が開かれてから，経済力の大きい国々が毎回様々な問題を話し合っています。

　昨年のサミットで取り上げられたテーマは様々であり，国際秩序《ちつじょ》や経済，ウジェンダー，地域情勢などが扱われました。中でも核兵器の問題が大きなテーマとなりました。５月20日には話し合いの成果をまとめた「エG7首脳コミュニケ(声明)」が発表され，ロシアに攻め込まれた［　②　］の支援《しえん》を続けることや核兵器を減らすことの努力の強化などが明記されました。

　このサミットで議長となった岸田文雄首相は会議を主導する一方，［　②　］やオ韓国の大統領との会談もおこないました。サミット終了後には記者会見し，

> 　我々首脳は，「２つの責任」を負っています。一つは，現下の厳しい安全保障環境《かんきょう》の下，国民の安全を守り抜くという厳然たる責任です。同時に，「核兵器のない世界」という理想を見失うことなく，それを追い求め続けるという崇高《すうこう》な責任です。
>
> （首相官邸ホームページより）

と発言し，19日に発表した「カ広島ビジョン」は核兵器のない世界の実現に向けた歴史的なものになったと強調しました。

問１　文中の［①］・［②］にあてはまる国名を答え，その国の位置をそれぞれ地図中から記号で答えなさい。

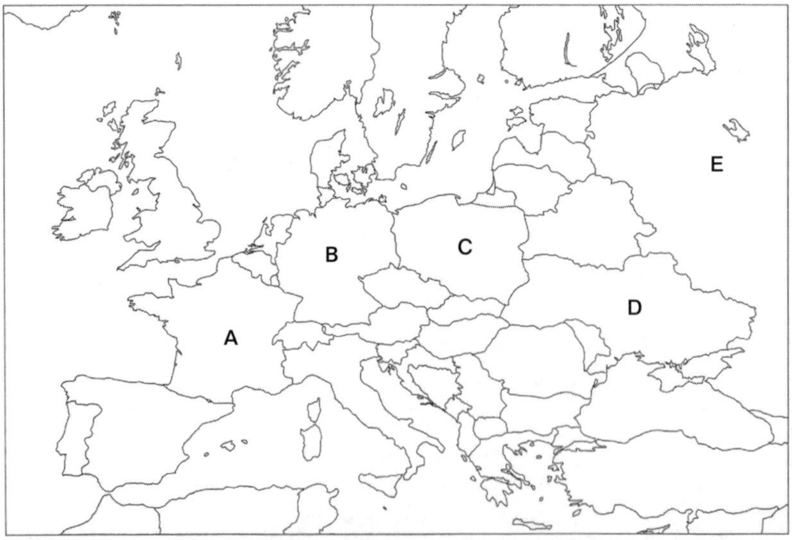

問２　下線部アについて，サミットがおこなわれた広島県に関する説明として正しいものを，次の中から１つ選び，番号で答えなさい。

１．1945年８月９日に原子爆弾が投下された。

２．江戸時代の鎖国期に，出島は日本と西欧を結ぶ唯一の窓口であった。

３．日本三景の１つに数えられる宮島には厳島神社がある。

４．「明治日本の産業革命遺産」として23の遺構が世界遺産に登録されている。

問３　下線部イについて，以下の問いに答えなさい。

(1)　G7サミットとは主要７か国首脳会議のことですが，昨年のサミットに参加した主要７か国の首相や大統領として誤っているものを，次の中から１つ選び，番号で答えなさい。

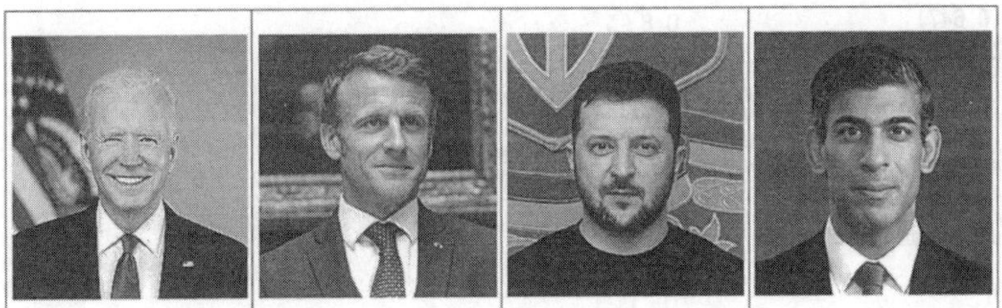

1	2	3	4

(2)　サミットに関する内容として誤っているものを，次の中から１つ選び，番号で答えなさい。

１．サミットにはG7メンバー以外の招待国や国際機関などが参加することもある。

２．日本の岸田首相が議長を務めたが，日本が議長国となったのは今回が初めてである。

３．サミットが生まれた背景として第１次石油危機などがある。

４．G7に加えてロシアが参加していたサミットは，G8と呼ばれていた。

(3)　次の資料は日本と関わりのある国について調べたものである。G7の国を示すものとして誤っているものを，次の中から１つ選び，番号で答えなさい。

	1	2	3	4
人口	約３億人	約14億人	約6733万人	約3825万人
面積	約983万 km^2	約960万 km^2	約24万 km^2	約998万 km^2
日本との関わり	1980年代前半には深刻な貿易摩擦があった。	日本の輸入相手国第１位である。	20世紀初頭に日本と同盟を結んでいた。	日本とともにTPP協定に加わっている。

(4)　(3)で選んだ番号の国名を答えなさい。

問４　下線部ウについて，昨年６月，世界経済フォーラムは男女格差の現状を評価した「グローバルジェンダーギャップレポート」(世界男女格差報告書)の2023年版を発表しました。これについて以下の問いに答えなさい。

(1)　右の資料はジェンダーギャップ指数の上位５か国を示した表です。１位に入る★印の国名を，次の中から１つ選び，番号で答えなさい。

１．アメリカ

２．中華人民共和国

３．アイスランド

４．ブラジル

５．韓国

順位	国名	※値
1	★	0.912
2	ノルウェー	0.879
3	フィンランド	0.863
4	ニュージーランド	0.856
5	スウェーデン	0.815

※値：「０」が完全不平等，「１」が完全平等を示し，数値が小さいほどジェンダーギャップが大きい。

(2)　下のグラフは(1)で答えた国と日本の比較です。このグラフと表から読み取れることとして誤っているものを，下の中から１つ選び，番号で答えなさい。

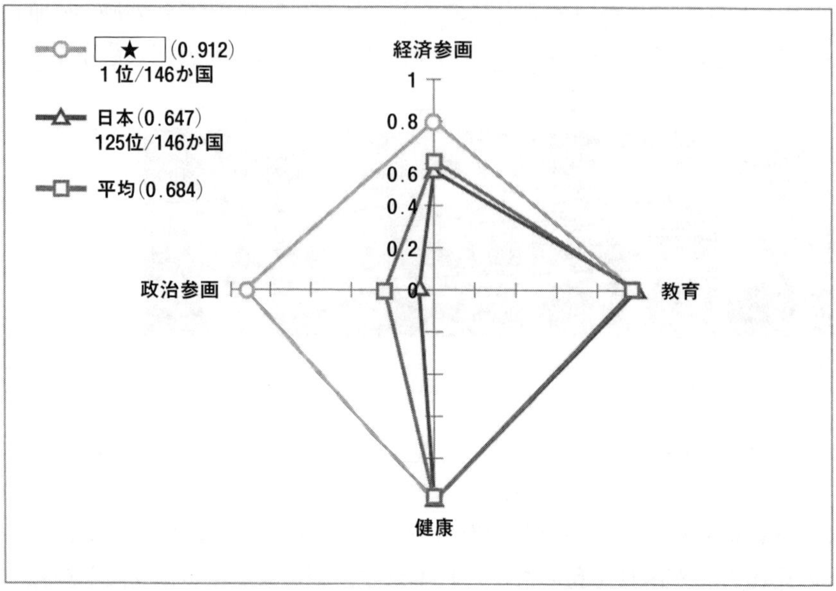

【日本の各項目の内容】

【政治参画】 0.057 (138位) ・国会議員の男女比 0.111 (131位) ・閣僚の男女比 0.091 (128位) ・過去50年間の行政府の長の在任期間の男女比 0.000 (80位)	【教育】 0.997 (47位) ・識字率の男女比 1.000 (１位) ・初等教育就学率の男女比 1.000 (１位) ・中等教育就学率の男女比 1.000 (１位) ・高等教育就学率の男女比 0.976 (105位)
【経済参画】 0.561 (123位) ・労働参加率の男女比 0.759 (81位) ・同一労働における男女の賃金格差 0.621 (75位) ・推定勤労所得の男女比 0.577 (100位) ・管理的職業従事者の男女比 0.148 (133位)	【健康】 0.973 (59位) ・出生時の性比 0.944 (１位) ・健康寿命の男女比 1.039 (69位)

1．日本は過去に女性の首相が一人もいないことが順位を下げている。

2．日本の女性管理職比率は，世界的にみても低い。

3．日本の女性の高等教育就学率が男性より高いことがわかる。

4．日本は健康と教育については他の項目に比べて男女平等に近づいている。

問５　下線部エについて，以下の問いに答えなさい。

(1)　コミュニケの前文において，サミットの取組が「国際連合憲章の尊重及び国際的なパートナーシップに根ざしている」と述べています。国際連合について述べた文として誤っているものを，次の中から１つ選び，番号で答えなさい。

1．第２次世界大戦後に51か国を原加盟国として発足した。

2．日本は1956年に加盟し，常任理事国となった。

3．国際連合の本部はニューヨークにある。

4．国際連合の機関の１つとしてユニセフ(国連児童基金)がある。

(2)　コミュニケでは様々な性のあり方の人々の人権と基本的自由に対するあらゆる侵害を強

く非難しています。昨年，同性婚を認めない法律が違憲であるという名古屋地方裁判所の判決が出ており，判決では憲法14条と24条２項の両方に違反するとしました。次の憲法14条と24条をふまえて，地方裁判所が違憲と判断した根拠として誤っているものを，下の中から１つ選び，番号で答えなさい。

【憲法14条】
すべて国民は，法の下に平等であつて，人種，信条，性別，社会的身分又は門地により，政治的，経済的又は社会的関係において，差別されない。

【憲法24条】
1　婚姻は，両性の合意のみに基いて成立し，夫婦が同等の権利を有することを基本として，相互の協力により，維持されなければならない。
2　配偶者の選択，財産権，相続，住居の選定，離婚並びに婚姻及び家族に関するその他の事項に関しては，法律は，個人の尊厳と両性の本質的平等に立脚して，制定されなければならない。

１．同性カップルを保護する枠組みがないのは，個人の尊厳と両性の平等に基づいて配偶者の選択などに関する法律を制定するよう定めた憲法24条２項に違反する。
２．性的指向を理由に婚姻に対する直接的な制約を課すのは，法の下の平等を定めた憲法14条に違反する。
３．異性愛と同性愛は意思によって選択できないのに，同性愛の人は婚姻による法的な利益を受けられないことは差別的な取り扱いである。
４．憲法24条は憲法制定当時から男女の間での結婚を想定したものではなく，同性カップルの婚姻を明確に認めている。

問６　下線部オについて，日本と韓国（朝鮮）の歴史に関する文として誤っているものを，次の中から１つ選び，番号で答えなさい。
１．江戸時代，朝鮮とは対馬藩を窓口に貿易がおこなわれた。
２．江戸時代には12回にもわたる朝鮮通信使が日本を訪れ，文化の交流もおこなわれた。
３．日露戦争後，段階的に日本は朝鮮半島の支配を強化していった。
４．日清戦争がはじまると，「国民徴用令」により朝鮮から多くの人々が日本に連れてこられた。

問７　下線部カについて，「広島ビジョン」に対して被爆者や国際NGOの一部は批判しています。次の，広島ビジョンと新聞記事を読んで，なぜ被爆者やNGOは「広島ビジョン」を批判しているのか，記事にある波線部の理想と現実の内容を含めて説明しなさい。

【核軍縮に関するG7首脳広島ビジョン】
歴史的な転換期の中，我々G7首脳は，1945年の原子爆弾投下の結果として広島及び長崎の人々が経験したかつてない壊滅《かいめつ》と極めて甚大《じんだい》な非人間的な苦難を長崎と共に想起させる広島に集《つど》った。粛然《しゅくぜん》として来し方を振り返るこの時において，我々は，核軍縮に特に焦点を当てたこの初のG7首脳文書において，全ての者にとっての安全が損なわれない形での核兵器のない世界の実現に向けた我々のコミットメントを再確認する。…（中略）…我々の安全保障政策は，核兵器は，それが存在する限りにおいて，防衛目的のために役割を果たし，侵略を抑止し，並びに戦争及び威圧を防止すべきとの理解に基づいている。

外務省HPより

○広島ビジョン「期待外れ」 ICAN暫定事務局長が批判－G7サミット

国際NGO「核兵器廃絶国際キャンペーン」（ICAN）のダニエル・ホグスタ暫定事務局長は，先進７カ国首脳会議（G7サミット）で19日に発表された核軍縮に向けた声明「G7首脳広島ビジョン」について「新しい内容がなく期待外れ」と厳しく批判した。…（中略）…核保有国と非保有国との「橋渡し役」を掲げる日本に対しては「ある意味，核保有に加担している」と非難。「現状を変えるつもりがあるなら，核兵器禁止条約（TPNW）を支持するのが唯一の論理的な選択だ」と述べ，今年開催予定の第２回締約国会議へのオブザーバー参加を求めた。

2023年５月20日　提供：時事通信社

○理想と現実，広がる溝 「核なき世界」壁高く－広島サミット

被爆地・広島で開かれた先進７カ国首脳会議（G7サミット）は，核軍縮に関する初の独立文書「広島ビジョン」を打ち出して閉幕した。岸田文雄首相は21日の議長記者会見で「歴史的な意義を感じる」と強調。ただ，「核兵器なき世界」という自身の「理想」と，核依存から脱却できない国際社会の「現実」との溝は広がるばかりだ。

2023年５月21日　提供：時事通信社

2　次の文章を読んで，後の問いに答えなさい。

日本の国土は約38万平方キロメートルで，日本列島および沖縄島や択捉島をはじめとする a多くの島々により構成されています。b日本近海には暖流と寒流が流れており，海岸線は約3.5万キロメートルにわたります。周りを海に囲まれているため，当然のことながら海に面している都道府県もある一方，海に面してない県である内陸県もあります。この内陸県は関東地方に［ア］つ，中部地方には［イ］つ，近畿地方には［ウ］つの合計８つあり，［エ］県以外の内陸県はすべて隣り合っています。

問１　文中の［ア］～［エ］にあてはまる語句や数字を答えなさい。

問２　下線部ａについて，国土交通省の特別機関である「国土地理院」は，日本の島の数を一定条件のもと数え直したところ，島の数が増加したと発表しました（2023年２月）。この島の数は1987年に発表された島の数の２倍以上の数字です。2023年２月に発表された島の数はいくつか，正しいものを，次の中から１つ選び，番号で答えなさい。

〈参考データ(2023年２月)〉
東京都　：635島(８位)
神奈川県：　97島(31位)
※　(　)内の順位は島の数を都道府県別に多い方から並べたものです。

１．3,426島　　２．6,852島　　３．8,278島　　４．14,125島

問３　下線部ｂに関して，右の地図を参考に，次の問いに答えなさい。

⑴　地図中のＸ・Ｙそれぞれの海流の名称を答えなさい。

⑵　地図中のＸ・Ｙ海流が流れる海域の広い範囲で水あげされる主な魚介類《ぎょかいるい》の種類として最も正しいものを，次の中から１つずつ選び，番号で答えなさい。

１．ブリ・サバ
２．マグロ・サケ
３．ニシン・タラ
４．カツオ・コイ

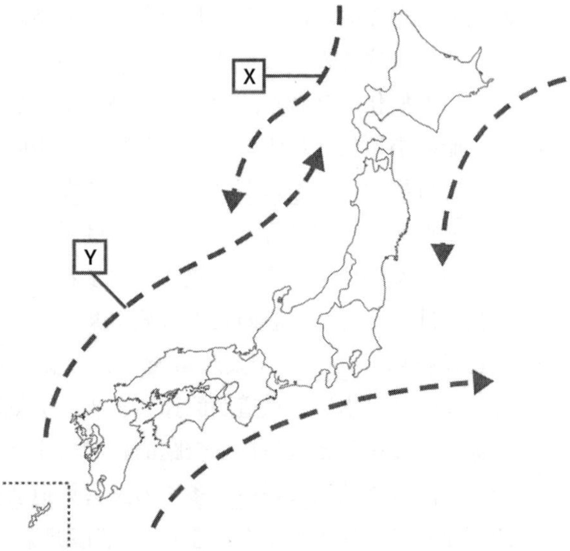

⑶　東北地方の三陸沖は世界的にみても漁獲種の多い優良な漁場となっています。その理由について，沖を流れる海流の名称をあげて，簡潔に説明しなさい。

問４　内陸県のうち，県名と県庁所在地名が異なる県があります。そのうち，中部地方と近畿地方にある県について，その県名と県庁所在地名をそれぞれ答えなさい。

3　次の文章を読んで，後の問いに答えなさい。

現在，日本の陸・海，そして空を様々な「乗り物」が人や物を乗せて移動しています。こうした「乗り物」の日本における歴史を振り返ってみましょう。

まず，人々が最初に作った「乗り物」は舟であるといえるでしょう。ア もともと大陸と地続きであった日本列島が今から約１万２千年前に広く海に囲まれるようになり［　①　］時代が始まりました。このころには１本の木をくりぬいて作った丸木舟を使って漁をするようになりました。舟は漁以外にも物の輸送や人の移動にも使われるようになっていき，その後，形状も「船」と表現されるほどに発達して，イ 日本から中国の王朝に使節が派遣される際も船が利用されました。一方，陸上では古墳時代に騎馬技術が日本に伝わって，農業や運搬・交通の手段としても利用されていましたが，「乗り物」ということではウ 平安時代の貴族たちに流行した「牛車《ぎっしゃ》」が登場します。道路が整備された平安京で「牛車」は乗っている人の権力を表すようになり，４人の娘を天皇家に嫁がせ摂関政治の全盛期をつくった［　②　］などの公家(皇族・貴族)や身分の高い僧侶の乗り物として主に使用されましたが，荷物を運搬するためのものもありました。

エ 武士が活躍する鎌倉時代ごろになると馬や船は軍事で活躍することはもちろんでした

が，経済活動においても重要な役割を果たすようになります。鎌倉時代以降，各地に「市」とよばれる商業地が発達し，それらを結びつける交通路も発展しました。多くの荷物が運べる「船」が活躍すると，オ室町時代ごろには多くの港町が賑《にぎ》わいました。また，内陸に荷物を運ぶには「馬借」とよばれる運送業者が馬を利用して運んでいました。さらに戦国時代には戦国大名たちが軍事利用のため船を大型化させていき，［　③　］が命じた朝鮮出兵の際には，こうした多くの大型船を使って大軍が海を渡っていきました。しかし，江戸時代に入るとカ江戸幕府が大型船の建造を禁止する法令を出したので，大名による船の大型化は終わり，商人たちが「千石船《せんごくぶね》」とよばれるような船を利用して活躍しました。船は小型化されましたが，荷物の運搬の主要手段は船であり，キ海路や大きな河川を使って荷物や人の輸送がさかんにおこなわれ，江戸や大阪が発展しました。また，江戸の名物でもあった大名行列では，大名は馬ではなく「駕籠《かご》」に乗ることが多くなりましたが，一般の人々が使用する「駕籠」も生まれ，現在のタクシーのように使用されました。江戸時代にはこうした一般の人々も旅を楽しむなど多くの文化や娯楽が生まれました。

15代将軍［　④　］が大政奉還をおこない，明治時代になると急速に文明開化が進む中で，ついに日本にも鉄道が開通します。蒸気機関を使って進む機関車は，それまでの陸上交通のスピードと輸送量を飛躍的に伸ばすとともに，だれにでも乗れるものとして画期的で，ク国営の鉄道に続いて多くの民営鉄道会社が設立されました。また，船も蒸気船が主流になって貿易がさかんになり，「殖産興業」を進める日本は国産の生糸や綿糸を輸出し，鉄鉱石などを輸入しました。その後，２度の世界大戦を迎える中で，日本は船だけでなく飛行機の国産化も成功しますが，軍事での利用が優先されました。ちなみに1910年に日本で初めて動力付きの飛行機で空を飛んだ一人は，当時陸軍にいた徳川家の子孫でした。

問１　文中の［①］～［④］にあてはまる語句や人名をそれぞれ答えなさい。

※　［②］～［④］の人名はフルネームで書きなさい。

問２　下線部アについて，日本列島が広く海に囲まれるようになった原因を説明しなさい。

問３　下線部イについて，日本から中国の王朝に渡った人々に関連して述べた文として正しいものを，次の中から１つ選び，番号で答えなさい。

1．邪馬台国の女王卑弥呼は中国の漢王朝に使いを送り，漢の皇帝から「漢委奴国王」の称号を得た。

2．推古天皇の時代に遣隋使として派遣された小野妹子は，隋の皇帝と日本の天皇を対等の立場とする文書を中国に伝えた。

3．聖武天皇の時代に中国にわたった鑑真は，真言宗を日本に伝えたほか，様々な技術を日本に伝えた。

4．日本の平安時代に隋が滅亡したのをきっかけに菅原道真は中国への使節の派遣を中止した。

問４　下線部ウについて，平安時代の貴族の文化について述べた文として正しいものを，次の中から１つ選び，番号で答えなさい。

1．貴族たちは１年のきまった時期におこなわれる儀式や行事である「年中行事」を中心に生活し，こうした「年中行事」のいくつかは現在にも伝わっている。

２．貴族たちは質素な中に畳や障子を取り入れた書院造とよばれる屋敷で生活し，男性は束帯，女性は十二単を正装としていた。

３．平安時代には漢字が正式な文字として使われていたため，紫式部の『源氏物語』や清少納言の『枕草子』もすべて漢字で記されていた。

４．貴族たちの間に仏教が広まり，天武天皇の薬師寺や聖徳太子の法隆寺など多くの大寺院が平安京に建てられた。

問５　下線部エについて，鎌倉時代前後の武士の活躍についての出来事Ⅰ～Ⅲを古い順に並べた時，正しいものを，下の中から１つ選び，番号で答えなさい。

Ⅰ　源義経は一の谷の戦いで騎馬武者をひきいて崖《がけ》を駆《か》け下り，壇ノ浦の戦いでは船を使って戦いに勝利した。

Ⅱ　平清盛が厳島神社を平氏の守り神としてまつり，海上交通の安全をいのった。

Ⅲ　平将門が関東で騎馬武者をひきいて反乱を起こしたころ，瀬戸内海では藤原純友が海賊をひきいて大宰府を襲った。

１．Ⅰ→Ⅱ→Ⅲ　　２．Ⅰ→Ⅲ→Ⅱ

３．Ⅱ→Ⅰ→Ⅲ　　４．Ⅱ→Ⅲ→Ⅰ

５．Ⅲ→Ⅰ→Ⅱ　　６．Ⅲ→Ⅱ→Ⅰ

問６　下線部オについて，室町時代から大いに発展した港町である堺についての出来事Ⅰ～Ⅲを古い順に並べた時，正しいものを，下の中から１つ選び，番号で答えなさい。

Ⅰ　フランシスコ＝ザビエルが堺に上陸し，キリスト教の布教をおこなった。

Ⅱ　織田信長が堺の町を支配下に置き，多くの鉄砲を手に入れ長篠合戦に勝利した。

Ⅲ　堺に生まれた行基が現在の大阪周辺にため池をつくった。

１．Ⅰ→Ⅱ→Ⅲ　　２．Ⅰ→Ⅲ→Ⅱ

３．Ⅱ→Ⅰ→Ⅲ　　４．Ⅱ→Ⅲ→Ⅰ

５．Ⅲ→Ⅰ→Ⅱ　　６．Ⅲ→Ⅱ→Ⅰ

問７　下線部カについて，江戸幕府が大型船の建造を禁止し，商人の船も制限した理由を次の２つの語句を使用して説明しなさい。

キリスト教　　貿易の利益

問８　下線部キに関連して，江戸時代の交通や都市の発展について述べたＡ～Ｄの文のうち，正しい文の組み合わせを，下の中から１つ選び，番号で答えなさい。

Ａ．江戸時代後半に日本海の各地域と江戸を結ぶ航路が開かれると，大阪は経済の中心ではなくなり衰退した。

Ｂ．各地の大名は大阪に蔵屋敷を置いて，年貢米や特産物を船などで運び入れ，商人に買い取らせ売りさばいた。

Ｃ．江戸と主要な都市を結ぶ五街道が整備され，参勤交代の大名が行き来していたが，一般の人々の通行は禁止されていた。

Ｄ．江戸には大名屋敷が置かれ多くの武士が住んでいたが，武士の生活を支える町人の数も増えて，これら武士と町人などで江戸の人口は約100万人に達した。

１．Ａ・Ｃ　　２．Ａ・Ｄ

３．Ｂ・Ｃ　　４．Ｂ・Ｄ

問9　下線部クについて，1907年にはどのような変化があったと考えられるか，下のグラフと年表および注釈(注)をもとに説明しなさい。

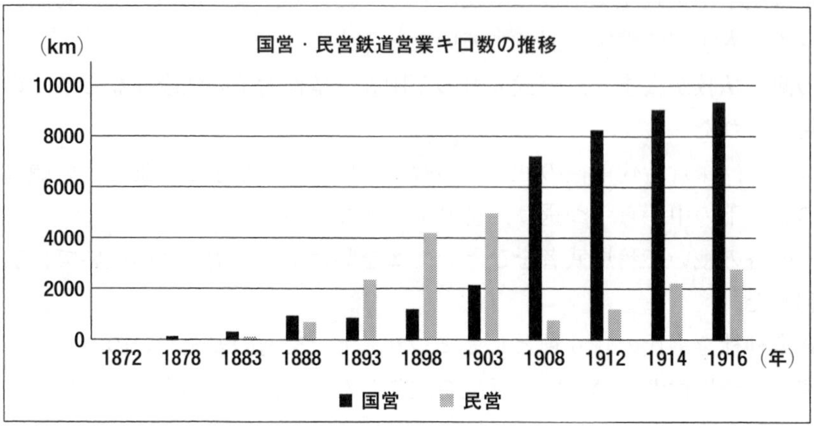

	鉄道に関する出来事
1872年	明治政府が新橋と横浜間に鉄道を初開通
1881年	日本初の民営鉄道会社の日本鉄道会社設立，以後民営鉄道設立ブーム
1895年	日本初の電気による鉄道会社が京都で設立
1906年	(注)鉄道国有法の公布，施行
1914年	東京駅開業，このころ都市部に電気鉄道会社の設立が増加
1920年	それまでの鉄道局や鉄道院から鉄道省に昇格

(注)　鉄道国有法…軍事活動上の秘密保持や経済発展のため，全国の主要17私鉄(民営鉄道)総延長4,800kmを国が買収。なお，1905年末5,231kmの民営鉄道に対し官鉄(国営鉄道)の総延長は2,413kmであった。

【理　科】〈第１回試験〉（40分）〈満点：100点〉

注意　数値を答える場合は，整数または小数で答えなさい。
　　割りきれない場合は，問いの指示に従って四捨五入しなさい。
　　問いに別の指示がある場合は，その指示に従って答えなさい。

1　問いに答えなさい。

〔１〕 太陽の高さが一番高くなるのは，太陽がどの方角にきたときですか。

〔２〕 月の形の変化(新月から次の新月まで)は，約何日でくり返されますか。次のア～カから１つ選び，記号で答えなさい。

ア．15日　　イ．20日　　ウ．25日　　エ．30日　　オ．35日　　カ．40日

〔３〕 大きな力がはたらくことで，地層がずれたところを何といいますか。

〔４〕 くもりの天気図記号をかきなさい。

2　６つのビーカーにうすい塩酸を20cm^3ずつ入れました。それぞれのビーカーには，下の表１のように，うすい水酸化ナトリウム水溶《よう》液の量を変えて加えました。これらの水溶液をＡ～Ｆとします。

〔実験１〕

ガラス棒をつかって，Ａ～Ｆを赤と青のリトマス紙に少量付けて色の変化を調べました。

〔実験２〕

Ａ～Ｆに十分な量のアルミニウムを加えて，発生する気体の体積を調べました。
実験結果は下の〔表１〕に示すとおりになりました。

〔表１〕 実験１と実験２の結果のまとめ

	A	B	C	D	E	F
加えたうすい水酸化ナトリウム水溶液の体積(cm^3)	0	4	8	12	16	20
青色リトマス紙の色	赤	赤	赤	赤	①	青
赤色リトマス紙の色	赤	赤	赤	赤	②	青
アルミニウムを加えて発生した気体の体積(cm^3)	24	18	12	6	0	6

〔１〕 塩酸にBTB溶液を加えると，何色になりますか。次のア～オから１つ選び，記号で答えなさい。

ア．赤色　　イ．黄色　　ウ．緑色　　エ．青色　　オ．無色

〔２〕 表の①と②にあてはまるリトマス紙の色は何色ですか。次のア～オからそれぞれ１つずつ選び，記号で答えなさい。

ア．赤色　　イ．黄色　　ウ．緑色　　エ．青色　　オ．無色

〔３〕 実験に使った塩酸15cm^3に水酸化ナトリウム水溶液を何cm^3加えると中性になりますか。

〔４〕 Ａ～Ｆのうち，どれとどれを混ぜると中性になりますか。ただし，それぞれのビーカーの中の水溶液はすべて使うものとします。

〔５〕 中性になったとき，水分を蒸《じょう》発させると，白い固体が残りました。この固体は何ですか。

〔６〕 アルミニウムを加える前のＡ～Ｆのうち，水分を蒸発させたときに，２種類の固体が残るものを１つ選びなさい。

〔７〕 塩酸とアルミニウムが反応したとき，発生する気体は何ですか。次のア～オから１つ選び，

記号で答えなさい。

ア．二酸化炭素　　イ．酸素　　ウ．水素　　エ．塩素　　オ．ちっ素

〔８〕 Ａ～Ｆを一度沸騰《ふっとう》させてから冷まします。ここにアルミニウムを加えたとき，発生する気体の体積が減ってしまう水溶液はいくつありますか。

〔９〕 ＤとＦにアルミニウムを加えると，どちらも６cm^3の気体が発生しています。次のア～エの文のうち正しいものを１つ選び，記号で答えなさい。

ア．発生する気体もアルミニウムと反応する物質もＤとＦで変わらない。

イ．発生する気体はＤとＦで変わらないが，アルミニウムと反応する物質はＤとＦで異なる。

ウ．発生する気体はＤとＦで異なるが，アルミニウムと反応する物質はＤとＦで変わらない。

エ．発生する気体もアルミニウムと反応する物質もＤとＦで異なる。

〔10〕 実験につかった水酸化ナトリウム水溶液15cm^3に塩酸10cm^3を加えました。この混合水溶液に十分な量のアルミニウムを加えたとき，発生する気体は何cm^3ですか。

3 桐光学園の周辺には，人の手入れによって守られている里山が多くあります。そこにはさまざまな動物が生息しています。

〔１〕 桐光学園周辺でみられるさまざまな動物を，共通の特徴《とくちょう》をもつグループにわけると，下の**Ａ**～**Ｆ**になりました。

A	B	C	D	E	F
チョウ	カナヘビ	タヌキ	カラス	ザリガニ	メダカ
トンボ	トカゲ	ハクビシン	ウグイス	ヌマエビ	ドジョウ
バッタ	ミドリガメ	イタチ	ツバメ	ダンゴムシ	ブルーギル
カブトムシ					

⑴ グループ**Ａ**について，次の①～③に答えなさい。

① グループ**Ａ**のなかまを何といいますか。

② チョウのあしと触角《しょっかく》は体のどこに何本ついていますか。解答欄《らん》の図に，「あし」は実線で，「触角」は点線で書きくわえなさい。

③ グループ**Ａ**の４種類の動物のうち，さなぎから成虫になるものをすべて選びなさい。

⑵ 次の①～④の特徴は，どのグループについての説明ですか。**Ａ**～**Ｆ**からあてはまるものをすべて選び，記号で答えなさい。

① 背骨がない。

② 一生を水の中で生活する。

③ 受精卵が母親の体内の子宮の中で育つ。

④ 外界の温度と体温の関係が，右図の動物(あ)が示すようになっている。

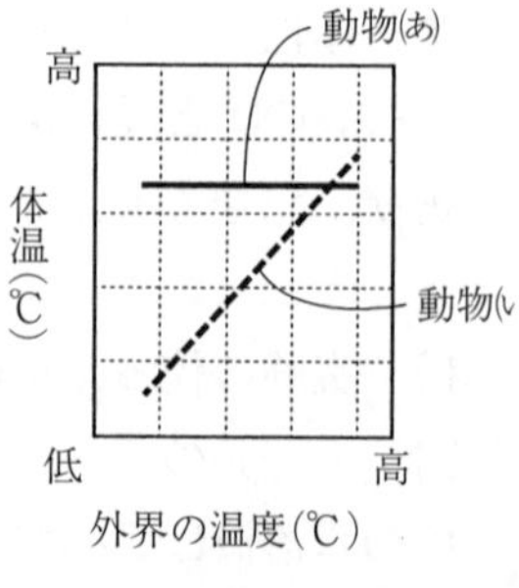

⑶ 桐光学園の周辺にはたくさんのニホンヤモリが生息しています。ヤモリは建物のすき間や天井裏に卵を産み，一生をその周辺で過ごしながら害虫を食べてくれることから，「家守」や「屋守」と言われる縁起《えんぎ》の良い動物とされています。ヤモリは**Ａ**～**Ｆ**のどのグループにあてはまりますか。

〔２〕 桐光学園の裏山では，春にはたくさんのカブトムシの幼虫を見つけることができます。カブトムシの幼虫を飼育《しいく》ケースで飼《か》うときの方法として最も適するものを，下のア～エ，オ～ク，ケ～シからそれぞれ１つずつ選び，記号で答えなさい。

〔えさ〕

ア．バナナやリンゴ　　イ．腐葉土《ふようど》　　ウ．市販《はん》のゼリー　　エ．何もたべない

〔土〕

オ．うすくしきつめる。

カ．飼育ケースの上の方まで厚めに入れる。

キ．うすく入れ，産卵用の木を入れる。

ク．うすく入れ，落ち葉を入れる。

〔水分など〕

ケ．直射日光のあたらない場所に置き，水を入れた容器《ようき》を入れる。

コ．真っ暗であたたかい場所に置いておけば，乾燥《かんそう》していても問題はない。

サ．温度変化の少ない場所に置き，乾燥しないよう霧吹《きりふ》きで水分を与える。

シ．雨が降り込《こ》む場所に置いて木や落ち葉を入れるなど，自然に近い状態に近づける。

〔３〕 桐光学園のビオトープでは，絶滅危惧種《ぜつめつきぐしゅ》であるホトケドジョウを繁殖《はんしょく》させています。ホトケドジョウの生息数を数えるため，次のような方法で調査を行い，結果を得ることができました。(1)，(2)に答えなさい。

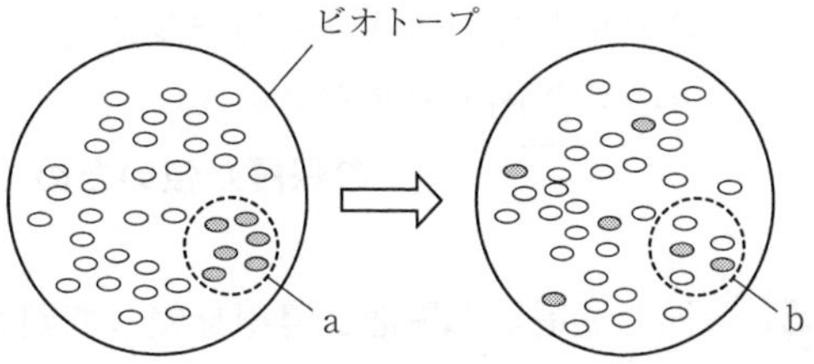

〔方法〕

右図のようにａ匹《ひき》をつかまえ，印をつけ放す。時間をおいてｂ匹つかまえ，その中の印がついたものの割合から生息数を求める。

〔調査結果〕

ビオトープからホトケドジョウを56匹つかまえて，からだに印をつけてからビオトープに放した。１週間後に再び60匹をつかまえ，この中で印のついたホトケドジョウを４匹確認した。

(1) この調査をなるべく正確に行うために必要な条件を，次のア～オから２つ選び，記号で答えなさい。

ア．なるべく大きいメスに印をつけること。

イ．卵がかえる時期に調査をすること。

ウ．印をつけることで死にやすくなったり，つかまえにくくならないこと。

エ．近くの川とこのビオトープの間で，それぞれのホトケドジョウが自由に行き来すること。

オ．印をつけられたホトケドジョウが，印をつける前と同じように自由に泳ぎまわれること。

(2) このビオトープのホトケドジョウは何匹と考えられますか。ただし，答えが割り切れない場合には，小数第１位を四捨五入し，整数で答えなさい。

〔４〕 ハクビシンやブルーギルは外国から持ち込まれた外来生物です。近年，外来生物が在来生物に影響《えいきょう》を及ぼすことがわかってきたため，日本の在来生物を守っていく必要性について考えられています。日本固有の在来生物を，次のア～エから１つ選び，記号で答えなさい。

ア．オオクチバス　　イ．マングース　　ウ．アズマモグラ　　エ．アライグマ

〔５〕 野生の動物は，産まれた子の一部しか親になるまで生き残ることができません。下の表は，ある野生動物について，同時に産まれた卵1000個が時間経過とともに※相対年齢《そうたいねんれい》ごとに生き残っていた数(生存数)を調査した結果です。下の(1)～(3)に答えなさい。

※相対年齢：その動物が寿命《じゅみょう》まで生きたら10，半分まで生きたら５とした場合の年齢。

相対年齢	0 (卵)	1	2	3	4	5	6	7	8	9	10
生存数(匹)	1000	50	25	16	11	8	7	6	5	4	1
死亡率(%)	95.0	50.0	36.0	X	27.3	12.5	14.3	16.7	20.0	75.0	―

(1) 表の死亡率(%)は，その年齢での死亡数の割合を示します。空欄《らん》 X にあてはまる数字を小数第２位を四捨五入して小数第１位まで答えなさい。

(2) 右のグラフはいろいろな動物について，相対年齢とともに，生存数がどのように減少していくかを示したものです。表の動物はグラフ(あ)～(う)のどの型に近いですか。

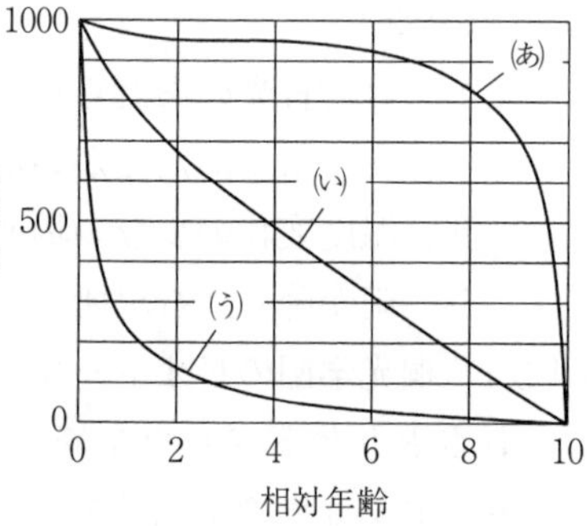

(3) ヒトは(あ)～(う)のどの型に近いですか，またその理由を説明している次の文の空欄に適する語を５文字以上10文字以内で答えなさい。

［　　　　　］の保護《ほご》が強いため。

4 同じ豆電球と電池と導線を使って回路をつくり，実験しました。

〔実験１〕〔図１〕のように回路をつくり，豆電球に流れる電流を調べました。Aの豆電球に流れる電流を１とすると，それぞれの回路において，１個の豆電球に流れる電流は表のようになります。

豆電球に流れる電流は，A・Bの結果のように直列の電池の数に比例し，A・Cの結果のように直列の豆電球の数に反比例するものとします。

〔図１〕

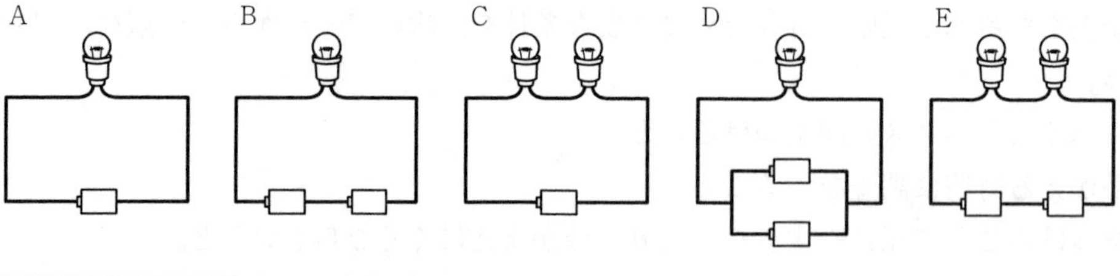

回路	A	B	C	D	E
電流	1	2	$\frac{1}{2}$	(a)	(b)

〔１〕〔図２〕はAの回路図の一部です。点線内の電気図記号のうち，必要なものを用いて回路図を完成させなさい。

〔図２〕

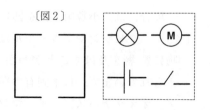

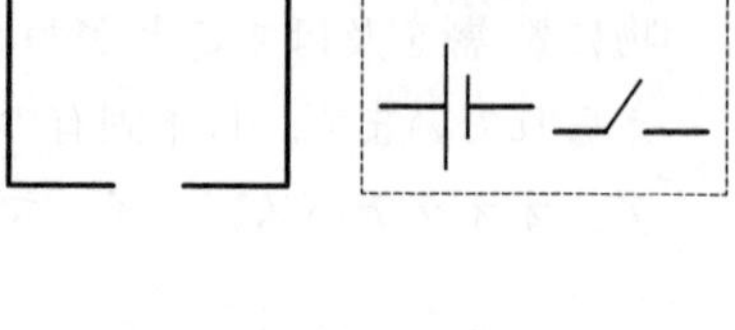

〔２〕 (a)(b)に入る整数または分数を答えなさい。

〔３〕 ２個の豆電球を並列につないで，並列につないだ２個の電池につなぎました。このとき豆電球１個に流れる電流

はＢの何倍ですか。整数または分数で答えなさい。

〔４〕　３個の豆電球を直列につないで，直列につないだ２個の電池につなぎました。このとき豆電球１個に流れる電流はＣの何倍ですか。整数または分数で答えなさい。

〔５〕　３個の豆電球を並列につないで，直列につないだ２個の電池につなぎました。このとき豆電球１個に流れる電流はＡの何倍ですか。整数または分数で答えなさい。

〔６〕　Ａ，Ｂ，Ｄのうち，最も電池が長持ちするものを１つ選び，記号で答えなさい。

〔実験２〕〔図３〕のように，豆電球と電池をつなぎ，導線で㋐・㋑をつなぐと豆電球は光りました。この㋐・㋑を内部の見えない箱(〔図４〕)の１～４につなぎ，〔図１〕のＡに流れる電流を１として，〔図３〕の豆電球に流れる電流を表にまとめました。

〔図３〕

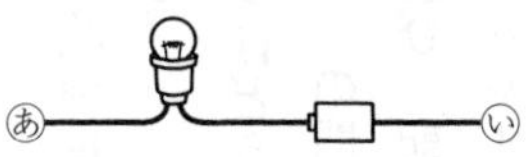

〔図４〕

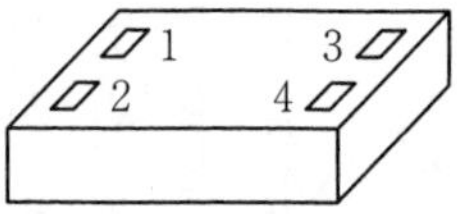

接続方法	電流
㋐と１　㋑と４	$\frac{1}{2}$
㋐と２　㋑と３	流れない
㋐と３　㋑と２	２

〔７〕　箱の中はどのようになっていると考えられますか。次のア～エから１つ選び，記号で答えなさい。ただし，交差している導線はつながっていないものとします。

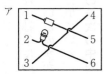

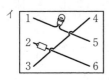

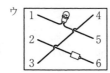

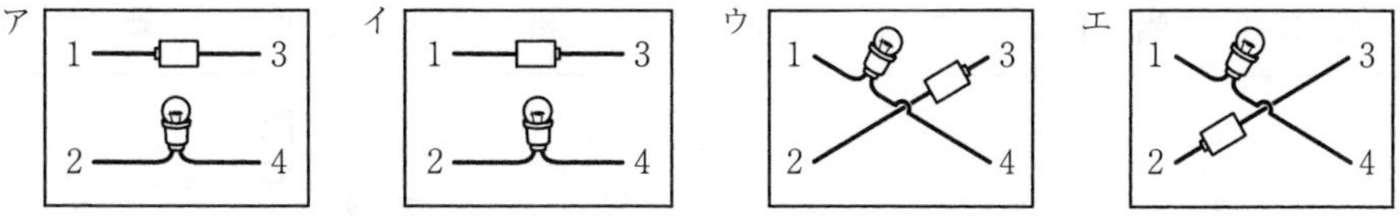

〔実験３〕〔図４〕の箱を〔図５〕の箱に変えて実験したところ，表のようになりました。

〔図５〕

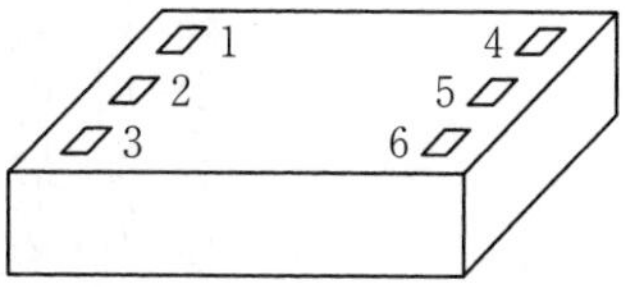

接続方法	電流
㋐と１　㋑と５	$\frac{1}{2}$
㋐と２　㋑と６	２
㋐と３　㋑と４	１

〔８〕　箱の中はどのようになっていると考えられますか。次のア～エから１つ選び，記号で答えなさい。ただし，交差している導線はつながっていないものとします。

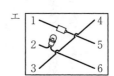

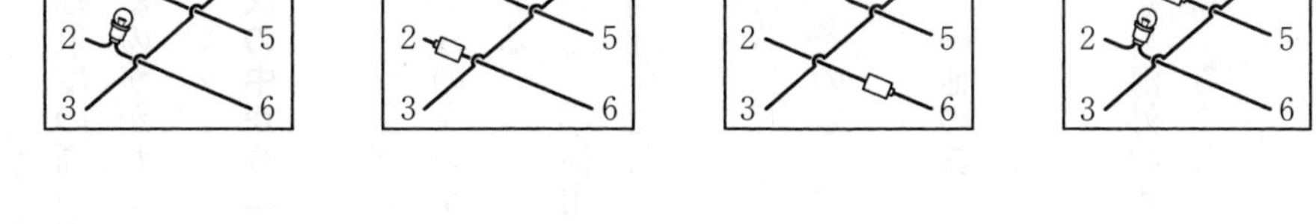

も写実性が必要だと言える。

エ　絵画においては、表現者の主観的感覚がどれだけ表現されているかが重要になる。

(2)　「絵画」と「オノマトペ」の関係性についての説明として最も適当なものを次の中から選び、記号で答えなさい。

ア　絵画もオノマトペも表現者の主観的感覚を抽象的に写し取ったものであると同時に、その対象を認識できる具象性も兼ね備えている点で共通している。

イ　絵画は基本的に鑑賞者の使用言語や文化的背景に関わらず楽しむことが可能だと考えられるが、オノマトペはその言語が通用する範囲のなかでなければ理解されにくい。

ウ　オノマトペがその言語の母語話者にとって直感的に理解できるものであるのと同様に、絵画も作品の文化的背景が共通する鑑賞者にとっては理解しやすいものである。

エ　オノマトペは話者の感覚イメージを写し取る意識によって生み出されるが、絵画は表現者と鑑賞者相互《そうご》のはたらきかけによって成立する。

問六　――線5「アイコンはどうだろうか？」とありますが、「アイコン」と「オノマトペ」の関係性についての説明として最も適当なものを次の中から選び、記号で答えなさい。

ア　アイコンは、わかりやすさを重視した記号であるため万人に通用するものと言えるが、オノマトペは母語話者以外には理解しにくい場合があるため、類似性が少ない。

イ　「表すものと表されるものの間に類似性のある記号」というパースの定義に照らし合わせるならば、オノマトペはアイコンとは言えない。

ウ　写実的な音形によって感覚イメージを写し取っているにもかかわらず、母語話者に対して曖昧にしか意味を伝えることができないオノマトペは、「身体的」アイコンと言えない。

エ　対象を写し取っているとは言えない抽象度の高い表現であるにもかかわらず、それが何を表しているのかがわかりやすいという点で、アイコンとオノマトペは似ている。

問七　本文の特徴の説明として適当なものを次の中から二つ選び、それぞれ記号で答えなさい。

ア　読みやすい文体を用いたり、多様なオノマトペを登場させたりすることで、読者にはあまり聞きなじみのないオノマトペへの抵抗感を極力少なくする配慮《はいりょ》をしている。

イ　オノマトペという感覚的な言語について、学術用語を用いて考察することで、一見遠く感じられる言語学と日常の言語体験とを結びつけている。

ウ　オノマトペの代表的な定義の曖昧さに着目し、具体的な事例を列挙しながら特徴を整理することで、その定義の否定を試みている。

エ　オノマトペの定義を共有した上で、その他の言語表現などと比較して共通点や相違点を明らかにしていくことで、徐々《じょじょ》にオノマトペの特徴を導き出している。

オ　文章のはじめに持論を提示し、そこから海外のオノマトペの事例を用いたり、新たな問いを立てたりすることで、持論に深さと確かさを与えている。

る。日本語の母語話者であれば、「ニャー」というオノマトペはネコの声に似ていると感じる。音以外を表すオノマトペであっても、たとえば「ピカピカ」という音連続と明るい点滅は似ている気がするし、「ぶらり」という音形も気軽なお出かけにいかにも似合っているように感じられる。しかし、よくよく考えてみると、この「似ている」という感覚は、それ自体どこか曖昧《あいまい》で興味深い存在である。いずれにしても、音形が感覚にアイコン的につながっているという点で、オノマトペは「身体的」である。

（今井《いまい》むつみ・秋田喜美《あきたきみ》『言語の本質』中央公論新社より）

※1　母語話者…「母語」は「幼いころに習得する言語」、「母語話者」は「母語を話す人全体」を指す。

※2　媒体…メディアのこと。

問一　――線a・bについて、次の問いに答えなさい。

a　「しっくり」の意味として最も適当なものを次の中から選び、記号で答えなさい。

ア　気持がよいほどはっきり筋道が通っているさま。

イ　違和感がなくなにも感じないさま。

ウ　慣れ親しんでいて落ち着くさま。

エ　曖昧で不快に思うさま。

b　「具象的な」と意味が近い言葉として最も適当なものを次の中から選び、記号で答えなさい。

ア　写実的な　　イ　抽象的な

ウ　主観的な　　エ　感覚的な

問二　――線1「オノマトペは～と言えるかもしれない」とありますが、筆者がこのように判断する根拠として適当でないものを次の中から一つ選び、記号で答えなさい。

ア　形容詞は感覚特徴を表すことが多い。

イ　動詞や名詞に比較して、オノマトペは身体感覚や心的経験と関連するものが少ない。

ウ　感覚的でない意味を表すオノマトペは想像しがたい。

エ　形容詞は「正しい」「愛おしい」「迷惑な」といった語で感覚的でない意味を表せる。

問三　――線2「次の五つの問題に答えてみてほしい」について、次の(1)・(2)の問いに答えなさい。

(1)　[A]～[E]に入るものを次の中からそれぞれ選び、記号で答えなさい。

ア　きらめく様子　　イ　土、水、火などに差し込む様子

ウ　めまい　　エ　痩《や》せこけた様子

オ　重いものが落ちた音

(2)　この「問題」を通して筆者が言いたかったことは何ですか。四十五字以内で説明しなさい。

問四　――線3「『感覚を写し取る』～どういうことなのか」とありますが、筆者は「感覚」をどのようなものであると定義していますか。文中から二十二字でさがし、はじめの五字を抜き出しなさい。

問五　――線4「絵画はどうだろう」について、次の(1)・(2)の問いに答えなさい。

(1)　「絵画」について説明したものとして適当でないものを次の中から一つ選び、記号で答えなさい。

ア　絵画において表現者の感覚の表現は、抽象度によって差が生まれる。

イ　具象度の高い絵画は理解されやすいが、抽象度の高い絵画は理解されない場合がある。

ウ　対象を写し取るという点から言えば、写真と同様に、絵画

まさに感覚経験を写し取っているように感じられる。ところが、非母語話者には必ずしもわかりやすいとは限らない。実際、日本語のオノマトペは、外国人留学生《りゅうがくせい》が日本語を学ぶ際の頭痛のタネになっている。「髪の毛のサラサラとツルツルはどう違うの？　全然わからない！」と彼らは言う。

　感覚を写し取っているはずなのに、なぜ非母語話者には理解が難しいのか。3「感覚を写し取る」というのはそもそもどういうことなのか。この問題は、オノマトペの性質を理解する上でとても重要である。同時にこれは、オノマトペの問題にとどまらず、アートをはじめとしたすべての表現※2媒体《ばいたい》において問われる深い問いなのである。

　オノマトペが感覚イメージを写し取ることについて、もう少し深く考えてみよう。対象を写し取るものとしてもっとも直接的で写実的なのは動画や写真だろう。しかし「感覚」は、外界にあるものではなく、表現者に内在するものである。

　4絵画はどうだろう。写真ほど忠実ではないが、やはり対象を写し取っていると言ってよいだろう。しかし、絵画で大事なのは、表現者の「感覚の表現」であり、多かれ少なかれ絵画の中に見えるものは、表現者の「主観的感覚」である。したがって絵画は、その抽象度において大きな差が生まれる。非常に細密に対象を切り取ったb具象的な絵画は、その対象が誰にでもよくわかる（もちろん、それだけではアートにはならず、どんなに具体的に描かれた対象でも、そこに表現者の「感覚」が表現されてはじめて「アート」であると言える）。他方、抽象絵画は表現者の内的な感覚の表現に重点が置かれ、特定の対象が同定できないこともよくある。

　オノマトペは絵画のように「感覚イメージを写し取る」のであろうか？　オノマトペは、少なくとも当該《とうがい》言語の母語話者はそれぞれ意味を直感的に共有できるので、絵画でいうと、具体的な対象が同定できない抽象絵画よりは、具象絵画に近いだろう。ただし、絵画は原則、鑑賞者の使う言語や文化に関係なく受け止められることを前提としているが、オノマトペは特定の言語の枠組みの中で理解される。

　5アイコンはどうだろうか？　そう、コンピュータ画面でアプリやゴミ箱を示したり、街中でトイレや交番などの場所を示したり、メールやSNSなどのデジタルコミュニケーションで感情を伝えたりするための、アレである。

　アイコンは、アート性よりは、わかりやすさを重視した記号と言ってよいだろう。ちなみに「アイコン」の語源はギリシア語の「エイコーン eikōn」（ラテン語では「イコン icon」）で、〈偶像《ぐうぞう》、崇拝《すうはい》の対象となる像、象徴〉というような意味を持つ。「感覚イメージを写し取る」という観点からアイコンが興味深いのは、かなり抽象化しているのに、対象がわかりやすい点である。「☺」「(^ ^)」のような絵文字・顔文字（emoticon）も、かなりデフォルメされているにもかかわらず、笑顔であることが一目瞭然《いちもくりょうぜん》である。

　実は、オノマトペが注目されている大きな理由は、まさにこの「アイコン性 iconicity」にある。アメリカの哲学者チャールズ・サンダース・パースは、「アイコン」ということばを「性質から対象を指示する記号」という特別な意味で用いた。噛《か》み砕《くだ》くと、「表すものと表されるものの間に類似《るいじ》性のある記号」のことである。絵や絵文字は、それらを構成する点や線の組み合わせが対象物に似ているので、パースの意味でも「アイコン」である。ジェスチャーの多くもアイコンである。ステーキを食べるジェスチャーは、実際にナイフとフォークを持っていなくとも、ステーキを食べる動作に似ている。

　この定義によれば、オノマトペはまさに「アイコン」である。表すもの（音形）と表されるもの（感覚イメージ）に類似性があると感じられ

一方で、感覚と強く関わる動詞というと、「聞く」「見る」「感じる」「味わう」「嗅《か》ぐ」あたりである。名詞なら、「音」「外見」「手触り」「味」「匂《にお》い」などであろうか。「走る」「食べる」「吠《ほ》える」「知る」などの動詞は、五感のどれに関わるかというよりも、どんな出来事かを軸《じく》にしたことばである。「ネコ」「空気」「夢」「昨日」などの名詞も、どの感覚のことばかというよりは、対象がどんなものかに関心を持つことばである。

では、オノマトペはどうだろう？　いわゆる擬音《ぎおん》語は、「ニャー」「パリーン」「カチャカチャ」のように聴覚情報を中心に表す。擬態語の中には、「ザラザラ」「ヌルッ」「チクリ」のように触覚情報を表していると思えるものもあれば、「スラリ」「ウネウネ」「ピョン」のように視覚情報に注目しているものもある。さらに、擬情語と呼ばれるオノマトペは、「ゾクッ」「ドキドキ」「ガッカリ」のように第六感とでもいうべき身体感覚や心的経験を表す。

多くの形容詞と同様、オノマトペは感覚のことばなのである。このことは、感覚的でない意味を表すオノマトペが想像しがたいことからもわかる。たとえば、「正義」「愛」「迷惑」といった名詞は特定の感覚によらない意味を表す。一方、これらの意味を表すオノマトペというのは、日本語でも他言語でもなかなか見つからない。これらの概念《がいねん》は、音で真似《まね》るには抽象的すぎるのであろう。形容詞ならば、「正しい」「愛《いと》おしい」「迷惑《めいわく》な」のような語でこれらの概念を表すことができる。その意味で、1オノマトペは形容詞よりもさらに感覚を中心に据《す》えたことばと言えるかもしれない。

先の定義によると、オノマトペは感覚イメージを「写し取る」ことばだという。しかし、ことばで「写し取る」とはどういうことなのだろうか？　このことを考える糸口として、オノマトペが万国共通に理解されるものなのかという問題から始めたい。写真やコピー機のようにイメージを写し取ってことばにするのなら、どの言語のオノマトペでも似通《にかよ》っているのではないだろうか。もしそうなら、知らない言語のオノマトペでも、意味がある程度予想できそうである。

2次の五つの問題に答えてみてほしい。いずれも外国語のオノマトペに関する問題である。

①インドネシアのカンベラ語で「ンブトゥ」は物体が移動した際に立てる音を表す。どんな物体のどのような方向の移動だろうか？
②南米のパスタサ・ケチュア語で「リン」は物体を移動させる様子を表す。どんな場所にどんなふうに移動させる様子だろうか？
③中央アフリカのバヤ語で「ゲンゲレンゲ」はひとの身体的特徴を表す。どんな特徴だろうか？
④南アフリカのツワナ語で「ニェディ」は物体の視覚的な様子を表す。どんな様子だろうか？
⑤韓国語で「オジルオジル」はある症《しょう》状《じょう》を表す。どんな症状だろうか？

答えは以下のとおり。①「ンブトゥ」は［A］、②「リン」は［B］、③「ゲンゲレンゲ」は［C］、④「ニェディ」は［D］、⑤「オジルオジル」は［E］。日本語ならそれぞれ、①「ボトッ／ドサッ」、②「スッ」、③「ゲッソリ」、④「キラキラ」、⑤「クラクラ」あたりが対応しそうである。とはいえ、②については、「スッ」は差し込む動きに限らないため、日本語は「リン」にちょうど対応するオノマトペがないということになろう。さて、読者のみなさんは何問正解できたろうか。

一般に、オノマトペはその言語の※1母語話者にはａしっくりくる。

が許されるのは大人の特権なのかと少し皮肉に思っている自分を見出し、複雑な思いを抱いている。

イ　フェンスを乗り越えて向こう側に降り立つことまでした父の大胆《だいたん》さを思うにつけ、自分にはそういうことはできないだろうと思う一方で、そうした存在感の大きな父になお憧れている自分に改めて気づいている。

ウ　今日の悔しさは忘れられそうにないので、これまで自分の競争相手だった父の包容力《ほうようりょく》の大きさを認め、これからの自分の人生において、事あるごとに父を手本として自信を持って生きていこうと、固く誓《ちか》っている。

エ　年配の女性に反論できなかった情《なさ》けなさを反省し、父の決断力には決して及ばないながらも、父がフェンスを越えたことを見習って自分も行動力を発揮《はっき》し、周囲に認めさせながら生きてゆきたいものだと、気持ちを新たにしている。

問九　――線７「四人で広がって～と言った」とありますが、これについて述べたものとして最も適当なものを次の中から選び、記号で答えなさい。

ア　年配の女性にしつこく注意されて何やら落ち込んでしまった表情の「るり姉」を察して、「さつき」が子どもの中での年長者として他の話題を探して元気づけようと、精一杯《せいいっぱい》気を遣《つか》っている様子が感じられる描写である。

イ　自分の世界に入り込んでしまった様子の「るり姉」を何とか励まそうと、泣きたいのをこらえて算数の話題を振る「さつき」の健気《けなげ》さが伝わるという、血縁者同士の思いやりが際立《きわだ》つ、美談としての結末である。

ウ　知らない大人に叱られたことを忘れようとして算数に没頭《ぼっとう》する子どもたちのしたたかさと、それに適切に応《こた》えるであろう「るり子」の気持ちの切り替えが予想されるという、読者の想像をかき立てる工夫がなされている。

エ　子どもたちからは、自分たちのいつもの調子を取り戻して家《いえ》路《じ》につく様子が感じられる一方で、今日の出来事を通した「るり子」の変化に読者の意識が向けられるという、余韻《よいん》が残る終わり方である。

三　**次の文章を読んで、後の問いに答えなさい。**

現在、世界のオノマトペを大まかに捉《とら》える定義としては、オランダの言語学者マーク・ディンゲマンセによる以下の定義が広く受け入れられている。

オノマトペ：感覚イメージを写し取る、特徴《とくちょう》的な形式を持ち、新たに作り出せる語

かなり抽象《ちゅうしょう》的な定義である。「特徴的な形式を持つ」という点は、オノマトペに重複形が多いことから納得できそうである。「新たに作り出せる」という点も、「ジュージャー」のような例から明らかだろう。では、「感覚イメージ」を「写し取る」とはどのようなことを意味するのだろうか?

まず、オノマトペは感覚を表すことばかどうかを考えよう。一般に、「感覚を表す」ことばとして真っ先に挙げられるのは形容詞である。日本語の形容動詞も含む。「うるさい」「静かな」「甲高《かんだか》い」は聴覚、「大きい」「鮮《あざ》やかな」「赤い」は視覚、「滑《なめ》らかな」「熱い」「重い」は触覚、「酸《す》っぱい」「甘い」「しょっぱい」は味覚、「くさい」「芳《こう》ばしい」は嗅覚《きゅうかく》といった具合に、形容詞の多くは感覚特徴を表す。

問四　――線２「ゆっくりと女に～向き直った」とありますが、「るり子」のこの様子の説明として適当でないものを次の中から一つ選び、記号で答えなさい。

ア　自分が冷静であることを、子どもたちに感じ取ってもらいたいと考えている。

イ　年配の女性からさらに厳しく叱られるに違いないと、内心では緊張している。

ウ　失礼のない謝り方をしたので、この件についてはもう十分だろうと思っている。

エ　子どもたちの意識を、年配の女性から別な方へ向かわせようとしている。

問五　――線３「るり子は、無性《むしょう》に腹が立ってきた」とありますが、その理由として最も適当なものを次の中から選び、記号で答えなさい。

ア　こうした経験が子どもたちに悪い影響を及ぼすことへの心配以上に、結局は言い負かされてしまった自分の無力さを認めるしかなかったから。

イ　自分の表情も見ずに話し続ける相手に不気味さを感じた以上に、子どもの無邪気さが奪《うば》われてしまったことへの取り返しのなさに気づいたから。

ウ　整った住まいに似合わず汚い言葉を使ったことだけでなく、そのことによって子どもの手の動きまでも封じてしまった女性に対する強い反感を覚えたから。

エ　この件が子どもたちの心に傷を残してしまいかねないことへの強い反発と、一方では迷いが生じて女性にうまく対応し切れなかった自分への悔《くや》しさもあったから。

問六　――線５「るり子は大げさに～川を覗きこんだ」とありますが、その理由について、わかりやすく説明しなさい。

問七　――線Ａ「川と海は違うもの～おかしなものだ、と」・Ｂ「川と海の境～境かということについて」・Ｃ「るり子は、川と海の境～ぼんやりと思っていた」とありますが、これらの表現から読み取れることとして最も適当なものを次の中から選び、記号で答えなさい。

ア　川と海とはそれぞれ別のもので、境目もはっきりあるとかつては理解していたものの、今では、川も海も境目のない同じものだということを知ることができ、海の懐《ふところ》の深さと雄大さを思いつつ、新たな魅力に心地よく浸《ひた》っている。

イ　川と海とはやがて一つにつながると幼いころに教わったことをなんとなく思い返し、この川べりに生きていた人々も、亡《な》くなるとその魂《たましい》は別世界としての海に流れ着いて一つになってゆくに違いないと、しみじみと感じ入っている。

ウ　境目を越えて川は海とつながるが、動き続ける川と動かない海とが一つになるその不思議さを覚えるにつけ、日常の様々な経験が今の自分につながっていることを思い、川が海に流れつくと言った父の言葉の意味を感じ始めている。

エ　川はやがて海に流れつくことで境目が消えて一つになるとの教えを思い出したことで、この世とあの世の境目を飛び越して、自分も亡き人の心とつながることができたと確信し、励《はげ》まされ強くなれるような気持ちになっている。

問八　――線６「父はいつも正しかった」とありますが、そのように振り返る「るり子」の説明として最も適当なものを次の中から選び、記号で答えなさい。

ア　今日のように我慢を強いられるのはまだ大人《おとな》になりきれていないからだとは思いたくないけれども、父のような自由な行動

かで切ったらしく、すねから血が出ていた。
　るり子は、目を凝《こ》らしてカニを探してみた。でももちろんいなかった。あの当時でさえ、カニなんてすごくめずらしかった。
「おじいちゃんのこと覚えてる?」
　るり子は、さつきにきいてみた。
「うん、ちょっとだけ覚えてる」
　横からみやこが「あたし、あんまし覚えてなあい」と勝ち誇《ほこ》ったように言う。父が肺《はい》がんで死んだのは三年前だ。Cるり子は、川と海の境のことを考えていた。川が海に流れつくことをぼんやりと思っていた。
「海は大きな水たまりなんだ」
と、父は教えてくれた。6父はいつも正しかった。
　今、るり子ははじめて、男に生まれたかった、と強く思った。そうしたら、わたしはお父さんの息子になれたし、誰かの父親になれたはずだった。そして、すずめたちに景気よくえさを撒けたかもしれない。
　7四人で広がって手をつなぐ帰り道、さつきが「二百四十グラムに六十グラム足せば、三百グラムになるよね」と言った。

（椰月美智子《やづきみちこ》『るり姉』所収「川」双葉社より）

問一　**Ⅰ**～**Ⅳ**に入る言葉として最も適当なものを次の中からそれぞれ選び、記号で答えなさい。（ただし、同じ記号を二度使ってはいけません。）

ア　きちっ　イ　じっ　ウ　びくっ
エ　ずっ　オ　ぞくっ

問二　――線a「金切《かなき》り声」・b「にわかに」とありますが、本文における意味として最も適当なものを後の中からそれぞれ選び、記号で答えなさい。

a　金切り声
ア　金属がつぶれるような耳障《みみざわ》りな声
イ　張《は》りつめて余裕を失った声
ウ　助けを求めるようなふりしぼる声
エ　高く張り上げた鋭い声

b　にわかに
ア　いきなり　イ　ゆっくり
ウ　しっかり　エ　はっきり

問三　――線1「息を吐《は》き出して」・4「言う前に深く息を吸った」とありますが、こうした「息」に関する描写を通して読み取れるそれぞれの「るり子」の様子の説明として最も適当なものを次の中から選び、記号で答えなさい。

ア　1は、日頃《ひごろ》から自分に自信が持てず、今も恐ろしい考えを抱いたことに深く落ち込んでいるのに対し、4は、見張り続けている年配の女性を納得させる言い方を、内心不安になりながらも探り出そうとしている様子。
イ　1は、子どもたちと接するのはやはり不慣れであることを実感し、嘆いているのに対し、4は、こんなにも自分たちの心に負担をかけた年配の女性への当てつけに、いやみな言葉を聞かせてやろうと勢い込んでいる様子。
ウ　1は、今自分だけが守ることのできる幼い命の存在を改めて実感し、自らを落ち着かせようとしているのに対し、4は、子どもたちの意識を完全に切り替えさせるために、可能な限り冷静になろうとしている様子。
エ　1は、子どもの重みに耐え切れず一方的に下ろした自分をうまくごまかそうとしているのに対し、4は、極度の緊張から逃れて自分を取り戻すべく、子どもことばを巧みに使って彼らの仲間に入り込もうとしている様子。

のぜんぶ、さっきのすずめたちが食べてしまった。

「迷惑《めいわく》なのよ。いい加減にしてちょうだい」

こういう場合どうしたらいいんだろう。子どもたちがいなかったら言い返してやるところだけど、もう一度ここで謝ったほうがいいのだろうか。でもひたすら謝るっていうのも、子どもたちの教育っていうか、気持ちに、よくない影響を与えそうな気がする。だって、ここまでうるさく言われるほど、悪いことはしてないはずだ。

るり子は、女の顔を［Ⅳ］と見た。あと一言でもなにか言ってきたら、きちんと筋《すじ》の通った話をしようと決めた。

老年期後期にさしかかろうとしている女は、るり子を見ていたけど、その目はどこも見ていないし、なにも見えていないような感じだった。女は、「気を付けてちょうだいよ！」と、日頃あまり耳にしないような声の調子で言って、そのまま新築であろう家のなかに入っていった。三人の娘たちのちいさな手は、その間じゅう止まっていた。

なんだかひどいことになってしまった。こういうことって、子どもは一生忘れないものだ。3るり子は、無性《むしょう》に腹が立ってきた。

みやこがるり子のスカートを引っ張って、にっと白い歯を見せた。そして、遠くでちょこちょこと歩いている一羽のすずめに向かってパンの耳を投げた。何羽かのすずめがすばやくえさに寄ってきた。

るり子はおどけて微笑《ほほえ》んでから、シッ、とすずめを追い払い、子どもたちに向かって、はっきりとした大きな声で言った。4言う前に深く息を吸った。

「ここにえさを撒いちゃいけないんだって。すずめが糞をするんだって。そのお掃除がとっても大変なんだって。だから、もう道にはえさを撒かないでね。鯉さんたちにえさをあげようね」

るり子の声で、みのりの緊張がようやく解けたのがわかった。さつきは、さっきより少し乱暴気味《らんぼうぎみ》に、鯉がほとんどいない場所を狙《ねら》ってパンを投げた。みやこは、「あたし、鳥のほうが好きなんだけど」と言いながら、つまらなそうに川にえさをほうった。

るり子はうしろを振り返って、先ほどの女の家を眺《なが》める。どこかの窓からずっと見ていたに違いない。今も監視《かんし》してるに決まっている。庭には、しゃれたプランターやら鉢《はち》やらがいくつもあって、色とりどりの花が咲き乱れている。そのなかに、陶器《とうき》でできたリスや七人の小人の置物が、見事に配置されている。

5るり子は大げさに頭をふって、世界中の人にきこえるようなため息をついた。それから、フェンスにぴたりとからだを寄せて、川を覗きこんだ。ちょっと先のほうに、みのりが言った小さな魚がたくさん見える。川の風景だ、と思った。

そしてそのとき、ふと思い出した。そうだ、昔、ここにカニがいたんだ。今みたいにフェンス越しに川を覗いていたら、石の横に大きなカニの姿が見えた。この距離から見えたんだから、かなり大きかったはずだ。

お父さんに教えたらお父さんも興奮して、わたしに「欲しいか？」ってきいた。わたしにそうきくときは、たいてい自分がのり気なときだった。父親は無謀《むぼう》にも、この緑のフェンスをのり越えて土手を降りた。そしてズボンをまくり上げて、慎重《しんちょう》に川に入っていった。わたしは、父に気をとられてカニを見てなかった。だってそりゃそうよ。フェンスをのり越えて、川に降りる人なんてまずいないんだから。

お父さんは川底を注意深く見ながら、カニを探していた。それから顔をあげて、わたしに「どこだ」ってきいた。わたしは慌《あわ》てて一生懸命にカニを探した。だけどそんなの、もうどこにもいなかった。人間の気配《けはい》を感じて、とっくにどこかに逃げたのだ。考えたら当たり前だ。川に何年も棲《す》んでいるカニを、素手《すで》で捕ろうなんてほうが間違ってる。しばらくして戻ってきた父は、「惜《お》しかったな」と言った。途中なに

してしまったらどうなってただろう。るり子は、鯉たちが威勢《いせい》よくぶつかり合っている川を覗《のぞ》いた。浅いから大怪我《けが》するに違いない。もしくは……。［Ⅰ］と身震《みぶる》いし、怖い妄想《もうそう》を頭から追い出す。るり子は1息を吐《は》き出して、またしゃがみこんでフェンスの間からえさを投げている、みのりのつやつやとした髪《かみ》をなでた。

子どもの頃、よくこの道を通って海まで行った。そしてそのときも、B川と海の境がよくわからなかったんだということを、るり子は思い出していた。淡水《たんすい》と海水の境目《さかいめ》。川と海の境目。るり子はそのことについて考えてみた。境目について。この川のどの部分が境かということについて。

「あ、すずめ！」

みやこが大きな声を出した。

川に投げ入れるときに細かいパンくずが落ちたのか、数羽のすずめがいつの間にか寄ってきていた。

「あたし、鯉じゃなくて、すずめさんにえさあげようっと」

みやこが川に背を向けて、道にパンを撒《ま》き始めた。とたんにすずめが十羽くらい集まってきた。チュンチュンというすずめの声をきいて、さつきもみのりも川に背を向けた。鯉は変わらず貪欲《どんよく》に口を開けている。

昔、この川に何度かお父さんとお姉ちゃんと釣《つ》りに来た。もう少し先の、橋のところにポイントがあって、あるときなんてバケツいっぱいに鮒《ふな》だか鮎《あゆ》だかが釣れた。あのときは自分も竿《さお》を持たせてもらって、かなり釣った記憶がある。

浮きがくっと沈《しず》むあの感じ。くいっと手首が下がるあの瞬間《しゅんかん》。ものすごく得したようなあの気分。自分という人間は、もしかすると案外いい線いってるんじゃないかって、はじめて思えた瞬間だった。あのあと、バケツいっぱいの魚をどうしたんだっけ。うちに持って帰ったんだっけ。

「ちょっと！」

突然のa金切《かなき》り声に、るり子は驚《おどろ》いて振《ふ》り向いた。

「なにやってるのよ！」

子どもたちは［Ⅱ］として手を止めた。

「ここにえさを撒かないでちょうだい！」

「はあ……」

「迷惑してるのよ。うちの前が鳥の糞《ふん》だらけになっちゃうのよ！」

「あっ、そうですか。すみません」

るり子は、背後の家から出てきたであろう、年配の女に頭を下げ、子どもたちに目で合図した。

「どうもすみませんでした。気を付けます」

るり子はもう一度［Ⅲ］と頭を下げた。子どもたちはつまらなそうに、また鯉に向かってえさを投げ始めた。

「まったく、困るのよね」

るり子は申し訳なさそうな顔をつくって軽く会釈《えしゃく》してから、2ゆっくりと女に背を向け、川のほうに向き直った。

「本当に困るわ」

みのりがしゃがんだまま、きき耳を立てているのがわかる。

「あなたが掃除《そうじ》してくれるならいいのよ。それだったら、いくらでもえさを撒いてかまわないわよ」

みやこがbにわかに振り返って、るり子の母、つまりみやこにとっての祖母よりはるか年上であろう女を見つめる。

「糞を掃除するの大変なのよ。あなた、鳥の糞を掃除したことある？」

るり子はなんとなく首をかしげてみせる。ちょっとしつこいなと思う。道端《みちばた》には、もうほんの少しのパンくずさえ落ちていない。そんな

2024年度 桐光学園中学校

【国語】〈第一回試験〉（五〇分）〈満点：一五〇点〉

注意　本文の表現については、作品を尊重し、そのままにしてありますが、設問の都合上、省略した部分、表記を改めた部分があります。
また、特に指示のないかぎり、句読点も一字に数えます。

一　――線(あ)～(お)のひらがなを漢字に直しなさい。

1　カイコをたくさん飼って(あ)ようさん業を営む。
2　冬は(い)せいざの観察に適している。
3　電車の(う)うんちんを払う。
4　大勢の前で詩を(え)ろうどくする。
5　新しい法律の案について(お)かくぎ決定する。

二　次の文章を読んで、後の問いに答えなさい。

> 十月の日曜日の昼近く、「るり子（＝るり姉《ねえ》）」は、姉の三人の子どもたち（八歳の「さつき」、七歳の「みやこ」、四歳の「みのり」）にせがまれ、家の裏手にある、海までさほど遠くない川に向かうことになった。もともと子どもは苦手《にがて》だとは思いながらも、この三人と関わることは別だと、近ごろ「るり子」は感じるようになって来ている。五分ほど歩いて、幅《はば》八メートルほどの川が流れる川べりの道に出た。

るり子は昔から、川が海につながっているということが不思議でならなかった。大人になった今でも、ちょっと妙に思う。A川と海は違うものなのに、それがつながっているなんておかしなものだ、と。

「あの鯉《こい》、金色じゃん」
「あっ、あっちにはオレンジのがいるよー」
さつきとみやこはきゃんきゃん騒《さわ》いで、フェンスの網目模様《あみめもよう》がつきそうなくらいに、からだを押し付けている。
「ねえねえ、鯉じゃない魚がいるよ、るり姉。見て見てあそこ」
みのりがそう言って、横に立っているるり子のふくらはぎに手を置いた。みのりの手はとても冷たくて、ちょっと湿っていて、るり子のふくらはぎの湾曲《わんきょく》部にピタッとくっついた。
「どこどこ？　ああ本当だ。なんていう魚だろうね」
「みのちゃん、あの魚にえさあげたい」
るり子は、みのりの腋《わき》の下に手を入れて持ち上げ、フェンスの先に手が届くように抱《かか》え直した。子ども独特の匂《にお》いがした。牛乳と汗と太陽の匂いだ。
「はい、じゃあ、あの魚のところまでほうってみて」
みのりが力いっぱいパンの耳を投げる。
「あっ」
みのりが投げたえさは、すぐに鯉に見つかって、あっという間に食べられてしまった。
「鯉さん、食べないでよー」
みのりが腕《うで》を伸ばして、また思いきりほうる。黒色の鯉がすばやく寄ってきて、大きな口で勢いよくえさを食べてしまう。しかしみのりは、懲《こ》りずに何度も繰り返す。抱きかかえてる腕がつらくなってきた。
みのりはるり子の腕のなかで、元気よく反《そ》り返って川に身をのり出す。
「はい、おしまい」
るり子はみのりを下ろして、腕をぐるぐると回した。みのりが不服そうにるり子を見る。
もしあのままこの子を抱えてて、急に力が抜《ぬ》けて、ふいに川に落と

2024年度

桐光学園中学校

▶解説と解答

算　数　＜第１回試験＞（50分）＜満点：150点＞

解　答

[1] (1)　465.29　(2)　0.3　(3)　$1\frac{1}{4}$　(4)　$\frac{3}{7}$　(5)　151　[2] (1)　2　(2)　9　(3)　3.75　(4)　$5\frac{5}{11}$　(5)　3.2　(6)　4.5　[3] (1)　２人　(2)　２人　(3)　４人　[4] (1)　４個　(2)　14個　(3)　36個　[5] (1)　毎時1.5km　(2)　20km　(3)　40分間

解　説

[1] 四則計算，逆算，比の性質，平均

(1)　$202.3\times2.3=465.29$

(2)　$0.5-\frac{1}{4}\div\left\{\frac{1}{6}\div\left(\frac{1}{3}-\frac{2}{5}\times\frac{1}{2}\right)\right\}=0.5-\frac{1}{4}\div\left\{\frac{1}{6}\div\left(\frac{1}{3}-\frac{1}{5}\right)\right\}=0.5-\frac{1}{4}\div\left\{\frac{1}{6}\div\left(\frac{5}{15}-\frac{3}{15}\right)\right\}=0.5-\frac{1}{4}\div\left(\frac{1}{6}\div\frac{2}{15}\right)=0.5-\frac{1}{4}\div\left(\frac{1}{6}\times\frac{15}{2}\right)=0.5-\frac{1}{4}\div\frac{5}{4}=0.5-\frac{1}{4}\times\frac{4}{5}=0.5-\frac{1}{5}=0.5-0.2=0.3$

(3)　$\left(\square-\frac{7}{8}\right)\div\frac{5}{6}+\frac{3}{4}=1.2$より，$\left(\square-\frac{7}{8}\right)\div\frac{5}{6}=1.2-\frac{3}{4}=1\frac{1}{5}-\frac{3}{4}=\frac{6}{5}-\frac{3}{4}=\frac{24}{20}-\frac{15}{20}=\frac{9}{20}$，$\square-\frac{7}{8}=\frac{9}{20}\times\frac{5}{6}=\frac{3}{8}$　よって，$\square=\frac{3}{8}+\frac{7}{8}=\frac{10}{8}=\frac{5}{4}=1\frac{1}{4}$

(4)　Aの$1\frac{1}{3}$倍とBの$\frac{4}{7}$倍が等しいことから，$A\times1\frac{1}{3}=B\times\frac{4}{7}$より，$A:B=\frac{3}{4}:\frac{7}{4}=3:7$になる。よって，$A$は$B$の，$3\div7=\frac{3}{7}$(倍)である。

(5)　Ａ君，Ｂ君，Ｃ君の３人の身長の合計は，150×３＝450(cm)で，これにＤ君の身長を加えると，450＋154＝604(cm)になる。よって，４人の身長の平均は，604÷４＝151(cm)である。

[2] 割合と比，つるかめ算，速さ，時計算，辺の比と面積の比，水の深さと体積

(1)　ボールが３回目にはね上がった高さは，ボールを落とした高さの，$\frac{2}{5}\times\frac{2}{5}\times\frac{2}{5}=\frac{8}{125}$にあたる。これが12.8cmなので，ボールを落とした高さは，$12.8\div\frac{8}{125}\div100=2$(m)である。

(2)　15回すべてで裏がでたとすると，持ち点は，200－10×15＝50(点)になり，これは実際の得点よりも，410－50＝360(点)低い。１回裏がでた回を，１回表がでた回に置きかえると，持ち点は，10＋30＝40(点)増える。よって，コインの表は，360÷40＝９(回)でたことがわかる。

(3)　行きと帰りで同じ道のりを進むのにかかる時間の比は，$\frac{1}{5}:\frac{1}{3}=3:5$となるので，行きと帰りにかかった時間をそれぞれ③，⑤時間とすると，家と学校の間の道のりは，５×③＝⑮と表せる。よって，Ｔさんの往復の平均の速さは，(往復の道のり)÷(往復にかかった時間)で求められるから，毎時，(⑮×２)÷(③＋⑤)＝3.75(km)である。

(4)　時計の長針は，毎分，360÷60＝６(度)，短針は，毎分，360÷12÷60＝0.5(度)の速さで進む。長針と短針が重なってから，次にまた重なるまでに，長針は短針より360度多く進むので，それにかかる時間は，$360\div(6-0.5)=360\div5.5=360\div\frac{11}{2}=360\times\frac{2}{11}=\frac{720}{11}=65\frac{5}{11}$(分)より，１時間$5\frac{5}{11}$分

後となる。

(5)　三角形ABDと三角形ADCはそれぞれ，BD，DCを底辺とすると高さが等しく，面積比は１：４だから，底辺であるBDとDCの長さの比も１：４となり，DCの長さは，$12\times\frac{4}{1+4}=9.6$(cm)と求められる。また，三角形FDEと三角形FECもそれぞれ，DE，ECを底辺とすると高さが等しく，面積比は１：２だから，底辺であるDEとECの長さの比が１：２となり，DEの長さは，$9.6\times\frac{1}{1+2}=3.2$(cm)とわかる。

(6)　問題文中の容器の容積は，$8\times8\times8-4\times4\times4=448$(cm^3)で，その半分は，$448\div2=224$(cm^3)である。底面アから４cmの深さまでに入る水の体積は，$(8\times8-4\times4)\times4=192$(cm^3)だから，この深さよりも，$(224-192)\div(8\times8)=0.5$(cm)上の，$4+0.5=4.5$(cm)の深さまで水が残る。

〔ほかの考え方〕　この容器に224cm^{3}の水が入っているとき，水が入っていない部分の体積も224cm^{3}となる。また，水が入っていない部分は右の図のような，底面が，$8\times8=64$(cm^2)の直方体と考えられる。この直方体の高さ(図の□)は，$224\div64=3.5$(cm)となるから，水の深さは底面アから，$8-3.5=4.5$(cm)と求めることができる。

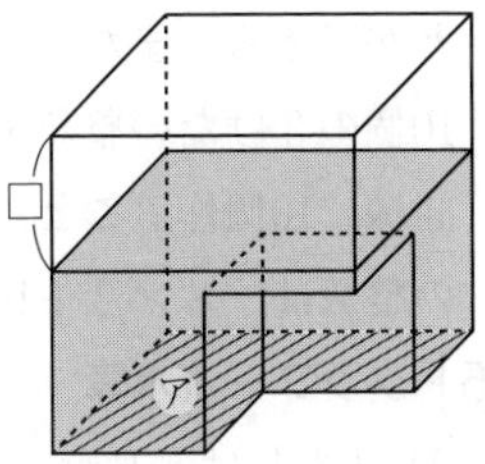

3　調べ

(1)～(3)　０秒から17秒後までの，立ち上がっている人と座っている人を調べると下の図のようになり，２秒後には２人，８秒後には２人，17秒後には４人が立ち上がっていることがわかる。

０秒　：	×××××××××××××××××○×××××××××××××××××
１秒後：	××××××××××××××××○×○××××××××××××××××
２秒後：	×××××××××××××××○×××○×××××××××××××××
３秒後：	××××××××××××××○×○×○×○××××××××××××××
４秒後：	×××××××××××××○×××××××○×××××××××××××
５秒後：	××××××××××××○×○×××××○×○××××××××××××
６秒後：	×××××××××××○×××○×××○×××○×××××××××××
７秒後：	××××××××××○×○×○×○×○×○×○×○××××××××××
８秒後：	×××××××××○×××××××××××××××○×××××××××
９秒後：	××××××××○×○×××××××××××××○×○××××××××
10秒後：	×××××××○×××○×××××××××××○×××○×××××××
11秒後：	××××××○×○×○×○×××××××××○×○×○×○××××××
12秒後：	×××××○×××××××○×××××××○×××××××○×××××
13秒後：	××××○×○×××××○×○×××××○×○×××××○×○××××
14秒後：	×××○×××○×××○×××○×××○×××○×××○×××○×××
15秒後：	××○×○×○×○×○×○×○×○×○×○×○×○×○×○×○××
16秒後：	×○×××××××××××××××××××××××××××××××○×
17秒後：	○×○×××××××××××××××××××××××××××××○×○

〔参考〕　同じ数をかけ続けることを累乗《るいじょう》という。上の図から，２秒後，４秒後，８秒後，16秒後と，２の累乗の秒数ごとに，２人が立ち上がっていることがわかる。また，{(２の累乗)－１}秒後の，１秒後，３秒後，７秒後，15秒後には，２人，４人，８人，16人と，２の累乗の人数が立ち上がっている。さらに，{(２の累乗)＋１}秒後の，３秒後，５秒後，９秒後，17秒後には，

いずれも４人が立ち上がっていることがわかる。

4 場合の数

⑴　４枚のカードから１枚を取り出して作ることができる１けたの整数は，１，６，８，９の４個ある。

⑵　１と８は１つずつしか使えないが，６と９は，６のカードと９のカードの上下を逆にすることで２つまで使うことができる。十の位を１または８とするとき，一の位は３つの数の置き方があり，十の位を６または９とするとき，一の位には４つの数の置き方がある。よって，３×２＋４×２＝14(個)の２けたの整数ができる。

⑶　百の位を１とするとき，右の図１のように８個の３けたの整数を作ることができ，百の位を８とするときも同様に８個作ることができる。また，百の位を６とするときは，右の図２のような10個の３けたの整数を作ることができ，百の位を９とするときも同様に10個作ることができる。よって，作ることができる３けたの整数は，８×２＋10×２＝36(個)とわかる。

図１

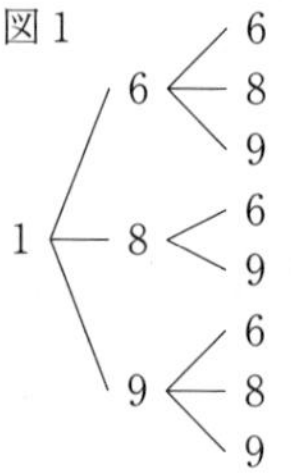

図２

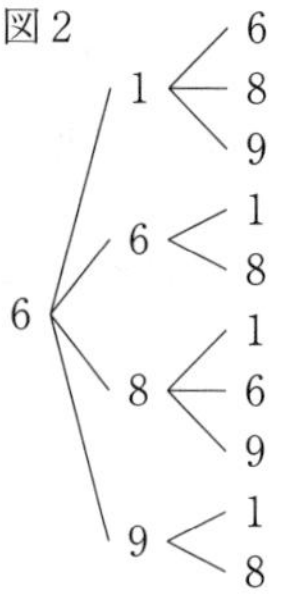

5 グラフ―流水算

⑴「光」は，Ｂ町からＡ町まで行くのに３時間かかったので，船の川を上る速さは，毎時，36÷３＝12(km)である。また，「桐」と「光」は出発して$1\frac{1}{3}$時間後にすれちがったから，２そうの船の速さの和は，毎時，36÷$1\frac{1}{3}$＝27(km)であり，船の川を下る速さは，毎時，27－12＝15(km)となる。船の川を下る速さは，川を上る速さよりも，川の流れの速さの２倍だけ速いので，川の流れの速さは，毎時，(15－12)÷２＝1.5(km)とわかる。

⑵　⑴より，２そうの船がすれちがったのは，Ａ町から，15×$1\frac{1}{3}$＝20(km)の地点である。

⑶「桐」のエンジンが止まらずに，３時間進み続けたとすると，「桐」は，15×３＝45(km)進み，これは実際に進んだ36kmよりも，45－36＝９(km)多い。そこで，「桐」が川を下る速さで進むことを，川に流されて進むことに置きかえると，進む距離《きょり》は１時間あたり，15－1.5＝13.5(km)少なくなる。したがって，「桐」のエンジンが止まったのは，９÷13.5＝$\frac{2}{3}$(時間)，60×$\frac{2}{3}$＝40(分間)と求められる。

社　会　＜第１回試験＞（40分）＜満点：100点＞

解　答

1　**問１**　①　フランス，Ａ　②　ウクライナ，Ｄ　**問２**　３　**問３**　⑴　３　⑵　２　⑶　２　⑷　中国　**問４**　⑴　３　⑵　３　**問５**　⑴　２　⑵　４　**問６**　４　**問７**　（例）　広島ビジョンは核兵器なき世界をという理想実現のために核兵器禁止条約を推し進めるのではなく（核兵器を完全になくす努力をせず），防衛目的のための核兵器を容認する「現実」を追認する内容であったから。　**2**　**問１**　**ア**　３　**イ**　３　**ウ**　２　**エ**　奈良　**問２**　４　**問３**　⑴　**X**　リマン　**Y**　対馬　⑵　**X**　３　**Y**　１　⑶　（例）　寒流の親潮（千島海流）と暖流の黒潮（日本海流）がぶつかる潮目（潮境）があるから。　**問４　中部地方**…山梨，甲府　**近畿地方**…滋賀，大津　**3**　**問１**　①　縄文　②　藤原道長　③　豊臣秀吉　④　徳川慶喜　**問２**　（例）　氷河時代が終わって気温が上昇し，海水面が上がったから。　**問３**　2　**問４**　1　**問５**　6　**問６**　5　**問７**　（例）　幕府はキリスト教を禁止し，貿易の利益を独占するため，大型船を使った外国との行き来を禁止したかったから。　**問８**　4　**問９**　（例）　前年に鉄道国有法が出されたので，1907年には営業キロ数で国営鉄道が民営鉄道を逆転している。

解　説

1　Ｇ７広島サミットについての問題

問１　①　1975年，第一次石油危機（オイルショック）によって混乱した世界経済の立て直しを図るため，地図中Ａのフランスで第１回サミット（主要国首脳会議）が開催《かいさい》された。　②　2022年２月，地図中のＥのロシアは，Ｄのウクライナ東部に住むロシア系住民を守るという口実で，ウクライナに攻《せ》め込《こ》んだ。なお，Ｂはドイツ，Ｃはポーランドの位置を示している。

問２　広島県には日本三景の１つに数えられる宮島があり，宮島にはユネスコ（国連教育科学文化機関）の世界文化遺産に登録されている厳島《いつくしま》神社がある。なお，1945年８月９日に原子爆弾《ばくだん》が投下されたのは長崎で，広島には1945年８月６日に人類史上初めて原子爆弾が投下された。長崎には江戸時代に出島がつくられ，西欧《せいおう》との唯一《ゆいいつ》の窓口としてオランダと交易が行われた。「明治日本の産業革命遺産」に登録されている遺構は，福岡県・佐賀県・長崎県・熊本県・鹿児島県・山口県・静岡県・岩手県にあるが，広島県にはない。

問３　⑴　主要７か国とは，アメリカ・イギリス・フランス・ドイツ・イタリア・カナダ・日本をいう。３のゼレンスキー大統領はウクライナの大統領で，2023年のＧ７広島サミットに参加したが，ウクライナは主要７か国ではない。なお，１はアメリカのバイデン大統領，２はフランスのマクロン大統領，４はイギリスのスナク首相である。　⑵　広島サミット以前に日本では，東京都で３回（1979年・1986年・1993年），九州・沖縄県で１回（2000年），北海道の洞爺《とうや》湖で１回（2008年），三重県の伊勢志摩《いせしま》で１回（2016年），計６回サミットが開催されており，議長国を務めている。　⑶，⑷　人口が10億人を上回り，日本の輸入相手国第１位である２は中華人民共和国（中国）を示している。なお，１は人口が３億人を上回り，1980年代前半に日本からの自動車の輸出が増加したことで貿易摩擦《まさつ》が深刻化したアメリカ，３は20世紀初頭の1902年に日本と同盟を結んだイギリスである。４は面積がアメリカより大きく人口は１億人に達していないことからカナダとわかる。

問４　⑴　３のアイスランドは，世界経済フォーラムによるジェンダーギャップ指数ランキングにおいて，2006年版の初版から2023年版まで14回連続１位となっている。首相は女性で，閣僚《かくりょう》・議員ともに女性比率が40％を超《こ》えており，政治分野のジェンダーギャップが小さいことが特徴《とくちょう》である。　⑵　教育の項目《こうもく》の高等教育就学率の男女比を見ると，0.976となっている。これは，1000人の男性が高等教育に進学するのに対し，女性は976人しか進学しないということを意味するので，日本の女性の高等教育就学率は男性よりも低い。よって，誤っているのは３となる。

問５　⑴　1956年に日ソ共同宣言を結んだことにより，日本の国際連合（国連）への加盟は認められたが，常任理事国にはなっていない。なお，常任理事国とはアメリカ・イギリス・フランス・ロシア・中国の５か国のことで，日本は2023年１月から２年間，非常任理事国として国連安全保障理事会に参加している。　⑵　日本国憲法第24条第１項《こう》では，「婚姻《こんいん》は，両性の合意のみに基《もとづ》いて成立し」と規定されている。両性の合意とあることから，憲法制定当時は男女の間での結婚《けっこん》が想定されており，同性カップルの婚姻を明確に認めていたとは言えない。よって，４が誤りである。

問６　1937年に始まった日中戦争が長期化し，1938年に国家総動員法が制定されると，1939年には国家総動員法にもとづいて国民徴用《ちょうよう》令が出された。国民徴用令は，当時日本の植民地であった朝鮮半島の人々にも適用され，朝鮮半島の人々は日本に連行されて軍需《ぐんじゅ》工場などで働かされた。

問７　被爆《ひばく》地広島で開かれたＧ７サミットは，核《かく》兵器なき世界を理想として掲《かか》げている。しかし，現実にはアメリカの同盟国であり，その核の傘《かさ》の下にある日本は，2017年に採択《さいたく》された核兵器禁止条約に参加していない。また，核軍縮に関する初の独立文書である広島ビジョンが打ち出されたにもかかわらず，その中で核兵器は防衛目的のために役割を果たしているとの考え方に理解を示す立場に立っており，現実が理想に反している。したがって，広島ビジョンは被爆者や一部のNGOから批判されている。

2　日本の国土についての問題

問１　ア～エ　日本には，関東地方に栃木県・群馬県・埼玉県の３つ，中部地方に山梨県・長野県・岐阜県の３つ，近畿地方に滋賀県・奈良県の２つ，合計８つの内陸県がある。この中で，奈良県だけは他の内陸県と隣《とな》り合っていない。なお，奈良県が隣り合っているのは，三重県・和歌山県・京都府・大阪府の４府県である。

問２　日本列島は，本州・北海道・九州・四国の大きな４つの島と6582の島々からなっているとされてきた。新しい条件のもと島の数を数え直したら，島の数は２倍以上になったと問題文にあるので，2023年の島の数は４の14125島とわかる。なお，参考データによると８位の東京都の島の数が635なので，少なく見積もっても上位８位までに，635×８＝5080(島)はあることがわかる。同様に，31位の神奈川県の島の数が97なので，９位から31位までに少なくとも，97×23＝2231(島)はあることになる。したがって，最も少なく見積もっても31位までで7311島あるので，47位までふくめると8300島以上はあると判断できる。

問３　⑴　**Ｘ**　リマン海流は，日本海をユーラシア大陸に沿って南下する寒流である。　**Ｙ**　対馬海流は日本列島に沿うように日本海を北上する暖流である。　⑵　**Ｘ**　リマン海流域でとれる魚としては，寒流魚である３のニシン・タラのほか，サケ・マス・サンマなどがある。　**Ｙ**　対馬海流域でとれる主な魚には，暖流魚である１のブリやサバがある。ほかにも暖流性のマグロ・カツオ・アジ・タイなどが水揚《あ》げされる。なお，４のコイは淡水《たんすい》魚なので海には生息していない。

⑶　三陸沖では，日本列島に沿って太平洋を南下する寒流の親潮(千島海流)と北上する暖流の黒潮(日本海流)がぶつかる潮目(潮境)が形成される。潮目付近には魚のえさとなるプランクトンが多く，寒流系の魚と暖流系の魚が集まってくるため，漁業がさかんに行われる。

問４　中部地方にある山梨県の県庁所在地は甲府市，近畿地方にある滋賀県の県庁所在地は大津市で，どちらも県内で最も人口が多い。なお，関東地方の栃木県・群馬県・埼玉県の県庁所在地は，それぞれ宇都宮市・前橋市・さいたま市である。

3　乗り物の日本における歴史についての問題

問１　①　縄文時代は，今からおよそ１万２千年前に厳しい寒さが続いていた氷河期が終わり，地球の気候が急激に温暖になって気温が上昇《じょうしょう》したころから始まる時代区分である。急速に温暖化が進んだことで海水面が上昇し，日本列島は大陸と切りはなされて，現在に近い自然環境《かんきょう》となった。　②　藤原道長は，４人の娘《むすめ》を天皇の后《きさき》にし，その間に生まれた子どもを天皇の位につかせ，３人の天皇の母方の祖父として権力をふるった。摂政《せっしょう》や太政《だいじょう》大臣となり，藤原氏による摂関政治の全《ぜん》盛《せい》期を築いた。　③　豊臣秀吉は，明《みん》(中国)の征服《せいふく》を目指して朝鮮に道案内を求めたが，朝鮮がこれを拒否《きょひ》したため，1592年(文禄《ぶんろく》の役)と1597年(慶長《けいちょう》の役)の２度にわたって朝鮮に出兵した。しかし，李舜臣《りしゅんしん》率いる朝鮮水軍の亀甲《きっこう》船や明の援軍《えんぐん》に苦しめられ，秀吉が病死すると日本軍は引き上げた。　④　江戸幕府第15代将軍の徳川慶喜《よしのぶ》は，薩摩《さつま》藩と長州藩が武力による倒幕《とうばく》を決意すると，前土佐藩主山内容堂のすすめを受け入れ，1867年に政治の実権を朝廷《ちょうてい》に返す大政奉還を行った。

問２　問１①の解説を参照のこと。

問３　推古天皇の摂政となった聖徳太子は，隋《ずい》(中国)と対等な立場で国交を開き，隋の進んだ制度や文化を取り入れるため，607年に小野妹子を遣隋使として派遣《はけん》した。なお，卑弥呼は魏《ぎ》(中国)に使いを送り，親魏倭王の称号《しょうごう》を授かった。漢(中国)に使いを送り，漢委奴国王の称号を与えられたのは奴国の王である。唐《とう》(中国)の高僧《そう》であった鑑真は，来日すると日本の多くの僧に仏教の正しい教えを伝え，唐招提寺《とうしょうだいじ》を建てた。遣唐使として唐にわたり，帰国後に真言宗を開いたのは空海である。菅原道真は唐の衰退《すいたい》や航海の危険を理由に，平安時代の894年に遣唐使の派遣を中止した。

問４　平安時代の貴族たちは，朝廷での多くの儀式《ぎしき》や季節ごとの行事である年中行事を中心に生活し，漢文学や和歌に勤《いそ》しみ，仏事にはげんだ。なお，畳《たたみ》や障子を取り入れた書院造は室町時代の文化である。『源氏物語』や『枕草子』はかな文字で記されていた。薬師寺や法隆寺は飛鳥時代に現在の奈良県に建てられた寺院である。平安京をつくった桓武天皇は，仏教勢力を抑《おさ》えるために平城京から平安京への寺院の移転を禁止した。

問５　Ⅰは1185年(壇ノ浦の戦いと平氏の滅亡《めつぼう》)，Ⅱは1167年ごろ(平清盛の太政大臣就任と平氏の全盛)，Ⅲは10世紀(平将門の乱と藤原純友の乱)のことなので，年代の古い順に，Ⅲ→Ⅱ→Ⅰとなる。

問６　Ⅰは室町時代の1549年(キリスト教の伝来)，Ⅱは安土桃山時代の1575年(長篠《ながしの》合戦)，Ⅲは奈良時代(行基の活動)のことなので，年代の古い順に，Ⅲ→Ⅰ→Ⅱとなる。

問７　江戸幕府第２代将軍の徳川秀忠は，大名を統制するために武家諸法度を制定した。武家諸法度は第３代将軍の徳川家光のときに大きく改訂《かいてい》され，参勤交代の制度や大型船の建造を禁止する条文が追加された。大型船の建造を禁止したのは，大名による貿易を禁止することで幕府が貿易による利益を独占《どくせん》するためや，貿易船が行き来することで人々がキリスト教に触《ふ》れたりすることを防ぐためであった。

問８　諸大名の蔵屋敷《くらやしき》が置かれた大阪は，江戸時代を通して全国各地から年貢米や特産物が集まる経済の中心として栄え，天下の台所と呼ばれた。江戸時代には，参勤交代が制度化されたことで江戸に大名屋敷が置かれ，多くの武士が暮らすようになった。また，その生活を支える町人の人口も増加し，江戸は人口が100万人を超える大都市に発展した。なお，五街道である東海道・中山道・甲州街道・奥州街道・日光街道は，参勤交代の大名が領国と江戸とを行き来しやすいように整備されたが，一般《いっぱん》の人々の通行も可能であった。

問９　グラフを見ると，国営・民営鉄道営業キロ数について，1903年までは民営鉄道が国営鉄道を上回っているが，その後逆転し，1908年には国営鉄道が民営鉄道を上回っていることがわかる。年表とその注釈《ちゅうしゃく》より，1906年に鉄道国有法が公布・施行《しこう》され，国が民営鉄道から私鉄4800kmを買収したことで，1907年には国営鉄道の営業キロ数が増え，民営鉄道の営業キロ数が減ったと考えられる。

理　科　＜第１回試験＞（40分）＜満点：100点＞

解　答

1〔１〕 南　〔２〕 エ　〔３〕 断層　〔４〕 ◎　2〔１〕 イ　〔２〕 ① エ　② ア　〔３〕 $12cm^3$　〔４〕 Ｄ，Ｆ　〔５〕 塩化ナトリウム(食塩)　〔６〕 Ｆ　〔７〕 ウ　〔８〕 4　〔９〕 イ　〔10〕 $10.5cm^3$　3〔１〕 (1) ① こん虫　② 解説の図を参照のこと。　③ チョウ，カブトムシ　(2) ① Ａ，Ｅ　② Ｆ　③ Ｃ　④ Ｃ，Ｄ　(3) Ｂ　〔２〕 イ，カ，サ　〔３〕 (1) ウ，オ　(2) 840匹　〔４〕 ウ　〔５〕 (1) 31.3　(2) (う)　(3) **型**…(あ)　**理由**…(例) 子に対する親　4〔１〕 解説の図を参照のこと。　〔２〕 **a** 1　**b** 1　〔３〕 $\frac{1}{2}$　〔４〕 $1\frac{1}{3}$　〔５〕 2　〔６〕 Ｄ　〔７〕 エ　〔８〕 ウ

解　説

1 地球分野の小問集合

〔１〕 太陽の高さが一番高くなるのは，太陽が真南の方角にきたときで，このとき太陽が南中しているという。

〔２〕 月は周期的に満ち欠けして形を変化させる。その周期(新月から次の新月まで)は約29.5日であるから，エが最も近い。

〔３〕 地層に大きな力がはたらくと，たえ切れなくなった地層が切れてずれることがある。このずれを断層という。

〔４〕 天気図記号で，晴れは「○」，くもりは「◎」，雨は「●」と表す。

2 水溶液《すいようえき》の性質と中和についての問題

〔１〕 BTB溶液は水溶液の酸性・中性・アルカリ性を調べるための薬品で，酸性で黄色，中性で緑色，アルカリ性で青色を示す。塩酸は酸性なので，BTB溶液を加えると黄色になる。

〔２〕 アルミニウムは塩酸にも水酸化ナトリウム水溶液にも溶《と》け，このとき気体を発生する。よって，塩酸に水酸化ナトリウム水溶液を加えたＡ～Ｆのうち，塩酸と水酸化ナトリウム水溶液が中和したあとにどちらかが余っていれば，その余った水溶液によってアルミニウムが溶け，気体を発生する。ところが，Ｅでは気体が発生していないことから，Ｅは塩酸と水酸化ナトリウム水溶液が過不足なく中和し，中性になっていると考えられる。したがって，青色リトマス紙も赤色リトマス紙も色が変化しない。

〔３〕 〔２〕で，Ｅは塩酸$20cm^3$と水酸化ナトリウム水溶液$16cm^3$が過不足なく中和する。よって，塩酸$15cm^3$と過不足なく中和し，中性になるには，水酸化ナトリウム水溶液を，$16\times\frac{15}{20}=12(cm^3)$

加えるとよい。

〔4〕 A～Fのうち２つを混ぜて中性にするには，一方が酸性，もう一方がアルカリ性である必要がある。表１より，リトマス紙の色の変化から，A～Dは酸性，Eは中性，Fはアルカリ性とわかるので，混ぜるものの一方はFとわかる。次に，２つを混ぜたとき，塩酸は合わせて，20＋20＝40(cm^3)となり，これを過不足なく中和するのに必要な水酸化ナトリウム水溶液は，$16\times\frac{40}{20}=32$(cm^3)である。Fには水酸化ナトリウム水溶液を20cm^3加えたので，もう一方には水酸化ナトリウム水溶液が，32－20＝12(cm^3)加えられていることになる。したがって，FとDを混ぜると中性になる。

〔5〕 塩酸と水酸化ナトリウム水溶液が中和すると，塩化ナトリウム(食塩)ができる。よって，塩酸と水酸化ナトリウム水溶液が過不足なく中和して中性となったものから水分を蒸発させると，あとには塩化ナトリウム(食塩)の白い固体が残る。

〔6〕 アルカリ性のFでは，中和後に水酸化ナトリウム水溶液の方が余っているため，水分を蒸発させると，中和によってできた塩化ナトリウム(食塩)と，余った水酸化ナトリウム水溶液に含《ふく》まれる水酸化ナトリウムの２種類の固体が残る。なお，塩酸は気体の塩化水素が溶けているので，水分を蒸発させると，あとには何も残らない。そのため，Aでは何も残らず，B～Eでは塩化ナトリウム(食塩)だけが残る。

〔7〕 塩酸にアルミニウムを加えると発生する気体は水素である。

〔8〕 Aは塩酸だけ，B～Dは中和後に塩酸の方が余っているため，いずれも酸性である。これらを一度沸騰《ふっとう》させると，塩酸に溶けている塩化水素という気体がぬけ出てしまうため，アルミニウムを溶かすはたらきがなくなる。よって，発生する気体の体積は表１のときより減る。

〔9〕 Dでは中和後に余った塩酸が，Fでは中和後に余った水酸化ナトリウム水溶液が，それぞれアルミニウムを溶かしている。しかし，どちらの場合も発生するのは水素である。

〔10〕 水酸化ナトリウム水溶液15cm^3に塩酸10cm^3を加えると，塩酸10cm^3と水酸化ナトリウム水溶液，$16\times\frac{10}{20}=8$(cm^3)が中和し，水酸化ナトリウム水溶液が，15－８＝７(cm^3)余る。また，Fでは，中和後に余っている水酸化ナトリウム水溶液が，20－16＝４(cm^3)で，気体が６cm^3発生している。したがって，余った７cm^3の水酸化ナトリウム水溶液にアルミニウムを溶かすと，$6\times\frac{7}{4}=$10.5(cm^3)の気体が発生する。

3 動物についての問題

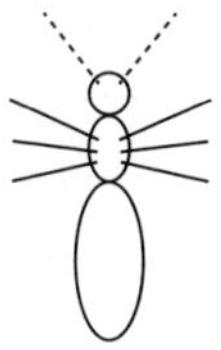

〔1〕 (1) ① グループAのなかまはこん虫である。こん虫は，からだが頭部・胸部・腹部の３つに分かれていて，胸部にはあしとはねがついている(はねがないものもいる)。 ② チョウなどのこん虫のあしは，右の図のように胸部に３対(６本)ついている。また，触角《しょっかく》は頭部に１対(２本)ある。 ③ 成長の段階でさなぎの時期があるこん虫の育ち方を完全変態といい，グループAの動物のうち，完全変態するのはチョウとカブトムシである。トンボとバッタは成長の段階でさなぎの時期がなく，この育ち方を不完全変態という。 (2) ① Eは甲殻《こうかく》類で，Aのこん虫とともに背骨がないからだのつくりをしている。なお，Bはは虫類，Cはほ乳類，Dは鳥類，Fは魚類で，これらには背骨がある。 ② Fの魚類は一生を水の中で過ごす。なお，Eのうち，ザリガニとヌマエビは水の中にすむが，ダンゴムシは陸上にすむ。 ③ Cのほ乳類は，受精卵を母親の体内の子宮の中で育

て，親と似た形の子を産む。　④　グラフで，動物(あ)は外界の温度に関係なく体温が一定で，恒温《こうおん》動物といい，Ｃのほ乳類とＤの鳥類があてはまる。なお，動物(い)は外界の温度が高くなるにつれて体温も高くなる変温動物である。　(3)　ヤモリはトカゲやカメなどと同じＢのは虫類のグループにあてはまる。

〔２〕　カブトムシの幼虫は腐葉土《ふようど》の中にすみ，それを食べながら成長する。よって，飼育するときは，飼育ケースの上の方までエサである腐葉土を入れる。また，飼育ケースは温度変化が少ない場所に置き，乾燥《かんそう》させないように適度に霧吹《きりふ》きで水をふきかける。

〔３〕　(1)　この調査方法で大切なのは，生物に印をつけることで，その生物の健康状態が悪化したり，行動が制限されたりしないようにすることである。　(2)　この調査方法では，全体の生息数に占《し》める印をつけた数の割合と，時間を置いてつかまえた数に占める印のついたものの数の割合が同じであると見なす。よって，時間を置いてつかまえた数に占める印のついたものの数の割合は，$4 \div 60 = \frac{1}{15}$だから，56÷(全体の生息数)＝$\frac{1}{15}$となり，全体の生息数は，$56 \div \frac{1}{15} = 840$(匹《ひき》)と求められる。

〔４〕　オオクチバス(ブラックバス)，マングース，アライグマは外国から持ちこまれた外来生物であるのに対し，アズマモグラは主に東日本に生息する日本固有の在来生物である。

〔５〕　(1)　表より，相対年齢《ねんれい》３の16匹のうち，相対年齢４になるまでに，16－11＝５(匹)が死亡している。よって，相対年齢３における死亡率は，５÷16×100＝31.25より，31.3％となる。　(2)　表を見ると，相対年齢０での死亡数が非常に多いことがわかる。この様子は，相対年齢が低いときに大きく減少している(う)のグラフに近い。　(3)　ヒトの場合，親が子の世話をする(子を保護《ほご》する)ため，相対年齢が低いときの死亡率がとても低い。よって，(あ)のグラフのようになる。

4　電流回路についての問題

〔１〕　回路図に豆電球と電池の電気図記号を右の図のように書きこむ。電池の電気図記号では長い線の方が＋極であることに注意する。

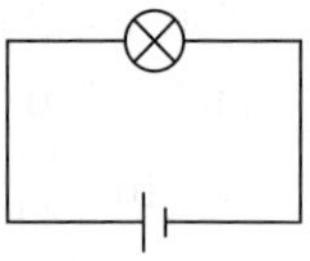

〔２〕　a　２個の電池を並列につないでも，電池全体が電流を流し出すはたらきは電池１個分となるから，Ｄの豆電球に流れる電流はＡのときと同じ１になる。

b　豆電球に流れる電流は，直列につないだ電池の数に比例し，直列の豆電球の数に反比例すると述べられている。よって，Ｅでは，２個の豆電球を直列につないで，直列につないだ２個の電池につないだものだから，豆電球に流れる電流は，$1 \times \frac{1}{2} \times 2 = 1$となる。

〔３〕　２個の豆電球を並列につないだとき，それぞれの豆電球に流れる電流は，１個の電池につないだ場合と同じになる。ここでは並列につないだ２個の電池につながっていて，これは１個の電池につないだ場合と同様なので，豆電球１個に流れる電流は１となる。これはＢの，$1 \div 2 = \frac{1}{2}$(倍)である。

〔４〕　３個の豆電球を直列につないで，直列につないだ２個の電池につないだとき，１個の豆電球に流れる電流は，$1 \times \frac{1}{3} \times 2 = \frac{2}{3}$である。これはＣの，$\frac{2}{3} \div \frac{1}{2} = 1\frac{1}{3}$(倍)になる。

〔５〕　３個の豆電球を並列につないで，直列につないだ２個の電池につないだとき，１個の豆電球に流れる電流は，１×１×２＝２になる。これはＡの，２÷１＝２(倍)である。

〔６〕　電池を並列につないだ場合，電池全体が電流を流すはたらきは電池１個分であるが，それぞれの電池が流す電流は，電池の数に反比例して少なくなる。そのため，電池が長持ちする。

〔7〕 ㋐と３，㋑と２をつないだとき，豆電球に流れる電流が２となっているので，１個の豆電球に対して２個の電池が直列につながっていると考えられる。よって，図３の電池の＋極側の㋐が３につながっているから，箱の中では電池の＋極側が２，－極側が３につながっているエが選べる。

〔8〕 ㋐と２，㋑と６をつないだとき，豆電球に流れる電流が２となっているので，１個の豆電球に対して２個の電池が直列につながっていると考えられる。よって，図３の電池の＋極側の㋐が２につながっているので，箱の中では電池の＋極側が６，－極側が２につながっているウが選べる。

国 語 ＜第１回試験＞（50分）＜満点：150点＞

解 答

一 下記を参照のこと。　二 **問１** Ⅰ オ　Ⅱ ウ　Ⅲ ア　Ⅳ イ　**問２** **a** エ　**b** ア　**問３** ウ　**問４** イ　**問５** エ　**問６** （例） しつこく注意を受け続けたことで，子どもたちが心に傷を負ってしまったことからくるいやな思いを完全に断ち切って，気持ちを切りかえるしかないと思ったから。　**問７** ウ　**問８** イ　**問９** エ　三 **問１** **a** ウ　**b** ア　**問２** イ　**問３** ⑴ **A** オ　**B** イ　**C** エ　**D** ア　**E** ウ　⑵ （例） 母語話者にとってはわかりやすくても，非母語話者にはわかりやすいとは限らない，ということ。　**問４** 外界にある　**問５** ⑴ ア　⑵ イ　**問６** エ　**問７** イ，エ

●漢字の書き取り

一 ㋐ 養蚕　㋑ 星座　㋒ 運賃　㋓ 朗読　㋔ 閣議

解 説

一 **漢字の書き取り**

㋐ 蚕を育てて，まゆをとること。　㋑ 星をいくつか組み合わせて，いろいろな形に見立てたもの。　㋒ 旅客や貨物を運ぶ料金。　㋓ 声高に読みあげること。　㋔ 内閣の意思を決定する会議。

二 **出典：椰月美智子《やづきみちこ》「川」（『るり姉《ねえ》』所収）**。子どもは苦手だと感じていたるり子が，姉の子どもたちとの交流を通して，気持ちを変化させていくようすが描《えが》かれている。

問１ Ⅰ 怖《こわ》い妄想《もうそう》をして身震《みぶる》いをしているようすを表すので，オが入る。　Ⅱ 女性に突然《とつぜん》注意された子どもたちが驚《おどろ》いたようすなので，ウがよい。　Ⅲ 怒《おこ》っている女性にるり子が謝って頭を下げているようすなので，アが選べる。　Ⅳ るり子が女性の顔を見るようすを表す言葉として，イがふさわしい。

問２ **a** 甲高《かんだか》い，とくに女性の声に使う表現なので，エが合う。　**b** “急に，とつ然に”という意味なので，アがよい。

問３ 姉の子どもたちと川に遊びに来たるり子は，四歳《さい》のみのりが魚にえさをやりたがったために抱《だ》き上げていた。そのとき，もしみのりを川に落としてしまったらどうなるかと，怖い妄想をしてしまう。それを頭から追い出すために息を吐《は》き出し，みのりの髪《かみ》をなでることで子どもという存在を改めて感じているのが，ぼう線１の場面である。ぼう線４は，すずめにえさをやっていたことを

女性にしつこく注意された後，まだえさを撒《ま》き続けたり緊張《きんちょう》したりしている子どもたちを導びこうとして，はっきりとした大きな声を出すために息を吸い，心の準備をした場面だと考えられる。どちらも，るり子が自分の気持ちを制御《せいぎょ》するようすを描写《びょうしゃ》したものだから，ウがふさわしい。

問４　金切り声をあげて注意をしてきた女性に対して，るり子は「すみません」と謝った後，もう一度頭を下げて謝り，さらに「申し訳なさそうな顔をつくって軽く会釈《えしゃく》して」いる。あわてるようすもなくゆっくり女性に背を向けているため，落ち着いているようすが読み取れる。またるり子は女性への対応は十分だと感じており，子どもたちと川のほうへ意識を向け直したと考えられる。よって，「さらに厳しく叱《しか》られる」と説明しているイがふさわしくない。

問５　問４で見たとおり，るり子は，何度も謝ったのに女性がその後もしつこく注意をしてきたため，どうしたらいいかわからなくなっている。女性が話している最中は，子どもたちの手は止まってしまっており，るり子は，子どもはこのようなできごとを「一生忘れない」と考え，「なんだかひどいことになってしまった」と感じている。るり子は，理不尽《りふじん》な女性に対してだけでなく，この事態にうまく対処できなかった自分にも「腹が立っ」たのだから，エがふさわしい。

問６　「大げさに頭をふっ」たり，「世界中の人にきこえるようなため息をつい」たりしていることから，るり子は気持ちを切りかえようとしていることが読み取れる。そして女性から身体的にも精神的にも離《はな》れたいという思いで，「フェンスにぴたりとからだを寄せて，川を覗《のぞ》きこんだ」と想像できる。問４，５でも見たとおり，女性に注意されたこと，それにより子どもたちが傷ついたことと，そこから気持ちを切りかえようとしているようすを，「しつこく注意を受け，子どもたちが傷ついたことによるいやな思いから，気持ちを切りかえようとしているから」といったかたちで書くとよい。

問７　ぼう線Ａとぼう線Ｂでは，るり子が昔から，「川と海は違《ちが》うもの」なのにつながっていること，その「境目《さかいめ》」がわからず不思議に感じていたことが振《ふ》り返られている。その後，父や姉と釣《つ》りをしたときに，自分は「案外いい線いってる」と思えたことや，フェンスを越《こ》えてカニを捕《と》ろうとした父との思い出を振り返るが，その父は三年前に亡《な》くなっており，姉の子どもたちはすでにあまり父のことを覚えていない。ただそれでも，海を川が流れつく先として「大きな水たまり」なのだと教えてくれた父を，「正しかった」と感じる思いは，るり子のなかに残っている。川と海の「境目」についてはわからないが，川が海に「流れつくこと」，そこにたまっていくことは確かであり，過ぎ去った時間も思い出や経験として人のなかに蓄積《ちくせき》されていくのである。るり子も，昔の思い出や姉の子どもたちとの交流という経験によってかたちづくられていると言えるので，ウがふさわしい。

問８　問７で見たとおり，るり子は，無謀《むぼう》にもフェンスを越えてカニを捕ろうとした父を思い出し，そのような父を「いつも正しかった」と考え，自分も「男に生まれたかった」と感じている。そして，男に生まれれば，そのような正しい父親の「息子」になれたし，誰《だれ》かの父親になれたし，注意をしてきた女性の理不尽さに負けず，「景気よくえさを撒けた」のではないかと考えている。よって，男性としての父親に憧《あこが》れがあると言えるので，イが選べる。

問９　るり子は「もともと子どもは苦手だ」と思っていたが，姉の三人の子どもたちと川で交流したことを通して，帰り道には「四人で広がって手をつなぐ」ほどの仲になっている。また女性に注意され緊張したりつまらなそうにしたりしていた子どもたちも，直接的には関係のないことを話し始めている。そしてこれに誰も返答せずに物語が終わることも合わせて考えると，エが正しいと言える。

三 **出典：今井《いまい》むつみ・秋田喜美《あきたきみ》『言語の本質　ことばはどう生まれ，進化したか』**。オノマトペは「感覚イメージを写し取る」語であるという定義について考察している。

問１　**a**　「しっくり」は物と物などが調和して安定しているさまを表す。ここでは，オノマトペがその母語話者には感覚的にわかりやすいことを表しているので，ウが合う。　**b**　「具象的」は直接それとわかるはっきりした形をもっているようすを表す。直前で絵画について「非常に細密に対象を切り取った」と述べているので，アがよい。

問２　筆者は，オノマトペが「感覚を表すことば」かを，ほかの品詞と比べながら論じている。そのなかで形容詞は，動詞や名詞と違《ちが》って，オノマトペと同様に「感覚のことば」であるが，「概念《がいねん》を表すことができる」と述べている。一方でオノマトペは概念を表すことばではなく，「身体感覚や心的経験」などの感覚を中心に表すことばだと説明している。このように筆者は，形容詞とオノマトペの比較《ひかく》から，ぼう線１のような結論を導いているため，動詞や名詞との比較から説明したイはふさわしくない。

問３　⑴　オノマトペが「感覚イメージ」を表すことばであることを確認した後，筆者は「写し取る」ということがどういうことなのかを論じている。もし感覚イメージを写し取っているならば，「知らない言語のオノマトペ」でも意味を予想できるのではないかとし，外国語のオノマトペを五つあげている。それぞれの意味と，日本語との対応を説明しているので，照らし合わせて空らんにあてはまるものを考えていく。Ａは「物体が移動した際に立てる音」で日本語の「ボトッ／ドサッ」に対応するから，オが入る。Ｂは「物体を移動させる様子」で日本語では「スッ」にあたり，「差し込《こ》む動き」だとも説明されているから，イがよい。Ｃは「ひとの身体的特徴《とくちょう》」で日本語の「ゲッソリ」に対応しているから，エがふさわしい。Ｄは「物体の視覚的な様子」で日本語の「キラキラ」にあたるので，アが入る。Ｅは「症状《しょうじょう》」を表し「クラクラ」という日本語に対応するから，ウである。　⑵　この五つの「問題」は，「写し取る」とはどのようなことかを考える糸口として，「オノマトペが万国共通に理解されるものなのか」を具体的に考えるものであった。筆者は，それらを次の段落で「一般《いっぱん》に」としてまとめている。そこで述べられていることを，「オノマトペは母語話者にはわかりやすいが，非母語話者にはわかりやすいとは限らないということ」といったかたちでまとめる。

問４　筆者は「感覚を写し取る」ことをもう少し深く考えるにあたって，そもそも「感覚」とは何かの定義を述べている。筆者は，「『感覚』は，外界にあるものではなく，表現者に内在するものである」としている。

問５　⑴　ぼう線４から始まる段落で，絵画について説明している。絵画は対象を写し取るものではあるが，大事なのは表現者の「主観的感覚」の表現であると説明したうえで，その感覚は表現者によって差があり，そのため絵画には，具体的なものか抽象《ちゅうしょう》的なものかという差が出ることになると述べている。よって，絵画の抽象度によって，表現に差が生まれると説明したアは，因果関係が逆転しており，適当でないと言える。　⑵　続く段落で筆者はオノマトペと絵画の関係について，オノマトペは「具象絵画に近い」と述べている。そのうえで，絵画は「言語や文化に関係なく」理解されるが，オノマトペは「特定の言語」の中でしか理解されないと説明している。よって，イが選べる。

問６　「アイコン」の特徴を「かなり抽象化しているのに，対象がわかりやすい点」にあると説明する筆者は，そのアイコンと同じ性質を持っていることに，オノマトペが注目されている大きな理由があると述べている。よって，両者は同じ性質を持つと考えられるため，エがふさわしい。

問７　本文は，オノマトペについての言語学者の抽象的な定義を，具体例を用いながら段階を追って考察している。よって，イが選べる。また，形容詞やアイコンとの差異や共通性などにふれながら，オノマトペが「身体的」な感覚表現であると，その特徴を述べている。よって，エも合う。オノマトペ自体は「聞きなじみのない」ものとは言えないので，アは適当でない。ウは「定義の否定」，オは「文章のはじめに持論を提示」がそれぞれ間違っている。

2024年度 桐光学園中学校

【算　数】〈第２回試験〉（50分）〈満点：150点〉

注意　１．定規・コンパスは使用できません。

２．円周率は3.14とします。

３．比はできるだけ簡単な整数の比で表しなさい。

1　次の□にあてはまる数を求めなさい。

(1)　$\left(1\frac{5}{12}-1\frac{11}{40}\right)\div 2\frac{1}{8}=$□

(2)　182÷13÷(7×5－□)＝7

(3)　12345秒は□時間□分□秒です。

(4)　５％の食塩水150ｇに水を□ｇ加えると４％の食塩水になります。

(5)　鉛《えん》筆３本とボールペン１本を買うと250円です。鉛筆４本の値段はボールペン２本の値段と同じです。ボールペン１本の値段は□円です。

2　次の□にあてはまる数を求めなさい。

(1)　2024の約数は全部で□個あります。

(2)　ある本を売るのに仕入れ値の10％の利益を見込《こ》むと定価は792円となり，仕入れ値の15％の利益を見込むと定価は□円となります。

(3)　ある草むらで，やぎ５頭を放牧すると10日で草を食べつくします。やぎ12頭を放牧すると３日で草を食べつくします。やぎ７頭を放牧すると□日で草を食べつくします。ただし，草が生える量とやぎ１頭が食べる草の量はそれぞれ１日あたり一定です。

(4)　下の図１は半径３cmで中心角が90°のおうぎ形と直角三角形を重ね合わせた図形です。図の斜《しゃ》線部分の面積の合計は□cm^2です。

(5)　下の図２で，点Ｏは円の中心です。角㋐の大きさは□度です。

(6)　下の図３の直角三角形ABCで，辺ACの真ん中の点をM，辺MCの真ん中の点をN，辺BCの真ん中の点をLとすると，辺LNの長さは□cmです。

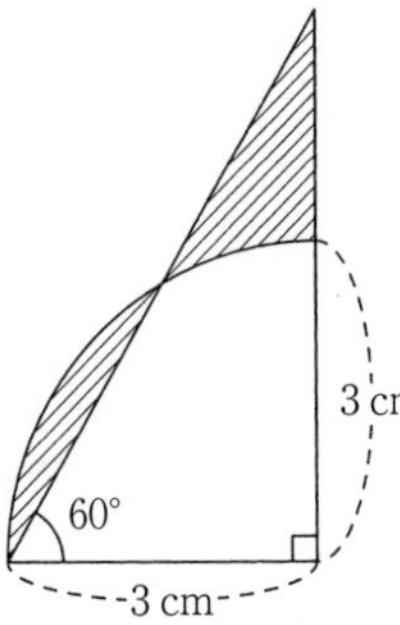

図１

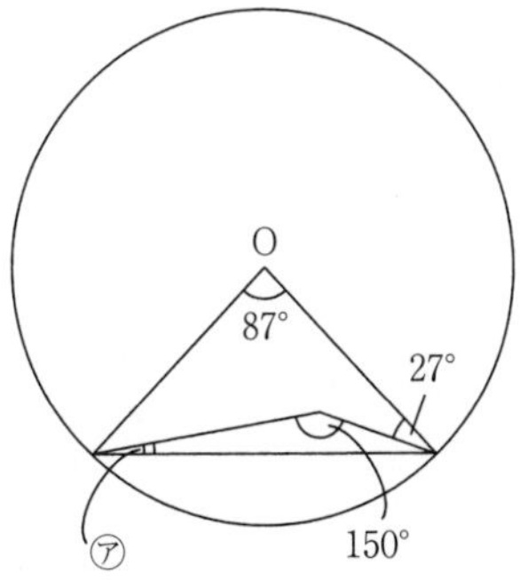

図２

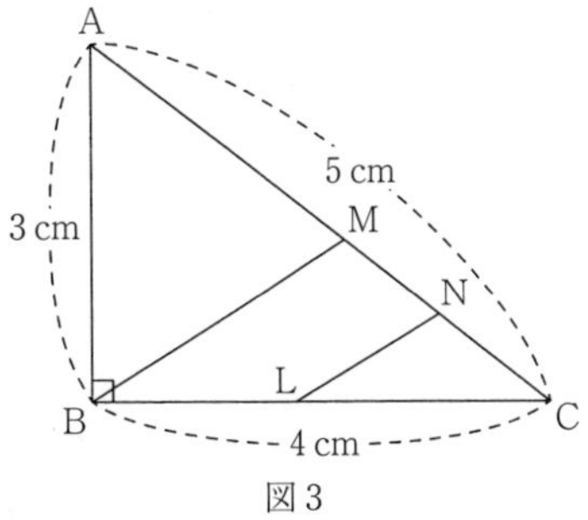

図３

3　ここでは炊《た》いたあとの米粒《つぶ》をご飯粒と呼ぶことにします。Ａさんは夕食を食べているときに，お茶碗《わん》一杯《ぱい》にご飯粒はいくつ入っているのかを疑問に思い，数えることにしました。Ｂさんに聞くと，「全部を数えるのは大変だから，一部を数えて比例の関係を利用すればいいよ。」と言われたので，そのように数えることにしました。お茶碗の中から５gのご飯粒を取り出し，数えたところ210粒ありました。ご飯粒１つの重さはすべて等しく，米粒１つと比べて重さは2.3倍であるとします。このとき，次の問いに答えなさい。

(1)　お茶碗一杯の中のご飯粒の重さは161gでした。米粒何gを炊くと，お茶碗一杯のご飯粒161gになりますか。

(2)　(1)のお茶碗一杯にご飯粒は何粒入っていますか。

(3)　稲１株から1600粒の米粒が取れるとするとき，１kg以上のご飯粒を用意するには，最低何株の稲が必要になりますか。整数で答えなさい。

4　１辺の長さが２cmである正六角形の折り紙について，次の問いに答えなさい。

(1)　右の図１のように，正六角形の辺の真ん中の点を結んでできる斜《しゃ》線部分の面積は，１辺が１cmの正三角形の面積の何倍ですか。

(2)　右の図２のように，正六角形の辺の真ん中の点を結んでできる斜線部分の面積は，１辺が１cmの正三角形の面積の何倍ですか。

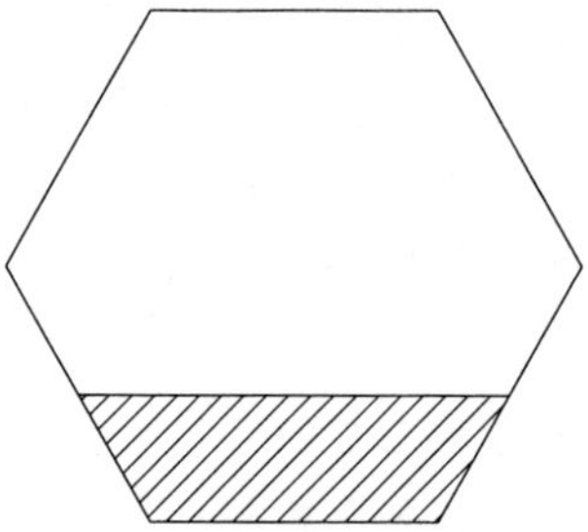

図１

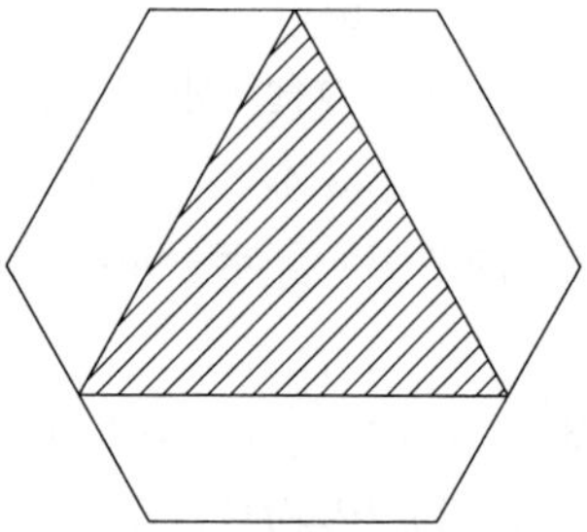

図２

(3)　図２の正六角形を斜線の正三角形の辺にそって折り，下の図３のような容器を作ります。この容器の容積は，辺の長さがすべて１cmの三角すいの体積の何倍ですか。

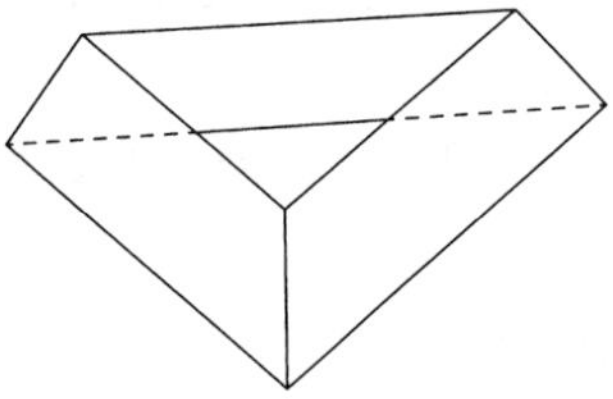

図３

5　兄と弟はＡ地点からＢ地点に向かいます。弟は一定の速さで歩き，兄は自転車に乗って弟の３倍の速さで進みます。兄は弟が出発してしばらくしてからＡ地点を出発し，Ａ地点とＢ地点のちょうど真ん中のＣ地点で22分間止まって休んだあと，Ｂ地点に向かいました。グラフはＡ地点からＢ地点までの兄と弟の位置と時間の関係を表しています。兄が弟に追いついた最初の地点をＤ，休んだあとに追いついた地点をＥとします。Ａ地点からＤ地点までの距離はＡ地点からＢ地点までの距離の $\frac{2}{5}$ 倍です。弟はＢ地点まで60分かかったとするとき，次の問いに答えなさい。

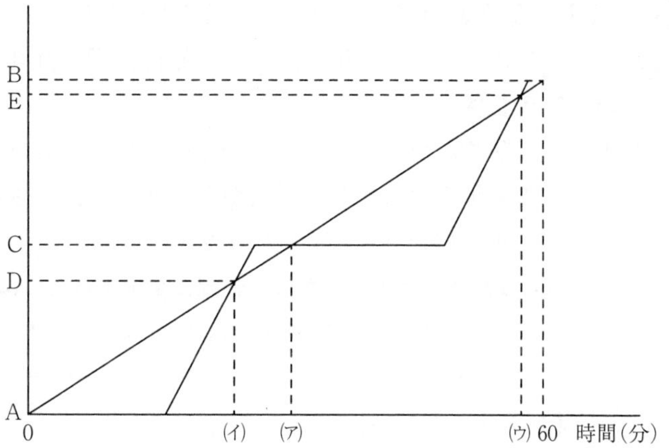

(1)　図中の(ア)の値を求めなさい。

(2)　図中の(イ)の値を求めなさい。

(3)　図中の(ウ)の値を求めなさい。

【社　会】〈第２回試験〉（40分）〈満点：100点〉

1　あさひさんは７月下旬に岡山県へ旅行に行く計画をしています。この旅行について，後の問いに答えなさい。

問１　あさひさんが家を出発してから岡山駅に最も早く到着する時刻を，あさひさんの話や，あさひさんが参考にした時刻表から考え，答えなさい。

※途中乗り換えをしても構《かま》いません。

※新横浜駅に到着してから新幹線に乗車するまでは12分間，乗り換えは５分間必要です。

※運転日注意のらんに ◆ のある列車は運転しません。

【あさひさんの話】

旅行の当日は朝６時に起床して，７時に家を出発します。家から新幹線に乗車する新横浜駅までは，徒歩と電車で35分かかります。事前に新幹線の切符を用意できたので，駅に到着してからすぐに新幹線に乗りたいと思います。友人は，小田原駅から私の乗っている新幹線に乗車してくる予定です。

【あさひさんが参考にした時刻表】

列車番号	705A	11A	633A	207A	7111A	6113A	9297A	13A	551A	9299A	9301A	707A	61A	847A		503A	9303A
車両形式	N700S	N700S	N700系	N700系	N700系	N700系	N700系	N700系	N700系	N700系	N700系	N700系	N700系	500系		N700系	N700系
編成両数	16両	16両	16両	16両	16両	16両	16両	16両	8両	16両	16両	16両	16両	8両		16両	16両
列車名	こだま 705	のぞみ 11	ひかり 633	のぞみ 207	のぞみ 111	のぞみ 113	のぞみ 297	のぞみ 13	さくら 551	のぞみ 299	のぞみ 301	こだま 707	のぞみ 61	こだま 847		ひかり 503	のぞみ 303
運転日注意				◆			◆										◆
発車番線	16	18	14	17	17	16	16	18		19	15	17	19			16	15
東京発	727	730	733	739	739	742	742	748	…	751	754	757	800	…	…	803	809
品川〃	734	737	740	746	746	749	749	755	…	759	801	804	807	…	…	810	817
新横浜〃	745	748	751	758	758	800	800	807	――	810	813	815	818	――	――	821	829
小田原〃	802	レ	807	レ	レ	レ	レ	レ	…	レ	レ	835	レ	…	…	レ	レ
熱海〃	810	レ	レ	レ	レ	レ	レ	レ	…	レ	レ	843	レ	…	…	レ	レ
三島〃	822	レ	レ	レ	レ	レ	レ	レ	…	レ	レ	855	レ	…	…	レ	レ
新富士〃	837	レ	レ	レ	レ	レ	レ	レ	…	レ	レ	908	レ	…	…	レ	レ
静岡着	847	レ	レ	レ	レ	レ	レ	レ	…	レ	レ	918	レ	…	…	902	レ
静岡発	852	レ	レ	レ	レ	レ	レ	レ	…	レ	レ	921	レ	…	…	907	レ
掛川〃	908	レ	レ	レ	レ	レ	レ	レ	…	レ	レ	938	レ	…	…	レ	レ
浜松〃	923	レ	レ	レ	レ	レ	レ	レ	…	レ	レ	951	レ	…	…	931	レ
豊橋〃	939	レ	レ	レ	レ	レ	レ	レ	…	レ	レ	1008	レ	…	…	レ	レ
三河安城〃	956	レ	レ	レ	レ	レ	レ	レ	…	レ	レ	1025	レ	…	…	レ	レ
名古屋着	1006	909	914	916	916	922	922	925	…	931	933	1037	939	…	…	1001	945
名古屋発	…	910	919	917	917	923	923	926	…	932	935	1043	941	…	…	1003	947
岐阜羽島〃	…	レ	935	レ	レ	レ	レ	レ	…	レ	レ	1058	レ	…	…	レ	レ
米原着	…	レ	947	レ	レ	レ	レ	レ	…	レ	レ	1110	レ	…	…	レ	レ
米原発	…	レ	953	レ	レ	レ	レ	レ	…	レ	レ	1116	レ	…	…	レ	レ
京都着	…	944	1012	951	951	957	957	1000	…	1006	1009	1134	1015	…	…	1037	1021
京都発	…	946	1013	952	952	959	959	1002	…	1007	1011	1136	1016	…	…	1043	1022
新大阪着	…	1000	1027	1006	1006	1012	1012	1015	…	1021	1024	1151	1030	…	…	1057	1036
発着番線		22	24	21	21	22	22	21	20	23	21	25	22	20		21	23
新大阪発	…	1002	…	…	1008	1014	…	1017	1020	…	…	…	1032	1037	…	1059	…
新神戸〃	…	1015	…	…	1021	1027	…	1030	1033	…	…	…	1045	1050	…	1112	…
西明石〃	…	レ	…	…	レ	レ	…	レ	レ	…	…	…	レ	1101	…	1123	…
姫路着	…	レ	…	…	レ	レ	…	レ	1049	…	…	…	1100	1112	…	1133	…
姫路発	…	レ	…	…	レ	レ	…	レ	1050	…	…	…	1101	1115	…	1136	…
相生〃	…	レ	…	…	レ	レ	…	レ	レ	…	…	…	レ	1127	…	1147	…
岡山着	…	1047	…	…	1053	1058	…	1102	1109	…	…	…	1120	1144	…	1202	…
岡山発	…	1048	…	…	1054	1059	…	1103	1110	…	…	…	1121	1150	…	…	…
新倉敷〃	…	レ	…	…	レ	レ	…	レ	レ	…	…	…	レ	1202	…	…	…
福山〃	…	1104	…	…	1110	レ	…	レ	1127	…	…	…	レ	1216	…	…	…

《時刻表の読み方》

時刻（８時９分）

通過する駅

10時21分到着

10時22分発車

運転していない区間

※時刻表は一部改変しています。

問２　あさひさんは地図を使いながら，旅行の計画を立てました。岡山県の形として正しいものを，次の中から１つ選び，番号で答えなさい。

※それぞれの縮尺は同じではありません。

※方位は北を上とし，島を省略している場合があります。

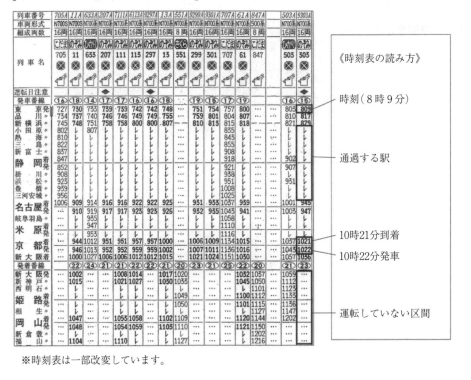

1　　2　　3　　4　　5

問３　東海道・山陽新幹線で東京駅から岡山駅まで向かう場合，車窓《しゃそう》から見える河川の順番として適当なものを，次の中から１つ選び，番号で答えなさい。

１．天竜川→木曽川→富士川　　２．天竜川→富士川→木曽川

３．木曽川→天竜川→富士川　　４．木曽川→富士川→天竜川

５．富士川→天竜川→木曽川　　６．富士川→木曽川→天竜川

問４　あさひさんが岡山駅に到着するまでに通過する都府県にある世界遺産として，正しいものを，次の中からすべて選び，番号で答えなさい。

１．厳島神社　　２．姫路城

３．百舌鳥・古市古墳群－古代日本の墳墓群－　　４．白神山地

５．富岡製糸場と絹産業遺産群

問５　岡山駅に到着し駅の案内板をみると，岡山駅から香川県高松市へ行けることを知りました。

(1)　岡山県と香川県を結ぶ橋の名称を答えなさい。

(2)　このときのルートを何と呼ぶか，以下の(★)にあてはまる地名を答えなさい。

児島《こじま》―(　★　)ルート

問６　あさひさんは，岡山市が政令指定都市になっていることを知りました。政令指定都市に指定されている市として，適当でないものを，次の中から２つ選び，番号で答えなさい。

１．横浜市　　２．熊本市

３．松江市　　４．京都市

５．名古屋市　　６．大阪市

７．静岡市　　８．鹿児島市

９．千葉市　　10．仙台市

問７　旅行当日は，気温25℃を超えることが予想されています。あさひさんは，岡山市の年間の気温と降水量を調べるために雨温図をつくりました。岡山市の雨温図として最も適当なものを，次の中から１つ選び，番号で答えなさい。

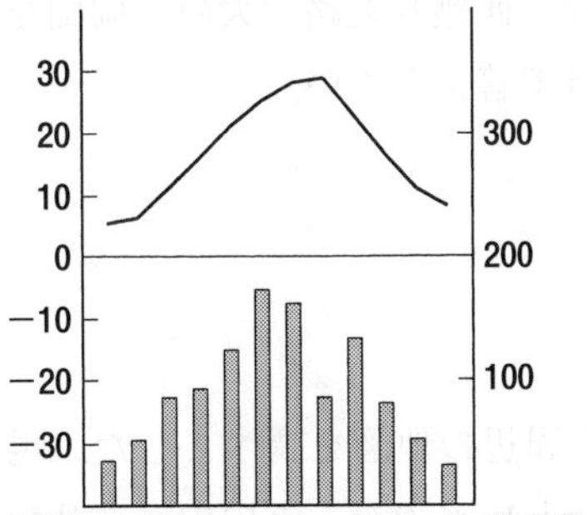

1

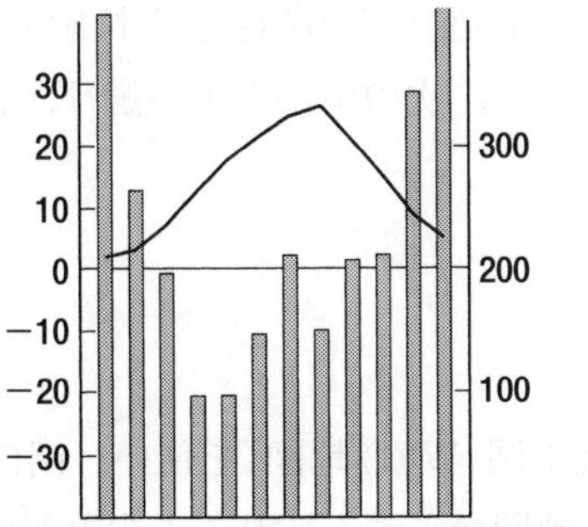

2

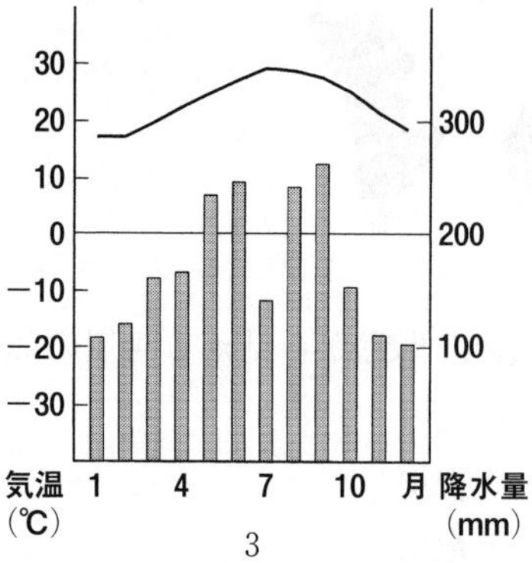

3

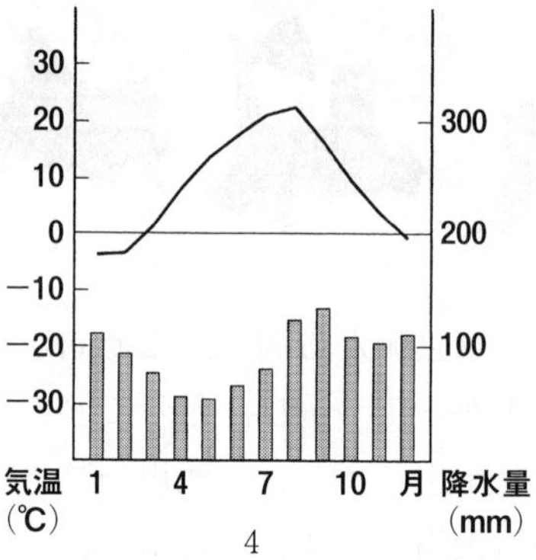

4

問８　あさひさんは家族へのお土産を検討するために伝統的工芸品を調べました。岡山県の伝統的工芸品として適当なものを，次の中から１つ選び，番号で答えなさい。

１．伊万里焼　　２．萩焼

３．備前焼　　４．美濃焼

５．益子焼

問９　あさひさんは「児島ジーンズストリート」という国産ジーンズメーカーが集まっている観光スポットを見つけました。なぜこの土地で繊維産業やジーンズの生産がさかんになったのか疑問に思い，調べてみることにしました。次の文章を読んで後の問いに答えなさい。

> かつて岡山平野の大部分は海で，現在の倉敷市児島一円は文字どおりの島だったが，江戸時代初期には干拓により本土と陸続きとなった。干拓地の新田は塩気があり，すぐには米作りができないため，塩気に強い(　あ　)が米の代わりにさかんに栽培された。また，当時の児島地域は，労働力が豊富な土地柄であり，その労働力を利用して，栽培された(　あ　)を加工し，付加価値をつけて雲斎《うんさい》織などの織物にして売るようになり，繊維産業が根付いていった。また，玉島・下津井《しもつい》には(　あ　)の栽培に欠かせない肥料として鰯《いわし》や(　い　)などが北海道や東北地方から持ち込まれた。
>
> 「岡山県の繊維産業」より

⑴　(あ)にあてはまる作物を答えなさい。

⑵　(い)にあてはまる魚種として適当なものを，次の中から１つ選び，番号で答えなさい。

１．まぐろ　　２．たい

３．さば　　４．にしん

⑶　下線部について，北海道などの産物を日本海側を通る西廻り航路で大阪や岡山などに持ち込んだ船を何と呼ぶか，次の中から１つ選び，番号で答えなさい。

１．朱印船

２．亀甲船

３．北前船

４．蒸気船

問10　あさひさんは地理院地図(WEB 地図)を使い，岡山駅周辺の地図を調べました。現在と大正15年の地図を比べ，地図から読み取れるものとして正しいものを，下の中から２つ選び，番号で答えなさい。なお，方位は北を上としています。

【大正15年】

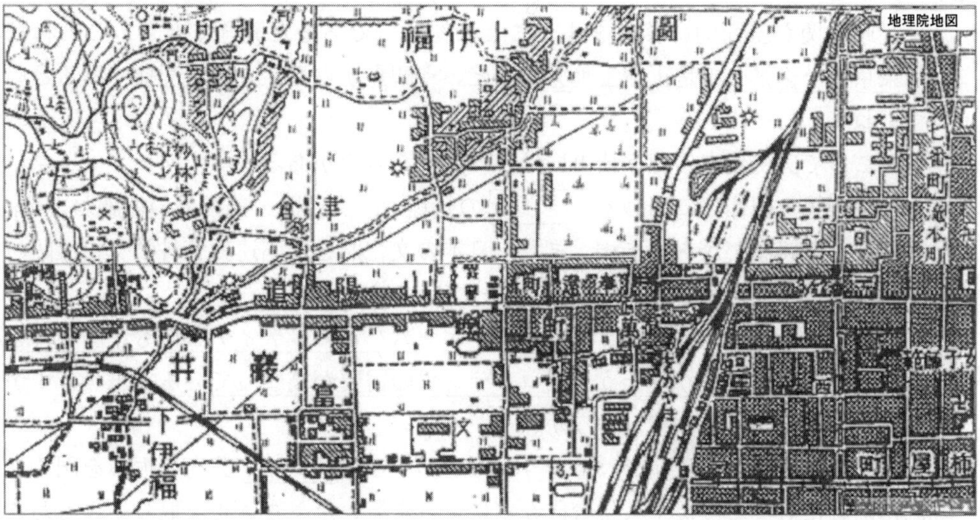

【現在】

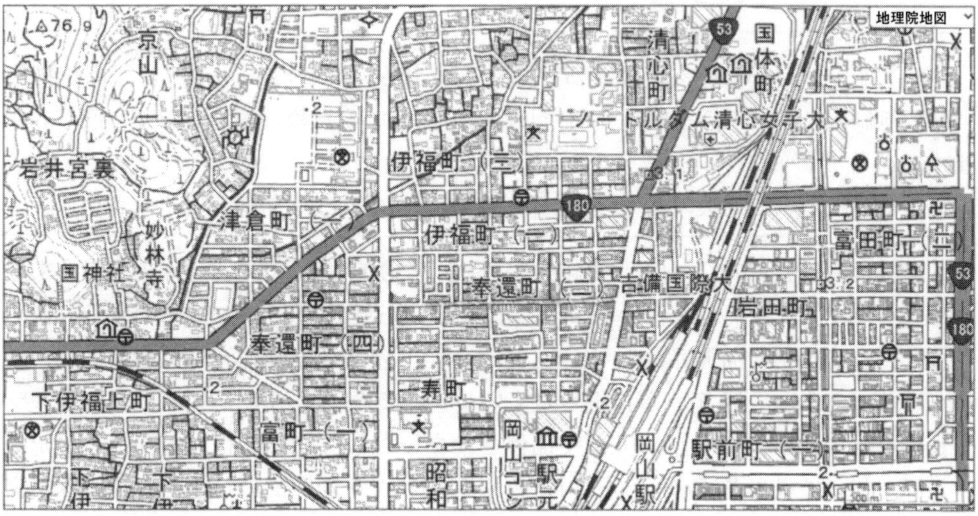

１．現在，岡山駅東口前には郵便局と博物館がみられる。
２．津倉町から伊福町にかけての水田地帯(乾田)の多くは，現在住宅や学校に変わっている。
３．現在，国体町には，老人ホームが建設されている。
４．現在，富田町北側の道路周辺には，大正15年から針葉樹林がひろく広がっている。
５．現在の寿町には，大正15年から高等学校が立地している。

2　次の会話文を読んで，後の問いに答えなさい。

桐子：先生，この建物は何ですか？
先生：ここは，［　①　］省の外局として設置されている「文化庁」です。2023年３月27日に，ア京都に移転されたばかりで，この移転は，京都府側が政府に誘致《ゆうち》の実現を強く求めた結果，2016年にイ閣議決定した「まち・ひと・しごと創生基本方針」に基づいて，段階的に進められてきた事業だったのですよ。

光子：江戸を「東京」と改め［②］時代にウ首都となって以来，中央省庁と呼ばれるエ行政機関が全面的に移転をすることは初めてであると聞きました。この移転は，オ東京の一極集中の是正《ぜせい》やカ地方創生という観点からも，大きな契機《けいき》であるといえますよね。

桐子：ところで，文化庁の担う仕事にはどのようなものがあるのですか。

先生：出版物等の創作物に関わる［③］の登録や，文化財・美術品の保護および活用，博物館の振興《しんこう》などがあります。また，日本の文化財をキ国連教育科学文化機関の登録する世界遺産に推薦《すいせん》する活動もおこなっていますよ。

光子：近年では，クアニメーションや漫画《まんが》，ゲームなどのメディア芸術も，国内外を問わず高く評価されており，そうしたコンテンツの需要《じゅよう》が高まっていると思いますが，文化庁との関連はあるのでしょうか。

先生：もちろんです。文化庁では，そうしたいわゆるケメディア芸術の振興を図るため，創作活動に対する支援や人材育成などに重点を置いたさまざまな取り組みもおこなっています。

問１　文中の［①］～［③］にあてはまる語句を答えなさい。ただし，［③］は，創作物を他人が無断で無制限に利用できないよう創作した者を保護するための権利であり，漢字３字が入ります。

問２　下線部アについて，次の文中の［④］～［⑥］にあてはまる語句を答えなさい。

京都は，1997年の［④］枠組《わくぐみ》条約第３回締約《ていやく》国会議(COP3)の開催《かいさい》地でもありました。この会議では，二酸化炭素の排出量削減を先進国に義務づけることが取り決められました。2015年に開催されたCOP21では，全ての参加国に削減目標を作ることを義務づける「［⑤］協定」が採択《さいたく》されています。また，2023年には，COP28がアラブ首長国連邦《れんぽう》の都市である［⑥］で開催されました。COP28では，［⑤］協定の締結以降，初めて世界各国の［④］対策の進捗《しんちょく》状況を国際的に評価する仕組みが実施されました。

問３　下線部イについて，閣議には，内閣総理大臣と国務大臣が出席します。国務大臣について述べた文ア・イについて，その正誤の組み合わせとして正しいものを，下の中から１つ選び，番号で答えなさい。

ア　国務大臣は，天皇によって任命される。

イ　現役自衛官は，国務大臣になることができない。

１．ア―正　イ―正　　２．ア―正　イ―誤

３．ア―誤　イ―正　　４．ア―誤　イ―誤

問４　下線部ウについて，各国の首都にあるものとして誤っているものを，次の中から１つ選び，番号で答えなさい。

１．旧グリニッジ天文台　　２．エッフェル塔《とう》

３．国際連合の本部　　４．日本銀行の本店

問５　下線部エについて，後の問いに答えなさい。

(1)　行政権を持つ内閣の仕事の内容として正しいものを，次の中からすべて選び，番号で答えなさい。

1．外国と条約を結ぶ　　2．政令の制定　　3．弾劾《だんがい》裁判所の設置

4．憲法改正の発議　　5．法律案や予算案の作成

(2)　日本では「行政の肥大化」といわれるように，行政の仕事や権限が大きくなりすぎたことが問題視され，「小さな政府」を実現しようとする取り組みがおこなわれてきました。その取り組みの1つに「民営化」がありますが，1980年代に民営化された国営企業として誤っているものを，次の中から1つ選び，番号で答えなさい。

1．日本郵政公社　　2．日本電信電話公社

3．日本専売公社　　4．日本国有鉄道

問6　下線部オについて，日本の政治は中央集権的な側面が強い一方，地方自治体の権限を強めて，主権者である住民が自らの意思と責任で決定していくしくみもあります。国と地方の政治のあり方について述べた文ア・イについて，その正誤の組み合わせとして正しいものを，下の中から1つ選び，番号で答えなさい。

ア　国は最高裁判所を設置し，地方自治体は，地方裁判所を設置する。

イ　国会は二院制であるが，地方議会は一院制である。

1．アー正　イー正　　2．アー正　イー誤

3．アー誤　イー正　　4．アー誤　イー誤

問7　下線部カについて，生徒の桐子さんは，地方自治体の財政を充実させることが地方創生の実現に繋《つな》がるのではないかと考え，北海道と東京都の歳入《さいにゅう》事情について調べて表にまとめました。表を見て，後の問いに答えなさい。

北海道と東京都の2022年度の歳入事情(円)					
自治体	歳入の合計	地方税など	A	B	地方債
北海道	3兆2,262億	6,222億	6,370億	5,811億	5,179億
東京都	7兆8,010億	5兆6,308億	不交付	7,422億	2,946億

各都・県のホームページより作成

(1)　表中の下線部について，地方債の説明として正しいものを，次の中から1つ選び，番号で答えなさい。

1．自治体が，国や金融《きんゆう》機関などから借り入れた資金のことである。

2．自治体が，住民票などの書類を発行した際に徴収《ちょうしゅう》した手数料のことである。

3．自治体が，住民から徴収した住民税などのことである。

4．自治体が，自治体の施設《しせつ》利用の対価として徴収した料金のことである。

(2)　表のA・Bには，国庫支出金・地方交付税交付金のいずれかが入ります。Aにあてはまる項目の説明として正しいものを，次の中から1つ選び，番号で答えなさい。

1．Aは国庫支出金であり，国が指定する仕事を拡大させるために国から配分される資金である。

2．Aは国庫支出金であり，自治体間の税収格差を縮小させるために国から配分される資金である。

3．Aは地方交付税交付金であり，国が指定する仕事を拡大させるために国から配分され

る資金である。

４．Ａは地方交付税交付金であり，自治体間の税収格差を縮小させるために国から配分される資金である。

問８　下線部キについて，後の問いに答えなさい。

(1)　国連教育科学文化機関の略称《りゃくしょう》を，アルファベットで答えなさい。

(2)　国連教育科学文化機関のほかにも国際連合の専門機関はたくさんありますが，国際連合の専門機関として正しいものを，次の中から１つ選び，番号で答えなさい。

１．OPEC　　２．IOC　　３．WHO　　４．APEC

問９　下線部クについて，海外で日本の漫画やゲームをはじめ，その他さまざまな輸出品がよく売れた場合に考えられる為替相場への影響として最も適するものを，次の中から１つ選び，番号で答えなさい。

１．輸出で獲得した「ドル」などを「円」に交換する動きが増えることで，円高を招く。

２．輸出で獲得した「円」などを「ドル」に交換する動きが増えることで，円高を招く。

３．輸出で獲得した「ドル」などを「円」に交換する動きが増えることで，円安を招く。

４．輸出で獲得した「円」などを「ドル」に交換する動きが増えることで，円安を招く。

問10　下線部ケについて，メディアに関連する事柄の説明として誤っているものを，次の中から１つ選び，番号で答えなさい。

１．メディアが伝える情報を，主体的に読み取ったり，取捨選択したりする能力をメディアリテラシーという。

２．社会的関心の高い事件などにおいて，メディアが関係者の住居等に殺到して強引な取材をすることをメディアスクラムという。

３．近年では，情報の送り手と受け手が双方向のコミュニケーションをとる手段がなくなり，情報の送り手による一方通行の情報伝達が主流となっている。

４．近年では，AI(人工知能)の発達によって，事件や災害などの画像や動画をネット上から自動収集するサービスがある。

3　昨年，桐光学園の中学２年生は京都と奈良の研修旅行で，多くの寺院を見学してきました。次の５つのカードはその時に訪れた一部の寺院についてまとめたものです。これらのカードを読んで，後の問いに答えなさい。

カードＡ

京都宇治　平等院

・創建の背景：

浄土信仰が社会に広く流行する中で藤原頼通が創建。

・現存する主な建物など：

鳳凰堂…池に面して鳥が翼を広げたように美しい姿で建立された，ア摂関政治時代をしのぶことができる現存する建物。創建当時からの阿弥陀如来坐像《あみだにょらいざぞう》を本尊《ほんぞん》とする。

カードB

京都嵯《さ》峨《が》嵐山《あらしやま》　天龍寺

・創建の背景：

　足利尊氏とその弟らが後醍醐天皇の冥福《めいふく》を祈《いの》って創建。

・現存する主な建物など：

　創建当初の建物は度重なる火災や，応仁の乱，イ<u>江戸時代末の尊王攘夷運動</u>に巻き込まれて焼失したため主な建物は明治以降に建てられた。ウ<u>庭園は創建当時の面影をとどめており</u>，わが国最初の史跡・特別名勝に指定される。

カードC

奈良斑鳩《いかるが》　法隆寺

・創建の背景：

　厩戸王(聖徳太子)が亡き父用明天皇のために寺の造営を発願。

・現存する主な建物など：

　金堂…法隆寺の中でも最も古い建造物の一つで，聖徳太子の病気の治癒《ちゆ》を願ってつくられた釈迦三尊像などがある。

　回廊…金堂と五重塔を囲むようにつくられた廊下。法隆寺の中でも最古の建造物の一つで柱はギリシャのエ<u>アクロポリスのパルテノン神殿</u>の柱と同じ特徴を持つ。

カードD

奈良西ノ京　薬師寺

・創建の背景：

　天武天皇が皇后である後の持統天皇の病気治癒を願って創建を発願。

・現存する主な建物など：

　金堂…建物はオ<u>昭和時代</u>の再建だが，中にある薬師三尊像は創建当初からある薬師寺の本尊であり国宝に指定されている。

　東塔…２つある塔のうち東側の塔。平城京の時代から残る最古の建物として国宝に指定されている。六層の屋根のように見えるが実際には三重塔。

カードE

奈良　東大寺

・創建の背景：

　もとは聖武天皇が亡くなった皇子のために創建したが，国分寺建立の詔・大仏造立の詔が発せられ，国家全体を護る寺となる。

・現存する主な建物など：

盧舎那大仏…いわゆる「東大寺の大仏様」。平安時代末や戦国時代に焼失し，現在の大仏の多くの部分はカ江戸幕府5代将軍の時に復興したもの。

南大門…キ後白河上皇や源頼朝の援助を受け東大寺が再興された時に建立される。門の両側に運慶らによる金剛力士像の巨像がある。

正倉院宝庫…聖武天皇やその皇后の愛用品などを現代に伝えた宝庫。三月堂や転害門とともに創建された時代のものとされる。

問1　カード**A**～**E**を創建年代の古い順に並べた時，正しいものを，次の中から1つ選び，番号で答えなさい。

1．**D→C→E→B→A**　2．**D→C→A→E→B**　3．**E→C→D→A→B**

4．**E→A→C→D→B**　5．**C→D→E→A→B**　6．**C→E→D→B→A**

問2　カード**A**～**E**から読み取れる内容として正しいものを，次の中から1つ選び，番号で答えなさい。

1．創建者の家族や身近な人物に関係して寺院が建立されることも多い。

2．奈良時代の寺院の建物で現存しているものは法隆寺のものだけである。

3．神道が重視された明治時代には寺院の建物は再建されなかった。

4．寺院は武士たちにも尊重されたので戦火で焼けることはなかった。

問3　下線部アについて，摂関政治をおこなった藤原氏は権力をどのようにして握《にぎ》り続けたのか説明しなさい。

問4　下線部イについて，江戸時代の尊王攘夷運動に関連する次のⅠ～Ⅲの写真や絵を，その出来事が起きた古い順に並べた時，正しいものを，下の中から1つ選び，番号で答えなさい。

Ⅰ　四ヵ国連合軍による長州藩下関砲台占領

Ⅱ　京都二条城での大政奉還

聖徳記念絵画館より

Ⅲ　桜田門外の変

国会図書館より

1．Ⅰ→Ⅱ→Ⅲ　　2．Ⅰ→Ⅲ→Ⅱ　　3．Ⅱ→Ⅰ→Ⅲ

4．Ⅱ→Ⅲ→Ⅰ　　5．Ⅲ→Ⅰ→Ⅱ　　6．Ⅲ→Ⅱ→Ⅰ

問５　下線部ウについて，この寺が創建された時代には石と砂で山や水などを表す様式の庭園づくりが流行しましたが，こうした様式を何と呼ぶか答えなさい。

問６　下線部エについて，パルテノン神殿の写真を次の中から１つ選び，番号で答えなさい。

1

2

3

4

問７　下線部オについて，昭和時代の出来事について述べた文として正しいものを，次の中から１つ選び，番号で答えなさい。

1．第一次護憲運動が起こり，桂内閣を退陣させた。

2．関東大震災が起こり，東京・横浜などに大きな被害を出した。

3．ベルサイユ条約に調印するとともに国際連盟の常任理事国となった。

4．取り付け騒ぎが起こり，中小銀行が休業する金融恐慌が起こった。

問８　下線部カについて，江戸幕府５代将軍の時代の出来事について述べた文として正しいものを，次の中から１つ選び，番号で答えなさい。

1．出島が完成し，オランダ商館を移していわゆる鎖国体制が完成した。

2．杉田玄白や平賀源内などが活躍し，蘭学が流行した。

3．孔子をまつる湯島聖堂がつくられ，儒学の教えを重視させた。

4．幕府の政治に不満を持った大阪の役人が庶民とともに蜂起した。

問９　下線部キについて，後白河法皇と源頼朝に関して述べたＡ～Ｄの文のうち，正しい文の組み合わせを，下の中から１つ選び，番号で答えなさい。

Ａ．後白河天皇は保元の乱で源氏や平氏をやとって，兄である崇徳上皇に勝利した後に院政をおこなった。

Ｂ．後白河法皇は北条義時追討の兵をあげ承久の乱を起こしたが，幕府軍に敗北し処罰された。

C．源頼朝は弟たちを西日本での平氏との戦いに向かわせ，自らは鎌倉で武家政権に向けての準備をした。

D．源頼朝は武士の法典となる御成敗式目を自ら編さんし，鎌倉幕府の御家人に公布した。

１．A・C　　２．A・D　　３．B・C　　４．B・D

問10　次の写真はカード**A**～**E**のいずれかの寺院のものです。カードに書かれた内容も参考にしながら正しいものを１つ選び，**A**～**E**で答えなさい。

【理　科】〈第２回試験〉（40分）〈満点：100点〉

注意　数値を答える場合は，整数または小数で答えなさい。
割りきれない場合は，問いの指示に従って四捨五入しなさい。
問いに別の指示がある場合は，その指示に従って答えなさい。

1　問いに答えなさい。

〔１〕　図は，日本の夜空の星へカメラを向けてシャッターを一定時間開けてとった写真をスケッチしたものです。図中の星Xは何という星座にありますか。次のア～オから１つ選び，記号で答えなさい。

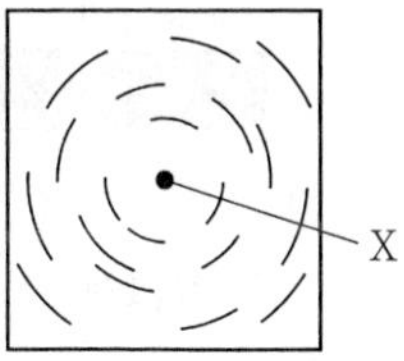

ア．こぐま座　　イ．カシオペア座　　ウ．白鳥座
エ．さそり座　　オ．オリオン座

〔２〕　日本に来る台風について，地表付近の風のふき方として，正しいものを次のア～エから１つ選び，記号で答えなさい。ただし，台風の目を〇で表しています。

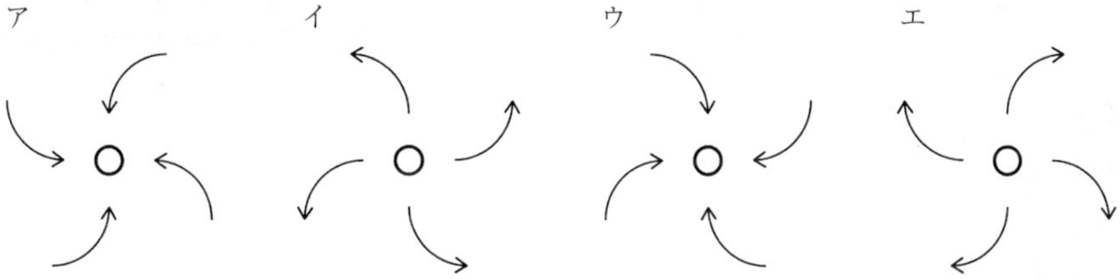

〔３〕　堆積《たいせき》岩のうち，どろの細かい粒《つぶ》からできた岩石を何といいますか。

〔４〕　太陽全体またはその一部が月にかくされる現象を何といいますか。

2　〔１〕　ものの燃え方について，問いに答えなさい。

ろうそくや木が燃えるとき，空気中の酸素が使われて，二酸化炭素などの別の物質が生じます。

マグネシウムや銅などの金属についても同様に，空気中の酸素と結びつき，酸化マグネシウムや酸化銅という物質が生じます。このとき，二酸化炭素などの物質は生じず，使われた酸素はすべて金属と結びつきます。

(1)　空気中の酸素の割合は何％ですか。次のア～エから最も近いものを選び，記号で答えなさい。

ア．80％　　イ．60％
ウ．20％　　エ．１％

(2)　実験室で酸素を発生させるのに必要なものを，次のア～カから２つ選び，記号で答えなさい。

ア．二酸化マンガン　　イ．食塩水
ウ．過酸化水素水　　エ．水酸化ナトリウム水溶《よう》液
オ．塩酸　　カ．アルミニウム

(3)　次のページのア～エは，ねん土に立てたろうそくに火をつけ，底のないびんを上からかぶせて燃え方を調べた実験です。一番長くろうそくが燃え続けるのはどれですか。次のア～エから１つ選び，記号で答えなさい。

ア　　　イ　　　ウ　　　エ

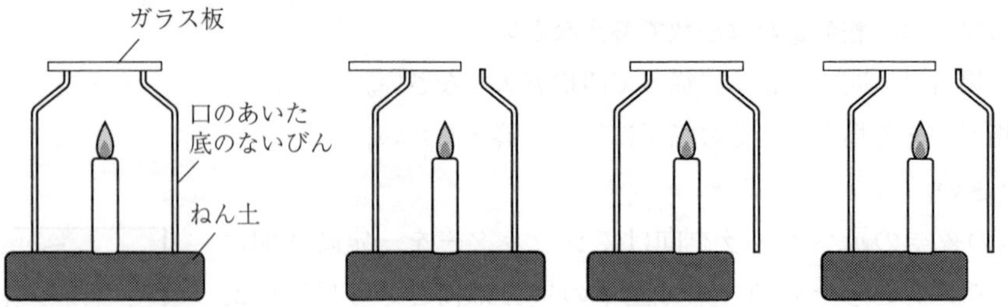

(4)　ろうそくを燃やした後の気体に二酸化炭素が含まれていることを確認するために用いる水溶液は何ですか。漢字で答えなさい。

(5)　図のように水を入れた皿にろうそくを立て，火をつけた後，その上からすばやくビーカーをかぶせました。しばらくするとろうそくの火は小さくなり，やがて消えました。ビーカーの中の水はどうなりますか。次のア～エから１つ選び，記号で答えなさい。

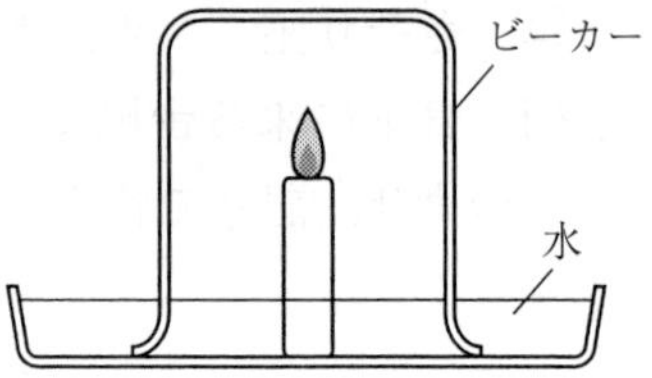

ア．水面が上がる。
イ．水面は変わらない。
ウ．水面が下がる。
エ．水がすべてなくなる。

〔２〕　重さの異なるマグネシウムと銅をそれぞれ空気中で酸素と反応させました。下の表はその結果です。

〔表１〕　マグネシウムの重さの変化

マグネシウムの重さ(g)	0.6	0.9	1.8	(ア)	3
酸化マグネシウムの重さ(g)	1	1.5	3	3.5	5

〔表２〕　銅の重さの変化

銅の重さ(g)	0.6	1.2	1.8	(イ)	3
酸化銅の重さ(g)	0.75	1.5	2.25	2.5	3.75

(1)　表中の(ア)，(イ)にあてはまる数字を答えなさい。

(2)　マグネシウム1.5gを完全に反応させたとき，結びつく酸素は何gですか。

(3)　銅4.2gを空気中で反応させました。途《と》中で反応させるのをやめたところ，4.8gになりました。このとき生じた酸化銅は何gですか。また，まだ反応していない銅は何gですか。

(4)　マグネシウムと銅の重さが３：２になるようにまぜ合わせました。これを完全に反応させたところ12.5gになりました。はじめにあったマグネシウムは何gですか。小数第１位を四捨五入して整数で答えなさい。

3　ヒカルさんはテレビドラマをきっかけに草花に興味を持ち，近所の広場や公園などで観察を続けるようになりました。植物のからだについて，問いに答えなさい。

〔１〕　３月はじめにサクラ(ソメイヨシノ)の枝の先の方を観察していると，〔図１〕のようにたくさんの芽がついていました。毎日観察していると枝についている芽には，ふくらんできた芽と細いままの芽があることに気付きました。〔図１〕の枝についた芽をカッターナイフで切って，

断面をスケッチしたものが〔図２〕です。〔図２〕の①③の芽の断面には，黄色い小さい粒《つぶ》がたくさん観察できました。

〔図１〕

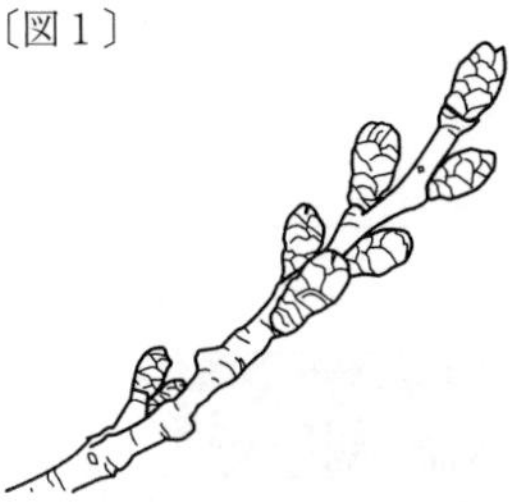

〔図２〕

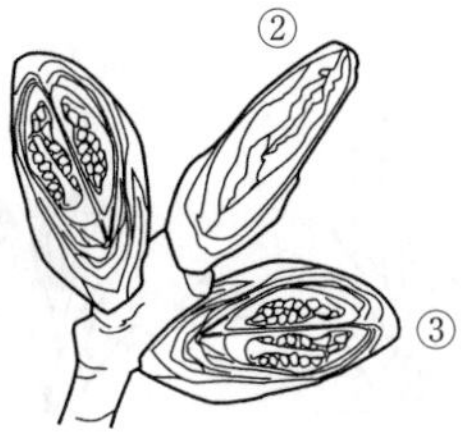

(1) 〔図２〕の①③の芽の断面にみられる黄色い小さい粒は何ですか。次のア～エから１つ選び，記号で答えなさい。

ア．めしべ　　イ．おしべ　　ウ．花びら　　エ．若い葉

(2) 〔図２〕の②の芽は，時間がたつと何になりますか。次のア～ウから１つ選び，記号で答えなさい。

ア．葉

イ．枝

ウ．花

〔２〕 サクラの花が咲《さ》く季節に観察に出かけたとき，花を咲かせている植物はどれですか。次のア～カから２つ選び，記号で答えなさい。

ア．コスモス　　　　　イ．アブラナ

ウ．アサガオ　　　　　エ．ホウセンカ

オ．カラスノエンドウ　カ．キンモクセイ

草花の観察を続けているうち，ヒカルさんは色々な形がみられる草も，葉の形やつき方で大きく２種類の特徴《ちょう》があることに気付きました。それぞれの特徴を簡単な図にしたものが，〔図３〕です。

〔図３〕 タイプA　　　　タイプB

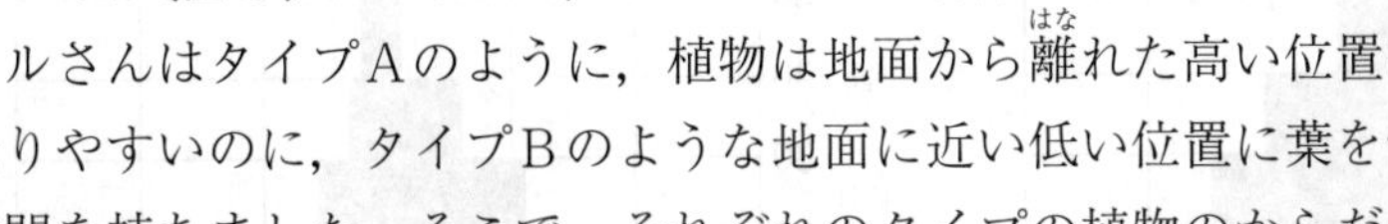

〔３〕 ススキは〔図３〕のタイプA，Bのどちらの特徴を持ちますか。AまたはBで答えなさい。

ヒカルさんはタイプAのように，植物は地面から離《はな》れた高い位置に葉をつけた方が葉に日光が当たりやすいのに，タイプBのような地面に近い低い位置に葉をつける植物もあるのはなぜか，疑問を持ちました。そこで，それぞれのタイプの植物のからだの特徴と日光の当たり方を，先生と一緒《しょ》に調査することにしました。

〔調査手順〕

① タイプAの植物がまとまって生《は》えている場所で，1 m^2 の調査枠《わく》をつくる。

② タイプBの植物がまとまって生えている場所でも，①と同じ調査枠をつくる。

③ 地面から高さ10cmごとの明るさを，それぞれの調査枠ではかる。

④　下図のように上の層から順に刈《か》り取り，高さごとに「葉」と「葉以外の部分」に分け，乾《かん》燥《そう》させた後にそれぞれの重さ(乾燥重量)をはかる。

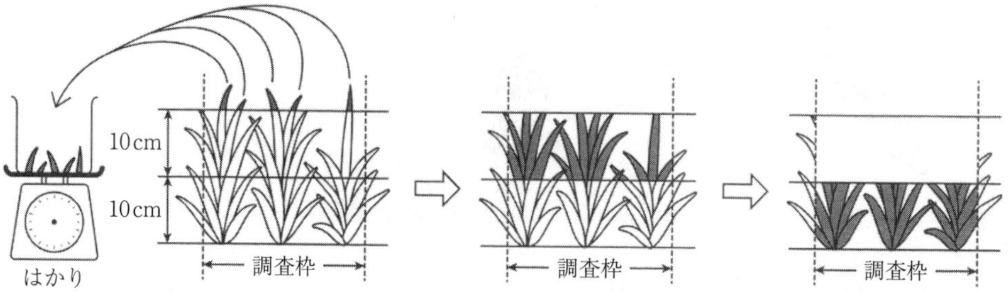

〔４〕　調査手順③ではかった，タイプＡ・Ｂの植物の高さごとの明るさを示したものは，次のア～エのどのグラフになりますか。ただし，グラフの横軸《じく》の明るさは，調査枠内の一番明るい位置での明るさを100とした割合で示しています。

ア

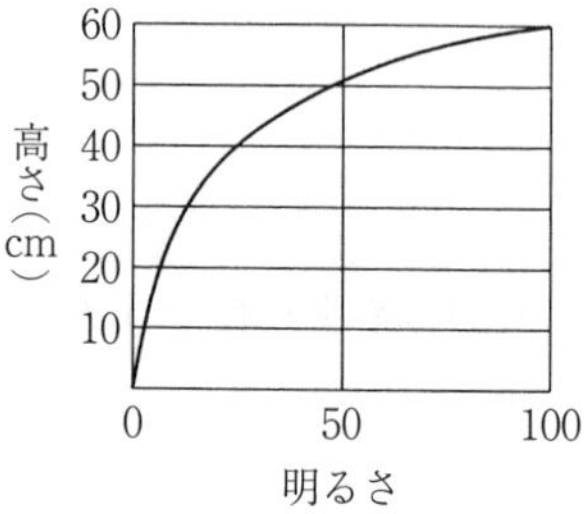

イ

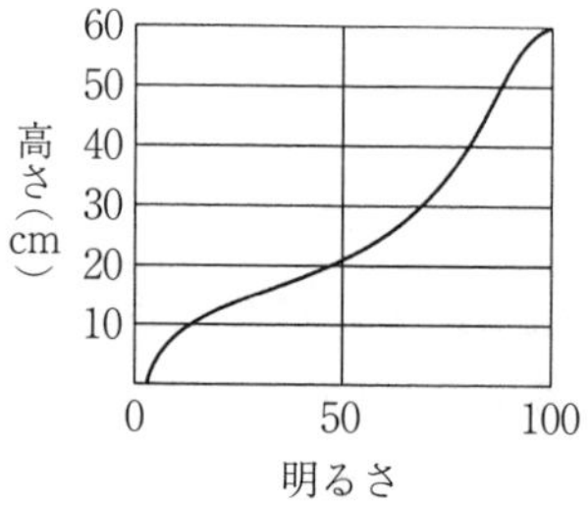

ウ

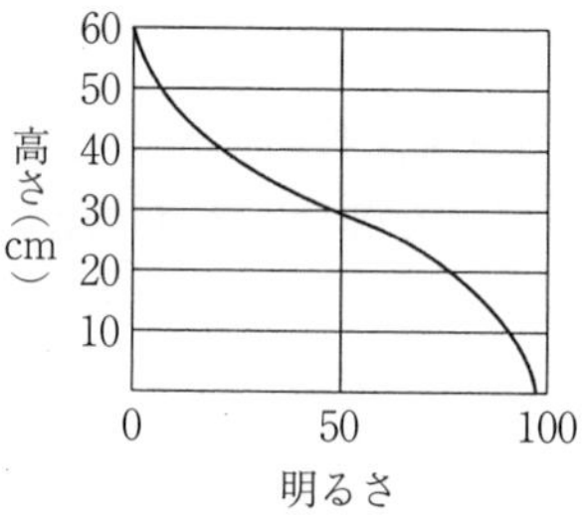

エ

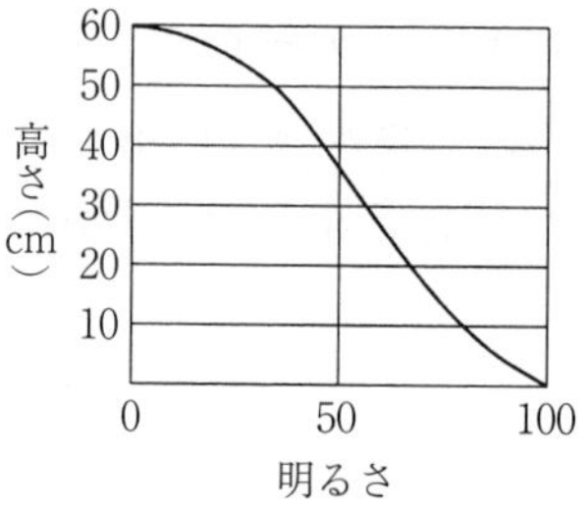

〔５〕〔図４〕は，調査手順④の結果をまとめたものです。タイプＢの植物の結果は，〔図４〕のａ・ｂのどちらになると考えられますか。

〔図４〕

a

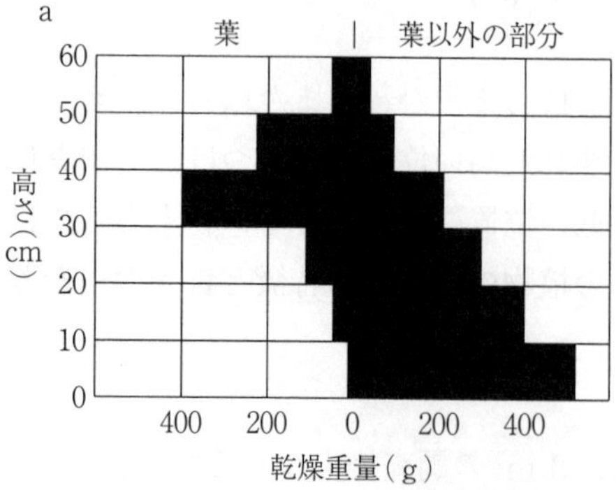

b

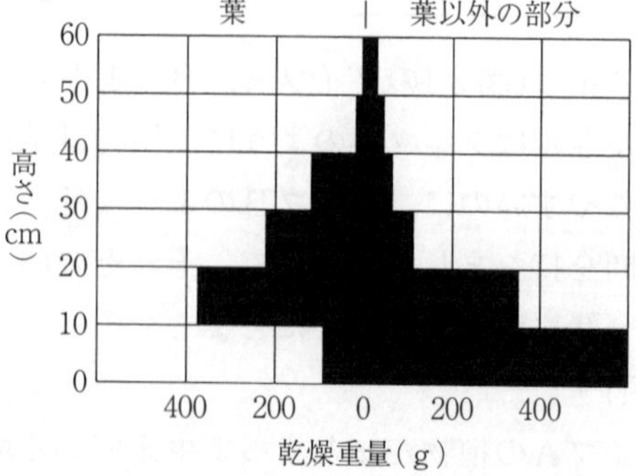

〔６〕　次の(1)～(4)の文は，〔図４〕のａ・ｂのどちらの植物にあてはまる特徴ですか。ａまたはｂで答えなさい。どちらにもあてはまらない場合は，×と答えなさい。

(1)　植物の高い位置の茎《くき》に葉が斜《なな》めにつき，地面に近い低い位置では葉が水平につく。

(2)　細長い葉が，地面に近い位置に斜めにつく。

(3)　地面から離れた高い位置に，広く大きな葉が水平につく。

(4)　低い位置から高い位置まで，茎全体にまんべんなく葉がつく。

〔7〕　ヒカルさんは，植物のからだの特徴と日光の当たり方についての調査の結果を，植物のはたらきに関連付けてまとめてみました。

葉に日光が当たると[①]とよばれるはたらきによってデンプンがつくられます。植物も動物と同じように絶えず[②]を行い，つくり出されたデンプンを消費しています。[②]で使いきれなかったデンプンは，植物の成長に使われます。

調査結果から，〔図4〕のａの植物は葉が[③]位置についていることがわかります。葉以外の部分は[①]を行わず，[②]のみ行うつくりですが，〔図4〕のａの植物は葉以外の部分の割合が多くなっています。これは[③]位置にある葉を支えるためのつくりが，多く必要になるからと考えられます。

これに対して〔図4〕のｂの植物は葉が[④]位置についているので，支えるためのつくりがそれほど必要ないと考えられます。また，〔図4〕のｂの植物の葉は細長いため，光が[⑤]ところにまで届くと考えられます。[⑤]ところは土台を支えるために葉以外の部分も多くなっています。

草がまとまって生えているとき，光が強い環《かん》境では，[⑥]位置まで十分に光が届くので，〔図4〕の[⑦]の植物のほうが生育に有利になると考えられます。

(1)　文中の①・②にあてはまる語句をそれぞれ答えなさい。

(2)　文中の③～⑥には「高い」または「低い」の語句が入ります。「低い」が入るものをすべて選び，番号で答えなさい。

(3)　文中の⑦にあてはまるのはａ・ｂどちらですか。

4　翔平《しょうへい》君は，てんびんやばねはかり，板やバットを使って，いくつかの実験をしました。

〔1〕〔図1〕のようなてんびんがあります。

ただし，てんびんの重さは考えないものとします。

〔図1〕

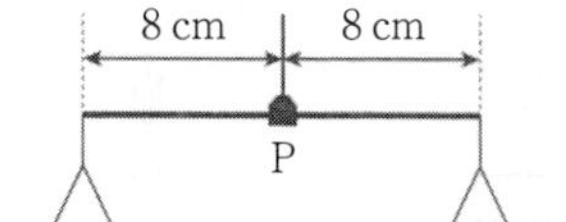

〔図2〕

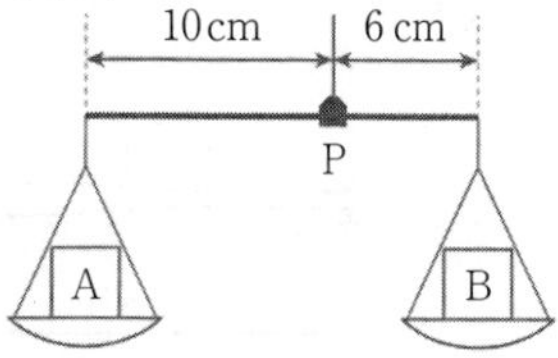

(1)　〔図1〕のＰの部分を何といいますか。漢字で答えなさい。

(2)　〔図2〕のように，左の皿に90ｇのおもりＡ，右の皿におもりＢをのせて，Ｐをてんびんの左端《はし》から10cmの位置にずらしたところ，てんびんは水平になってつり合いました。おもりＢは何ｇですか。

(3)　左の皿に20ｇのおもりＣ，右の皿に140ｇのおもりＤをのせて，Ｐの位置をずらしたところ，てんびんは水平になってつり合いました。

①　このとき，Ｐはてんびんの左端から何cmの位置にありますか。

②　この状態から，左右それぞれに40ｇのおもりを追加しました。てんびんをつり合わせるためには，Ｐの位置を左右どちら向きに何cm移動させればよいですか。

〔２〕〔図３〕のように，実験室の水平な机の上に長さ100cmの板を置き，その上に100gのおもりを置きました。おもりは，板の左端から80cmのところにあります。板には，左端から20cmのところに糸ａ，右端に糸ｂ，おもりには糸ｃがつけられています。これらの糸１本ずつにばねはかりをつけて，次のような操作をしたときのばねはかりの目もりを読みました。ただし，板の重さは考えないものとします。

〔図３〕

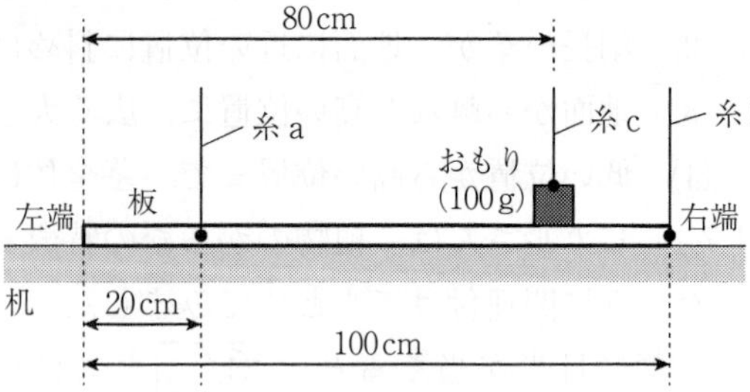

操作
① 糸ａだけにばねはかりをつけて，ばねはかりをゆっくり真上に引き上げたところ，板の左端が机から離《はな》れました。
② 糸ｂだけにばねはかりをつけて，ばねはかりをゆっくり真上に引き上げたところ，板の右端が机から離れました。
③ 糸ｃだけにばねはかりをつけて，ばねはかりをゆっくり真上に引き上げたところ，おもりが板から離れました。

(1) 操作①～③をしたときのばねはかりの目もりを比べるとどうなりますか。目もりの大きい順に並べたものを，次のア～カから１つ選び，記号で答えなさい。

ア．①＞②＞③　　イ．①＞③＞②　　ウ．②＞①＞③
エ．②＞③＞①　　オ．③＞①＞②　　カ．③＞②＞①

(2) 操作①をしたときのばねはかりの目もりは何gですか。

(3) 操作②をしたときのばねはかりの目もりは何gですか。

〔３〕 重さ920g，長さ88cmの野球のバットがあります。このバットを下の〔図４〕のように●印に糸ｄをつけて引き上げたところ，バットは机から離れて水平になりました。

〔図４〕

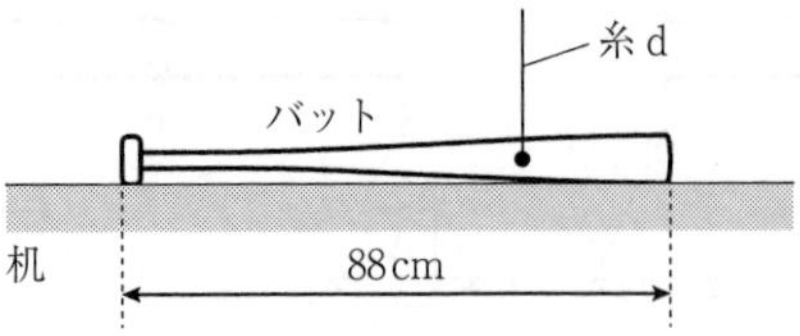

〔図５〕

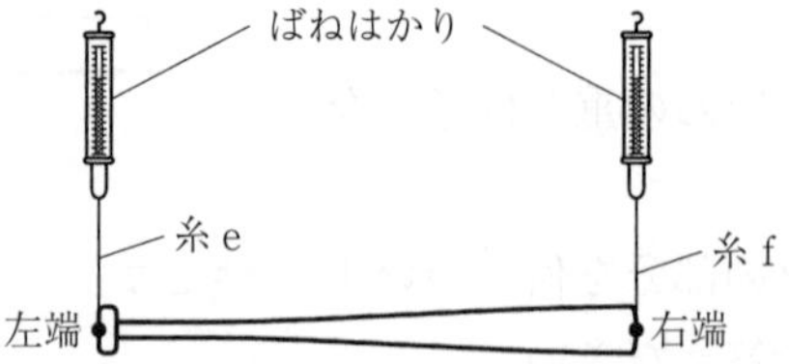

次に上の〔図５〕のように左端と右端に糸ｅと糸ｆをつけてばねはかりを引き上げたところ，バットは水平になりました。このとき，糸ｆにつけたばねはかりの目もりは575gでした。

(1) 糸ｅと糸ｆにつけられたばねはかりの目もりの合計は何gですか。

(2) 糸ｅにつけられたばねはかりの目もりは何gですか。

(3) 糸ｄをつけた位置は，左端から何cmですか。

る要因にはなっていないと言えるから。

ウ　人間の過去の歴史においては、生存には影響のない食料を確保する経験を持っていなかったために、せっかくの余剰《よじょう》食料を生存の調整に向けて応用できずにいるから。

エ　現代の人間社会では、長年の苦労の末に必要量を上回る食料を蓄《たくわ》えることには成功したものの、その高い能力を出生率に反映させるには至《いた》っていないから。

問八　――線６「線を引く」とありますが、その説明として最も適当なものを次の中から選び、記号で答えなさい。

ア　やさしさの適用範囲を狭《せば》めて、密度の濃い関係にこだわっていくこと。

イ　やさしさを適用する範囲の拡張によって、分配を充実させていくこと。

ウ　やさしさの適用範囲を歪《ゆが》めて、協力体制を極端なものにしていくこと。

エ　やさしさを適用する範囲の限定によって、分業の可能性を閉ざすこと。

問九　――線７「冷静になってみると残酷《ざんこく》に思えます」とありますが、その理由として適当でないものを次の中から一つ選び、記号で答えなさい。

ア　活《い》きの良さの半面、生きものとしての姿や命への「共感」要素が生々しく示されているものだから。

イ　鮮度を演出するための盛り付け方が工夫された一方で、やさしさ故のプレッシャーが促《うなが》されてしまうものだから。

ウ　生きている姿を損《そこ》なわずに目にできることで、自然愛好の感覚を特に満たし得る、「共感」不要のものだから。

エ　人間とは姿形が異なるものの、目、鼻、口を持つ生物としての存在を意識せずにはいられないものだから。

問十　〰〰線Ｘ「さて今後、人間はどうなっていくのでしょうか」とありますが、本文で述べられている食料事情をふまえて、あなたの考えを述べなさい。その際、「共感能力」を必ず引用すること。

れぞれ選び、記号で答えなさい。（ただし、同じ記号を二度使ってはいけません。）

ア　むしろ　イ　もう　ウ　まさか
エ　きっと　オ　もし

問二　――線１「人間はどんどんやさしくなってきています」とありますが、ここでの「やさしさ」の説明として最も適当なものを次の中から選び、記号で答えなさい。

ア　自分よりも他人の気持ちを大切にしようとすること。

イ　他の存在と協力する機会を求めようとすること。

ウ　自分以外の存在の気持ちになって考えること。

エ　すべての生き物の命を自分と同じように大切にすること。

問三　――線２「まだ許されている」とありますが、そのように述べる理由について、「ウシやブタ」という表現を用いて分かりやすく説明しなさい。

問四　――線３「飢餓《きが》時には～距離感」とありますが、この表現から読み取れることがらとして最も適当なものを次の中から選び、記号で答えなさい。

ア　人間は、これまでは結果的に状況に応じたやさしさを通して、食料の確保を可能にしてきた、ということ。

イ　人間は、必要以上にやさしさを発揮したからこそ、食の意識を高めることができた、ということ。

ウ　人間は、食料問題の解決に向けて、本来のやさしさの意味を修正しなければならない、ということ。

エ　人間は、今後の生存を有利に確保するために、かつてなかったやさしさを探し当てるべきだ、ということ。

問五　[Y] に入る表現として最も適当なものを次の中から選び、記号で答えなさい。

ア　増えるための罪悪感の範囲が拡大する

イ　増えるために必要な競争は敬遠される

ウ　増えることを前提とした分配が効率化される

エ　増えることに貢献する能力が強化される

問六　――線４「栄養が得られれば～状態になります」とありますが、これはどのようなことですか。その説明として最も適当なものを次の中から選び、記号で答えなさい。

ア　生物は、確保できた食料に応じて命を支え、そうして支えられた命が必要に応じた食料を確保する、という正比例の営みを繰り返してきた、ということ。

イ　生物は、生きるための十分な食料を得ようと争いさえ起こしてきたが、そうまでしても空腹感を満たして安住することはできていなかった、ということ。

ウ　生物は、食料確保量を増やして繁栄《はんえい》を遂《と》げたが、仲間の数が増えると、次には再び飢餓の状態に陥ってしまうものだ、という因果を繰り返してきた、ということ。

エ　生物は、限りある食料事情という要因ゆえに、仲間の数を十分に増やすことはできなかったため、限られた枠《わく》の中で絶滅の危機を逃れてきた、ということ。

問七　――線５「栄養は足りているにも～落ちている」とありますが、その理由の説明として最も適当なものを次の中から選び、記号で答えなさい。

ア　人間は、栄養を得るための厳しい競争に勝ち残ってきたという苦難の歴史を忘れ、高度な体制のもと、命の誕生までも制御《せいぎょ》できるようになってしまったから。

イ　今日の人間は、他者との共感に基づく分業を確立しているが、そのことによる効率的な栄養の確保は、そのまま生存を左右す

です。ましてやウシやブタに共感してしまったら、栄養価の高い肉という食料が食べられなくなり、むしろ生存には不利益になりそうです。食料になりうる生物に共感してしまうことは「 Y 」という増えるものの原則に反しているように思います。

　このような共感範囲の拡大の原因は、まさにこの共感能力のおかげで高度に効率化した現代社会にあると思われます。まず、過去の人間の社会と現代の人間の社会の大きな違いは、栄養を得ることは生存を決める要因ではなくなっていることです。2019年のデータでは、世界中で生産されている食料を世界の人口で割ると、平均して一人あたり毎日約2900kcalの食料に相当しています。成人男性でも一日に必要とするカロリーが約2600kcalですから、この値は世界中のすべての人間に必要な食料は生産できており、適切に分配さえできれば(これが難しいのでしょうが)餓《う》えて死ぬことはないことを示しています。

　過去のどの時代においても、生物は必要な食料を得るために競争をしてきました。4栄養が得られればその分だけ増えてしまうので、常に栄養は足りない状態になります。ところが現代の先進国においては、5栄養は足りているにもかかわらず出生率は落ちているという、過去のどの生物にもありえなかった状況になっています。この特に栄養が余っているという状況をつくりだせたのは、他人どうしで協力することができたからに他なりません。研究者が肥料《ひりょう》を開発し、化学メーカーが肥料を作り、耕作に適した地域に住む人が作物を育て、輸送業者が消費者まで届けるという協力体制により、食糧生産と分配を効率化できたことによります。そしてこの協力体制を可能にしているのが、他人との共感です。他の人が自分と同じように協力してくれるという確信があるから、分業が成立しています。

　このように大成功した共感能力は、私たちの中で強化されつつあります。先に述べたように私たちは協力することで成功してきたので、ますます協力的に、やさしくふるまうように教育され、日常的にプレッシャーをかけられています。このやさしさを適用する範囲に6線を引くことは容易ではありません。増えることに貢献するのは人間へのやさしさです。しかし、人間と同じように温かな体温を持ち、人間の幼児くらいの知能や体のサイズを持つイヌやネコが周りにいます。しかも、人間がかわいらしいと思うような外見を持っています。この生物に人間の持つ強い共感能力が発揮されてしまうのはやむを得ないことかと思います。むしろイヌやネコといった※2愛玩《あいがん》動物はそうなるように(人間の手も入りながら)進化してきているとみなすこともできます。

　こうして、人間が共感する対象はイヌ、ネコなどのほ乳類に拡張されていきます。鳥もペットとして人気ですので、鳥にも拡張されていくでしょう。ほ乳類や鳥類が仲間だとみなすようになれば、次は爬《は》虫類《ちゅうるい》や魚類となるのは避けられないでしょう。みんな同じように目、鼻、口があり、よくみればかわいいと言えないこともありません。

　現状で、日本では魚を食べるのがかわいそうという声はあまり聞かれません。しかし、日本ではよく見かける鯛《たい》の頭としっぽをそのまま使った活《い》け造《づく》りも、7冷静になってみると残酷《ざんこく》に思えます。ほ乳類で同様なことは決してやらないでしょう。実際に海外の人から見ると活け造りは残酷な行為《こうい》のように見られる場合もあるようです。そのうち活け造りやマグロの解体ショーが残酷なものだと敬遠される時代がくるかもしれません。

(市橋伯一《いちはしのりかず》『増えるものたちの進化生物学』筑摩書房より)

※1 忌避感…特定のことがらや人物をきらって避ける感情。
※2 愛玩動物…人が可愛がることを目的に飼う動物のこと。

問一　A ～ D に入る言葉として最も適当なものを次の中からそ

感を抱かなくて済むようなシステムができ上がっているからのように思います。

たとえば、スーパーの肉売り場ではウシやブタの肉の切り身がきれいにパックされて並んでいます。そこに生物としての姿はもうありません。骨や血液、皮膚《ひふ》、毛、臓器《ぞうき》など元の生物の特徴はきれいに取り除かれています。どこか人目につかない場所で生身の動物から肉を切り離す作業が行われています。マグロの解体ショーはよく見世物《みせもの》になっていますが、あれは魚だから２まだ許されているように思います。ウシやブタの解体を見たい人はあまりいないでしょう。私たちは、自分と同じほ乳類を殺すこと、さらには解体することに少なからぬ抵抗感を持っていることを示しています。

これは人間という生物の特性からすれば当然のことです。私たちは少産少死の戦略を極めた生物ですので命を大切にします。それも自分だけではなく、他の人の命も大切です。それは人間が大きな協力関係の中で生きているからです。私が生きて増えるためには、他の人の協力が必要です。したがって、人を殺すということには大きな抵抗感を持つようになるのは当然です。そしてこの抵抗感は、人間以外の人間とよく似た生物、たとえばほ乳類などであれば（人間ほどではないにせよ）適用されてしまうようです。

これは仕方のないことのように思います。ほ乳類の体のつくりは人間とよく似ています。ネズミでも、体温、皮膚、骨、血管があり、切ると血が出ます。内臓もほとんど人間と同じセットがそろっています。ふるまいも人間と似ています。イヌやネコを飼っている人であれば、そのしぐさやふるまいに人間らしさを感じることも多いでしょう。人間の家族と同じように扱《あつか》っている人も多いのではないでしょうか。彼らは人間ではありませんが、やはり喜怒哀楽があり、好き嫌いもあり、可愛くて時にやさしさも見せます。そのような動物を殺して食べることに※1忌避《きひ》感を持つのは当然のことでしょう。

ウシやブタも変わりありません。家でペットとして飼うことはあまりないのでよく知られていないだけで、牧場に行けば人懐《ひとなつ》っこいウシがいますし、ブタをペットとして飼っている人もいます。彼らにも［A］人間と同じような喜怒哀楽があることでしょう。［B］そうしたウシやブタの人間らしさを知らないおかげで、平気で食べることができているのかもしれません。［C］小型のウシやブタがペットとして広く飼われるようになったら、［D］人間はウシもブタも食べられなくなるのではないでしょうか。そこまでいかなくても、自分が家族のように大事にしているイヌやネコと、今晩のおかずのウシやブタは同じ生物だと一度でも意識してしまうと、どんどん食べにくくなっていくように思います。実際に近年、動物食を控《ひか》える選択をする人が増えているという統計結果もあります。私たちは少しずつ、他の動物へも共感の範囲《はんい》を広げているように思います。

この人間のやさしさの拡張傾向は、やさしさの由来を考えると少し不思議ではありません。もともと人間が持っている共感能力は他人との協力を可能にしたことで人間の生存に貢献し、強化されてきたものです。したがって、他の人間への共感は、世代とともに強化されてしかるべきです。

しかし、他の生物に対する共感は特に人間の生存には貢献していないように思います。私たちがどんなにイヌやネコに共感し、家族のように扱ったとしても、イヌやネコが人間の生存や子孫の数を高めてくれるようには思われません。過去の人類は、イヌは狩りのパートナーとして飼っていたようですし、ネコはネズミ捕りとして役に立っていたようですが、家族のように扱うよりは、３飢餓《きが》時には食料として食べてしまえるくらいの距離感のほうが人間の生存には役に立ったはず

ウ　小さなころからくり返し読んできた小説の中のピアノの少女と、現実の世界の同級生である宮田が重なるのと同時に、恵まれた人生を送る宮田と、それとはほど遠い人生を送る自分とを比較してしまい苦しい。

エ　ピアノというキーワードから本屋での宮田の発言を思い出し、小さなころから同じ古本を何百回も読んで楽しんでいる自分を、境遇も合わせて馬鹿にされたように感じてしまい悲しい。

オ　入学した時から何かにつけて周囲をいら立たせたり才能をひけらかしたりする宮田に対して、その存在感や能力を疎《うと》ましく思う一方で、憧れの感情も抱いてしまっている自分に気づいてしまい情けない。

問八　次は【文章Ⅰ】と【文章Ⅱ】を読み比べた五人の生徒たちが会話している場面です。本文の説明として適当なものを次の中から二つ選び、記号で答えなさい。

ア　生徒Ａ「宮田は人目を気にしないで堂々と生きていけるけど、奥沢は人目を気にしながら生きているような感じがするね。」

イ　生徒Ｂ「【文章Ⅱ】の奥沢の視点ではそう見えるけど、【文章Ⅰ】では奥沢からの攻撃的な視線に気づいているから、宮田も人からの視線は気になるんだと思う。」

ウ　生徒Ｃ「【文章Ⅰ】でも【文章Ⅱ】でも奥沢は宮田に向かって常に攻撃的な視線をぶつけていて、嫉妬の根深さが怖いほどに伝わってきたな。」

エ　生徒Ｄ「不思議なのは、【文章Ⅰ】で宮田は奥沢からの嫉妬の視線に気づいているのに、なぜ自分が嫉妬の対象なのか分かっていないところ。自分が優秀である自覚がないところも奥沢が嫉妬するポイントなのかも。奥沢も学年二位だから十分優秀だけど……。」

オ　生徒Ｅ「見られていることには気づくけど、なぜ見られているのかは分からない宮田と、見ていることが見られている、ということに気づかない奥沢、という関係に整理することができそう。」

三

次の文章を読んで、後の問いに答えなさい。

生物としての人間は他の個体と協力することによって大きな社会を作り出しました。Ｘさて今後、人間はどうなっていくのでしょうか。

人間の協力性を可能にしたのは、人間のもつ「共感能力」だと言われています。つまり他の人の気持ちになって考えられるということです。これによって他者の望むことを察知《さっち》し、協力関係を築くことができます。この共感能力は人間が増えることに大きく貢献《こうけん》しましたが、最近の傾向として、この共感能力は人間のなかでますます強化されてきているように思います。つまり１人間はどんどんやさしくなってきています。

近年、ウシやブタなど動物の肉を食べることについてしばしば問題視されるようになってきています。食肉の問題のひとつは温暖化などの環境負荷が大きいことだと言われています。たとえば１００ｇのタンパク質を生産するのに、大豆であれば２・２m^2で済むところを、ウシを放牧した場合は１６４m^2と70倍以上の広い土地が必要になります。また冗談《じょうだん》のような話ですが、ウシのゲップはメタンを含んでおり、このメタンが大きな温室効果をもたらしているとされています。

さらに食肉には倫理《りんり》的な問題があると指摘されています。私たちと同じほ乳類であり、ある程度の知能をもったウシやブタを殺して食べることが許されるのかという問題です。私自身は肉が大好きですので、普段から何の疑問も抱かずにウシもブタも食べています。特に罪悪感を抱《いだ》くことはありません。ただ、それはよくよく考えてみると、罪悪

する感覚に興奮と手ごたえを感じている様子からは、自信も持っていることが読み取れる。

イ　ピアノの鍵盤を弾いただけで調律の有無を判断したり、急なリクエストに応じて即座に演奏できたりする様子からは、ピアノに関する深い知識と豊富な経験を持っていることが読み取れる。

ウ　ラフマニノフを演奏する中で、凍てつくような旋律と北海道を重ね合わせながら、キャリーケースを引いて単身でこの学園に入学してきたことを思い返している様子からは、強い孤独の感情を抱いていることが読み取れる。

エ　奥沢からの強い嫉妬の視線を向けられた際に、対抗して難しい曲の演奏を始める様子からは、敵意に触れても強気に立ち向かい、はっきりと自己主張するプライドの高さが読み取れる。

問四　――線5「焦《あせ》り」の内容の説明として最も適当なものを次の中から選び、記号で答えなさい。

ア　手持ちのお金がない上に、買いたい本が無いことを正直に言うことに気が引けている。

イ　家に準備されている昼食をそのままにしたら母親に叱られるかもしれないと気後れしている。

ウ　金銭的に余裕がないという家庭の事情を知られかねない状況になり、気を張っている。

エ　唯一、生理的に受け付けない宮田とも一緒に行動する流れになり、気が立っている。

問五　――線6「個人的な怒り」とありますが、この時の「奥沢」の様子を説明したものとして最も適当なものを次の中から選び、記号で答えなさい。

ア　みなみや馨が宮田の潔癖から発せられる神経質な言葉を穏やかに受け止める一方で、裕福でない奥沢は馬鹿にされたように感じて憤《いきどお》っている。

イ　みんなで楽しく本を探している最中に、わざわざその雰囲気《ふんいき》を壊すような発言をする宮田の無神経さが、奥沢には理解できないでいる。

ウ　普段仲良くしているみなみや馨が、たまたま居合わせたために本屋に付いてきただけの宮田となぜか仲良さそうに話していることに嫉妬している。

エ　学校の友人といる時は善良で賢く可愛らしい優等生を演じていたいのに、嫌いな宮田が目の前にいることで本性が出てしまいそうになり不安に思っている。

問六　――線7「大粒の瞳を描いているとき〜虚構《きょこう》の世界にいた」とありますが、「奥沢」は「絵」を描くことで何をしようとしているのですか。くわしく説明しなさい。

問七　――線8「少女が弾くグランドピアノの曲線を描いていると、ふっと嫌な場面が頭を過《よぎ》った」とありますが、ここから読み取れる「奥沢」の「宮田」に対する心情はどのようなものですか。その説明として適当なものを次の中から二つ選び、記号で答えなさい。

ア　ピアノの少女に似ていることからひそかに憧《あこが》れていた宮田が、古本そのものを嫌うような発言をしていた様子を見て、一冊の古本を愛好しつづけてきた自分のこれまでが否定されたような気がして空《むな》しい。

イ　本屋での宮田の発言が、世界で一番暗い場所を共有するピアノの少女への自らの気持ちを侮辱《ぶじょく》しているように思え、しかもその宮田が、理想とするピアノの少女に近い存在であることが我慢《がまん》ならない。

お金持ちの、優等生。

きっと彼女は恵まれている自覚などないのだろう。みずからの潔癖が誰かの羞恥《しゅうち》を呼び起こすなんて、想像だにしていまい。彼女は彼女にとっての当たり前を享受《きょうじゅ》し、そこから見える景色を見ているに過ぎなかった。

時刻はまだ七時半だった。麗奈はまだまだ帰らない。※7戸越《とごし》と出かけた日の帰りは、いつも深夜を過ぎていた。絵を描くには格好《かっこう》の夜だったが、ずっと遊んではいられない。

夏休み直前の第二回定期テストで、奥沢はまた二位だった。

一位は当然、宮田佳乃だ。次回は絶対に負けられない。

下ろしたての落書き帳は、ノートの角が尖《とが》っていた。シャシャシャシャ、とリズミカルなシャープペンの音と共に、頭の中の光る世界が紙の上に描き起こされる。

奥沢は絵を描くのが好きだった。

（安壇美緒《あだんみお》『金木犀とメテオラ』集英社より）

※1　漆喰…石灰質の建築材料。
※2　六啓館…東京都内の名門進学塾。
※3　ラフマニノフ…作曲家の名前。
※4　南斗…作中に登場する地名。学校の所在地。
※5　麗奈…奥沢の母親。
※6　虚構…現実とは異なる世界。
※7　戸越…麗奈の交際相手の男性。

問一　――線1「『北海道には～入学式で言ってたよ』」・3「『ビックリした～感動しているようだった』」・4「『あんた～ハイタッチする』」とありますが、それぞれの場面から読み取れる登場人物たちの説明として適当でないものを次の中から一つ選び、記号で答えなさい。

ア　宮田の発言に対してよく馨が突っかかることがあるが、馨としては宮田を拒絶《きょぜつ》しているわけではない。

イ　悪気はないものの宮田の冷静で的確な発言は、いつも周囲の人間に不快な思いをさせている。

ウ　由梨の特徴として、様々なものに感受性豊かに反応できる素直さが挙げられる。

エ　宮田とみなみの間には、ピアノをきっかけとした周囲の表面的な好意とは異なる親密さがある。

問二　――線2「そんな曲だった」とありますが、ピアノの演奏をしながら「宮田」はどんなことを考えていますか。その説明として最も適当なものを次の中から選び、記号で答えなさい。

ア　好きなものがあれば悲しいことも乗り切れるという歌詞と、雨粒の落ちるようなテンポの良さから切ない旋律へと変わっていく構成の矛盾が気になり、演奏に集中できない。

イ　好きなものによって嫌だった一日が悪くない日になるのは、好きなものがある人の場合であって、好き嫌いがはっきりしない自分には上手く共感することができない。

ウ　何が好きで何が嫌いかも分からない者がいる可能性を考慮せず、理想的なことばかりを主張する歌詞を思うと、自分を取り巻く友人や家族の性質と重なり不愉快《ふゆかい》である。

エ　キャリーケースを引きずりながら一人で地方の学校に来た時から、悲しさや嬉しさが分からなくなってしまった自分にとって、この曲の歌詞は絵空事でしかない。

問三　【文章Ⅰ】から読み取れる「宮田」の人物像の説明として適当でないものを次の中から一つ選び、記号で答えなさい。

ア　奥沢に嫉妬の目を向けられ、その視線に慣れてしまっている自分自身に嫌悪感を抱くと同時に、久々に人前でピアノを演奏

みなみが笑い飛ばすと、だから図書館もあんまり、と宮田が大真面目に言った。

「日焼けとか、黄ばみとか、なんか生理的に無理」

「これから買う、っつってる人の前で言うか⁉　それ」

その馨の怒りはいたってコミカルだった。わざとらしいみなみのため息だって、ただのふざけた相槌《あいづち》に過ぎない。

6個人的な怒りに震えているのは、奥沢ひとりだけだった。まるでみずからの悪行がばれたかのように、寒気がする。

「奥沢って漫画とか読むの?」

「あんまり。探してる本ならあるから、探そうかな?」

「本か〜。なんかさすがって感じ」

愛想よく答えると、みなみが妙に感心した。何かを誤解されていることに気づきながらも、奥沢はそれを否定しなかった。

学校ではいつだって、こういう役でいたかった。善良で、頭が良くて可愛《かわい》らしい、完璧《かんぺき》な女の子。それを演じ抜くためには、何だって厭《いと》わない。

「宮田さー、学校戻ったらピアノ弾きに行く?」

「一応」

校門前のスロープを下りて行く間、宮田とみなみの会話は嫌でも耳に入った。古本の怒りはまだ止まず、二の腕の鳥肌も消えない。

理想的な学校生活を手に入れることが出来た奥沢は、それに満足すると同時に、時々激しい嫉妬にも駆《か》られた。

宮田のような、本物を目の当たりにする度《たび》に。

世界で一番、暗い場所はどこだか知ってる?

それは、ステージを見つめているときの舞台袖《ぶたいそで》。

まばゆい光を浴びて、素晴《すば》らしい演奏をしているほかの誰かを見つめているとき、わたしは世界で一番暗い場所にいる。

文庫本のページを捲《めく》ると、上から臭《にお》いが降って来た。暗く湿った物置のような、古い本の寂《さみ》しい匂いだ。

奥沢は自宅の畳《たたみ》の上で、仰向《あおむ》けに本を読んでいた。

もう何百回読み直したかわからない、ぼろけた少女小説を。

小学生の頃に地域図書館で貰《もら》ってきたこの除籍本《じょせきぼん》を、奥沢は大切に読んでいた。今どきの本ではないのが、絵柄《えがら》を見ればすぐわかる。光《こう》沢《たく》を失くした表紙は角が取れ、紙には年月の色が染《し》み込んでいた。

奥沢はクライマックス直前の、このシーンが好きだった。ピアニスト志望の主人公が、コンクール直前に舞台袖で孤独《こどく》に蝕《むしば》まれてしまう場面だ。自分とは何もかもが違《ちが》う、恵まれた本の中の少女と、どうしてかこの瞬間だけは分かり合えるような気がするのだ。

手早くひとりの夕飯を終えた奥沢は、珍《めずら》しく勉強以外のノートを開いた。誰にも見せたことがない、少女小説の挿《さ》し絵を模写《もしゃ》するためのノートだ。十数ページごとに挟まれている挿し絵のどれもを、何度も真似して描いていた。

7大粒の瞳を描いているとき、奥沢はいつも真剣だった。絵に没頭《ぼっとう》している間、奥沢は※6虚構《きょこう》の世界にいた。ここは大ホールのステージの舞台袖であり、辺りはしんとして暗く、遠くから光が漏《も》れていた。

8少女が弾くグランドピアノの曲線を描いていると、ふっと嫌な場面が頭を過《よぎ》った。

私、ああいうとこのはあんまり……。

一度嫌なことを思い出してしまうと、次から次へと苦々しい気持ちがよみがえった。ファストフードが嫌いなこと。やたらに英語が上手《うま》いこと。そして何より、ピアノが特別弾けること。

宮田佳乃は生きているだけで、奥沢のコンプレックスを刺激した。

凍《い》てついた土地を思わせる旋律を奏《かな》でながら、宮田は※4南斗《なんと》にやって来た日のことを思い出していた。

たったひとりで、アイスブルーのキャリーケースを引いてきた日のことを。

はっと宮田がおもてを上げると、ステージの上では拍手が巻き起こっていた。

3「ビックリした～ピアノ弾くって、こういうレベルだったんだ……」

「マジで宮田さん、すごくない!?」

由梨が興奮して目を輝かせている。真帆も悠も、いつものしらけ癖《ぐせ》が嘘《うそ》のように、はしゃいで手を叩《たた》いていた。驚いたことに、いつも自分に突っかかってばかりの馨が一番感動しているようだった。

まるで紙吹雪が空高く舞っているのを眺《なが》めているかのように、宮田はその新鮮な光景をしばし呆然《ぼうぜん》と見上げていた。

4「あんた、やっぱすごいわ」

傍《かたわ》らにいたみなみが、ゆっくりとハイタッチする。

その日、宮田に賛辞《さんじ》を送らなかったのは、奥沢叶だけだった。

【文章Ⅱ】

「途中、どっかで昼でも食べてく？　マックとか」

騒音の中、みなみが大声で提案すると、そうしよっかー、と馨も声を張り上げた。

どきっとしながらも奥沢は、つとめて平静を装った。肯定《こうてい》的に微笑《ほほえ》みながら、5焦《あせ》りを心の奥底に閉じ込める。

「その辺りって、他になんか食べれるとこないの？」

クリーナーの電源を切ると同時に、宮田がぼそりと呟いた。すかさずみなみが釘《くぎ》を刺す。

「宮田のお気に召すようなもんは何もないよ」

「マックか……」

「贅沢《ぜいたく》を言うな中学生」

宮田がゴミをひと所に集めると、みなみがさっとチリトリを構えてその場にしゃがんだ。阿吽《あうん》の呼吸だ、と奥沢は思う。

「奥沢はどーする？　昼」

ゴミ箱にチリトリを傾《かたむ》けながら、みなみが明るく振《ふ》り向いた。

「どうしよっかな。お昼ごはん、たぶんお母さんが用意してくれてると思うから……」

「そっか。じゃ、先にブックパレス行って、昼なし族だけマック行こ」

※5麗奈《れな》がそんな気の利いたことをしてくれているはずはない。お金がない、と言うのが嫌《いや》で、飛び出して来た方便《ほうべん》だった。

奥沢は家のあれこれを、誰にも言ったことがない。

帰る頃、廊下《ろうか》にはもう他の生徒たちの姿はなかった。

「ブックパレス、結構広いらしいよ。みんなは探してる本とかないの」

階段を駆け下りながら馨が尋ねると、あたし今ないな、とみなみが答えた。

「宮田は？　あんた漫画とか読むの、そもそも」

からかい口調で馨が言うと、気だるげに宮田が口を開いた。

「漫画がどうっていうか、私、ああいうとこのはあんまり……」

その馬鹿にした物言いに鳥肌が立って、奥沢は宮田の背を凝視《ぎょうし》した。

「出たぞ～宮田の潔癖《けっぺき》」

「だって知らない人が触《さわ》った本でしょ」

「んなこと言ったら図書館の本だって全部そうじゃん」

い。

寄贈《きぞう》されてきたグランドピアノは、厳《おごそ》かな佇《たたず》まいをしていた。

「宮田さん、ピアノっていつからやってんの？」

ステージによじ登った真帆が、脚《あし》をブラつかせながら尋ねる。

「二歳」

「早っ」

馨のオーバーリアクションに構わず、宮田はピアノを覆っていた布カバーを取っ払った。鍵盤《けんばん》の蓋《ふた》を開けて、息を止めて大屋根も持ち上げる。

ポーン、と一音、叩いてみると、ちゃんと調律されていた。

「ベートーベンみたいなの弾《ひ》くの？」

由梨が知っている単語で訊《き》いた。

「弾いた年もあるよ」

「へー、すごい」

ギャラリーが多すぎるせいで、宮田はとっくにやる気をなくしていた。高さを調節してピアノ椅子《いす》に腰を下ろすと、みなみが再びさっきの鼻歌を歌い始めた。

「これ、弾ける？」

「なんとなくでいいなら」

軽やかな手つきで宮田がピアノを弾き始めると、おお、とみなみが声を上げた。夜の葉に落ちる雨粒のようなメロディが、切ない旋律《せんりつ》へと変わっていく。

マイ・フェイバリット・シングス。

私のお気に入り。

悲しいことがあった日でも、自分の大好きなものを思い浮かべれば、そんなに悪くない日だと思えてくる。2そんな曲だった。

宮田にはどうしても、それがきれいごとに思われた。そんな風に思えるほど、好きなものなど自分にはない。悲しみにしたって、自分の中のどれが悲しみで、どれが悲しみではないのか、あまりわからないような気がした。

奥沢？

突然、不穏《ふおん》な気配に鳥肌が立って、宮田は一瞬、目線を上げた。

ステージで談笑している輪の中で、奥沢叶だけがじっと宮田を見つめていた。それは奇妙な光景だった。まるで平たい絵画の中で、そこだけが飛び出ているかのように。

宮田はこの類《たぐい》の視線を何度でも浴びたことがある。

※2六啓館《ろくけいかん》の最前列で。コンクールの会場で。

これは嫉妬《しっと》だ。

けど何が？　と宮田は思った。授業中でも、テストの返却時でもない今、何故《なぜ》？

みなみのリクエスト曲は、そろそろ終わりを迎えようとしていた。もう一度宮田がステージを見やると、奥沢の目はまだ攻撃的にこちらを射ていた。

そう思うのなら、やってやる。

※3ラフマニノフの《楽興の時》第四番。

いきなり宮田が前傾し、曲を変えて物々しい演奏を始めると、みなみの肩が跳《は》ね上がった。

空気が一変して、肉厚のベルベットのように重厚な音楽がホールの中に響き渡る。鋭い楔《くさび》を打ち付けていくかのように、宮田の指は躍動《やくどう》した。

気がつくと、真帆たちも息を呑《の》んでこちらを見つめていた。複数の聴衆の息づかいを感じながらピアノを弾くのはコンクール以来のことで、宮田の身体はぞくりと震えた。

まだ、自分の指は衰《おとろ》えてはいない。まだ、やれる。

2024年度 桐光学園中学校

【国　語】〈第二回試験〉（五〇分）〈満点：一五〇点〉

注意　本文の表現については、作品を尊重し、そのままにしてありますが、設問の都合上、省略した部分、表記を改めた部分があります。
また、特に指示のないかぎり、句読点も一字に数えます。

一　――線あ～おのひらがなを漢字に直しなさい。

1　かぜ薬があきく。
2　学校で学んだことをいふくしゅうする。
3　問題解決にうつとめる。
4　夏の暑さにえへいこうする。
5　大変な苦労があっただろうとおすいさつする。

二　次の文章は、安壇美緒《あだんみお》『金木犀《きんもくせい》とメテオラ』の二つの場面です。【文章Ⅰ】・【文章Ⅱ】を読んで、後の問いに答えなさい。

《登場人物》
宮田佳乃《みやたよしの》　東京出身。寮生《りょうせい》。優等生。
奥沢叶《おくざわかなえ》　北海道出身。優等生。首席《しゅせき》入学。
森《もり》みなみ　北海道出身。
北野馨《きたのかおる》　北海道出身。寮生。優等生。
冴島真帆《さえじままほ》　東京出身。寮生。
館林悠《たてばやしゆう》　東京出身。寮生。
羽鳥由梨《はとりゆり》　北海道出身。寮生。

宮田佳乃と奥沢叶の二人は、北海道に新設された女子中学校に通う中学一年生である。

【文章Ⅰ】

「真帆、なんかつけてる？」
その手前で由梨が立ち止まると、後ろの宮田はつっかえた。
「なんかって？」
「香水とか」
すっごいいい匂《にお》いする、と由梨が鼻を利《き》かせると、すぐにみんな真似《まね》をした。宮田も鼻から大きく息を吸うと、ひと筋、甘い匂いが黄色く香った。
金木犀《きんもくせい》だ、と呟《つぶや》くと、本当だ、と悠も言った。
何それ、とみなみが首を傾《かし》げると、その反応を見て真帆が笑った。
「ウソ、知らないの？」
「知らないよ」
「よく咲いてんじゃん、いい匂いがする木」
あるよね、と真帆が悠に同意を求める。私も知らない！　と、被《かぶ》せるように馨が言った。
1「北海道には自生しない木なんじゃないの。寒いから」
宮田がぼそっと呟くと、いま咲いてんじゃん、と馨が突っかかる。
「人の手で植えたから咲いてるんじゃない？　記念植樹したんだって、入学式で言ってたよ」
いい匂いだね、と奥沢が言う。奥沢もまた、金木犀を知らないようだった。
軋《きし》む扉《とびら》を押して館内へ入ると、入学式の時よりもホールの中は狭《せま》く見えた。※1漆喰《しっくい》の丸天井に夕陽が反射して、どこかホールの中は朱《あか》

2024年度 桐光学園中学校 ▶解説と解答

算　数　＜第２回試験＞（50分）＜満点：150点＞

解　答

[1] (1) $\frac{1}{15}$　(2) 33　(3) ３時間25分45秒　(4) 37.5　(5) 100　[2] (1) 16
(2) 828　(3) 6　(4) 2.355　(5) 10.5　(6) 1.25　[3] (1) 70ｇ　(2) 6762粒
(3) 27株　[4] (1) ５倍　(2) ９倍　(3) 19倍　[5] (1) 30　(2) 24　(3) 57

解　説

[1] 四則計算，逆算，単位の計算，濃度《のうど》，消去算

(1) $\left(1\frac{5}{12}-1\frac{11}{40}\right)\div 2\frac{1}{8}=\left(1\frac{50}{120}-1\frac{33}{120}\right)\div 2\frac{1}{8}=\frac{17}{120}\div\frac{17}{8}=\frac{17}{120}\times\frac{8}{17}=\frac{1}{15}$

(2) 182÷13÷（７×５－□）＝７より，14÷(35－□)＝７，35－□＝14÷７＝２　よって，□＝35－２＝33

(3) 12345÷(60×60)＝３余り1545，1545÷60＝25余り45より，12345秒＝３時間25分45秒

(4) ５％の食塩水150ｇには，150×0.05＝7.5(ｇ)の食塩が含《ふく》まれていて，これは水を加えても変わらない。この食塩水に水を加えて４％の食塩水にするとき，食塩水の重さは，7.5÷0.04＝187.5(ｇ)となる。よって，水を，187.5－150＝37.5(ｇ)加えればよい。

(5) 鉛筆《えんぴつ》４本の値段がボールペン２本の値段と同じなので，ボールペン１本の値段は，鉛筆，４÷２＝２(本)の値段と同じである。すると，鉛筆３本とボールペン１本の値段は，鉛筆，３＋２＝５(本)の値段と等しい。これが250円なので，鉛筆１本の値段は，250÷５＝50(円)で，ボールペン１本の値段は，50×２＝100(円)である。

[2] 約数と倍数，売買損益，ニュートン算，面積，角度，相似

(1) 2024の約数は，１，２，４，８，11，22，23，44，46，88，92，184，253，506，1012，2024と，全部で16個ある。

(2) 本の仕入れ値の10％の利益を見込《みこ》んだ定価が792円なので，本の仕入れ値は，792÷（１＋0.1）＝720(円)である。これに仕入れ値の15％の利益を見込むと，定価は，720×（１＋0.15）＝828(円)になる。

(3) やぎ１頭が１日で食べる草の量を①，１日で生える草の量を[1]とすると，草むらに生える草の量の合計とやぎが食べる草の量の関係は右の図１のように表せる。このとき，やぎ５頭が10日で食べつくす草の量，①×５×10＝㊿と，やぎ12頭が３日で食べつくす草の量，①×12×３＝㊱の差の，㊿－㊱＝⑭は，10－３＝７(日)で生える草の量と等しいことがわかる。すると，⑭＝[7]より，[1]＝⑭÷７＝②となることから，１日に生える草の量が②であることがわかる。よって，はじめに生えていた草の量は，㊿－②×10＝㉚であり，やぎ７頭を放牧すると，１日に，⑦－②＝⑤ずつ減るので，㉚÷⑤＝６(日)で草むらの草を

図１

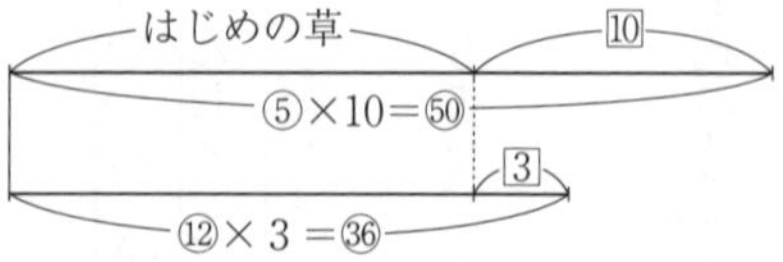

食べつくすことになる。

⑷　下の図２のように，問題文中の図形を線対称《せんたいしょう》にもう１つ合わせてできる図形を考える。図２で，三角形ABC，BEC，BDE，CEFは，いずれも１辺３cmの正三角形である。また，図２の斜線《しゃせん》部分の一部を矢印のように移動させると，太い点線で示すような，半径３cm，中心角60度のおうぎ形ができる。求める面積はこの半分なので，$3\times3\times3.14\times\frac{60}{360}\div2=0.75\times3.14=2.355$($\text{cm}^2$)である。

図２

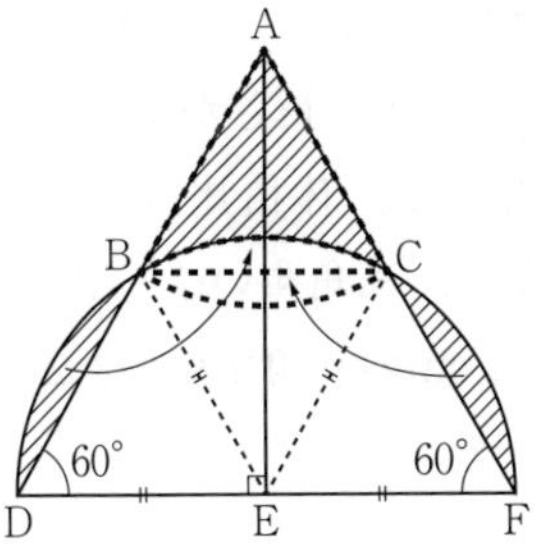

図３

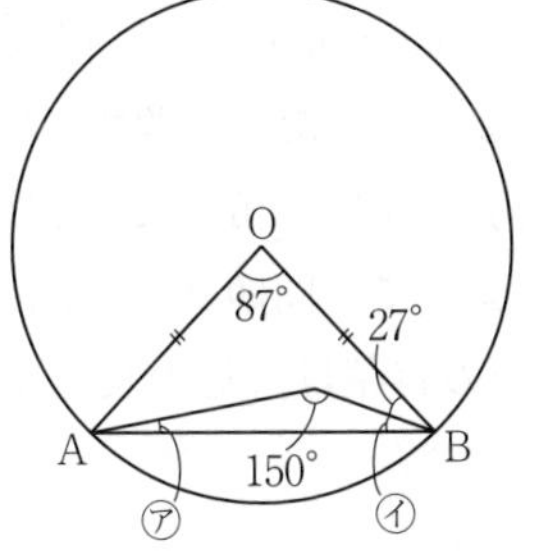

図４

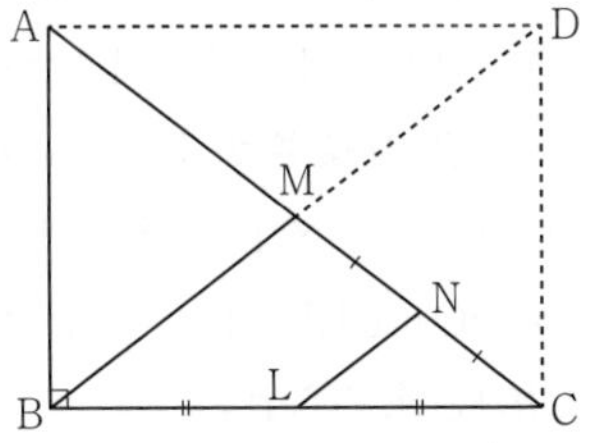

⑸　上の図３で，OA，OBはそれぞれ円の半径なので，三角形OABは二等辺三角形であり，角OBA＝$(180-87)\div2=46.5$(度)，角㋑＝$46.5-27=19.5$(度)となる。よって，角㋐の大きさは，$180-150-19.5=10.5$(度)である。

⑹　上の図４のように，三角形ABCは長方形ABCDを対角線ACで２等分した直角三角形とわかる。すると，対角線AC，BDの長さは等しく，Mはその真ん中の点だから，AM＝BMで，BMの長さは，$5\div2=2.5$(cm)となる。また，三角形BMCと三角形LNCは相似で，相似比は，BM：LN＝BC：LC＝２：１だから，LNの長さは，$2.5\times\frac{1}{2}=1.25$(cm)と求められる。

3　割合と比

⑴　ご飯粒《つぶ》１つの重さは米粒１つの重さの2.3倍なので，お茶碗《ちゃわん》一杯《ぱい》のご飯粒を161ｇにするには，米粒を，$161\div2.3=70$(ｇ)炊《た》けばよい。

⑵　ご飯粒５ｇには210粒あるから，お茶碗一杯のご飯粒161ｇには，$210\times\frac{161}{5}=6762$(粒)あることになる。

⑶　稲《いね》１株から1600粒の米粒が取れることから，これを炊くと1600粒のご飯粒ができ，$5\times\frac{1600}{210}=\frac{800}{21}$(ｇ)になる。したがって，１kg，つまり1000ｇ以上のご飯粒を用意するには，$1000\div\frac{800}{21}=26.25$より，最低27株の稲が必要になる。

4　立体図形―分割，辺の比と面積の比，体積

⑴　下の図①のように，正六角形を１辺１cmの正三角形に分割すると，斜線部分の面積は，１辺１cmの正三角形の面積の５倍だとわかる。

⑵　⑴と同様に，下の図②のように，正六角形を１辺１cmの正三角形に分割すると，斜線部分の面積は，１辺１cmの正三角形の面積の９倍だとわかる。

⑶　問題文中の図２の正六角形の辺を延長すると，下の図③のような，１辺，$(2+1)\times2=6$(cm)の正三角形ができる。この正三角形を展開図として，三角形ABCが底面になるように組み立てると，下の図④のような三角すいO－ABCができる。この三角すいO－ABCは，辺の長さがすべ

図①

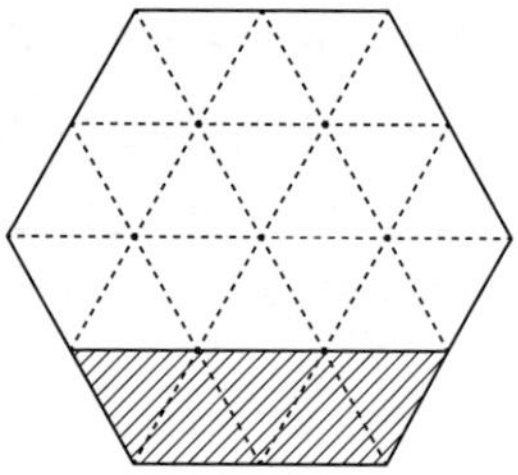

図②

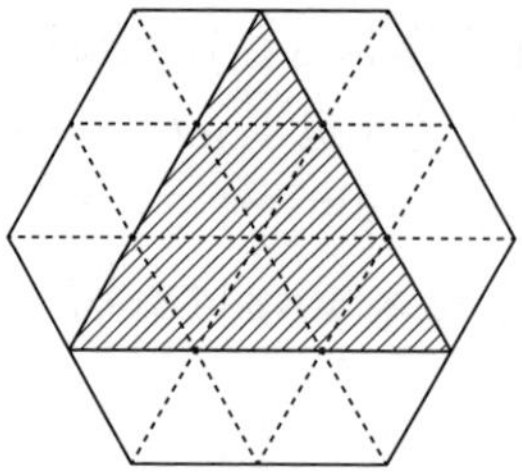

図③

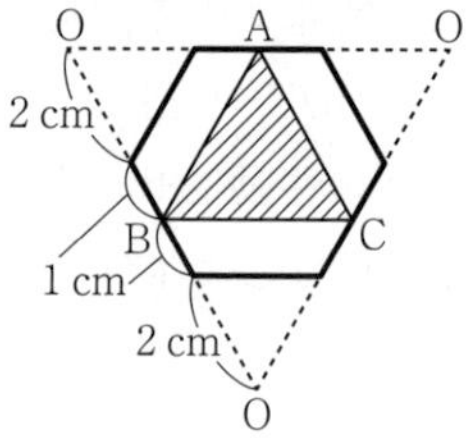

図④

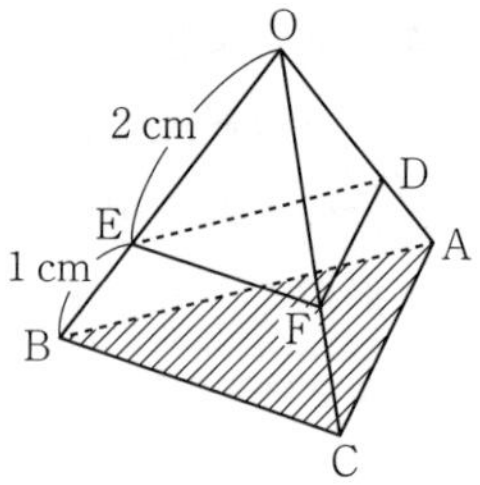

て３cmであり，辺の長さがすべて１cmの三角すいとは相似で，相似比は３：１，体積比は，（３×３×３）：（１×１×１）＝27：１になる。また，三角すいO－DEFは，辺の長さがすべて２cmであり，辺の長さがすべて１cmの三角すいとは相似で，相似比は２：１，体積比は，（２×２×２）：（１×１×１）＝８：１になる。よって，問題文中の図３の容器は，三角すいO－ABCから三角すいO－DEFを除いた形だから，その容積は，辺の長さがすべて１cmの三角すいの，27－８＝19(倍)と求められる。

5 グラフ―旅人算

(1) 問題文中のグラフの(ア)は，弟がＣ地点に着いた時間である。弟は，Ａ地点からＢ地点まで60分かかっている。Ｃ地点は，Ａ地点とＢ地点のちょうど真ん中の地点だから，弟がＣ地点に着いたのは，Ａ地点を出発してから，60÷２＝30(分後)(…(ア))である。

(2) 問題文中のグラフの(イ)は，弟がＤ地点に着いた時間である。Ｄ地点は，Ａ地点からＢ地点までの距離《きょり》の$\frac{2}{5}$の地点にあるから，弟がＤ地点に着いたのは，Ａ地点を出発してから，60×$\frac{2}{5}$＝24(分後)(…(イ))となる。

(3) 弟の速さを分速①とすると，兄の速さは分速③で，Ａ地点からＢ地点までの距離は，①×60＝⑥⓪である。また，Ｄ地点はＡ地点から，①×24＝㉔，Ｃ地点はＡ地点から，⑥⓪÷２＝㉚離《はな》れている。弟がＡ地点を出発して24分後，兄はＤ地点で弟に追いついたので，その，(㉚－㉔)÷③＝２(分後)の，24＋２＝26(分後)にＣ地点に着いている。ここから22分間休んだので，兄がＣ地点を出発したのは，弟がＡ地点を出発してから，26＋22＝48(分後)で，このとき弟は，Ａ地点から，①×48＝㊽だけ進み，兄とは，㊽－㉚＝⑱離れている。したがって，このあと兄が弟に追いつくのは，兄がＣ地点を出発してから，⑱÷(③－①)＝９(分後)で，これは弟がＡ地点を出発してから，48＋９＝57(分後)(…(ウ))とわかる。

社会 ＜第２回試験＞（40分）＜満点：100点＞

解答

1 **問１** 10時58分 **問２** １ **問３** ５ **問４** ２，３ **問５** (1) 瀬戸大橋 (2) 坂出(市) **問６** ３，８ **問７** １ **問８** ３ **問９** (1) 綿花(綿) (2) ４ (3) ３ **問10** ２，３ **2** **問１** ① 文部科学(文科) ② 明治 ③ 著作権 **問２** ④ 気候変動 ⑤ パリ ⑥ ドバイ **問３** ３ **問４** ３ **問５** (1) １，２，５ (2) １ **問６** ３ **問７** (1) １ (2) ４ **問８** (1) UNESCO (2) ３ **問９**

1　**問10**　3　[3] **問1**　5　**問2**　1　**問3**　(例)　娘を天皇の后にし，生まれた子どもを次の天皇にすることで権力を握った。　**問4**　5　**問5**　枯山水　**問6**　2　**問7**　4　**問8**　3　**問9**　1　**問10**　A

解　説

[1] 岡山県への旅行を題材とした地理についての問題

問1　家から新横浜駅まで35分，新横浜駅に到着してから新幹線に乗車するまでに12分間かかるので，7時に家を出発するあさひさんが新横浜駅で新幹線に乗れるのは，7時47分以降である。友人が小田原駅から同じ新幹線に乗車してくることから，小田原駅を通過する「のぞみ11号」には乗ることができず，「ひかり633号」に乗ると考えられる。この新幹線は新大阪駅行きなので乗り換《か》えが必要だが，新大阪駅で乗り換えた場合，一番早くても10時32分発の「のぞみ61号」にしか乗車できず，岡山駅着は11時20分になる。9時14分に名古屋駅到着《とうちゃく》後，名古屋駅発9時23分の「のぞみ113号」に乗り換えて岡山駅に向かうと，岡山駅に10時58分に到着でき，この方法が最も早い。

問2　岡山県の形は，1の地図である。岡山県は，南を瀬戸内海，北を中国山地に挟《はさ》まれた中国地方に属する県である。なお，2は京都府，3は青森県，4は山口県，5は宮崎県を表している。

問3　東京を出発して神奈川県を通過し，静岡県に入ると，甲府盆地《ぼんち》や静岡県中東部を南に流れて駿河湾《するがわん》に注ぐ富士川，木曽山脈の東や静岡県西部を南に流れて遠州灘《なだ》に注ぐ天竜《てんりゅう》川の順に通過する。その後，愛知県を通って岐阜県に入るところで，濃尾《のうび》平野を流れて伊勢湾《いせわん》に注ぐ木曽川を通過する。

問4　東海道・山陽新幹線で東京駅から岡山県まで向かう場合，東京都，神奈川県，静岡県，愛知県，岐阜県，滋賀県，京都府，大阪府，兵庫県，岡山県の順に通過する。2の姫路《ひめじ》城は兵庫県，3の百舌鳥《もず》・古市古墳《こふん》群－古代日本の墳墓《ふんぼ》群－は大阪府にある。なお，1の厳島神社がある広島県は山陽新幹線で岡山県の次に通る県である。4の白神山地は青森県と秋田県の県境，5の富岡製糸場と絹産業遺産群は群馬県にある世界遺産なので，東海道・山陽新幹線の沿線ではない。

問5　(1)，(2)　瀬戸大橋は，1988年に開通した本州四国連絡《れんらく》橋の1つで，本州の岡山県倉敷《くらしき》市児島と四国の香川県坂出《さかいで》市を結んでいる。道路と鉄道からなる児島－坂出ルートが開通したことで，車や鉄道を使って本州と四国を行き来できるようになり，瀬戸内海をわたって通勤・通学する人が増加した。

問6　2024年2月現在の政令指定都市は，札幌市(北海道)，仙台市(宮城県)，さいたま市，千葉市，横浜市・川崎市・相模原市(神奈川県)，新潟市，静岡市・浜松市(静岡県)，名古屋市(愛知県)，京都市，大阪市・堺市(大阪府)，神戸市(兵庫県)，岡山市，広島市，福岡市・北九州市(福岡県)，熊本市の計20市である。3の松江市(島根県)と8の鹿児島市は政令指定都市ではない。

問7　岡山市は中国山地と四国山地に挟まれた瀬戸内海沿岸に位置しているため，年間を通じて降水量が少なく，比較《ひかく》的温暖である。したがって，冬でも月の平均気温が0℃を下回ることがなく，ほかに比べて降水量が少ない1の雨温図が岡山市を表している。なお，冬の降水量が多い2は日本海側の新潟県高田市，冬でも平均気温が15℃を超《こ》えている3は南西諸島の沖縄県那覇《なは》市，平均気温が0℃を下回る月が多い4は北海道札幌《さっぽろ》市の雨温図である。

問8　備前《びぜん》焼は，岡山県備前市周辺で生産される焼き物で，釉薬《ゆうやく》を使用せず，絵付けもしないという特徴《とくちょう》がある。なお，伊万里焼は佐賀県，萩《はぎ》焼は山口県，美濃《みの》焼は岐阜県，益子《ましこ》焼は栃木県の伝統的工芸品である。

問９　(1)　綿花は塩気の強い土壌《どじょう》でも育ち，比較的利益が大きい農作物であったため，江戸時代に干拓《かんたく》地が拡大した瀬戸内海沿岸で栽培《さいばい》が広がった。　(2)　文章中に「北海道や東北地方から持ち込《こ》まれた」とあるので，主に寒流に生息している４のにしんと判断できる。　(3)　北前船は，江戸時代から明治時代にかけて活躍《かつやく》した船である。海産物を積んで蝦夷《えぞ》地(北海道)を出発し，日本海側の寄港地で商売をしながら米を仕入れ，西廻《まわ》り航路で下関を経て岡山や大阪に運んだ。

問10　津倉町から伊福町にかけては，かつて水田(‖)が広がっていたが，現在は住宅地(▢)や高等学校(⊗)がある。国体町には老人ホーム(⌂)がある。なお，方位は北を上としているとあるので，博物館(🏛)が見られるのは岡山駅西側である。富田町北側には，現在も大正15年も針葉樹林(Λ)は広がっていない。寿町にあるのは小・中学校(文)である。

2　日本の政治や国際連合についての問題

問１　①　文化庁は文部科学省の外局として設置されている。東京への一極集中の是正《ぜせい》と地方創生，文化芸術の振興《しんこう》などを目的に，文化庁は京都に移転された。　②　1867年12月に朝廷《ちょうてい》が王政復古の大号令を出し，天皇を中心とする新政府をつくることや幕府を廃止《はいし》することを宣言すると，1868年７月には江戸が東京と改められ，1869年には政府も移転して東京が首都となった。　③　文芸・音楽・美術・コンピュータプログラムなどの創作物に生じる権利を著作権といい，著作物を著作者以外の人が利用する場合には，著作者の許可が必要とされている。

問２　④　1997年，京都で気候変動枠組《わくぐみ》条約第３回締約《ていやく》国会議(COP３)が開かれ，地球温暖化の防止を目的とした京都議定書が採択《さいたく》された。　⑤　2015年にフランスのパリでCOP21が開かれ，世界の平均気温上昇《じょうしょう》を２度未満に抑《おさ》えるとするパリ協定が採択された。　⑥　2023年，アラブ首長国連邦《れんぽう》のドバイでCOP28が開かれ，気候変動による被害《ひがい》を受けた発展途上《とじょう》国を支援《しえん》する基金を世界銀行の下に設置することで合意した。

問３　国務大臣の任免《にんめん》権は，内閣総理大臣にあるためアは誤りである。日本国憲法第66条の２項《こう》は内閣について，「内閣総理大臣その他の国務大臣は，文民でなくてはならない。」と規定している。したがって，文民ではないと考えられている現役自衛官が国務大臣になることはできない。

問４　国際連合の本部はアメリカのニューヨークに置かれているが，アメリカの首都はワシントンD.C.である。なお，旧グリニッジ天文台はイギリスの首都ロンドン，エッフェル塔《とう》はフランスの首都パリ，日本銀行の本店は日本の首都東京にある。

問５　(1)　弾劾《だんがい》裁判所の設置と憲法改正の発議は，立法権を持つ国会の仕事である。　(2)　１の日本郵政公社が民営化されたのは2007年のことである。なお，1985年に２の日本電信電話公社がNTTグループ各社，３の日本専売公社がJT(日本たばこ産業)，1987年には４の日本国有鉄道がJRグループ各社に民営化された。

問６　最高裁判所も全国50か所にある地方裁判所も，裁判所は全て国が設置している。国会は衆議院と参議院の二院で構成されているが，地方議会は一院制である。

問７　(1)　地方自治体(地方公共団体)が財源不足を補うために発行する公債《こうさい》を地方債という。つまり地方債とは，地方自治体が国や金融《きんゆう》機関などからする借金のことなので，手数料や税，使用料ではない。　(2)　地方交付税交付金とは，地方財政の歳入《さいにゅう》の格差を縮小するために，国が使い道を指定せず，自主財源の少ない地方自治体に配分する資金のことで，地方税の多い市町村や東京都は交付されていない。表より，東京都ではAが不交付となっているので，Aが地方交付税交付金とわかる。なお，国庫支出金とは国が使い道を指定して地方自治体に交付する資金である。

問８　(1)　UNESCOは，国連教育科学文化機関の略称《りゃくしょう》で，1946年にフランスのパリを本部に設立された国連の専門機関である。教育・科学・文化の面での国際交流を通じて，世界の平和と福祉《ふくし》に貢献《こうけん》するために活動している。　(2)　WHO(世界保健機関)は，世界の人々の健康の維持《いじ》や向上を目的として，1948年にスイスのジュネーブを本部に設立された国連の専門機関で，感染症《かんせんしょう》予防や被災《ひさい》地への緊急《きんきゅう》医療《いりょう》支援などを行っている。なお，１のOPECは石油輸出機構，２のIOCは国際オリンピック委員会，４のAPECはアジア太平洋経済協力の略称である。

問９　貿易や金融取引はドルで行われるため，輸出が増加すると相手国からドルを獲得《かくとく》でき，ドルを円に交換《こうかん》する動きが加速する。円の需要《じゅよう》が増えると円の価値が上がるので，円高になる。

問10　情報を流すことを中心としたテレビやラジオなどの発信者から受信者への一方向のメディアに対し，情報を受け取ることも発信することもできるインターネットなどの通信手段を双《そう》方向のメディアという。近年，この双方向のコミュニケーションが主流になりつつある。

３　研修旅行で訪れた寺院とその歴史についての問題

問１　カードAは平安時代中期，カードBは室町時代初期，カードCは飛鳥時代前期，カードDは飛鳥時代後期，カードEは奈良時代のことなので，年代の古い順に，C→D→E→A→Bとなる。

問２　カードB・C・Eの寺院は家族や身近な人物の冥福《めいふく》を祈《いの》って，カードDの寺院は妻の病気治《ち》癒《ゆ》を願って創建されている。なお，法隆寺は飛鳥時代に創建された現存する日本最古の木造建築物である。カードBより，天龍寺は明治以降に再建されている。天龍寺は応仁の乱と江戸時代末の尊王攘夷《じょうい》運動，東大寺は戦国時代に焼失していることが，カードB・Eから読み取れる。

問３　藤原氏は，娘《むすめ》を天皇の后《きさき》にしてその間に生まれた皇子を天皇の位につけ，天皇の母方の親《しん》戚《せき》となって権力を握《にぎ》った。また，天皇が幼いときは摂政《せっしょう》，成人してからは関白となり，それ以外の重要な官職も独占《どくせん》した。

問４　Ⅰは1864年(四国艦隊《かんたい》下関砲撃《ほうげき》事件)，Ⅱは1867年(大政奉還)，Ⅲは1860年(桜田門外の変)のことなので，年代の古い順に，Ⅲ→Ⅰ→Ⅱとなる。

問５　草木や水を用いず，石で山や滝《たき》を，白い砂で水を表す庭園の様式を枯山水《かれさんすい》といい，室町時代後半に各地の禅《ぜん》宗の寺院でつくられた。

問６　２のパルテノン神殿《しんでん》は，アテネのアクロポリスの丘《おか》の上に建つ古代ギリシャの神殿で，アテネの守護神をまつるために紀元前５世紀に建てられた。なお，１のタージマハルはインド，３のコロッセオはイタリア，４の原爆《げんばく》ドームは日本の広島にある建築物である。

問７　1927(昭和２)年，大蔵大臣の失言で一部の銀行の経営状態が悪いことが明らかになると，不安に思った人々が預金を取り戻《もど》そうと銀行に殺到《さっとう》する取り付け騒《さわ》ぎが起こり，中小銀行の休業が続出した。これを金融恐慌《きょうこう》という。なお，第一次護憲運動が起こったのは1912(大正元)年，関東大震災《しんさい》は1923(大正12)年，ベルサイユ条約の調印は1919(大正８)年，国際連盟の発足は1920(大正９)年のことである。

問８　江戸幕府第５代将軍の徳川綱吉は，中国の孔子《こうし》によって始められた儒教《じゅきょう》を重んじ，孔子をまつる湯島聖堂を建設した。なお，鎖国体制の完成は第３代将軍徳川家光の時代，蘭学《らんがく》が流行したのは漢訳洋書の輸入を認めた第８代将軍徳川吉宗の時代以降，大阪の役人であった大塩平八郎が乱を起こしたのは1837年のことで，第11代将軍徳川家斉《いえなり》が大御所《ごしょ》として政治の実権を握っていたころである。

問９　後白河天皇は1156年の保元の乱で兄の崇徳《すとく》上皇に勝利すると，30年あまりにわたって院政を行った。源頼朝の弟であった源義経は，香川県の屋島の戦いや山口県の壇ノ浦の戦いで平氏を破って滅亡《めつぼう》させ，頼朝はその間に鎌倉で東国の武士との関係を築いていた。なお，1221年に承久の乱を起こしたのは後鳥羽上皇である。御成敗式目は，1232年に鎌倉幕府第３代執権《しっけん》の北条泰時によって制定された。

問10　写真はカードＡの平等院鳳凰《ほうおう》堂である。説明の通り，池に面して鳥が翼《つばさ》を広げたような姿をしており，10円硬貨《こうか》にも描《えが》かれている。

理科　＜第２回試験＞（40分）＜満点：100点＞

解答

1 〔1〕 ア　〔2〕 ア　〔3〕 でい岩　〔4〕 日食

2 〔1〕 (1) ウ　(2) ア，ウ　(3) エ　(4) 石灰水　(5) ア　〔2〕 (1) **ア** 2.1　**イ** 2　(2) 1 g　(3) **酸化銅**…3 g　**銅**…1.8 g　(4) 5 g

3 〔1〕 (1) イ　(2) ア　〔2〕 イ，オ　〔3〕 B　〔4〕 **A** ア　**B** イ　〔5〕 b　〔6〕 (1) ×　(2) b　(3) a　(4) ×　〔7〕 (1) ① 光合成　② 呼吸　(2) ④，⑤，⑥　(3) b

4 〔1〕 (1) 支点　(2) 150 g　(3) ① 14cm　② 左に２cm　〔2〕 (1) カ　(2) 25 g　(3) 80 g　〔3〕 (1) 920 g　(2) 345 g　(3) 55cm

解説

1 地球分野の小問集合

〔1〕　写真の中心にある星Ｘは，ほかの星とちがって時間がたっても動いていないので，北極星である。北極星はこぐま座をつくる星のひとつである。

〔2〕　台風のまわりでは，中心に向かって反時計回りにうずをまくように風がふきこんでいる。

〔3〕　どろの粒《つぶ》が堆積《たいせき》することでできた岩石をでい岩という。

〔4〕　太陽―月―地球がその順に一直線上に並ぶと，地球から見たときに太陽と月が重なって，太陽全体またはその一部が月にかくされ，太陽が欠けて見える。この現象を日食という。

2 ものの燃え方についての問題

〔1〕 (1)　空気の主な成分は，約80％がちっ素，約20％が酸素となっている。ほかにアルゴンや二酸化炭素などが含《ふく》まれている。　(2)　過酸化水素水（オキシドール）に二酸化マンガンを加えると，二酸化マンガンが過酸化水素水に含まれる過酸化水素の分解をうながし，酸素が発生する。　(3)　エのように，ろうそくの火の下の方と上の方にすき間があると，ろうそくの火のまわりにある空気はあたためられて上昇《じょうしょう》し，上の方のすき間から外に出ていき，同時に下の方のすき間から外の新《しん》鮮《せん》な空気がびんの中に入ってくる。これにより，ろうそくの火のまわりにはつねに酸素が供給されるため，ろうそくの火は燃え続けられる。　(4)　二酸化炭素には石灰水を白くにごらせる性質が

あるので，石灰水は二酸化炭素の存在を調べるのに使われる。　(5)　ろうそくが燃えると，酸素が使われて減り，かわりに二酸化炭素が発生する。二酸化炭素は水に溶《と》けるので，図のようにビーカーをかぶせると，発生した二酸化炭素の一部が水に溶け，中の気体の体積が減るので，水面が上がる。

〔2〕 (1)　**ア**　表1を見ると，どの場合でもマグネシウムと酸化マグネシウムの重さの比が3：5になっている。したがって，$3.5\times\frac{3}{5}=2.1$(g)と求められる。　**イ**　表2を見ると，どの場合でも銅と酸化銅の重さの比が，0.6：0.75＝4：5になっているので，$2.5\times\frac{4}{5}=2$(g)とわかる。

(2)　マグネシウム1.5gを完全に反応させると，酸化マグネシウムは，$1.5\times\frac{5}{3}=2.5$(g)できる。酸化マグネシウムの重さはマグネシウムの重さとそれに結びついた酸素の重さの和となるので，結びついた酸素は，2.5－1.5＝1(g)である。　(3)　反応させるのをやめたときに増えた重さは，銅に結びついた酸素の重さなので，結びついた酸素は，4.8－4.2＝0.6(g)である。酸化銅と銅と結びついた酸素の重さの比は，5：(5－4)＝5：1だから，生じた酸化銅は，$0.6\times\frac{5}{1}=3$(g)とわかる。また，まだ反応していない銅は，4.8－3＝1.8(g)である。　(4)　もし，マグネシウム3gと銅2gをまぜ合わせたとすると，酸化マグネシウムは，$3\times\frac{5}{3}=5$(g)でき，酸化銅は，$2\times\frac{5}{4}=2.5$(g)できるから，合わせて，5＋2.5＝7.5(g)になる。12.5gはこの，$12.5\div7.5=\frac{5}{3}$(倍)なので，求めるマグネシウムの重さは，$3\times\frac{5}{3}=5$(g)である。

3　サクラの観察，植物の葉の形やつき方についての問題

〔1〕 (1)　図2で，①や③のような丸みのある芽は，やがて花を咲《さ》かせるものである。その断面に見られる黄色い小さい粒は，花にたくさんあるおしべのやくとなる。　(2)　②のような細長い芽は，やがて葉を出す芽である。

〔2〕　サクラ(ソメイヨシノ)は，春が本格的に始まる3月後半から4月のはじめにかけて花を咲かせる。サクラと同じ春に花が咲くのは，アブラナとカラスノエンドウである。なお，コスモスとキンモクセイは秋，アサガオとホウセンカは夏に花を咲かせる。

〔3〕　ススキは，地下茎《けい》から立ち上がった花茎のまわりに，細長い葉が放射状に広がって出ている。

〔4〕　どちらのタイプでも，高さが低いところでは，上にある葉の影《かげ》になるため，明るさは暗くなる。しかし，タイプBでは葉が下の方から広がるように生えているため，中くらいの高さから上の方は影ができにくく，タイプAと比べて明るくなっている。

〔5〕　図4で，葉の乾燥《かんそう》重量が最も多い階級を見ると，aでは30～40cm，bでは10～20cmとなっている。これは葉が最も多くある高さを表している。よって，aは地面から離《はな》れた高い位置に葉をつけるタイプAのもの，bは下の方から葉を広げるタイプBのものといえる。

〔6〕　図4のaはタイプAのものであり，葉の乾燥重量が30～50cmのところで多くなっていることから，(3)の特徴《とくちょう》が当てはまる。また，bはタイプBのものであり，葉の乾燥重量が10～30cmのところで多くなっているので，(2)の特徴が当てはまる。なお，(1)や(4)の特徴であれば，高さのちがいによって葉の乾燥重量がかたよることがもっと少ないはずである。

〔7〕 (1)　①　日光が当たることで葉がデンプンをつくるはたらきを光合成という。二酸化炭素と水を材料に，光のエネルギーを利用してデンプンと酸素をつくり出す。　②　植物も動物も，生きるためのエネルギーを生み出すため，呼吸を行っている。　(2)　図4から，bの植物ではaの

植物と比べて低いところに多くの葉がついている。また，葉が細長いことから影ができにくく，低いところにまで光が届きやすい。　(3)　草がまとまって生えているとき，光が強い環境《かんきょう》では，低いところまで光が届きやすいｂの植物の方が，さかんに光合成を行うことができ，より成長できるので，生育に有利だといえる。

4　力のつり合いについての問題

〔１〕 (1)　てんびんを支え，てんびんが回転するように動くときの中心となっている点Ｐを，支点という。　(2)　てんびんのつり合いは，支点を中心としたてんびんを回そうとするはたらきで考える。このはたらきの大きさは，(加わる力の大きさ)×(支点からの距離《きょり》)で求められ，左回りと右回りでその大きさが等しいときにてんびんはつり合う。てんびんの重さは考えなくてよいので，左右の皿にのせたおもりの重さの比と，支点から左右の皿までの距離の比は逆比になる。図２では，支点から左右の皿までの距離の比が，10：６＝５：３なので，左右の皿にのせたおもりの重さの比は３：５とわかる。よって，おもりＡが90ｇのとき，おもりＢは，90×$\frac{5}{3}$=150(ｇ)である。

(3)　①　左右の皿にのせたおもりの重さの比が，20：140＝１：７だから，支点から左右の皿までの距離の比は７：１となる。てんびんの長さは，８＋８＝16(cm)なので，点Ｐは左端《はし》から，16×$\frac{7}{7+1}$=14(cm)の位置である。　②　おもりを追加したあと，左右の皿にのせたおもりの重さの比は，(20＋40)：(140＋40)＝１：３となるので，点Ｐは左端から，16×$\frac{3}{3+1}$=12(cm)の位置とすればよい。したがって，点Ｐは①の位置より左に，14－12＝２(cm)移動させればよい。

〔２〕　操作①では，板の右端が支点となって板が動く。このとき，右端を支点として板を回そうとするはたらきのつり合いの式は，糸ａにかかる力を□ｇとすると，100×(100－80)＝□×(100－20)，□＝100×20÷80＝25(ｇ)と求められる。また，操作②では，板の左端が支点となって板が動く。このとき，左端を支点として板を回そうとするはたらきのつり合いの式は，糸ｂにかかる力を△ｇとすると，△×100＝100×80，△＝100×80÷100＝80(ｇ)になる。さらに，操作③では，100ｇのおもりを持ち上げているだけなので，糸ｃにかかる力は100ｇである。したがって，ばねばかりの目もりは，③＞②＞①となる。

〔３〕 (1)　バットの重さを糸ｅと糸ｆで支えているので，糸ｅと糸ｆにかかる力の和はバットの重さにあたる920ｇである。　(2)　糸ｆには575ｇがかかっているので，糸ｅには，920－575＝345(ｇ)がかかっている。　(3)　図４で，糸ｄをつけた位置はバットの重心(物体の重さが集まっていると考えられる点)である。図５のとき，(バットの左端の糸ｅにかかる力)：(バットの右端の糸ｆにかかる力)＝345：575＝３：５なので，(バットの左端から重心までの距離)：(バットの右端から重心までの距離)＝５：３とわかる。よって，バットの重心の位置は左端から，88×$\frac{5}{5+3}$=55(cm)である。

国　語　＜第２回試験＞（50分）＜満点：150点＞

解　答

一　下記を参照のこと。　　二　**問１**　イ　**問２**　イ　**問３**　ア　**問４**　ウ　**問５**　ア　**問６**　(例)　小説に登場する恵まれた少女と一体化し，舞台袖での孤独を共有しようとしている。　**問７**　イ，ウ　**問８**　イ，オ　**三**　**問１**　**A**　エ　**B**　ア　**C**　オ　**D**　イ　**問２**　ウ　**問３**　（例）マグロの場合，ウシやブタと比べて人間と似ている度合いがより低いために，それを殺す上での抵抗感は低くなると考えられるから。　**問４**　ア　**問５**　エ　**問６**　ウ　**問７**　イ　**問８**　エ　**問９**　ウ　**問10**　（例）今後人間は，「共感能力」を過度に発揮して食料選別を偏ったものにしてしまうことなく，環境問題を悪化させない食料の確保にも配慮しながら，適切な食料分配を続けていかなければならない，と考えられる。

●漢字の書き取り

一　ⓐ　効(く)　ⓘ　復習　ⓤ　努(める)　ⓔ　閉口　ⓞ　推察

解説

一　漢字の書き取り

ⓐ　音読みは「コウ」で，「効果」などの熟語がある。　ⓘ　習ったことをくりかえし学習すること。　ⓤ　“努力してことを行う”という意味。　ⓔ　手に負えなくて困ること。　ⓞ　他人の事情や心中を思いやること。

二　**出典：安壇美緒《あだんみお》「金木犀《きんもくせい》とメテオラ」**。【文章Ⅰ】では，東京出身の宮田《みやた》の視点で，クラスメイトからの賛辞と奥沢《おくざわ》からの嫉妬《しっと》の視線を受けるようすが書かれ，【文章Ⅱ】では，北海道出身の奥沢の視点で，恵《めぐ》まれない自分の状況《じょうきょう》と，宮田への嫉妬を感じているようすが書かれている。

問１　金木犀を知らないクラスメイトへ，宮田が冷静で的確な発言をしているが，クラスメイトの馨《かおる》や奥沢が不快な反応をしているようすはないので，イが適当でない。

問２　宮田がホールのピアノで，クラスメイトのみなみからリクエストされて弾《ひ》いたのは，「悲しいことがあった日でも，自分の大好きなものを思い浮《う》かべれば，そんなに悪くない日だと思えてくる」という内容の曲である。しかし，宮田は，「そんな風に思えるほど，好きなものなど自分にはない。悲しみにしたって，自分の中のどれが悲しみで，どれが悲しみではないのか，あまりわからない」と感じ，その内容を「きれいごと」に思ったのであるから，イがよい。

問３　宮田はピアノを弾いている最中に，ステージにいるクラスメイトの奥沢からの嫉妬の視線を感じている。「宮田はこの類《たぐい》の視線を何度でも浴びたことがある」と書かれているが，その視線に慣れてしまっている自分自身に嫌悪《けんお》感をいだいているとは読み取れず，むしろ「そう思うのなら，やってやる」と奥沢の視線に好戦的に応えるようすがえがかれているので，アが適当でない。

問４　クラスメイトのみなみが，古本屋に寄る前に昼食を食べに行くことを提案すると，奥沢は焦《あせ》りを感じている。奥沢は，「お金がない，と言うのが嫌《いや》で，飛び出して来た方便」として，家にお昼ごはんが用意されているから行かないと言っているのであって，金銭的に余裕《よゆう》がないのを知られないために，うそをついているのである。よって，ウがふさわしい。

問５　これから古本屋に行くことを，馨たちが楽しみにする一方で，「知らない人が触《さわ》った」ことや本の「日焼けとか，黄ばみとか」を気にする宮田の発言を，「馬鹿にした物言い」と奥沢は感じている。ぼう線７の前で，奥沢が古い本を大切にしていることが書かれていることに加え，「まるでみずからの悪行がばれたかのように，寒気が」しているのであるから，自分の大切にしているものを宮田に馬鹿にされたように感じ，怒《いか》りを感じているようすが読み取れる。よって，アがよい。

問６　ピアノを弾く宮田を見た奥沢は，「まばゆい光を浴びて，素晴《すば》らしい演奏をしているほかの誰《だれ》かを見つめているとき，わたしは世界で一番暗い場所にいる」と，宮田に対する「激しい嫉妬」に駆《か》られている。その後，家に帰った奥沢は，「ぼろけた少女小説」の「ピアニスト志望の主人公が，コンクール直前に舞台袖《ぶたいそで》で孤独《こどく》に蝕《むしば》まれてしまう場面」を読み直しながら，「自分とは何もかもが違《ちが》う，恵まれた本の中の少女と，どうしてかこの瞬間《しゅんかん》だけは分かり合えるような気がする」と感じている。奥沢は，宮田を見つめる自分自身を，小説の主人公の少女と一体化させながら挿《さ》し絵を模写《もしゃ》することで，孤独を少女と共有しようとしているのである。

問７　ぼう線８で奥沢がピアノを描《か》きながら思い出している「嫌な場面」は，学校での宮田の古本についての発言の場面であり，その「馬鹿にした物言い」に奥沢は再び怒りを感じている。その一方で，絵に描かれている「自分とは何もかもが違う，恵まれた本の中の少女」と宮田は重なる部分が多く，「宮田佳乃《よしの》は生きているだけで，奥沢のコンプレックスを刺激《しげき》した」とあるように，奥沢は，自分と宮田が大きく違《ちが》っていることに苦しさや嫉妬をおぼえている。よって，イとウがよい。

問８　【文章Ⅰ】のぼう線３の前の部分で，奥沢の攻撃《こうげき》的な視線を感じる宮田のようすがえがかれており，「宮田はこの類の視線を何度でも浴びたことがある」と，これまでも他人の視線を気にしたことがあるとも書かれているので，イが合う。また，同じ部分で，奥沢の嫉妬の視線に対して宮田は，「けど何が？」と疑問に感じており，自分が嫉妬される理由をわかっていないことが読み取れる。一方で奥沢は，【文章Ⅱ】で宮田について，「きっと彼女《かのじょ》は恵まれている自覚などないのだろう」と考えており，宮田が他人から嫉妬されていることに気づいていないようすがわかるので，オもふさわしい。

三　**出典：市橋伯一《いちはしのりかず》「増えるものたちの進化生物学」**。人間はほかの人間に共感することでほかの個体と協力し，仲間を増やしていくことができたが，共感の範囲《はんい》がほかの動物にも広がってしまうことで，将来的に動物食のあり方が変わるかもしれないと述べられている。

問１　**A**　文末が「〜でしょう」なので，後に推量の語をともなって“おそらく”という意味になる「きっと」が合う。　**B**　イヌやネコと比べて，ウシやブタに人間らしさを感じる人は少ないということが書かれているので，二つのことを並べて，前のことがらより後のことがらを選ぶ気持ちを表す「むしろ」が入る。　**C**　後に「〜ようになったら」とあるので，“仮にこうだとすると”という意味の「もし」がよい。　**D**　後に「〜食べられなくなる」とあるので，状態が変化してしまうことを表す「もう」が合う。

問２　「生物としての人間」が「大きな社会」を作り出すことができた理由として，筆者は，「他の人の気持ちになって考えられるということ」である「共感能力」をあげており，他の人に共感することで，「他者の望むことを察知し，協力関係を築くことができ」ると述べている。ぼう線１では，この「共感能力」が強化されてきたことを「やさしくなって」きたと言いかえているので，ウがふさわしい。

問３　ぼう線２の前後では，動物の肉を食べることの「倫理《りんり》的な問題」について書かれている。マグロならまだしも，ウシやブタが解体されるところを見たい人があまりいないであろう理由について，筆者は，人間が「自分と同じほ乳類を殺すこと，さらには解体することに少なからぬ抵抗《ていこう》感を持っている」からだと述べている。人間はおたがいの協力関係によって生きているため，「人を殺すということには大きな抵抗感を持つ」が，「この抵抗感は，人間以外の人間とよく似た生物，たとえばほ乳類などであれば(人間ほどではないにせよ)適用されてしまう」のである。

問４　もともと，「共感能力」は，「他人との協力を可能にしたことで人間の生存に貢献《こうけん》し，強化されてきたもの」であり，「他の生物に対する共感は特に人間の生存には貢献していない」と筆者は考えている。他の動物に対しては，状況に応じて「共感能力」を使わないようにするほうが，人間の生存には貢献するということが述べられているので，アが合う。

問５　人間が他の「食料になりうる生物」に対する共感能力を強化してしまうと，「生存には不利益」になってしまう。もともと「共感能力」は，「人間の生存に貢献し，強化されてきたもの」であったはずであり，その範囲を広げすぎてしまうことで，人間の生存がおびやかされてしまうのである。よって，「増えるものの原則」としては，エがよい。

問６　過去と現代の人間社会の違いとして，現代はエネルギーの生産量が上がっているので，「栄養を得ることは生存を決める要因ではなくなっている」が，過去においては，「生物は必要な食料を得るために競争」をしなければならず，仲間の数が増えると，必要な食料の量も増えて飢《う》えるということをくり返していたことが説明されている。よって，ウが選べる。

問７　現代の人間の社会では，「他人どうしで協力すること」によって「分業が成立」し，エネルギーを効率よく生産できるようになっている。その一方で，栄養が余ってしまっていて，「栄養を得ることは生存を決める要因ではなくなっている」のであり，栄養以外の理由で出生率は下がっていると考えられるので，イが合う。

問８　人間は，その「共感能力」が強化され，「ますます協力的に，やさしくふるまうように教育され，日常的にプレッシャーをかけられて」いるので，ほ乳類やペットからさらに拡大されていくやさしさを制限したり，分業の範囲をせばめたりすることが難しくなっている。よって，エがふさわしい。

問９　前の部分で，筆者は，ウシやブタと比べて，魚はほ乳類でなく人間の姿に似ていないので，解体される場面を見ることに抵抗感がないと述べている。しかし筆者は，人間の「共感能力」がほ乳類から魚類などの他の種類にも拡大されたとしたら，「そのうち活け造りやマグロの解体ショーが残酷《ざんこく》なものだと敬遠される時代がくる」とも考えている。魚にもやさしさを適用することが残酷に思える理由なので，ウが適当でない。

問10　続く部分で，動物の肉を食べることについて，「温暖化などの環境《かんきょう》負荷が大きい」という環境問題と，「私たちと同じほ乳類であり，ある程度の知能をもったウシやブタを殺して食べることが許されるのか」という「倫理的な問題」を筆者は指摘《してき》している。さらに，本文全体では，人間の「共感能力」を強化し，他の生物にも範囲を広げていってしまうことで，生存に必要な食料を得られなくなってしまう危険についても述べているので，その「共感能力」を制限する必要があることもふまえて考えを述べるとよい。

Dr.福井の 入試に勝つ！脳とからだのウルトラ科学

記憶に残る“ウロ覚え勉強法”とは？

人間の脳には，ミスしたところが記憶に残りやすい性質がある。順調にいっているときの記憶はあまり残らないが，まちがえて「しまった！」と思うと，その部分がよく記憶されるんだ（これは，脳のヘントウタイという部分の働きによる）。その証拠に，おそらくキミたちも「あの問題を解けたから点数がよかった」ことよりも，「あの問題をまちがえたから点数が悪かった」ことのほうをよく覚えているんじゃないかな？

この脳のしくみを利用したのが“ウロ覚え勉強法”だ。もっと細かく紹介すると，テキストの内容を一生懸命覚え，知識を万全にしてから問題に取り組むのではなく，テキストにざっと目を通した程度（つまりウロ覚えの状態）で問題に取りかかる。もちろんかなりまちがえると思うが，それを気にすることはない。まちがえた部分はよく記憶に残るのだから……。言いかえると，まちがえながら知識量を増やしていくのが“ウロ覚え勉強法”なのである。

ここで，ポイントが２つある。１つは，ヘントウタイを働かせて記憶力を上げるために，まちがえたときは「あ～っ！」とわざとらしく驚くこと。オーバーすぎるかな……と思うぐらいでちょうどよい。

もう１つのポイントは，まちがえたところをそのままにせず，ここできちんと見直すこと（残念ながら，驚くだけでは覚えられない）。問題の解説を読んで理解するのはもちろんだが，必ずテキストから見直すようにする。そうすれば，記憶力が上がったところで足りない知識をしっかり身につけられるし，さらにその部分がどのように出題されるかもわかってくる。頭の中の知識を実戦で役立てられるようにするわけだ。

Dr.福井（福井《ふくい》一成《かずしげ》）…医学博士。開成中・高から東大・文Ⅱに入学後，再受験して翌年東大・理Ⅲに合格。同大医学部卒。さまざまな勉強法や脳科学に関する著書多数。

2023年度 桐光学園中学校

【算　数】〈第１回試験〉（50分）〈満点：150点〉

注意　1．定規・コンパスは使用できません。
　　　2．円周率は3.14とします。
　　　3．比はできるだけ簡単な整数の比で表しなさい。

1　次の□にあてはまる数を求めなさい。

(1)　$87\times91+87\times109=$□

(2)　$\left(3\frac{1}{3}-1.2\right)\div0.8-0.25\div\frac{1}{8}=$□

(3)　$2\times(10-$□$)\times1\frac{1}{3}\times1.125+1=10$

(4)　400枚の重さが1200gの紙があります。この紙720枚の重さは□gです。

(5)　81の約数は全部で□個です。

2　次の□にあてはまる数を求めなさい。

(1)　42人のクラスで食堂メニューのアンケートをとりました。フライドポテトが好きな人は32人，メロンパンが好きな人は30人でした。フライドポテトもメロンパンも好きではないと答えた人が６人以下だったとき，フライドポテトとメロンパンの両方とも好きと答えた人は最も多くて□人になります。

(2)　中学１年生376人に対して，100点満点のテストをしました。その結果，女子の平均点は99点，男子の平均点は95点で，全体の平均点は96.5点でした。中学１年生の女子の人数は□人です。

(3)　黄色の折り紙と青色の折り紙を使って折り紙アートを作成します。最初，黄色と青色の折り紙の枚数の比は４：３でした。その後，黄色と青色をそれぞれ520枚ずつ使うと，残りの黄色の折り紙と青色の折り紙の枚数の比は２：１になりました。黄色の折り紙は最初に□枚ありました。

(4)　遊園地の入口に240人が並んでいます。この後，毎分４人ずつ人が増えて並んでいきます。入口を２つだけ開けると，30分で行列がなくなります。このとき，入口を４つ開けると行列がなくなるのに□分かかります。ただし，同時に開いているどの入口にも同じ割合で人が並ぶものとします。

(5)　次のページの図１のように，正方形の台紙にたて17cm，横13cmの長方形のカードをはっていきます。台紙の端《はじ》とカードはぴったりはり，カードとカードの間かくは上下左右とも1cmとります。正方形の台紙をできるだけ小さくすると１辺□cmの正方形になります。

(6)　次のページの図２は直径20cmの円と正方形です。斜線部分の面積は□cm^2です。

図１

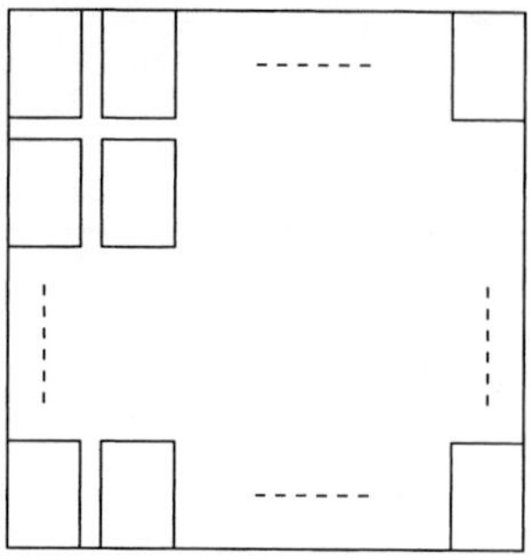

図２

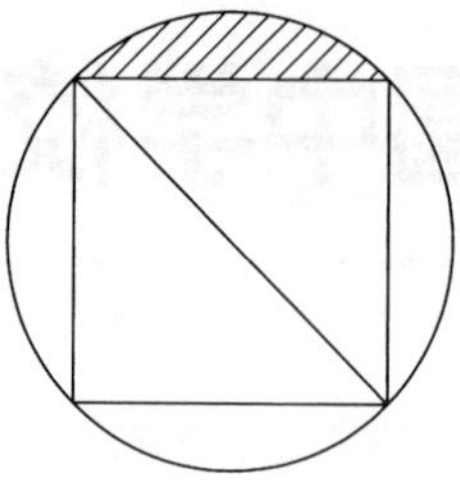

3　４つの数字１，２，３，４を使ってできる３けたの整数を，次のように小さい順に左から並べます。

111，112，113，114，121，122，123，124，131，…，144，211，…，444

このとき，次の問いに答えなさい。

(1)　左から数えて15番目の整数を答えなさい。

(2)　333は左から数えて何番目の整数ですか。

(3)　３の倍数は全部で何個ありますか。

4　桐子さんと光さんが同時にＡ地点を出発して18km離れたＢ地点に向かいました。

桐子さんは，はじめ時速４kmで30分歩いた直後にタクシーに乗り，時速40kmの速さでＢ地点に向かいました。光さんはＡ地点から自転車に乗って，一定の速さでＢ地点に向かいました。桐子さんが乗っていたタクシーがＢ地点に着いたとき，光さんはＢ地点の手前7.2kmのところにいました。桐子さんはＢ地点に着いた後，光さんをＢ地点で待っていました。グラフは２人が出発してからの時間(分)と２人の間の距離(m)の関係を表したものです。このとき，次の問いに答えなさい。

(1)　グラフの㋐にあてはまる数を求めなさい。

(2)　グラフの㋑にあてはまる数を求めなさい。

(3)　グラフの㋒にあてはまる数を求めなさい。

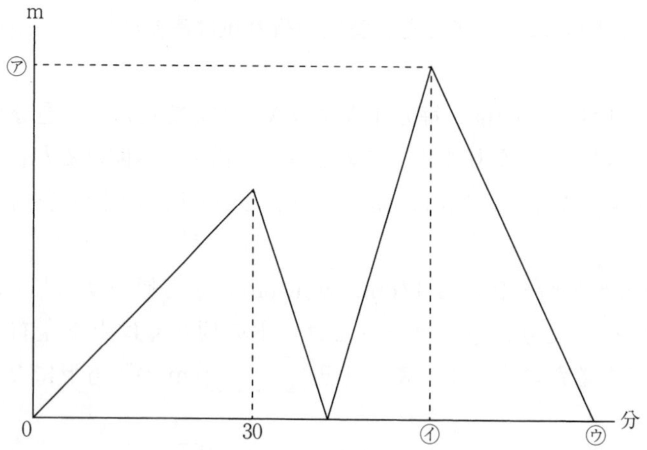

5　4つの点A，B，C，Dをそれぞれ中心とする半径5cmの円が，図1のようにくっついています。四角形ABCDは正方形です。図2のように，図1の図形の外側の部分を，点Pを中心とする半径5cmの円板がすべることなく元の位置まで転がります。このとき，次の問いに答えなさい。

図1

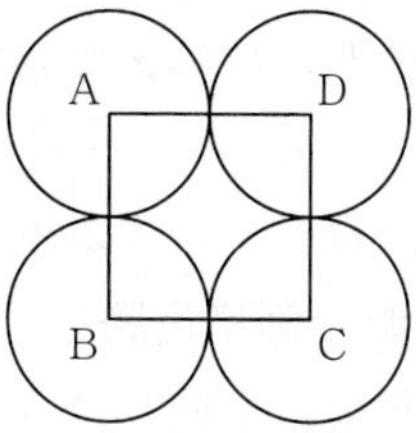

図2

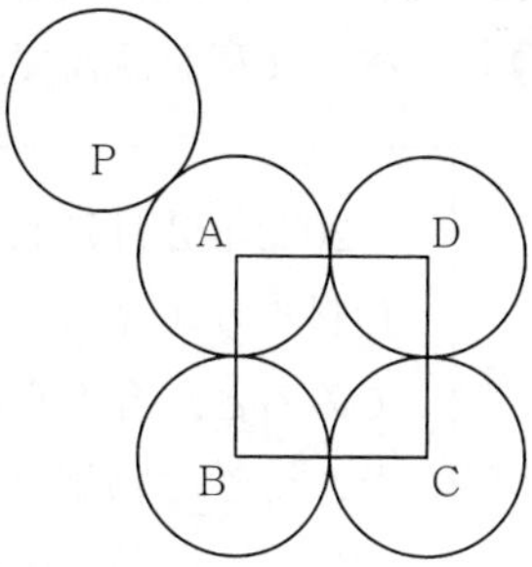

(1)　図3のように円板が2つの点A，Dをそれぞれ中心とする2つの円にくっついています。このとき，角あ⃝の大きさを求めなさい。

図3

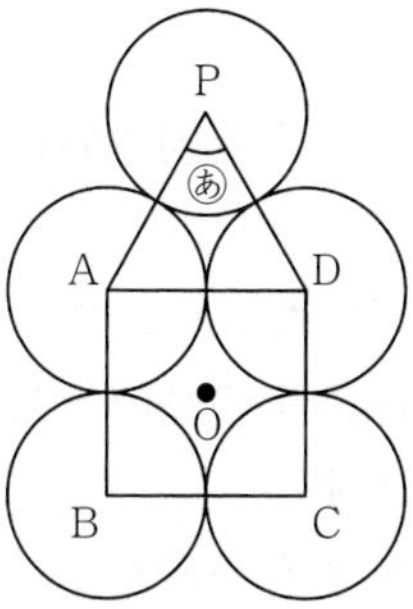

(2)　円板の中心Pが通った後の線の長さは半径5cmの円1つの周の長さの何倍ですか。

(3)　四角形ABCDの対角線が交わる点をOとします。このとき，OPの真ん中の点Rが描く図形の長さを求めなさい。

【社　会】〈第１回試験〉（40分）〈満点：100点〉

1　次の文章を読んで，後の問いに答えなさい。

2022年２月に始まったロシアによるウクライナ侵攻《しんこう》は，ア小麦や天然ガス・石油など，食料やイエネルギー資源の価格高騰《こうとう》を招き，世界の物価上昇に影響《えいきょう》を与《あた》えました。考えてみると，今から約50年前にも同じように，石油価格の高騰による物価上昇がみられました。ウこの物価上昇はイスラエルとアラブ諸国との戦争をきっかけとしたもので，OPECが《　　Ａ　　》，国際価格が高騰しました。

これに対して，今回の石油価格高騰は，エ新型コロナウイルス感染症《かんせんしょう》のまん延に伴《ともな》う石油価格の急低下からの急上昇《じょうしょう》という流れがあった上に，経済制裁などによるロシアからの輸入停止が供給不足を招くとの思惑《おもわく》がもたらしたものといえます。

オ日本国内の物価上昇について考えると，ロシアのウクライナ侵攻という要因以外に，為替《かわせ》相場の変動という要因も大きいと思われます。2022年の１月に１ドル＝113円～115円台で推移していたものが，６月には１ドル＝135円を超《こ》えました。半年でおよそ20％も変動したことになります。このような《　　Ｂ　　》ので，資源価格や食料品価格の高騰をもたらし，賃上げを伴わなければ，生活に大きな影響を与えることになります。

こうした状況の中，2022年７月におこなわれたカ参議院議員通常選挙でも交付金や消費税の減税・廃止など，物価高騰対策が各党から公約として掲《かか》げられました。身近なテーマとしては，物価高騰の国民生活への影響というところがポイントになるのでしょうが，食料の多くを輸入に頼《たよ》っている日本としては，キ食料安全保障をはじめ，まさにこの国の形が問われている重大な局面にあるといえるかもしれません。

問１　次の地図中 あ～お のうち，文中にあるウクライナとイスラエルの位置の組み合わせとして正しいものを，下の中から１つ選び，番号で答えなさい。

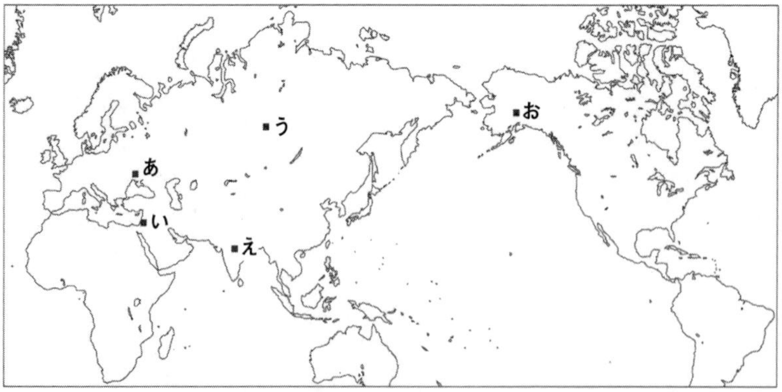

１．あ：ウクライナ　い：イスラエル　　２．お：ウクライナ　い：イスラエル
３．う：ウクライナ　え：イスラエル　　４．う：ウクライナ　お：イスラエル

問２　下線部アについて，次の表はそれぞれ小麦・天然ガス・鉄鉱石の生産量・産出量上位５位までの国を示したものです。品目【か】～【く】のうち，小麦・天然ガスの組み合わせとして正しいものを，下の中から１つ選び，番号で答えなさい。

品目 【か】 （2019年）

国名	生産量（万トン）	%
中国	13360	17.4
インド	10360	13.5
ロシア	7445	9.7
アメリカ	5226	6.8
フランス	4060	5.3

品目 【き】 （2017年）

国名	産出量（万トン）	%
オーストラリア	54703	36.5
ブラジル	26900	17.9
中国	22300	14.9
インド	12500	8.3
ロシア	6125	4.1

品目 【く】 （2019年）

国名	産出量（億 m^3）	%
アメリカ	9548	23.4
ロシア	7499	18.3
イラン	2317	5.7
中国	1775	4.3
カナダ	1767	4.3

（『データブック オブ・ザ・ワールド 2022』二宮書店 より作成）

１．か：小麦 き：天然ガス　　２．き：小麦 く：天然ガス

３．か：小麦 く：天然ガス　　４．か：天然ガス き：小麦

問３ 下線部イについて，日本のエネルギー資源に関する説明として誤っているものを，次の中から１つ選び，番号で答えなさい。

１．日本は，世界有数のエネルギー消費大国であり，先進国の中でもエネルギー資源の海外依存《いぞん》度が特に低くなっている。

２．経済成長をしている中国やインドなどでは，今後もエネルギーの使用が見込まれるため，これらの国との資源獲得《かくとく》競争が激しくなっていくと考えられる。

３．これからの日本は，発電に使うエネルギー源の多様化とともに，燃料の調達先の分散化を図るなど，エネルギーセキュリティを高める必要がある。

４．資源を輸入に頼ると，輸入先地域の政治情勢，相手国の生産調整などの影響のほか，世界の需要の増加などで大きく費用が変動するリスクがある。

問４ 下線部ウについて，約50年前のイスラエルとアラブ諸国との戦争の名称として正しいものを，次の中から１つ選び，番号で答えなさい。

１．湾岸戦争　　２．イラク戦争　　３．第四次中東戦争　　４．クリミア戦争

問５ 下線部エについて，なぜ，新型コロナウイルス感染症のまん延に伴って石油価格が急低下し急上昇したのか，2020年１月から2022年１月にかけての下の資料を参考にしながら，次の用語をすべて使用し，説明しなさい。

［用語］ 移動／需要／景気の回復

［資料］

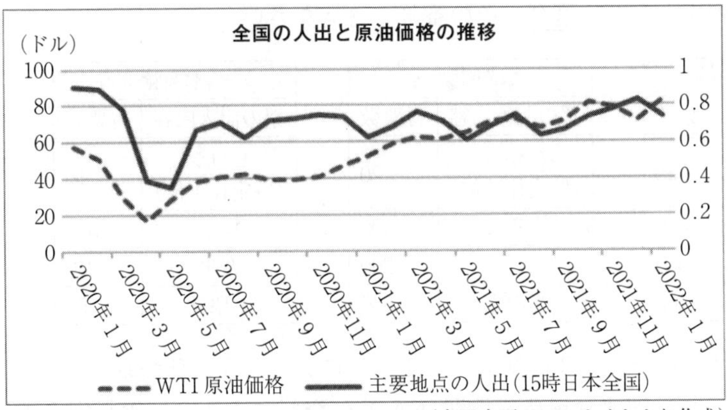

（内閣官房 WEBサイトより作成）

［注］

※主要地点の人出は，ピーク時を１とした指数である。

※WTI…アメリカ南部のテキサス州とニューメキシコ州を中心に産出される原油

問６　下線部オについて，右のグラフは，消費者が物を買う時の価格を調査して算出する消費者物価指数の前年比の上昇率を示したものです。

このグラフをみると，物価が急に前の年に比べて約２～３％上がる年があります。そのうち３回は，共通したある財政政策が影響していると考えられますが，その財政政策は何か，次の中から１つ選び，番号で答えなさい。

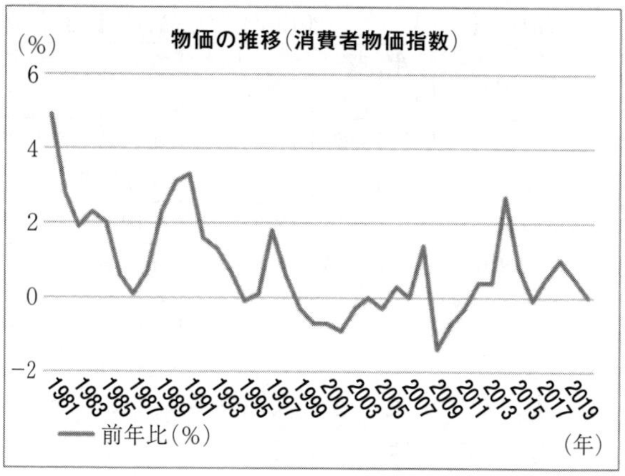

１．ふるさと納税の開始
２．消費税率の引き上げ
３．法人税率の引き下げ
４．所得税率の引き上げ

問７　下線部カについて，以下の問いに答えなさい。

(1)　2022年の参議院議員通常選挙に関する次の文中の［　a　］～［　c　］にあてはまる語句・数字を答えなさい。

> 今回の選挙を経て，最大の議席を持つ［　a　］党と，［　b　］党の与党は，参議院の総議席数［　c　］議席のうち146議席を占め，過半数を維持しました。

(2)　参議院の比例代表選挙の投票では，投票用紙に政党名・候補者個人名いずれを記入しても構いません。政党名の票と個人名の票を合算し，各党の得票数を決め，得票数に応じて，ドント式により各党に議席数配分をします。どの候補者が当選するかは，原則として各党の獲得した議席数の中で個人名票が多い順になりますが，あらかじめ政党が決めた順位に従って優先的に当選者が決まる「特定枠」を設けることができます。

この方式に従ってクラスで模擬選挙をおこなったところ，以下の表のような結果になりました。最も議席の多い党から順に３議席・２議席・１議席を獲得しました。当選者ではない人を，下の中から２人選び，その番号で答えなさい。

＜桐学党＞	
票の記入内容	得票数
光太（特定枠１位）	35
まなぶ	800
園子	600
桐学党	165

＜光園党＞	
票の記入内容	得票数
ひかる（特定枠１位）	20
まろん	400
麻子	200
光園党	580

＜木栗党＞	
票の記入内容	得票数
ヒロシ（特定枠１位）	10
桐子	300
奈生	240
木栗党	50

１．園子　　２．麻子　　３．桐子　　４．ヒロシ　　５．ひかる

問８．下線部キについて，国連食糧農業機関(FAO)の資料によると，食料安全保障とは，世界中の人が，「いかなる時にも，十分で安全かつ栄養ある食料を，物理的，社会的及び経済的にも入手可能である」状況とされています。この食料安全保障を達成する方策の説明として

誤っているものを，次の中から１つ選び，番号で答えなさい。

１．食料をめぐって世界で争いが起こることに備えて，軍事費を増額し，食料を確保するために，世界各国に派兵できるようにする。

２．国内の農業生産の増大を図ることを基本とし，輸入と備蓄を適切に組み合わせ，食料供給を確保するシステムを構築する。

３．世界的な食料需要の増大や気候変動など，食料供給に影響を及ぼすリスクを把握・分析し，不測の事態が生じた場合の具体的な対応の整備を進める。

４．国内生産の不作などにより輸出制限措置を取らざるを得ない場合は，その制限を必要な範囲に限定する努力義務を定め，自由貿易体制の維持を図る。

問９　文中の《Ａ》と《Ｂ》にあてはまる文として正しいものを，下の中からそれぞれ１つずつ選び，番号で答えなさい。

《Ａ》

１．石油の供給拡大をおこなうと，石油の需要が供給を上回り

２．石油の供給制限をおこなうと，石油の需要が供給を上回り

３．石油の供給拡大をおこなうと，石油の供給が需要を上回り

４．石油の供給制限をおこなうと，石油の供給が需要を上回り

《Ｂ》

１．円高は輸入物価の下落をもたらす

２．円安は輸入物価の下落をもたらす

３．円高は輸入物価の上昇をもたらす

４．円安は輸入物価の上昇をもたらす

2　次の会話文を読んで，後の問いに答えなさい。

先　生：よしおさんは先日，群馬県の富岡製糸場に行ってきたそうですね。

よしお：はい，広い敷地にいろいろな建物などがあって見どころが多かったです。

ひろこ：私も行ったことあるよ。たしか明治時代の初めに外国人の指導者たちを招いて，外国の器械を輸入してつくったんだよね。

よしお：そう。ア近代化を進める明治政府が当時の主な輸出品である生糸を大量生産するために，当時最先端だったフランスの技術者を招いて，フランスの器械を設置して工場をつくったんだ。

ひろこ：「工女」って呼ばれる若い女性が糸とりの技術を習ったんですよね。

先　生：そうですね。募集によって全国から集まった15歳～25歳の女性が「工女」として寄宿舎で共同生活をし，イ学校にも通いながら糸をとる技術を学んでいたんだ。技術を習得すると地元に帰って，今度はウ彼女たちが指導者となって活躍したんだよ。

よしお：途中から財閥で有名なエ三井家が経営するようになって，その後も民間の企業が経営していったんですよね。

先　生：この富岡製糸場やそこから各地に広まった技術によって，生糸は日本の主力輸出品として成長していき，1909年にはオ日本は世界一の生糸輸出国になります。その

後，カ世界恐慌や日中戦争などによる生産の落ち込みはありましたが，国産の自動繰糸器も開発され生糸の生産がずっと継続されました。太平洋戦争の時も富岡製糸場は空襲の被害を受けることもなかったので，多くの建物が今も残っています。戦争が終わると国産の自動繰糸器の開発が本格化していき，キ1960年代には明治時代とは逆に日本の機械が最先端技術として輸出されるようになりました。しかし，ク1970年代になって生産量は減少していき，1987年，工場は操業を停止しました。

ひろこ：日本は明治時代から生糸のほかに綿糸の生産も機械でおこなうようになったよね。たしか紡績業って呼ばれてた。生糸と綿糸って同じ糸だけど全然違うものだって習った。

よしお：麻も衣類の原料になるし，間違いやすいから整理して覚えておかないとね。

よしおさんとひろこさんは上の会話の後，日本の糸および布の歴史を次のX・Y・Zの3つのカードにまとめました。

X

・歴史：

ケ縄文時代から自生していた植物を使って衣料などに使用。コ律令国家では産物として納める地域もあった。

・原材料：植物の繊維

・特徴：通気性に優れており生地が強く，しわになりやすい。古い時代のものは肌触りが悪い。衣料のほか綱や袋にも使用。

Y

・歴史：

古墳時代に養蚕の技術が伝わったとされる。古代から主に貴族階級が着用し，戦国時代までは中国からの輸入が中心だったが，サ江戸時代以降国産化が進む。

・原材料：蚕《かいこ》の繭《まゆ》

・特徴：なめらかな肌触りで肌に優しい。高価で貴重品である。変色しやすく繊細なので洗濯は難しい。

Z

・歴史：

シ平安時代までは貴重品だったが，ス鎌倉・室町時代以降のセ日朝貿易で輸入され，各地で生産される。

・原材料：植物の繊維（わた）

・特徴：通気性や保温性に優れ，じょうぶで洗濯に強いので衣料に適している。船の帆などにも使用。

問1　下線部アについて，近代化を進める明治政府について述べた文として正しいものを，次の中から1つ選び，番号で答えなさい。

1．国の収入を安定させるため米の生産力を石高であらわす地租改正を実施した。

2．廃藩置県をおこなって，元大名が各地の事情に応じて政治ができる地方分権制を確立させた。

3．原則として20歳以上になった男子に兵役の義務を定めた徴兵令を出す一方で，武士に廃刀令を出した。

4．不平等条約改正を目指して交渉をし，ノルマントン号事件直後にまずは関税自主権を回復させた。

問２　下線部イについて，日本の学校や教育について述べた文として正しいものを，次の中から１つ選び，番号で答えなさい。

1．遣唐使で唐にわたった僧侶たちは仏教とともに中国から様々な学問や知識を持ち帰ったので，教育・学問の発展に役立った。

2．鎌倉幕府は御家人の子どもたちの教育施設として問注所を設置し，武士身分の教育に力を入れた。

3．江戸時代には武士の子どもたちは寺子屋で，庶民の子は私塾で学ぶことを義務づけられていた。

4．明治時代に発布された教育勅語は限られた人々への教育を勧めるものだったので，昭和時代に入るまで小学校の就学率は上がらなかった。

問３　下線部ウについて，こうした女性の活躍は大正時代には大きな運動にもなっていきましたが，こうした運動の中で，元来の女性を太陽にたとえ，月のようになってしまった状態から光を取り戻すことを呼びかけた女性は誰か，答えなさい。

問４　下線部エについて，三井家は江戸時代から呉服店を営んでいました。日本橋にあったこの三井の呉服店周辺の様子を描いた次の絵も参考にして，江戸時代の町について述べた文として正しいものを，下の中から１つ選び，番号で答えなさい。

日本橋三越本店 WEB サイトより

1．町の人々は人力車や馬車を使用して移動することもあった。

2．商人や職人だけでなく支配者階級の武士も町を利用していた。

3．武士が多い江戸では町人地よりも大名屋敷周辺の方が人口密度が高かった。

4．道幅が広く瓦《かわら》やレンガなども使用されていたので火事に強かった。

問５　下線部オについて，下の表は日本の生糸の主要輸出先の推移です。第一次世界大戦の時期を挟《はさ》んだ1909年から1919年にかけて「※」の国への生糸の輸出が圧倒的になっています。この時期に大戦にともなって好景気を迎えた「※」にあてはまる国名を答えなさい。

	※	フランス	イギリス
1897年	57.1%	35.1%	0.5%
1909年	69.6%	19.5%	0.1%
1919年	96.3%	2.8%	0.5%

問６　下線部カについて，世界恐慌と日中戦争について述べたＡ～Ｄの文のうち，正しい文の組み合わせを，下の中から１つ選び，番号で答えなさい。

Ａ．世界恐慌は1929年にアメリカから始まり，日本でも厳しい不景気が続いて政党政治へ不満が高まる一方で軍部が台頭した。

Ｂ．第一次世界大戦によって起きたこの時の世界恐慌の中で，日本は輸出を伸ばし，船成金などがうまれた。

Ｃ．開国した朝鮮に進出しようとする日本と，朝鮮を属国として考える中国が対立し日中戦争が起こった。

Ｄ．北京郊外の盧溝橋で日中両軍が衝突して戦争が勃発《ぼっぱつ》し，日本は中国の首都だった南京を占領したが，戦争は長期化した。

１．Ａ・Ｃ　　２．Ａ・Ｄ　　３．Ｂ・Ｃ　　４．Ｂ・Ｄ

問７　下線部キについて，この1960年代の経済状況を何と呼ぶか，正しいものを，次の中から１つ選び，番号で答えなさい。

１．国民精神総動員運動　　２．バブル経済

３．高度経済成長　　４．大戦景気

問８　下線部クについて，1970年代に入って日本の生糸生産量が減った原因として誤っているものを，次の中から１つ選び，番号で答えなさい。

１．養蚕農家が減少し，桑の栽培面積が減ったから。

２．日本人の洋装が増えて和服の需要が減ったから。

３．外国産の安い生糸や絹織物の輸入が増加したから。

４．休戦協定が結ばれて朝鮮戦争が終了したから。

問９　カードＸ・Ｙ・Ｚが説明する糸(布)の組み合わせとして正しいものを，次の中から１つ選び，番号で答えなさい。

１．Ｘ：綿　Ｙ：麻　Ｚ：絹　　２．Ｘ：麻　Ｙ：絹　Ｚ：綿

３．Ｘ：絹　Ｙ：綿　Ｚ：麻　　４．Ｘ：綿　Ｙ：絹　Ｚ：麻

５．Ｘ：麻　Ｙ：綿　Ｚ：絹　　６．Ｘ：絹　Ｙ：麻　Ｚ：綿

問10　下線部ケについて，縄文時代の人々の生活について述べた文として正しいものを，次の中から１つ選び，番号で答えなさい。

１．打製石器のみを使用して大型動物を捕獲していた。

２．石包丁を使って狩りや木の実の採集をおこなって生活した。

３．石器をつくるための黒曜石などを物々交換していた。

４．戦いに使う銅剣や祭礼に使う銅鐸が各地で作成された。

問11　下線部コについて，右の写真は律令国家において手紙や書類として使用されたものですが，この名称を答えなさい。

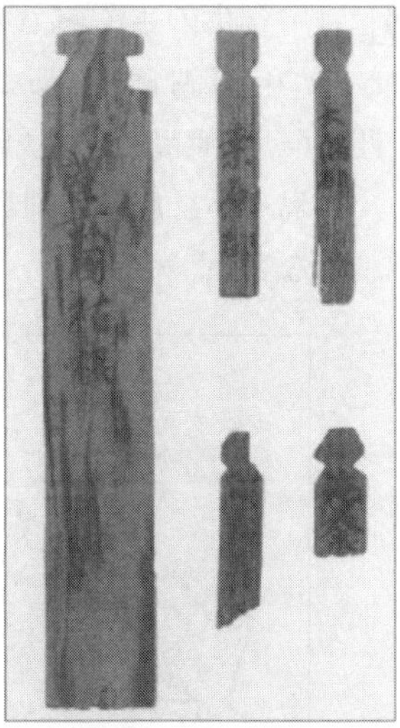
「文化庁データベース」より

問12　下線部サについて，江戸時代の作品と作者の組み合わせとして正しいものを，次の中から１つ選び，番号で答えなさい。

１．『蘭学事始』：杉田玄白

２．『風姿花伝』：世阿弥

３．『舞姫』：森鷗外

４．『方丈記』：鴨長明

問13　下線部シについて，平安時代についての出来事Ⅰ～Ⅲを古い順に並べた時，正しいものを，下の中から１つ選び，番号で答えなさい。

Ⅰ　後三条天皇に代わって白河天皇が即位する。

Ⅱ　京都に平等院鳳凰堂が建てられる。

Ⅲ　平将門が関東で反乱を起こす。

１．Ⅰ→Ⅱ→Ⅲ　　２．Ⅰ→Ⅲ→Ⅱ

３．Ⅱ→Ⅰ→Ⅲ　　４．Ⅱ→Ⅲ→Ⅰ

５．Ⅲ→Ⅰ→Ⅱ　　６．Ⅲ→Ⅱ→Ⅰ

問14　下線部スについて，鎌倉時代と室町時代について述べたＡ～Ｄの文のうち，正しい文の組み合わせを，下の中から１つ選び，番号で答えなさい。

Ａ．鎌倉幕府は源頼朝によって立てられたが，頼朝がなくなるとその実権は執権の北条氏に移っていった。

Ｂ．鎌倉時代後半に空海が真言宗を開いて金剛峰寺を建て，最澄が天台宗を開いて延暦寺を建てた。

Ｃ．足利尊氏が京都に幕府を立てると，後鳥羽天皇は奈良に移って抗戦し，南北朝の戦いが起こった。

Ｄ．応仁の乱が起こったころには各地の農村は自衛のため団結し，一揆などで領主に対抗することもあった。

１．Ａ・Ｃ　　２．Ａ・Ｄ

３．Ｂ・Ｃ　　４．Ｂ・Ｄ

問15　下線部セについて，日本と朝鮮半島の歴史的関係について述べた文として正しいものを，次の中から１つ選び，番号で答えなさい。

１．７世紀には日本は朝鮮半島で唐と百済の連合軍と戦って敗れた。

２．鎌倉時代の元寇では元に従属した高麗の軍も日本に攻め寄せた。

３．朝鮮出兵の影響で江戸時代には日本と朝鮮の交流はなかった。

４．第１次世界大戦後，国際的な発言力を強めた日本は韓国を併合した。

問16　Ｚの糸および布は室町時代以降，国内での生産・使用が爆発的に広がり「衣料革命」ともいわれるほど庶民の衣料として定着しますがそれはなぜですか。カードに記されたＸ・Ｙのそれぞれの特徴と比較して説明しなさい。

3　中学生のさくらさんは，日本の島に興味を持ち，「佐渡島」「小豆島」「沖縄島(沖縄本島)」について調査をすることにしました。このさくらさんの調査に関する後の問いに答えなさい。

問１　「佐渡島」「小豆島」「沖縄島」を地図で調べました。以下の島の地図あ～うと名称(佐渡島・小豆島・沖縄島)の組み合わせとして正しいものを，下の中から１つ選び，番号で答えなさい。

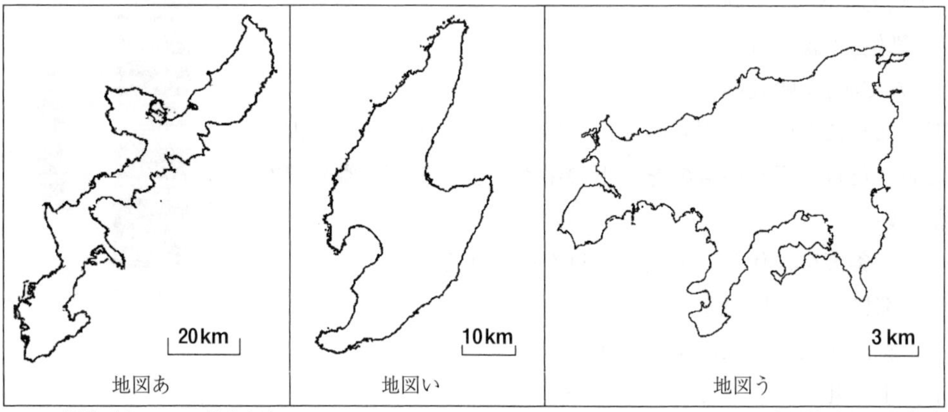

※一部省略している部分がある。　　地理院地図より作成

	1	2	3	4	5	6
佐渡島	あ	あ	い	い	う	う
小豆島	い	う	あ	う	あ	い
沖縄島	う	い	う	あ	い	あ

問２　日本の主な島の面積について調べ，右の表にまとめました。【１】～【３】には，「佐渡島」「小豆島」「沖縄島」のいずれかがあてはまります。「佐渡島」はどれか，１つ選び番号で答えなさい。

島の面積(km^2)	
【 1 】	1208
【 2 】	855
奄美大島	712
淡路島	592
石垣島	222
【 3 】	153

『日本国勢図会 2022/23』
『SHIMADAS』をもとに作成

問３　「佐渡島」「小豆島」が位置する都道府県について調べました。組み合わせとして正しいものを，次の中から１つ選び，番号で答えなさい。

	1	2	3	4
佐渡島	島根県	島根県	新潟県	新潟県
小豆島	香川県	兵庫県	香川県	兵庫県

問４　３つの島へ船や航空機を使って渡ることにし，時刻表などを以下の表へまとめました。３つの島へのおおよその到着時間の組み合わせとして正しいものを，下の中から１つ選び，番号で答えなさい。

	出発地	到着地	出発時間	時速	航路／飛行距離
佐渡島行き	直江津港	小木港	8:55	約85km	78km
小豆島行き	神戸港	坂手港	6:00	約35km	96km
沖縄島行き	羽田空港	那覇空港	7:30	約629km	1887km

※常に一定のスピードで運行すると仮定し，加速，減速を考慮《こうりょ》しない。
※寄港する時間を含めない。遅延はしないものとする。

	1	2	3	4	5	6
佐渡島	８時45分	８時45分	９時50分	９時50分	10時30分	10時30分
小豆島	９時50分	10時30分	８時45分	10時30分	８時45分	９時50分
沖縄島	10時30分	９時50分	10時30分	８時45分	９時50分	８時45分

問５　３つの島について調べ，島の概要を以下のＡ～Ｃの文にまとめました。３つの島について説明した文の組み合わせとして正しいものを，下の中から１つ選び，番号で答えなさい。

Ａ．瀬戸内海東部にある島で，淡路島に次ぎ瀬戸内海で２番目の大きさである。温暖な気候を活かし，ミカンやスモモが栽培されているほか，手延べそうめんや醤油などの特産品がある。

Ｂ．東京23区の約1.4倍の面積をもつ島である。農業では，米作が中心であり，年間約70億円以上の生産額がある。平成25年には，金鉱脈など地質的に特異な成り立ちが評価され「日本ジオパーク」の認定を受けた。現在は世界文化遺産の登録を目指している。

Ｃ．年間を通じて温暖な気候であり，この島が属する都道府県の県庁所在地では年間降水量が2000mm 以上ある。この島の北部には豊かな森林が広がる地域があり，ヤンバルクイナやヤンバルテナガコガネ，ノグチゲラなど希少な動物が生息する。2021年７月に奄美大島や徳之島，西表島とともにこの島の北部は世界自然遺産に登録された。

	1	2	3	4	5	6
佐渡島	A	A	B	B	C	C
小豆島	B	C	A	C	A	B
沖縄島	C	B	C	A	B	A

問６　３つの島の気温と降水量のデータを入手し，雨温図を作成しました。雨温図ア～ウと３つの島の組み合わせとして正しいものを，下の中から１つ選び，番号で答えなさい。

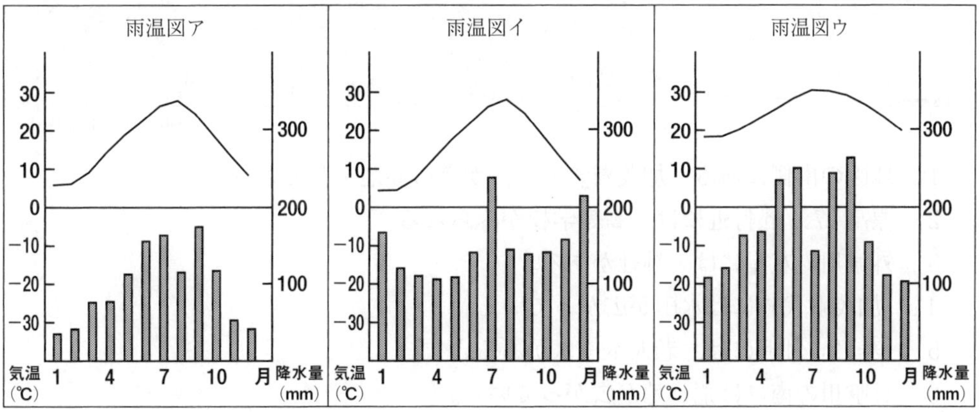

気象庁データより作成

	1	2	3	4	5	6
佐渡島	ア	ア	イ	イ	ウ	ウ
小豆島	イ	ウ	ア	ウ	ア	イ
沖縄島	ウ	イ	ウ	ア	イ	ア

問７　３つの島について詳しく調べることにしました。次の問いに答えなさい。

⑴　小豆島の作物栽培について，【※】にあてはまる作物を答えなさい。

【 ※ 】は地中海沿岸で多く生産されている作物であり，食用油や食用として利用される。国内においては小豆島が日本で初めて栽培に成功した。令和元年産の特産果樹生産動態等調査で【 ※ 】の収穫量をみると，小豆島が位置する県が540ｔと全国シェアの87.4％を占め１位となっている。

(2) 以下の地図は「佐渡島」の一部の地図です。地図から読み取れることとして，誤っているものを下の中から２つ選び，番号で答えなさい。

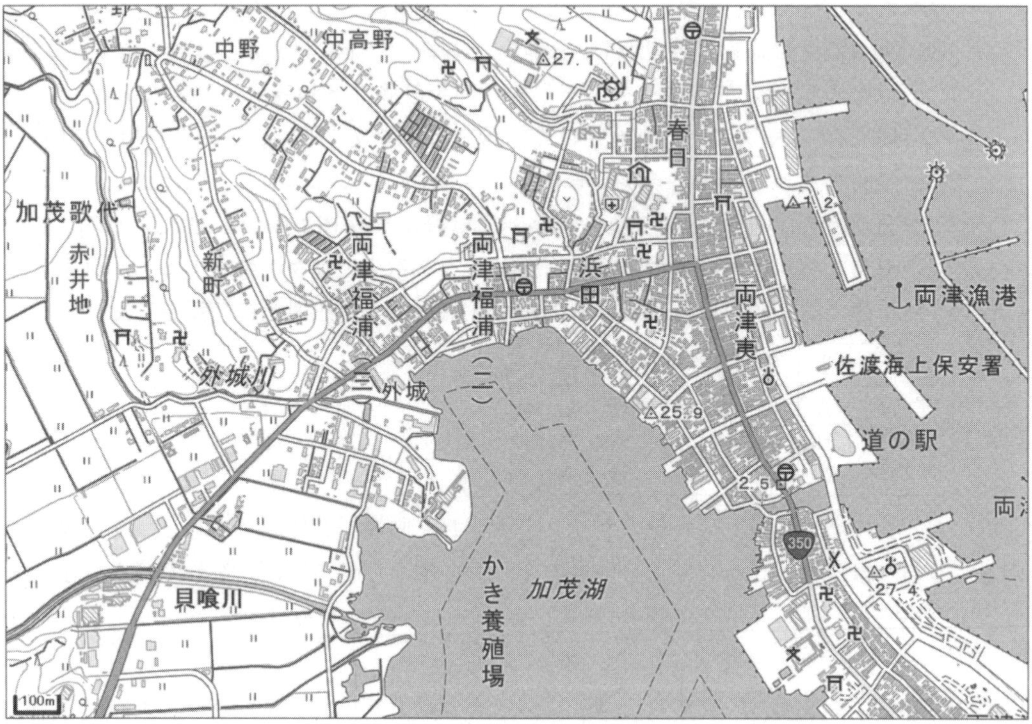

地理院地図より作成（一部改変）

1．地図の南側にある「加茂湖」では，かきの養殖をしている。
2．標高 27.1ｍ 付近には，高等学校がみられる。
3．外城川の左岸には，神社がある。
4．「加茂歌代」には水田が広がっている。
5．「春日」付近には，老人ホームがある。
6．貝喰川の南には荒れ地が広がっている。

(3) 沖縄島周辺の小さな島について調べていると，人口ピラミッドが特徴的な島をみつけました。次のページの図は，2020年の「宮古市」の人口ピラミッドです。

宮古市は，20代の人口が少ないことがわかります。なぜほかの年代よりも20代の人口が少ないのか，少ない理由として適当なものを下の中から１つ選び，番号で答えなさい。

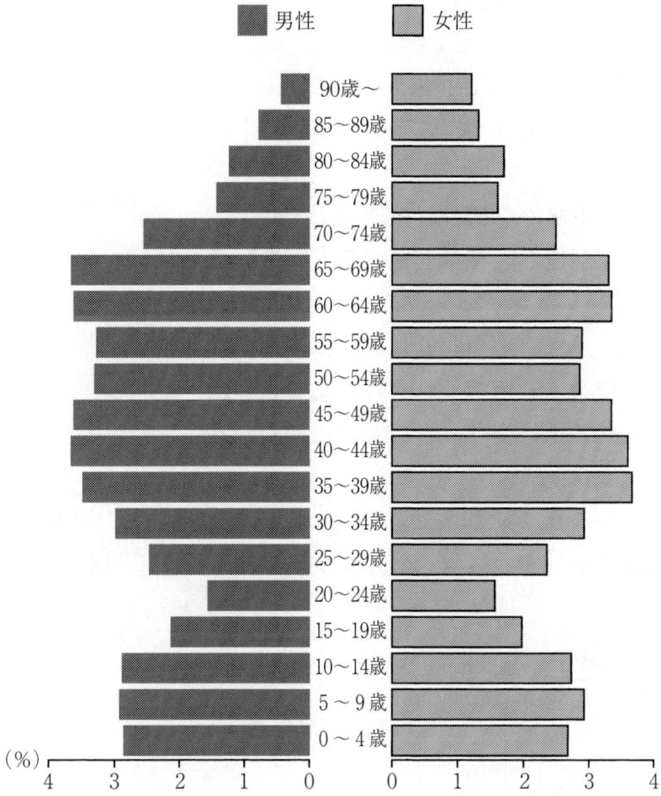

RESASより作成

1．進学や就職のため，大都市へ転出する人が多いため。

2．家業を継ぐために，大学卒業後の人たちがUターンするため。

3．第３次ベビーブームの頃に出生したため。

4．自然豊かな暮らしを求めて，大都市出身の20代がＩターンするため。

【理　科】〈第1回試験〉（40分）〈満点：100点〉

注意　数値を答える場合は，整数または小数で答えなさい。
割り切れない場合は，問いの指示に従って四捨五入しなさい。
問いに別の指示がある場合は，その指示に従って答えなさい。

1　次の問いに答えなさい。

〔1〕 太陽系の惑星《わくせい》のうち，火星は太陽から何番目の惑星ですか。

〔2〕 日本の冬によくみられる気圧配置として最も適するものを，次のア～エから1つ選び，記号で答えなさい。

ア．西高東低　　イ．東高西低　　ウ．南高北低　　エ．北高南低

〔3〕 次の文中の空欄《くうらん》(①)・(②)に適する色をそれぞれ答えなさい。

酸性の水溶《よう》液を(　①　)色リトマス紙につけると(　②　)色にかわる。

2　立方体のおもりを使い，表1のように長さを変えたふりこA～Dを用いて実験をしました。この実験では，図1に示した長さを「ふれはば」とします。また，ふりこがふれている間，ふれはばは変わらないものとします。

〔表1〕

	A	B	C	D
おもりの重さ(g)	20	20	20	20
ふりこの長さ(cm)	25	50	100	225
ふれはば(cm)	10	10	10	10
10往復する時間(秒)	10	14	20	30

〔図1〕

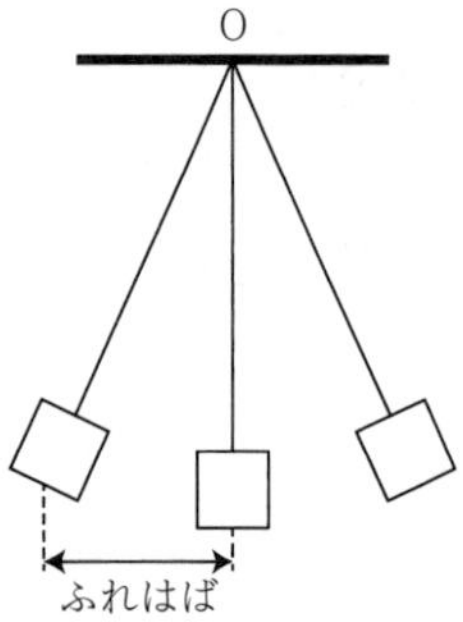

〔図2〕

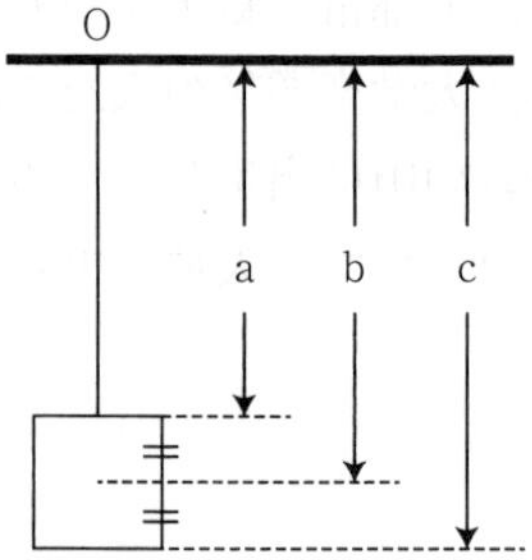

〔1〕「ふりこの長さ」を正しく表している矢印を図2のa～cから1つ選び，記号で答えなさい。

〔2〕 ふりこDが1往復する時間は何秒ですか。

〔3〕 5秒間で1往復するふりこをつくるには，ふりこの長さを何cmにすればよいですか。

〔4〕 図1の支点Oの真下を通るときの速さが最も速いふりこをA～Dから1つ選び，記号で答えなさい。

〔5〕「ふれはばが変わっても1往復する時間が変わらないこと」を確認する実験を行います。どのふりこを使用して実験をすればよいですか。表1のふりこA～Dから1つ，表2のふりこE～Hから1つ選び，記号で答えなさい。

〔表2〕

	E	F	G	H
おもりの重さ(g)	20	40	10	20
ふりこの長さ(cm)	50	100	50	50
ふれはば(cm)	20	20	30	10

〔６〕〔図３－１〕のようにふりこＡ，Ｂを並べ，板を取り去りました。ゆらし始めた位置〔図３－２〕に，はじめてふりこＡ，Ｂがそろうのは，何秒後ですか。

〔図３－１〕

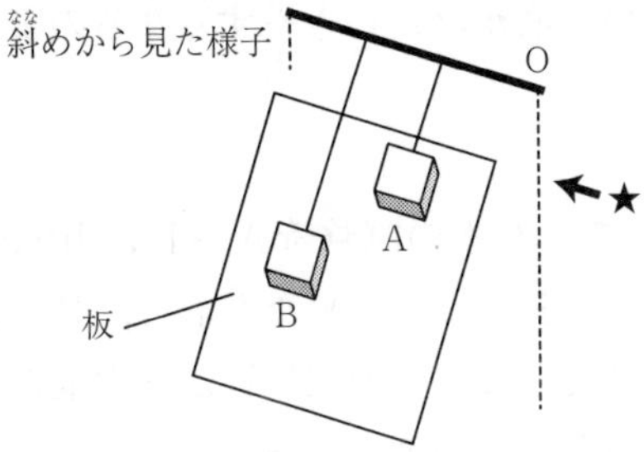

〔図３－２〕

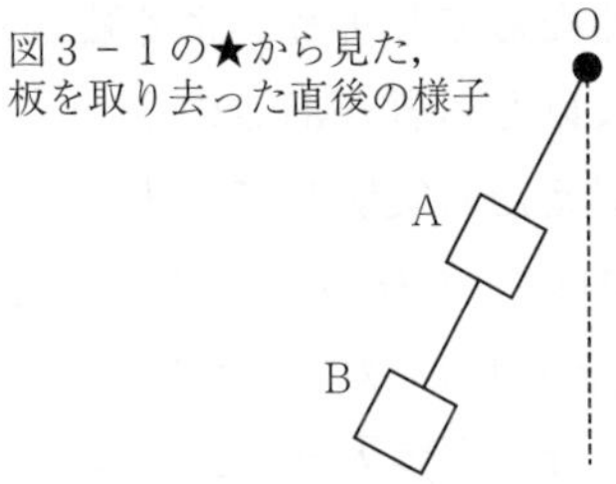

〔７〕 ふりこＤを使って図４のようにＯから200cm 下の位置Ｐにくぎを打ち，位置Ｑで手をはなしました。くぎにふれている間はＰを支点にしたふりこの動きをし，その後Ｑまでもどってきました。１往復にかかる時間は何秒ですか。ただし，くぎの大きさは考えなくてよいものとします。

〔図４〕

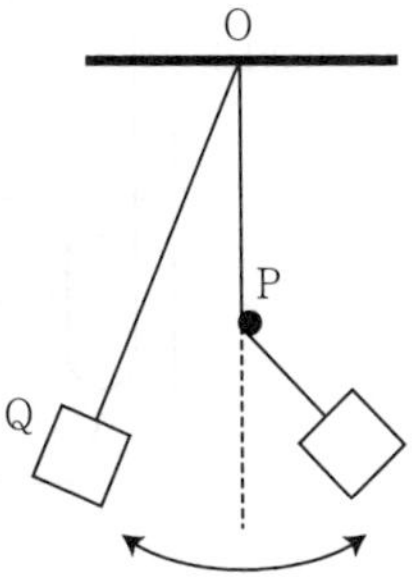

〔８〕 １往復にかかる時間をより正確に求める方法として，最も不適切なものを次のア～ウから１つ選び，記号で答えなさい。

ア．１人の人が３回はかった時間の平均値を実験の結果とする。

イ．実験した班の班員(４人)が１人１回はかった時間の平均値を実験の結果とする。

ウ．ビデオカメラでゆれている様子を撮影《さつえい》し，コマ送りしながら時間を調べる。

〔９〕 同じ長さの糸と10ｇのおもり３個を使ってふりこをつくりました。次のア～オの形のおもりを使った場合，１往復の時間が長い順にア～オを並べなさい。ただし，おもりの大きさや形はすべて同じものとします。

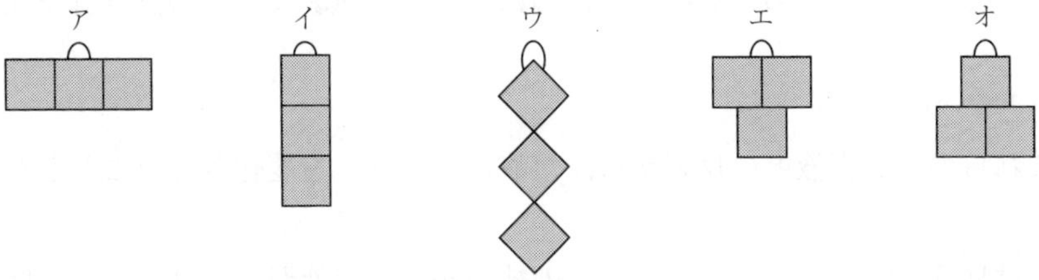

〔10〕 だれも乗っていない，ゆれているブランコを撮影した１分間の動画があります。このブランコは人間用の大きいブランコなのか，人形用の小さいブランコなのか，わかりません。この動画の何に注意して見ると，このブランコの大きさがわかりますか。次のア～エから１つ選び，記号で答えなさい。

ア．１分間で往復する回数をかぞえる。　　イ．ふれはばを見る。

ウ．いすが最も高いときの高さを見る。　　エ．この動画では分からない。

3 ある親子の会話を読み，以下の問いに答えなさい。

会話1

こども：ごはんを食べるときは，なぜよく噛《か》まなきゃいけないの？

母　　：よく噛むと甘《あま》くなるでしょう。よく噛むと口の中のだ液がはたらきやすくなるのよ。

こども：だ液にはどんなはたらきがあるの？

母　　：ごはんを食べ終えたら実験してみましょう。

〔実験1〕 白米に水を加えてすりつぶしてできた上澄《ず》み液を，6本の試験管A～Fに10cm³ずつ入れ，温度の違《ちが》う水の中に入れた(図1)。そしてA，C，Eにはうすめただ液を，B，D，Fには水をそれぞれ2cm³ずつ入れて10分間放置し，その後それぞれの試験管から少量の液を取り出してヨウ素液との反応を調べた。その結果をまとめたものが表1である。

〔図1〕

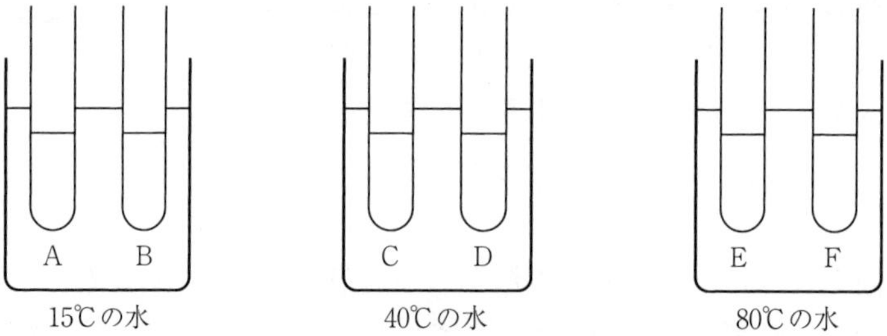

〔表1〕

試験管	A	B	C	D	E	F
温度	15℃		40℃		80℃	
入れたもの	だ液	水	だ液	水	だ液	水
ヨウ素液	±	＋	－	＋	＋	＋

※＋は変化があったもの，±は少し変化があったもの，－は変化がなかったものを示している。
※加えただ液や水は図1の温度にしてから入れたものとする。

会話2

母　　：口の中ではたらくだ液のはたらきを調べるためには，どの試験管とどの試験管を比べると良いのかな？

こども：試験管(　①　)と(　②　)かな。

母　　：その通り。これらのヨウ素液との反応から，だ液がデンプンを変化させたことがわかるね。

こども：うん。あと，試験管(　③　)，(　④　)，(　⑤　)の結果から，だ液がよくはたらく温度もわかったよ。

母　　：そうだね。だ液はごはんの中のデンプンを麦芽糖《ばくがとう》という甘い物質に変化させているの。よく噛むと甘い味がしてくるのは，だ液が噛み砕《くだ》かれたごはんと混ざり合って麦芽糖がたくさんつくられるからなのよ。

こども：そうなんだ。しっかり噛んだ方がおいしく食べられるね。

〔1〕 空欄《くうらん》(①)～(⑤)にはA～Fのいずれかが入ります。適するものを1つずつ選び，それぞれ記号で答えなさい。

〔2〕 ヨウ素液との反応における＋は色の変化を表しますが，具体的に何色に変化しますか。

〔3〕 実験より，だ液が最もよくはたらく温度を次のア～ウから1つ選び，記号で答えなさい。

ア．15℃　　イ．40℃　　ウ．80℃

〔実験２〕　実験１と同様に試験管Ａ～Ｆをそれぞれの温度で10分間放置した後，さらに10分間，40℃の水の中で放置した。その後，実験１と同様にしてヨウ素液との反応を調べた。その結果をまとめたものが表２である。

〔表２〕

試験管	A	B	C	D	E	F
温度	15℃→40℃		40℃→40℃		80℃→40℃	
入れたもの	だ液	水	だ液	水	だ液	水
ヨウ素液	－	＋	－	＋	＋	＋

※＋は変化があったもの，－は変化がなかったものを示している。

〔４〕　実験２の結果からわかる，だ液のはたらきについて説明した文として最も適するものを次のア～エから１つ選び，記号で答えなさい。

ア．15℃でも80℃でもはたらきは失われない。

イ．15℃でははたらきが失われないが，80℃でははたらきが失われる。

ウ．15℃でははたらきが失われ，80℃でははたらきが失われない。

エ．15℃でも80℃でもはたらきが失われる。

〔５〕　表３はコッペパン，鶏《とり》ささみ，くるみの成分表です。これまでの実験をふまえ，よく噛んだときに最も甘い味がするものはどれですか。表中のア～ウから１つ選び，記号で答えなさい。

〔表３〕

		水分	炭水化物（デンプン）	タンパク質	脂肪《しぼう》	その他
ア	コッペパン	37.0%	49.1%	8.5%	3.8%	1.6%
イ	鶏ささみ	70.6%	0.0%	27.3%	1.0%	1.1%
ウ	くるみ	4.0%	1.4%	1.5%	65.3%	27.8%

会話３

こども：お母さん，どうしてデンプンを麦芽糖に変える必要があるの？

母　　：からだの中で栄養分を吸収しやすくするためよ。どのようにして吸収しやすくしているのか，目に見えない穴がたくさん開いているセロハンを使って実験をしてみましょう。

〔実験３〕　実験１で作った試験管ＣとＤの液を，図２のようにそれぞれセロハンの袋《ふくろ》の中に入れ，水の入ったビーカー中に10分間放置した。その後，セロハン内の液（Ｗ，Ｙ）とセロハン外の液（Ｘ，Ｚ）をそれぞれ試験管にとり，ベネジクト液を加えて反応を調べたところ，表４のようになった。なお，ベネジクト液は麦芽糖があると色が変化する。

〔図２〕

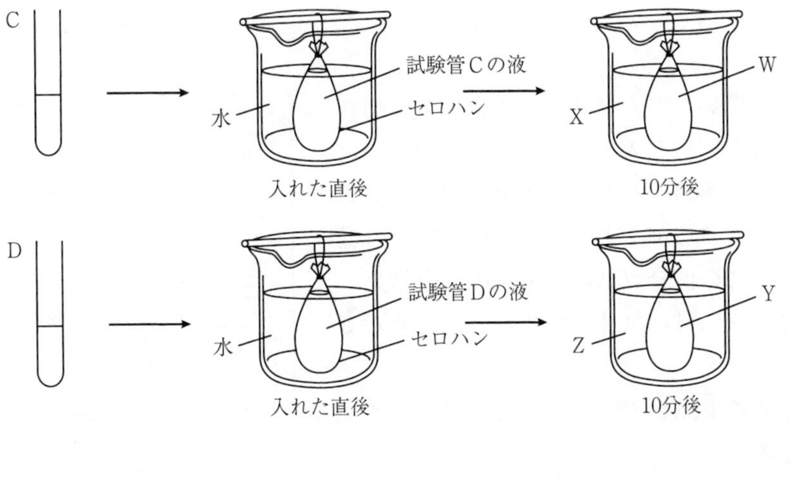

〔表4〕

試験管	C		D	
内液と外液	内 W	外 X	内 Y	外 Z
ヨウ素液	－	－	＋	－
ベネジクト液	＋	＋	－	－

※＋は変化があったもの，－は変化がなかったものを示している。

会話4

母　　：W～Zのうち，デンプンと麦芽糖が存在するのはどこかな。

こども：デンプンは(①)にあって，麦芽糖は(②)にあるよ。

母　　：正解。デンプンはセロハンを通ることが(③)けれど，麦芽糖はセロハンを通ることが(④)んだね。つまり，デンプンはセロハンの穴より(⑤)いことが，そして，麦芽糖はセロハンの穴より(⑥)いことがわかるね。この実験で大きさが変化することで物質が移動できるようになったように，体の中の栄養を吸収する器官でも吸収しやすくしているのよ。

こども：そうなんだ。食べ物の中にある栄養は(⑦)くなることではじめて吸収できるようになるんだね。

母　　：その通り。おいしく食べるためだけでなく，栄養をしっかり吸収するためにもよく嚙んで食べるようにしようね。

〔6〕 空欄(①)・(②)に当てはまるものはどれですか。W～Zからすべて選び，それぞれ記号で答えなさい。

〔7〕 空欄(③)～(⑦)に入る語句として最も適するものを，次のア～エから1つずつ選び，それぞれ記号で答えなさい。

ア．できる　　イ．できない　　ウ．大き　　エ．小さ

〔8〕 下線部において，体の中の栄養を吸収する器官として最も適するものを次のア～オから1つ選び，記号で答えなさい。

ア．胃　　イ．肝臓《かんぞう》　　ウ．大腸　　エ．小腸　　オ．心臓

〔9〕〔8〕で答えた器官の内側の壁《かべ》にはたくさんのひだがあります。さらにこのひだには突起《とっき》が見られますが，この突起を何といいますか。

4　火山について，以下の問いに答えなさい。答えが割り切れない場合は，小数第1位を四捨五入して整数で答えなさい。

ある火山から噴出《ふんしゅつ》する①600℃の火山ガスを回収し，ここから水蒸気を取り除いたのち20℃に冷却《れいきゃく》すると，1 m^3 の混合ガスが得られました。この混合ガスの成分を調べた結果は右の表の通りです。これら以外の気体は含まれていませんでした。

ガスの種類	含まれる体積(%)
二酸化炭素	43
亜硫酸《ありゅうさん》ガス	20
水素	15
硫化《りゅうか》水素	9
塩化水素	8
窒素《ちっそ》	X

〔1〕 二酸化炭素と窒素の特徴《とくちょう》を，次のア～カから1つずつ選び，それぞれ記号で答えなさい。

ア．酸性雨の原因になる。

イ．ものが燃えるのを助けるはたらきがある。

ウ．石灰水を白く濁《にご》らせる。

エ．最も軽い気体である。

オ．刺激臭《しげきしゅう》をもち，水に溶《と》けるとアルカリ性の水溶《よう》液になる。

カ．空気に含まれる気体の中で最も多い。

〔２〕 表中のXにあてはまる数値を答えなさい。

〔３〕 $1\,m^3$ の混合ガス中に含まれる塩化水素は何 cm^3 ですか。

〔４〕 下線①の火山ガスの97％が水蒸気でした。また，600℃から20℃に冷却すると，気体の体積は３分の１倍になります。下線の火山ガスの体積は何 m^3 ですか。

集めた混合ガスをいくつかに分けて，次の実験を行いました。

〔実験１〕 混合ガス $1000\,cm^3$ を，②アルカリ性の水溶液に吹き込んだ。すると，酸性のガスはすべて水溶液に溶け，残ったガスは $200\,cm^3$ だった。

〔５〕 下線②の水溶液には，加熱したとき気体が発生しない水溶液が最適です。この実験で用いるアルカリ性の水溶液として最も適するものを次のア～エから１つ選び，記号で答えなさい。

ア．塩酸　　イ．食塩水　　ウ．アンモニア水　　エ．水酸化ナトリウム水溶液

〔６〕 酸性のガスを次のア～カからすべて選び，記号で答えなさい。

ア．二酸化炭素　　イ．亜硫酸ガス　　ウ．水素

エ．硫化水素　　オ．塩化水素　　カ．窒素

〔実験２〕 混合ガス $1000\,cm^3$ を，長時間放置しておいた。すると，亜硫酸ガスと硫化水素が，体積比１：２で反応を起こして硫黄《いおう》の粉末が 35mg 生じた。

〔７〕 亜硫酸ガスは何 cm^3 余りますか。

〔８〕 硫化水素を加えて余った亜硫酸ガスをすべて反応させると，硫黄の粉末はさらに何 mg 生じますか。

火山灰も火山ガスと同様に，火山噴火《ふんか》によって成分が異なるため，さまざまなことを知る手がかりになります。右の図は標高 120m の x 地点と，その近くの y 地点の２点でボーリング調査を行った結果です。また，この地域では水平に地層がたい積していることや火山噴火は過去に１回だけであることがわかっています。

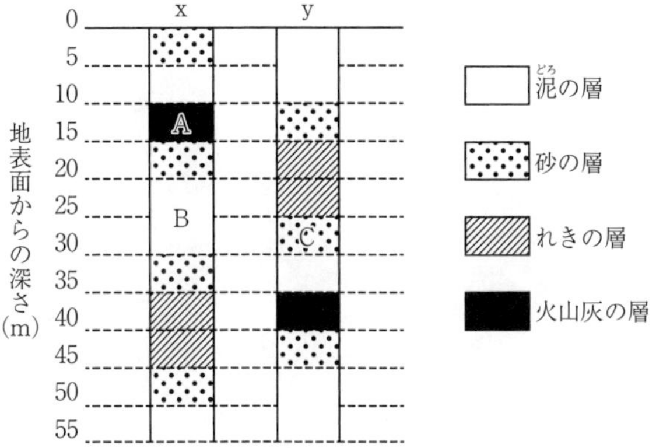

〔９〕 y 地点の標高は何mですか。

〔10〕 B層，C層にはそれぞれ化石が含まれていました。これらの化石についてわかることを次のア～エから１つ選び，記号で答えなさい。

ア．B層の化石のほうが昔にできた。

イ．C層の化石のほうが昔にできた。

ウ．B層の化石のほうが暖かい地域に生息していた生物の化石である。

エ．C層の化石のほうが暖かい地域に生息していた生物の化石である。

〔11〕 A～C層に含まれる粒子《りゅうし》を比べたとき，どのような違《ちが》いがありますか。最も適するものを

ア～エから１つ選び，記号で答えなさい。

ア．A層の粒子だけが角ばっている。B層よりC層の方が大きな粒子が含まれている。

イ．A層の粒子だけが角ばっている。C層よりB層の方が大きな粒子が含まれている。

ウ．A層の粒子だけが丸みを帯びている。B層よりC層の方が大きな粒子が含まれている。

エ．A層の粒子だけが丸みを帯びている。C層よりB層の方が大きな粒子が含まれている。

はどのようなことですか。「よそよそしい」・「明け渡す」という表現に注意しながら、ていねいに説明しなさい。

問九　――線7「そのような状況は～避けるべきものだ」とありますが、その説明として最も適当なものを次の中から選び、記号で答えなさい。

ア　専門家が言葉で社会を動かすことが、例外的な状況ではなくなった時に、その言葉に抑えこまれた人々の反感が、社会の断絶をもたらすようなことは回避しなければならない。

イ　専門家の言葉が、人々を動かすものとして当たり前のように社会に入り込むことで社会が二分され、そのことがさらなる問題を引き起こすような事態を招いてはならない。

ウ　専門家の言葉に同調した人が、第二の権力として他の人を取り締まる風潮が広がった結果、言葉の責任をめぐって、両者が対立するような汚点を残してはならない。

エ　権威的な専門家の言葉に、人々が疑問を感じなくなる中、その言葉に従えない人々が、引け目を感じながら生活し続けることがないように対策を打たなければならない。

に受け入れ、その指示を守るようになったこと。

イ　専門家の「新しい生活様式」という言葉に衝撃を受けた人々が、感染対策を一時的なものとする安易な考え方を見直したことで、社会に新しい行動様式が広がったこと。

ウ　「新しい生活様式」という言葉で、専門家が生活の仕方を突然変更したため、人々がこれまでの感染対策を軽視し、専門家の言う通りに行動するようになったこと。

エ　専門家が用いた「新しい生活様式」という言葉が社会全体に広まり、行動様式の変容を促《うなが》すほどの強い印象を、人々に与えたこと。

問五　――線３「こうした業態は～生活様式に根差したものだ」とありますが、なぜ筆者は飲食店等の業態を「『古い』生活様式」と表現したのだと考えられますか。その説明として最も適当なものを次の中から選び、記号で答えなさい。

ア　私たちのあるべき「生活のかたち」に不可欠な仕事業態が、専門家の言葉に従うと、望ましくないものとして受け取られかねない現状を示すため。

イ　人々の行動変容により、これまでの「生活のかたち」が変質したことに伴い、それを支えてきた仕事業態が意味を持たなくなったことを示すため。

ウ　時代に合わなくなったように見える仕事業態が、新しい「生活のかたち」を支える上で、欠くことのできない仕事であることを示すため。

エ　社会で身につける「生活のかたち」が、感染対策に基づくものになったため、それを支える仕事業態も感染対策を最優先すべきであることを示すため。

問六　――線４「この国は少なくとも～ということだ」とありますが、この表現が意味することの説明として適当なものを次の中から二つ選び、記号で答えなさい。

ア　専門的な知識を持たない人は、専門家の言葉に依存してしまう傾向があるが、そこにつけこむ専門家が、個人の権利をないがしろにし、自分の意のままに社会を導こうとする発言を、今の日本は見逃してはならない。

イ　今の日本において、コロナの感染対策を社会全体で行うのであれば、専門家や政府は、自分たちの言葉が個人の権利や生活を脅《おびや》かすことがないように努め、法的な根拠をもって実施しなければならない。

ウ　コロナによって、初めて権力を持つようになった専門家が、自分たちの言葉を絶対的なものとして社会に信じ込ませ、その言葉にそえない人たちを無視するような行いを、今の日本は許してはならない。

エ　今の日本においては、専門家の言葉が従うべき権力として機能してしまうことに加え、その要請に従わない人たちが、社会を支える人たちに負担を強いている現状にも、社会全体が厳しい目を向けなければならない。

オ　専門家の言葉は、一方的に相手を従わせようとするものになりがちだが、その言葉が覆い隠すものに無自覚なまま、社会をある方向に導くものとして自らの言葉を用いることは、今の日本ではあってはならない。

問七　――線５「市民自身が振り回し始める」とありますが、これはコロナ禍で「市民」が取ったどのような行動を指しますか。それを説明した部分を文中から九字でさがし、最初と最後の二字を抜き出しなさい。

問八　――線６「市民は～明け渡すことになる」とありますが、これ

たとえば、「新しい生活様式」なるものがお上から降ってきて、それをパターナリスティックであるとか、全体主義的であるという風に感じて反発を覚えた人は少なくないだろう。そしてその反発は、敢えて従わない人を無駄に生むことにもなっただろう。また、従おうにも従えない人に、引け目や心苦しさを感じさせることにもなっただろう。そして、この「新しい生活様式」という言葉は、新しい規範に従わない人や従えない人を同調圧力の下に抑えつけ、市民の相互監視と私的制裁によって規範を維持する傾向を助長するものとして——いわゆる「※11自粛《じしゅく》警察」にとっての錦《にしき》の御旗《みはた》として——働いてきた部分があったと思われる。

　こうした社会のあり方が常態化すれば、それは私たちの間に深い分断と禍根《かこん》と傷を残す。仮に感染拡大防止に多少の効果があったとしても、7そのような状況は恥ずべきであり、避けるべきものだ。

（古田徹也《ふるたてつや》『いつもの言葉を哲学する』朝日新聞出版より）

※1　ウィトゲンシュタイン…オーストリアの哲学者。
※2　件《くだん》の…前に述べた、の意。
※3　恒久的…いつまでもその状態が変わらないこと。永久的。
※4　オンライン…コンピュータ等が互いに接続されている状態。
※5　インフラ…道路や上下水道など経済活動のもとになるもの。
※6　パターナリスティック…父が子に対するように、強い立場の者が温情のつもりで弱い立場の者に干渉するさま。
※7　全体主義…個人よりも国家や集団の利益を第一とする考え方。
※8　ロックダウン…感染拡大を防ぐため都市を封鎖すること。
※9　恣意《しい》的…思いつくままに物事をするさま。
※10　リスク・コミュニケーション…社会を取り巻くリスク（危険性）について、関係者で情報を共有すること。
※11　自粛《じしゅく》警察…コロナ禍においては、専門家の要請に従わない人やお店などを、正義感から市民が取り締まること。

問一　X には「わずかな期間」という意味の四字熟語が入ります。入れるべき最も適当な四字熟語を、カタカナで示した次の中から選び、漢字に直して答えなさい。

イチゴイチエ　　イッチョウイッセキ
イチジツセンシュウ　　イチボウセンリ

問二　Y に入るカタカナの言葉を、解答欄《らん》に合うように答えなさい。

問三　——線1「私はこの言葉の用い方にはきわめて批判的だ」とありますが、どのようなことを「批判」しているのですか。その説明として最も適当なものを次の中から選び、記号で答えなさい。

ア　専門家が、強制的なものであるコロナ禍の感染対策を、強制の意味を含まない「新しい生活様式」という言葉で言い表したこと。
イ　専門家が、コロナ禍の感染対策が中長期的なものになることを隠そうとして、今までにない「新しい生活様式」という言葉を用いたこと。
ウ　専門家が、コロナ禍において行う感染対策を、その具体的な内容とは異なる「新しい生活様式」という言葉で表現したこと。
エ　専門家が、コロナ禍の一時的な感染対策を今後も実践し続けるために、感染対策の重要性を示す「新しい生活様式」という言葉を使ったこと。

問四　——線2「この意図は成功を収めた」とありますが、ここで言う「成功」について説明したものとして最も適当なものを次の中から選び、記号で答えなさい。

ア　「新しい生活様式」という専門家の言葉によって、社会を支える人たちの存在に気づかされた人々が、専門家の言葉を素直

することが可能であるべきだろう。

逆に言えば、そうした正当な根拠に基づかずに市民の権利が脅《おびや》かされてはならない。まして、政府やその関係者が、市民の生活のかたちや、あるいは生き方というものを直接指図すべきではない。それは、自由で民主的な社会のあり方とは程遠い。

今回の新型コロナ禍において、防疫等の専門家の方々が果たされている役割と、そのための尽力には本当に感謝し、深い尊敬の念を抱《いだ》いている。

ただ、「濃厚接触」や「社会的距離」などの言葉にも見られるように、専門家と市民とのコミュニケーションにおける言葉の選び取り方や、その説明のあり方といったものについては、大きな課題があると言わざるをえない。これは、科学技術コミュニケーションや※10リスク・コミュニケーションといった分野にも深くかかわる問題であり、たとえば二〇一一年の福島原発事故にかかわる専門家と市民とのコミュニケーションにおいても課題となったものだが、残念ながら、現在に至るまで根本的な意味での前進は見られなかったということになる。

専門家が繰り出す言葉に市民が振り回され、やがて5市民自身が振り回し始める、という構図は、以前から繰り返されてきたものだ。そうやって市民に影響を与えるための道具、すなわち、市民に特定の行動を指図して動かすための道具として言葉を捉えるなら、言葉の使用のルールや範囲を――つまり、言葉の使用の主導権を――特定の分野なり組織なりが握っていた方が都合がよい。その意味で、専門用語や、あるいは専門家が新たなキャッチコピーないしスローガンとして発信する言葉などは、まさに恰好《かっこう》の道具になる。しかし、そのように、特定の人々が権威や権力をもつ言葉が社会に行き渡ったとき、他の6市民は、自分の生活の一部をよそよそしい言葉とその主人とに明け渡すことになる。まるで、身丈《みのたけ》に合わない服を配給されて暮らすように。

たとえば、「ステイホーム」(家で過ごそう)という標語は、専門家と行政がともに力を入れて社会に広めた、感染対策のための行動変容を促す重要なメッセージだ。しかし、生活のなかで、「ステイホーム」を難なく実践し、この言葉に馴染《なじ》める人もいれば、そうでない人もいる。少なくともこの言葉が、帰るべき家がない、家庭内で虐待《ぎゃくたい》を受けている、長時間の外出が必要な仕事をしている、といったさまざまな事情をもつ人を考慮《こうりょ》しない言葉であることは確かだ。「ステイホーム」という掛け声に皆で従おうというプレッシャーが社会で強まれば強まるほど、考慮しなければならないはずの事情が見えづらくなるし、異論も上げづらくなる。

物事の一面を強力に照らし出し、人々の見方をそこに向ける言葉は、スローガンとして効力をもちうるが、代わりに見えなくなるもの、自《おの》ずと抑えつけてしまうものも、不可避的に生じてくる。この点を私たちはよく注意しなければならないだろう。

最後に「新しい生活様式」という言葉に話を戻すなら、専門家の方々は、この言葉で生き方まで指図するつもりはなかった、と仰《おっしゃ》るかもしれない。しかし、そうであれば、たとえインパクトには欠けるものであろうとも違う言葉を用いるべきだった。専門の感染対策に忙《ぼう》殺《さつ》されており、言葉を慎重に検討する余裕などないということであれば、この点に心を砕《くだ》く有識者がチームに(あるいは、専門家と市民の間に)加わるべきだった。

言葉を通常とは異なる意味で用いることによって、たとえ一時的にはインパクトを得られても、ショックはやがて収まり、インパクトは消えていく。むしろ、言葉を曲げ、それが本来意味しているものとは異なる意味をそれに担わせる弊害《へいがい》の方が、遥《はる》かに大きい。

っていたものが、「新しい生活様式」という名の下に括《くく》られたというショックである。

もちろん、「新しい生活様式」のなかには歓迎すべきものもあるという人は多いだろう。私も、職場の会議の多くは今後もずっと※4オンラインで開催してほしいと願っている。しかし、他の大半の「新しい生活様式」についてはそうではない。本来なら買い物はゆっくり楽しみたいし、居酒屋では人と向かい合って、心ゆくまで呑《の》んで話したい。

そして肝心なのは、望もうと望むまいと「新しい生活様式」という規範に十全には従えない市民が数多く存在するということだ。たとえば、運輸・物流、通信・※5インフラ、医療、福祉、保育等々、いわゆる「Y ワーク（人々の生活に不可欠な仕事）」に従事する人々である。そもそも在宅勤務という形態が可能なのも、電気や水道等のインフラを維持管理している人々がいるからであり、食品の生産や加工、運搬に従事する人々がいるからであり、わが子を預かって保育してくれる人等々がいるからである。

また、客が直接足を運ぶことが十分な収益のために不可欠な場――飲食店、劇場、映画館、ライブハウス等々――にかかわる仕事に就《つ》く人々も、新型コロナ禍において大きな痛手を被《こうむ》っているが、十分な支援の手は差し伸べられていない。3こうした業態は、敢えて言うならば「古い」生活様式に根差したものだ。しかし、それは裏を返せば、私たちの多くがこれまでずっと大切にしてきた生活のかたち――私たちの文化――の一部をこうした業態が支えてきた、ということにほかならない。

専門家が市民に向けて発信する言葉は、しばしば権威と権力をもつ言葉として機能する。当該《とうがい》の専門分野に関する知識をもたない市民にはその言葉の意味が摑《つか》みきれず、自分では使い方が分からない。にもかかわらず、行政やメディアを通じてその言葉を「理解」し、その言葉に従って行動することが暗に求められる。それゆえ、専門家の言うがままにその意味するところを受け入れ、その使い方を真似《まね》るしかない。

特に、医療や防疫《ぼうえき》、公衆衛生などの分野に関しては、その性質上、専門家の言葉はどうしても※6パターナリスティック（父権主義的）になりがちだ。すなわち、「あなた方自身のためなんだ」というかたちで、その意志を問わずに介入し干渉《かんしょう》するものになる傾向がある。そして、その種の言葉と促《うなが》しは、国家的規模になると、それこそ※7全体主義を体現するものにもなりかねない。

これはなにも、感染対策を実施するかどうかは個人の自由であり、それぞれが好き勝手にやったりやらなかったりすればよい、などと言っているのではない。4この国は少なくともいまのところは民主国家であり、法治国家であるはずだ、ということだ。

市民のさまざまな権利を制限することを含む「※8ロックダウン」という方法も、本来なら平時のうちに、明確な法的根拠の下で導入が可能であるようにしておくべきものだ。そして、その種の法律の制定にあたって必要なのは、※9恣意《しい》的な運用や濫用《らんよう》を防止するための可能なかぎりの方策を検討することである。たとえば、

・権利の制限の対象や目的を、感染症拡大の防止に絞《しぼ》る
・制限する期間を、厳格に数字ベースで設定する
・制限の開始と解除の手続きをできるだけオープンで民主的なものにする

等々のことだ。こうした方策が、慎重な議論に基づいてしっかりと組み込まれた法律であれば、それを根拠として「ロックダウン」を実施

三 **次の文章を読んで、後の問いに答えなさい。**

二〇二〇年五月四日の新型コロナウイルス感染症対策専門家会議の提言以降、そこで発信された「新しい生活様式」という言葉が、社会のありとあらゆる場所に広まった。〈できるだけ在宅勤務〉、〈買い物は事前に計画を立てて、素早く済ます〉、〈会食中は横並びで、黙って食べる〉といった日々の感染対策の実践《じっせん》例が示され、その総称として「新しい生活様式」という言葉が位置づけられたわけだが、以来テレビでも、職場でも、お店でも、この言葉を見聞きしない日はない。

当時もいまも、1私はこの言葉の用い方にはきわめて批判的だ。理由はいくつもある。まず、「生活様式」という言葉は、「ある社会・集団に属する人に共通してみられる生活の型」(大辞泉　第二版)、ないし、「生活していく上での一定の形式」(日本国語大辞典　第二版)のことであり、本書ですでに何度か用いている※1ウィトゲンシュタインの用語でいえば、「生活形式《レーベンスフォルム》(生活のかたち)」にあたるものだ。辞書の記述や私の語感がおかしいのでなければ、生活様式(生活形式、生活のかたち)というのは、少なくとも［X］に出来上がるようなものではなく、また、ある日突然変えたり廃止したりできるようなものでもない。つまり、生活様式とは本来、「はい、今日からこちらでお願いします」と言われてすぐに順応できる種類のものではないはずだ。

加えて、「生活様式」という言葉は、個人が自分だけでつくり上げるこだわりのライフスタイルのようなものではなく、まさに「ある社会・集団に属する人に共通してみられる」ものを指すのだから、そこには当然、規範的な意味合いが含まれる。すなわち、ある社会に属する市民がみな身につけて実践すべき様式、あるべき生活のかたち、という意味合いである。

そして、「新しい」という表現にも問題がある。「新しい」という言葉が表す期間は、「当面の」とか「中期的な」といった言葉が表す期間とは根本的に異なり、特定の時点以降の特に限定のない広がりである。しかも、「新しい」というのは「古い」とか「旧来の」といったことと対比的な関係にあり、多くの場合、今後望ましいものを指す。しかし、感染対策として有効な種々の実践の多くは、私たちが進んで取り入れたいと望んでいるものではなく、仕方なく受け入れざるをえないものだ。

以上を総合すると、「新しい生活様式」という言葉は、「今後のあるべき望ましい生活のかたち」という意味合いで受け取るのが自然だ。しかし実際のところ、※2件《くだん》の専門家会議が「新しい生活様式」の名で提示したのは、長くとも数年後には終息することを想定した(あるいは、それを目指した)中長期的な感染対策に過ぎない。つまり、内容と言葉が食い違っているのだ。

この食い違いは、おそらく意図されたものだろう。たんに感染対策の具体例を羅列《られつ》して提示するだけでは、インパクトが薄い。それらを敢《あ》えて「新しい生活様式」と呼ぶことによって、広告の目立つキャッチコピーのような機能をこの言葉が果たし、ひいては市民の大規模な行動変容につながることが期待されたのだと思われる。

もしそうであれば、2この意図は成功を収めた。「新しい生活様式」という言葉は確かに社会の隅々《すみずみ》に行き渡った。そして、なぜそのように成功し、この言葉が目立ったかといえば、ひとつには、言うまでもなくメディアで繰り返し使われたということもあるが、もうひとつには、この言葉が人々にショックを与えたということがあるだろう。それは、大抵《たいてい》の人々が※3恒久的な生活様式になるとは想定していなかったものが「新しい生活様式」と呼ばれた、というショックである。新型コロナ禍《か》が終息するまでのあいだ我慢《がまん》して従うべき感染対策と思

問六　――線４「伯母の監視役という使命を～僕は恥じた」とありますが、「僕」が「恥じた」理由として最も適当なものを次の中から選び、記号で答えなさい。

ア　自身もバルジャンの声に従兄を感じた上に、劇場で泣く多くの観客を目の前にしたことで、劇場とは作品にのめり込み、思い思いの死者を感じ取ろうとする場所だと理解でき、バルジャンに息子の存在を感じて涙する伯母はむしろ観客として素晴らしいと気づいたから。

イ　従兄との思い出が突然よみがえった不思議な体験をしたことで、劇場とは作品を理解した観客がそれぞれ思い描く死者の存在を感じようとする場所であると分かり、登場人物、音楽等、作品のすべてに集中している伯母はおかしくなんてなっていないと思ったから。

ウ　バルジャンの死に対して多くの観客が泣いていたことで、劇中ではありながらも、人が亡くなるということの重みを実感でき、息子の死という癒えない悲しみを抱えつつも、登場人物に寄り添って作品にのめり込み、逆に精一杯楽しもうとしている伯母は立派であると気づいたから。

エ　バルジャンが死者達に迎えられる場面で、僕や伯母を含め、観客それぞれが死者を思い出していたことで、誰もが大切な人の死について常に悲しみを抱えていると気づき、亡くなった息子をバルジャンに重ねてしまう伯母をおかしいとは決めつけられないと思ったから。

問七　――線５「バルジャンと同じだった」とありますが、誰のどのような点がバルジャンと同じなのですか。その説明として最も適当なものを次の中から選び、記号で答えなさい。

ア　僕の、亡くなった人を思い出し懐かしんでいた点。

イ　僕の、悲しむより安堵の気持ちの方が大きかった点。

ウ　伯母の、懸命に生きながら、突然亡くなってしまった点。

エ　伯母の、一番帰りたかった場所へたどり着いた点。

問八　――線６「その無言の底で～分け合っていた」とありますが、それはどのようなことですか。その説明として最も適当なものを次の中から選び、記号で答えなさい。

ア　僕と伯母は、劇場でのバルジャンの歌によって従兄の存在を感じ取ったことで、ミュージカルが死者を思い出させる神秘性を持つ特殊な芸術であることを、感覚的に理解できていたということ。

イ　僕と伯母は劇場にて、バルジャンに亡くなった従兄の存在を感じるという不可思議な体験をしたが、それは他人には決して理解できないことであるため、互いに他言はしなかったということ。

ウ　従兄の存在を感じさせるバルジャンの歌によって、僕と伯母にとって劇場での時間が忘れられない思い出になり、二人は互いに口にしなくても特別なつながりを感じられていたということ。

エ　バルジャンの歌が亡くなった従兄を思い出させるという、日常にはない特別な体験を僕と伯母はしていて、その思い出は大切なものとして、それぞれの心の中にいつまでも残っていたということ。

った一度共有した劇場での時間が、変わらず二人の間に流れ続けているのを実感することはあった。大事な何かを確かめ合う時、僕たちは無言の合図を送るだけで十分だった。6その無言の底で、同じ一つの歌を分け合っていた。

（小川洋子《おがわようこ》『口笛の上手な白雪姫』所収
「一つの歌を分け合う」幻冬舎より）

※1 Fさん…主人公バルジャンを演じている俳優。

問一 ――線a「生々しかった」・b「慈《いつく》しみ」とありますが、本文における意味として最も適当なものを後の中からそれぞれ選び、記号で答えなさい。

a 生々しかった

ア 真新しかった　イ 不気味だった
ウ 純粋だった　エ 活気にあふれていた

b 慈しみ

ア 心配　イ 愛情　ウ 尊敬　エ 感謝

問二 本文の冒頭から始まる回想シーンは途中で終わり、場面が現在に戻っています。場面が現在に戻った最初の一文を探し、初めの五字を抜き出しなさい。

問三 ――線1「僕たちの間に～〝あの子〟の声ばかりだった」とありますが、この場面の「伯母」と「僕」を説明したものとして最も適当なものを次の中から選び、記号で答えなさい。

ア 二人ともFさんの歌を聴きながらも、伯母はそれを息子の歌と信じ込み、都合の悪い僕の言葉を遮《さえぎ》ることで自分の世界に閉じこもり、僕はそんな伯母の言動に動揺し、何も言い返せないでいる。

イ Fさんの歌を聴いた二人だが、伯母はその歌声の中に息子の存在を感じ、まるで息子本人の歌であるかのように余韻《よいん》に浸《ひた》り、僕はそんな伯母に影響され、記憶の中の従兄の歌声を思い出している。

ウ 二人ともFさんの歌を聴いたことで、Fさんに息子を重ねた伯母はその歌声を褒《ほ》めたたえたが、僕はそんな伯母に現実を教えるべく、記憶の中の幼かった従兄の歌を思い出そうとしている。

エ 僕と伯母は二人とも、Fさんの歌声に記憶の中の従兄の歌声を重ねていて、周囲の状況をまったく気にすることなく、昔聴いた、まだ幼かったころの従兄の歌をしみじみと思い出している。

問四 ――線2「伯母は気づいているのだろうか」とありますが、ここでの「僕」の心情を六十字以内で説明しなさい。

問五 ――線3「涙は、一筋、二筋、頬《ほお》を伝って落ちた」とありますが、ここでの「伯母」の心情の説明として最も適当なものを次の中から選び、記号で答えなさい。

ア 息子の死を一度は受け入れたはずだったが、マリウスの無事を祈るバルジャンの歌声によって息子を思い出したことで、再び未練が生まれてしまい、困惑している。

イ 安否を心配されている、まだ生きているマリウスと、決して戻ってくることのない息子が比べられることで、息子の死という事実を再確認し、再び悲しみにくれている。

ウ バルジャンの歌声に息子を感じ取り、さらにそのバルジャンがマリウスを我が子のように心配して帰りを願う姿と、息子を失った自分が重なり、その悲痛な思いに深く共感している。

エ バルジャンのマリウスを我が子のように心配する姿に強く共感し、また、そんなバルジャンが動揺することなく、静かに祈っていることに感動している。

て』を歌っている時だった。3涙は、一筋、二筋、頬《ほお》を伝って落ちた。涙がこんなにも静かに流れるものだと、僕は知らなかった。

　バルジャンの歌より他には何一つ聴こえず、ただ一人の男の声のみが僕たちを包んでいた。いつの間にか彼の肩には、力強さではなく、老いの気配の方が色濃く漂っていた。十九年間投獄《とうごく》された恨みも、ジャベールに対する荒々しさも影を潜め、表情には自分より年若い者たちへのｂ慈《いつく》しみがにじみ出るばかりだった。

〝……若い彼を救い給え　家へ帰してください……〟

　祈りの心がそのまま歌声になっていた。最も遠くまで願いを運んでくれるのは、静かな祈りの声だと、バルジャンは悟っていた。もはや絶叫《ぜっきょう》も懇願《こんがん》も、必要ないのだった。

〝御心《みこころ》でしょうか　まるで我が子です〟

　伯母が僕の手を握った。指先がひんやりとしていた。瞬《まばた》きをするたび、また涙が闇の中にこぼれ落ちていった。

　大人になった従兄の歌声は、もしかしたらこんなふうだったのかもしれない。バルジャンの声の中に、僕は従兄を感じた。録音されなかった歌が消えたあと、無音の奥底から微《かす》かに響いてくる声だった。僕は伯母の手を握り返した。僕たちは間違いなく、同じ声を分かち合っていた。

〝……死ぬなら私を死なせて　彼を帰して　家へ〟

　エポニーヌ、ジャベール、胸を張って一生懸命に歌っていた若者たち、労働者、皆死んでいった。そして今度は、バルジャンの番だった。囚人服《しゅうじんふく》で登場した彼は今、余計な飾りの何もない真っ白なシャツと黒いズボン姿になり、司教から与えられた燭台《しょくだい》の蠟燭《ろうそく》に火を点そうとしていた。

　一つの光が彼の手の中にあった。炎にかざされた左手は、近づく死への恐れや嘆《なげ》きや後悔で震えることなく、その澄《す》んだ光を守っていた。

　伯母はずっと泣いていたが、一度も涙を拭《ぬぐ》おうとしなかった。従兄が死んだ時、あとからあとからあふれ出て行き場を失くした涙が、今、ようやく新しい流れを見出したかのようだった。帰るべき場所へ帰ろうとしている〝あの子〟を、祝福するための涙だった。最後の一音が劇場の高みに響いてゆき、やがて遠くの一点に吸い込まれていった。

　あの日と同じように、客席のあちこちからすすり泣きが聞こえていた。バルジャンを迎えるため、舞台の奥から死者たちが歩み出てきた。あの中に、きっと従兄も伯母も一緒にいる。観客がそれぞれに思い浮かべる、自分にとって大事な死者たちが、お互い見ず知らずの者同士でありながら、同じ一つの場所へ集まっている。ここにいないはずの人がいる。劇場とはそういうところなのだろう。

　4伯母の監視役という使命を帯びた気分でいた自分を、僕は恥じた。母の心配など全くの的外れだった。伯母は見事な観客だった。物語に素直に入り込み、登場人物たちに敬意を示し、全身で音楽を聴いていた。〝あの子〟を感じられる一瞬に、感謝を捧《ささ》げていた。

　息子のいない世界を十一年生き、つい先週、伯母は亡くなった。化粧品のセールスの仕事を定年まで勤め上げ、これから少しはのんびりできると思った矢先、病に倒れたのだった。しかし僕は別れを悲しむより、一番帰りたかった場所へ無事にたどり着いたのだという、安堵《あんど》の気持ちの方が大きかった。5バルジャンと同じだった。

　結局、僕が『レ・ミゼラブル』を伯母と一緒に観たのは一回きりだった。あのあと、伯母はまた劇場に足を運んだのだろうか。Ｆ氏の歌声に潜む〝あの子〟と再会するため、一人、客席に座ったのだろうか。確かめようと思えばいつでもできたのに、なぜかそうしないまま、月日が過ぎてしまった。ただ、何かの拍子《ひょうし》にふっと目が合った瞬間、た

「あの子は特別なの」

Ｆさんという僕の言葉に覆《おお》い被せるようにして、伯母は〝あの子〟と言った。

「たった一人選ばれた、神様に目配せされた、特別な子よ。だから他の誰も真似できない声で歌うことができるの。鼓膜《こまく》をすり抜けて、心の奥深くまで届く声。余計な道具なんて何一つ使わずに、神様から与えられた自分の体だけで、人を感動させる」

その声の名残が消えないよう伯母は片手を胸に当て、天井に飾られたバルジャンの写真を見上げた。大勢の人々が僕たちの前を通り過ぎていった。いくら周囲が騒がしくても、1僕たちの間に流れているのはただ〝あの子〟の声ばかりだった。

「おばあちゃんの誕生日会の時……」

「そう、『星に願いを』を歌ったの」

「上手だった」

「懐中電灯をマイク代わりに握ってね」

「おばあちゃんも喜んでた」

「蝶《ちょう》ネクタイをしてたわ」

「僕とお揃《そろ》いだった」

「高い音を出すと、それがピクピクって動いたの」

その時、蝶ネクタイの窮屈《きゅうくつ》な感触とともに、ずっと忘れていた光景が突然よみがえってきた。誕生会の日、歌を録音しようと伯母が用意していたカセットデッキのボタンを、どうしても押したいと僕はせがんだ。銀色をした、押しごたえのありそうな四角いボタンが恰好《かっこう》よく思えたのだ。従兄が皆の前に進み出て懐中電灯を握った時、間違いなく僕は教えられたとおりのボタンを押したつもりだった。カチッという音も聞こえたし、何の印かは分からないが、赤いランプも点《とも》っていた。なのになぜか、何も録音されていなかった。空しくザーザーと雑音が流れるばかりのデッキを前にして、皆が笑った。従兄も伯母も笑っていた。ちびが一人前のことをしようとしてしくじったのを、面白がっていた。話はそれきりで、皆すぐに録音のことなど忘れてしまった。

ずっと記憶の底に沈んでいたにもかかわらず、人差し指に残るボタンの手触りも、デッキから流れる無音の気配も浮上してくる感覚はひどくa生々しかった。ようやく僕は自分の失敗の重大さに気づき、呼吸が荒くなるのを抑えきれなかった。もしあの時、僕が正しいボタンを押してさえいれば、伯母は今でも従兄の歌声を聴くことができた。ボーイソプラノの時が去り、従兄自身が去り、二重に失われてしまったあの声は、僕のせいで永遠に戻って来ない。もう、取り返しがつかない。

伯母はまだ〝あの子〟を見上げていた。横顔がすぐ手の届くところにあった。明かりを浴びてもそこには、客席の暗闇の中にいた時の影が残っていた。

2伯母は気づいているのだろうか。僕がしでかした失敗を恨《うら》んでいないのだろうか。

僕の視線を感じ、こちらを振り返って伯母が言った。

「お腹、空いてない？」

「売店で何か買って食べる？」

優しい声だった。僕は黙って首を横に振った。

「じゃあ、終わってから、美味しいものをご馳走《ちそう》しましょうね」

あと少しで、第二幕のはじまりを告げるブザーが鳴ろうとしているところだった。

伯母が最初の涙を流したのは、死を覚悟した若者たちが眠る砦《とりで》で、娘コゼットの恋人マリウスの無事を願い、バルジャンが『彼を帰し

2023年度 桐光学園中学校

【国語】〈第一回試験〉（五〇分）〈満点：一五〇点〉

注意　本文の表現については、作品を尊重し、そのままにしてありますが、設問の都合上、省略した部分、表記を改めた部分があります。
また、特に指示のないかぎり、句読点も一字に数えます。

一　**――線(あ)～(お)のひらがなを漢字に直しなさい。**

1　かぜをひかないように(あ)ようじんする。
2　新しい(い)きょうぎ場が完成する。
3　教室の温度を(う)ちょうせつする。
4　地方活性化のための(え)さいてんをもよおす。
5　憲法の中の(お)さんせい権を学ぶ。

二　**次の文章を読んで、後の問いに答えなさい。**

十一年前、「伯母《おば》」は当時大学生だった息子（「従兄《いとこ》」）を亡くしましたが、しばらく経ったある日突然、息子がミュージカル『レ・ミゼラブル』で主役バルジャンを演じていると言い始めました。「母」は「伯母」がおかしくなってしまったのではないかと心配し、結局「僕」が「伯母」に付き添う形で、劇場にミュージカルを観に行きました。本文は、当時の回想シーンから始まります。

「皆、一生懸命歌っていたわね」

休憩時間、僕たちはロビーの椅子《いす》に座って過ごした。

「学生さんも、工場にお勤めの人たちも、ちゃんと大きな口を開けて、喉《のど》を震わせて、心の底から」

見ず知らずの彼らをいたわるように伯母は言った。

「歌っている人を見ると、どうして心を打たれるのかしら」

「不思議だね」

「言葉だけだと薄っぺらに聞こえるのに、歌になると真実に聞こえるの」

ロビーは観客であふれかえり、売店には長い行列ができていた。すっかり夜になり、ステンドグラスの向こうには暗がりが広がっていたが、そのために余計、天井の明かりがきらめいて見えた。

「緊張するだろうなあ。次は自分が一人で歌う番だっていう時。千人以上の人の耳が、自分だけに向けられてるんだよ。絶対に間違えちゃいけないんだ」

「そうよね。私たち凡人《ぼんじん》には、絶対に間違えてはならないこと、なんて滅多にないもの」

「すごいね、※１Ｆさんは」

2023年度

桐光学園中学校　▶解説と解答

算　数　＜第1回試験＞（50分）＜満点：150点＞

解　答

1 (1) 17400　(2) $\frac{2}{3}$　(3) 7　(4) 2160　(5) 5　2 (1) 26　(2) 141
(3) 1040　(4) 12　(5) 125　(6) 28.5　3 (1) 143　(2) 43番目　(3) 22個
4 (1) 7200　(2) 54　(3) 90　5 (1) 60度　(2) $3\frac{1}{3}$倍　(3) $52\frac{1}{3}$cm

解　説

1 計算のくふう，四則計算，逆算，正比例と反比例，約数と倍数

(1) $87\times91+87\times109=87\times(91+109)=87\times200=17400$

(2) $\left(3\frac{1}{3}-1.2\right)\div0.8-0.25\div\frac{1}{8}=\left(\frac{10}{3}-\frac{6}{5}\right)\div\frac{4}{5}-\frac{1}{4}\div\frac{1}{8}=\left(\frac{50}{15}-\frac{18}{15}\right)\div\frac{4}{5}-\frac{1}{4}\times\frac{8}{1}=\frac{32}{15}\div\frac{4}{5}-2=\frac{32}{15}\times\frac{5}{4}-2=2\frac{2}{3}-2=\frac{2}{3}$

(3) $2\times(10-\square)\times1\frac{1}{3}\times1.125+1=10$より，$2\times(10-\square)\times1\frac{1}{3}\times1.125=10-1=9$，$10-\square=9\div1.125\div1\frac{1}{3}\div2=9\div\frac{9}{8}\div\frac{4}{3}\div2=9\times\frac{8}{9}\times\frac{3}{4}\times\frac{1}{2}=3$　よって，$\square=10-3=7$

(4) 400枚の重さが1200gの紙の1枚あたりの重さは，1200÷400＝3(g)だから，この紙720枚の重さは，3×720＝2160(g)である。

〔ほかの考え方〕 720枚は400枚の，720÷400＝1.8(倍)なので，その重さは，1200×1.8＝2160(g)と求めることもできる。

(5) 81の約数は，1，3，9，27，81と，全部で5個ある。

2 集まり，平均，倍数算，ニュートン算，約数と倍数，面積

(1) フライドポテトが好きな人(㋫)と，メロンパンが好きな人(㋱)の集まりを線分図で表すと，下の図1のようになる。両方とも好きでないと答えた人(☆)の人数が多いほど，フライドポテトが好きな人とメロンパンが好きな人の重なり(★)が多くなる。両方とも好きでないと答えた人が，最大の6人のとき，それを除いた人数は，42－6＝36(人)なので，両方とも好きと答えた人は，最も多くて，32＋30－36＝26(人)である。

図1

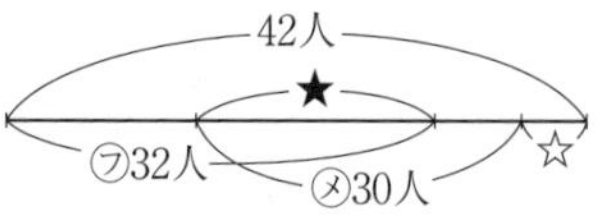

図2

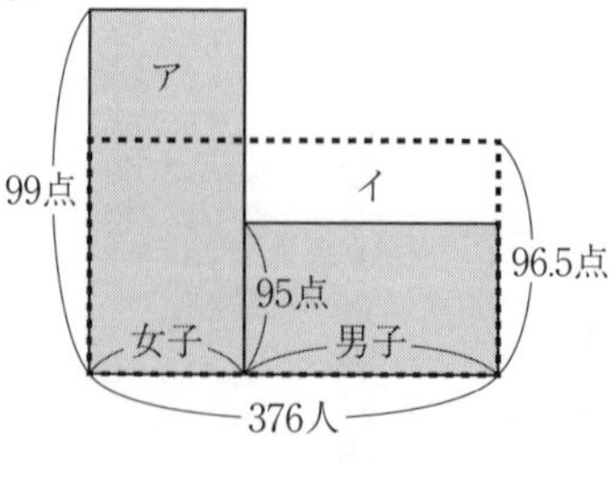

図3

	黄	青
前	4	3
	差1	
後	2	1
	差1	

(2)　全体の平均点，女子の平均点，男子の平均点の関係は，上の図２のように表せる。かげをつけた部分の面積は女子の合計点と男子の合計点の和を表し，太点線で囲んだ部分の面積は全体の合計点を表すので，これらの面積は等しい。よって，アとイの２つの長方形の面積も等しくなり，アとイの縦の長さの比は，(99－96.5)：(96.5－95)＝５：３だから，横の長さの比は，$\frac{1}{5}:\frac{1}{3}=3:5$とわかる。したがって，女子の人数は，$376\times\frac{3}{3+5}=141$(人)と求められる。

(3)　黄色の折り紙と青色の折り紙は，使う前と使った後で枚数の差は変わらない。そこで，上の図３のように，使う前と後の黄色の折り紙と青色の折り紙の枚数の比の差が同じだから，比の，４－２＝２にあたる枚数が520枚とわかる。よって，比の１にあたる枚数は，520÷２＝260(枚)となり，最初にあった黄色の折り紙は，260×４＝1040(枚)である。

(4)　入口を２つだけ開けると，30分で，240＋４×30＝360(人)が入るので，入口１つからは１分で，360÷30÷２＝６(人)が入ることになる。つまり，入口を４つ開けると，毎分，６×４＝24(人)の人が入るので，行列がなくなるのに，240÷(24－４)＝12(分)かかる。

図４

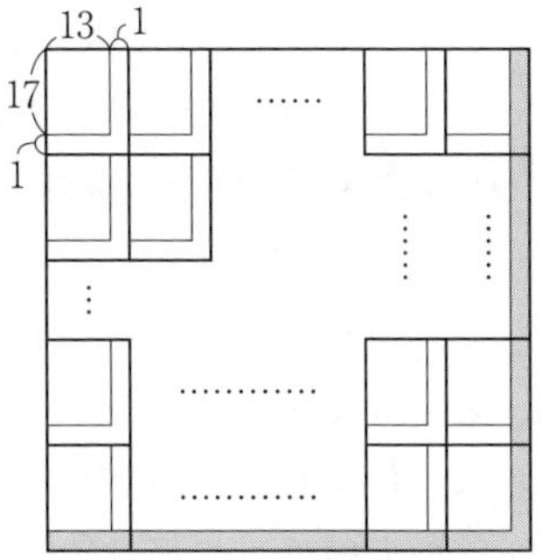

(5)　右の図４(単位はcm)のように，たて17cm，横13cmの長方形の下と右に，カードとカードの間かくの１cmを加えた，たて18cm，横14cmの長方形を考える。この長方形をすき間なく並べて，できるだけ小さな正方形を作るとき，正方形の１辺の長さは，18と14の最小公倍数である126cmとなる。よって，かげをつけた部分を除くと，１辺の長さが，126－１＝125(cm)の正方形になることがわかる。

図５

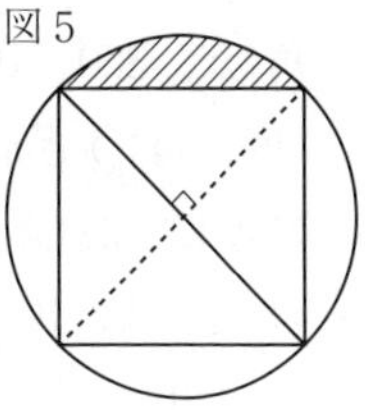

(6)　右の図５で，斜線《しゃせん》部分の図形は，半径，20÷２＝10(cm)，中心角90度のおうぎ形から，直角をはさんだ２辺の長さが10cmの直角二等辺三角形を取り除いた図形である。よって，その面積は，$10\times10\times3.14\times\frac{1}{4}-10\times10\div2=78.5-50=28.5$($cm^2$)と求められる。

3　場合の数

(1)　並んでいる整数の一の位に注目すると，１，２，３，４の４つの数字のくり返しとなっている。つまり，１１□で４個，１２□で４個，１３□で４個の数が並ぶことになる。ここまでで，４×３＝12(個)の整数が並ぶから，左から数えて13番目は141，14番目は142，15番目は143とわかる。

(2)　百の位が１となる１□□について考えると，十の位に４つ，一の位に４つの数字が使えるので，４×４＝16(個)ある。百の位が２の整数も，同様に16個ある。また，(1)と同じように考えると，３１□で４個，３２□で４個の整数がある。333まではあと，331，332，333と３個あるから，333は左から数えて，16×２＋４×２＋３＝43(番目)の整数である。

(3)　ある整数の各位に並んでいる数字の和が３の倍数になるとき，その整数は３の倍数である。和が３の倍数となるような，３つの数字の組を考えると，（１，１，１），（１，１，４），（１，２，３），（１，４，

数字の組	整数
（１，１，１）	111
（１，１，４）	114，141，411
（１，２，３）	123，132，213，231，312，321
（１，４，４）	144，414，441
（２，２，２）	222
（２，３，４）	234，243，324，342，423，432
（３，３，３）	333
（４，４，４）	444

４)，(２，２，２)，(２，３，４)，(３，３，３)，(４，４，４)の８組が見つかる。これらを並べかえて整数を作ると，上の図のように，１×４＋３×２＋６×２＝22(個)の整数が作れるので，３の倍数は全部で22個ある。

4　グラフ―速さ

(1)　問題文中のグラフから，Ａ地点を出発してから30分後に桐子さんはタクシーに乗り，途《と》中《ちゅう》で光さんを追いこして，㋑の時刻にＢ地点へ着いたことがわかる。桐子さんが着いたとき，光さんはＢ地点の手前7.2km，つまり7200ｍのところにいたので，㋐には7200があてはまる。

(2)　桐子さんはＡ地点を出発してから，$4\times\frac{30}{60}=2$ (km)進んだところでタクシーに乗ったので，タクシーで進んだ距《きょ》離《り》は，18－２＝16(km)である。これにかかった時間が，16÷40＝0.4(時間)，0.4×60＝24(分)なので，桐子さんは出発してから，30＋24＝54(分)(…㋑)でＢ地点に着いたことになる。

(3)　㋒の時刻は，光さんがＢ地点に着いた時刻である。光さんは桐子さんがＢ地点に着いたときまでに，18－7.2＝10.8(km)進んでいる。よって，光さんの進む速さは，分速，10.8÷54＝0.2(km)だから，18km進むのに，18÷0.2＝90(分)(…㋒)かかる。

5　平面図形―図形の移動，角度，長さ

(1)　問題文中の図３で，三角形ADPの３つの辺の長さはいずれも，５×２＝10(cm)である。よって，三角形ADPは正三角形なので，角㋐の大きさは60度とわかる。

(2)　円板の中心Ｐが通った後の線は，右の図①の太線のようになる。この太線は，半径は10cm，中心角が，360－(60×２＋90)＝150(度)のおうぎ形の弧《こ》４つ分の長さに等しいから，Ｐが通った後の線の長さは，$10\times2\times3.14\times\frac{150}{360}\times4=\frac{100}{3}\times3.14$(cm)となる。これは，半径５cmの円１つの周の長さである，５×２×3.14＝10×3.14(cm)の，$\left(\frac{100}{3}\times3.14\right)\div(10\times3.14)=\frac{100}{3}\div10=3\frac{1}{3}$(倍)である。

図①

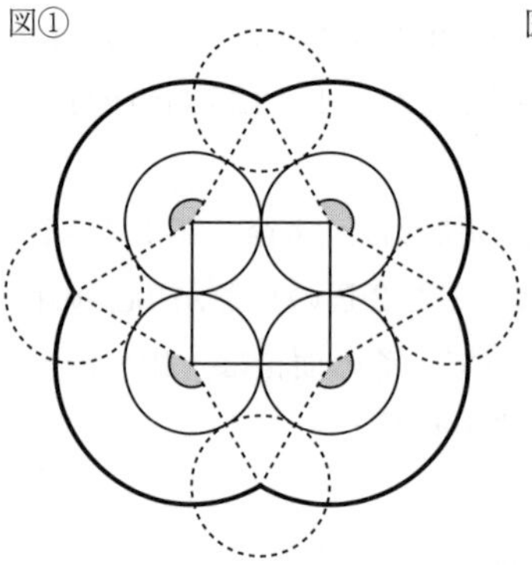

図②

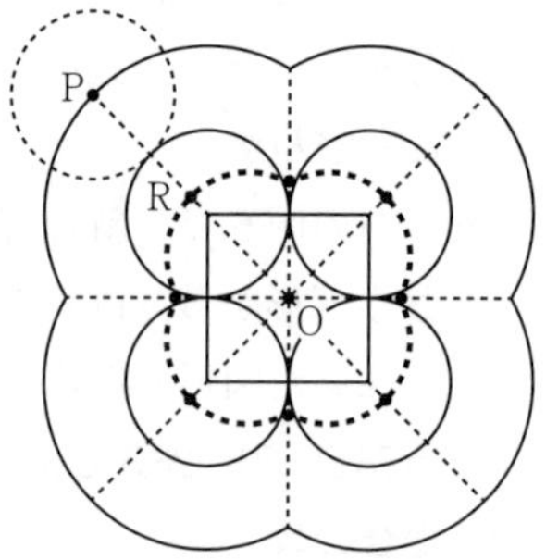

(3)　OPの真ん中の点Ｒが通った後の線は，上の図②の太点線のようになる。この太点線で囲まれた図形は，図①の太線で囲まれた図形を$\frac{1}{2}$に縮小したもので，長さも点Ｐが通った後の線の$\frac{1}{2}$である。したがって，図②の太点線の長さは，$\frac{100}{3}\times3.14\times\frac{1}{2}=\frac{50}{3}\times3.14=\frac{157}{3}=52\frac{1}{3}$(cm)となる。

社　会　＜第１回試験＞（40分）＜満点：100点＞

解　答

1　**問１**　1　**問２**　3　**問３**　1　**問４**　3　**問５**　(例)　人の移動が減り，飛行機

が使われないことなどにより，石油の需要が減少し，石油の価格が急落した。しかし，社会生活の正常化や景気の回復が見通せるようになると，石油の需要が増加したため，価格が急上昇した。
問6　2　**問7**　(1)　a　自由民主(自民)(党)　b　公明(党)　c　248(議席)　(2)　2，3　**問8**　1　**問9**　A　2　B　4　**2**　**問1**　3　**問2**　1　**問3**　平塚らいてう(平塚らいちょう)　**問4**　2　**問5**　アメリカ　**問6**　2　**問7**　3　**問8**　4　**問9**　2　**問10**　3　**問11**　木簡　**問12**　1　**問13**　6　**問14**　2　**問15**　2　**問16**　(例)　Ｚの綿はＹの絹より安価で，Ｘの麻よりも着心地がよかったから。
3　**問1**　4　**問2**　2　**問3**　3　**問4**　3　**問5**　3　**問6**　3　**問7**　(1)　オリーブ　(2)　2，6　(3)　1

解　説

1　ロシアのウクライナ侵攻を題材にした問題

問1　ウクライナは東ヨーロッパにあり，黒海の北側に位置する。イスラエルは西アジアにあり，地中海に面している。なお，「う」はロシア，「え」はインド，「お」はアメリカのアラスカ州。

問2　小麦の生産量は，中国が世界第１位，インドが第２位と，人口の多い国が上位２か国を占《し》める。また，「億m^3」という単位から，【く】が気体の天然ガスだとわかる。【き】は鉄鉱石で，オーストラリアの産出量が世界で最も多く，日本の鉄鉱石の最大の輸入先となっている。統計資料は『日本国勢図会』2022／23年版による。

問3　「海外依存《いぞん》度」とは，どれくらい海外に頼《たよ》っているかという度合いで，国内ではほとんどとれず，大部分を海外からの輸入に頼っている日本のエネルギー資源における海外依存度は，きわめて高い。

問4　1948年，アラブ人が暮らしていたパレスチナの地に，ユダヤ人国家であるイスラエルが建国された。これ以降，周辺のアラブ諸国とイスラエルの間で，第一次～第四次の４回にわたって中東戦争とよばれる戦争が行われ，2023年の50年前にあたる1973年には，第四次中東戦争が起こった。なお，湾岸《わんがん》戦争は1991年，イラク戦争は2003年，クリミア戦争は1853～56年のできごと。

問5　［資料］から，原油価格と主要地点の人出がほぼ同じ状態で推移しているとわかる。また，2020年前半には，主要地点の人出が激減し，原油価格も急落している。人出が減り，車に乗って移動する人が減れば，需要《じゅよう》が下がってガソリンが余るような状況《じょうきょう》が起こるので，価格は下落する。しかし，2020年５月～７月にかけて，急激に人出が増える，つまり人の移動がさかんになると，再びガソリンの需要も増え，それに伴って原油価格も上がった。このように，多くのものの価格は，需要(消費者が求める量)と供給(生産者が提供する量)の関係で変動する。新型コロナウイルス感染症《しょう》との関連では，車だけでなく，海外渡航《とこう》の制限によって飛行機の燃料の需要が減ったことも，国際的な原油価格の変化と大きく関係している。また，世界各国で徐々《じょじょ》に制限が解かれ，景気の回復が期待されるようになったことも，原油の需要回復に大きく影響《えいきょう》したと考えられる。

問6　グラフ中で，前の年に比べて物価が約２％かそれ以上上がっているのは，1987年から1991年にかけてと，1997年，2014年の３回ある。この３回はいずれも，消費税が導入，あるいはその税率が上げられたタイミングであるという点で共通している。消費税は1989年に税率３％で初めて導入され，その後，税率が1997年に５％，2014年に８％，2019年に10％へと引き上げられた。なお，

1987年以降，1991年まで物価が上がり，その後急落したのは，この時期がバブル経済とよばれる好景気の時期にあたり，1990年代初めにこれが崩壊《ほうかい》したためである。

問７　⑴　ａ，ｂ　2012年以降，自由民主党（自民党）と公明党は連立して与党（政権を担当する政党）を構成している。2022年の参議院議員通常選挙でも，この連立与党が過半数の議席を獲得《かくとく》した。　　ｃ　2022年の参議院議員通常選挙のときの総議席数（定数）は248名で，全国を１単位とする比例代表選挙で100名，原則として都道府県を単位とする（鳥取県と島根県，高知県と徳島県は２県で１選挙区の合区とされている）選挙区選挙で148名が選出されている。　⑵　表と問題文より，得票数は多い順に，桐学党1600票，光園党1200票，木栗党600票で，桐学党が３議席，光園党が２議席，木栗党が１議席を獲得したとわかる。各党とも，優先的に当選者となる特定枠《わく》を１名ずつ設定しており，この人たちは全員当選となるので，桐学党からは光太・まなぶ・園子の３名，光園党からはひかる・まろんの２名，木栗党からはヒロシだけが当選となる。一方，麻子と桐子，奈生は落選となる。なお，ドント式とは，各党の得票数を正の整数で割っていき，その答え（商）が大きい順に定数まで当選者を割り当てるしくみである。

問８　食料安全保障とは，世界中の人が「十分で安全かつ栄養のある食料」を得られる状況なのだから，「食料をめぐって世界で争いが起こる」ことを想定し，強者あるいは勝者だけが食料を得られるような状況をつくろうとすることは，これに反するものといえる。また，軍事費を増額することは，食料の確保に費やせる費用をそれ以外の目的に使うことになる。

問９　Ａ　問５でみたように，原油価格は需要と供給の関係で変動している。1973年に第四次中東戦争が起こると，アラブの産油国などで構成されるOPEC（石油輸出国機構）は，原油の輸出制限や値上げといった供給制限を行った。これによって，原油の需要が供給を上回る事態となり，原油の国際価格が急騰《きゅうとう》したため，先進工業国はオイルショック（石油危機）とよばれる経済危機におちいった。　　Ｂ　何らかの理由でドルに対する円の価値が下がり，たとえばそれまで１ドルを115円で交換《こうかん》できていたのに，130円出さないと交換できなくなるような状況を，円安（ドル高）という。この場合，115円で輸入できていた１ドルの商品が，130円出さないと輸入できなくなるのだから，輸入価格は上昇することになる。

2　各時代の歴史的なことがらについての問題

問１　１　豊臣秀吉が1582年から始めた太閤《たいこう》検地によって，米の生産力が石高によってあらわされるようになり，これが年貢《ねんぐ》の基準とされた。地租《ちそ》改正では，土地の値段である地価が税（地租）の基準とされた。　　２　明治時代には地方分権という考え方はなく，明治政府は中央集権を目指して廃藩《はいはん》置県などの政策を進めた。廃藩置県で設置された府県には，政府から府知事と県令が派遣《はけん》され，政府の方針に従って府県を治めた。　　３　明治政府の政策として正しい。　　４　1886年のノルマントン号事件をきっかけとして，国内では領事裁判権の撤廃《てっぱい》を求める声が高まった。これを受けて1894年，外務大臣陸奥《むつ》宗光《むねみつ》はイギリスとの交渉《こうしょう》で，領事裁判権の撤廃に成功した。なお，1911年には外務大臣小村寿太郎《じゅたろう》が関税自主権の回復をなしとげた。

問２　１　遣唐《けんとう》使のはたした功績について，正しく説明している。　　２　鎌倉幕府には，訴訟《そしょう》や裁判を担当する機関として問注所が置かれた。　　３　江戸時代には，庶民《しょみん》の子どもたちの教育機関として，寺子屋が各地につくられた。一方，武士の子どもたちは，藩校などで学んだ。また，こうした教育機関に通うことは，義務ではなかった。　　４　明治時代の1890年に出された教育勅語《ちょくご》は，「忠君愛国」といった精神を子どもたちに教えこむためのものだった。また，小学校の就学率は，明治時代末期にはほぼ100％に達した。

問３　平塚らいてう(平塚らいちょう)は明治～大正時代に活躍《かつやく》した女性解放運動家で，1911年に女性のみの文学団体である青鞜《せいとう》社を結成した。これにともなって発行した雑誌「青鞜」の初めでらいてうは「元始，女性は実に太陽であった。…今，女性は月である」と述べ，女性の解放や地位向上を訴《うった》えた。

問４　1　人力車や馬車は，明治時代に登場した。　2　資料から読み取れる江戸時代のようすとして，正しい。　3　江戸には武士が多かったが，大名屋敷《やしき》は大きな敷地につくられていた。一方，町人の多くは長屋とよばれるせまく細長い集合住宅で生活していた。したがって，町人地のほうが人口密度が高かったと考えられる。　4　レンガづくりの建築物は，明治時代から建てられるようになった。

問５　第一次世界大戦(1914～18年)では，日本と同様，戦場とならなかったアメリカが好景気を迎《むか》え，大戦後には，大戦で衰《おとろ》えたヨーロッパ諸国にかわり，世界の大国としての地位を確立した。このころ，日本の生糸の最大の輸出先はアメリカとなっていた。

問６　A　世界恐慌《きょうこう》と日本への影響について，正しく説明している。　B　第一次世界大戦のさい，日本は輸出を伸《の》ばして大戦景気とよばれる好景気を迎え，船成金などがうまれた。　C　「日中戦争」ではなく「日清戦争」(1894～95年)のきっかけを説明した文である。　D　日中戦争について，正しく説明している。

問７　日本は，1950年代後半から1970年代初めにかけて，高度経済成長とよばれるめざましい経済発展をとげた。なお，国民精神総動員運動は1937年に始まった。バブル経済は1980年代後半から1990年代初め，大戦景気は第一次世界大戦中のできごと。

問８　朝鮮《ちょうせん》戦争は1950年に始まり，1953年に休戦協定が結ばれた。

問９　「袋《ふくろ》にも使用」などとあるＸは麻，「蚕の繭《まゆ》」が原材料で，「高価で貴重品」であるというＹは絹，「わた」からつくるというＺは綿である。

問10　1　1の文は，旧石器時代のようすを説明している。　2　石包丁は，稲作が広まった弥生時代に，稲《いね》の穂首《ほくび》を刈《か》りとるのに用いられた。　3　縄文時代のようすを正しく説明している。　4　銅剣や銅鐸《どうたく》などの青銅器は，弥生時代に日本に伝わった。

問11　律令制度が整備・施行《しこう》された飛鳥～奈良時代には紙は貴重品であったため，かわりに，写真のような，木の板を短冊《たんざく》状に切った木簡《もっかん》が用いられた。木簡は税の荷札や役所の連絡《れんらく》などに用いられ，用が済むと削《けず》ってくり返し使用された。

問12　江戸時代の18世紀後半，杉田玄白《げんぱく》は前野良沢《りょうたく》らと医学解剖《かいぼう》書『解体新書』を刊行し，そのときの苦労などを『蘭学事始《らんがくことはじめ》』に記した。なお，世阿弥《ぜあみ》の『風姿花伝《ふうしかでん》』は室町時代，森鷗外《おうがい》の『舞姫《まいひめ》』は明治時代，鴨長明《かものちょうめい》の『方丈記《ほうじょうき》』は鎌倉時代の作品。

問13　Ⅰは1072年，Ⅱは1053年，Ⅲは935～940年のできごとなので，古い順にⅢ→Ⅱ→Ⅰとなる。

問14　A　鎌倉時代の政治について正しく説明している。　B　「鎌倉時代後半」ではなく「平安時代前半」が正しい。　C　「後鳥羽《ごとば》天皇」ではなく「後醍醐《ごだいご》天皇」が正しい。　D　室町時代初めのようすを正しく説明している。

問15　1　7世紀後半の663年，日本は白村江《はくすきのえ》の戦いで唐(中国)・新羅《しらぎ》の連合軍と戦って敗れた。

2　鎌倉時代の13世紀後半に起こった元寇《げんこう》について，正しく説明している。　3　16世紀末に豊臣秀吉が行った二度の朝鮮出兵で，日本と朝鮮の交流はとだえたが，対馬《つしま》の宗《そう》氏の仲立ちにより，江戸時代初めには交流が再開された。　4　日露戦争（1904～05年）後の1910年，日本は韓国《かんこく》を併《へい》合《ごう》した。

問16　庶民の衣料として普《ふ》及《きゅう》するためには，値段が安い必要がある。この点で，「高価で貴重品である」というYの絹は適していない。Xの麻とZの綿を比べた場合，しわになりにくく保湿《ほしつ》性にも優れている綿のほうが，一般的な衣料により適しているといえる。また，肌触《はだざわ》りの点でも，麻より綿のほうがよかったと考えられる。こうした点が受け入れられ，綿が庶民の衣類として普及したのである。

3　日本の３つの島の特色や気候などについての問題

問１　「あ」の沖縄島は北東から南西に細長く伸びる形が，「い」の佐渡《さど》島は稲光にたとえられる形が特徴《とくちょう》といえる。「う」の小豆《しょうど》島は南に複数の半島が伸びる形が，牛が西（左）を向いた姿にたとえられることがある。

問２　地図中のめもりが，沖縄島は20km，佐渡島は10km，小豆島は３kmとなっている。このことから，この３島は大きい順に沖縄島→佐渡島→小豆島とわかる。

問３　佐渡島は新潟県に属し，同県北方の日本海上に位置している。小豆島は香川県に属し，同県北西の瀬戸内海上に位置している。なお，兵庫県に属する島としては淡路《あわじ》島が，島根県に属する島としては隠岐《おき》諸島がよく知られる。

問４　時速と飛行距離から，直江津港から佐渡島まではおよそ１時間弱だとわかるので，８時55分に出発すると，到着《とうちゃく》は９時50分ごろになる。また，神戸港から小豆島までは，２時間では到着しないが，３時間はかからないとわかるので，８時45分ごろの到着だと判断できる。羽田空港から沖縄島まではおよそ３時間かかるとわかるので，７時30分に出発すると，到着は10時30分ごろになる。

問５　瀬戸内海上にあるというAには小豆島が，「金鉱脈」とあるBにはかつて日本を代表する金山があった佐渡島が，「年間を通じて温暖な気候」とあるCには沖縄島があてはまる。なお，沖縄島北部は，2021年に「奄美《あまみ》大島，徳之島《とくのしま》，沖縄島北部及《およ》び西表《いりおもて》島」として，ユネスコ（国連教育科学文化機関）の世界自然遺産に登録された。

問６　問５でみたように，沖縄島は一年を通じて温暖なので，雨温図ウがあてはまる。佐渡島は冬の降水量が多い日本海側の気候に，小豆島は１年を通じて雨が少ない瀬戸内の気候に属しているので，雨温図アが小豆島のもの，雨温図イが佐渡島のものとなる。

問７　(1)　雨の少ない気候が栽培《さいばい》に適していることなどから，小豆島ではオリーブの栽培がさかんで，香川県のオリーブの生産量は全国で最も多い。統計資料は『データでみる県勢』2022年版による。　(2)　標高27.1m付近には，高等学校（⊗）ではなく小中学校（文）がみられる。また，貝喰《かいばみ》川の流域は荒れ地（ılı）ではなく田（ıı）として利用されている。　(3)　1は，宮古市のような離島《りとう》で若者の人口が少ない理由にあてはまるが，２～４はいずれも人口が増える理由となる。なお，Uターンとは，一度地方を離《はな》れた人が，再びそこにもどってくることをいう。Iターンとは，出身地とは異なる地方に移住することで，特に大都市から地方への移住を指すことが多い。また，ベビーブームとは，出生数が一時的に急増する現象で，日本では1940年代後半の第１次と，1970年台前半の第２次の２回，ベビーブームがあったが，第３次ベビーブームは訪れていない。

理　科　＜第１回試験＞（40分）＜満点：100点＞

解　答

1 〔1〕 ４番目　〔2〕 ア　〔3〕 ① 青　② 赤　2 〔1〕 b　〔2〕 ３秒　〔3〕 625cm　〔4〕 A　〔5〕 **表1**…B　**表2**…E　〔6〕 ７秒後　〔7〕 ２秒　〔8〕 イ　〔9〕 ウ→イ→オ→エ→ア　〔10〕 ア　3 〔1〕 ①，② C，D　③～⑤ A，C，E　〔2〕 青むらさき色　〔3〕 イ　〔4〕 イ　〔5〕 ア　〔6〕 ① Y　② W，X　〔7〕 ③ イ　④ ア　⑤ ウ　⑥ エ　⑦ エ　〔8〕 エ　〔9〕 じゅう毛　4 〔1〕 **二酸化炭素**…ウ　**窒素**…カ　〔2〕 5　〔3〕 80000 cm^3　〔4〕 100m^3　〔5〕 エ　〔6〕 ア，イ，エ，オ　〔7〕 155cm^3　〔8〕 121 mg　〔9〕 145m　〔10〕 ア　〔11〕 ア

解　説

1 小問集合

〔1〕 太陽系の惑星《わくせい》は，太陽から近い順に水星，金星，地球，火星，木星，土星，天王《てんのう》星，海王星の８個ある。

〔2〕 冬になると，日本の北西にあたる大陸上(シベリア地方)に勢力の大きい高気圧が居すわり，日本の北東の海上には低気圧が発達して，日本には大陸からの北西の季節風がもたらされる。このときの気圧配置を西高東低という。

〔3〕 青色リトマス紙に酸性の水溶液《すいようえき》をつけると赤色に変化し，赤色リトマス紙にアルカリ性の水溶液をつけると青色に変化する。

2 ふりこの運動についての問題

〔1〕 ふりこの長さは支点からおもりの重心(重さが１点に集まっていると考えられる点)までの距《きょ》離《り》をいう。立方体の重心は対角線の交わる点になるので，図２ではbがふりこの長さになる。

〔2〕 表１より，ふりこDは，10往復する時間が30秒なので，１往復する時間は，30÷10＝３(秒)である。

〔3〕 表１で，おもりの重さとふれはばが同じふりこA，C，Dにおいて，ふりこの長さが，100÷25＝４(倍)，225÷25＝９(倍)になると，10往復する時間は，20÷10＝２(倍)，30÷10＝３(倍)となっている。このことから，２×２＝４，３×３＝９より，ふりこの長さが(□×□)倍になると，10往復する時間(つまり，１往復する時間)は□倍になるというきまりが見つけられる。ここで，５秒間で１往復するふりこは，10往復する時間が，５×10＝50(秒)である。これはふりこAの，50÷10＝５(倍)だから，ふりこの長さを，25×５×５＝625(cm)にすればよい。

〔4〕 支点Oの真下を通るときの速さは，ふれの両端《りょうたん》のおもりの位置(最も高い位置)と支点Oの真下の位置(最も低い位置)との高さの差が大きいほど速くなる。そして，ふれはば(支点Oからふれの端《はし》までの水平方向の距離)が同じときには，ふりこの長さが短いほど，その高さの差が大きくなる。つまり，ふりこの長さが最も短いふりこAが，その高さの差が最も大きく，支点Oの真下を通るときの速さが最も速い。なお，表１のふりこはすべてふれはばが等しいので，支点Oの真下を通るときのふりこの速さが速いほど，ふりこが１往復する時間は短くなる。そのため，真下を通る

ときのふりこの速さが最も速いのは，表１で，10往復する時間が最も短いＡとわかる。

〔5〕 ふれはばだけが異なり，おもりの重さとふりこの長さは同じものどうしを組み合わせて比べる。

〔6〕 ゆらし始めた位置にくるのは，ふりこＡが，10÷10＝１(秒)ごと，ふりこＢが，14÷10＝1.4(秒)ごとである。つまり，ふりこＡは１秒後，２秒後，…，７秒後，…に，ふりこＢは1.4秒後，2.8秒後，4.2秒後，5.6秒後，７秒後，…にくる。よって，はじめてふりこＡ，Ｂがそろうのは７秒後とわかる。

〔7〕 図４で，ふりこは位置Ｐより左半分では長さが225cmのふりこＤとしてゆれ，右半分では長さが，225－200＝25(cm)のふりこＡとしてゆれる。したがって，このふりこが１往復する時間は，30÷10÷２＋10÷10÷２＝1.5＋0.5＝２(秒)である。

〔8〕 別の人がはかった時間は，誤差が大きくなる可能性がある。よって，同じ人がはかった時間を平均にした方が，より正確に求めることができる。

〔9〕 それぞれの重心の位置は，右の図の●印の位置となる。糸を付ける場所から重心までの距離が長いほど，ふりこの長さが長くなって，１往復する時間が長くなる。よって，ウ→イ→オ→エ→アの順になる。

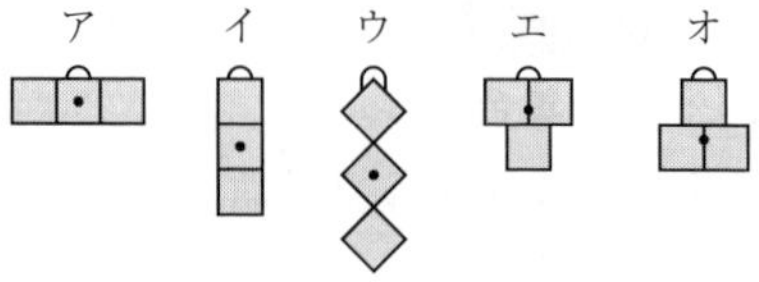

〔10〕 ふりこの１往復する時間は，ふりこの長さだけによって決まり，おもりの重さやふれはばは関係しない。また，ふりこの長さが長いほど，ふりこの１往復する時間も長くなる。よって，１分間で往復する回数をかぞえることで，１往復する時間が推測できる。よって，それを用いて動画のブランコの大きさがわかる。

3 ヒトの消化のはたらきについての問題

〔1〕 ①，② うすめただ液を入れた試験管と水を入れた試験管を，ともに口の中の温度(体温)に近い40℃に保ったものどうし，つまり試験管Ｃ，Ｄを比べるとよい。　③，④，⑤ うすめただ液を入れた試験管を，別々の温度に保ったものどうし，つまり試験管Ａ，Ｃ，Ｅを比べるとよい。

〔2〕 ヨウ素液は，デンプンに反応して青むらさき色に変化する。

〔3〕 だ液を入れた試験管Ａ，Ｃ，Ｅを比べると，15℃の試験管Ａと80℃の試験管Ｅではヨウ素液が反応した(デンプンが残っている)のに対し，40℃の試験管Ｃではヨウ素液が反応しなかった(デンプンが残っていなかった)。よって，40℃のときにだ液が最もよくはたらき，デンプンを変化させたことがわかる。

〔4〕 表２で，試験管Ａではヨウ素液が反応しなかった(デンプンが残っていなかった)のに対し，試験管Ｅではヨウ素液が反応した(デンプンが残っている)。この結果から，15℃にしただ液ははたらきが失われないが，80℃にしただ液ははたらきが失われると考えられる。

〔5〕 だ液のはたらきによってデンプンが麦芽《ばくが》糖に変化するため，よく噛《か》むと甘《あま》い味がしてくる。したがって，表３で炭水化物(デンプン)が最も多く含《ふく》まれるものを選ぶ。

〔6〕 表４で，ヨウ素液の反応が見られたＹにはデンプンがあり，ベネジクト液の変化が見られたＷとＸには麦芽糖がある。

〔7〕 ③，⑤ 試験管Ｄの液を入れたセロハンの袋《ふくろ》の場合，セロハン内の液ではヨウ素液が反応した(デンプンがある)が，セロハン外の液ではヨウ素液が反応しなかった(デンプンがない)。この

結果から，デンプンはセロハンの穴より大きく，セロハンを通ることができないと考えられる。

④，⑥　試験管Ｃの液を入れたセロハンの袋の場合，セロハン内の液でもセロハン外の液でもベネジクト液が変化した(麦芽糖がある)。これより，麦芽糖はセロハンの穴より小さく，セロハンを通ることができるといえる。　⑦　デンプンはセロハンを通ることができないが，だ液がデンプンを消化してできた麦芽糖はセロハンを通ることができた。このように，食べ物の中にある栄養は，消化されて小さくなることで，はじめて吸収できるようになる。

〔８〕　食べ物は口から入ると，食道を通って胃に入り，さらに小腸に進む。この間に消化され，小腸の壁《かべ》から栄養が吸収される。

〔９〕　小腸の内側の壁はひだ状になっていて，じゅう毛とよばれる突起《とっき》が無数にある。このようなつくりは，養分とふれる表面積がとても大きくなるため，たくさんの養分を吸収するのに効率がよい。

4　火山と地層についての問題

〔１〕　アは亜硫酸《ありゅうさん》ガスなど，イは酸素，ウは二酸化炭素，エは水素，オはアンモニアなど，カは窒素《ちっそ》の特徴《とくちょう》である。

〔２〕　混合ガスに含まれる６種類の気体のうち，窒素以外の５種類の気体がしめる割合は，$43+20+15+9+8=95$(％)なので，窒素の割合は，$100-95=5$(％)とわかる。

〔３〕　$1\,\mathrm{m}^3=(100\times100\times100)\mathrm{cm}^3=1000000\mathrm{cm}^3$より，$1\,\mathrm{m}^3$の混合ガスに含まれる塩化水素は，$1000000\times0.08=80000(\mathrm{cm}^3)$になる。

〔４〕　冷却《れいきゃく》する前の混合ガスの体積は，$1\div\frac{1}{3}=3\,(\mathrm{m}^3)$である。これは回収した火山ガスの，$100-97=3$(％)にあたるから，回収した火山ガスの体積は，$3\div0.03=100(\mathrm{m}^3)$である。

〔５〕　加熱したとき気体が発生しないのは固体の溶《と》けた水溶液で，ここでは食塩水と水酸化ナトリウム水溶液があてはまるが，食塩水は中性，水酸化ナトリウム水溶液はアルカリ性である。なお，塩酸は酸性の水溶液，アンモニア水は気体の溶けたアルカリ性の水溶液である。

〔６〕　酸性のガスとは，水に溶けたときに水溶液が酸性になる気体のことである。ここでは二酸化炭素，亜硫酸ガス，硫化水素，塩化水素があてはまる。

〔７〕　表より，混合ガス$1000\mathrm{cm}^3$には亜硫酸ガスが，$1000\times0.2=200(\mathrm{cm}^3)$，硫化水素が，$1000\times0.09=90(\mathrm{cm}^3)$含まれている。$90\mathrm{cm}^3$の硫化水素は，$90\times\frac{1}{2}=45(\mathrm{cm}^3)$の亜硫酸ガスと反応するので，$200-45=155(\mathrm{cm}^3)$の亜硫酸ガスが余る。

〔８〕　$45\mathrm{cm}^3$の亜硫酸ガスが硫化水素と反応すると，35mgの硫黄《いおう》が生じたことから，余った$155\mathrm{cm}^3$の亜硫酸ガスがすべて反応すると，$35\times\frac{155}{45}=120.5\cdots$より，121mgの硫黄が生じる。

〔９〕　過去に火山噴火《ふんか》は１回だけなので，ｘ地点とｙ地点に見られる火山灰の層は同じものである。ｘ地点では火山灰の層(Ａ層)の上端が標高，$120-10=110$(m)であり，この地域の地層は水平にたい積しているので，ｙ地点でも火山灰の層の上端は標高110mになる。したがって，ｙ地点は標高，$110+35=145$(m)と求められる。

〔10〕　この地域では水平に地層がたい積しているので，地層は逆転していない。よって，地層は下の層ほど古い。Ｂ層は火山灰の層(Ａ層)より下にあり，Ｃ層は火山灰の層より上にあることから，Ｂ層の化石のほうが昔にできたと判断できる。

〔11〕　火山灰の層(Ａ層)は，火山から噴出された火山灰が降り積もってできている。流水のはたら

きを受けないまま，つまり角が取れないまままたい積したため，粒子《りゅうし》は角ばった形をしている。一方，泥《どろ》・砂・れきの層は，流水のはたらきによってできた層なので，含まれる粒子は角が取れ，丸みを帯びている。また，泥・砂・れきの違《ちが》いは粒子の大きさであり，最も小さい粒子が泥$\left(\frac{1}{16}\text{mm}\right.$以下$\left.\right)$，次に小さいのが砂$\left(\frac{1}{16}\text{mm}\sim 2\,\text{mm}\right)$，最も大きいのがれき（２mm以上）と分けられる。

国　語　＜第１回試験＞（50分）＜満点：150点＞

解　答

[一] 下記を参照のこと。　[二] **問１**　**a**　ア　**b**　イ　**問２**　あの日と同　**問３**　イ　**問４**　（例）　昔祖母の誕生日会で僕が録音を失敗しなければ，今でも従兄の歌声を聴けたので，伯母が僕のことを恨んでいないか心配している。　**問５**　ウ　**問６**　ア　**問７**　エ　**問８**　ウ　[三] **問１**　一朝一夕　**問２**　エッセンシャル(ワーク)　**問３**　ウ　**問４**　エ　**問５**　ア　**問６**　イ，オ　**問７**　相互～制裁　**問８**　（例）　市民は，専門家が示す行動様式が，自分たちの築いてきた「生活のかたち」ではないにもかかわらず，専門家の指示を自分たちの生活の一部に取り入れなければならなくなる，ということ。　**問９**　イ

●漢字の書き取り

[一] ㋐　用心　㋑　競技　㋒　調節　㋓　祭典　㋔　参政

解　説

[一] **漢字の書き取り**

㋐　気をつけること。　㋑　技能を競い合うスポーツやゲーム。　㋒　ちょうどいい具合になるように動かしたり変えたりすること。　㋓　何かを祝ったり盛り上げたりするための行事。

㋔　政治に参加すること。

[二] **出典は小川洋子《おがわようこ》の『口笛の上手な白雪姫《しらゆきひめ》』所収の「一つの歌を分け合う」による。**主人公は，亡《な》き従兄《いとこ》を思いながら伯母《おば》とミュージカルを観《み》た思い出を胸に，今度は一人で同じ劇を観に行く。

問１　**a**　「生々しい」は，現実のような感覚をともなうさま。　**b**　「慈《いつく》しみ」は，愛《いと》しく大切に思う気持ち。

問２　本文の前半では，「僕《ぼく》」は伯母と二人で『レ・ミゼラブル』を観ているが，「あの日と同じように」で始まる段落の二つ後の段落に「伯母は亡くなった」と書かれている。伯母の死後，「僕」がかつて伯母と観たミュージカルを一人で観に来て，当時の思い出を振《ふ》り返っていることがわかる。

問３　前後の部分で「僕」は，主役のバルジャンを演じる「Ｆさん」について伯母と語り合ううちに，「Ｆさん」を自分の息子のように「あの子」とよぶ伯母につられ，幼いころの従兄との思い出に話を移している。よって，イが合う。続く部分でも「僕」は伯母と同じペースで話し続けているので，アは正しくない。「僕」は伯母に現実を教えようとはしていないので，ウは合わない。「僕」はこの時点では役者を「Ｆさん」とよんでおり，最初から従兄を重ねていたわけではないので，エは選べない。

問４　前の部分で「僕」は，かつて自分が従兄の歌声を録音する機会をふいにしたことを思い出し，

従兄の亡くなった「今」となっては「取り返しがつかない」失敗だったと自覚している。伯母から「従兄の歌声を聴《き》く」方法を永遠に奪《うば》ってしまったことに対し，「僕」は罪悪感をおぼえていると考えられる。

問５　伯母はバルジャンの歌を一心に聴きながら静かに涙《なみだ》を流し続け，物語の世界に入りこんでいる。「バルジャンの声の中」に自分の息子を感じるとともに，「まるで我《わ》が子です」というバルジャンの言葉に，息子に対する自分の思いも重ねていると想像できるので，ウがよい。伯母が困惑《こんわく》するようすは読み取れないので，アは合わない。伯母の息子とマリウスが比べられるという描写《びょうしゃ》はないので，イは選べない。伯母の感動は，バルジャンが動揺《どうよう》していないことによるものではないので，エはふさわしくない。

問６　もともと「僕」が伯母に付き添《そ》うことになったのは，「『伯母』がおかしくなってしまったのではないか」と僕の母が心配したためだったが，伯母亡き後再び劇場に足を運んだ「僕」は，「母の心配」は「全くの的外れだった」と振り返っている。劇の終盤《しゅうばん》で「僕」は，劇のなかの登場人物たちの死に，観客は「自分にとって大事な死者たち」を重ねていると実感している。そのうえで，物語の世界に入りこみ，自分の息子を感じられる瞬間《しゅんかん》を心から楽しんでいた伯母を「見事な観客だった」とたたえているので，アがふさわしい。「僕」が劇場という場所の性質に気づいたのは，従兄との思い出がよみがえったからというよりも，多くの観客が泣いていたことによるので，イは合わない。観客の涙の理由について「僕」は，劇中でも死が重みをもって描《えが》かれているからというよりも，観客が各自にとっての「大事な死者」を思い浮《う》かべているからだと考えているので，ウはふさわしくない。誰《だれ》もが大切な人の死について常に悲しみを抱《かか》えていると「僕」が考えていることは読み取れないので，エは選べない。

問７　「僕」と伯母が観ている舞台《ぶたい》では，先に「死んでいった」登場人物たちに続いてバルジャンも死を迎《むか》え，「帰るべき場所へ帰ろうと」している。「僕」は伯母の死についても，バルジャンのように，先に亡くなった息子がいる「一番帰りたかった場所」へ「たどり着いた」のだと受け止めているので，エがよい。

問８　本文の最後に，観劇後は「僕」と伯母は「劇場での時間」について話題にはしなかったが，心のなかでは大切な思い出として持ち続け，視線を交《か》わして共有していたと書かれている。よって，ウがよい。「僕」と伯母が共有していたのはミュージカルという芸術の性質ではなく，従兄の存在を感じた特別な時間なので，アは合わない。ここでの「無言」は，ほかの人に話さなかったことではなく，「僕」と伯母の間で話題にしなかったことを指すので，イは正しくない。劇場での時間を，「僕」と伯母はそれぞれ大切にしていただけでなく，共有していることを無言で「確かめ合」ったと書かれているので，エは選べない。

三　**出典は古田徹也《ふるたてつや》の『いつもの言葉を哲学《てつがく》する』による。**筆者は，新型コロナウイルスの感染症《かんせんしょう》対策を社会に広めるために専門家が発信した「新しい生活様式」という言葉の使い方に異論をとなえ，専門家と市民とのコミュニケーションには課題があると指摘《してき》している。

問１　一日限りのような短い期間を表す「一朝一夕《いっちょういっせき》」がよい。「一期一会《いちごいちえ》」は，人生の出会いと別れは一度限りの特別なものだという考え。「一日千秋《いちじつせんしゅう》」は，一日を千年に感じるほど待ちこがれること。「一望千里」は，一目ではるかかなたまで見渡《みわた》せるさま。

問２　本文に書かれているように，運輸・物流や通信・インフラ，医療《いりょう》，福祉《ふくし》，保育など，人々にとって当たり前の生活を成り立たせるために必要不可欠な仕事を「エッセンシャルワーク」とよぶ。

問３　同じ大段落の最後の形式段落で，「新しい生活様式」という言葉について筆者は，「今後のあるべき望ましい生活のかたち」という意味合いでありながら，実際に専門家が示したのはこの先数年間限定の「中長期的な感染対策」に過ぎず，「内容と言葉が食い違《ちが》っている」と指摘している。よって，ウがよい。筆者は「生活様式」という言葉には「あるべき」ものという「規範《きはん》的な意味合いが含《ふく》まれる」と述べているので，アはふさわしくない。感染対策が中長期的なものになることを隠《かく》そうとしたという専門家の意図は本文から読み取れないので，イは選べない。「新しい生活様式」という言葉が感染対策の重要性を示しているとは書かれていないので，エは正しくない。

問４　直前の段落に，感染対策を「新しい生活様式」とよぶことで，「市民の大規模な行動変容につながることが期待された」と書かれている。続けて筆者は，「新しい生活様式」という言葉は人々に「ショックを与《あた》え」，期待どおり「社会の隅々《すみずみ》に行き渡った」と述べているので，エがよい。「新しい生活様式」という言葉によって人々がエッセンシャルワーカーの存在に気づかされたとは書かれていないので，アは正しくない。感染対策を一時的なものとする考えを安易だとは筆者は述べていないので，イは選べない。人々がこれまでの感染対策を軽視するようになったという記述はないので，ウは合わない。

問５　筆者は，飲食店や劇場など人々が「これまでずっと大切にしてきた生活のかたち」に対してあえて「古い」という表現を用いている。これは，専門家の示した「新しい生活様式」という定義にしたがうと，今までの文化は「古い」ということになってしまうと批判する意図があると考えられるので，アが正しい。筆者は，これまでの「生活のかたち」を「支えてきた」業態が意味を持たなくなったとは述べていないので，イはふさわしくない。筆者は飲食店や劇場といった業態を心から「古い」と考えているわけではなく，「新しい」「古い」という言葉自体に異論をとなえているので，ウは合わない。ここでの論点は，各業態が感染対策を最優先すべきかどうかではないので，エは選べない。

問６　続く部分で筆者は，「政府やその関係者」が市民の「生活のかたち」を「直接指図すべきではない」と述べてはいるが，専門家がつけこみ，自分の意のままに導こうとしているという表現はしていないので，アはふさわしくない。一方筆者は，ロックダウンのように市民の権利を制限することを含む手段を取るさいは，「明確な法的根拠《こんきょ》」にもとづき，「市民の権利が脅《おびや》かされ」ないようにするべきだと主張しているので，イはよい。専門家がコロナ禍《か》によって初めて権力を持つようになったという記述はないので，ウは合わない。専門家の言葉に従わない人たちが，社会を支える人たちに負担を強《し》いている現状については，ここでは論じられていないので，エも正しくない。前の部分で筆者は，市民はしばしば専門家の言葉に「従って行動すること」が求められるが，その言葉は「意志を問わずに介入《かいにゅう》し干渉《かんしょう》するものになる傾向《けいこう》がある」と警鐘《けいしょう》を鳴らしているので，オは合う。

問７　最後から二つ目の段落で筆者は，「新しい生活様式」という言葉は「自粛《じしゅく》警察」のように，規範に「従わない人や従えない人」を市民が同調圧力で抑《おさ》えつける「相互監視《そうごかんし》と私的制裁」につながると論じている。

問８　「新しい生活様式」について筆者は，「私たちが進んで取り入れたいと望んでいるものではなく，仕方なく受け入れざるをえないもの」であり，一部以外は「私たちの多くがこれまでずっと大切にしてきた生活のかたち」に合わないと述べている。筆者は，市民が専門家の発信する「言葉の意味が摑《つか》みきれ」ないまま，「専門家の言うがまま」に新しい規範に従い，生活の一部を変えざるをえないことを批判していると考えられる。

問９　前の部分で筆者は，「新しい生活様式」という言葉から，「新しい規範に従わない人や従えない人」と，そのような人々を「同調圧力の下に抑えつけ」ようとする傾向が生まれ，社会に「分断と禍根《かこん》と傷を残す」と述べている。専門家の言葉が本来の意図とは異なる方向に働き，人々の対立をあおる事態を恐《おそ》れているとわかるので，イが合う。筆者は，専門家の言葉に「反発を覚え」て従わない人と，「従おうにも従え」ず，「引け目や心苦しさを感じ」る人の双方《そうほう》に言及《げんきゅう》しているので，片方のみに限定しているアやエはふさわしくない。社会の対立が，言葉の責任をめぐるものだとは書かれていないので，ウは選べない。

Dr.福井の 入試に勝つ！脳とからだのウルトラ科学

入試当日の朝食で，脳力をアップ！

朝食を食べない学生は，朝食をきちんと食べる学生に比べて成績が悪かった――という研究発表がある。まあ，ちょっと考えればわかると思うけど，朝食を食べないということは，車にガソリンを入れないで走らせようとするようなものだ。体がガス欠になった状態では，頭が十分に働くわけがない。入試当日の朝食はちゃんと食べよう！　朝食を食べた効果があらわれるように，試験開始の２時間以上前に食べるようにするとよい。

では，入試当日の朝食にふさわしいものは何か？

まず，脳の直接のエネルギー源はブドウ糖だけであるから，それを補給するためのご飯やパン，これは絶対に必要だ。また，砂糖や果物の糖分は吸収されやすく，効果が速くあらわれやすいので，パンにジャムをぬったり果物を食べたりするのもよいだろう。

次に，タンパク質。これは脳の温度を上げる作用がある。温度が低いままでは十分に働かないからね。タンパク質を多くふくむのは肉や魚，牛乳，卵，大豆などだが，ここでは大豆でできたとうふのみそ汁や納豆をオススメする。そして，記憶力がアップするDHAを多くふくんでいる青魚，つまりサバやイワシなども食べておきたい。

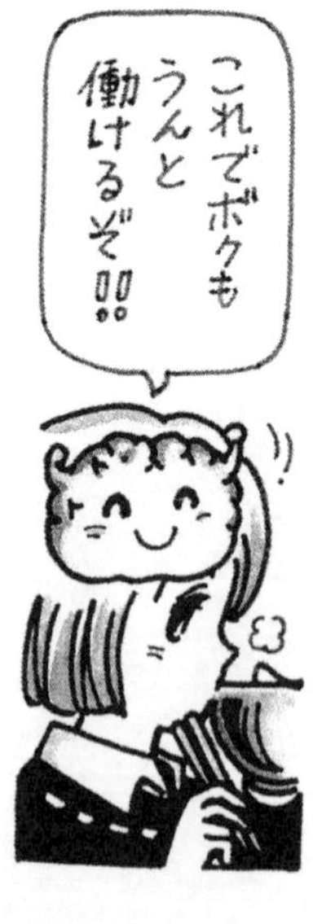

生野菜も忘れてはならない。その中にふくまれるビタミンBは，ブドウ糖を脳に吸収しやすくする働きを持つので，結果的に脳力アップにつながるんだ。

コーヒーや紅茶，緑茶は，カフェインという成分の作用で目覚めをうながすが，トイレが近くなってしまうので，飲みすぎに注意！　試験当日はひかえたほうがよいだろう。眠気を覚ましたいときはガムをかむといい。脳が刺激《しげき》されて活性化し，目が覚めるんだ。

Dr.福井(福井《ふくい》一成《かずしげ》)…医学博士。開成中・高から東大・文Ⅱに入学後，再受験して翌年東大・理Ⅲに合格。同大医学部卒。さまざまな勉強法や脳科学に関する著書多数。

2023年度 桐光学園中学校

【算　数】〈第２回試験〉（50分）〈満点：150点〉

注意　１．定規・コンパスは使用できません。

　　　２．円周率は3.14とします。

　　　３．比はできるだけ簡単な整数の比で表しなさい。

1　次の□にあてはまる数を求めなさい。

(1)　$\frac{5}{8}\times3\frac{1}{5}\div5\div\left(2-\frac{1}{2}\right)=$□

(2)　$\left(\frac{3}{2}-2\times\right.$□$\left.\right)\times4-\frac{1}{5}=5$

(3)　４％の食塩水300ｇに□ｇの食塩を溶かすと10％の食塩水ができます。

(4)　男子と女子の人数の比率が７：６のクラスで，女子の人数が18人のとき，クラス全体の人数は□人です。

(5)　弟が家を出てから30分後に，兄は自転車に乗って弟を追いかけました。弟の歩く速さは分速50ｍ，兄の自転車の速さは分速300ｍとします。このとき，兄は出発後□分で弟に追いつきます。

2　次の□にあてはまる数を求めなさい。

(1)　ある会場で，ある日の観客数を調べました。Ａ席とＣ席を合わせて810人，Ｂ席とＣ席を合わせて1140人，Ｂ席はＡ席の２倍でした。Ｂ席の人数は□人です。

(2)　(185＋□)÷(623＋□)を計算します。答えが0.3以上となるできるだけ小さい整数は□です。ただし，□には同じ整数が入ります。

(3)　Ａさんは算数のテストを４回受け，その平均点は84点でした。５回目の算数のテストを受けたところ，平均点は４回目までの平均点より３点下がりました。Ａさんの５回目のテストの得点は□点です。

(4)　９で割ると１余り，12で割ると４余る整数のうち，最も360に近い整数は□です。

(5)　下の図のように１辺が10cmの正方形３個とそれらの頂点を結んでできる図形に対して斜線部分の面積は□cm^2です。

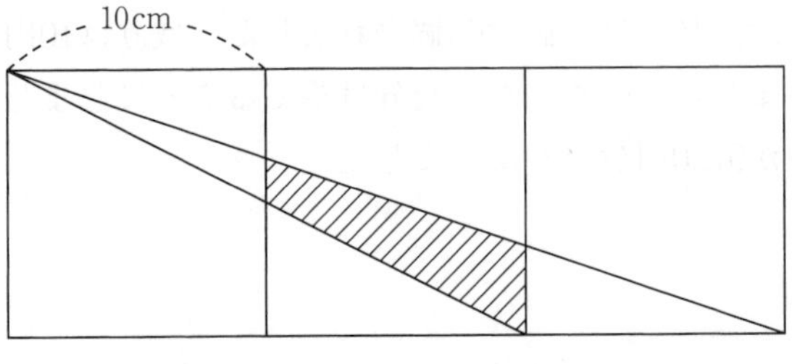

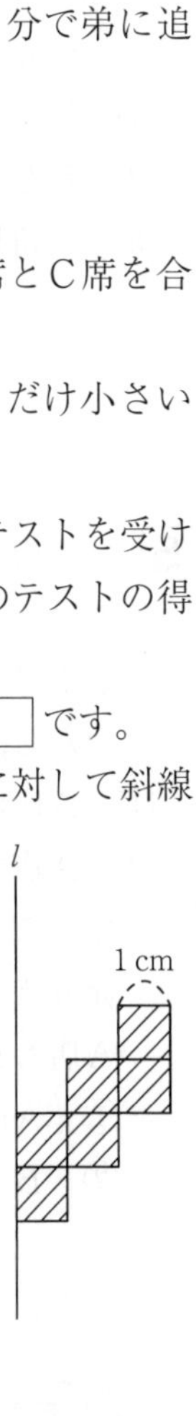

(6)　右の図のように１辺が１cmの正方形６個を組み合わせた斜線部分の図形を，

直線 l のまわりに1回転してできる立体の体積は □ cm^3 です。

3 次のように1から10までの数を書いた10枚のカードがあります。何枚かのカードの数字を合計するとき，次の問いに答えなさい。

[1]，[2]，[3]，[4]，[5]，[6]，[7]，[8]，[9]，[10]

(1) 9枚のカードの数字の合計で45を作ります。カードの選び方は何通りありますか。

(2) 8枚のカードの数字の合計で40を作ります。カードの選び方は何通りありますか。

(3) 何枚かのカードの合計で40を作ります。カードの選び方は何通りありますか。

4 図のように三角形ABCがあり，Bの角は45°で，点Cから辺ABに垂直な直線を引き，その交点をHとします。点AからAの角で同じ印のついている角の大きさが等しくなるように引いた直線と，点Cから辺ABと平行に引いた直線の交点をDとします。また，直線ADと辺BCの交点を点Eとし，点Eから辺ABと平行に引いた直線と辺ACの交点をFとします。CH＝12cm，AC＝15cm，三角形ABCの面積は126cm^2です。このとき，次の問いに答えなさい。

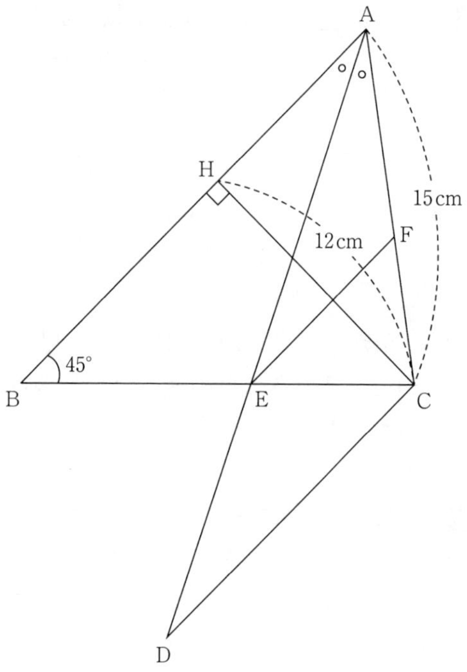

(1) 辺ABの長さを求めなさい。

(2) 長さの比BE：ECを求めなさい。

(3) 三角形AEFの面積を求めなさい。

5 A店とB店では同じ品物を何個かずつ仕入れました。A店では2割の利益を見込んで定価をつけました。B店ではA店より2割安く仕入れ，4割の利益を見込んで定価をつけました。A店もB店もすべての品物を定価で売り切ったとしたときの利益は，同じ48960円になります。ただし，消費税は考えないものとします。このとき，次の問いに答えなさい。

(1) A店が仕入れた個数とB店が仕入れた個数の比を求めなさい。

(2) A店では仕入れ個数の25％が売れ残りました。そこで，残りの商品を定価より270円安くしたところ，すべて売り切ることができました。B店は定価で65個売れました。残りは10円安く売りましたが，いくつか売れ残ってしまいました。売れなかった分は捨てることにしました。A店もB店も定価で売ったときよりも利益が9720円少なくなりました。

① A店は何個仕入れましたか。

② B店は何個捨てましたか。

【社　会】〈第２回試験〉（40分）〈満点：100点〉

1　次の会話文を読んで，後の問いに答えなさい。

先　生：近年，小麦の値段が上がっていますね。小麦はパンの原料なので，値段が上がると大変ですね。ア最近ではご飯よりもパンを食べる人も増えているようですし。
桐　子：私は，いつも朝ご飯はパンです。
ひかる：ところで人類はいつからパンを食べていたのですか。
先　生：現在のイラクあたりの古代メソポタミアで，小麦粉と水を混ぜてこねたものを焼いて食べていたようです。これがパンの原型だといわれています。
桐　子：日本人はいつ頃から小麦やパンを食べるようになったのですか。
先　生：その質問の答えについてはイ自分で調べてみましょう。
ひかる：昨年は小麦などの食料についての報道が多かったですね。
先　生：昨年Aインドネシアでおこなわれた，G20の財務相・中央銀行総裁会議でも，食料危機に対処する必要性を指摘していましたね。
桐　子：なぜ食料危機が起こったのですか。
先　生：Bロシアのウクライナ侵攻《しんこう》で深刻化しました。
ひかる：ウウクライナの問題では，ロシアの「エ戦争犯罪」について報道されたことも覚えています。
先　生：そうですね。世界中の人が食料に困らず，安全に暮らせるような世界にするにはどうすればいいと思いますか。
桐　子：食料についてはもっと食料自給率を上げた方がいいと思います。
ひかる：安全に暮らせる世界にするには，オ国際連合がもっとリーダーシップを発揮すればいいと思います。
先　生：それぞれいい意見ですね。もっと調べて自分の考えを深めていきましょう。

問１　下線部アについて，次のページのグラフから読み取れることとして誤っているものを，下の中から１つ選び，番号で答えなさい。

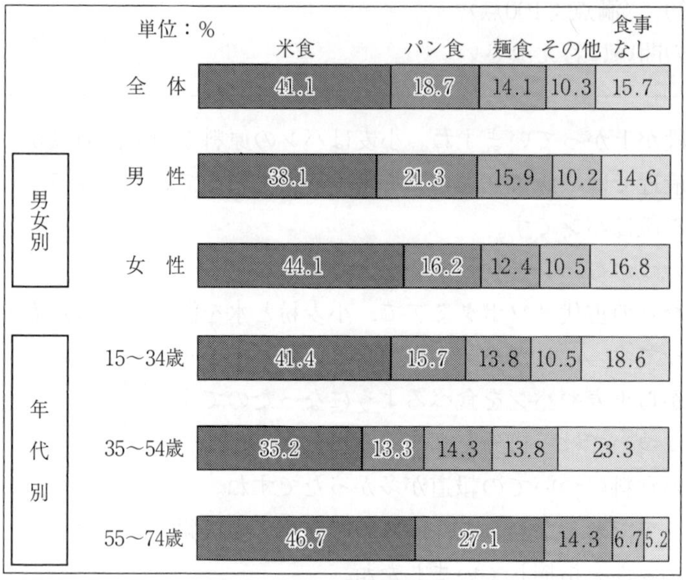

＜朝・昼・晩の３食の主食の種類の構成比＞

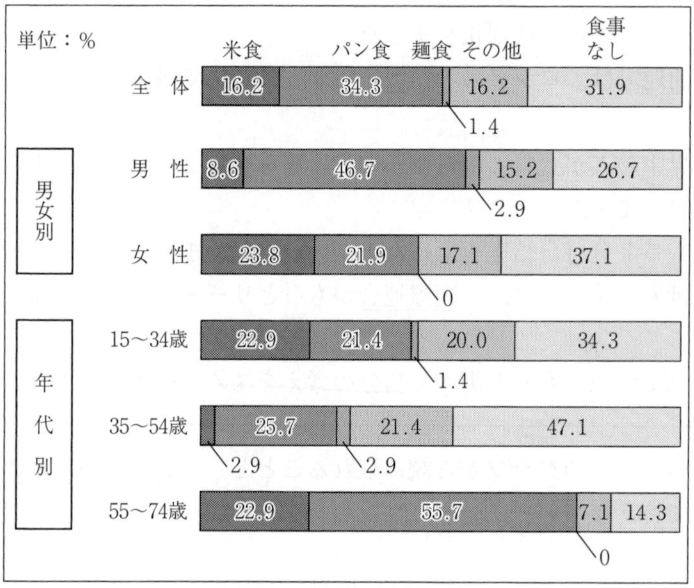

＜朝食の主食種類の構成比＞

農林水産省「食生活・ライフスタイル調査～令和３年度～」

1．３食について「全体」の項目を見ると「米食」が４割以上と最も多く，次いで「パン食」である。

2．男女別に３食を比較すると，男性は女性より「パン食」「麺食」が多い。

3．朝食では，55～74歳の「米食」が半数以上と非常に多い。

4．朝食の男女別では，男性の「パン食」の割合が４割以上と多い。

問２　下線部イについて，生徒たちは日本における小麦やパンの歴史を調べてみました。生徒が調べてまとめた文章を読んで，下の問いに答えなさい。

> 小麦は中国や朝鮮を経由して日本に伝わり，弥生時代の後期には九州で栽培が始まった。４世紀には他の地域に広がり，当時の［①］(のちの天皇)を中心とした大和朝廷(政権)は米とともに麦も主食とした。８世紀には朝廷が小麦の栽培を奨励した。
> 小麦を使った菓子は８世紀に中国から伝わり，「［※］菓子」と呼ばれた。
> パンは天文12(1543)年，種子島に漂着した［②］人によってもたらされたが，一般に広まることはなかった。
> 日本の街でパンが見られるようになったのは，安政５(1858)年の［③］条約締結による開港からで，［④］７(1874)年には木村屋のあんぱんが売り出された。

(1)　文中の［①］～［④］にあてはまる語句を答えなさい。なお［②］には国名が，［④］には元号が入る。

(2)　文中の［※］には当時の中国の王朝が入る。［※］に入る王朝名として正しいものを，次の中から１つ選び，番号で答えなさい。

１．清　　２．秦
３．隋　　４．唐

問３　下線部ウについて，ウクライナとロシアの紛争に対して，NATO加盟国はウクライナに武器などを送り支援しました。NATOに関する文として誤っているものを，次の中から１つ選び，番号で答えなさい。

１．NATOとは北大西洋条約機構の略称である。
２．アメリカを中心とする北米とヨーロッパの国々の軍事同盟として発足した。
３．イスラームのテロ組織に対抗するために，1949年に結成された。
４．昨年のNATO首脳会合に岸田首相が日本の首相として初めて参加した。

問４　下線部エについて，国際人道法に基づく「戦争犯罪」にあたらないものを，次の中から１つ選び，番号で答えなさい。

１．毒ガスの使用
２．軍人への攻撃
３．民間人への攻撃
４．病院や集合住宅の破壊

問５　下線部オについて，以下の問いに答えなさい。

(1)　国際連合の主要機関に安全保障理事会(安保理)がある。安保理について書かれた文として誤っているものを，次の中から１つ選び，番号で答えなさい。

１．安保理は常任理事国と非常任理事国からなる。
２．常任理事国の任期は10年である。
３．安保理の決議に国連加盟国は従わなくてはならない。
４．安保理は経済制裁だけでなく，武力制裁をおこなうことも可能である。

(2)　日本は今年から安全保障理事会の非常任理事国を務めます。次の中から，現在の非常任理事国の国旗を１つ選び，番号で答えなさい。

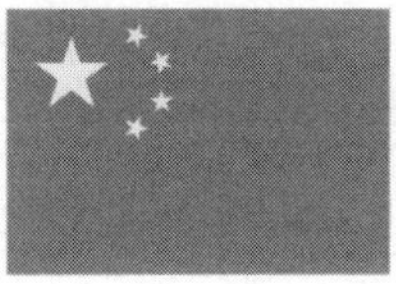			
1	2	3	4

問６　生徒たちは授業で出てきた国について調べ，カード１～４にまとめました。会話文中の二重下線部Ａ・Ｂの国について調べたカードを，次の中からそれぞれ１つずつ選び，番号で答えなさい。

・人口は１億4593万人(2020年)。 ・首都はモスクワ。 ・80をこえる構成主体からなる連邦国家。 ・石油・天然ガスなどの資源の収入に依存。	・国土の面積は日本の約５倍ある。 ・ムスリム(イスラム教徒)が多い。 ・昨年，首都移転法案を議会が可決した。 ・バリ島が観光地として有名である。
1	2
・国土は日本の約1.2倍で人口は約4000万人。 ・民族はアラブ人が８割，クルド人が２割。 ・共和政をとっており，元首はサレハ大統領。 ・国家収入の約９割が石油収入。	・国土は日本の約1.6倍。人口は約4000万人。 ・首都はキーウ。 ・キリスト教徒の他にユダヤ教徒もいる。 ・昨年，日本との外交関係樹立30周年をむかえた。
3	4

問７　次の資料は小麦に関するものです。昨年，ロシアとウクライナの紛争から小麦の国際的な価格が変動しました。ロシアとウクライナの紛争から小麦の国際価格がどのように変動したか，また，その変動した理由を説明しなさい。

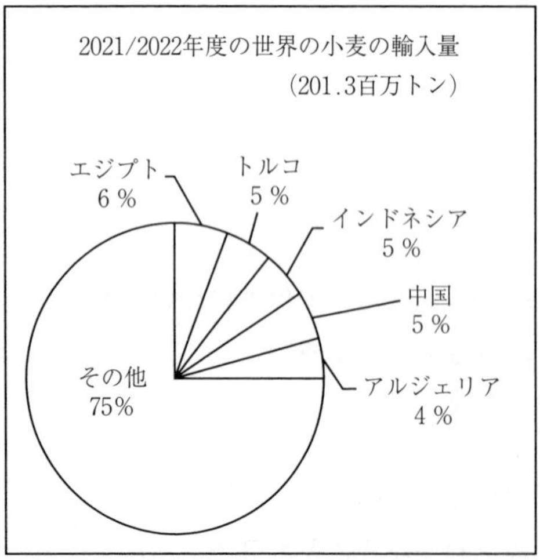

＜資料１＞

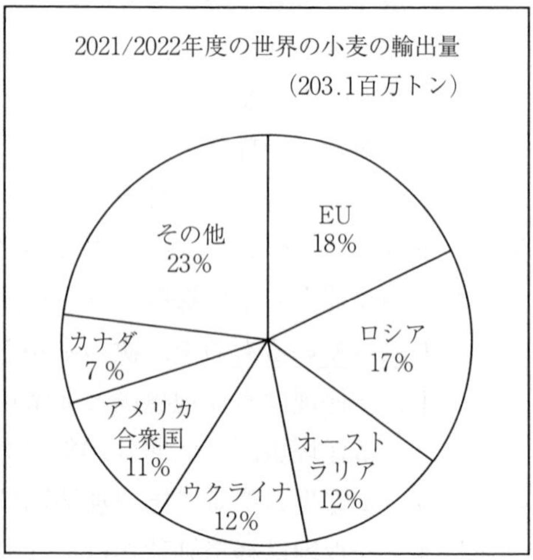

＜資料２＞

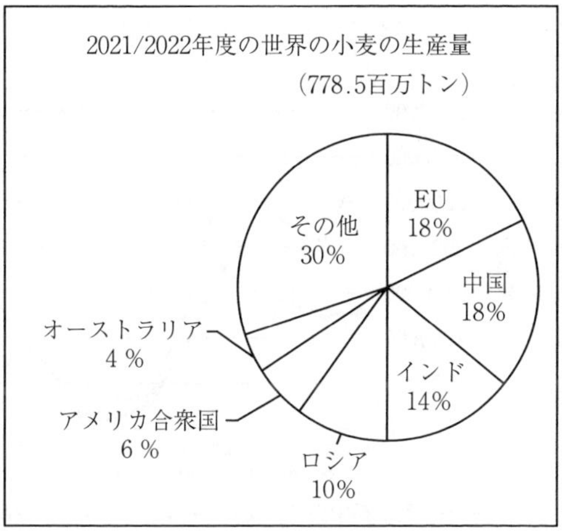

＜資料３＞

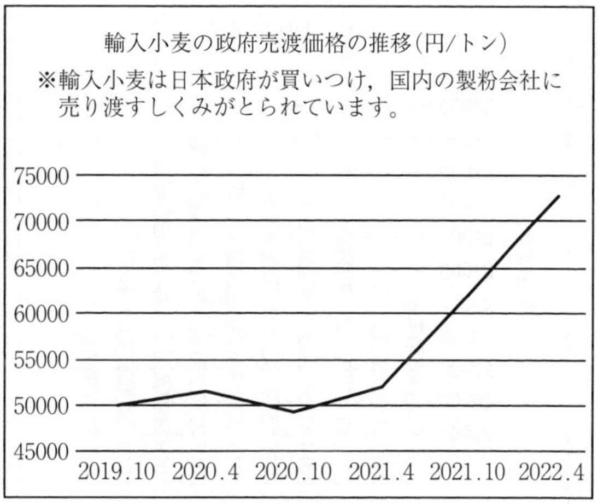

＜資料４＞

農林水産省の資料より作成

2 ひかりさんは，今年８月の夏祭りで「ハンバーガーショップ」を開くことにしました。表や図などの資料をもとに，後の問いに答えなさい。

表１　小麦・トマト・レタスの生産量と肉用牛・豚の頭数

	小麦(2021年)		トマト(2020年)		レタス(2020年)		肉用牛(2021年)		豚(2020年)	
１位	【 あ 】	66.4%	熊本県	19.2%	長野県	32.3%	【 あ 】	20.6%	【 い 】	13.3%
２位	福岡県	7.1%	【 あ 】	9.4%	茨城県	16.3%	【 い 】	13.5%	宮崎県	8.6%
３位	佐賀県	5.2%	愛知県	6.1%	群馬県	9.7%	宮崎県	9.6%	【 あ 】	7.8%

『日本国勢図会 2022/23』をもとに作成

図１　東京都中央卸売市場における茨城県，群馬県，長野県産のレタスの入荷量(2021年)

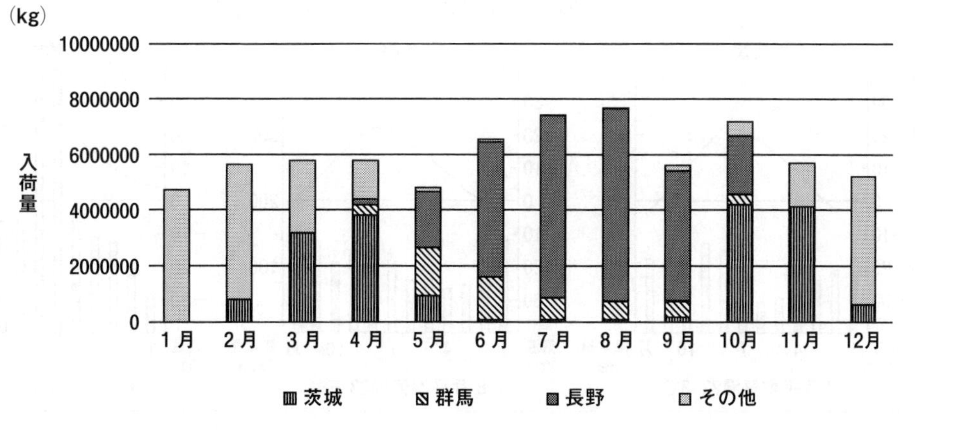

農畜産業振興機構「ベジ探」より作成

図２　レタスの作付面積の推移

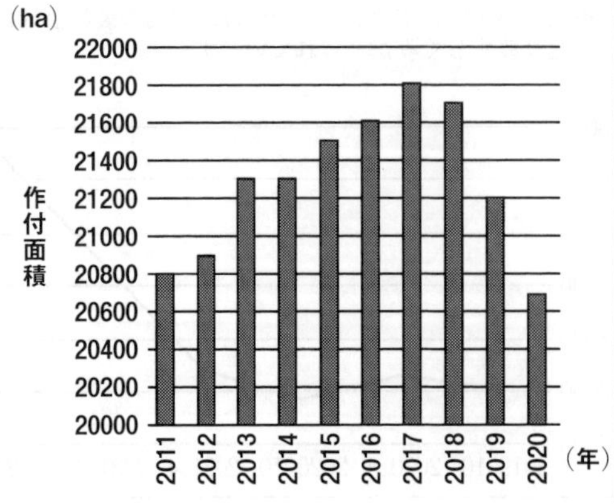

農畜産業振興機構「ベジ探」より作成

図３　熊本県産トマトの市場別入荷量(2021年)

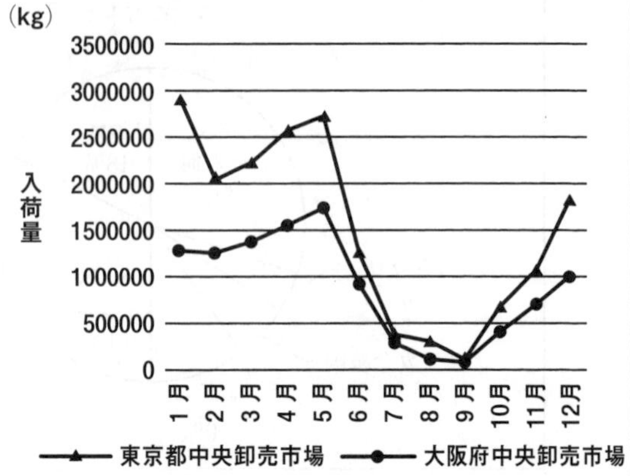

農畜産業振興機構「ベジ探」より作成

図４　2021年８月の
東京都中央卸売市場のトマトの入荷量

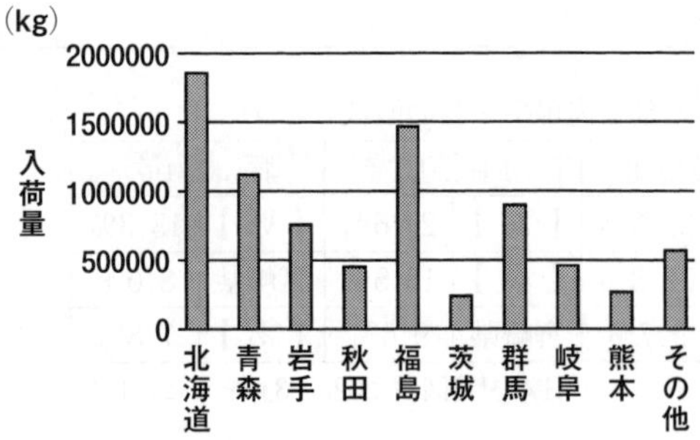

農畜産業振興機構「ベジ探」より作成

図５　日本の肉牛の輸入先(2020年)

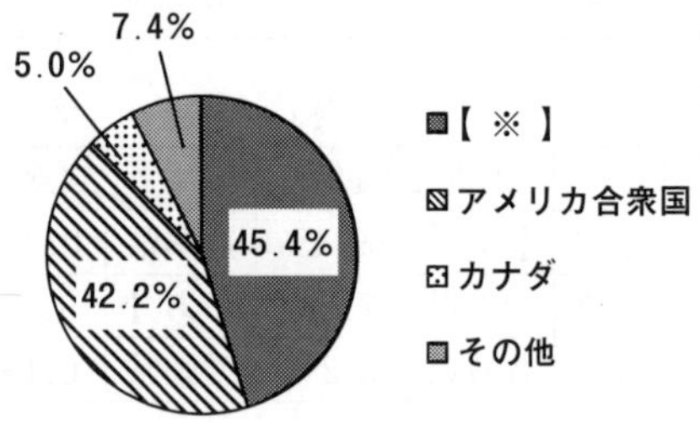

『日本国勢図会　2022/23』より作成

図６　各地域の雨温図と８月の平均気温

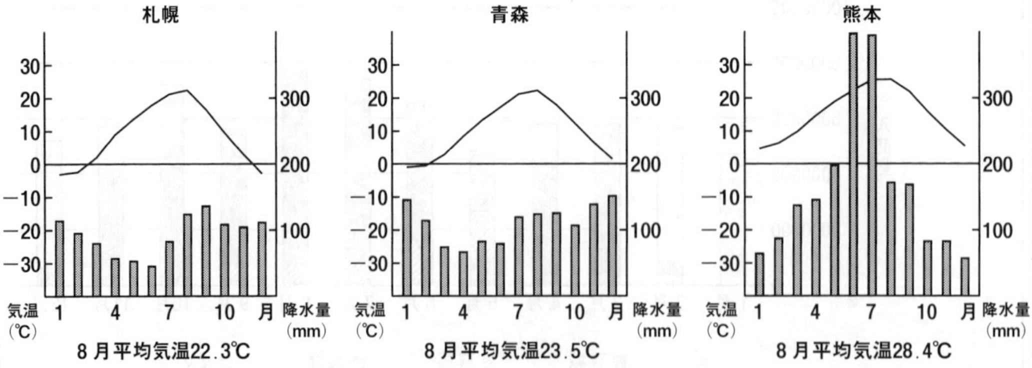

図７　日本の米・小麦・野菜・牛肉の品目別食料自給率の推移(カロリーベース)

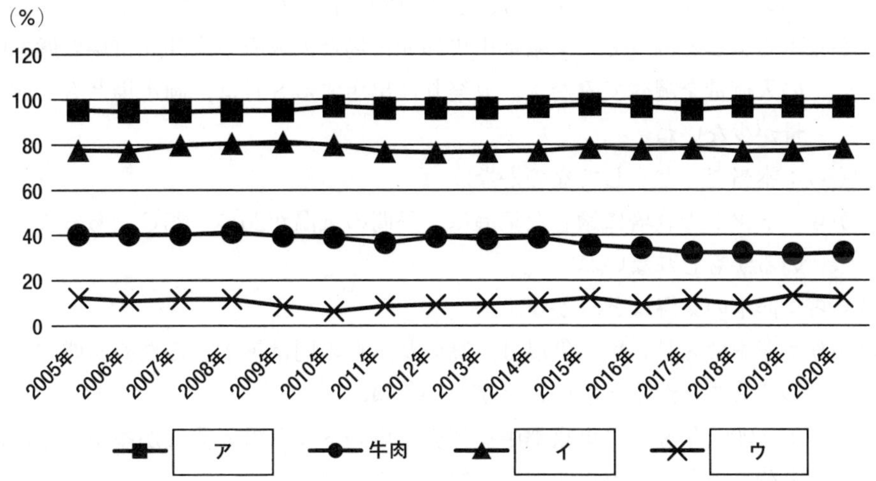

農林水産省　食料需給表より作成

問１　ひかりさんはハンバーガーをつくるために，小麦，トマト，レタス，肉を仕入れることになりました。仕入れ先を検討するために，生産量を表１にまとめました。表１の【あ】【い】にあてはまる都道府県をそれぞれ答えなさい。

問２　ひかりさんはレタスの仕入れ先を検討するために，レタスに関する様々な資料を集めました。資料を参考に後の問いに答えなさい。

(1)　ひかりさんはレタスの生産について調べ，文章にまとめました。下線部①〜④の文の中で正しいものを，次の中から１つ選び，番号で答えなさい。

> ①レタスは主に長野県と茨城県で生産されており，両県で生産量の４割を超える。このほかに，群馬県，長崎県，兵庫県などでも生産されている。レタスは，出荷時期により，春レタス(４〜５月)，夏秋レタス(６〜10月)，冬レタス(11〜３月)に区分される。東京都中央卸売市場におけるレタスの入荷量をみると，②春レタスはどの月も茨城県からの入荷量が最も多く，③夏秋レタスはどの月も長野県からの入荷量が最も多いことがわかる。冬レタスは茨城県が主要な産地である。2011年から2020年のレタスの作付面積の推移をみると，④2016年の作付面積が最も広く，その後は減少傾向である。

(2)　ひかりさんが夏祭り用のレタスを仕入れることにした都道府県は，夏祭りの時期に東京都中央卸売市場の入荷量が最も多い都道府県です。仕入れ先の都道府県はどこか，答えなさい。また，なぜこの時期にこの都道府県のレタスが多く出回っているのか，地形と気候の視点で説明しなさい。

※東京都中央卸売市場の入荷量が多い時期が，生産が盛んな時期として考えること。

問３　次にひかりさんは，トマトの生産に関する資料を集めて仕入れ先を検討しました。ひかりさんと友人のさくらさんの会話文を読んで後の問いに答えなさい。ただし下線部①〜④のうち１つには誤りがあります。

さくら：①2020年の生産量をみると，熊本県がトマトの生産量日本一になっているね。ハンバーガー用のトマトは，熊本県から仕入れることにしよう。

ひかり：ちょっと待って。東京都中央卸売市場と大阪府中央卸売市場の熊本県産トマトの入荷量を調べてみたよ。夏祭りに出店する８月は，両市場とも②熊本県の入荷量が少ないね。

さくら：本当だ。どうしてなのかな。

ひかり：トマトの栽培に適した気温は，昼間の気温が20℃～25℃であることが関係しているかもしれないね。

さくら：熊本の気温はどうかな。

ひかり：熊本の８月の平均気温は，高いね。夏の間は暑すぎるため，熊本ではトマトをつくることができないことがわかるね。

さくら：③2021年８月に東京都中央卸売市場のトマトの入荷量が多かった都道府県は，入荷量の多い順から北海道，福島，青森だね。

ひかり：④北海道札幌市の８月の平均気温は22.3℃，青森県青森市の８月の平均気温は28.4℃になっているよ。トマトの栽培に適する気温なので，生産量が多くなり，８月に東京都中央卸売市場への入荷が多くなることがわかるね。

さくら：熊本県産のトマトについては１月に東京都中央卸売市場の入荷量が多くなるね。冬でも温暖な気候を生かして，【 X 】栽培が盛んなことが想像できるよ。

ひかり：トマト栽培と気温は関係が深いね。８月の夏祭り用のトマトは，８月に東京都中央卸売市場の入荷量が最も多い都道府県にしよう。

(1) 下線部①～④の中から誤っているものを１つ選び，番号で答えなさい。

(2) 会話文中の【X】にあてはまる言葉を答えなさい。

(3) 夏祭り用のトマトは，最終的にどの産地から仕入れることに決めましたか。ひかりさんとさくらさんが話し合って決定した産地の都道府県はどこか，次の中から１つ選び，番号で答えなさい。

１．北海道　　２．福島県
３．東京都　　４．大阪府
５．熊本県

問４　次にひかりさんは牛肉の仕入れ先を検討することにしましたが，スーパーマーケットに並んでいる牛肉は海外産が多いことに気が付きました。次の問いに答えなさい。

(1) 日本は牛肉の自給率が低いことがわかり，ひかりさんは海外から輸入した牛肉を仕入れることにしました。仕入れ先は，日本が最も多く牛肉を輸入している図５中の【※】にします。図５中の【※】にあてはまる国名を，次の中から１つ選び，番号で答えなさい。

１．タイ　　２．中国
３．ブラジル　　４．オーストラリア

(2) 図７は日本の食料自給率の推移である。図７中のア～ウは，米，小麦，野菜のいずれかである。ア～ウと各品目の組み合わせとして適当なものを，次の中から１つ選び，番号で答えなさい。

	1	2	3	4	5	6
米	ア	ア	イ	イ	ウ	ウ
小麦	イ	ウ	ア	ウ	ア	イ
野菜	ウ	イ	ウ	ア	イ	ア

問5　ひかりさんは肉牛の飼育環境について調べていると，「アニマルウェルフェア」という考え方があることを知りました。アニマルウェルフェアとは，「動物」の「アニマル」と，「よりよく生きる」や「福祉」といった意味の「ウェルフェア」を合わせた言葉です。上の資料を参考にアニマルウェルフェアの考え方に基づく家畜の飼育方法として誤っているものを，次の中から1つ選び，番号で答えなさい。

【資料】　アニマルウェルフェアを支える「5つの自由」
A．飢え，渇き及び栄養不良からの自由
B．恐怖及び苦痛からの自由
C．物理的，熱の不快さからの自由
D．苦痛，障がい及び疾病からの自由
E．通常の行動様式を発現する自由

1．えさを十分に与え，えさに対して争いが起きないようにする。
2．気温が低い日には，ヒーターを使って暖かくし，家畜にとって快適な温度を保つ。
3．家畜の健康状態を把握するため毎日観察や記録をおこない，病気にかかった時には治療する。
4．家畜のフンは畑の肥料になるため，すぐには掃除をせず，1か月に1度回収する。

問6　近年，農業に関する様々な課題があげられています。日本の農業に関する課題や取り組みとして誤っているものを，次の中から1つ選び，番号で答えなさい。
1．農業従事者が減少したことで耕作放棄地が増えており，総耕地面積は減少を続けている。
2．農業の新しい戦略として，政府は農林水産物の輸出拡大を掲げており，海外向け生産に取り組む産地や事業者を支援するための予算を計上している。
3．近年，会社に出勤せず自宅で仕事をする人が増えたことで，農村への移住者が急増し，農業の跡継ぎの問題が解決した。
4．農業を営む人の中には，収入を上げるために生産した農産物の加工や観光農園，農家レストランの運営に取り組む人もいる。

問7　高齢化が進む日本の農業を，効率的で生産力の高い産業へ転換していくことが大きな課題となっています。その取り組みのひとつに，ロボットやAIなどの先端技術を活用した「スマート農業」があります。「スマート農業」の効果として誤っているものを，次の中から1つ選び，番号で答えなさい。
1．自動走行トラクターの活用により，一人当たりの作業可能な面積が拡大し，農業の大規模化が可能になる。
2．スマートフォンで操作する水管理システムを導入することで，水の管理を自動化し，人手不足を解消することができる。
3．温度や湿度などの気象データの解析により，農作物の生育や病害を正確に予測することができるようになる。

4．若手の農業従事者や外国人労働者を多く集め，手作業でていねいな農業をおこなうことで生産量を増やし，農作物の質を向上させる。

3 次の文章を読んで，後の問いに答えなさい。

山梨県の県庁所在地である［①］市では，年号が［②］に変わった2019年に開府500年をむかえました。1519年は，山梨県がほこる戦国大名の［③］の父が館《やかた》を築いた年で，ここから［①］市の歴史が始まったとされます。今年，2023年は，［③］の没後450年となり，命日の4月を中心にイベントが企画されています。

市内に人が本格的に生活し始めたのは，遺跡の分布から$_{ア}$弥生時代ではないかと推測されています。また，$_{イ}$4世紀には市内の各地に古墳がつくられ，大和朝廷(政権)との関係性も指摘されています。飛鳥時代以降には，多くの寺院も建設され，［④］が平等院鳳凰堂を建設した平安時代中期には，経塚《きょうづか》の建設も始まったとされます。平安末期から源氏の一部の人々が生活をはじめ，のちに鎌倉幕府を開き，初代将軍に任命される［⑤］と行動をともにしました。戦国時代には，［③］が領土を拡大しました。しかし，［③］の子が長篠の戦いで，全国統一をめざす［⑥］に敗れ，後に1582年の天目山《てんもくざん》の戦いで一族が自害することになりました。その後の江戸時代には，初代将軍の子や，3代将軍［⑦］の弟や子など将軍家一族が領主となり，幕府にとって重要な地となっていきます。8代将軍が進めた［⑧］では，幕府が直接支配する地とされました。

明治時代になり，1889年に市制が施行され，［①］市が誕生しました。『走れメロス』などの作品を残している［⑨］は，$_{ウ}$1938年ころにこの地で生活し，「シルクハットを倒(さか)さまにして，その帽子の底に，小さい小さい旗を立てた，それが［①］だと思えば，間違いない。」と表現しています。1945年7月に，市街地の70％以上が焼失し，死傷者2000名以上を出す空襲の被害にあっています。［⑨］は一度東京に戻ったものの，太平洋戦争の開始とともに，［①］市に疎開していたため，この空襲についての記録も残しています。大規模な軍需工場などがないのに空襲を受けたのは，東京に近く，それなりの規模の都市であったからと2017年の調査で判明しました。

戦後，［①］市は幅の広い道路建設をふくめた復興計画をたてますが，土地の買収をめぐる対立などからうまくいかず，当初の計画を変更せざるを得ませんでした。もしこの計画が実現していれば，渋滞や市内のドーナツ化現象が多少緩和されたのではないかともいわれています。

問1　文中の［①］～［⑨］にあてはまる語句や人名を下の語群から選び，それぞれ1つずつ番号で答えなさい。

1．芥川龍之介	2．今川義元	3．織田信長	4．甲斐
5．享保の改革	6．甲府	7．太宰治	8．武田信玄
9．天保の改革	10．徳川家光	11．徳川吉宗	12．藤原道長
13．藤原頼通	14．平成	15．源頼朝	16．令和

問2　下線部アについて，市内の遺跡から下のイラストのような道具が出土しました。これらの道具を使う産業と，その産業が発展することで人々の立場や集団のあり方はどのように変化

したか説明しなさい。

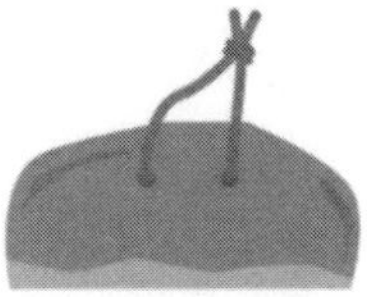

問３　下線部イについて，市内最大規模の古墳は，世界遺産に登録されている大阪府の古墳と同じ形をしています。右のイラストのような古墳の形態を答え，２つの古墳の大きさの違いからわかる，この地域と大和政権との関係性について簡単に説明しなさい。

	墳丘の長さ	後円部の幅
大阪府にある古墳	約486m	約307m
山梨県にある古墳	約169m	約69m

問４　下線部ウについて，この年の４月に国家総動員法という，政府が国の経済や国民生活を統制する法が公布されました。その理由を簡単に説明しなさい。

【理　科】〈第２回試験〉（40分）〈満点：100点〉

注意　数値を答える場合は，整数または小数で答えなさい。
　　　割り切れない場合は，問いの指示に従って四捨五入しなさい。
　　　問いに別の指示がある場合は，その指示に従って答えなさい。

1　次の問いに答えなさい。

〔１〕「マグニチュード」という言葉の使い方として正しいものを次のア～エから２つ選び，記号で答えなさい。

ア．この校舎はマグニチュード５の地震《じしん》にたえられるようにできている。

イ．最新の研究によると，マグニチュード６の地震が予想されている。

ウ．今回発生した地震は，前回の地震よりもマグニチュードが大きかったので，規模《きぼ》の大きな地震だったことがわかる。

エ．大きな地震が発生したが，震源から遠い場所だったのでマグニチュードは小さかった。

〔２〕　次の文中の空欄《くうらん》(①)～(③)に適する語句をそれぞれ答えなさい。

土地の様子は，川などの流水によって岩石がけずられる（ ① ）作用，けずられたものが運ばれる（ ② ）作用，穏《おだ》やかな流れの場所にたまっていく（ ③ ）作用などによって変化していく。

〔３〕　シリウスが含《ふく》まれる星座名を答えなさい。

2　次の〔１〕～〔６〕のスケッチには，それぞれ１つだけ図や名称《めいしょう》の間違《まちが》いがあります。解答欄《らん》ａに間違っているものの番号を答え，解答欄ｂに間違いを正しく直す説明文を書きなさい。なお，〔１〕～〔４〕については解答欄の文に合うように答えなさい。

〔１〕　昆虫《こんちゅう》(成虫)の食べ物

①モンシロチョウ	②トンボ	③テントウムシ	④カブトムシ
 キャベツ	 蚊《カ》などの小さな虫	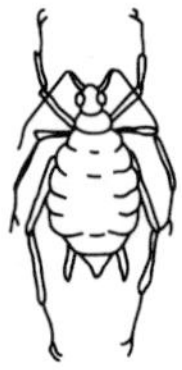 アブラムシ	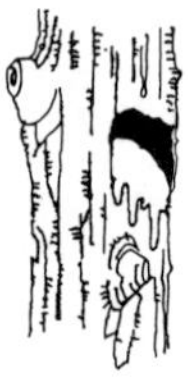 樹液

〔２〕　動物の卵

①ショウリョウバッタ	②メダカ	③モンシロチョウ	④ニワトリ
地面 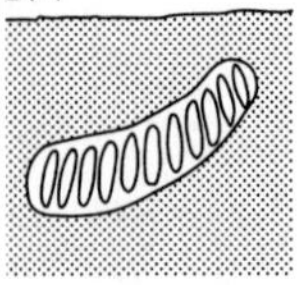	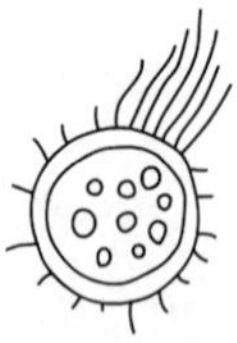	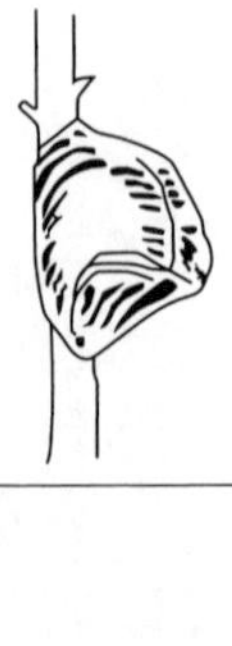	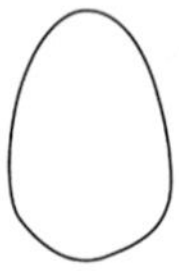

〔３〕 昆虫のあし

①カブトムシ （前あし）	②ショウリョウ バッタ （後ろあし）	③ゲンゴロウ （後ろあし）	④カマキリ （前あし）
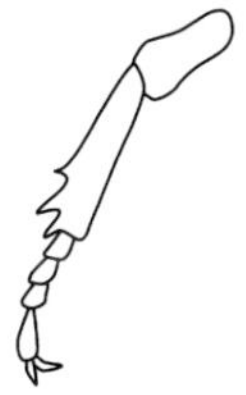		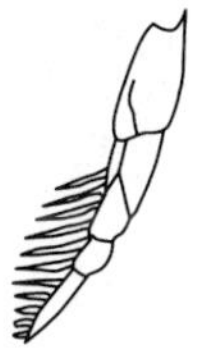	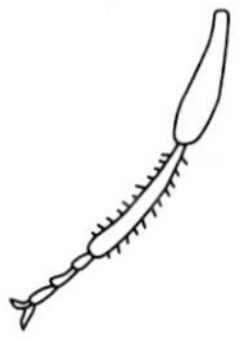

〔４〕 いろいろな花

①ツツジ	②サクラ （ソメイヨシノ）	③ヘチマ	④アブラナ

〔５〕 メダカ（メス）

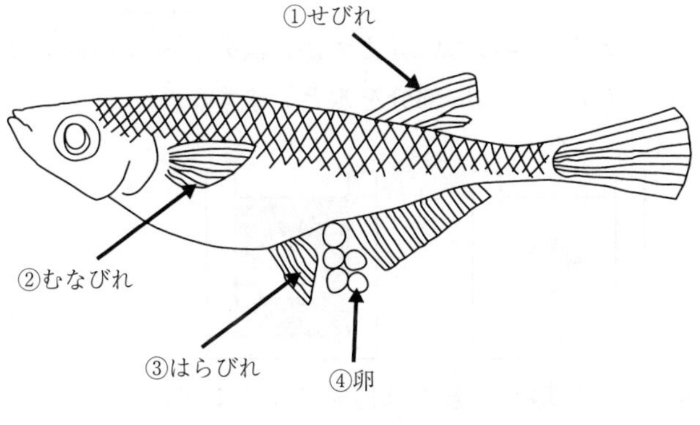

〔6〕 フナの器官の名称

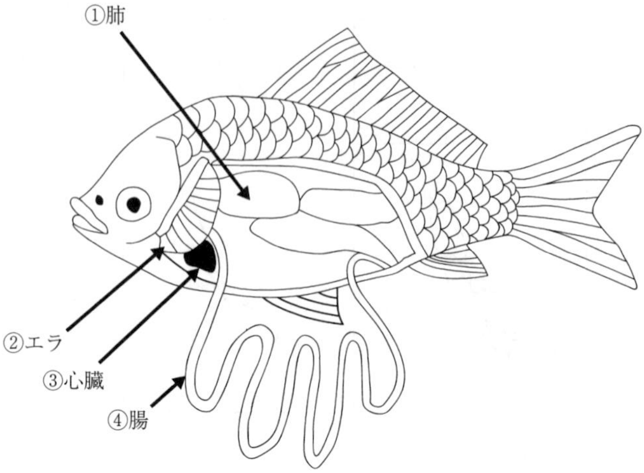

3 次の文章を読み，問いに答えなさい。数値で答える問題で，割り切れない場合は，小数第１位を四捨五入して整数で答えなさい。

世界には，汚《よご》れた水しか手に入れられず，農産物が不作になるなど，安全な水が無いことで起こる問題が多くあります。そこで，利用可能な水を得る方法についていろいろと調べてみました。

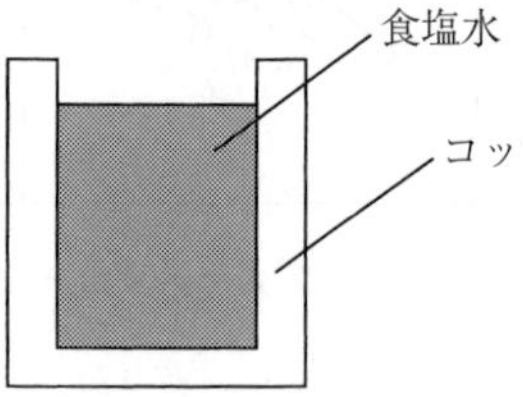

食塩水を冷やしてゆっくりと凍《こお》らせると，食塩水中の水のみが凍っていきます。この原理を利用し，右図のように，６％の食塩水100gをコップに入れ，冷凍庫《れいとうこ》でゆっくりと冷やし，純粋《じゅんすい》な氷を得る実験を行いました。

〔1〕 食塩水をゆっくり冷やしたとき，どのように凍っていきますか。次のア～エから，最も適するものを１つ選び，記号で答えなさい。ただし，白い部分を氷とします。

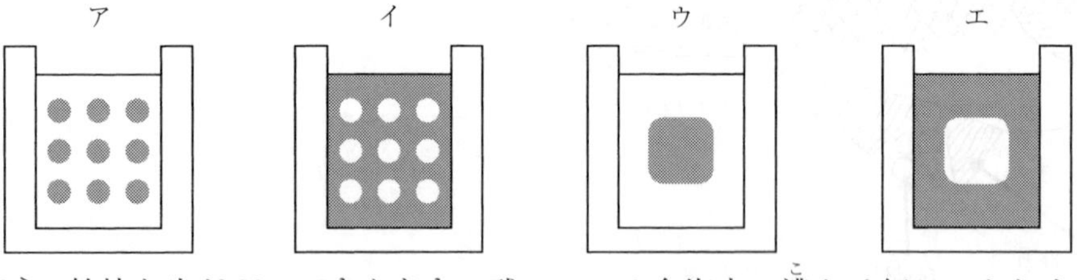

〔2〕 純粋な氷が20gできたとき，残っている食塩水の濃《こ》さは何％になりますか。

〔3〕 食塩は温度にかかわらず，100gの水に30gまで溶《と》けます。食塩が溶けきれなくなるのは，何gを超《こ》える氷ができたときですか。

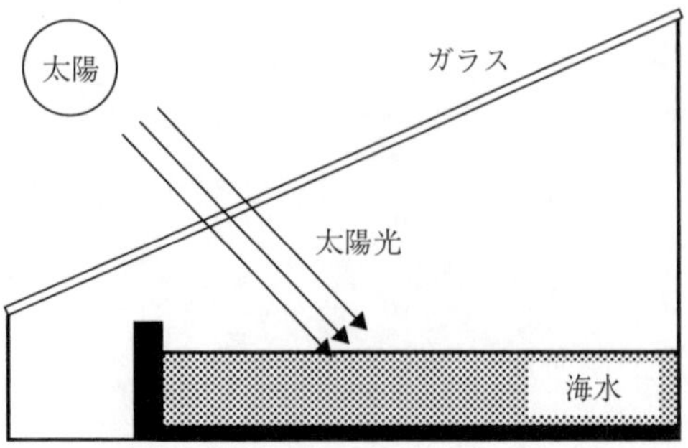

右のような装置と海水を用いて，純粋な水をとりだす実験を行いました。

海水を右図の装置に入れ，海水に太陽光を当てました。装置上部は透明《とうめい》なガラスでできており，太陽光を通します。太陽光によって海水が温められることで海水中の水が（ ① ）します。その後，ガラス部分で（ ② ），液体に変化してガラスを伝って装置の左側に集められます。この装置では，海水に溶けていた食塩などの成分は(③)中に残るため，海水から純粋な水をとりだせます。

〔４〕 文中の(①)～(③)にあてはまる語句の組み合わせを，次のア～カから１つ選び，記号で答えなさい。

	①	②	③
ア	気体に変化	温められ	海水
イ	気体に変化	冷やされ	海水
ウ	気体に変化	冷やされ	空気
エ	沸騰《ふっとう》	冷やされ	空気
オ	沸騰	温められ	海水
カ	沸騰	温められ	空気

寒冷地域では，加熱器具を使って，氷や雪を熱して水や水蒸気を得ることができます。−20℃の氷100ｇを容器に入れ，ガスコンロで温める実験をしました。そのときの温度変化を示したものが，下のグラフです。ただし，常に一定の強さで氷や水を温め続けたものとします。

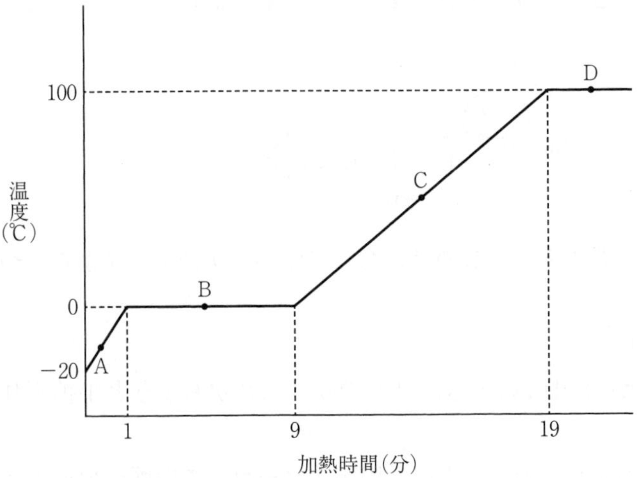

〔５〕 グラフ中のＡ～Ｄのうち，液体の水が存在するのはどこですか。すべて選び，記号で答えなさい。

〔６〕 加熱時間が１～９分の間は温度が変わりませんでした。その理由を簡単に説明しなさい。

〔７〕 加熱時間が５分のとき，容器に残っている氷は何ｇですか。

〔８〕 ０℃の氷１ｇを融《と》かして液体の水にするためにかかる加熱時間は，水１ｇの温度を１℃上げるためにかかる加熱時間の何倍ですか。

日本には強い酸性の河川もあります。このような河川は，生物の生息や農作物の生育に適さないため，石灰を加えることで酸性を弱めています。

〔９〕 石灰の水溶《よう》液にBTB溶液を加えると何色になりますか。次のア～エから１つ選び，記号で答えなさい。

ア．赤　　イ．青

ウ．黄　　エ．緑

〔10〕 石灰と同様に酸性の溶液と混合することで酸の性質を打ち消すことができるものを次のア～エから１つ選び，記号で答えなさい。

ア．食塩水　　　　　イ．炭酸水

ウ．アルコール水　　エ．重そう水

4 雷《かみなり》を観察していると，稲妻《いなずま》が光ってから雷鳴《らいめい》が聞こえることがあります。これは，音が光よりもゆっくり進むからです。音が空気中を１秒間に移動する距離《きょり》(速さ)について考え，その速さを利用した以下の実験について答えなさい。ただし実験中，風は吹《ふ》いていないものとします。

※音の速さは気温によって異なります。

〔実験１〕 太朗は２台のスマートフォン(スマホ)Ａ，Ｂを用いて音の速さを調べる実験を行いました。

図１のようにスマホＡを固定スピーカーにつなぎ，校庭の端《はし》に設置します。このスマホＡでメトロノームアプリを起動し，１拍《ぱく》を0.4秒に設定し，リズム音Ａを鳴らします。次に，スマホＢを太朗が持ち，同じメトロノームアプリを起動して，同様に１拍を0.4秒に設定し，リズム音Ｂを鳴らしました。太朗には最初２つのリズム音は同時に聞こえていましたが，太朗が固定スピーカーから遠ざかるにつれ，２つのリズム音は少しずつずれて聞こえてきました。

〔図１〕

〔１〕 ２つのリズム音のうち，遅れて聞こえてくるのはどちらですか。次のア・イから１つ選び，記号で答えなさい。

ア．リズム音Ａ　　イ．リズム音Ｂ

〔２〕 太朗と固定スピーカーの距離が68.4ｍのとき，２つのリズム音がちょうど半拍ずれました。

(1) ２つのリズム音がちょうど１拍ずれるのは，太朗と固定スピーカーの距離が何ｍのときですか。

(2) 音は１秒間に何ｍ進みますか。

〔実験２〕 次朗は音の速さを利用して，自宅から打ち上げ花火までの距離を調べる実験をしました。

右の表は上空で花火が開いてから，花火が開いた音を次朗が自宅で聞くまでの時間をストップウォッチで計測したものです。光の速さはとても速いので，花火が開いた瞬間《しゅんかん》に次朗は観測するものとします。ただし，音は１秒間に340ｍ進むものとします。

１回目	２回目	３回目
4.8秒	5.1秒	5.1秒

〔３〕 ３回の計測値の平均から求めた，自宅から打ち上げ花火までの距離は何ｍですか。

〔実験３〕 三朗は音の速さを利用して，船が進む速さを調べる実験をしました。

図２は船と前方の崖《がけ》を表しています。音は１秒間に340ｍ進み，船が動いていても，船が鳴らす音の速さは変わらないものとします。

〔図2〕

〔4〕 静止している船上で汽笛を鳴らしてから，崖で反射して戻ってくる汽笛(反射音)を聞くまでの時間は6秒でした。このことから，船から崖までの距離を求めることができます。その距離は何mですか。

〔5〕 次に船を一定の速さで崖に向かって進めてもらい同様の実験をしたところ，汽笛を鳴らしてから反射音を聞くまでの時間は同じく6秒でした。このことから，船の速さを求めることができます。汽笛を鳴らしたときの船から崖までの距離を1035mとすると，船は1秒間に何m進んでいますか。

〔6〕 三朗はこの実験を終えて，「汽笛を鳴らしている時間」と「反射音が聞こえている時間」が条件によって異なることに気がつきました。

・船が静止しているとき，2つの時間は同じ。

・船が動いているとき，2つの時間は異なる。

そこで，汽笛を鳴らし始めた音(音A)と，鳴らし終わりの音(音B)に着目し，音Aと音Bが崖で反射して聞こえるまでの時間を計算することで，反射音が聞こえている時間を求めることができると考えました。

船は1秒間に10m進む速さで崖に向かうものとし，汽笛を鳴らし始めたときの船から崖までの距離を2040mとします。また，汽笛は1秒間鳴らしました。

(1) 音Aが崖に届くまでに，船が進む距離は何mですか。

(2) 船からみると反射音は1秒間に何m進みますか。

(3) 汽笛を鳴らし終えるまでに，船が進む距離は何mですか。

(4) 反射音を聞いている時間は何秒ですか。分数で答えなさい。

び、記号で答えなさい。

ア　利益を一方的に与えたり受け取ったりするのではなく、長い時間をかけて両者の行為のありがたみを確認し合うことで、お互いに幸せになれる、ということ。

イ　利他とは過去から未来に送られる不確かなものであるため、たとえ相手からの親切に無自覚だとしても、ひとまず受け取ることで成立させられるものである、ということ。

ウ　相手からの行為のありがたさに気づき、自分も周囲に利他的な行動や発言をすれば、自分にもその恩恵が返ってくる、ということ。

エ　相手の言葉のありがたみに後から気づいた者が、時間を経てその言葉に価値を見出すことで、相手を自分にとっての恩人とすることができる、ということ。

問五　――線3「私たちは～できません」とありますが、それはなぜですか。その理由として最も適当なものを次の中から選び、記号で答えなさい。

ア　私たちの行為を相手がどう受け取るかは、行動の結果を知ることになる未来の自分が決めると言えるから。

イ　相手のためを思って振る舞おうとすることで、相手にそれが伝わってしまい、感謝されなくなるから。

ウ　相手のことを思って振る舞っても、相手がそれをありがたいと思うかどうかはすぐにはわからないから。

エ　私たちの行為が相手にどう受け取られるかは、他者が事後的に決めるものだから。

問六　――線4「死者を～なるのです」とありますが、これはどういうことですか。その説明として最も適当なものを次の中から選び、記号で答えなさい。

ア　既に亡くなっている多くの人々の営みによって現在の私たちの生活があると感じることで、社会全体でそうした恩恵を受けられているのだと認識できる、ということ。

イ　先人たちの偉業に思いをはせることで、現在の生活のかけがえのなさに気づくことができ、未来の人々のために一層社会を発展させようとすることができる、ということ。

ウ　前方後円墳や群集墳に代表される古墳からは、死者を正しく供養していた古代人の死生観を見ることができ、そこに利他の原点を見出すことができる、ということ。

エ　私たちが利用している建物は、過去の人々が未来の私たちのために保存したものだと言え、その歴史的な価値を十分に理解したうえで、後世に継承していく使命がある、ということ。

問七　本文全体をふまえて、筆者の考えに合致するものを次の中から一つ選び、記号で答えなさい。

ア　中学校時代の先生からの言葉を筆者は誤ったものだと思ったが、同じ先生という立場になったことをきっかけに、その正しさに気づくことができたと言える。

イ　行動や発言が相手にありがたいものと受け取られるかどうかは自分では決められないため、相手が目の前で感謝するような自分の行為が利他であると言える。

ウ　卒業生からの感謝の言葉は筆者にとって思いもしなかった言葉であることが多く、これは教員と学生という特殊な関係性だからこそ得られる経験であると言える。

エ　過去の誰かから継承されてきたものを大切なことと考え、さらに自分も未来の誰かに継承を想定して発信することは、世代を超えた利他の受け渡しに関わることであると言える。

されています。私の勤務先を創設し、その基礎を作った人たちは、すでに※4鬼籍《きせき》に入っています。

通勤に使う東急電鉄・大岡山駅も開業は一九二三年。駅前の道路も、大学キャンパス内の桜並木も、すべて亡き先人たちの賜物《たまもの》です。

——利他は死者たちからやって来る。

私たちは、そのことに気づき、その受け手となることで、利他を起動させることができます。つまり、4死者を「弔《とむら》う」ことこそが、世界を利他で包むことになるのです。

私たちは、死者と出会い直さなければなりません。そして、その存在や行為、言葉の上に私たちが暮らしていることを自覚しなければなりません。

死者と対話し、自己の被贈与性に思いを巡らせるとき、そこに「弔い」が生じ、「利他」が起動します。私たちは死者たちの発信を受け取り、まだ見ぬ未来の他者に向けて、発信しなければなりません。

歴史の静かな継承者となることこそが、利他に関与することなのではないかと私は考えています。

（中島岳志《なかじまたけし》『思いがけず利他』ミシマ社より）

※1　昇華《しょうか》…物事が一段上の状態に高められること。
※2　前章で論じた「与格」の構造…筆者はこれより前の章で「ヒンディー語」の「与格構文」を例に出して、「主格」（「〜は」）では説明できない「与格」（「〜に」）に宿る利他の性質について論じている。
※3　竣工《しゅんこう》…工事が終了すること。
※4　鬼籍《きせき》に入っています…亡くなっている、ということ。

問一　Ⅰ〜Ⅲに入る言葉として最も適当なものを次の中からそれぞれ選び、記号で答えなさい。（ただし、同じ記号を二度使ってはいけません。）

ア　そして　　イ　たとえば
ウ　つまり　　エ　しかし

問二　Xにはある動物の名前が入ります。Xに入る動物を用いたことわざの意味として最も適当なものを次の中から選び、記号で答えなさい。

ア　窮地《きゅうち》に立てば、弱い者でも強い者に反撃することがある。
イ　権力を持つ者の威勢《いせい》を利用して威張る、つまらない者。
ウ　その道を極めた者でも、時には失敗することがある。
エ　同類の者がすることはお互いによくわかる。

問三　——線1「中学校時代の先生」とありますが、もし筆者がこの人物に感謝の言葉を述べるとしたら、どのような内容になると考えられますか。その内容として最も適当なものを次の中から選び、記号で答えなさい。

ア　「荒っぽい性格だった私に、いかなる事柄も暴力では解決してはいけないということを教えていただきありがとうございました」
イ　「一方的に相手を悪と決めつけて事態を解決しようとするだけではなく、時には相手に寄り添って対話を重ねることの大切さを教えていただきありがとうございました」
ウ　「言葉を用いて理性的に事態を収めることの大切さとともに、現在研究者として活動することの原点を作っていただきありがとうございました」
エ　「現在の研究者としての活動は、部活動で報告した研究がもとになっているので、あの時社会科部に勧誘していただきありがとうございました」

問四　——線2「『利他』は〜発動する」とありますが、これはどういうことですか。その説明として最も適当なものを次の中から選

このとき、私は卒業生に、率直に「ありがとう」と言うようにしています。なぜならば、私は彼ら・彼女らの受信によって、利他の主体に押し上げてもらっているからです。私の言ったことは、大した内容ではありません。しかし、卒業生はその言葉を言葉以上のものに※1昇華《しょうか》し、自分の人生を切りひらいています。［Ⅲ］、時間が経って成熟したとき、その言葉を彼ら・彼女らの活躍と共に、私に返してくれます。

利他の構造においては、「発すること」よりも「受け取ること」のほうが、積極的な意味を持つのです。

――自己が受け手になること。そのことによって、利他を生み出すこと。

これは※2前章で論じた「与格《よかく》」の構造と通じています。受け手にとって大切なのは、「気づく」ことです。私たちには、過去から多くの言葉や行為がやって来ます。しかし、残念ながら、そのほとんどを見逃《みのが》し、つかみ損ねています。しかし、何かがきっかけで、ふと「あのときの一言」に気づかされたとき、言葉や行為が受信され、利他が起動します。

哲学者の近内悠太《ちかうちゆうた》は、贈与《ぞうよ》について「被贈与の気づきこそがすべての始まりなのです」と述べています〔近内 2020:41〕。まさにその通りだと思います。「被贈与の気づき」こそが贈与の始まりであるという構造は、利他と全く同じだと言えます。

ここでようやく利他の時制が見えてきます。

繰り返しになりますが、自分の行為が利他的であるかどうかは、不確かな未来によって規定されています。自分の行為の結果を所有することはできず、利他は事後的なものとして起動します。

つまり、発信者にとって、利他は未来からやって来るものです。行為をなした時点では、それが利他なのか否かは、まだわかりません。大切なことは、その行為がポジティブに受け取られることであり、発信者を利他の主体にするのは、どこまでも、受け手の側であるということです。この意味において、3私たちは利他的なことを行うことができません。

一方、受け手側にとっては、時制は反転します。「あのときの一言」のように、利他は過去からやって来ます。当然ですよね。現在は、過去の未来だからです。

発信者にとって、利他は未来からやって来るものであり、受信者にとっては、過去からやって来るもの。これが利他の時間です。

すると、私たちはあることに気づかされます。

それは「利他の発信者」が、場合によってはすでに亡くなっており、この世にはいないということです。

私に「知性によって解決できる方法を身につけなさい」と言ってくれた先生は、私の在校時に定年になり、その後亡くなったと聞きました。私は直接、先生に「あのときの一言」のお礼を言うことができていません。

二十歳以降の私は、保守思想家の西部邁《にしべすすむ》先生に多大なる影響を受けました。三十代以降は直接、お話をお伺いする機会ができ、多くのことを学びました。私にとって、西部先生の存在は決定的なものでした。しかし、西部先生は二〇一八年一月に亡くなりました。もう、直接お会いすることはできません。

よく考えてみると、私たちの日常は、多くの無名の死者たちによって支えられています。

私の勤務先の東京工業大学は、一八八一年に東京職工学校として開校しました。創立からすでに百四十年の時が経っています。授業を行っている本館校舎は一九三四年※3竣工《しゅんこう》で、登録有形文化財に指定

る私の原点だと思います。本当にありがたいと思っています。

Ⅰ、私は先生が言ってくれたことを、中学生のときはちゃんと受け取ることはできていませんでした。言われたことの意味をしっかりと理解できておらず、先生に言われるままに「社会科部」に入っただけのことでした。しかし、そのことが私の道をひらいてくれました。そして今の自分がいます。

先生のメッセージをしっかりと受け取ることができたのは、ずいぶんと時間が経ってからのことでした。先生の言ってくれたことの大切な意味に気づくまでには、長い時間がかかりました。

さて、私をめぐって起きた「あのときの一言」の構造を考えてみたいと思います。

私が先生の「一言」を、しっかりと受け取ることができたのは、十年以上経ってからのことでした。先生が言葉を発した時点では、私は言葉を受け取り損ねています。先生に言われたことよりも、みんなの前で叱責《しっせき》されたことのほうが悔しく、嫌な思い出として残っていました。

しかし、先生の一言は、無意識のまま自分の心の中に沈殿《ちんでん》していきました。そして、私の未来を切りひらいてくれました。

先生は私の恩人です。先生の一言は、私にとって「利他的なもの」に他なりません。しかし、そのことに気づいたのは、言葉が発せられたときではなく、それから長い年月を経たあとでした。

Ⅱ、受け手が相手の行為を「利他」として認識するのは、その言葉のありがたさに気づいたときであり、発信と受信の間には長いタイムラグがあります。ここに「利他」をめぐる重要なポイントがあります。

[2]「利他」は、受け取られたときに発動する。この原理は、次のように言い換えることができます。

——私たちは他者の行為や言葉を受け取ることで、相手を利他の主体に押し上げることができる。

私たちは、与えることによって利他を生み出すのではなく、受け取ることで利他を生み出します。そして、利他となる種は、すでに過去に発信されています。私たちは、そのことに気づいていません。しかし、何かをきっかけに「あのときの一言」「あのときの行為」の利他性に気づくことがあります。私たちは、ここで発信されていたものを受信します。そのときこそ、利他が起動する瞬間です。発信と受信の間には、時間的な隔たりが存在します。

私は時を経て、大学の教員になりました。教員人生ももう少しで二十年になろうとしています。

この間、いろいろな学生に出会い、学びを共にしてきました。そして、多くの学生たちが、様々な分野で活躍してくれています。教員は、卒業生の活躍を見るのが一番の幸せです。これは、教員になって初めてわかったことでした。

卒業生と久しぶりに会うと、時折、思いがけない言葉に出くわします。卒業生に「あのとき、先生が言ってくれたことが、自分の人生をひらいてくれました」と言われることがあるのです。

私は多くの場合、「えっ」と言い、Ｘにつままれたような表情になってしまいます。なぜかというと、私は自分の言った言葉を、ほとんどの場合、覚えていないからです。

「私、そんなこと言ったっけ」と言うと、「言いましたよ。覚えてないんですか」と呆《あき》れられ、苦笑いされます。自分の記憶力の悪さに反省するしかないのですが、私としてはあまりにも日常の何気《なにげ》ない一言のため、記憶に残っていないというのが正確なところです。私の一言は、発信者の思いや意図を超えて受け取られているのです。

三　次の文章を読んで、後の問いに答えなさい。

私は年齢を重ねてから、1中学校時代の先生のことを思い出して、「あのときの先生のおかげで、今の自分があるのではないか」と思い、感謝の念が湧《わ》いてくることがありました。

中学一年生になったばかりの頃、私は上級生とけんかをし、相手を思いっきり殴《なぐ》ってしまいました。私にはけんかに至ったプロセスに言い分がありました。相手の上級生は、当時流行《はや》っていた漫画（『聖闘士《せいんと》星矢《せいや》』）の戦闘《せんとう》シーンを再現するために、下級生の私に暴力的な「技」をかけてきました。はじめは遊び半分でじゃれあっている感じでしたが、次第に、相手の力が強くなり、私が「痛い！」と言ってもやめてくれなくなりました。

何度も「やめてほしい」と言ってもやめようとしない相手に対して、私はカッとなり、思いっきり殴りつけました。さらに、倒れた上級生に馬乗りになり、殴りました。すぐに周りにいた同級生が止めに入ってくれたおかげで、大けがを負わせるような惨事《さんじ》にはなりませんでしたが、上級生の顔は腫《は》れてしまいました。

そのとき、私は担任の先生に呼び出され、みんなの前でこっぴどく叱《しか》られました。私はうつむいてうなだれるしかなく、相手に頭を下げて謝りました。あまりにも悔《くや》しくて、目から涙がこぼれました。

その直後、先生は私を別室に連れていきました。そして、私にやさしく言いました。「中島君の言い分はよくわかる。発端《ほったん》は上級生に非があることは明らかだ。しかし、相手を殴ってはいけない。相手を振り払ったうえで、なぜ自分は嫌なのかを説明し、やめるように説得しなければならない。周りの上級生や同級生に合意を求めることもしなければならない。中島君の正義感はよくわかる。しかし、暴力で解決してはいけない。言論によって解決しなければならない。君はしっかりと勉強をして、知性によって解決できる方法を身につけなさい」

先生は私の特質をよく見てくれていたのか、部活は体育系に入るのをやめて、「社会科部」という文科系のクラブに入るよう勧めました。このクラブは部員がおらず、休部状態になっていたのですが、顧問《こもん》はこの先生でした。私は言われるまま「社会科部」に入部し、部長として活動を始めました。私は大阪生まれの大阪育ちで、当時は大阪市内の中学校に通っていました。そのため、大阪の歴史に関心を持ち、史跡などを訪ね歩くようになりました。中でも、古墳への関心が強く、夏休みの自由研究として、原稿《げんこう》用紙百枚ほどの原稿を書いたりしました。

私が関心を持ったのは、前方後円墳《ぜんぽうこうえんふん》のような巨大古墳ではなく、古墳時代後期に盛んに造られた群集墳《ぐんしゅうふん》というものでした。これは狭《せま》い範囲に小さな古墳が密集しているもので、大阪東部の山の傾斜《けいしゃ》地に多く存在していました。私は休みの日になると、一人でこの古墳を見に出かけ、ひたすら古代人の死生観について考えを巡《めぐ》らせました。かなり変わった中学生ですよね。

その後、私の古墳ブームは受験勉強と共に過ぎ去り、「社会科部」の記憶も薄れていたのですが、大学院に入り研究者を目指して調査をしていた頃、ふと中学校の先生のことを思い出しました。

私が歴史上の重要な場所を歩き回り、調査を重ねるスタイルの原点は、明らかに中学校時代の「社会科部」にあり、そのきっかけは、先生からの「一言」にある。私の潜在《せんざい》的なものを引き出してくれたのは、あの先生だったんだ。そのことに思い至り、先生に対して感謝の念がふつふつと湧いてきました。

――「君はしっかりと勉強をして、知性によって解決できる方法を身につけなさい」

粗暴《そぼう》な中学生の私に、よく言ってくださったと思います。今から振り返ると、このときの「一言」が、研究者として文章を書くことにな

批判に正しい部分も含まれているという事実を否定することができずに、言い返すのではなく、淡々と自分自身をなだめようとしている。

ウ　和也のことを一方的に批判する夫に対して反論しようと思うものの、夫にまた言い返されるのはわかっているので、夫との会話は忘れて、絵画教室に通うことを待ち遠しく思っている。

エ　和也のことを悪く言ったり、自分の絵の腕前を認めようとしてくれない夫に言い返したい気持ちはあるが、何を言っても無駄だということもわかっているので、形式的にこの話を終わらせようとしている。

問五　――線４「ため息をついて、鉛筆を放った」とありますが、その理由として最も適当なものを次の中から選び、記号で答えなさい。

ア　発表会で出品する作品を描くために、どうしても描きたいものの中からこけしを選び、よく観察しながら描こうとするものの、なかなかうまくいかずに困惑しているから。

イ　描くのが難しそうなこけしをあえて選んで、来週の発表会に出す作品を描こうとしているが、何度描き直しても納得できる出来の絵が描けないでいるから。

ウ　来週の発表会になんとか間に合わせるために、描きたいという気持ちよりも描きやすさを優先してかわいらしいこけしを選んだものの、上手に描けずにいるから。

エ　来週の発表会までに時間がないので、悩んだ末に描きやすいと思ったこけしを選んで何度も描いているうちに、ある程度は描くことができて達成感を覚えているから。

問六　――線５「申し訳ないような～ありがたい」とありますが、このときの「寿子」の説明として最も適当なものを次の中から選び、記号で答えなさい。

ア　たばこの買い置きを忘れていたことを申し訳なく思いながら、めったに自分で買い物に行かない夫が寿子の代わりにたばこを買いに行くことに感謝している。

イ　寿子の代わりにたばこを買いに行くことになったことに申し訳なく思いつつも、寿子が絵を描くことに夫が積極的に協力してくれることに感謝している。

ウ　寿子が買い置きを忘れてしまったために夫が自分でたばこを買いに行くことになって申し訳なく思うものの、おかげで絵を描くことに時間を費やせることを感謝している。

エ　たばこを買い忘れたことに夫が腹を立ててしまって申し訳なく思いながらも、夫が買い物に行ったことで落ち着いた環境の中で絵を描けることに感謝している。

問七　――線６「わたしは目をまるくした」とありますが、このときの「寿子」の心情として最も適当なものを次の中から選び、記号で答えなさい。

ア　夫が野菜を買ってきたことに驚いている。

イ　夫が野菜を買ってきてくれたことに喜んでいる。

ウ　頼んでもないものを買ってきた夫にいらだっている。

エ　夫が怒っていないことが判明したことに安心している。

問八　――線７「わたし、あなたを描くわ」とありますが、なぜこのように思ったのですか。本文全体を踏まえて、その理由をわかりやすく説明しなさい。

※３　藤巻家の庭をのぞく…藤巻家の主人は気象の研究者であり、天気を予想する能力に長けていた。寿子は義母から「天気に迷ったときは藤巻さんの庭の洗濯物を見るといい」と教わっていた。
※４　胡乱《うろん》…不思議に思う。
※５　茄子の絵…寿子の義父の遺品。

問一　――線ａ「にべもない」・ｂ「出端《でばな》はくじかれたものの」とありますが、本文における意味として最も適当なものを後の中からそれぞれ選び、記号で答えなさい。

ａ　にべもない

ア　すぐさま言い返す　　イ　隙を見せない
ウ　思いやりが感じられない　　エ　不機嫌になる

ｂ　出端はくじかれたものの

ア　当初のやる気をそがれたが
イ　本来の望みは叶わなかったが
ウ　意図せず成功したが
エ　悲しみに暮れたが

問二　――線１「お茶漬けに～切り出した」とありますが、このときの「寿子」の説明として最も適当なものを次の中から選び、記号で答えなさい。

ア　いつも面倒に思いながらも夫の世話をこうしてこなしているのだから、夫にカルチャースクールに通うことくらいなら、許可してもらえるだろうと期待している。
イ　絵を描くことが楽しかったという話を夫と共有しようとする一方で、カルチャースクールに通うことを夫に許可してもらえるかどうか不安に思ってもいる。
ウ　カルチャースクールに通うことを夫が許可する見込みはほとんどないものの、すでにスケッチブックを購入した手前、開き直って頼もうとしている。
エ　カルチャースクールに通うことを夫に許可してもらえるという確信があるので、すっかり安心して絵画教室や和也とのことを夫に知らせようとしている。

問三　――線２「わたしは絶句した」とありますが、このときの「寿子」の説明として最も適当なものを次の中から選び、記号で答えなさい。

ア　描いた絵を和也にほめられたことを伝えれば夫も喜ぶと思っていたが、仕事上の建前でほめられたに過ぎないという思いもよらない指摘をされて驚きを隠せないでいる。
イ　和也はあくまでも仕事上の付き合いで寿子の絵をほめただけだという夫の指摘を聞いて、ほめられて舞い上がっていた自分が恥ずかしくなり、言葉を失っている。
ウ　描いた絵をほめられて浮かれている寿子を批判しただけでなく、和也の絵画教室の講師という仕事までものしる夫に対して激しい怒りを覚えている。
エ　それまで上機嫌に話していた夫が、和也に描いた絵をほめられたという話を寿子が始めた途端、急に不機嫌になったことに戸惑いを覚えている。

問四　――線３「じゃあ、申し込みますね」とありますが、このときの「寿子」の説明として最も適当なものを次の中から選び、記号で答えなさい。

ア　自分の希望通りにカルチャースクールに通わせてくれる夫に感謝しながらも、和也に絵をほめられたことをかたくなに認めてくれないことにいらだちを感じ、攻撃的な口調で夫に言い返している。
イ　和也や自分に対する夫の発言に驚きを隠せないものの、その

ないような気もするけれど、正直なところ、ありがたい。

深呼吸をして、スケッチブックの新しいページを開く。

ひと休みしたのがよかったのか、先ほどよりは調子が出てきた。試行錯誤しながらも、こけしの輪郭《りんかく》を描きあげる。胴体《どうたい》に模様を加え、次いで目鼻にとりかかろうとしたとき、また物音が聞こえた。

夫が帰ってきたのだろう。わたしは鉛筆を置いて、立ちあがった。たばこの埋めあわせではないが、熱いお茶でも淹《い》れてあげよう。雨で体が冷えたに違いない。わたしもちょっと休憩したい。もうじき三時だから、なにか甘いものを食べてもいい。

応接間から一歩出たところで、夫と鉢あわせした。

「たばこを買ってきた。試合のきりもよかったから」

なぜか弁解するような口ぶりで、夫は言った。

しかし、両手に携えている荷物は、明らかにたばこではない。片手に小ぶりの重箱を抱え、もう片方の手には白いポリ袋をぶらさげている。

「そのお重は？　どうしたの？」

「おはぎのお裾分《すそわ》けだって、隣の奥さんが」

隣家の玄関から出てきた藤巻夫人と、ちょうど行きあったそうだ。わたしは重箱を受けとり、重ねて質問した。

「そっちの袋はなあに？」

「ああ」

夫が袋の口を広げて、中身をわたしに見せた。つややかな紫色の立派な茄子《なす》が、ごろごろ入っている。

「これも藤巻さんが下さったの？」

「いや、買った。たばこ屋の向かいに八百屋があるだろう」

「茄子を買ったんですか？　あなたが？」

6わたしは目をまるくした。夫が野菜を買ってくることなんて、ついぞなかった。

「食べたかったの？」

「いや」

夫がもどかしそうに頭を振った。首をめぐらせ、玄関のほうに顔を向けて、壁にかかった額縁をあごで指す。

「描くものがない、ってさっき聞いたから」

わたしは※5茄子の絵をしばらく眺めてから、夫の横顔に目を移した。

まばらに生えた無精ひげ、鼻の脇にふたつ並んだほくろ、細かいところに次々と焦点が合うのは、まばたきも忘れてこけしに注目していたせいだろうか。太い眉に一本まじった白髪。額に、目尻に、口もとに寄った、無数の皺《しわ》。

夫がもぞもぞと身じろぎした。少しばかり熱心に見つめすぎたかもしれない。

「お茶にしましょう。おはぎは、お煎茶が合うかしら」

言いながら、はたとひらめいた。

「あなた、またオリンピックの続きを見るのよね？」

「ああ、うん」

「じゃあ、ちょうどいいわね」

食卓にスケッチブックを広げれば、テレビの向かいに座る夫の全身を視界におさめられるはずだ。

「7わたし、あなたを描くわ」

おはぎの重箱を胸に抱え、ぽかんとしている夫の背を押して、わたしは居間のほうへ足を踏み出した。

（瀧羽《たきわ》麻子《あさこ》『博士の長靴』ポプラ社より）

※1　仲人《なこうど》…結婚式の仲立ちをする人。

※2　オリンピック…一九八八年に行われたソウルオリンピック。

き進めるうちに、いくらか情もわいてくるかもしれない。棚を端から物色し、背中に温泉地の名が彫り入れられたこけしと、張り子の赤いだるまを見つけた。どちらも片手におさまる大きさである。

　しばし迷い、こけしを採用した。筆でちょんちょんと描き入れたような、とぼけた顔つきがかわいらしい。筒形の胴にまんまるい頭がくっついた簡素きわまりない体形も、描きやすそうだ。

　応接セットのローテーブルにこけしをのせて、わたしは向かいのソファに座った。

　和也くんの教えに従い、まずは念入りに観察する。小さな瞳が見つめ返してくる。それからスケッチブックを広げて、鉛筆で円を描いた。頭だ。わずかにゆがんでしまい、慎重に消してもう一度描く。今度はやや縦に長くなって、また消した。三度目は反対に、ひらべったくつぶれた。これなら最初のほうがましだった。何度も消しゴムでこすったせいで紙が黒ずみ、なおさらぱっとしない。

　4ため息をついて、鉛筆を放った。どこからか楽しげな歓声が聞こえてくる。拍手も続く。居間のテレビだろう。さっきまでは気づかなかったほどのかすかな音なのに、やけに耳にさわる。

　こけしの後は、だるまを試してみた。ガラス細工の白鳥も、小さな陶器の水差しも。どれも、だめだった。

　わたしはソファの背にもたれ、まぶたを閉じた。でたらめに目頭をもむ。こけしやだるまを必死ににらんでいたせいか、ひどく目が疲れている。

　そのままぼんやりしていたら、声がした。

「寿子？」

　わたしはぎょっとして身を起こした。細く開いたドアの隙間から、夫の顔がのぞいていた。ローテーブルの上に散らばった脈絡のない顔ぶれを、※4胡乱《うろん》な目で見下ろす。

「なにやってるんだ？」

「絵の宿題なの。好きな題材で描くことになってるんだけど、いいものが見つからなくて」

　われながら、つっけんどんな口ぶりになってしまった。あわてて声を和らげる。

「あなたは？　どうかした？」

　夫にやつあたりしてもしかたがないし、絵画教室の話題は要注意だ。また機嫌をそこねられては困る。

　それとなく、夫の顔色をうかがう。気分を害したふうではない。ひとまず胸をなでおろしたところで、「たばこの買い置きはなかったかな」とたずねられて、ひやりとした。

「寝室の、いつものひきだしに入っていなかったら、ないわ」

　夫はたばこを主に外で喫《す》う。なくなれば自ら買い足すが、予備として家にも何箱か置いてあり、そちらはわたしが補充しておくことになっている。ここ最近は家で喫っているところをほとんど見かけなかったので、ゆだんしていた。

「ごめんなさい、うっかりしてて。買ってきましょうか」

　窓の外に目をやる。雨は相変わらず降り続いている。

「いや。いい」

　夫は短く答えて、ドアを閉めた。廊下を足音が遠ざかっていく。

　怒っただろうか。でも、もし腹を立てているなら、買って来いと言いそうなものだ。言わないまでも、もっと乱暴にドアを閉め、荒い足音を響かせてみせるだろう。わたしがくたびれているのを見てとって、同情してくれたのかもしれない。夫はああ見えて存外に敏《さと》いところもある。

　つらつらと考えていたら、壁をへだてた玄関のほうで、ばたんと音がした。夫が自分でたばこを買いに出ることにしたようだ。5申し訳

しの絵を見て感心していた。

こみあげてくる反論をぐっとのみこんで、わたしは短く言った。

「3じゃあ、申し込みますね」

夫に悪気はない。わたしを傷つけるつもりもない。世間知らずの妻に、世の中の道理を諭《さと》そうとしたにすぎない。逆らったところで、お前はなんにもわかってない、と苦々しげに吐き捨てられるのが落ちだ。

ママはなんにもわかってないよね、とそういえば娘も言っていた。あきらめといらだちと憐憫《れんびん》のないまぜになった目つきで、ぎゅっと眉を寄せて。夫と娘は性格が似ている。自分なりの信念を持ち、一度こうと決めたらかたくなに譲らない。

ただし、似た者親子の意見が食い違えば、夫のそれが通る。友達と別れたくないから引っ越しはいやだと娘が言い張ったときも、拾った仔犬をうちで飼いたいと懇願《こんがん》したときも。いくら強情な子だといっても、父親には逆らえない。悔し涙をこぼす娘の背をなでて慰めるのが、わたしの役目だった。

留学の件で激しい口論が繰り広げられたときも、わたしはよけいな口を挟まず、おとなしく出番を待っていた。しかし今回ばかりは、娘を慰める必要はなかった。長い長い話しあいは、勝手にしろ、という夫の捨てぜりふで決着がついた。娘は頬《ほお》を上気させ、ありがとう、と声をはずませた。

夫がソファに移動して、テレビをつけた。※2オリンピックのニュースが流れ出す。

b出端《でばな》はくじかれたものの、受講をやめようという気にはならなかった。

冷静になってみたら、夫の言い分にも一理ある。講師にとって生徒はお客さんなのだ。馬鹿正直にほめ言葉を真に受けて舞いあがっていては、みっともない。かといって、和也くんが保身のためだけにわたしに取り入ろうとしたとも思えなかった。絵を見るまなざしは真剣そのものだったし、帰り道での会話もはずんだ。夫は和也くんを誤解している。直接話しさえすれば、きっと考え直さざるをえないだろう。

ともあれ、教室に通うと決めた以上、さしあたっての問題は来週のことだった。

デッサンのモデルにできそうなものが、ないわけではなかった。たとえば応接間のガラス棚には、義父の集めた象牙《ぞうげ》の根付や、義母が旅先で買った木彫りの熊や、夫の修学旅行土産だというビードロなんかが、所狭しと飾られている。それぞれに趣があり、うまく描けばまずまず見映えよくしあげられそうだ。ただ、「愛着のあるもの」という和也くんのひとことが頭にひっかかっていた。わたし自身は、このガラス棚におさまっているような品々を持っていない。義父のような蒐集癖《しゅうしゅうへき》もないし、度重なる引っ越しの影響もあるだろう。転勤族の性《さが》とでもいおうか、できるだけ持ちものを増やさないことが無意識の習慣としてしみついてしまっている。

三連休がはじまって、わたしは本格的にあせり出した。

土曜は墓参りだし、その晩は義姉夫婦がうちに泊まる。のんきに絵など描いていられない。さらに間の悪いことに、金曜日は夫がずっと家にいた。朝方から、※3藤巻家の庭をのぞくまでもないような本降りの雨で、ゴルフコンペが中止になったのだ。

夫がオリンピックの中継に夢中で、テレビの前に陣どったきり動かないのは、不幸中の幸いだった。絵を描いているところはできれば見られたくない。わたしは午前中のうちに家事をすませ、昼食を挟んで夫が再びオリンピック観戦に戻ったのをみはからって、真新しいスケッチブックを持って応接間に入った。

愛着云々《うんぬん》はいったん忘れて、手頃なものをみつくろうしかない。描

「ふうん」

夫は茶碗から顔も上げない。つくづく愛想がない。

もっとも、それは今にはじまったことでもない。出会ったときからこの調子だった。遠縁の親戚がとりもってくれた見合いの席で、夫は終始むっつりと押し黙っていた。しかつめらしい顔つきをして、おまけに体が大きいものだから、なんともいえない迫力があった。会話はおそろしくはずまず、てっきり断られるとばかり思っていたので、また会いたいと※1仲人《なこうど》づてに連絡をもらって驚いた。

自分から誘ってきたくせに、二度目のデートでも夫はちっとも楽しそうではなかった。たまたま虫の居所が悪いのか、それともよっぽどたいくつなのか、あれこれ気をもんでいたわたしも、三度目からはさすがに慣れてきた。不機嫌なわけではなく、こういう顔なのだ。

気を取り直して、わたしは続ける。

「生徒さんたちが和気あいあいとしてるのも、よかったわ。和也くん、人気者みたいよ」

「和也くん？」

夫が不審げに首をかしげた。

「そうよ。お隣の」

「公民館で教えてるのか？」

昨日もそう伝えたのに、例によって聞いていなかったのだろう。

「ええ。今まであんまりよく知らなかったけど、喋ってみたらいい子だったわ」

「そうか。よかったな、いい習いごとが見つかって」

夫がいつになくまともな相槌《あいづち》を打った。うきうきして喋るわたしにつられたのか、ほろ酔いの名残かもしれない。わたしはうれしくなって言い添えた。

「わたしの絵、ほめられたのよ」

よかったな、とまた言ってもらえるかと思った。ところが、夫はいやにしみじみとした声音で、まったく違うことを口にした。

「そりゃ、向こうも商売だからな」

「商売って、そんな……」

2わたしは絶句した。

「市営のカルチャースクールなのよ。儲けるためにやってるわけじゃないでしょう。お月謝だって、思ってたよりもずっと安かったし」

「だけど、彼は報酬をもらって教えてるわけだろう？」

夫が目をすがめた。口答えされたのが気に入らなかったようだ。

「しっかり営業努力をしなきゃ、クビになるぞ。そういう自治体の事業って、案外シビアだったりするんだ。生徒にきらわれたら大変だよ」

箸を置き、「たいした稼ぎでもないだろうけどな」とそっけなく言い足す。

「だいたい、大の男がいい年齢してなにをやってるんだか。親の家に住まわせてもらって、女房を働かせて、恥ずかしくないのかね」

「でも、優しい子よ。よく気がつくし」

わたしはむっとして言い返した。

「男が優しくてなんになる。小さい子どももいるってのに、無責任だろう」

夫はaにべもない。

「まあ、いいんじゃないか。お隣には、お袋もなにかと世話になってたみたいだし」

そういうことではない。損得でも、貸し借りでもない。和也くんは純粋にわたしの絵をほめてくれたのだ。硬くて冷たい缶の質感が上手に表現できている、丁寧に影をつけたおかげで立体的に見える、と具体的な箇所を指さして解説してもらった。他の生徒たちだって、わた

2023年度 桐光学園中学校

【国語】〈第二回試験〉（五〇分）〈満点：一五〇点〉

注意　本文の表現については、作品を尊重し、そのままにしてありますが、設問の都合上、省略した部分、表記を改めた部分があります。
また、特に指示のないかぎり、句読点も一字に数えます。

一　――線(あ)～(お)のひらがなを漢字に直しなさい。

1　激しい怒りの(あ)ぎょうそうに変わる。
2　議会に(い)いぎを申し立てる。
3　電車内の(う)しゅうとく物を管理する。
4　難民を(え)きゅうさいする。
5　地域医療を支える(お)きかん病院で働く。

二　次の文章を読んで、後の問いに答えなさい。

次の文章は一九八八年の物語です。主婦の豊田寿子《ひさこ》は隣に住んでいる藤巻家の夫人にカルチャースクールで行われている絵画教室に通うことをすすめられます。そこでは藤巻家の長男、和也が絵画の講師をしていました。見学のついでに寿子がデッサンを行うと、和也は寿子の作品を褒《ほ》め、正式に絵画教室に通って、次の週の発表会に絵を出品するように寿子にアドバイスしました。

夫は十時過ぎに帰宅した。東京本社の勤務になって以来、週の半分以上は会食だの飲み会だのが入る。土地柄なのか、異動に伴い昇進したからなのか、もしくは好景気の影響がこんなところにも現れているのかもしれない。

「おかえりなさい」

玄関で出迎え、上着を受けとった。お酒とたばこのにおいが鼻をつく。

「お風呂はわいてるわ。おなかはどう？　お茶漬けでも作りましょうか？」

うむ、と簡潔な返事があった。

夫の脱いだ背広をハンガーにかけて、台所でお湯をわかす。簡単な夜食とはいえ、この時間から準備するのは億劫《おっくう》なときもあるが、今晩は面倒とも感じなかった。昼間のことをゆっくり報告したかった。

「今日、藤巻さんに教えてもらったカルチャースクールに行ってきたわ。公民館の」

1お茶漬けに箸をつけた夫に、わたしは切り出した。

「絵画教室を見学させてもらったの。楽しかった。通ってみてもいいかしら？」

夫がもぐもぐと口を動かしつつ、首を縦に振った。

あらかじめ打診はしてあったし、今さらだめだと言われるとは思っていなかったものの、無事に許可を得て少しほっとした。実はもう鉛筆とスケッチブックまで買ってしまったのだ。和也くんと別れていったん家に入った後で、どうにも気がはやってしまい、さっそく商店街の文具店まで行ってきた。

来週の発表会とやらに向けて、なにを描こう。夫の帰りを待つ間も考えをめぐらせていたけれど、これぞというものが思い浮かばない。夫にも意見を聞いてみようかと口を開きかけ、また閉じる。どうせ実のある返事はもらえっこない。

「デッサンって、おもしろいのよ。時間も忘れて集中しちゃった」

かわりに、そう言った。

2023年度

桐光学園中学校

▶解説と解答

算　数　＜第２回試験＞（50分）＜満点：150点＞

解　答

□1 ⑴ $\frac{4}{15}$　⑵ $\frac{1}{10}$　⑶ 20　⑷ 39　⑸ 6　□2 ⑴ 660　⑵ 3　⑶ 69　⑷ 352　⑸ 25　⑹ 56.52　□3 ⑴ 1通り　⑵ 3通り　⑶ 20通り　□4 ⑴ 21cm　⑵ 7：5　⑶ $30\frac{5}{8}$cm^2　□5 ⑴ 8：5　⑵ ① 144個　② 5個

解　説

□1 四則計算，逆算，濃度《のうど》，比の性質，旅人算

⑴ $\frac{5}{8}\times3\frac{1}{5}\div5\div\left(2-\frac{1}{2}\right)=\frac{5}{8}\times3\frac{1}{5}\div5\div1\frac{1}{2}=\frac{5}{8}\times\frac{16}{5}\div5\div\frac{3}{2}=\frac{5}{8}\times\frac{16}{5}\times\frac{1}{5}\times\frac{2}{3}=\frac{4}{15}$

⑵ $\left(\frac{3}{2}-2\times\square\right)\times4-\frac{1}{5}=5$ より，$\left(\frac{3}{2}-2\times\square\right)\times4=5+\frac{1}{5}=5\frac{1}{5}$，$\frac{3}{2}-2\times\square=5\frac{1}{5}\div4=\frac{26}{5}\times\frac{1}{4}=\frac{13}{10}$，$2\times\square=\frac{3}{2}-\frac{13}{10}=\frac{15}{10}-\frac{13}{10}=\frac{2}{10}=\frac{1}{5}$　よって，$\square=\frac{1}{5}\div2=\frac{1}{10}$

⑶ 食塩水に含《ふく》まれる水の重さは変わらない。水の重さは，300×（1－0.04）＝288（g）だから，できた10％の食塩水の重さは，288÷（1－0.1）＝320（g）である。よって，あとから溶《と》かした食塩の重さは，320－300＝20（g）である。

⑷ 男子と女子の人数の比率が7：6で，女子の人数が18人だから，クラス全体の人数は，$18\times\frac{7+6}{6}=39$(人)となる。

⑸ 兄が家を出発するとき，弟は家から，50×30＝1500(m)先を歩いている。兄は弟に，毎分，300－50＝250(m)近づくので，兄は出発後，1500÷250＝6(分)で弟に追いつく。

□2 相当算，比の性質，平均，整数の性質，相似，面積，体積

⑴ A席，B席，C席の関係を線分図で表すと，右の図1のようになる。A席の人数を①とすると，②－①＝①が，1140－810＝330(人)にあたる。よって，B席の人数は，330×2＝660(人)である。

図1

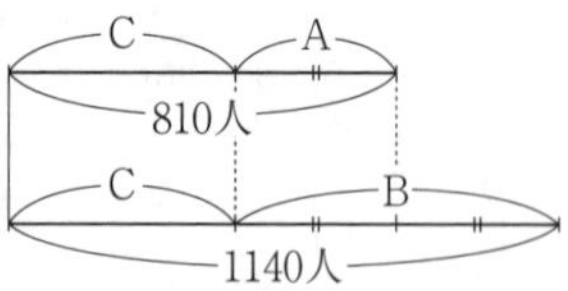

⑵ (185＋□)と(623＋□)の差は，623－185＝438で変わらない。(185＋□)が(623＋□)のちょうど0.3倍だとすると，(185＋□)：(623＋□)＝0.3：1＝3：10となり，比の差の，10－3＝7が438だから，比の1の値は，$438\div7=62\frac{4}{7}$で，□は，$62\frac{4}{7}\times3-185=2\frac{5}{7}$となる。よって，□は$2\frac{5}{7}$以上の整数だから，あてはまるできるだけ小さい整数は3である。

⑶ 4回目までの算数のテストの合計点は，84×4＝336(点)で，5回目のテストを受けて，平均点が，84－3＝81(点)となったことから，5回目までの算数のテストの合計点は，81×5＝405(点)とわかる。よって，Aさんの5回目のテストの得点は，405－336＝69(点)である。

⑷ 9で割ると1余る整数に8を加えると，9で割り切れるようになる。つまり，9で割ると1余

る整数は，９の倍数から８を引いた数である。同様に，12で割ると４余る整数は，12の倍数から８を引いた数と考えられる。よって，「９で割ると１余り，12で割ると４余る整数」は，９と12の公倍数から８を引いた数，つまり，９と12の最小公倍数である36の倍数から８を引いた数となる。したがって，このような整数のうち，最も360に近い整数は，360÷36＝10より，36×10－８＝352とわかる。

(5)　下の図２で，三角形ABCと三角形DECは相似だから，AB：DE＝BC：EC＝３：１，DE＝10$\times\frac{1}{3}=3\frac{1}{3}$(cm)である。また，三角形ADEと三角形AFGも相似で，DE：FG＝BE：HE＝２：１，FG＝$3\frac{1}{3}\times\frac{1}{2}=1\frac{2}{3}$(cm)である。よって，斜線《しゃせん》部分(台形FGED)の面積は，$\left(1\frac{2}{3}+3\frac{1}{3}\right)\times 10\div 2=$ 25(cm²)となる。

図２

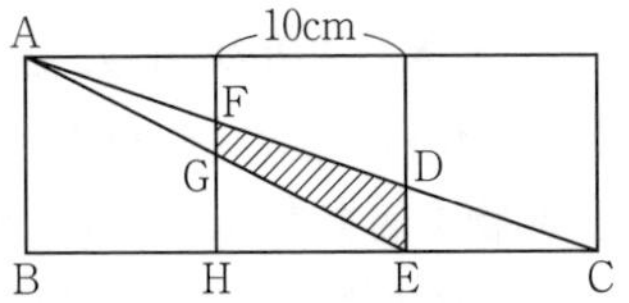

図３

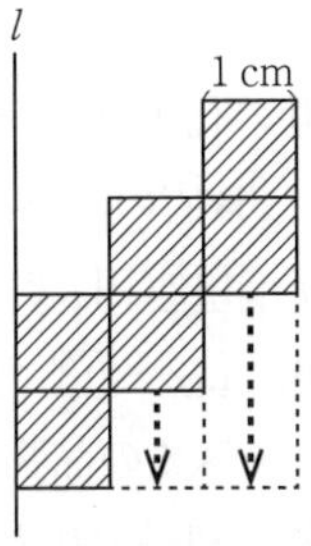

図４

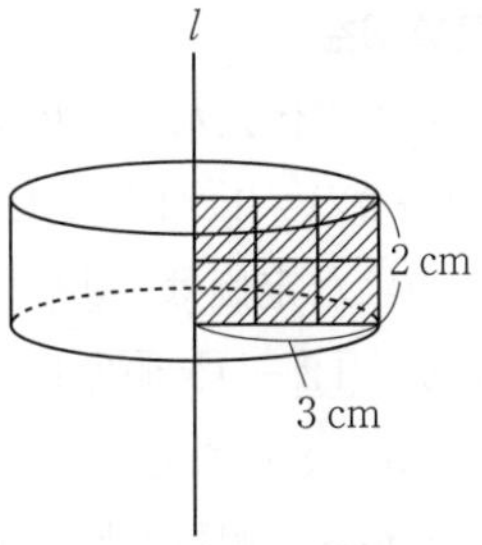

(6)　回転させる図形を，軸《じく》と平行に上下に動かしてから１回転させても，それによってできる立体の体積は変わらない。つまり，上の図３の矢印のように，図形の一部を動かし，縦２cm，横３cmの長方形にしてから１回転させても，体積は変わらないから，上の図４のように，半径３cmの円を底面とした，高さ２cmの円柱を考えればよい。したがって，この図形を１回転してできる立体の体積は，３×３×3.14×２＝56.52(cm³)となる。

3　場合の数

(1)　９個の数の合計が45となるような数の組は，{1，2，3，4，5，6，7，8，9}しかないので，カードの選び方は１通りである。

(2)　10枚のカードをすべて選ぶと，数の和は，(１＋10)×10÷２＝55になるので，８枚のカードの数字の合計を40にするには，10枚のカードから，合計が，55－40＝15となる，10－８＝２(枚)のカードを除けばよい。よって，除く２枚のカードの選び方は，{5，10}，{6，9}，{7，8}の３通りだから，８枚のカードの選び方も３通りある。

(3)　(2)より，除くカードの数の合計を15にすればよい。除くカードが１枚のとき，15のカードはないのでできない。除くカードが２枚のときは，(2)より３通りある。除くカードが３枚のときは，右の図に示すように10通りある。除くカードが４枚のときは，{1，2，3，9}，{1，2，4，8}，{1，2，5，7}，{1，3，4，7}，{1，3，5，6}，{2，3，4，6}の６通りある。除くカードが５枚のときは，{1，2，3，4，5}の１通りある。よって，カードの選び方は全部で，３＋10＋６＋１＝20(通り)ある。

{1，4，10}
{1，5，9}
{1，6，8}
{2，3，10}
{2，4，9}
{2，5，8}
{2，6，7}
{3，4，8}
{3，5，7}
{4，5，6}

4　平面図形―辺の比と面積の比，相似，長さ，面積

(1)　三角形ABCの辺ABを底辺とみなすと，高さはCHの12cmで，面積が126cm^{2}だから，辺ABの長さは，126×２÷12＝21(cm)となる。

(2)　辺BAと辺CDは平行で，平行線の錯角《さっかく》の大きさは等しいから，角BADと角CDAの大きさは等しい。また，角BAD＝角CADなので，三角形CADについては，角CDA＝角CADとなり，CA＝CD＝15cmの二等辺三角形とわかる。さらに，三角形BEAと三角形CEDは相似で，相似比は，BA：CD＝21：15＝７：５なので，BE：EC＝７：５となる。

(3)　ABとFEは平行だから，三角形ABCと三角形FECは相似で，AF：FC＝BE：EC＝７：５である。よって，三角形AECの面積は三角形ABCの面積の，$\frac{5}{7+5}=\frac{5}{12}$で，三角形AEFの面積は三角形AECの面積の，$\frac{7}{7+5}=\frac{7}{12}$だから，三角形AEFの面積は，$126\times\frac{5}{12}\times\frac{7}{12}=30\frac{5}{8}$(cm^2)と求められる。

5　売買損益

(1)　Ａ店で仕入れた品物１個あたりの仕入れ値を$\boxed{1}$円とする。このとき，Ａ店のつけた定価は，$\boxed{1}$×(１＋0.2)＝$\boxed{1.2}$(円)である。また，Ｂ店の品物１個あたりの仕入れ値は，$\boxed{1}$×(１－0.2)＝$\boxed{0.8}$(円)で，つけた定価は，$\boxed{0.8}$×(１＋0.4)＝$\boxed{1.12}$(円)である。すると，品物１個を売ったときの利益は，Ａ店が，$\boxed{1.2}$－$\boxed{1}$＝$\boxed{0.2}$(円)，Ｂ店が，$\boxed{1.12}$－$\boxed{0.8}$＝$\boxed{0.32}$(円)となり，１個あたりの利益の比は，0.2：0.32＝５：８になる。Ａ店もＢ店もすべての品物を定価で売り切ったとしたときの利益が同じになることから，個数の比は１個あたりの利益の比と逆比になり，Ａ店とＢ店が仕入れた品物の個数の比は，$\frac{1}{5}:\frac{1}{8}=8:5$とわかる。

(2)　①　Ａ店では売れ残った品物を定価より270円安くしてすべて売り切ったところ，利益が9720円少なくなったから，売れ残っていた品物は，9720÷270＝36(個)である。これが仕入れ個数の25％なので，Ａ店が仕入れた品物は，36÷0.25＝144(個)である。　②　Ｂ店が仕入れた品物は，$144\times\frac{5}{8}=90$(個)で，Ｂ店がすべての品物を定価で売り切ったときの利益は48960円なので，品物を定価で売ったときの１個あたりの利益は，48960÷90＝544(円)である。これにより，Ｂ店で仕入れた品物１個の仕入れ値は，544÷0.4＝1360(円)，Ｂ店の品物１個の定価は，1360＋544＝1904(円)とわかる。Ｂ店で定価で売れなかった品物は，90－65＝25(個)で，そのうち10円安くして売った品物については定価で売ったときと比べて利益が１個につき10円少なくなり，捨てた品物については定価で売ったときと比べて利益が１個につき1904円少なくなる。売れ残った25個の品物すべてを10円安くして売り切っていたら，利益は，10×25＝250(円)少なくなるが，実際にはさらに，9720－250＝9470(円)少なくなっている。１個の品物を，10円安くして売ることから，捨てることに変えると，利益は，1904－10＝1894(円)少なくなる。よって，Ｂ店は，9470÷1894＝５(個)の品物を捨てたとわかる。

社　会　＜第２回試験＞（40分）＜満点：100点＞

解　答

1　**問１**　3　**問２**　(1)　①　大王　②　ポルトガル(人)　③　日米修好通商(条約)　④　明治(７年)　(2)　4　**問３**　3　**問４**　2　**問５**　(1)　2　(2)　3　**問６**　A

2　**B**　1　**問7**　(例)　ロシアのウクライナ侵攻により，ロシアやウクライナから輸出される小麦が減ったため，小麦の国際価格が上がった。　**2**　**問1**　**あ**　北海道　**い**　鹿児島県　**問2**　(1)　①　(2)　(例)　レタスの仕入れ先は長野県である。長野県は標高が高いところが多く，夏に涼しい気候を生かして，茨城県やほかの産地のレタスの入荷が少なくなる夏を中心に生産している。　**問3**　(1)　④　(2)　促成(栽培)　(3)　1　**問4**　(1)　4　(2)　2　**問5**　4　**問6**　3　**問7**　4　**3**　**問1**　①　6　②　16　③　8　④　13　⑤　15　⑥　3　⑦　10　⑧　5　⑨　7　**問2**　(例)　弥生時代に農業が本格化し，貧富の差や身分の差が生じた。　**問3**　前方後円墳／(例)　大和政権の大王の墓とされる大阪府の古墳に比べて，山梨県の古墳が小さいことから，この地域は大和政権の支配下にあったと推測できる。　**問4**　(例)　前年の1937年７月の盧溝橋事件をきっかけに，日中戦争がはじまっていたので，戦争に向けて国民の意識を高める必要があったから。

解　説

1　小麦の価格上昇を題材とした問題

問1　下のグラフは〈朝食の主食種類の構成比〉で，これによると55～74歳《さい》では「パン食」が55.7%と半数以上になっている。

問2　(1)　①　倭《わ》(日本)では４～５世紀ごろ，近畿《きんき》地方を中心として，大王《おおきみ》を中心とする豪族《ごうぞく》連合である大和《やまと》朝廷《ちょうてい》(政権)が成立した。大和朝廷は徐々《じょじょ》に支配地域を広げ，大王はのちに天皇とよばれるようになった。　②　1543年，中国船が種子《たねが》島(鹿児島県)に漂着《ひょうちゃく》し，この船に乗っていたポルトガル人によって，日本に初めて鉄砲《てっぽう》が伝えられた。　③　1858年，江戸幕府は朝廷の許可を得ずにアメリカと日米修好通商条約を結び，貿易を始めることにした。このとき，すでに開港されていた函館《はこだて》に加え，神奈川(横浜)・新潟・長崎・神戸(兵庫県)の５港が開港地とされた。　④　1868年，五箇条《ごかじょう》の御誓文《ごせいもん》が出されて新たな政治の方針が示されるとともに，明治時代が始まった。1874年は，明治７年にあたる。　(2)　８世紀は，日本では飛鳥時代末～平安時代初期にあたり，中国は唐《とう》が支配していた。日本からは遣唐《けんとう》使が派遣され，進んだ文化や技術，政治制度がもたらされた。

問3　NATOは北大西洋条約機構の略称で，アメリカと西ヨーロッパ諸国を中心とする集団安全組織である。NATOは，第二次世界大戦(1939～45年)後，アメリカを中心とする西側諸国と，ソビエト連邦《れんぽう》(ソ連，現在のロシア)を中心とする東側諸国の対立を背景として結成された。イスラームのテロ組織の行動が激化して国際問題となるのは，1990年代以降のことである。

問4　現代の戦争において軍人とは，国家の制度あるいはみずからの意志によって戦争に参加している人を意味しており，民間人と区別される。この場合，軍人への攻撃《こうげき》は戦争犯罪とはいえない。

問5　(1)　国際連合の安全保障理事会は，任期のない常任理事国５か国と，任期２年の非常任理事国10か国の，合わせて15か国で構成されている。常任理事国は，アメリカ・ロシア・イギリス・フランス・中国の５か国で，非常任理事国は総会によって選出される。　(2)　１は中国，２はアメリカ，３はモザンビーク，４はイギリスの国旗で，モザンビークは日本などとともに，同じ2023年１月から2024年12月まで，非常任理事国を務める。

問6　**A**　インドネシアは東南アジアの島国で，バリ島やスマトラ島などの島々で構成されている。

現在の首都はジャワ島のジャカルタに置かれているが，交通渋滞《じゅうたい》や過密などを理由としてカリマンタン島東部に移転されることになった。人口は２億人を超《こ》えており，多くの人がムスリム(イスラム教徒)である。　**B**　ロシアはアジアとヨーロッパにまたがる国で，国土面積が世界で最も大きい。多くの共和国などから構成される連邦国家で，首都は西部の都市モスクワである。天然資源にめぐまれ，日本も多くの天然ガスをロシアから輸入している。　なお，３はイエメン，４はウクライナ。

問７　〈資料２〉と〈資料３〉から，ロシアが世界有数の小麦の生産国で，輸出量も多いことや，ウクライナが世界有数の小麦の輸出国であることがわかる。また，〈資料１〉と〈資料２〉で輸出入の量を比べると，仮に輸出量が200万トンほど減った場合，国際的に小麦の供給不足が起こるとわかる。ロシアが2022年２月からウクライナへの全面的な軍事侵攻《しんこう》を始めると，ロシアとウクライナからの小麦の供給が不安定になった。これによって，〈資料４〉から読み取れるように，もともと上昇《じょうしょう》していた小麦の価格が，さらに上がり続けることとなった。

２　日本の農業や食料自給率についての問題

問１　あ　北海道は全国で最も農業産出額が多く，小麦をはじめとするいくつもの農作物の収穫《しゅうかく》量が全国第１位となっている。また，肉用牛と乳用牛の飼養頭数が全国第１位，豚《ぶた》の飼養頭数が全国第３位など，畜産もさかんである。統計資料は『日本国勢図会』2022／23年版による(以下同じ)。
い　鹿児島県は北海道についで農業産出額が多く，豚の飼養頭数が全国第１位，肉用牛の飼養頭数が全国第２位など，特に畜産がさかんなことで知られる。

問２　(1)　①　表１によると，レタスは第１位の長野県と第２位の茨城県で全国生産量の48.6％を占《し》めているので，正しい。　②，③　図１より，春レタス(４～５月)の５月の入荷量は長野県が最も多く，夏秋レタス(６～10月)の10月の入荷量は茨城県が最も多い。　④　図２より，レタスの作付面積は2017年が最も大きかった。　(2)　夏祭りの時期に東京都中央卸売《おろしうり》市場で最もレタスの入荷量が多いのは，長野県産のものである。この時期には一般《いっぱん》に，茨城県など，おもに平地で農業を行っている地域ではレタスはつくられない。一方，長野県や群馬県では，夏でも涼《すず》しい高原の気候を利用してレタスを栽培《さいばい》し，高原野菜として大都市などへ出荷している。

問３　(1)　図６から，青森県青森市の８月の平均気温は23.5℃で，28.4℃は熊本県熊本市の８月の平均気温であることがわかる。　(2)　農作物の栽培時期を通常よりも早める方法を，促成《そくせい》栽培という。特に，西南日本では，冬でも温暖な気候とビニールハウスなどの施設《しせつ》を利用して野菜をつくる促成栽培が行われており，熊本県のトマトのほか，宮崎県のきゅうりや高知県のナスなどがよく知られている。　(3)　会話文から，夏祭り用のトマトは，東京都中央卸売市場で８月の入荷量が最も多い都道府県産のものにすることが読み取れる。図４によると，８月のトマトの入荷量が最も多いのは，北海道産のものである。

問４　(1)　日本の牛肉の輸入先は，オーストラリアが第１位，アメリカ合衆国が第２位で，この２か国で全体の輸入額のおよそ９割を占めている。なお，ブラジルやタイからは，鶏《とり》肉の輸入が多い。
(2)　米の自給率は，一定量を輸入することが定められているため100％にはならないが，ほぼ100％の状態が続いている。一方，小麦はほとんどを外国からの輸入に頼《たよ》っており，自給率は20％に満たない。野菜は，新鮮《しんせん》さが求められることなどから，海外産のものはそれほど多くなく，自給率は80％程度で推移している。

問５　家畜のフンは稲《いな》わらなどと混ぜてたい肥にすると，自然の肥料として有効活用できる。しかし，フンをそのままにすると感染症《しょう》や病虫害の原因ともなり，家畜を清潔な環境《かんきょう》で育てることができない。

問６　新型コロナウイルス感染症の拡大にともない，会社以外のところで仕事をするテレワーク（リモートワーク）を導入する企業が増え，大都市から農村などに移住する人もいた。しかし，こうした人たちは，働き方が変わっただけで，全員が農業にたずさわるわけではなく，農村の後継者《こうけいしゃ》不足はいまだに課題となっている。

問７　「手作業でていねいな農業をおこなう」ようなことは，「ロボットやAIなどの先端《せんたん》技術を活用した『スマート農業』」の例にはあたらない。

3　各時代の歴史的なことがらについての問題

問１　①　山梨県の県庁所在地は，甲府盆地《こうふぼんち》のほぼ中央に位置する甲府市で，戦国時代に城下町として発展した。　②　2019年，平成時代の天皇が生前譲位《じょうい》して上皇となったのにともない，新しい天皇が即位《そくい》して令和の時代が始まった。　③　戦国時代，現在の山梨県にあたる甲斐《かい》国は，武田氏が支配していた。武田信玄《しんげん》は周辺地域にも勢力を広げ，武田氏の全盛期を築いたが，子の勝《かつ》頼《より》が1575年の長篠《ながしの》の戦いで敗れたころからおとろえ，1582年の天目山《てんもくざん》の戦いで滅《ほろ》ぼされた。　④　藤原頼通《よりみち》は平安時代の貴族で，父の道長とともに藤原氏の摂関《せっかん》政治の全盛期を築いた。平等院鳳凰《ほうおう》堂は，浄土《じょうど》の教えを信仰《しんこう》した藤原頼通が，現在の京都府宇治市に建てた阿弥陀《あみだ》堂である。　⑤　源頼朝は1180年に平氏を倒《たお》すため挙兵するとともに，本拠《ほんきょ》地とした鎌倉（神奈川県）で武家政権の基《き》盤《ばん》づくりを始めた。そして1185年に平氏を滅ぼし，1192年に征夷《せいい》大将軍に任じられたことで，鎌倉幕府の初代将軍となった。　⑥　1575年，織田信長と徳川家康の連合軍は，武田勝頼の連合軍と長篠（愛知県東部）で戦った。この長篠の戦いでは，織田・徳川連合軍が，当時の新兵器であった鉄砲を効果的に使い，武田勝頼の騎馬《きば》隊を破った。　⑦　徳川家光は徳川家康の孫で，江戸幕府の第３代将軍に就任すると，武家諸法度《しょはっと》を改定して参勤交代を制度化したり，鎖国体制を確立したりして，幕府の支配体制を強化した。　⑧　徳川吉宗は，御三家《ごさんけ》の一つである紀伊《きい》藩（和歌山県）の藩主から江戸幕府の第８代将軍になると，享保《きょうほう》の改革とよばれる幕政改革に取り組んだ。　⑨　太宰治《だざいおさむ》は青森県出身の小説家で，代表作に『斜陽《しゃよう》』『人間失格』『走れメロス』などがある。本文にある「シルクハット…」は，甲府を舞台《ぶたい》にした短編小説『新樹の言葉』の一節である。

問２　左のイラストは稲の収穫に用いた石包丁，右のイラストの左側は鍬《くわ》，右側は鋤《すき》で，いずれも稲作が広まった弥生時代から使われ始めた。稲作が広まると，共同作業である稲作を指導する人物が現れ，身分の差が生じるとともに，収穫量による貧富の差も生まれるようになった。また，収穫物や水，土地をめぐる集落どうしの争いが起こるようになった。

問３　イラストは，四角い方墳《ほうふん》と丸い円墳を組み合わせた前方後円墳で，大型の古墳はほとんどがこの形をしている。表にある「大阪府にある古墳」とは，日本最大の前方後円墳である大山（大仙）古墳（大阪府）で，仁徳《にんとく》天皇の墓と伝えられている。大和政権は大王（のちの天皇）を中心として近畿地方に成立した豪族の連合政権で，５世紀ごろには九州地方から関東地方まで勢力を広げていたと考えられている。大王のように強大な権力を持ち，多くの資材や人員を使うことのできる人物の墓は，その権力の大きさを示すように大きくつくられたが，大和政権の支配下に入った地方の豪族の場合，そこまでの権力がないため，墓もそれに応じた規模《きぼ》のものとなっている。

問４　1937年７月，中国の北京《ペキン》郊外《こうがい》にある盧溝橋《ろこうきょう》で，日中両軍が軍事衝突《しょうとつ》を起こした。この盧溝橋事件をきっかけに日中戦争がはじまり，戦争が長期化していくと，戦時体制を確立し，戦争に対する国民の意識を高めることなどを目的として，翌38年に国家総動員法が制定された。これによって，政府は帝国議会の議決を経ずに，戦争に必要な人員・物資を統制することが可能になった。

理　科　＜第２回試験＞（40分）＜満点：100点＞

解　答

1 〔1〕 イ，ウ　〔2〕 ① しん食　② 運ぱん　③ たい積　〔3〕 おおいぬ座
2 〔1〕 a ①　b （例） （aの食べ物は）花のみつ（である。）　〔2〕 a ③　b （例） （aの卵は）１個ずつ細長い形（である。）　〔3〕 a ④　b （例） （aのあしは）かまのような形（である。）　〔4〕 a ②　b （例） （aの花は）花びらが５枚（である。）　〔5〕 a ①　b （例） せびれに切れこみはない。　〔6〕 a ①　b （例） 肺ではなく浮きぶくろである。　3 〔1〕 ウ　〔2〕 7.5％　〔3〕 74ｇ　〔4〕 イ　〔5〕 B，C，D　〔6〕 （例） 熱が氷を水にするために使われたから。　〔7〕 50ｇ　〔8〕 80倍　〔9〕 イ　〔10〕 エ　4 〔1〕 ア　〔2〕 (1) 136.8m　(2) 342m　〔3〕 1700m　〔4〕 1020m　〔5〕 ５m　〔6〕 (1) 60m　(2) 350m　(3) 10m　(4) $\frac{33}{35}$秒

解　説

1 地球分野の小問集合

〔1〕 マグニチュードは，地震《じしん》によって出されるエネルギーの大きさの基準で，マグニチュードが１大きくなると，エネルギーは約32倍となる。アやエは，その土地でのゆれの大きさ（震度）であれば正しい文となる。同じ規模の地震でも，震源からの距離《きょり》や地盤《じばん》の強さによって，ゆれの大きさは違《ちが》うので，マグニチュードということばは適さない。

〔2〕 流れる水のはたらきには，岩石などをけずるしん食作用，しん食作用でけずられた土砂などを運ぶ運ぱん作用，運ばれてきた土砂などが積み重なってためられるたい積作用がある。なお，一《いっ》般《ぱん》に，しん食作用や運ぱん作用は，流れの速い上流ほど強く，たい積作用は，流れがゆるやかになった下流ほど大きくなりやすい。

〔3〕 シリウスは，冬の星座であるおおいぬ座の一等星で，星座をつくる星の中で最も明るい恒星《こうせい》である。また，こいぬ座のプロキオン，オリオン座のベテルギウスとむすんだものを，冬の大三角という。

2 生物のからだのつくりについての問題

〔1〕 キャベツを食べるのはモンシロチョウの幼虫で，成虫は花のみつをすう。よって，①が誤りである。

〔2〕 ③のスケッチは，カマキリの卵である。モンシロチョウの卵は，高さが１mmくらいのだ円型で，キャベツなどのアブラナ科の植物の葉の裏に，１個ずつうみつけられる。

〔3〕 カマキリの前あしはかまのような形をしていて，えさにする小さな虫などをつかまえてはな

さないようになっている。したがって，④のスケッチは間違いである。

〔4〕　サクラ(ソメイヨシノ)の花びらは５枚だが，②のスケッチは６枚になっているので正しくない。花びらが５枚の植物には，ツツジやヘチマのほかに，タンポポ，アサガオ，エンドウなどがある。

〔5〕　メダカのオスのせびれには切れこみがあるが，メスのせびれには切れこみがないので，①が誤りである。なお，メスははらびれとしりびれの間のこう門から付着毛のある卵をうむ。

〔6〕　魚類のフナには肺はないので，①は誤りである。①の示す臓器は浮《う》きぶくろで，水中での浮きしずみの調節に役立っている。

3　ものの溶《と》け方や水のすがた，水溶液《すいようえき》についての問題

〔1〕　食塩水を入れたコップを冷凍庫《れいとうこ》に入れると，冷たい空気にふれているコップや水面がまず冷やされるので，食塩水の外側から内側へ順に凍《こお》っていくと予想できる。

〔2〕　６％の食塩水100gには，$100\times\frac{6}{100}=6$（g）の食塩が溶けている。純粋《じゅんすい》な氷が20gできると，食塩水全体の重さが，100－20＝80(g)になるから，残っている食塩水の濃《こ》さは，$\frac{6}{80}\times100=$ 7.5(％)と求められる。

〔3〕〔2〕より，この実験で用いた食塩水に溶けている食塩の重さは６gで，食塩を溶かしている水の重さは，100－６＝94(g)である。食塩は，100gの水に30gまで溶かすことができるので，６gの食塩を溶かすために必要な水の重さは，$100\times\frac{6}{30}=20$（g）となる。よって，94－20＝74(g)を超《こ》える氷ができたとき，食塩が溶けきれなくなって固体となって出てくる。

〔4〕　図のような装置で海水を温めると，水の一部が蒸発して気体の水蒸気に変化する。水蒸気は，外気にふれているガラス部分で冷やされると再び水へ変化し，水てきとなってガラスを伝って流れ落ち，装置の左側に集められる。このとき固体の食塩は気体にならないので，海水中にのこる。

〔5〕　グラフのAでは氷のみ，Bでは氷と水，Cでは水のみ，Dでは水と水蒸気が存在するので，B，C，Dが選べる。

〔6〕　加熱時間が１分から９分の間は氷が水へ変化をしている。このとき温度が一定で変化しないのは，加熱によって与《あた》えられた熱が，氷を水に変化させるためだけに使われるからである。

〔7〕　グラフから，０℃の氷100gをすべて融《と》かして０℃の水100gにするまでにかかる時間は，９－１＝８(分)である。加熱時間が５分のとき，氷が０℃になってから，５－１＝４(分)経過しているので，$100\times\frac{4}{8}=50$（g）の氷が水へ変化したと考えられる。したがって，このとき容器に残っている氷は，100－50＝50(g)と求められる。

〔8〕　グラフから，０℃の氷100gが水に変化しはじめてからすべて水になるまでに必要な加熱時間は８分である。また，100gの水を０℃から100℃に，100－０＝100(℃)上げるために必要な加熱時間は，19－９＝10(分)であることから，100gの水を１℃上げるために必要な加熱時間は，10÷100＝0.1(分)とわかる。したがって，０℃の氷100gを水にするためにかかる加熱時間は，水100gの温度を１℃上げるためにかかる加熱時間の，８÷0.1＝80(倍)と求められる。これは水１gのときでも同じになる。

〔9〕　水溶液にBTB溶液を加えると，水溶液が酸性のときは黄色に，中性のときは緑色に，アルカリ性のときは青色になる。強い酸性を弱めることができるから，石灰の水溶液はアルカリ性とわ

かるので，BTB溶液を加えると青色に変化する。

〔10〕 酸性の溶液にアルカリ性の溶液を混ぜると，たがいの性質を打ち消し合う中和反応がおこる。石灰の水溶液と同じようにアルカリ性を示すのは重そう水なので，エが選べる。なお，食塩水とアルコール水は中性，炭酸水は酸性である。

4 音の伝わり方についての問題

〔１〕 固定スピーカーからの音(リズム音Ａ)は，空気中を移動して太朗に聞こえるまでに時間がかかるため，スマホＢの音(リズム音Ｂ)より遅《おく》れて聞こえる。

〔２〕 (1) 太朗と固定スピーカーの距離が68.4mのとき，２つのリズム音がちょうど半拍《はんぱく》ずれている。１拍は半拍の２倍の時間なので，１拍ずれるのは，太朗と固定スピーカーとの距離も２倍の，68.4×２＝136.8(m)のときとなる。　(2) (1)から，音は１拍(0.4秒間)に136.8m進む。よって，音は１秒間に，136.8÷0.4＝342(m)進むことがわかる。

〔３〕 表から，花火が開いてから，花火が開いた音を次朗が自宅で聞くまでの計測値の平均は，(4.8＋5.1＋5.1)÷３＝５(秒)とわかる。音は１秒間に340m進むから，自宅から打ち上げ花火までの距離は，340×５＝1700(m)と求められる。

〔４〕 １秒間に340m進む音が，船上から崖《がけ》で反射して戻《もど》ってくるのに６秒かかるので，その間に音が進んだ距離は，340×６＝2040(m)である。よって，船から崖までの距離は，2040÷２＝1020(m)である。

〔５〕 ６秒間に音が進んだ距離は，340×６＝2040(m)である。汽笛を鳴らしたときの船から崖までの距離は1035mだから，汽笛を鳴らしたときから三朗が反射音を聞くまでに船が進んだ距離は，1035×２－2040＝30(m)とわかる。よって，船は１秒間に，30÷６＝５(m)進むと考えられる。

〔６〕 (1) 音は１秒間に340m進むので，音Ａが2040m離《はな》れた崖に届くまでに，2040÷340＝６(秒)かかる。船は１秒間に10m進むから，音Ａが崖に届くまでの時間で船が進む距離は，10×６＝60(m)と求められる。　(2) 船は崖で反射した音と向かい合って進むので，船と反射音は１秒間で，10＋340＝350(m)ずつ近づく。よって，動いている船からは，反射音が１秒間に350m進んでいるように感じられる。　(3) 汽笛は１秒間鳴らしているから，汽笛を鳴らし始めてから鳴らし終わるまでに，船は，10×１＝10(m)進む。　(4) 音Ａと船が１秒間で350m近づくと考えると，音Ａが船に届くまでの時間は，2040×２÷350＝$11\frac{23}{35}$(秒)である。同様に，音Ｂを鳴らしたときの船と崖の間の距離は，2040－10＝2030(m)なので，音Ｂが船に届くまでの時間は，2030×２÷350＝$11\frac{3}{5}$(秒)である。これは，音Ａを鳴らしてから，$1+11\frac{3}{5}=12\frac{3}{5}$(秒)なので，反射音を聞いている時間(音Ａの反射音を聞いてから音Ｂの反射音を聞くまでの時間)は，$12\frac{3}{5}-11\frac{23}{35}=\frac{33}{35}$(秒)と求められる。

国語 ＜第２回試験＞（50分）＜満点：150点＞

解答

一 下記を参照のこと。　二 **問１** ａ ウ　ｂ ア　**問２** イ　**問３** ア　**問４** エ　**問５** ウ　**問６** ウ　**問７** ア　**問８** （例）「愛着のあるもの」を題材に絵を描き始めてうまくいかなかったが，夫のさりげない優しさに触れて，改めて夫に対する「愛着」を感じて絵の題材にしようと思ったから。　三 **問1**　Ⅰ　エ　Ⅱ　ウ　Ⅲ　ア　**問2**　イ　**問3**　ウ　**問4**　エ　**問5**　エ　**問6**　ア　**問7**　エ

●漢字の書き取り

一 ㋐ **形相**　㋑ **異議**　㋒ **拾得**　㋓ **救済**　㋔ **基幹**

解説

一 漢字の書き取り

㋐ 表情や顔つき。　㋑ ある意見に対する反論。　㋒ 落ちている物を拾うこと。　㋓ 困っている状態から救うこと。　㋔ ものごとの根本をなす部分。

二 出典は瀧羽麻子《たきわあさこ》の『博士《はかせ》の長靴《ながぐつ》』による。絵画教室に通い始めた主婦の寿子《ひさこ》は，絵画をめぐって夫が自分のためにとった意外な行動から，忘れかけていた夫の意外な一面を見つめ直す。

問1　a 「にべもない」は，冷淡《れいたん》でそっけないさま。　b 「出端《でばな》をくじかれる」は，“ものごとにとりかかり始めたばかりのときにじゃまが入る”という意味。

問2　続く部分で寿子は，絵画教室に「通ってみてもいいかしら？」と夫にたずね，うなずいてくれたことを確認すると「少しほっと」している。夫に「今さらだめだと言われるとは思っていなかった」が，わずかに不安があったことが読み取れるので，イがふさわしい。寿子が夫の世話を焼くことは「億劫《おっくう》なときもあるが」このときは「面倒《めんどう》とも感じなかった」とあるので，アは選べない。寿子は絵画教室に通うことを夫に「あらかじめ打診《だしん》」してあり，「だめだと言われるとは思っていなかった」ので，ウは正しくない。寿子は「無事に許可を得て少しほっと」しており，話す前から安心しきっていたわけではないので，エは合わない。

問3　自分の絵がほめられた喜びを素直に表す寿子に対し，夫は「向こうも商売だから」と身もふたもない感想を述べ，寿子は言葉を失っている。自分のうれしかったことを共有したつもりが，夫が予想外の観点からあまりにも冷静な指摘《してき》をしてきたことに寿子は驚《おどろ》いていると考えられるので，アがふさわしい。続く部分で寿子は夫に反論しており，自分を恥《は》ずかしく思っているようすはないので，イはふさわしくない。続く部分で寿子は夫に「悪気はな」く，「夫の言い分にも一理ある」と感じており，夫に対して心の底から怒《おこ》っているわけではないので，ウは合わない。夫は「しみじみとした声音」ではあるが，急に不機嫌《ふきげん》になったようすはないので，エは正しくない。

問4　夫との言い合いが続き，寿子の頭の中ではまだ夫に対する「反論」が浮《う》かんでいたが，夫に「悪気はな」く反論しても意味がないと考え直している。寿子が事務的に会話を終わらせて頭を冷やそうとしたことがわかるので，エがよい。「申し込《こ》みますね」と短く話すようすから攻撃《こうげき》的な口調は読み取れないので，アは合わない。寿子は口にこそ出さなかったものの，夫の発言に対する具体的な反論を思いついているので，イはふさわしくない。続く部分で寿子は夫の性質や家庭内であった口論のことに思いをはせており，夫との会話をすぐに忘れてはいないので，ウは正しくない。

問5　寿子は絵画教室の宿題であるデッサンにぴったりのモデルが見つからず，「あせり」を感じながらもこけしを選んで描《か》き始めたが思うように描けず，鉛筆《えんぴつ》を投げ出している。よって，ウがふさわしい。寿子にとってこけしやだるまはどうしても描きたい「愛着のあるもの」ではなく，「手《て》頃《ごろ》なもの」をみつくろったにすぎないので，アは合わない。寿子はこけしを「描きやすそうだ」と

感じているので，イは選べない。寿子はこけしを描き始めたものの自分の描く線が気に入らず，描き直しを繰《く》り返すことで紙も汚《よご》れて「ぱっとしない」と感じているので，エは正しくない。

問６　寿子は夫のたばこの買い置きをうっかり忘れていたことに夫が「怒っただろうか」と心配していたが，玄関《げんかん》の音から夫が自分でたばこを買いに行ったことを察し，再びデッサンにとりかかっている。いつもは自分が担当している買い置きを忘れたために，夫が自分で買いに行くことになり「申し訳な」く思うと同時に，絵の宿題に「くたびれている」自分を夫がさりげなく思いやってくれたことを「ありがたい」と感じていることが読み取れるので，ウがふさわしい。寿子が感謝した理由は絵を描いている自分の状況《じょうきょう》を夫が配慮《はいりょ》してくれたことなので，アはふさわしくない。この時点で夫は自分でたばこを買いに行ったのみで，寿子が絵を描くことに積極的に協力するようすまでは見せていないので，イは選べない。寿子は夫のようすから「腹を立ててい」ないらしいと想像しているので，エは正しくない。

問７　普段《ふだん》野菜を買うことなどない夫がなぜか茄子《なす》を買ってきたことを寿子は意外に思っているので，アがよい。なお，「目をまるくする」は，“驚いて目を見開く”という意味。

問８　本文を通じて，寿子は夫について「わたしを傷つけるつもりもない」「夫の言い分にも一理ある」「存外に敏《さと》いところもある」としているように，夫の言動の真意を常に考えており，「愛想がない」夫のよき理解者であることが読み取れる。茄子を買ってくるという一見不可解な行動も，絵を描くものが見つからないという寿子を夫なりに思いやったことによるものであると，寿子は気づき，本文の最後ではそんな夫の横顔をあらためて見つめ直している。家の中を探しても見つからなかった「愛着のあるもの」とは，長年連れ添《そ》ってきた夫そのものだと思い至ったことが想像できる。

三　**出典は中島岳志《なかじまたけし》の『思いがけず利他』による**。筆者は，中学校時代の先生の言葉がのちの自分に与《あた》えた影響《えいきょう》を例にあげ，言葉や行為《こうい》の発信者ではなく受け手が「利他」を生み出すことについて論じている。

問１　Ⅰ　筆者は中学生のときに先生から言われた「一言」を「本当にありがたいと思って」いる一方で，当時はきちんと理解できていなかったと振《ふ》り返っている。よって，前のことがらを受けて，それに反する内容を述べるときに用いる「しかし」がよい。　Ⅱ　筆者は先生の一言が自分にとって「利他的なもの」だと気づいたのは「長い年月を経たあと」だったと述べ，そのことを「発信と受信の間には長いタイムラグが」あると言いかえている。よって，前に述べた内容を“要するに”とまとめて言いかえるときに用いる「つまり」がふさわしい。　Ⅲ　筆者は卒業生が筆者の意図した以上に言葉を「昇華《しょうか》」して人生を切りひらいていくこと，さらに「時間が経《た》って」からそのことを筆者に教えてくれることの二点を説明している。よって，前のことがらを受けて，さらにつけ加える意味を表す「そして」が合う。

問２　「狐《きつね》につままれたような表情」は，だれかからだまされたように，わけもわからず呆然《ぼうぜん》としているさま。アは「窮鼠猫《きゅうそねこ》をかむ」。イは「虎《とら》の威《い》を借る狐」。ウは「猿《さる》も木から落ちる」。エは「蛇《じゃ》の道は蛇《へび》」。

問３　空らんⅠの前の部分で筆者は，先生の一言が「研究者として文章を書くことになる私の原点」だと思うと述べている。先生が「暴力」ではなく「知性によって解決」しなければならないとさとしてくれたことがきっかけで，「社会科部」への入部につながり，ひいては研究者としてのスタイルの基盤《きばん》が築かれたと筆者は考えているので，ウが正しい。先生の言葉が筆者の研究者としての原点となったことが説明されていないアやイはふさわしくない。筆者の研究者としての活動の原点は，「歴史上の重要な場所を歩き回り，調査を重ねるスタイル」であり，社会科部での具体的な研究内容ではないので，エは合わない。

問４　前の部分では，筆者が中学生のときに先生から言われた言葉の「大切な意味」に気づいたのは「十年以上経ってからのこと」であり，「先生が言葉を発信した時点」では「言葉を受け取り損《そこ》ねて」いたと振り返っている。「利他」が生まれる瞬間《しゅんかん》は，受け手が相手の言動の「ありがたさ」に気づいたときだと筆者は述べているので，エがふさわしい。筆者は「利他」についてお互《たが》いに施《ほどこ》し合うものだとは述べていないので，アは選べない。筆者は相手の言動の「利他性」に気づくことを「受信」と表現しており，相手の親切に無自覚なままひとまず受け取ることはできないと考えられるので，イは合わない。相手の行為のありがたさに気づいた時点で「利他」は発動すると筆者は述べているので，ウはふさわしくない。

問５　利他について筆者は，言葉や行為を受け手が将来「ポジティブに」受け取ることで初めて成立するものであり，「発信者」が自ら利他を生むことはできないと述べている。よって，エがふさわしい。行為を受け取るのは「発信者」自身ではなくあくまで「受け手の側」なので，アは正しくない。「発信者」の意図が相手に伝わることで感謝されなくなるとは本文には書かれていないので，イは合わない。筆者がここで論じているのは，利他を生み出すのは「発信者」ではなく「受け手」だということであり，利他が「事後的なもの」であることではないので，ウはふさわしくない。

問６　前の部分には，「私たちの日常は，多くの無名の死者たちによって支えられて」おり，それに気づくことで死者の利他を起動できるとある。つまり，死者を「弔《とむら》う」ことで死者の利他の受け手となり，世界に満ちている利他を認識できると筆者は述べているので，アがよい。未来のための社会の発展については論じられていないので，イは合わない。古墳《こふん》は筆者の中学生時代の研究テーマなので，ウは正しくない。「死者たちの発信」は建物だけでなく「存在や行為，言葉」が広くふくまれるので，エは選べない。

問７　筆者は先生の言葉の意味に気づくまで「長い時間」がかかったとしているが，自身が教員になったことと関連づけてはいないので，アはふさわしくない。筆者は相手が時を経て行為や言葉を受け取ることで利他が生まれるとしており，目の前で感謝されるものが利他だとは述べていないので，イも合わない。また，筆者は卒業生から思いがけず感謝されることを「利他の構造」によるものだとしており，教員と学生の特殊《とくしゅ》な関係性によるものだとは述べていないので，ウも選べない。本文の最後で筆者は，「死者たちの発信」を受け取るとともに，自分たちも「未来の他者」に向けて発信することで「利他に関与《かんよ》」できると主張しているので，エが合う。

Memo

2022年度　桐光学園中学校

〔電　話〕 (044) 987―０５１９
〔所在地〕 〒215-8555　神奈川県川崎市麻生区栗木３―12―１
〔交　通〕 小田急多摩線―「栗平駅」より徒歩10分

【算　数】〈第１回試験〉（50分）〈満点：150点〉

注意　１．定規・コンパスは使用できません。
　　　２．円周率は3.14とします。
　　　３．比はできるだけ簡単な整数の比で表しなさい。

1　次の□にあてはまる数を求めなさい。

(1)　$23.2 \times 12.5 = \square$

(2)　$2 \div \frac{2}{9} - \left(\frac{1}{3} + 0.25\right) \times 12 = \square$

(3)　$2.4 - \left(1.2 \times \frac{1}{3} + \square \div 5\right) = 0.8$

(4)　Ａさんはある製品を４時間で32個作ることができます。Ａさんがこの製品を□個作るには１時間30分かかります。

(5)　48と64の公約数のすべての和は□です。

2　次の□にあてはまる数を求めなさい。

(1)　あるグループの生徒にリンゴを配ります。１人に５個ずつ配ると10個余り，８個ずつ配ると14個不足しました。リンゴは全部で□個あります。

(2)　太郎さんは□円持っています。その所持金の40％で本を買うと330円残ります。ただし，消費税は考えないものとします。

(3)　Ａさんは100点満点の算数の小テストを４回受けることになっています。３回までの平均点が62点でした。Ａさんは４回目の小テストで□点とれば，４回の平均点は65点になります。

(4)　兄は家から学校までの道のりの半分を分速100ｍで歩き，残りの半分を分速150ｍで走りました。兄と同時に家を出発した弟は，分速□ｍで同じ道のりを走り，兄と同時に学校に到着しました。

(5)　図１のように半径８cmの半円の中に半径４cmの円と半径４cmの半円が２つ入っています。斜線部分の面積は□cm^2です。

(6)　図２の斜線部分の図形を直線ACのまわりに１回転してできる立体の体積は□cm^3です。

図１

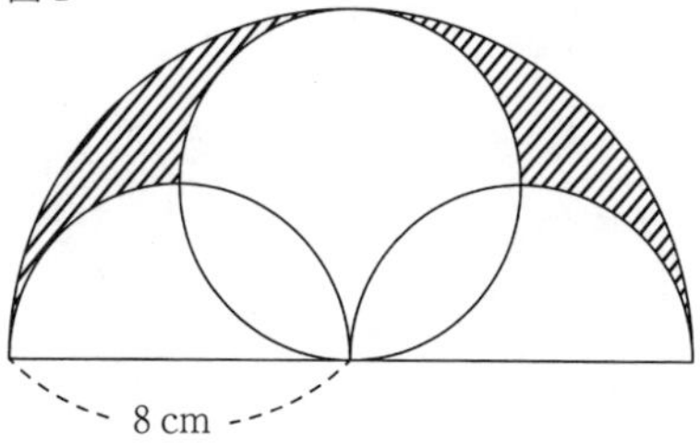

図２

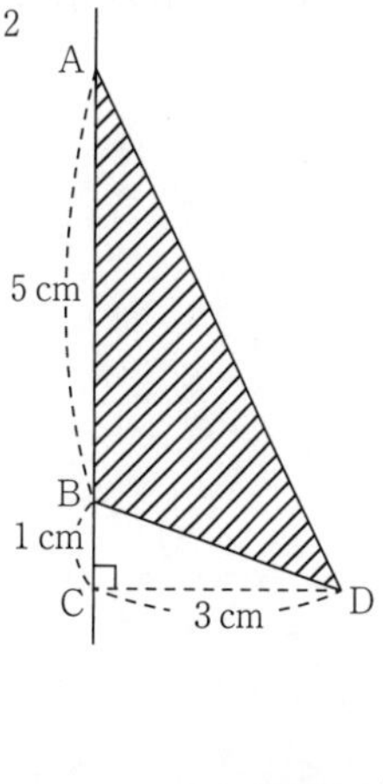

3　あるお店では包み紙に入ったあめ玉を１個10円で売っています。包み紙を４枚持っていくと新たに包み紙に入ったあめ玉１個と交換できます。消費税は考えないものとして，次の問いに答えなさい。

(1)　40円持っているとき，得ることができるあめ玉は最も多くて何個になりますか。

(2)　100円持っているとき，得ることができるあめ玉は最も多くて何個になりますか。

(3)　101個のあめ玉を得るには最も少なくて何円必要になりますか。

4　図のような平行四辺形 ABCD において，辺 AB 上に点E，辺 BC 上に点H，辺 CD 上に点G を AE：EB＝BH：HC＝DG：GC＝3：2 となるようにとり，EG と AH の交点をFとします。このとき，次の問いに答えなさい。

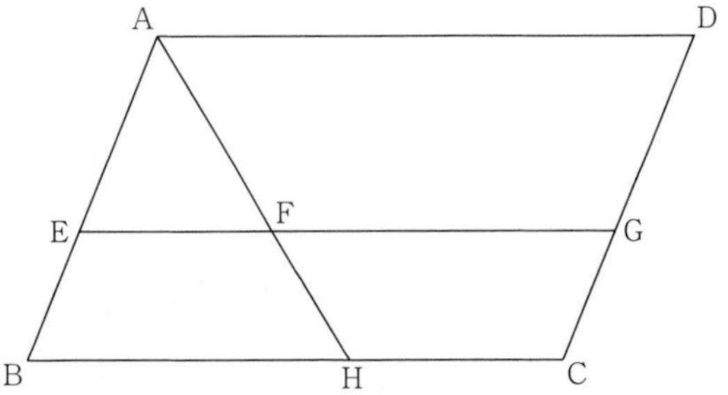

(1)　長さの比 AF：AH を求めなさい。

(2)　長さの比 EF：FG を求めなさい。

(3)　平行四辺形 ABCD の面積が 125cm^2 のとき，四角形 FHCG の面積を求めなさい。

5　濃度20％の食塩水Aが 100g と濃度８％で重さが分からない食塩水Bがあります。このとき，次の問いに答えなさい。

(1)　食塩水A 60g に含まれる食塩の量は何 g ですか。

(2)　食塩水Aを 40g と食塩水Bのすべてを混ぜ合わせると，濃度が10％の食塩水ができました。食塩水Bは何 g ありましたか。

(3)　(2)で作った食塩水をCとします。この食塩水Cのすべてと食塩水Aの残りすべてを混ぜ合わせて新たな食塩水Dを作ろうとしたところ，間違えて食塩水Aの残りと同じ量の水を食塩水Cに混ぜてしまいました。これを食塩水Eとします。食塩水Eを食塩水Dと同じ濃度にするためには，食塩水Eから何 g の水を蒸発させればよいですか。

【社　会】〈第１回試験〉（40分）〈満点：100点〉

1　Ａ～Ｅの文について，後の問いに答えなさい。

Ａ：近江国(現在のア滋賀県)に生まれたとされる［　①　］は聖徳太子の命を受け，隋(現在のカ中国)に渡《わた》り，隋の皇帝《てい》に謁《えっ》見し，日本と中国の対等な外交を求めました。

Ｂ：日向国(現在のイ宮崎県)に生まれたとされる伊東マンショら４人の少年は九州のキリシタン大名の命を受け，キインドなどを経て，イタリアを訪《おとず》れ，ローマ教皇に謁見しました。帰国した際には［　②　］がバテレン追放令を出した後であったため，それぞれ不遇《ぐう》な人生を歩むこととなりました。

Ｃ：豊前国(現在のウ大分県)中津藩の武士の子として生まれた［　③　］は1860年，勝海舟らと共にクアメリカに渡りました。明治時代になり平民となった彼《かれ》は教育に力を注ぎ，『学問のすゝめ』などを発表しました。

Ｄ：ケドイツに生まれたシーボルトは1823年に現在のエ長崎県の出島に医師として来日しました。その後，シーボルトは帰国する際に，［　④　］が測量・作成した日本地図を持ち出そうとしたことにより，国外追放処分となりましたが，開国後，再来日しています。

Ｅ：オ福島県に生まれた［　⑤　］は医師として伝染《せん》病の研究で多くの成果をあげました。晩年は黄熱病の研究でアフリカのコガーナに渡り，その地で黄熱病にかかり亡くなりました。

問１　文中の［①］～［⑤］にあてはまる人名を答えなさい。

問２　下線部アについて，滋賀県の県庁所在地である大津市は近年，京都市や大阪市などで働く人のベッドタウンとして住宅が多く造成されている。大津市の昼夜間人口比率(2015年)として正しいものを，下の中から１つ選び，番号で答えなさい。

昼夜間人口比率＝昼間人口÷夜間人口×100
昼間人口＝(その市に)住んでいる人数＋働きに来る人数－働きに出ていく人数
夜間人口＝(その市に)住んでいる人数

１．91.1%　　２．101.1%　　３．111.1%　　４．121.1%

問３　下線部イについて，宮崎県は宮崎牛や宮崎地鶏などが有名である。以下の表は2019年の宮崎県，北海道，新潟県，山梨県の農業産出額とそれに占《し》めるおもな農畜《ちく》産物の割合である。宮崎県のものを次の中から選び，番号で答えなさい。

	農業産出額	米	野菜	果実	畜産
1	１兆2593億円	8.9%	18.0%	0.4%	58.3%
2	3429億円	5.2%	19.5%	3.8%	64.4%
3	953億円	6.6%	11.8%	66.0%	8.1%
4	2462億円	58.7%	14.2%	3.1%	19.4%

問４　下線部ウについて，大分県は再生可能エネルギーである地熱発電による発電量が日本一となっている。再生可能エネルギーとして誤っているものを，次の中から１つ選び，番号で答えなさい。

１．水力発電　　２．太陽光発電　　３．原子力発電　　４．風力発電

問５　下線部エについて，以下の会話文中の ⑥ ・ ⑦ にあてはまる語句の組み合わせとして正しいものを下の中から１つ選び，番号で答えなさい。

> 生徒：有明海では古くから干拓《たく》がおこなわれていたのですね。
> 先生：そうですね，江戸時代から本格的に干拓が始まり，現在でも干拓事業は続けられています。
> 生徒：長崎県の ⑥ の干拓事業ですね。
> 先生：そうです，1989年から工事が始まり，1997年に堤《てい》防の水門が閉められました。その10年後に完工式がおこなわれています。
> 生徒：しかし，干拓をおこなったことで有明海の生態系に変化があったと聞きました。
> 先生：有明海に面する県で全国の約50％を養殖《しょく》している ⑦ が不漁となり干拓との関連性を指摘《てき》する声もあります。一方で干拓をおこなったことにより水害が減ったとの報告もあります。
> 生徒：人間が自然をコントロールすることは本当に難しいのですね。

１．⑥：児島湾　⑦：うなぎ　　２．⑥：児島湾　⑦：のり
３．⑥：諫早湾　⑦：うなぎ　　４．⑥：諫早湾　⑦：のり

問６　下線部オについて，1970～80年代にかけて東北自動車道が整備され，京浜工業地帯に近い県から工場の移転が順次進み，工業の発展が進んだ。以下の１～４は東北自動車道沿いに位置する栃木県・福島県・宮城県・岩手県の2017年の工業製品出荷《か》額である。福島県のものを次の中から選び，番号で答えなさい。

１．２兆5260億円　　２．４兆4700億円　　３．５兆1200億円　　４．９兆2330億円

問７　二重下線部カ～コの現在の国の位置を下の世界地図中１～８の中からそれぞれ選び，番号で答えなさい。

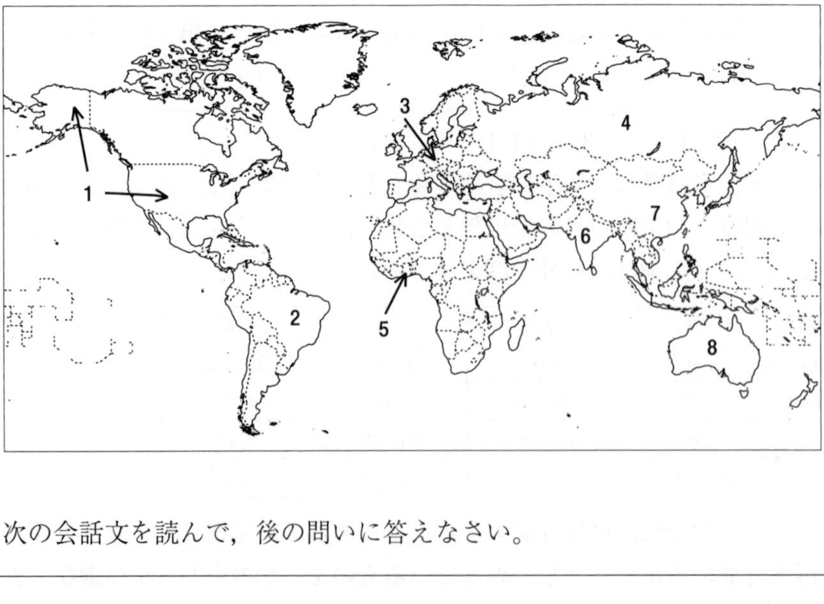

2　次の会話文を読んで，後の問いに答えなさい。

> 先生：新型コロナウイルスの世界的な感染拡大は，私たちの生活に大きな影響《えいきょう》を与《あた》えま

したね。

桐子：感染の拡大を防ぐために，学校が一時的に休校となり，会社勤めの方は時差出勤や，在宅勤務に切り替《か》わるなどの変化がありましたよね。

光男：そのような暮らしの変化の中で，注意をしなければならない点がいくつかあると思います。そのひとつは，感染防止のための政策によって，ア日本国憲法で規定されている人権保障がおびやかされてしまわないかということです。例えば，《　A　》などが考えられると思います。

先生：そうですね。また，憲法第25条には［　①　］権が規定されており，すべての国民が健康で文化的な最低限度の生活を営む権利を有するということが記されています。社会が不安定である時こそ，国民一人ひとりが安心して暮らしていけるための政策が求められるでしょう。

桐子：また，こうしたイ社会不安が増していくと，私たちを混乱させるような情報が発信されることもありますよね。私たちは，さまざまな情報とどのように向き合っていけばよいのでしょうか。

先生：とてもよい視点です。みなさんは普《ふ》段，どのような手段で情報を得ているのでしょうか。

桐子：私はテレビです。朝と夕方には必ずニュース番組を観ています。

光男：僕はウインターネットが多いかなあ。しかし，ひとつの出来事に関しても，記事の数があまりにも多く，どれが正しいのか判断ができません。

先生：インターネット上の情報は，《　B　》からこそ，情報の受け手が多角的な視点を持って情報を取捨選択《たく》してゆくことが必要です。こうした情報を選び取る能力のことを［　②　］といいます。この能力を養うためには，《　C　》ことで自分なりの考えを持つという姿勢が大切ですよ。

桐子：そうそう，昨年は［　③　］院議員の総選挙がありましたよね。社会不安の中で，エ政治参加に関心を寄せた人も多かったのではないかと思います。私にはまだオ選挙権がありませんが，カ日本の政治体制や経済の仕組みを勉強していく中で，よりよい未来について考えていきたいと思います。

問１　文中の［　①　］～［　③　］にあてはまる語句を答えなさい。

問２　文中の《A》に入る文として正しいものを，次の中から１つ選び，番号で答えなさい。

１．連休中の外出規制を要請《せい》することで，黙《もく》秘権を十分に行使できなくなる可能性があること

２．小売店の休業や営業時間短縮の要請が続くことで，職業を選び，営業をする自由を十分に行使できなくなる可能性があること

３．保健所が，個人の行動履《り》歴や，感染症《しょう》陽性者との接触《しょく》の有無などを開示することは，環境権の観点から問題視される可能性があること

４．感染症陽性者に対して，特定の医療《りょう》機関に一定期間滞《たい》在をさせ，容態を観察していくことは，著作権を十分に行使できなくなる可能性があること

問３　文中の《B》に入る文として正しいものを，次の中から１つ選び，番号で答えなさい。

1．改ざんされないデジタルデータなので，常に正確であるという特徴《ちょう》がある
2．書籍《せき》の出版と同様に全て第三者の審査《しんさ》を経て発信されるという特徴がある
3．誤った内容で書きこまれることがないという特徴がある
4．匿《とく》名でも自由に発信することができるという特徴がある

問4　文中の《C》に入る文として誤っているものを，次の中から1つ選び，番号で答えなさい。
1．情報が再構成されていないか，発信源や情報の根拠《きょ》をとらえる習慣を身につける
2．政府機関による情報提供のみが客観的な視点にもとづいた情報であると認識する
3．情報の発信者の立場に立ち，発信された情報の意図などを考える
4．似ている情報を比較《かく》するだけではなく，逆の主張や意見にも目を通す

問5　下線部アについて，日本国憲法が公布された日付は，現在国民の祝日となっているが，何という日か，答えなさい。

問6　下線部イについて，1923年の災害時には，次のようなことが起こった。1923年に発生した災害の名称《しょう》を，答えなさい。

> 被《ひ》災した住民らの間に「朝鮮人が暴動を起こそうとしている」「朝鮮人が井《い》戸に毒を投入した」などの誤った情報が広まったことで自警団の結成があいついだ。

問7　下線部ウについて，インターネットは情報通信技術の1つである。情報通信技術をアルファベット3文字で何というか，次の中から1つ選び，番号で答えなさい。
1．ODA　　2．ICT　　3．IOC　　4．WHO

問8　下線部エについて，国民には政治の最終決定権があるが，これは日本国憲法の3つの原則のうちのどれにあてはまるものか，答えなさい。

問9　下線部オについて，国民の選挙によって選ばれないものを，次の中から1つ選び，番号で答えなさい。
1．国会議員　　　　2．最高裁判所の裁判官
3．都道府県知事　　4．市区町村議会の議員

問10　下線部カについて，次のA～Cの文章を読んで，後の問いに答えなさい。

> A　国の政治は，キ国会・内閣・裁判所の三つの機関がそれぞれ独立し，互《たが》いの仕事を監視することで，権力が一つのところに集中しないような仕組みになっています。このような政治の仕組みのことを［④］といいます。
>
> B　国だけでなく地方自治体でも，住民などから税金を集め，その税金を使って多くの人が必要とする公共的な事業をおこなっています。また，税収の地域間格差を埋《う》めるため2008年に創設された［⑤］は，個人が任意の地方自治体を選んで金銭を寄附《ふ》する制度です。このようにして集められた税金の使い道は，ク地方議会の話し合いによって決められます。
>
> C　2004年の裁判員法に基づいて，2009年から重大な［⑥］事件を扱う［⑥］裁判に導入されたケ裁判員制度は，国民が裁判への関心を持つとともに，国民の「健全な常識」を司法に吹《ふ》き込《こ》む民主的コントロールのひとつであるといえます。

(1)　文中の［④］～［⑥］にあてはまる語句を答えなさい。

(2) 下線部キについて，国会の仕事の内容として誤っているものを，次の中から１つ選び，番号で答えなさい。

１．外国と条約を結ぶ　　　２．予算の議決
３．内閣総理大臣の指名　　４．弾劾《だんがい》裁判所の設置

(3) 下線部クについて，地方議会の議決を経て法律の範《はん》囲内で制定された法を何というか，答えなさい。

(4) 下線部ケについて，この制度の説明として誤っているものを，次の中から１つ選び，番号で答えなさい。

１．裁判員は，一般的に法律の知識が足りないことが多く，裁判官と比べて主観的な判断になりがちである。
２．最初から最後まで裁判官の関与《よ》がない中，裁判員のみで裁判をおこなわなければならない。
３．有罪か無罪かに加え，刑《けい》の重さまでを判断する。
４．裁判員は募《ぼ》集ではなく，選挙権を有する国民の中から「くじ」で選ばれる。

3　次の文章を読んで，後の問いに答えなさい。

昨年夏，東京オリンピック・パラリンピックが開催《さい》されました。ここでは古代からあるイベントや娯《ご》楽について，みてみましょう。

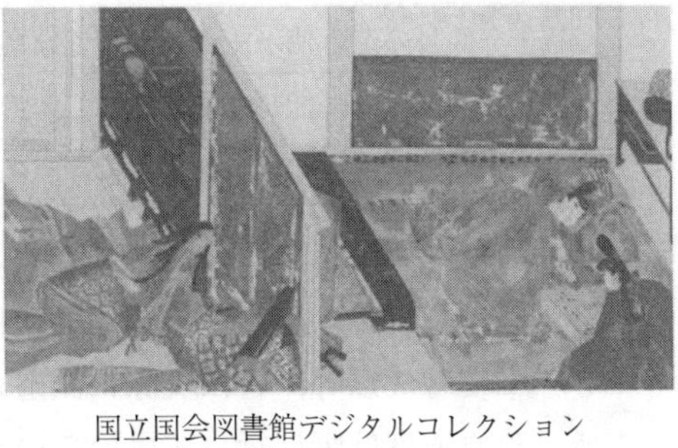

国立国会図書館デジタルコレクション

〈囲碁《ご》〉 中国で漢の時代に始まったといわれる囲碁は，ア遣唐使によって奈良時代前後に日本に伝わりました。右の絵は，［　①　］の作品である『源氏物語』を絵巻物にしたもので，貴族が囲碁の勝負をしている様子が描《えが》かれています。

〈将棋《ぎ》〉 囲碁よりは後ですが，平安時代には将棋の原型ができていたそうです。取った相手の駒《こま》を使えるというルールになったのは室町時代から江戸時代にかけてで，江戸幕府の第８代将軍である［　②　］は毎年11月17日に「御城《おしろ》将棋」をおこなうことを定め，現在，日本将棋連盟はこの日を「将棋の日」と定めています。なお日本将棋連盟のもとになった団体はイ大正13(1924)年にできました。

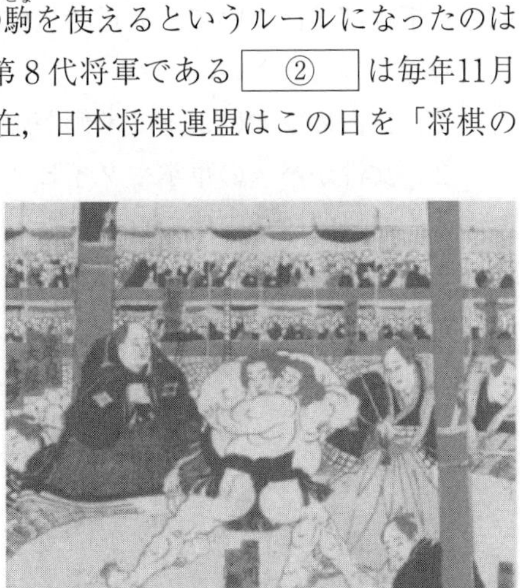

国立国会図書館デジタルコレクション

〈相撲《すもう》〉 『古事記』や『日本書紀』の神話にも登場しますが，織田信長は近江国に本拠《きょ》地として築いた［　③　］城の城下で相撲大会を開催したといわれています。江戸時代に本格的な興行が始まり，1789年に初めて横綱《よこづな》の免《めん》許が谷風と小野川という力士に与《あた》えられました。右の絵は，入場料を取る相撲の興行を描いた［　④　］絵です。

〈歌舞伎《かぶき》〉　右の絵は，江戸時代，東洲斎写楽が描いた歌舞伎役者の［④］絵です。版画で刷《す》られ大量に販《はん》売されました。歌舞伎は江戸時代初期に京都で出雲阿国という女性が始めて，元禄文化の時代に盛んになり男性の役者のみが演じるものになりました。その後，老中水野忠邦による［⑤］の改革で制限された時期もありましたが，ウ寺子屋など教育機関の増加と時を同じくして再び盛んになりました。明治時代になると，西洋の生活様式を取り入れる［⑥］の風潮が流行し，歌舞伎もそのころの世相を描くものが演じられるなど現在のような人気につながります。

東京国立博物館蔵

問１　文中の［①］～［⑥］にあてはまる語句・人名を答えなさい。同じ番号には同じ語が入ります。［⑥］は漢字４文字で答えなさい。

問２　下線部アについて，次の略年表に関する説明として，誤っているものを下の中から１つ選び，番号で答えなさい。

630	最初の遣唐使として犬上御田鍬が派遣《はけん》された。
663	白村江の戦いで日本は唐・新羅の連合軍に敗れた。
665	５回目の遣唐使が朝鮮半島経由の北路《ほくろ》で派遣された。
702	８回目の遣唐使が東シナ海を経由する南路《なんろ》で派遣された。
717	９回目の遣唐使が派遣され，吉備真備や阿倍仲麻呂が留学生として参加した。
838	19回目の遣唐使が南路によって派遣された。
894	20回目の遣唐使として菅原道真が任命されたが，派遣は中止された。

１．白村江の戦いの直後であっても，朝鮮半島経由で遣唐使が派遣された。
２．８世紀以降は新羅との関係悪化により，南路を使って遣唐使が派遣された。
３．平安時代以降，唐に実際に派遣された遣唐使はいない。
４．菅原道真は唐に行ってはいないが，任命された遣唐使としては最後になった。

問３　下線部イについて，大正時代に関する説明として，誤っているものを次の中から１つ選び，番号で答えなさい。

１．買占《し》めなどによって米価が急上昇《じょうしょう》して，庶民《しょみん》の生活が苦しくなり，米騒動が起こった。
２．女性がバスの車掌《しょう》やタイピストになるなど，女性の社会進出が進んだ。
３．本格的政党内閣の首相となった原敬は東京駅で暗殺された。
４．第一次護憲運動により，1925年の普通選挙法で女性をふくむ普通選挙が実現した。

問４　下線部ウについて，(1)(2)の問いに答えなさい。

(1)　次の２つのグラフに関する下の文章中［※］にあてはまる短文を答えなさい。

＊年代別の寺子屋の開業数

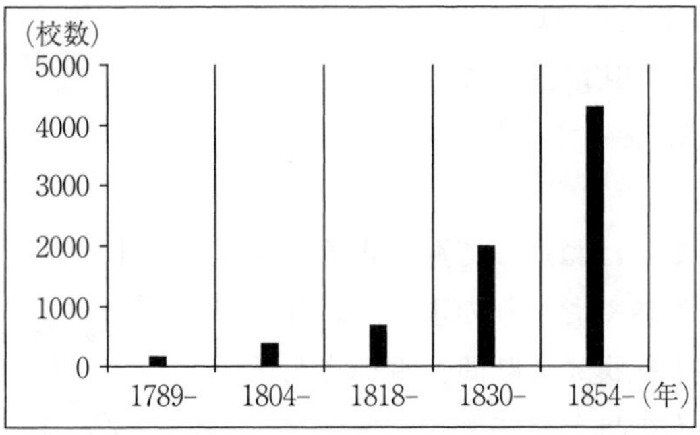

石川松太郎『藩校と寺子屋』より

＊本の出版数

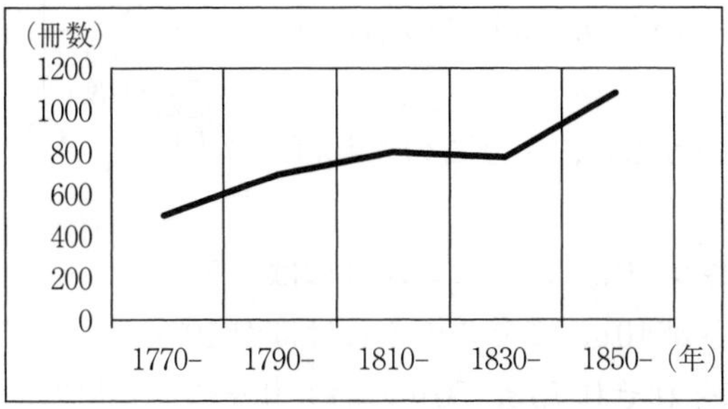

国文学研究資料館より

本の出版数が段々と増えているのは，寺子屋の数が増えて，［　※　］が可能になった人が増えてきたからだと考えられます。

⑵　次のグラフの説明として，正しいものを下の中から１つ選び，番号で答えなさい。

＊児童の就学率

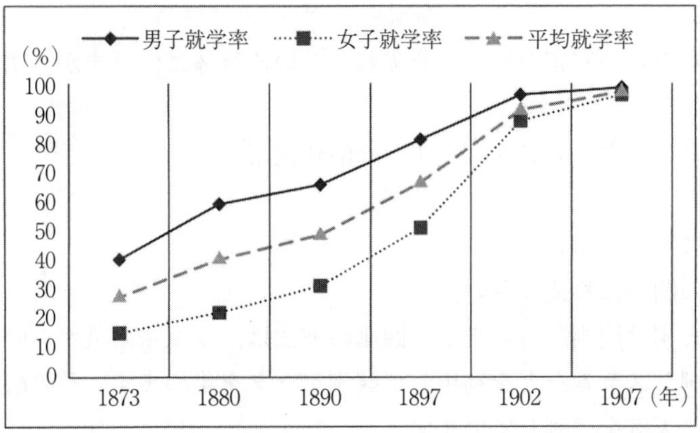

『学制百年史』統計より

１．学制が出された当初から，男女平均の就学率は50％を超《こ》えていた。

２．日露戦争前までは，女子の就学率は常に男子の就学率を下回っていた。

３．日清戦争直後，男女平均の就学率は90％を超えた。

４．大日本帝国憲法が制定された翌年の男子の就学率は50％を下回っていた。

【理　科】〈第１回試験〉（40分）〈満点：100点〉

注意　数値を答える場合は，整数または小数で答えなさい。
割り切れない場合は，問いの指示に従って四捨五入しなさい。
問いに別の指示がある場合は，その指示に従って答えなさい。

1　次の問いに答えなさい。

〔１〕　光が水やガラスなどの物質の境界面で，はね返って進む現象を何といいますか。

〔２〕　[図１]のふりこについて，ふりこの長さやおもりの重さ，ふりこのふれはば(角度)を変えて，ふりこが１往復する時間を調べました。ふりこが１往復する時間が最も長いものはどれですか。次のア～エから１つ選び，記号で答えなさい。

［図１］

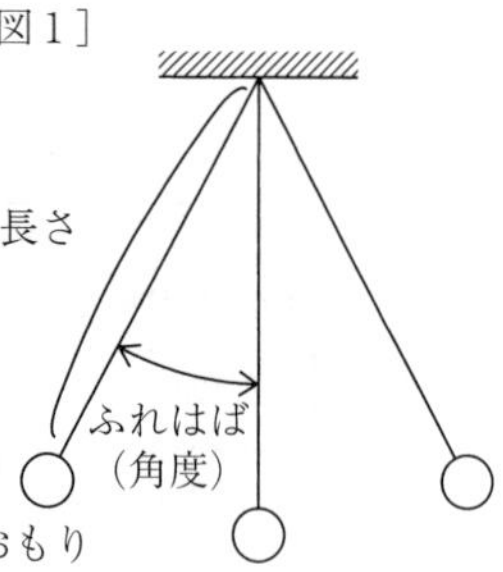

ア．ふりこの長さが20cm，おもりの重さが10g，ふりこのふれはばが5°
イ．ふりこの長さが20cm，おもりの重さが20g，ふりこのふれはばが5°
ウ．ふりこの長さが30cm，おもりの重さが10g，ふりこのふれはばが5°
エ．ふりこの長さが20cm，おもりの重さが10g，ふりこのふれはばが10°

〔３〕　[図２]のように，棒の２点A，Bにそれぞれ75g，50gのおもりをつるすと，棒が水平になりました。棒に糸がついている点を点Oとし，AOの長さを12cmとすると，OBの長さは何cmですか。棒と糸の重さは考えないものとします。

［図２］

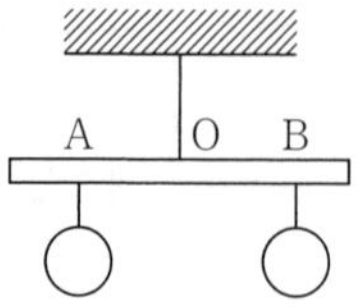

〔４〕　次の文中の①・②にあてはまる語句をそれぞれ答えなさい。

植物の根から吸い上げられた水は，主に(　①　)から水蒸気となって出ていきます。このはたらきを(　②　)とよびます。

〔５〕　大気の上層にあり，太陽からの有害な紫外線《しがいせん》を吸収している気体は何ですか。次のア～エから１つ選び，記号で答えなさい。

ア．アルゴン　　イ．メタン　　ウ．オゾン　　エ．一酸化炭素

2　天気に関して，次の問いに答えなさい。

〔１〕　次の文を読んで，以下の問いに答えなさい。

天気を予測するために，まずは観測を行います。観測の方法は，①気象衛星からの写真や気象レーダー，②地域気象観測システムなどを利用して観測データを集めます。その観測データをコンピューターで計算し，天気を予測しています。

(1)　現在８号が運用され，2022年から８号と交代して９号が運用される予定の日本の下線部①の愛称《しょう》は何ですか。ひらがなで答えなさい。

(2)　下線部②の通称は何ですか。カタカナで答えなさい。

〔２〕　右の写真はある場所で撮影《さつえい》した雲の写真です。この雲の名前を漢字３文字で答えなさい。また，その特徴《ちょう》として正しいものを次のア～エから１つ選び，記号で答えなさい。

ア．高い空にできる白くてまだらな雲。この雲がすぐに消えると晴れることが多い。

イ．低い空から高い空まで高く広がる雲。短時間に強い雨を降らせることが多い。

ウ．空全体をおおう灰色や黒色の厚い雲。まとまった雨や雪を降らせることが多い。

エ．夏によくみられる綿あめのような雲。雨を降らせることは少ない。

〔３〕 台風は，非常に発達した〔２〕の雲の集まりでうずをまいて進み，大雨や強風をもたらすのが特徴です。また，似たような構造で熱帯低気圧というものもあります。台風と熱帯低気圧の違《ちが》いを説明したものとして，正しいものを次のア～エから１つ選び，記号で答えなさい。

ア．降水量の違い。

イ．発生した季節の違い。

ウ．発生した場所の違い。

エ．最大風速の違い。

〔４〕 令和元年10月６日にマリアナ諸島の東海上で発生した台風19号は，12日に日本に上陸しました。この台風は記録的な大雨を降らせ，各地に大きな被《ひ》害をもたらしました。

　右図は，10月８日15時の台風19号の予想進路図の画像です。次の問いに答えなさい。

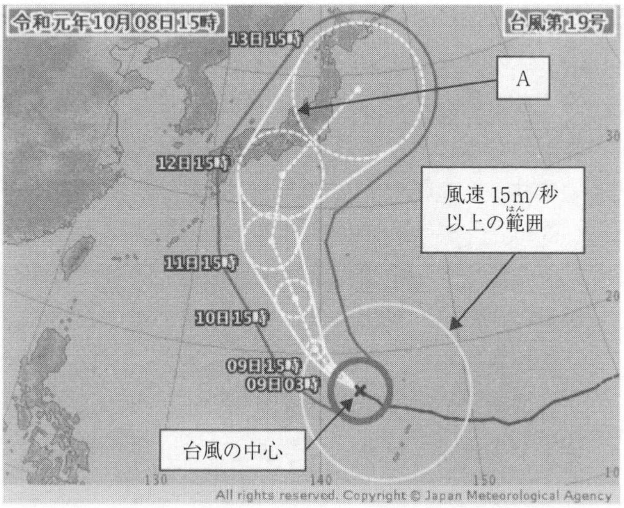

出典：気象庁ホームページ

⑴　図中のＡの点線の円の名前は何ですか。

⑵　図中のＡの円の説明として正しいものを次のア～エから１つ選び，記号で答えなさい。

ア．今後台風は，Ａの中心を通っていくと予測される。

イ．今後台風の中心が，Ａの円のどこかに入る可能性が高いと予測される。

ウ．今後台風の大きさが，Ａの円まで大きくなると予測される。

エ．今後台風は，Ａの位置まで来ると別の低気圧に変わると予測される。

⑶　12日20時の神奈川県では，最大瞬《しゅん》間風速43.8m/秒が観測されました。これは，100mの長さを［　Ｂ　］秒で進む速さと同じです。Ｂにあてはまる数値を小数第３位を四捨五入して小数第２位まで答えなさい。

⑷　気象庁では，発生する恐《おそ》れがある気象災害の種類や程度に応じて，「注意報」や「警《けい》報」を発表します。

①　「警報」は重大な災害が発生する恐れのあるときに発表されます。例としては，雨による重大な土砂災害や，浸水害が発生するおそれがあると予想したときに発表される「大雨警報」があります。他の６つの警報のうち２つを答えなさい。

②　2013年８月から加わった，「数十年に一度の，これまでに経験したことのないような，重大な危険が差し迫《せま》った異常な状況《きょう》」のときに発表されるものを，何警報といいますか。

⑸　台風による被害や自然災害を最小限におさえるために，日ごろからの備えが大事になりま

す。

① 過去の自然災害の例などから，その地域の被害を予想して地図にあらわしたものを何といいますか。カタカナで答えなさい。

② 台風が接近したときの対応としてふさわしくないものを次のア～オからすべて選び，記号で答えなさい。

ア．避《ひ》難するときに必要なものを，事前に準備しておく。

イ．避難する場所や安全な道を確認しておく。

ウ．風に飛ばされそうなものは，家の中にしまったり，固定したりしておく。

エ．避難するときは，運動ぐつではなく，長ぐつをはいて移動する。

オ．警報が発表されたら，どんな状況でも避難所に避難する。

3 ものの溶《と》け方について，以下の問いに答えなさい。

〔１〕 次の文を読んで，文中の①～⑤に適する語句を，下の選択肢《せんたくし》ア～コから１つ選び，記号で答えなさい。ただし，同じ語句は二度使いません。

ものが水に溶けて，全体がどの部分も同じように（ ① ）になるとき，この液体を（ ② ）といいます。（ ② ）は，どの部分も同じ濃《こ》さです。ろ過して溶けているものを取り出すことは（ ③ ）。

一定温度，一定量の水に溶けるものの量には限界があります。溶けるものの量の限度は，水の量に（ ④ ）します。ホウ酸は，水の温度が高いほど，溶ける量は（ ⑤ ）くなります。

水が蒸《じょう》発して，（ ② ）の水がへると，水に溶けていたものが結晶《けっしょう》となって出てきます。

ア．透明《とうめい》　　イ．不透明　　ウ．水溶《よう》液　　エ．混合《こんごう》液

オ．できます　　カ．できません　　キ．比例　　ク．反比例

ケ．少な　　コ．多

〔２〕 ２種類以上のものが混ざり合ってできたものを混合物といいます。ろ過して混合物を分ける方法について，以下の問いに答えなさい。

(1) ろ過のやり方として正しいものを次のア～エから１つ選び，記号で答えなさい。

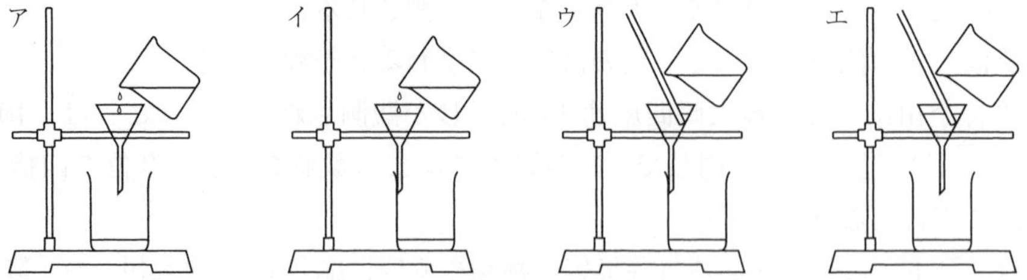

(2) 次の混合物を水の中に入れて，よく混ぜました。ろ過によって分けることができるものを次のア～エから１つ選び，記号で答えなさい。

ア．食塩と砂糖　　イ．食塩と鉄粉

ウ．鉄粉と銅粉　　エ．酸素と水素

(3) ろ過を行うとき，ろ紙を用います。ろ紙によって混合物が分けられる理由を説明しなさい。

(4) 小さな石とミョウバンの混合物を水の中に入れて，よく混ぜ，ろ過しました。このあと，ミョウバンの結晶を取り出したいと思います。その方法を説明しなさい。

〔３〕 右の表は，重さの異なる食塩を25℃の水100ｇに溶かして，その結果をまとめたものです。以下の問いに答えなさい。

ビーカー	食塩の重さ(ｇ)	結果
A	10	食塩は，すべて溶けた
B	20	食塩は，すべて溶けた
C	30	食塩は，すべて溶けた
D	40	食塩は，少し溶け残った

(1) ビーカーＢでつくった食塩水の重さは何ｇになりますか。

(2) ビーカーＡの食塩水の濃さは何％ですか。割り切れないときは，小数第２位を四捨五入して，小数第１位まで答えなさい。

(3) ビーカーＤの中にビーカーＡの中身をすべて入れて，よくかき混ぜました。このとき，ビーカーＤで溶け残った食塩の変化について正しく述べているものを次のア～エから１つ選び，記号で答えなさい。

ア．すべて溶けた。　　イ．溶け残りが減った。

ウ．溶け残りが増えた。　　エ．溶け残りはそのままだった。

〔４〕 右の表は，各温度で100ｇの水に溶けるホウ酸の量を表したものです。以下の問いに答えなさい。

温度(℃)	10	20	30	40	50	60
ホウ酸の溶けた重さ(ｇ)	3.6	4.8	6.8	8.8	11.4	14.8

(1) 20℃，100ｇの水にホウ酸を溶けるだけ溶かし，温度を60℃まで上げました。あと何ｇのホウ酸を溶かすことができますか。

(2) 30℃，40ｇの水にホウ酸2.2ｇ溶かしました。温度を変えずにホウ酸の結晶を１ｇ得るには，何ｇの水を蒸発させればいいですか。割り切れないときは，小数第１位を四捨五入して，整数値で答えなさい。

(3) 水50ｇにホウ酸６ｇを溶かそうとしたら，1.6ｇ溶け残りました。このときの考えられる水の温度として正しいものを次のア～カから１つ選び，記号で答えなさい。

ア．10℃　イ．20℃　ウ．30℃　エ．40℃　オ．50℃　カ．60℃

4 2021年夏，１年遅れで東京オリンピック・パラリンピックが開催《さい》されました。

ひろし君は選手の活躍《やく》をみて，授業で勉強した運動のしくみやトレーニングについて，くわしく調べてみました。これについて，以下の問いに答えなさい。

人が体を動かすことができるのは，骨と(①)のはたらきによります。骨と骨のつなぎ目の部分を(②)といい，この部分でからだを曲げることができます。１つの(②)を動かすには，曲げる(①)と伸《の》ばす(①)が必要で，(①)は(②)をまたいでとなりの骨とつながっています。骨の中心にある骨髄《こつずい》とよばれる部分では，血液成分である赤血球や(③)，血小板をつくっています。血液には，運動に必要な栄養分や酸素などを筋肉や臓器に運ぶはたらきがあります。

鼻や口から入った空気は(④)を通って左右の肺に入ります。肺で取り入れた酸素は，血液成分の赤血球にふくまれるヘモグロビンというたんぱく質に結びついて，全身に運ばれます。酸素と結びついたヘモグロビンを酸素ヘモグロビンといいます。

運動をしているときは，全身の筋肉などの組織が多くの酸素を必要とします。そのため(⑤)から送り出す血液の量を増やす必要があり，脈拍《みゃくはく》が(⑥)くなります。

[図１]は，血液中の酸素の量を変化させたとき，ヘモグロビンがどれだけ酸素と結びついて

いるかを示したグラフで，横軸《じく》は100を最大の値としたときの酸素の量を示しています。

縦軸は，血液中の全てのヘモグロビンに対する酸素ヘモグロビンの割合を示しています。例えば，横軸が20のときは，全てのヘモグロビンの30％が酸素と結びついていることになります。ただし，血液中の酸素量以外の条件(二酸化炭素の量や温度など)は一定であるとします。

［図１］

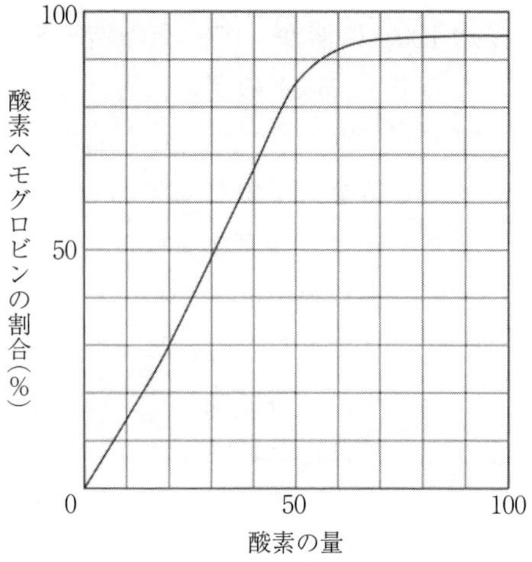

〔１〕 文中の①～⑥にあてはまる語句をそれぞれ答えなさい。

〔２〕 ［図１］から酸素と結びつくヘモグロビンの割合について，どのようなことがわかりますか。次のア～ウから１つ選び，記号で答えなさい。

ア．ヘモグロビンは酸素の量にかかわらず，一定の割合で酸素と結びつく。

イ．酸素の量が少ないときのほうが，ヘモグロビンは酸素と結びつきやすい。

ウ．酸素の量が多いときのほうが，ヘモグロビンは酸素と結びつきやすい。

〔３〕 ［図１］のグラフに関する下の文中の①～③にあてはまる数値を答えなさい。グラフの数値は１めもりの半分まで読み取り，［図２］を参考にして考えなさい。

［図２］

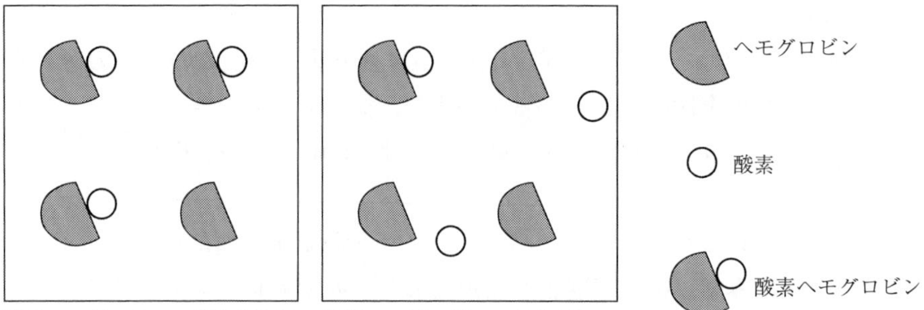

酸素ヘモグロビンの割合が75％　酸素ヘモグロビンの割合が25％

［図１］で，酸素の量が90のとき酸素と結びついているヘモグロビンは，全てのヘモグロビンの(①)％，酸素の量が50のとき，酸素と結びついているヘモグロビンは全てのヘモグロビンの(②)％です。これは，酸素の量が90から50に変化したとき全てのヘモグロビンのうち(③)％のヘモグロビンが酸素を離《はな》したことを示しています。

〔４〕 ［図３］は［図１］のグラフを実線で，［図１］の条件よりも二酸化炭素の量が多いときのグラフを点線で示しています。次の文中の①～③にあてはまる語句の組み合わせとして正しいものを，下のア～キから１つ選び，記号で答えなさい。

［図３］

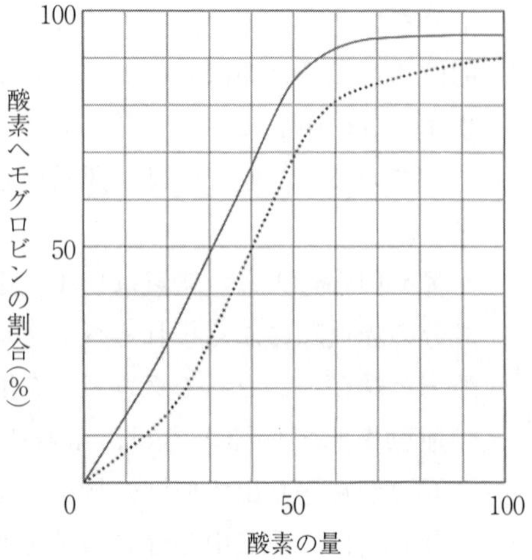

[図3]より酸素の量が同じであれば，二酸化炭素の量が多いほど，ヘモグロビンは(①)ことがわかります。これは肺のように酸素が多く二酸化炭素が少ないところでは(②)やすく，筋肉などの組織のように酸素が少なく二酸化炭素が多いところでは(③)ことを示しています。

	①	②	③
ア.	酸素と結びつきやすい	酸素と結びつき	酸素と結びつきやすい
イ.	酸素と結びつきやすい	酸素と結びつき	酸素を離しやすい
ウ.	酸素と結びつきやすい	酸素を離し	酸素と結びつきやすい
エ.	酸素と結びつきやすい	酸素を離し	酸素を離しやすい
オ.	酸素と結びつきにくい	酸素と結びつき	酸素と結びつきやすい
カ.	酸素と結びつきにくい	酸素と結びつき	酸素を離しやすい
キ.	酸素と結びつきにくい	酸素を離し	酸素と結びつきやすい

〔5〕 [図3]の実線が肺，点線が筋肉でのグラフであるとすると，肺から運ばれて，筋肉に酸素を渡《わた》したヘモグロビンは，全てのヘモグロビンの何%ですか。ただし，肺での酸素の量を100，筋肉での酸素の量を30とし，グラフの数値は1めもりの半分まで読み取ることとします。

〔6〕 空気のうすい場所では，酸素の量が減ります。酸素が少ないところで運動をすると，少ない酸素を効率よく全身にいきわたらせるため，赤血球やヘモグロビンの量が増えたり，ヘモグロビンの酸素との結びつきやすさが変化します。これを利用して，酸素の少ない環境でのトレーニングを取り入れる運動選手もいるそうです。

酸素と結びつきやすいヘモグロビンのグラフを[図4]のア・イから選び，記号で答えなさい。ただし，点線が普通の空気中で生活しているときのヘモグロビンのグラフとします。

[図4]

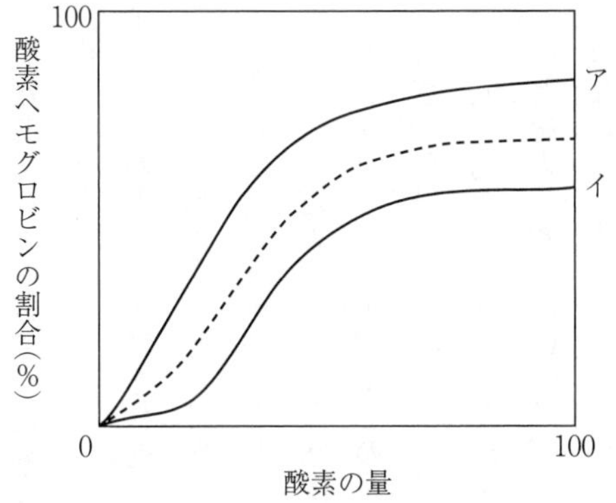

めらい続けていた。

ウ　被災した人に寄り添うつもりでかけた言葉が、無礼な言葉として受け取られてしまうのではないかと迷いながら、人々は言葉を発していた。

エ　被災した人たちを励ましたいという気持ちから、人々は様々な言葉をかけたものの、むしろその励ましの言葉で傷ついてしまったと言われ困惑していた。

問三　――線２「どうしてこんなことが起きるのか」について。

(1)　「こんなこと」の内容について、ていねいに説明しなさい。

(2)　「こんなこと」が起きる理由として最も適当なものを次の中から選び、記号で答えなさい。

ア　どんな場面であっても、人を励ますためだけに使える言葉というものは存在しないから。

イ　人を励ます際に使える言葉が多すぎて、どの言葉を使うべきかがわからないから。

ウ　あるときは人を叱り、あるときは人を励ますことができるような便利な言葉が存在しないから。

エ　現代に生きる人々は、人を励ますためだけに存在する言葉を使うことに慣れていないから。

問四　X に入る言葉として最も適当なものを次の中から選び、記号で答えなさい。

ア　苦しんでいる人はたくさんいる（だから支え合いましょう）

イ　支えてくれる人がたくさんいる（だから安心してください）

ウ　苦しいのはあなたひとりだけ（だからガマンしてください）

エ　苦しいのはあなただけじゃない（だからガマンしましょう）

問五　――線３「多くの人に～粗《あら》くなる」とありますが、その説明として最も適当なものを次の中から選び、記号で答えなさい。

ア　できるだけ多くの人を励まそうとするあまり、メッセージが直接的になりすぎて、言葉をかけることでかえって多くの人を傷つけるということ。

イ　人々の事情はそれぞれ違《ちが》うので、一つの言葉で可能な限り多くの人を励まそうとしても、その言葉では励まされない人が必ず生じてしまうということ。

ウ　一つの言葉では様々な状況に置かれている全ての人を励ますことはできないが、多くの人を励ます時は一つの言葉の力に頼らざるを得ないということ。

エ　人を励ますにはどんな言葉をかけるのがふさわしいかということをよく考えない限り、多くの傷ついた人を励ますことはできないということ。

問六　本文全体をふまえ、筆者の立場の説明として最も適当なものを次の中から選び、記号で答えなさい。

ア　言葉によって多くの人を支えることの難しさを自覚しながらも、どうにかして、どんな場面にも当てはまるような便利な言葉を探さなければならないという使命感を抱いている。

イ　非常時において、言葉だけで状況を改善できないという無力さを感じてはいるが、言葉が誰かを支えるということを信じて、言葉を探し続けるという強い意志を持っている。

ウ　言葉で人を励ますことはできないと絶望しながらも、その絶望を消し去るためには、人を励ますための新しい言葉を作り出さなければならないという思いにかられている。

エ　人を励ますことができる言葉を見つければ、言葉は無力ではないと証明できるので、ふさわしい言葉を探し当てるまでは努力し続けようということを人々に伝えたいと思っている。

が言ってる理屈と、ほとんど同じなのだ。

いまから振り返ってみれば、東日本大震災というのは、普段ぼくらが使っている「励まし言葉」ではまったく対応できない事態だったのだろう。

ひたすら堪《た》え忍《しの》ぶ被災者に「がんばれ」は相応《ふさわ》しくない(もう限界までがんばっていた)。「負けるな」というのも変だ(被災に「勝ち負け」は関係ない)。「大丈夫だよ」もおかしい(実際「大丈夫」ではなかった人たちがたくさんいた)。

そうこうしているうちに、どこからともなく「ひとりじゃない」というフレーズが出回るようになった。被災者を孤立《こりつ》させず、連帯しようという思いを込めた新しい「励まし言葉」だったと思う。

でも、これも使い方次第では「　X　」という意味になりえてしまう。

3多くの人に向けられた言葉は、どうしても編み目が粗《あら》くなる。一口に「被災者」といっても、実際にそこにいるのはさまざまな事情を抱《かか》えた一人ひとりの人間だ。だから、ひとつの言葉が全員の心にぴったりと当てはまるなんてことがあるはずない。「その言葉は今の心情にそぐわない」という人がいれば、そのたびに言葉を探すことが必要だ。

もちろん、震災は言葉だけでなんとかなる問題じゃない。だからといって、言葉は二の次でいいわけでもない。

さっきのワークショップで気づいてほしいのは、「どんな場面でも人を励ませる便利な言葉なんてない」ということ。そんな「ドラえもんの秘密道具」みたいな言葉は存在しない。

でも、不思議なもので、ぼくたちは普段から「誰《だれ》かの言葉に励まされる経験」をしている。やっぱり、「言葉が人を励ます」ことは確かにあるのだ。

だから、「言葉は無力だ」と絶望することはない。言葉を信じて、「言葉探し」を続けたらいい。

(荒井裕樹《あらいゆうき》『まとまらない言葉を生きる』柏書房より)

※1　ワークショップ…参加者が専門家の助言を得ながら問題解決のために行う研究会。

※2　叱咤激励《しったげきれい》……大声で叱ったり励ましたりして気を奮い立たせること。

問一　——線a「筆舌《ひつぜつ》に尽《つ》くし難《がた》い」・b「卑小《ひしょう》な」とありますが、本文における意味として最も適当なものを後の中からそれぞれ選び、記号で答えなさい。

a　筆舌に尽くし難い

ア　解決する手段がない
イ　容易には理解できない
ウ　言葉では表現しきれない
エ　今まで味わったことがない

b　卑小な

ア　無礼な　　イ　いじわるな
ウ　おろかな　　エ　ちっぽけな

問二　——線1「こうした〜及《およ》ぼすのか」とありますが、「非常時」の「状況」についての説明として最も適当なものを次の中から選び、記号で答えなさい。

ア　被災した人たちを言葉で励ましたいと思う人たちが、ふさわしい言葉を探し続けたが結局見つけることができず、何も言葉をかけることができなくなっていた。

イ　被災した人たちを言葉で励ましたいと思う人たちは多くいたものの、いつ、どのように言葉をかければいいかわからずにた

葉は、被災者に対して失礼な気がする。励ましたいけど、傷つけたくない。そんな葛藤《かっとう》からだろうか、みんな慎重《しんちょう》に、あるいは怖々《こわごわ》と、言葉を選んでいたように思う。

あれからずっと、モヤモヤと考え続けてわかったのは、どうやらぼくらが使う日本語には「純粋《じゅんすい》に人を励ます言葉」というものが存在しないらしい、ということだった。

『ヘヴン』という小説がある。川上未映子《かわかみみえこ》さんが書いた名長編で、中学生の壮絶《そうぜつ》な「いじめ」がテーマになっている。

この作品の中に、加害者と被害者が一対一で話し合う場面がある。いじめられている主人公が、ばったり出会った加害者グループの一人を捕《つか》まえて、勇気を振《ふ》りしぼって話しかけるという場面だ。主人公は震《ふる》える声で問いかける。どうして君たちは、ぼくに対して、こんなひどいことができるんだ、と。

ネタバレになるから詳《くわ》しくは書かないけれど、結論から言うと、主人公は加害者の男子生徒にコテンパンに言い負かされる。その言い負かされ具合があまりにも圧倒的《あっとうてき》で、読んでいて悲しくなったり、腹が立ったり、とにかく感情がぶれにぶれて、正直、読むのがしんどい場面だ。

実は、ぼくは授業や講演の中で、ときどきこの小説を採り上げて※1ワークショップを開く。そして参加者に短い作文を書いてもらう。テーマは「いじめられている子を励ます」というものだ。

すると多くの参加者は、「いじめられる側」に同情し、「いじめる側」を許せないと怒《おこ》る。本当にメラメラと怒《いか》りの炎が見えるくらいにヒートアップする人もいる。

でも、提出された作文を読むと、だいたい六割から七割近くの人は、「いじめる側」の肩を持つ(この比率はぼくの経験値によるもの)。正確に言うと、理屈《りくつ》としては「いじめる側」が言っていることに近い文章を書いてくる。心情的には「いじめられる側」に同情していても、出来上がる文章は「いじめる側」に近くなるのだ。

2どうしてこんなことが起きるのか。たぶん、「言葉がないこと」が関係している。

「人を励ます言葉」というと、どんなフレーズを思いつくだろうか。ワークショップで出てくる不動のトップ3は「がんばれ」「負けるな」「大丈夫」。他にもいろいろ出るけど、この三つの地位が揺《ゆ》らぐことはない。

でも、よくよく考えると、「がんばれ」と「負けるな」は、人を叱《しか》りつける時にも使う。「※2叱咤激励《しったげきれい》」という四字熟語があるように、日本語では「叱咤」と「激励」はコインの表裏の関係にある。

一方、「大丈夫」というのも、最近では「no thank you」の意味で使われることが多い。「コーヒーもう一杯飲みますか?」「あ、大丈夫です~」といった感じだ。

ぼくらが「励まし表現」の代表格だと思っている言葉は、時と場合によっては、「人を叱る言葉」や「人と距離《きょり》をとる言葉」に姿を変える。どうやら日本語には、「どんな文脈にあてはめても、『人を励ます』という意味だけを持つ言葉」というのは存在しないらしい。

ワークショップでも、「いじめられる側」に同情する主旨《しゅし》で書きはじめられた文章が、後半に進むにつれて「こんな奴《やつ》に負けないでがんばれ」という論調になっていくパターンが多い。

これは裏返すと、「自分を強く持て」ということなんだけど、受け取り方によっては、「いじめられるのはあなたが弱いからいけない」というメッセージにもなる。

「弱いからいけない」——実はこれ、課題小説の中で「いじめる側」

けていたが、やっと乗ることが出来たのでバス停が来ても降りたくないと思い、時間をかけてボタンを押した。

イ　母の退院により重苦しい気持ちが晴れたおかげで、河野さんのバスにも緊張せずに乗ることができ、母の退院を祝うような気持ちで力強くボタンを押した。

ウ　車内マナーについていろいろと注意されたことを思い出しながら、河野さんへのお別れと感謝の思いを込《こ》めて、気持ちに区切りを付けるようにボタンを押した。

エ　母の退院という祝うべき日の運転手が偶然にも河野さんであったことが嬉《うれ》しくて、今まで教わってきたマナーを全て守りながら、胸を張ってボタンを押した。

問九　本文の表現の特徴について述べたものとして適当でないものを次の中から一つ選び、記号で答えなさい。

ア　二三ページ上段・「夕暮れが早くなった」というのは母の入院期間が長引いていることを表しており、「いまはまだかろうじて」残っている夕陽は母の病状回復を願う少年のかすかな希望を表している。

イ　二三ページ下段・「きれいな真ん丸の月」は最後の回数券を使わざるを得ない少年の悲しみと対比されており、その月が「じわじわとにじみ、揺《ゆ》れはじめた」という言葉で、涙が目に浮かんで泣き始めたことが印象的に描かれている。

ウ　二一ページ上段・「どこからか聞こえる『ごはんできたよお』のお母さんの声」は、たまたま聞こえてきたものではあるが、不在だった母が退院し、久しぶりに家族そろって夕飯を食べられる少年の幸せを感じさせるものである。

エ　二一ページ上段・少年が「何歩か進んで振り向くと」バスが見えなくなるというのは、母の退院によりもうバスに乗る必要がなくなったことに加え、母が入院していた期間を通していろいろな経験をして少年が成長したことも表している。

三　次の文章を読んで、後の問いに答えなさい。

人を励《はげ》ます言葉って何だろう。そもそも、言葉で人を励ますことはできるのか。なんてことを考え出したのは、二〇一一年の東日本大震《しん》災《さい》がきっかけだった。

あの頃、テレビや新聞では連日、東北地方の深刻な状況《じょうきょう》が報じられていた。大津波の圧倒的な威力《いりょく》。人間のコントロールを超《こ》えて暴走した原子力発電所。身も心も傷つき疲《つか》れ果てた人たち。画面に写る被《ひ》災地《さいち》の様子は、文字通りａ筆舌《ひつぜつ》に尽《つ》くし難《がた》いものだった。

言葉というものはなんて無力なんだろう。いや、言葉を仕事にしているにもかかわらず、こうした災害に対して何も言えないでいる自分は、なんてｂ卑小《ひしょう》な存在なんだろう。そうした猛烈《もうれつ》な無力感に囚《とら》われた。

それでも、せめて言葉について考えることは諦《あきら》めたくなかった。だから、とにかくぼくは目を凝《こ》らし、耳を澄《す》ませた。

１こうした非常時には、どんな言葉が飛び交《か》うのか。非常時という極限状況は、ぼくらの言葉にどんな影響《えいきょう》を及《およ》ぼすのか。そうした問題を確かめておきたくて、日々、目に映る文字、耳に入る声を必死にかき集めていた。

そこでぼくが気になったのが、「励まし言葉」という問題だった。震災直後、テレビのコメンテーターも、公共のＣＭも、いろいろと手探《てさぐ》りで「励まし言葉」を模索《もさく》していた気がする。

きっと、あの時、多くの人が「被災者の力になりたい」「励ましたい」と願ったことだろう。でも、「がんばれ」なんてありきたりな言

い。

ア　自分が苦手とする口うるさい運転手に対する警戒心に加え、運転手が自分に気付き、ムスッとした表情になったのを見て、緊張《きんちょう》した。

イ　車内で回数券を買うのは初めてであり、しかも一度に三冊も買うにあたって、運転手にどのタイミングでどんな説明をすればいいのか心配になった。

ウ　かつて叱られた運転手のバスに乗っているだけでも緊張するのに、今日は回数券を買うので、そのときにまた注意されるのではないかと思い、気がめいった。

エ　何度も嫌《いや》な思いをさせられた運転手にまた会ってしまった運の悪さを思い、回数券を素早く買うために前方に座ったことを後悔した。

問四　――線３「わかっている～言われなくたって」とありますが、この時の「少年」の説明として最も適当なものを次の中から選び、記号で答えなさい。

ア　バスを規則正しく運行させることを重視するあまり、回数券を買う自分の手際《てぎわ》の悪さを必要以上に注意する河野さんに反発を覚えている。

イ　運転手としての立場からぶっきらぼうに金額の説明をする河野さんに対して、自分にとっての関心事は母の病状なのだと言い返したくなっている。

ウ　定期券を買うと母の入院も長引いてしまいそうな気がするが、根拠《こんきょ》のないことなのでうまく説明できずにもどかしく思っている。

エ　河野さんの言葉から回数券三冊よりも定期券のほうが安いことを再確認し、なぜ父が回数券を買うように言ったのか不審《ふしん》に思っている。

問五　――線４「少年は父に～ようになった」とありますが、その理由として最も適当なものを次の中から選び、記号で答えなさい。

ア　入院が長引いている母の病状が心配で自分一人では心細いため、病院ではなるべく父と一緒にいたかったから。

イ　父の車に乗れば帰りは回数券を使わないため減り方が半分で済み、定期券を買うよりも経済的だから。

ウ　何度も嫌な思いをさせられ会話もうまくできなかった河野さんと、これ以上顔を合わせたくなかったから。

エ　回数券を買うたびにそれだけ母の入院が長引く気がするため、新たに買いたくはなかったから。

問六　――線５「逆に涙が～しまった」とありますが、その理由として最も適当なものを次の中から選び、記号で答えなさい。

ア　河野さんからいつもとは違《ちが》う口調で話しかけられて混乱し、返事ができず自分でもくやしかったから。

イ　河野さんに悩《なや》みを打ち明けようと思ったとたんに、病気の母への不安が一層増したから。

ウ　河野さんのやさしさに触《ふ》れ、今まで不愛想な人だと誤解していたことを恥《は》ずかしく思ったから。

エ　河野さんから思わぬやさしい言い方をされて、こらえきれずにいた悲しみがあふれ出したから。

問七　――線６「ぼく、バスで帰っていい？」とありますが、「少年」がそのように言った理由をていねいに説明しなさい。

問八　――線７「ゆっくりと～伸《の》ばして」とありますが、この時の少年について述べたものとして最も適当なものを次の中から選び、記号で答えなさい。

ア　河野さんの優しさに触れて以来彼のバスに乗る機会を待ち続

きらめかけた頃――やっと河野さんのバスが来た。間違《まちが》いない。運転席にいるのは確かに河野さんだ。

　車内は混み合っていたので、走っているときに河野さんに近づくことはできなかった。それでもいい。通路を歩くのはバスが停まってから。整理券は丸めてはいけない。

　次は本町一丁目、本町一丁目……とアナウンスが聞こえると、降車ボタンを押した。7ゆっくりと、人差し指をピンと伸《の》ばして。

　バスが停まる。通路を進む。河野さんはいつものように不機嫌な様子で運賃箱を横目で見ていた。

　目は合わない。それがちょっと残念で、でも河野さんはいつもこうなんだもんな、と思い直して、整理券と回数券の最後の一枚を入れた。

　降りるときには早くしなければいけない。順番を待っているひともいるし、次のバス停で待っているひともいる。

　だから、少年はなにも言わない。回数券に書いた「ありがとうございました」にあとで気づいてくれるかな、気づいてくれるといいな、と思いながら、ステップを下りた。

　バスが走り去ったあと、空を見上げた。西のほうに陽が残っていた。どこからか聞こえる「ごはんできたよお」のお母さんの声に応えるように、少年は歩き出す。

　何歩か進んで振り向くと、車内灯の明かりがついたバスが通りの先に小さく見えた。やがてバスは交差点をゆっくりと曲がって、消えた。

（重松《しげまつ》　清《きよし》『カレーライス　教室で出会った重松清』新潮社所収「バスに乗って」より）

※1　嗚咽《おえつ》…声をあげて泣くこと。

問一　――線a「とんちんかんな」・b「きょとんとした」とありますが、本文における意味として最も適当なものを後の中からそれぞれ選び、記号で答えなさい。

a　とんちんかんな

ア　言動が的外《まとはず》れな様子
イ　考えがうまくまとまらない様子
ウ　自信がなさそうな様子
エ　即座《そくざ》に機転をきかせる様子

b　きょとんとした

ア　あまりのことにびっくりして声が出ないさま
イ　どこか頼《たよ》りなさそうだがあいきょうがあるさま
ウ　とっさに理解できず目を見開いているさま
エ　相手の言動に納得《なっとく》がいかず不満そうなさま

問二　――線1「父がどれを～知りたくなくて」とありますが、この時の「少年」の気持ちの説明として最も適当なものを次の中から選び、記号で答えなさい。

ア　入院期間が長引くと知っている父がなぜ回数券を買わせようとしているのか気になるが、経済的なことに口を出してはいけないとも思っている。
イ　母の入院期間がどのくらいになるのか父が知っているならば聞きたいと思う一方で、長引くかもしれないと思うと、知ることに対する不安もある。
ウ　入院期間が長くなるのならば長期の定期券が割安ではあるが、入院費用もかかるので、金銭的な負担をかけたくないとも思っている。
エ　母の入院期間を知っているのに自分に心配をかけまいと隠している父の配慮《はいりょ》を察しながらも、正直に打ち明けてくれないことへの反発もある。

問三　――線2「胸がすぼまった」とありますが、この時の「少年」の説明として最も適当なものを次の中から選び、記号で答えなさ

泣いた。バスの重いエンジンの音に紛《まぎ》らせて、うめき声を漏《も》らしながら泣きじゃくった。

『本町一丁目』が近づいてきた。顔を上げると、車内には他の客は誰《だれ》もいなかった。降車ボタンを押して、手の甲《こう》で涙をぬぐいながら席を立ち、ウインドブレーカーのポケットから回数券の最後の一枚を取り出した。

バスが停まる。運賃箱の前まで来ると、運転手が河野さんだと気づいた。それでまた、悲しみがつのった。こんなひとに最後の回数券を渡したくない。

整理券を運賃箱に先に入れ、回数券をつづけて入れようとしたとき、とうとう泣き声が出てしまった。

「どうした?」と河野さんが訊いた。「なんで泣いてるの?」――ぶっきらぼうではない言い方をされたのは初めてだったから、5逆に涙が止まらなくなってしまった。

「財布、落としちゃったのか?」

泣きながらかぶりを振って、回数券を見せた。

じゃあ早く入れなさい――とは、言われなかった。

河野さんは「どうした?」ともう一度訊いた。

その声にすうっと手を引かれるように、少年は※1嗚咽《おえつ》交じりに、回数券を使いたくないんだと伝えた。母のこともしゃべった。新しい回数券を買うと、そのぶん、母の退院の日が遠ざかってしまう。ごめんなさい、ごめんなさい、と手の甲で目元を覆った。警察に捕《つか》まってもいいから、この回数券、ぼくにください、と言った。

河野さんはなにも言わなかった。かわりに、小銭が運賃箱に落ちる音が聞こえた。目元から手の甲をはずすと、整理券と一緒に百二十円、箱に入っていた。もう前に向き直っていた河野さんは、少年を振り向かずに、「早く降りて」と言った。「次のバス停でお客さんが待ってるんだから、早く」――声はまた、ぶっきらぼうになっていた。

次の日から、少年はお小遣いでバスに乗った。お金がなくなるか「回数券まだあるのか?」と父に訊かれるまでは知らん顔しているつもりだったが、その心配は要らなかった。

三日目に病室に入ると、母はベッドに起き上がって、父と笑いながらしゃべっていた。会社を抜けてきたという父は、少年を振り向いてうれしそうに言った。

「お母さん、あさって退院だぞ」

退院の日、母は看護師さんから花束をもらった。車で少年と一緒に迎えに来た父も、「どうせ家に帰るのに」と母に笑われながら、大きな花束をプレゼントした。

帰り道、「6ぼく、バスで帰っていい?」と訊くと、両親はbきょとんとした顔になったが、「病院からバスに乗るのもこれで最後だもんなあ」「よくかんばったよね、寂《さび》しかったでしょ? ありがとう」と笑って許してくれた。

「帰り、ひょっとしたら、ちょっと遅くなるかもしれないけど、いい? いいでしょ? ね、いいでしょ?」

両手で拝んで頼むと、母は「晩ごはんまでには帰ってきなさいよ」とうなずき、父は「そうだぞ、今夜はお寿司《すし》とるからな、パーティーだぞ」と笑った。

バス停に立って、河野さんの運転するバスが来るのを待った。バスが停まると、降り口のドアに駆《か》け寄って、その場でジャンプしながら運転席の様子を確かめる。

何便もやり過ごして、陽《ひ》が暮れてきて、やっぱりだめかなあ、とあ

「……はい」

「いくらのやつ？」

「……百二十円の」

河野さんは「だから、そういうのも先に言わないと、後ろつっかえてるだろ」とぶっきらぼうに言って、一冊差し出した。「千二百円と、今日のぶん、運賃箱に入れて」

「あの……すみません、三冊……すみません……」

「三冊も？」

「はい……すみません……」

大きくため息をついた河野さんは、「ちょっと、後ろのお客さん先にするから」と少年に脇《わき》にどくよう顎《あご》を振《ふ》った。

少年は頬《ほお》を赤くして、他の客が全員降りるのを待った。お父さん、お母さん、お父さん、お母さん、と心の中で両親を交互《こうご》に呼んだ。助けて、助けて、助けて……と訴《うった》えた。

客が降りたあと、河野さんはまたカバンを探り、追加の二冊を少年に差し出した。

代金を運賃箱に入れると、「かよってるの？」と、さっきよりさらにぶっきらぼうに訊かれた。「病院、かようんだったら、定期のほうが安いぞ」

3わかっている、そんなの、言われなくたって。

「……お見舞《みま》い、だから」

かぼそい声で応《こた》え、そのまま、逃げるようにステップを下りて外に出た。全然aとんちんかんな答え方をしていたことに気づいたのは、バスが走り去ってから、だった。

夕暮れが早くなった。病院に行く途中《とちゅう》で橋から眺《なが》める街は、炎《ほのお》が燃えたつような色から、もっと暗い赤に変わった。帰りは夜になる。最初の頃は帰りのバスを降りるときに広がっていた星空が、いまはバスの中から眺められる。病院の前で帰りのバスを待つとき、いまはまだかろうじて西の空に夕陽が残っているが、あとしばらくすれば、それも見えなくなってしまうだろう。

買い足した回数券の三冊目が――もうすぐ終わる。

4少年は父に「迎《むか》えに来て」とねだるようになった。車で通勤している父に、会社帰りに病院に寄ってもらって一緒《いっしょ》に帰れば、回数券を使わずにすむ。

「今日は残業で遅《おそ》くなるんだけどな」と父が言っても、「いい、待ってるから」とねばった。母から看護師さんに頼《たの》んでもらって、面会時間の過ぎたあとも病室で父を待つ日もあった。

それでも、行きのバスで回数券は一枚ずつ減っていく。最後から二枚目の回数券を――今日、使った。あとは表紙を兼《か》ねた十一枚目の券だけだ。

明日からお小遣《こづか》いでバスに乗ることにした。毎月のお小遣いは千円だから、あとしばらくはだいじょうぶだろう。

ところが、迎えに来てくれるはずの父から、病院のナースステーションに電話が入った。

「今日はどうしても抜《ぬ》けられない仕事が入っちゃったから、一人でバスで帰って、って」

看護師さんから伝言を聞くと、泣きだしそうになってしまった。今日は財布《さいふ》を持って来ていない。回数券を使わなければ、家に帰れない。

母の前では涙《なみだ》をこらえた。病院前のバス停のベンチに座っているときも、必死に唇《くちびる》を噛《か》んで我慢《がまん》した。でも、バスに乗り込み、最初は混《こ》み合っていた車内が少しずつ空《す》いてくると、急に悲しみが胸に込み上げてきた。シートに座る。窓から見えるきれいな真ん丸の月が、じわじわとにじみ、揺《ゆ》れはじめた。座ったままうずくまるような格好で

二〇二二年度　桐光学園中学校

【国　語】〈第一回試験〉（五〇分）〈満点：一五〇点〉

注意　本文の表現については、作品を尊重し、そのままにしてありますが、設問の都合上、省略した部分、表記を改めた部分があります。
　また、特に指示のないかぎり、句読点も一字に数えます。

一　線(あ)～(お)のひらがなを漢字に直しなさい。

1　話の(あ)すじみち。
2　(い)しじょうに富んだ文学的な表現。
3　あの島は天然資源の(う)ほうこである。
4　多くの機能が(え)ないぞうされた機械。
5　ゴールの(お)すんぜんで追いこされる。

二　次の文章を読んで、後の問いに答えなさい。

　二冊《さつ》目の回数券が終わった。使いはじめるとあっけない。一往復で二枚ずつ——一週間足らずで終わってしまう。
　まだ母が退院できそうな様子はない。
「回数券はバスの中でも買えるんだろ。お金渡すから、自分で買うか？」
「……一冊でいい？」
　ほんとうは訊《き》きたくない質問だった。父も答えづらそうに少し間をおいて、「面倒だから二冊ぐらい買っとくか」と妙におどけた口調で言った。
「定期券にしなくていい？」
「なんだ、おまえ、そんなのも知ってるのか」
「そっちのほうが回数券より安いんでしょ？」
　定期券は一ヵ月、三ヵ月、六ヵ月の三種類ある。1父がどれを選ぶのか、知りたくて、知りたくなくて、「定期って長いほうが得なんだよね」と言った。
「ほんと、よく知ってるんだなあ」父はまたおどけて笑い、「まあ、五年生なんだもんな」とうなずいた。
「……何ヵ月のにする？」
「お金のことはアレだけど……回数券、買っとけ」
　父はそう答えたあと、「やっぱり三冊ぐらい買っとくか」と付け加えた。

　次の日、バスに乗り込んだ少年は前のほうの席を選び、運転席をそっと覗《のぞ》き込《こ》んだ。あのひとだ、とわかると、2胸がすぼまった。
　初めてバスに一人で乗った日に叱《しか》られた運転手だった。その後も何度か、同じ運転手のバスに乗った。まだ二冊目の回数券を使いはじめたばかりの頃《ころ》、整理券を指に巻きつけて丸めたまま運賃箱に入れたら、「数字が見えないとだめだよ」と言われた。叱る口調ではなかったが、それ以来、あのひとのバスに乗るのが怖《こわ》くなった。たとえなにも言われなくても、運賃箱に回数券と整理券を入れてバスを降りるとき、いつもムスッとしているように見える。
　嫌《いや》だなあ、運が悪いなあ、と思ったが、回数券を買わないわけにはいかない。『大学病院前』でバスを降りるとき、「回数券、ください」と声をかけた。
　運転手は「早めに言ってくれないと」と顔をしかめ、足元に置いたカバンから回数券を出した。制服の胸の名札が見えた。「河野《こうの》」と書いてあった。
「子ども用のでいいの？」

2022年度
桐光学園中学校 ▶解説と解答

算　数　＜第１回試験＞（50分）＜満点：150点＞

解　答

1 (1) 290　(2) 2　(3) 6　(4) 12　(5) 31　2 (1) 50　(2) 550　(3) 74　(4) 120　(5) 18.24　(6) 47.1　3 (1) 5個　(2) 13個　(3) 760円　4 (1) 3：5　(2) 9：16　(3) 26cm²　5 (1) 12g　(2) 200g　(3) 100g

解　説

1 四則計算，逆算，割合と比，約数と倍数

(1) 右の図１より，23.2×12.5＝290

(2) $2\div\frac{2}{9}-\left(\frac{1}{3}+0.25\right)\times12=2\times\frac{9}{2}-\left(\frac{1}{3}+\frac{1}{4}\right)\times12=9-\left(\frac{4}{12}+\frac{3}{12}\right)\times12=9-\frac{7}{12}\times12=9-7=2$

(3) $1.2\times\frac{1}{3}=\frac{12}{10}\times\frac{1}{3}=\frac{4}{10}=0.4$より，2.4－(0.4＋□÷５)＝0.8，0.4＋□÷５＝2.4－0.8＝1.6，□÷５＝1.6－0.4＝1.2　よって，□＝1.2×５＝６

図１

```
    23.2
×   12.5
  ------
   1160
   464
  232
  ------
  290.0Ø Ø
```

(4) Ａさんは１時間で，32÷４＝８(個)の製品を作ることができる。１時間30分＝(１＋30÷60)時間＝1.5時間だから，Ａさんは1.5時間で，８×1.5＝12(個)の製品を作る。

(5) 48と64の最大公約数は，右の図２より，２×２×２×２＝16だから，公約数は，１，２，４，８，16である。よって，公約数すべての和は，１＋２＋４＋８＋16＝31となる。

図２

```
2 ) 48  64
2 ) 24  32
2 ) 12  16
2 )  6   8
     3   4
```

2 過不足算，割合と比，平均，速さ，面積，体積

(1) 生徒１人にリンゴを５個ずつ配るのと，８個ずつ配るのでは，必要なリンゴの個数に，１人あたり，８－５＝３(個)の差ができる。１人に５個ずつ配ると10個余り，８個ずつ配ると14個不足するのだから，必要なリンゴの個数の差は，10＋14＝24(個)である。よって，生徒は，24÷３＝８(人)いて，リンゴは全部で，５×８＋10＝50(個)ある。

(2) 太郎さんが所持金の40％を使うと，所持金の，100－40＝60(％)が残る。これが330円だから，太郎さんのはじめの所持金は，330÷0.6＝550(円)となる。

(3) Ａさんの３回のテストの平均点が62点なので，３回のテストの合計点は，62×３＝186(点)である。４回のテストの平均点を65点にするには，４回のテストの合計点を，65×４＝260(点)にする必要があるから，Ａさんは４回目のテストで，260－186＝74(点)とればよい。

(4) 家から学校までの道のりの半分を100と150の最小公倍数である300とすると，兄は家から学校まで，300÷100＋300÷150＝５の時間をかけて進んだことになる。よって，兄と同時に家を出発して，兄と同時に学校に到着《とうちゃく》した弟は，分速，300×２÷５＝120(m)で進んだことがわかる。

⑸　右の図①で，斜《しゃ》線部分の図形は，半径８cmの半円から，半径４cm，中心角90度のおうぎ形４個と，１辺４cmの正方形２個を除いたものである。よって，その面積は，$8\times8\times3.14\times\frac{1}{2}-4\times4\times3.14\times\frac{1}{4}\times4-4\times4\times2=(32-16)\times3.14-32=16\times3.14-32=50.24-32=18.24$ (cm^2)と求められる。

図①

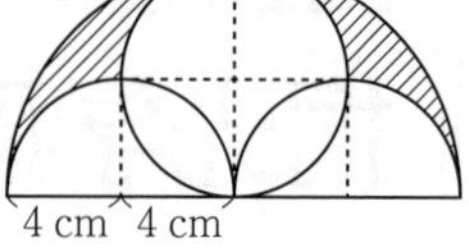

⑹　問題文中の図の斜線部分の図形を，直線ACのまわりに１回転させると，右の図②のような，底面の半径３cm，高さ，$5+1=6$ (cm)の円すいから，底面の半径３cm，高さ１cmの円すいをくり抜《ぬ》いた立体ができる。この立体の体積は，$3\times3\times3.14\times6\times\frac{1}{3}-3\times3\times3.14\times1\times\frac{1}{3}=(18-3)\times3.14=15\times3.14=47.1(cm^3)$である。

図②

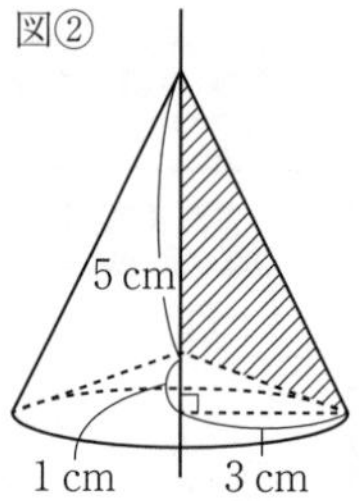

3　調べ

⑴　はじめに40円で，$40\div10=4$ (個)のあめ玉が得られる。また，そのあめ玉から包み紙が４枚得られるので，さらに，$4\div4=1$ (個)のあめ玉と交換《こうかん》できる。交換で得られた１個のあめ玉からも包み紙が１枚得られるが，１枚ではあめ玉と交換できない。よって，最も多くて，$4+1=5$ (個)のあめ玉が得られる。

⑵　⑴と同様に考えると，はじめに100円で，$100\div10=10$(個)のあめ玉を得ることができ，$10\div4=2$余り２より，その包み紙で２個のあめ玉を得ることができる。さらに，このとき得た２枚の包み紙と，余りの包み紙合わせて，$2+2=4$ (枚)で，$4\div4=1$ (個)のあめ玉を得ることができる。このとき得る１枚の包み紙では，あめ玉と交換できないから，得ることができるあめ玉の数は最大で，$10+2+1=13$(個)と求められる。

⑶　買って得たあめ玉を○，交換して得たあめ玉を●として，あめ玉を４個得るごとに交換するようすを表すと右の図のようになる。$101\div4=25$余り１より，あめ玉４個の組み合わせは25組でき，このうち交換して得たあめ玉の数は，$25-1+1=25$(個)とわかる。よって，買って得たあめ玉の数は，$101-25=76$(個)となるので，必要な金額は，$10\times76=760$(円)とわかる。

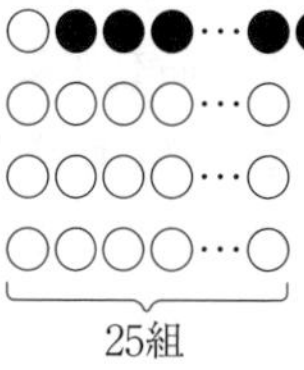

4　平面図形―相似，辺の比と面積の比，面積

⑴　四角形ABCDは平行四辺形なので，AB＝DCである。また，AE：EB＝DG：GC＝３：２で，$AE=AB\times\frac{3}{3+2}=AB\times\frac{3}{5}$，$DG=DC\times\frac{3}{3+2}=DC\times\frac{3}{5}$だから，AE＝DGとなるから，四角形AEGDも平行四辺形となり，ADとEGは平行である。よって，三角形AEFと三角形ABHは相似で，相似比は，AF：AH＝AE：AB＝３：(３＋２)＝３：５となる。

⑵　⑴より，EF：BH＝AF：AH＝３：５である。また，四角形EBCGは平行四辺形で，EG＝BCである。ここで，BH：BC＝３：(３＋２)＝３：５だから，BHの長さを３と５の最小公倍数である15とすると，$EG=BC=15\times\frac{5}{3}=25$，$EF=15\times\frac{3}{5}=9$となる。よって，EF：FG＝９：(25－９)＝９：16である。

⑶　⑵より，それぞれの長さの比は右の図のようにあらわせる。平行四辺形EBCGの面積は，平行四辺形ABCDの面積の，$\frac{2}{3+2}=\frac{2}{5}$なので，$125\times\frac{2}{5}=50(cm^2)$である。また，四角形EBHFと，四角形FHCGはともに台形で，高さが等しいか

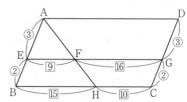

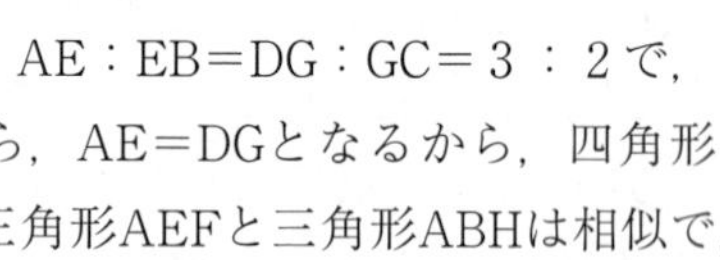

ら，面積の比は上底と下底の長さの和の比と等しく，（９＋15）：(16＋10)＝12：13となる。したがって，四角形FHCGの面積は，$50\times\frac{13}{12+13}=26(\text{cm}^2)$と求められる。

5 濃度《のうど》

⑴　濃度20％の食塩水Ａ60ｇに含《ふく》まれる食塩は，60×0.2＝12(ｇ)である。

⑵　濃度20％の食塩水Ａ40ｇと，濃度８％の食塩水Ｂのすべてを混ぜ合わせて，濃度10％の食塩水ができるので，含まれる食塩の量を面積図で表すと，右の図のようになる。実線で囲まれた２つの長方形の面積の合計と，点線で表した長方形の面積は等しいから，㋐と㋑の２つの長方形の面積も等しい。㋐と㋑の縦の長さの比は，(20－10)：(10－８)＝５：１なので，横の長さの比は，$\frac{1}{5}:\frac{1}{1}=1:5$である。よって，混ぜた食塩水Ｂは，$40\times\frac{5}{1}=200$(ｇ)と求められる。

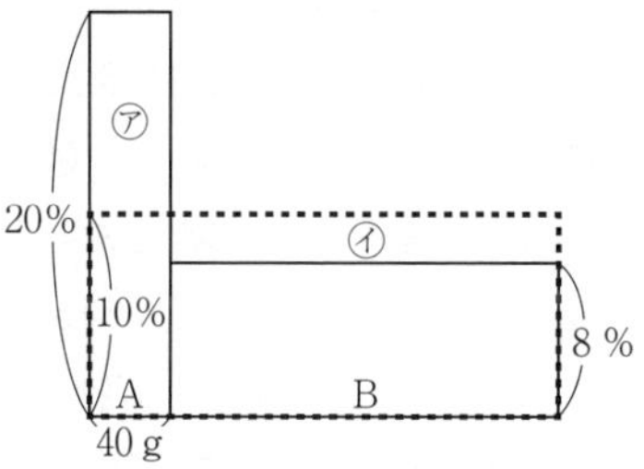

⑶　⑵より，食塩水Ｃは，濃度10％で，40＋200＝240(ｇ)の食塩水で，240×0.1＝24(ｇ)の食塩が含まれる。食塩水Ｃができたときに，残っていた食塩水Ａは，100－40＝60(ｇ)である。つまり，食塩水Ｄを作るには，濃度20％の食塩水Ａ60ｇと，濃度10％の食塩水Ｃ240ｇを混ぜるので，食塩水Ｄの濃度は，(12＋24)÷(60＋240)×100＝12(％)である。一方，食塩水Ｅは，濃度10％の食塩水Ｃ240ｇと，水60ｇを混ぜたもので，これによって，食塩24ｇを含む食塩水が，240＋60＝300(ｇ)できる。ここから水を蒸発させて，濃度を食塩水Ｄと同じ12％にするには，食塩水の重さを，24÷0.12＝200(ｇ)にしなければならない。したがって，食塩水Ｅから，300－200＝100(ｇ)の水を蒸発させればよいことがわかる。

社　会　＜第１回試験＞（40分）＜満点：100点＞

解　答

1 **問１**　①　小野妹子　②　豊臣秀吉　③　福澤諭吉　④　伊能忠敬　⑤　野口英世　**問２**　1　**問３**　2　**問４**　3　**問５**　4　**問６**　3　**問７**　**カ**　7　**キ**　6　**ク**　1　**ケ**　3　**コ**　5　**2** **問１**　①　生存(社会)(権)　②　メディア(情報)リテラシー　③　衆議(院)　**問２**　2　**問３**　4　**問４**　2　**問５**　文化の日　**問６**　関東大震災　**問７**　2　**問８**　国民主権　**問９**　2　**問10**　⑴　④　三権分立(権力分立)　⑤　ふるさと納税　⑥　刑事　⑵　1　⑶　条例　⑷　2　**3** **問１**　①　紫式部　②　徳川吉宗　③　安土(城)　④　浮世(絵)　⑤　天保　⑥　文明開化　**問２**　3　**問３**　4　**問４**　⑴　(例)　文字を読むこと(読み書き，識字)　⑵　2

解　説

1 歴史上の人物を題材とした問題

問１　①　607年，聖徳太子の命を受けた小野妹子は遣隋使として隋(中国)に渡り，隋の第２代皇帝煬帝《ようだい》に謁見《えっけん》して国交を求める国書を手渡したが，その中で中国の皇帝を指す「天子」という語が日本の指導者を指すのにも用いられていたため，煬帝は立腹したという。　②　1587年，キリスト教の布教に熱心だったスペイン・ポルトガルに領土的野心があるのではないかと警戒した豊臣秀吉は，バテレン(宣教師)追放令を出し，キリスト教の宣教師を国外追放とした。　③　福澤諭吉は豊前《ぶぜん》中津藩(大分県)の武士の子として大坂(大阪)で生まれ，緒方洪庵《おがたこうあん》の適塾で蘭学《らんがく》を学んだ。開国後は英語の重要性を認識してこれを学び，1860年には勝海舟《かつかいしゅう》が艦長《かんちょう》を務める咸臨丸《かんりんまる》に乗ってアメリカに渡った。数回に渡る海外渡航の経験などをもとに書かれた『学問のすゝ《(す)》め』は，当時のベストセラーになった。　④　伊能忠敬《ただたか》は1800年から1816年まで日本の沿岸を歩いて測量を行い，正確な日本地図を作成した。この業績は忠敬の死後，弟子たちが「大日本沿海輿地《よち》全図」として完成させた。医師として長崎出島のオランダ商館に赴任《ふにん》したシーボルトは，国外への持ち出しが禁止されていたこの地図を荷物に入れて帰国しようとしたことが発覚し，国外追放処分となった(シーボルト事件)。　⑤　野口英世は福島県出身の細菌《さいきん》学者で，北里研究所で学んだのち，アメリカに渡って研究を続けた。黄熱病を研究するためにアフリカのガーナに渡ったが，みずからこれにかかり，命を落とした。

問２　滋賀県の県庁所在地である大津市は，問題文にもあるとおり，「京都市や大阪市などで働く人のベッドタウン」としても機能している。昼間，近くの都市に通勤・通学する人数が多ければ，昼間人口は夜間人口よりも少なく，昼夜間人口比率は100％未満になる。

問３　１には，全国で最も農業生産額が多い北海道があてはまる。残りの３つの中で最も畜産の割合が高いのが宮崎県で，宮崎県は肉用若鶏の飼養頭数が全国第１位，豚の飼養頭数が全国第２位，肉用牛の飼養頭数が全国第３位となっている。なお，３にはぶどうやももなどの果実の生産がさかんな山梨県，４には米の生産量が全国で最も多い新潟県があてはまる。統計資料は『日本国勢図会』2021／22年版による。

問４　太陽光・風力・水力・波力のように，自然の力で再生され，半永久的に利用ができるエネルギーのことを，再生可能エネルギーという。原子力発電は，おもにウランという地下資源を利用してエネルギーを生み出す発電方法で，再生可能エネルギーにはあたらない。

問５　九州北西部に広がる有明海では古くから干拓が行われ，長崎県の諫早湾《いさはやわん》では1997年に水門が閉められ，2007年に完工式が行われた。のりの養殖収獲《しゅうかく》量が全国第２位の佐賀県をはじめ，有明海ではのりの養殖がさかんに行われているが，干拓が漁業に与える影響《えいきょう》を指摘《してき》する声もある。なお，児島《こじま》湾は岡山県にある。うなぎの養殖は鹿児島県や宮崎県，愛知県でさかんである。

問６　示された４県の中では，関東内陸工業地域を構成する栃木県が最も工業出荷額が多く，東北地方で最も工業製品出荷額が多い福島県がこれにつぐ。なお，１は岩手県，２は宮城県。

問７　１はアメリカ，２はブラジル，３はドイツ，４はロシア，５はガーナ，６はインド，７は中国，８はオーストラリアを示している。

2　現代の社会や日本国憲法，政治のしくみについての問題

問１　①　日本国憲法は第25条１項で「すべて国民は，健康で文化的な最低限度の生活を営む権利を有する」として，国民の生存権を保障している。生存権は，社会権にふくまれる。　②「リテラシー」とは読み書きの能力のことで，特に，多くの情報の中から自分に必要なもの，正しいものを取捨選択《せんたく》する能力を情報リテラシーという。　③　衆議院議員の選挙は総選挙，参議院議員の選挙は通常選挙とよばれる。2021年10月には，衆議院議員総選挙が行われた。

問２　感染症《しょう》対策では，職業選択の自由，営業の自由をはじめとした自由権が制限されることが多く，人権がおびやかされることが心配される。なお，黙秘《もくひ》権は，捜査《そうさ》機関の取り調べや裁判のとき，被疑者や被告人が供述を拒《こば》めるという権利，著作権は著作物の創作者を保護するための権利で，感染症対策による行動制限でおびやかされるとは考えられない。３は「環境権」ではなく「プライバシーの権利」が正しい。

問３　インターネット上では，誰《だれ》でも匿名《とくめい》で自由に，自分の判断で情報を発信できるが，そのために誤った内容が発信される可能性がある。また，データが改ざんされる可能性もある。

問４　政府機関から提供された情報も，ある特定の視点から発信された情報であるため，客観的なものとはいいきれない。

問５　日本国憲法は1946年11月3日に公布され，1947年5月3日に施行された。現在，公布日の11月3日は文化の日，施行日の5月3日は憲法記念日として，国民の祝日となっている。

問６　1923年，相模湾《さがみわん》を震源とする大地震が発生し，これにともなって発生した火災とともに関東地方に大きな被害をもたらした。この災害を関東大震災といい，このとき，朝鮮人について根拠《こんきょ》のない誤った情報が流れたため，自警団や警察が朝鮮人を殺害するという事件が起こった。

問７　情報通信技術は，ICTと略される。なお，ODAは政府開発援助，IOCは国際オリンピック委員会，WHOは世界保健機関の略称。

問８　国の政治のあり方を決める最終的な権限が国民にあることを，国民主権という。国民主権は日本国憲法の前文や第１条に明記されており，基本的人権の尊重，平和主義とともに日本国憲法の３つの原則に位置づけられている。

問９　最高裁判所の長官は，内閣が指名して天皇が任命する。また，その他の最高裁判所の裁判官は，内閣が任命する。

問10　⑴　④　日本では，法律をつくる権限である立法権を国会に，法律にもとづいて政治を行う権利である行政権を内閣に，裁判を行う権利である司法権を裁判所に受け持たせ，国の権力が１か所に集中するのを防いでいる。このしくみを，三権分立(権力分立)という。　⑤　ふるさと納税は，個人が選んだ任意の地方自治体に寄附をすることで，そのぶんの所得税を少なくできたり，返礼品がもらえたりするという制度で，税収の地域間格差を埋《う》めるため，2008年に創設された。
⑥　刑事裁判は，犯罪行為の被疑者(裁判では被告人とよばれる)を裁くため裁判で，地方裁判所で行われる重大な刑事事件の第一審では，裁判員制度が導入されている。　⑵　外国と条約を結ぶのは内閣の仕事で，国会はこれを承認する。　⑶　地方議会が法律の範囲《はんい》内で制定し，その地方自治体のみに適用されるきまりを，条例という。　⑷　裁判員制度では，３人の裁判官と６人の裁判員による合議制で審理が進められる。

３　古代からのイベント・娯楽を題材とした問題

問１　①　紫式部《むらさきしきぶ》は，藤原道長の娘である彰子《しょうし》に仕えた宮廷女官で，代表作の『源氏物語』には平安時代の貴族社会のようすが生き生きと描かれている。　②　徳川吉宗は紀伊藩(和歌山県)の藩主から江戸幕府の第８代将軍に就任すると，享保の改革とよばれる幕政改革に取り組んだ。
③　織田信長は全国統一事業の本拠地として，近江《おうみ》国(滋賀県)の琵琶湖東岸に安土城を築いたが，1582年の本能寺の変で織田信長が亡くなったのち，焼失した。　④　浮世絵《うきよえ》は江戸時代に流行した風俗画で，この時代の後半には錦絵《にしきえ》という多色刷り版画の技法が確立し，役者や力士，美人を

描いたものや風景画が多く描かれた。東洲斎写楽《とうしゅうさいしゃらく》は，役者絵を多く描いたことで知られる。
⑤　水野忠邦は，江戸幕府の老中として1841年から天保の改革とよばれる幕政改革に取り組んだが，改革は２年ほどで失敗に終わった。　⑥　明治時代になると，政府が積極的に近代化政策をおし進めたことから，教育や文化，国民生活などの全般にわたり，西洋の新しい文明が急速に入ってきた。これを文明開化といい，街には欧米風の建物が増え，人力車や馬車が走り，ガス灯がつけられるなどした。

問２　平安時代は794年に始まった。略年表によると，平安時代前半の838年にも遣唐使が派遣されているので，３が誤っている。

問３　1925年に制定された普通選挙法では，満25歳以上のすべての男性に選挙権が与えられたが，女性には選挙権は与えられなかった。女性の選挙権は，太平洋戦争終結後の1945年に衆議院議員選挙法が改正されたことで，ようやく認められた。

問４　(1)　寺子屋は庶民の子どものための教育機関で，おもに読み・書き・そろばんが教えられた。グラフからは，寺子屋の開業数が増えた時期と，本の出版数が増えた時期が一致《いっち》していることが読み取れるが，これは，文字を読める人が増え，これにともなって本の出版数ものびたからだと考えられる。　(2)　1　学制が出された翌年の1873年の男女の平均就学率は，30％にも満たない。　2　日露戦争が始まったのは1904年のことで，その前の1902年まで，女子の就学率は常に男子の就学率を下回っている。よって，正しい。　3　日清戦争が始まったのは1894年のことで，その直後の男女の平均就学率は60％程度である。　4　大日本帝国憲法は1889年に制定され，その翌年の1890年の男子の就学率は60％を超《こ》えている。

理　科　＜第１回試験＞（40分）＜満点：100点＞

解　答

1 〔１〕　反射　〔２〕　ウ　〔３〕　18cm　〔４〕　①　葉の裏(気こう)　②　蒸散
〔５〕　ウ　2 〔１〕　(1)　ひまわり　(2)　アメダス　〔２〕　**名前**…積乱雲　**特徴**…イ
〔３〕　エ　〔４〕　(1)　予報円　(2)　イ　(3)　2.28　(4)　①　(例)　洪水警報，大雪警報
②　特別警報　(5)　①　ハザードマップ　②　エ，オ　3 〔１〕　①　ア　②　ウ
③　カ　④　キ　⑤　コ　〔２〕　(1)　ウ　(2)　イ　(3)　(例)　ろ紙の穴よりも小さい物質は通れるが，大きい物質は通れないため。　(4)　(例)　ろ液を加熱して水を蒸発させる。
〔３〕　(1)　120ｇ　(2)　9.1％　(3)　ア　〔４〕　(1)　10ｇ　(2)　22ｇ　(3)　エ
4 〔１〕　①　筋肉　②　関節　③　白血球　④　気管　⑤　心臓　⑥　速(多)
〔２〕　ウ　〔３〕　①　95　②　85　③　10　〔４〕　カ　〔５〕　65％　〔６〕　ア

解　説

1 小問集合

〔１〕　光がものの境界面ではね返る現象を，光の反射という。なお，光がまっすぐに進むことを光の直進といい，光があるものから別のものに進むときに境界面で折れ曲がることを光の屈折《くっせつ》という。
〔２〕　ふりこが１往復する時間はふりこの長さによって決まり，ふりこの長さが長いほど，ふりこ

が１往復する時間は長くなる。おもりの重さやふれはばは関係しない。

〔3〕 棒を回転させるはたらきの大きさは，(つるしたおもりの重さ)×(支点からおもりをつるした位置までの長さ)で求められる。図２では，点Oを糸で支えているので，点Oを支点として棒のつりあいを考える。OBの長さを□cmとすると，75×12＝50×□が成り立つので，OBの長さは，□＝75×12÷50＝18(cm)と求められる。

〔4〕 植物は根から吸い上げた水を，ふつう葉の裏に多くある気こうという小さな穴から水蒸気として放出している。このはたらきを蒸散という。

〔5〕 地球の上空にはオゾンという気体が層をつくって取り巻いている。このオゾン層には太陽光にふくまれる有害な紫外《しがい》線を吸収するはたらきがある。オゾン層が紫外線を吸収してくれるから，地表に届く紫外線が減り，地表で生物が繁栄《はんえい》できる。

2 天気についての問題

〔1〕 ⑴ 日本の気象衛星(気象観測を行う人工衛星)は，1977年に打ち上げられた１号以来，2022年から運用される９号までを通して，「ひまわり」という愛称《あいしょう》で呼ばれている。 ⑵ アメダス(地域気象観測システム)は，日本の約1300地点に設置された無人観測施設《しせつ》を用いて降水量や気温，風向・風速などを観測するシステムである。

〔2〕 写真の雲は，上空の高いところまでもくもくと発達している積乱雲である(入道雲とも呼ばれる)。強い上昇《じょうしょう》気流によってでき，短時間に強い雨を降らせたり，かみなりを落としたりする。

〔3〕 日本のはるか南の海上で発生した熱帯低気圧のうち，最大風速が毎秒17.2m以上に発達したものを台風という。

〔4〕 図中のAの点線の円は，台風の中心が一定時間後に到達《とうたつ》すると予想される範囲《はんい》を示していて，これを予報円という。なお，台風の進路予想は非常に難しく，予報円のとおりに台風が進むとは限らないため，ふつう台風情報が一定時間ごとに発表されるたびに，予報円の位置や大きさが変わる。

⑶ (時間)＝(距離《きょり》)÷(速さ)より，100÷43.8＝2.283…と求められるから，2.28秒である。 ⑷ ① 気象庁が，重大な気象災害が発生する恐《おそ》れのあるときに発表する警報には，大雨・洪水《こうずい》・大雪・暴風《ぼうふう》・暴風雪・波浪《はろう》・高潮の７種類がある。 ② 警報の発表基準をはるかにこえ，重大な気象災害が発生する恐れが著《いちじる》しく高まっている場合に，特別警報が発表される。特別警報には，大雨・大雪・暴風・暴風雪・波浪・高潮の６種類がある。

〔5〕 ① ある災害が発生したときに危険と予想される場所や避難《ひなん》場所などを地図にあらわしたものをハザードマップという。 ② エについて，避難時には歩きやすい運動ぐつをはくようにする。長ぐつはぬれにくいが歩きにくく，命を守るための避難のときにはくのはふさわしくない。オについて，避難をするかどうかの判断は，市区町村が発表する避難情報をもとにする。避難情報には５段階の警戒《けいかい》レベルがあり，レベル３で高齢《こうれい》者等避難，レベル４で避難指示(全員避難)となる。これは気象庁発表の警報などとは別のものである。また，避難指示が出ていても，自宅などのほうが安全な場合は，必ずしも避難する必要はなく，自宅などで適切な行動をとるようにする。

3 ものの溶《と》け方についての問題

〔1〕 ①～③ ものが水に溶けてできた液体を水溶液《すいようえき》という。水溶液は透明《とうめい》で，どこでも濃《こ》さは均一である。また，ろ過では溶けているものを取り出すことはできない。 ④ 温度が一定の水の量を２倍，３倍に増やすと，水に溶けるものの量の限度も２倍，３倍となる。つまり，溶けるもの

の量の限度は水の量に比例する。　⑤　ホウ酸など，水に溶ける固体の物質の多くは，水の温度が高くなるほど，水に溶ける量が多くなる。

〔2〕 (1)　ろ過をするさいは，ろ過しようとする液体をガラス棒を伝わらせてろうとに注ぐ。また，ろうとの足の長いほうをビーカーのかべにつける。　(2)　ろ過では，固体と液体が混じったものを固体と液体に分けることができる。アでは，食塩も砂糖も水に溶けるため，どちらか一方を取り出すことはできない。イでは，食塩は水に溶け，鉄粉は水に溶けないため，ろ過すると鉄粉だけがろ紙上に残る。ウでは，どちらも水に溶けないため，ろ紙上に両方とも残ってしまう。エでは，酸素も水素も水に溶けにくい気体なので，ろ過ではこれらを分けられない。　(3)　ろ紙には目に見えないほどの小さな穴がたくさんあいていて，その穴は水や水溶液に溶けている小さなつぶは通すが，固体をつくるつぶは穴より大きいので通さない。そのため，固体がろ紙上に残り，水や水溶液はろうとの下に落ちる。　(4)　ミョウバンの溶けた水溶液からミョウバンを取り出すには，水溶液を加熱して水を蒸発させる方法や，水溶液の温度を下げる方法がある。前者は，水を蒸発させることで，あとにミョウバンの固体(結晶《けっしょう》)が残る。後者は，温度を下げることで，溶ける量の限度が少なくなるため，溶け切れなくなったミョウバンの固体(結晶)が出てくる。これはろ過をすると取り出せる。

〔3〕 (1)　食塩水の重さは，水の重さと溶かした食塩の重さの和なので，100＋20＝120(ｇ)である。
(2)　食塩水の濃さは，(食塩の重さ)÷(食塩水全体の重さ)×100で求められるから，10÷(100＋10)×100＝9.09…より，9.1％となる。　(3)　表より，食塩は水100ｇに対して，少なくとも30ｇまでは全て溶けることがわかる。ここで，ビーカーＤの中にビーカーＡの中身を全て入れてできる食塩水は，100＋100＝200(ｇ)の水に，10＋40＝50(ｇ)の食塩を入れたものである。これは水100ｇあたり，$50\times\frac{100}{200}=25$(ｇ)の食塩を入れたものと同じなので，食塩は全て溶けていることがわかる。

〔4〕 (1)　温度を上げる前(20℃のとき)はホウ酸が4.8ｇ溶けていて，温度を上げた後(60℃のとき)はホウ酸が14.8ｇまで溶けるから，あと，14.8－4.8＝10(ｇ)のホウ酸を溶かすことができる。
(2)　はじめにホウ酸を2.2ｇ溶かしたので，温度を変えずにホウ酸の結晶を１ｇ得ると，残っている水溶液にはホウ酸が，2.2－１＝1.2(ｇ)溶けていることになる。そこで，ホウ酸を1.2ｇ溶かすことのできる30℃の水の重さを求めると，$100\times\frac{1.2}{6.8}=17.64\cdots$より，約17.6ｇとわかる。よって，はじめに水は40ｇあったので，40－17.6＝22.4より，22ｇの水を蒸発させるとよい。　(3)　水50ｇにホウ酸は，６－1.6＝4.4(ｇ)溶けたが，これは水100ｇあたりにすると，$4.4\times\frac{100}{50}=8.8$(ｇ)となる。したがって，表より，水の温度は40℃と考えられる。

4　人体のはたらきについての問題

〔1〕 ①，②　人の体が動くのは，骨と筋肉のはたらきによる。骨と骨のつなぎ目の部分を関節といい，関節でつながっていることにより，骨はさまざまな動きをすることができる。　③　骨髄《こつずい》では，血液の固体成分である赤血球，白血球，血小板をつくっている。　④　鼻や口から入った空気は，気管を通って左右の肺に入る。　⑤，⑥　運動をしているときは，体の各部がたくさんの酸素を消費するため，心臓から送り出す血液の量が多くなる。心臓が１回に送り出せる血液の量はおよそ決まっているため，より多くの血液を送り出すためには，送り出す回数，つまり，拍動《はくどう》を多くしなければならない。その結果，脈拍は速く(多く)なる。

〔2〕　図１では，酸素の量が多いときは少ないときに比べ，酸素ヘモグロビンの割合が大きくなっ

ている。

〔3〕 図１で，酸素の量が90のときの酸素ヘモグロビンの割合は約95％，酸素の量が50のときの酸素ヘモグロビンの割合は約85％である。よって，酸素の量が90から50に変化したとき，全てのヘモグロビンのうち，およそ，95－85＝10(％)のヘモグロビンが酸素を離《はな》したといえる。

〔4〕 図３を見ると，二酸化炭素の量が多いときの点線のグラフのほうが実線のグラフよりも全体的に酸素ヘモグロビンの割合が少なくなっている。これは，ヘモグロビンが酸素が多く二酸化炭素が少ないところでは酸素と結びつきやすく，酸素が少なく二酸化炭素が多いところでは酸素を離しやすいことを示している。

〔5〕 図３で，肺での酸素ヘモグロビンの割合は，実線のグラフで酸素の量が100のときの値を読み取ればよいので，95％になる(グラフの数値は１めもりの半分，つまり，５％単位で読み取る)。また，筋肉での酸素ヘモグロビンの割合は，点線のグラフで酸素の量が30のときの値を読み取ればよいから，30％である。したがって，筋肉に酸素を渡《わた》したヘモグロビンは，95－30＝65(％)とわかる。

〔6〕 ヘモグロビンが酸素と結びつきやすくなると，それだけ酸素ヘモグロビンの割合が大きくなるから，アが選べる。

国　語　＜第１回試験＞（50分）＜満点：150点＞

解　答

一 下記を参照のこと。　二 **問１** a ア　b ウ　**問２** イ　**問３** ウ　**問４** イ　**問５** エ　**問６** エ　**問７** （例） 最後の回数券を使うことで，河野さんに母の退院と感謝の気持ちを伝え，自分の中の区切りとしたかったから。　**問８** ウ　**問９** ア

三 **問１** a ウ　b エ　**問２** ウ　**問３** (1) （例） いじめる側に怒りを覚え，いじめられている側に同情しているのに，その言葉はいじめている側の理屈に近くなってしまう，ということ。　(2) ア　**問４** エ　**問５** イ　**問６** イ

●漢字の書き取り

一 ㋐ 筋道　㋑ 詩情　㋒ 宝庫　㋓ 内蔵　㋔ 寸前

解　説

一 漢字の書き取り

㋐ 物事のきちんとした順序。　㋑ 詩が持つような深い味わい。　㋒ 良い産物が次々ととれる場所。　㋓ 中に持っていること。　㋔ ほんの少し前。

二 出典は重松《しげまつ》 清《きよし》の『カレーライス　教室で出会った重松清』所収の「バスに乗って」による。入院した母の見舞《みま》いにバスで通う少年と，バスの運転手(河野《こうの》さん)との心の交流をえがいている。

問１ **a** 「とんちんかんな」とは，見当ちがいであるようす。　**b** 「きょとんとした」とは，おどろいたり，どういうことかわからなかったりして，ぽかんとしているようす。

問２ 少年が母の見舞いにバスで通うために，何か月分の定期券を買うのか話している。父がどの定期券を指定するかによって，母の入院期間がどのくらいになるかがわかるだろうと少年は考え，

知りたいような，長引くとしたら知るのがこわいような気持ちなのだから，イがよい。

問３　この日，少年はバスの回数券を買うことになっていたが，運転手の顔を見て「胸がすぼまった」のである。初めてバスに乗った日に少年を叱《しか》ったこの運転手はいつもぶあいそうなようすで，回数券を買うときにまた注意をされるのではないかと思い，少年は気がめいったのである。

問４　少年が言われなくても「わかっている」と思ったのは，病院に通うなら定期券のほうが安いということである。直後で「お見舞い，だから」と言っているように，少年は何よりも母のことが気がかりなのである。河野さんの言葉は回数券を買う手際《てぎわ》に対する注意ではないこと，回数券を選んだのは少年でなく父であること，ぼう線部３は河野さんへの思いであることから，ア・ウ・エは誤り。

問５　ぼう線４の次の文にあるように，回数券を使わずにすますため，少年は父に迎《むか》えに来てと頼《たの》むようになった。さらに，迎えに来てもらえずにバスに乗った日，少年が河野さんに，「新しい回数券を買うと，そのぶん，母の退院の日が遠ざかってしまう」とうったえたことから，少年が回数券を使いたくない理由がわかる。

問６　新しい回数券を買うと母の退院が遠ざかると感じていた少年は，最後の回数券を使わねばならないことに悲しみがつのっていた。その回数券を使う直前，ついに泣き声がもれた少年に，いつもはぶっきらぼうな河野さんがやさしく声をかけてくれたため，悲しみがあふれ出したのである。

問７　少年は何度もバスをやり過ごした後，河野さんが運転するバスに乗り，「ありがとうございました」と書いた最後の回数券を使う。母の退院が長引いてほしくないという自分の気持ちに寄りそってくれた河野さんに，母の退院と感謝の気持ちを伝え，自分の中の区切りとしたかったのだと考えられる。

問８　母の退院で，少年がバスで見舞いに通うのもこの日が最後になった。最後の回数券を使いたくないという自分の気持ちを受け入れ，理解してくれた河野さんにお別れと感謝の思いを込《こ》め，河野さんに注意された車内マナーに反しないように気をつけながら，ボタンを押したと思われる。

問９　「夕暮れが早くなった」で始まる段落は，少年が母の見舞いに通ううちに季節が移り，だんだん日が短くなっていることを表しているので，アが適当でない。

三　**出典は荒《あら》井《い》裕樹《ゆうき》の『まとまらない言葉を生きる』による。**人を励《はげ》ますという意味だけを持つ言葉は存在しないが，言葉が人を励ますことは事実なので，言葉探しを続けるべきだと述べている。

問１　**ａ**　「筆舌《ひつぜつ》に尽《つ》くし難《がた》い」とは，言葉で書いたり話したりすることでは表現しきれないようす。　**ｂ**　「卑小《ひしょう》な」とは，取るに足りないほどちっぽけなようす。

問２　続く四段落に注目する。被災した人々を励ましたいという思いはあっても，被災者に対して失礼になったり，傷つけたりしてしまうことをおそれ，人々は言葉を選んで発していたのだから，ウが合う。

問３　⑴　「こんな」はすぐ前を指すので，直前の二段落からまとめる。「いじめられている子を励ます」作文を書いてもらうと，いじめる側に怒《いか》りを感じ，いじめられている側に同情しているのに，文章はいじめている側の理屈《りくつ》に近くなってしまうということを指している。　⑵　「いじめられている子を励ます」というテーマの作文なのに，励ます文章になっていない理由を，筆者は「言葉がないこと」に関係するのだろうとしている。五段落後に，日本語にはどんな文脈でも「『人を励ます』という意味だけを持つ言葉」はないとあるので，アが合う。

問４　空らんＸの直前の「これ」は，ふだんの「励まし言葉」では対応できなかった東日本大震災《しんさい》の被災者に対して使われる，「ひとりじゃない」というフレーズを指す。「あなただけじゃない」とがまんを強いる，否定的な意味になっているエがあてはまる。

問５　この場合の「多くの人」とは，被災者を指す。続く二文に注意する。被災者の事情はそれぞれ違《ちが》うので，一つの言葉が全員にぴったり当てはまることはなく，どんな言葉を使ってもその言葉では励まされない人が必ず出てしまうのである。よって，イがよい。

問６　筆者は，東日本大震災という非常時の体験をもとに，「人を励ます」という意味だけを持つ言葉はないと述べ，言葉だけでなんとかなるわけでもないとしている。だが，言葉が人を励ますことは確かだとし，言葉を信じて「言葉探し」を続けるべきだとまとめているので，イがふさわしい。

Dr.福井の
入試に勝つ！脳とからだのウルトラ科学

復習のタイミングに秘密あり！

算数の公式や漢字，歴史の年号や星座の名前……。勉強は覚えることだらけだが，脳は一発ですべてを記憶することができないので，一度がんばって覚えても，しばらく放っておくとすっかり忘れてしまう。したがって，覚えたことをしっかり頭の中に焼きつけるには，ときどき復習をしなければならない。

ここで問題なのは，復習をするタイミング。これは早すぎても遅すぎてもダメだ。たとえば，ほとんど忘れてしまってから復習しても，最初に勉強したときと同じくらい時間がかかってしまう。これはとっても時間のムダだ。かといって，よく覚えている時期に復習しても何の意味もない。

そもそも復習とは，忘れそうになっていることを見直し，記憶の定着をはかる作業であるから，忘れかかったころに復習するのがベストだ。そうすれば，復習にかかる時間が一番少なくてすむし，記憶の続く時間も最長になる。

では，どのタイミングがよいか？　さまざまな研究・発表を総合して考えると，１回目の復習は最初に覚えてから１週間後，２回目の復習は１か月後，３回目の復習は３か月後――これが医学的に正しい復習時期だ。復習をくり返すたびに知識が海馬《かいば》(脳の，知識をためる倉庫みたいな部分)にだんだん強くくっついていくので，復習する間かくものびていく。

この計画どおりに勉強するには，テキストに初めて勉強した日付と，その１週間後・１か月後・３か月後の日付を書いておくとよい。あるいは，復習用のスケジュール帳をつくってもよいだろう。もちろん，計画を立てたら，それをきちんと実行することが大切だ。

ちなみに，記憶量と時間の関係を初めて発表したのがドイツのエビングハウスという学者で，「エビングハウスの忘《ぼう》却《きゃく》曲線」として知られている。

えーと
あ，そうだった！
あ，思い出した！
もう，覚えてるよ

Dr.福井(福井《ふくい》一成《かずしげ》)…医学博士。開成中・高から東大・文Ⅱに入学後，再受験して翌年東大・理Ⅲに合格。同大医学部卒。さまざまな勉強法や脳科学に関する著書多数。

2022年度　桐光学園中学校

〔電　話〕 (044) 987－０５１９
〔所在地〕 〒215-8555　神奈川県川崎市麻生区栗木３－12－１
〔交　通〕 小田急多摩線－「栗平駅」より徒歩10分

【算　数】〈第２回試験〉（50分）〈満点：150点〉

注意　１．定規・コンパスは使用できません。
　　　２．円周率は3.14とします。
　　　３．比はできるだけ簡単な整数の比で表しなさい。

1　次の□にあてはまる数を求めなさい。

(1)　$\left(\frac{3}{5}-\frac{1}{3}\right)\div\frac{2}{15}=$□

(2)　$40-7.5\times\frac{4}{5}\div$□$=38$

(3)　200から500までの整数のうち，８で割り切れる整数は□個です。

(4)　兄弟２人でお母さんにプレゼントを買うことにしました。兄は所持金の$\frac{1}{3}$を，弟は所持金の$\frac{1}{5}$を出し合って3000円の品物を買ったところ，残りの所持金は２人とも同じになりました。兄の最初の所持金は□円です。ただし，消費税は考えないものとします。

(5)　ある会場の長いすに，生徒が１脚《きゃく》につき５人ずつ座ると，30人が座れなくなります。また，１脚につき６人ずつ座ると，最後の長いすには４人が座り，長いすは８脚余ります。生徒の人数は□人です。

2　次の□にあてはまる数を求めなさい。

(1)　峠《とうげ》をはさんで3.2km離れたＰ地点とＱ地点があります。Ｐ地点からＱ地点まで行くのに，Ｐ地点から峠までは毎分50ｍの速さで，峠からＱ地点までは毎分60ｍの速さで歩いて，全体で１時間かかりました。Ｐ地点から峠までは□ｍです。

(2)　下の図の●と●，×と×はそれぞれ同じ大きさの角度です。角あの大きさは□度です。

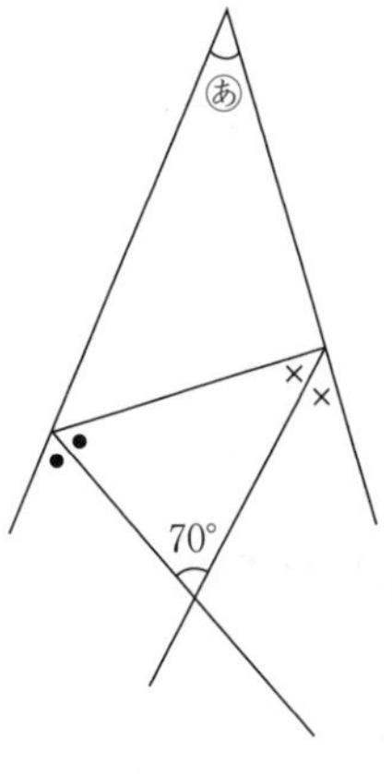

(3)　図１は，１辺の長さが２cmの正方形の中に，半径１cmの半円が２個ある図です。図２は図１の正方形を４個組み合わせた正方形です。図２の斜線部分の面積は［　　］cm^2です。

図１

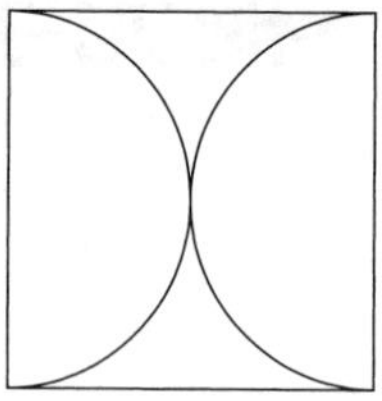

図２

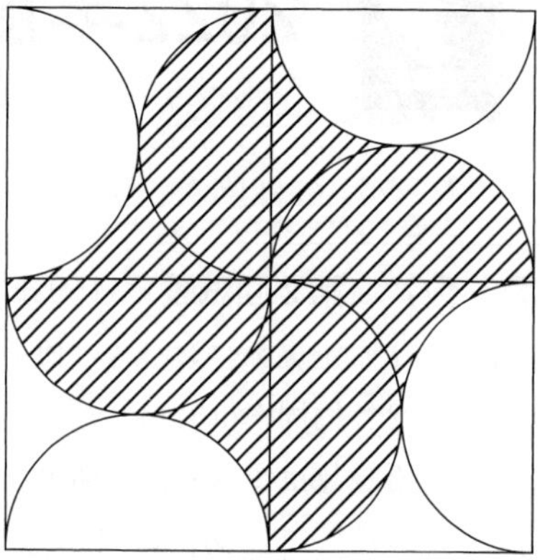

(4)　下の図のような１辺の長さが12cmの立方体があります。３点A，F，Hを通る平面で切って２つの立体に分けたとき，大きい方の立体の体積は［　　］cm^3です。

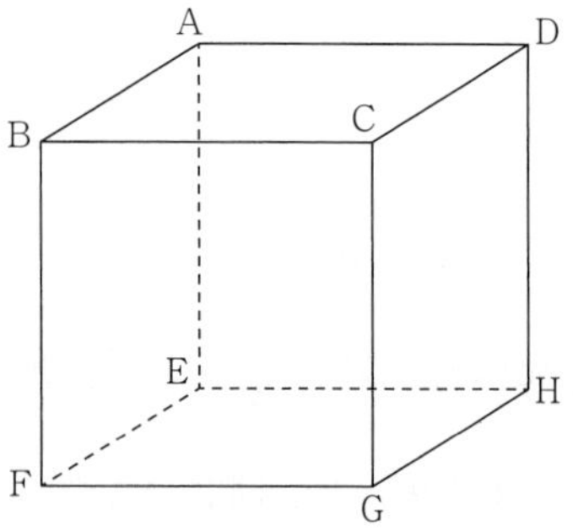

(5)　右の図のような辺ADと辺BCが平行である台形ABCDがあります。辺AB上の点Pと辺DC上の点Qを結んだ線で，この台形を(あ)と(い)に分けます。(あ)と(い)の面積の比は15：［　　］です。

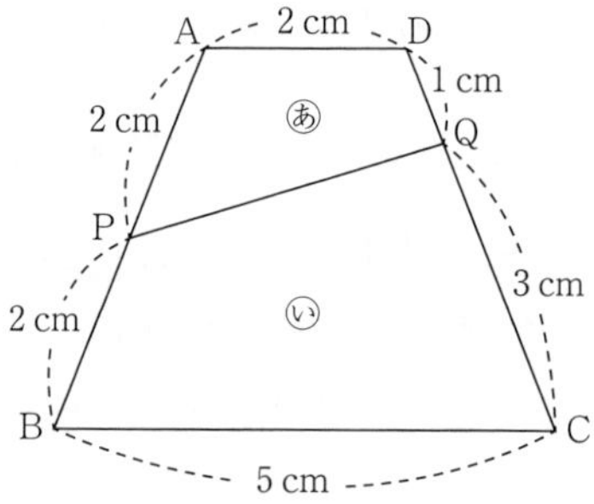

3　図のような平行四辺形ABCDがあります。辺BC上にBE：EC＝1：3となる点Eをとり，辺ADのまん中の点をMとします。ACとED，EMの交わった点をそれぞれF，Gとします。このとき，下の問いに答えなさい。

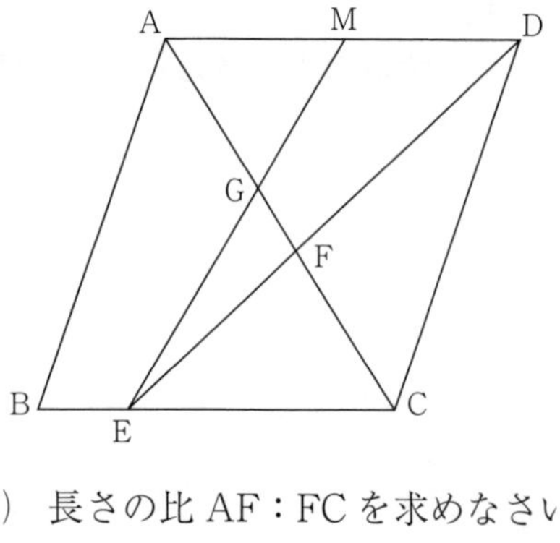

(1)　長さの比AF：FCを求めなさい。

(2)　長さの比AG：GFを求めなさい。

(3)　四角形MGFDの面積を$52cm^2$とするとき，四角形ABEGの面積を求めなさい。

4　次のようにある規則にしたがって分数が並んでいます。

$\frac{1}{1}$，$\frac{1}{2}$，$\frac{3}{2}$，$\frac{1}{3}$，$\frac{3}{3}$，$\frac{5}{3}$，$\frac{1}{4}$，$\frac{3}{4}$，$\frac{5}{4}$，$\frac{7}{4}$，$\frac{1}{5}$，……

例えば，分母が４である分数は $\frac{1}{4}$，$\frac{3}{4}$，$\frac{5}{4}$，$\frac{7}{4}$ のように４個あり，その分子は１から小さい順の奇数となっています。このとき，次の問いに答えなさい。

(1)　$\frac{1}{7}$ は初めから数えて何番目ですか。

(2)　左から順に $\frac{1}{1}$，$\frac{3}{3}$ のように約分して１となる分数を１と書きかえます。

①　５回目に１と書きかえられる数は，初めから数えて何番目ですか。

②　初めの数から，５回目に１と書きかえられる数までのすべての数の和を求めなさい。

5　図のような点Oを中心とする円周上に，円周を６等分する点A，B，C，D，E，Fをとります。O，A，B，C，D，E，Fの７点から異なる３点を選び直線で結んだ図形を考えます。例えば，３点A，B，Oを選ぶと１個の正三角形ができます。３点A，O，Dを選ぶと１本の直線ができます。このとき，次の問いに答えなさい。

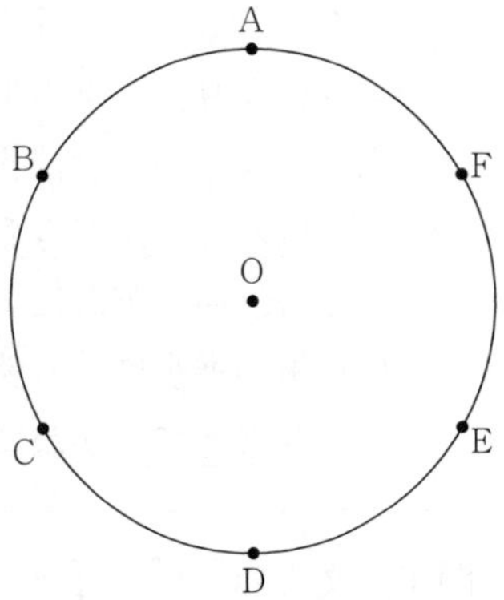

(1)　直線は何本できますか。

(2)　正三角形は何個できますか。

(3)　三角形は何個できますか。

(4)　三角形 ABC と面積が等しい三角形は何個できますか。ただし，三角形 ABC は含みません。

【社　会】〈**第２回試験**〉（40分）〈満点：100点〉

1　次の文章を読んで，後の問いに答えなさい。

人類は現在まで技術革新を起こしてきました。技術革新は人類の発展につながる一方，多くの問題にもつながりました。技術革新の歴史について少し考えていきましょう。

18世紀後半にイギリスで起こった産業革命では［①］を燃料として［②］機関を使って機械を動かし，綿織《おり》物を中心とする［③］が発展しました。それに続き19世紀後半から20世紀初めには燃料として［①］だけではなく石油も登場し，金属・機械工業などの［④］が発展しました。20世紀の後半になると，コンピューターが発達し［⑤］が拡大しました。

産業革命の中で様々な変化が起こりました。例えば交通・通信の発展です。19世紀以降はア鉄道が発達し，商品や材料を大量に早く送ることができるようになり，工業の発展につながりました。また通信の分野では19世紀に［⑥］が登場し，情報がいち早く届くようになり，人々の生活も変化しました。また近年ではスマートフォンの普及によって，人々はより多くの情報にアクセスし，イインターネット上で多くの人とコミュニケーションを取ることができるようになりました。

一方，産業革命によってウ環《かん》境破壊が進んだり，公害などの問題も起こりました。我々は技術《じゅつ》の進歩による繁《はん》栄を享《きょう》受するだけではなく，エ地球や人間を含《ふく》めた生物のことをしっかり考えていかねばなりません。

問１　文中の［①］～［⑥］にあてはまる語句を，次の中から１つずつ選び，番号で答えなさい。

1．重工業	2．軽工業	3．蒸気
4．ウラン	5．カラーテレビ	6．石炭
7．太陽光	8．バイオマス	9．核兵器
10．電話機	11．人	12．情報通信産業

問２　下線部アについて，以下の問いに答えなさい。

(1)　日本でも1872年に鉄道が開通したが，この時開通したのは，新橋とどこの間であったか。漢字で答えなさい。

(2)　このころの人々の暮らしについて誤っているものを，次の中から１つ選び，番号で答えなさい。

1．1871年には東京・大阪間で郵便制度が始まった。

2．まちではガス灯がともり，洋服を着る人々や牛肉を食べる人々が増えた。

3．身分制度が一切なくなり，結婚《こん》や就職などあらゆることに関する差別が全てなくなった。

4．小学校に入った子供の割合は，男子の方が高かった。

問３　下線部イについて，※SNSでのコミュニケーションに関する内容として誤っているものを，次の中から１つ選び，番号で答えなさい。またその答えを選んだ理由を説明しなさい。

※SNS：ソーシャル・ネットワーク・サービス。「友だちの友だち」といったつながりを通じて，新しい友だちを作ったり，関係を深めたりするためのインターネット上のサービス。

1．SNSは情報検索《さく》のためにも活用されている。

2．SNSでうまくコミュニケーションを取るのは大人でも難しく，トラブルになることがある。

3．SNSでメールアドレスを公開してしまうと，迷惑メールやメッセージが止まらなくなることがある。

4．SNSの中でいい人であれば，実際に会っても危険はない。

問4　下線部ウについて，日本では高度経済成長期に公害が問題となった。四大公害病の内容として正しいものを，次の中から1つ選び，番号で答えなさい。

1．新潟県の利根川流域で化学工場から排《はい》出された有機水銀による中毒症《しょう》が，新潟水俣病である。

2．三重県では，化学工場から出るカドミウムで大気が汚《お》染され，ぜんそくの症状で苦しむ人が多数出た。

3．熊本県の八代海沿岸で発生した水俣病は，化学工場から流された水に有機水銀が混ざっていたことが原因である。

4．石川県では化学工場の排水が川に流れ込み，川の下流で取れた米を食べた人が，骨がもろくなって強い痛みが出る「イタイイタイ病」におかされた。

問5　下線部エについて，以下の問いに答えなさい。

(1)　地球環境を守りながら限《かぎ》りある資《し》源を有効に活用して発展していくための社会の目標を示す言葉として，次の空欄［※］に入る言葉を漢字2文字で答えなさい。

SDGs(［　※　］可能な開発目標)

(2)　環境問題を考える上でエネルギーをどのように得るか考える必要がある。右の資料は2030年の電源別発電コストに関する2021年試算と2015年試算を比較した表である。この表を参考に，2021年試算と2015年試算を比較して考えられることを，次の中から1つ選び，番号で答えなさい。

○2030年の電源別発電コスト(キロ・ワット時あたり)

	2021年試算	2015年試算
大規模太陽光	8円台前半～11円台後半	12.7～15.6円
陸上風力	9円台後半～17円台前半	13.6～21.5円
天然ガス火力	10円台後半～14円台前半	13.4円
原子力	11円台後半～	10.3円～
石炭火力	13円台後半～22円台前半	12.9円
石油火力	24円台後半～27円台後半	28.9～41.7円
洋上風力	26円台前半	30.3～34.7円

〈読売新聞オンラインより〉

1．原子力は2015年に比べて発電コストの試算が下がっているので，主要な電源として有益である。

2．洋上風力は環境にも優しい発電方法であるが，2015年に比べて発電コストの試算が上がっている。

3．石炭火力は資源を安定的に確保できる上に，2015年に比べて発電コストの試算も下がってきている。

4．大規模太陽光は悪天候や夜間における発電量の変動が大きいが，発電コストの試算が一番低い。

問6　次の絵画は第1次産業革命の時代にイギリスで描かれたものである。この絵画と解説を読んで，現在から考えて問題だと考えられる点を2点説明しなさい。

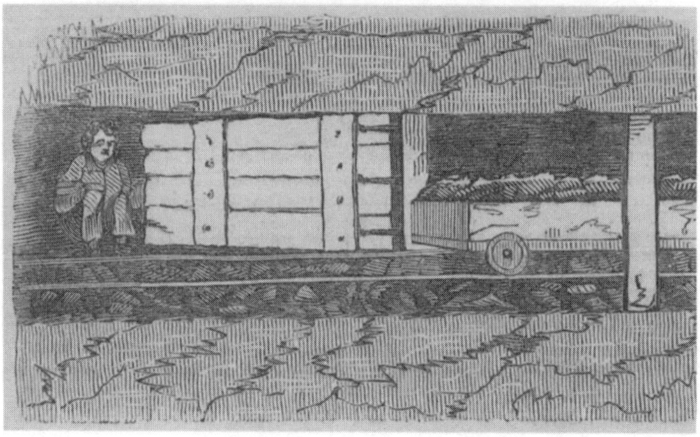

Report on child labour, 1842(The British Library)

〈解説〉　１枚目の絵は８～９歳の子供が人力で石炭を運んでいる様子を描いている。２枚目の絵の左に座って通気番をしている子供は，12時間以上，暗いところに座って作業している。

2　次の文章を読んで，後の問いに答えなさい。

日本には ア世界自然遺産に登録されている場所が５か所あり，ほかにも後世に残していきたい イ素晴らしい自然がたくさんあります。一方で，活発な火山活動や地震《じしん》は，プレートの変動が変化しないかぎり，その発生を止めることができません。ウ自然がわたしたちの生活を脅《おびや》かすこともあるのです。だからこそ，エ被害《ひがい》をできるだけ減らすことができるように，発生しやすい自然災害を知り，それに対する備えを考えていかなくてはならないのです。

問１　下線部アについて，日本にある５つの世界自然遺産に登録されている場所を調べ，右の表を作った。以下の問いに答えなさい。

地名	所在地
知床	北海道
【 あ 】	青森県・秋田県
【 い 】諸島	東京都
屋久島	鹿児島県
奄美・沖縄	鹿児島県・沖縄県

(1)　【あ】【い】にあてはまる語句は何か，答えなさい。

(2)　以下の１～５は，日本にある５つの世界自然遺産について説明した文である。知床の説明として正しいものを，次の中から１つ選び，番号で答えなさい。

1．東シナ海と太平洋の間に位置し，中央部には宮之浦岳を主峰《しゅほう》とする山岳《さんがく》がある。縄文杉を含《ふく》むスギ原生林が特別天然記念物に指定されている。

2．約 170 km^2 のブナ原生林が広がっており，その純度の高さや，すぐれた原生状態，多様な動植物相から，氷河期以降の新しいブナ林として代表的なものとなっている。

3．ヒグマやエゾシカなどの大型獣《じゅう》や絶滅《ぜつめつ》寸前種のシマフクロウなどにとって重要な生息・生育の地である。この地域は，流氷がみられる海洋の中では世界で最も低緯度《いど》に位置している。

4．紺碧《こんぺき》の海と切り立った断崖《だんがい》に囲まれた大小30ほどの島々からなる地域であり，周囲の海域には数多くの魚類やクジラ類，サンゴが生息している。

5．日本の世界自然遺産のうち，最も新しく登録された地域である。イリオモテヤマネコやアマミノクロウサギ，ヤンバルクイナなど，数多くの固有種が生息している。

問２　下線部イについて，以下の問いに答えなさい。

⑴　北海道にある釧路湿原や霧多布湿原，阿寒湖など，水鳥などのすみかとして大切な湿地《しっち》を守るための国際的なとりきめとして正しいものを，次の中から１つ選び，番号で答えなさい。

1．下関条約

2．ポーツマス条約

3．ラムサール条約

4．ベルサイユ条約

⑵　日本にはみられない自然や地形はどれか，次の中から１つ選び，番号で答えなさい。

1．噴火《ふんか》による爆発《ばくはつ》・陥没《かんぼつ》などで形成された直径１～２キロメートル以上の大規模なくぼ地。

2．起伏《きふく》の大きな山地が海面下に沈《しず》んでできた複雑な海岸線。

3．河川によって運ばれてきた土砂が河口部に堆積《たいせき》して形成される低平な地形。

4．年間を通じてほとんど降水量がなく，草や木などの植物がほとんど生えていない砂漠《さばく》。

問３　下線部ウについて，以下のＡ～Ｃは，日本で発生した自然災害を示したものである。Ａ～Ｃの説明文を読んで，自然災害が発生した場所を右の地図から１つ選び，番号で答えなさい。※Ａについては，震源地を答えること。

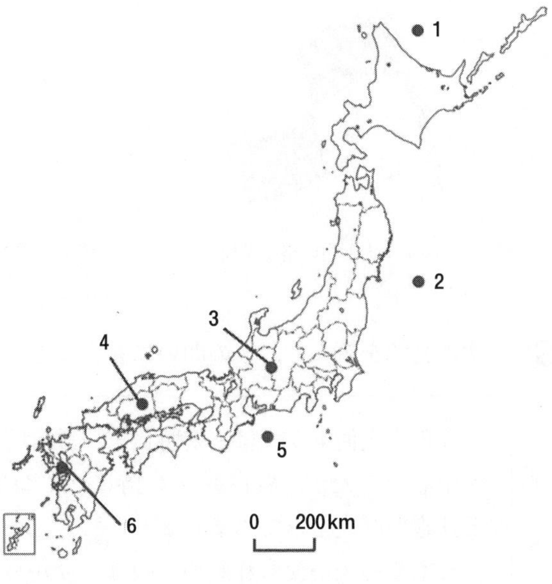

Ａ：2011年３月11日14時46分にマグニチュード9.0，最大震度《しんど》７の地震が発生した。こ

の地震によって引き起こされた災害を東日本大震災と呼ぶ。

B：2014年９月27日午前11時52分，山頂南西の地獄谷付近で水蒸気爆発が発生した。１km 程度の範囲に大きな噴石《ふんせき》が飛散し，火山災害となった。

C：1990年11月から1995年２月まで火山活動が続いた。38回の土石流と７回の大火砕流が発生した。

問４　下線部エについて，以下の問いに答えなさい。

(1)　日本でおこなわれている災害の被害を減らす取り組みとして誤っているものを１つ選び，番号で答えなさい。

１．大雨や地震などが原因となって，山崩《くず》れ，崖《がけ》崩れが起きた際でもその土砂をせき止めることができる「砂防ダム」の設置が進んでいる。

２．地震や津波などの被害《ひがい》状況を保存する動きがある。また，その当時の状況を語り伝える「語り部」が活躍しており，自然災害の脅威《きょうい》を後世に教訓として伝えようとする取り組みがおこなわれている。

３．各自治体はハザードマップを作成し，災害のリスクを住民へ知らせている。ハザードマップには，避難《ひなん》所が掲載されていることはないので，近所の人と交流し，避難所を把《は》握《あく》することが大切である。そのため，地域の人とふれあうコミュニティセンターの設置が進んでいる。

４．大きな河川の流路や堤防《ていぼう》の整備，大雨のときに川の水を地下に一度取り込んで水量を調整するなど河川の氾濫《はんらん》を防ぐ工夫がなされている。

(2)　災害から身を守るために，様々な取り組みがなされている。2020年６月24日から海水浴場等で図１の旗が導入されている。神奈川県でも13の市町村が導入(2021年２月26日現在)している。この「旗」はどのように使われるものか，図２を参考に答えなさい。

図１：赤と白の格子模様

図２：図１の旗が使われる近くでみられる表示

3　次の文章を読んで，後の問いに答えなさい。

今年の大河ドラマは平安時代末～鎌倉時代をあつかっています。このころの戦いは弓矢が中心でしたが，蒙古襲来《しゅうらい》の時に「てつはう」(鉄砲《てっぽう》)が登場しました。ここでは，弓矢と鉄砲の歴史をみてみましょう。

日本で弓矢が使われ始めたのは，今からおよそ１万年前，ア縄文時代のことだと考えられています。氷河期が終わり，気候が温暖化すると海面が上がり，動物も大型動物にかわり小型動物が増えたので，食料をえる方法も変わってきました。

イ弥生時代になると，いくつかのむら(村)やくに(国)ができ，人々が争いをするようになりました。弓矢は動物の狩《か》りのほか，戦いの武器として使用されるようになったと考えられます。今の佐賀県にある ① 遺跡《せき》から矢がささった人骨が発見されています。

平安時代になると，弓矢は戦いの主力になりました。武士として初めて太政大臣になった ② が若いころ僧兵《そうへい》に立ち向かった時に，弓矢を使ったといわれています。平安時代には，ウ源氏と平氏は勢力争いをくり広げてきました。右の絵のように，源義経が平氏を追いつめた屋島の戦いの際，源氏方の武士・那須与一が平氏方の女性が持った扇《おうぎ》の的《まと》に矢を当てたという話が『平家物語』に出ています。

国立国会図書館蔵

鎌倉時代になると，右の絵のように，御《ご》家人《けにん》は日ごろから馬に乗って弓矢を射る訓練をして，戦いに備えていました。この訓練が実際に生かされた大きな戦いといえば，一つには1221年，後鳥羽上皇が幕府から実権を取りもどすために起こした ③ の乱，もう一つはエ蒙古襲来でしょう。

東京国立博物館蔵

元軍は1274年と1281年の２度にわたって日本に攻めて来ましたが，暴風雨の影響《えいきょう》もあって２度とも元軍はしりぞきました。しかし，その前後から御家人の生活が苦しくなったため，オ幕府は1297年，御家人をすくうための法令を出しました。

右の絵は1575年，織田信長・徳川家康の連合軍が鉄砲を有効に活用して武田氏の騎《き》馬隊を破った ④ の戦いです。鉄砲は，1542年または1543年に今の鹿児島県の ⑤ に流れ着いたポルトガル人によって伝えられ，広まりました。また，スペインの宣教師 ⑥ が1549年に伝えたカキリスト教も広まってゆきました。

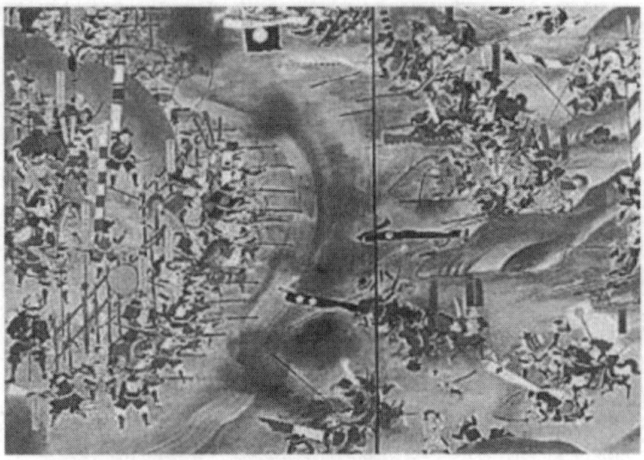
徳川美術館蔵

問１　文中の ① ～ ⑥ にあてはまる語句・人名を答えなさい。

問２　下線部アについて，次の写真は縄文時代の遺跡から発見された道具(復元したものもある)であるが，これに関する説明として，誤っているものを下の中から１つ選び，番号で答えなさい。

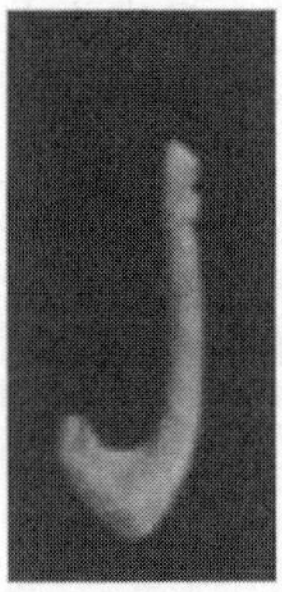

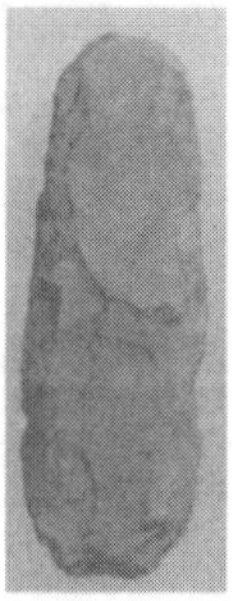

東京国立博物館蔵

1．すばやい小型動物の狩りのため弓矢が使われ，矢じりには石器が用いられた。

2．海で魚をとるため，動物の骨や角から作った釣《つ》り針などが用いられた。

3．大陸から伝わった稲《いな》作が日本中に広まり，耕作用のくわなどが用いられた。

4．縄文土器が作られ，食料の保存や煮《に》たきに用いられた。

問３　下線部イについて，次の写真とその説明に関して，弥生時代のものとして，誤っているものを次の中から１つ選び，番号で答えなさい。

1．銅鐸《どうたく》

2．はにわ

3．石包丁

4．漢の時代の金印

1，2，3は東京国立博物館蔵　4は福岡市博物館蔵

問４　下線部ウについて，誤っているものを次の中から１つ選び，番号で答えなさい。

1．前九年合戦など東北で起こった戦乱を源氏の武士がしずめた。

2．平治の乱では，平氏が源氏に勝ち，政権をにぎった。

3．平氏が源義仲に敗れて西国に逃《とう》亡した際，源氏は守護・地頭を任命する権利を認められた。

4．平氏は一族の女性を天皇のきさきとして，生まれた子を天皇とすることがあった。

問５　下線部エについて，次の「蒙古襲来絵巻(絵詞《ことば》)」の２つの図を参考にして，誤っているものを下の中から１つ選び，番号で答えなさい。

国立国会図書館蔵(一部編集しています)

1．日本の武士がうった「てつはう」(鉄砲)の弾丸《だんがん》が図に見える元軍兵士に命中している。

２．一見すると元軍が優勢だが，逃げてゆく元軍兵士もいる。

３．御家人の竹崎季長はこの絵で，元軍に勇敢《かん》に立ち向かったことを示そうとした。

４．竹崎季長ら御家人は幕府と交渉《しょう》したが，モンゴルの領地をもらうことはできなかった。

問６　下線部オについて，この法令の名称を答えながら法令の内容を簡単に説明しなさい。

問７　下線部カについて，次の表・グラフ・地図を見て，後の文章中の ⑦ ～ ⑨ にあてはまる語句または短文をそれぞれ答えなさい。

南蛮《ばん》貿易の輸出入品	
輸出品	銀・刀剣《けん》
輸入品	鉄砲・火薬・ガラス

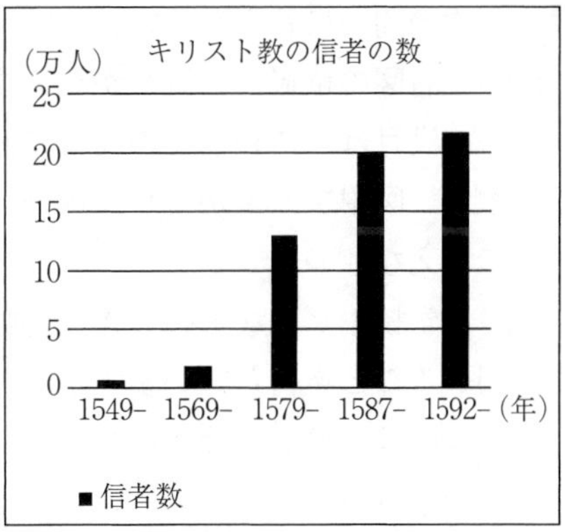

『日本キリスト教史』より

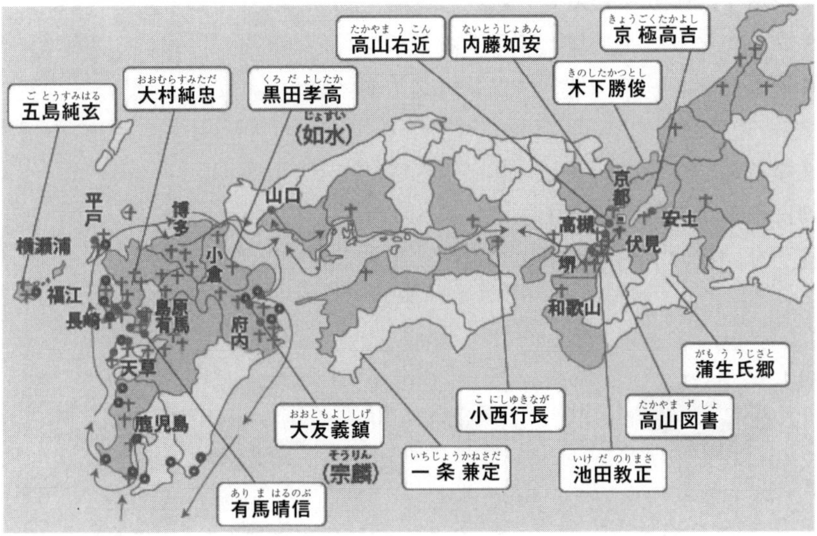

キリスト教が伝来してから信者の数が大きく増加しました。特に地図中の「✝」が教会を表しており， ⑦ や近畿に特に多いことがわかります。それは，それぞれの領主が ⑧ 目的でキリスト教を保護したからです。キリスト教の信者は織田信長が滅《ほろ》ぼされるまで増え続けていたのが，豊臣秀吉の時代の1587年以降はあまり増加していないことから，豊臣秀吉はキリスト教を ⑨ と考えられます。

【理　科】〈第2回試験〉（40分）〈満点：100点〉

注意　数値を答える場合は，整数または小数で答えなさい。
割り切れない場合は，問いの指示に従って四捨五入しなさい。
問いに別の指示がある場合は，その指示に従って答えなさい。

1　次の問いに答えなさい。

〔1〕　右図の位置に，満月が見えました。この満月は，この後どの向きに動きますか。図中ア～エから１つ選び，記号で答えなさい。

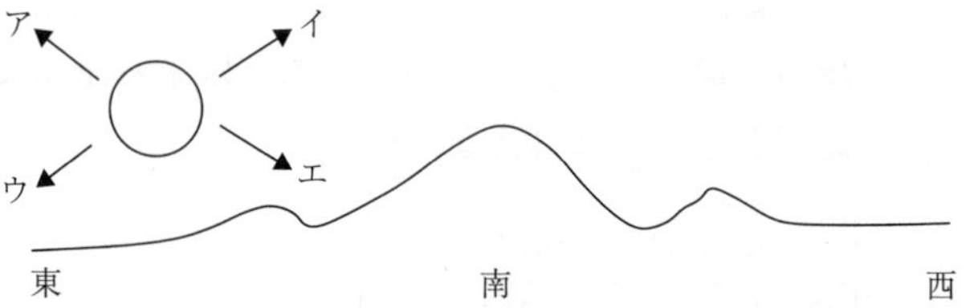

〔2〕　学校やビルなどの大きな建物を建てる前，地面にパイプを深く打ち込んで，地下の様子を調べることを何といいますか。

〔3〕　肺は気管が枝分かれしてだんだん細くなり，その先はとても小さなふくろになっています。この小さなふくろを何といいますか。

〔4〕　ライオン，ウシ，ヒトの消化管の長さを比べたとき，どのような関係になるでしょうか。次のア～エから１つ選び，記号で答えなさい。

ア．ウシ＜ヒト＜ライオン　　イ．ヒト＜ライオン＜ウシ
ウ．ライオン＜ヒト＜ウシ　　エ．ヒト＝ウシ＝ライオン

2　次の問いに答えなさい。

〔1〕　発芽して最初に出る葉を何といいますか。

〔2〕　インゲンの種子を，次のア～エから１つ選び，記号で答えなさい。

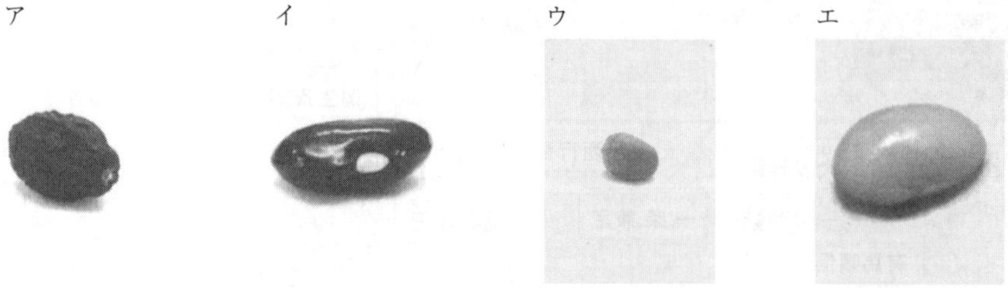

〔3〕　発芽したインゲンを，次のア～エから１つ選び，記号で答えなさい。

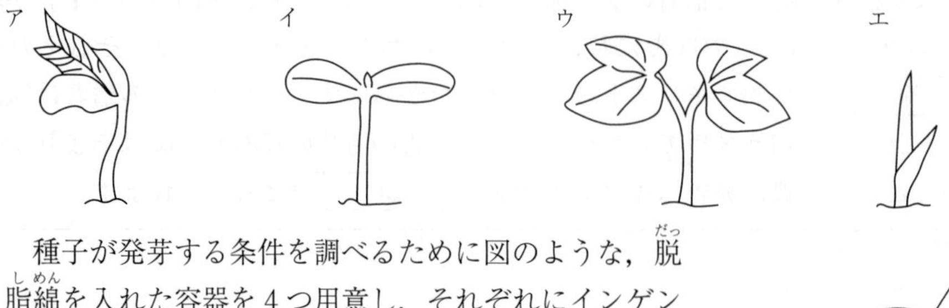

種子が発芽する条件を調べるために図のような，脱《だっ》脂《し》綿《めん》を入れた容器を４つ用意し，それぞれにインゲンの種子をまいて次の表のような実験を行いました。

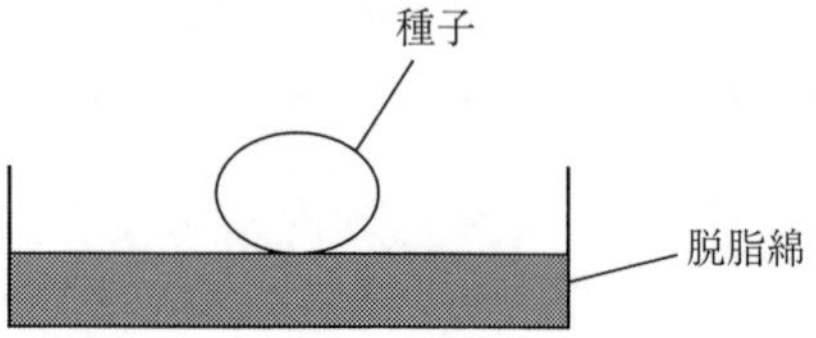

実験	内容	結果
実験１	脱脂綿全体がひたる程度に水を与え， 室温が25℃の部屋に置く。	発芽した。
実験２	脱脂綿全体がひたる程度に水を与え， 室温が５℃の部屋に置く。	発芽しなかった。
実験３	水は与えずに，室温が25℃の部屋に置く。	発芽しなかった。
実験４	脱脂綿全体がひたる程度の水と十分な肥料を与え， 室温が25℃の部屋に置く。	発芽した。

〔４〕 種子の発芽には水が必要であることを確かめるためには，どの実験とどの実験を比べればよいですか。次のア～エから１つ選び，記号で答えなさい。

ア．実験１と実験２　　イ．実験２と実験３　　ウ．実験３と実験４　　エ．実験１と実験３

〔５〕 実験１と実験４の結果からどのようなことがいえますか。

〔６〕 種子は中にデンプンなどの養分をたくわえます。デンプンがふくまれているかを調べる薬品は何ですか。

〔７〕〔６〕の薬品をデンプンにかけると，何色に変化しますか。もっとも近い色を次のア～エから１つ選び，記号で答えなさい。

ア．黄色　　イ．緑色　　ウ．青色　　エ．灰色

〔８〕 発芽する前のインゲンの種子に〔６〕の薬品をかけると色が変化しますが，発芽した後しばらくたった種子に〔６〕の薬品をかけても，ほとんど色の変化がありませんでした。この理由を答えなさい。

〔９〕 アブラナやゴマの種子に〔６〕の薬品をかけても色が変化しません。これはデンプンをほとんどふくまないためです。アブラナやゴマの種子が養分としてたくわえるものは何ですか。

種子の中には発芽する条件に，水や温度以外が関わるものがあります。例えばある種のレタスは，発芽するのに赤色の光(赤色光)と赤外線の一部(遠赤色光)が関係します。次の表の実験は，レタスの種子に赤色光，または遠赤色光を当てて発芽するかどうかを調べたものです。

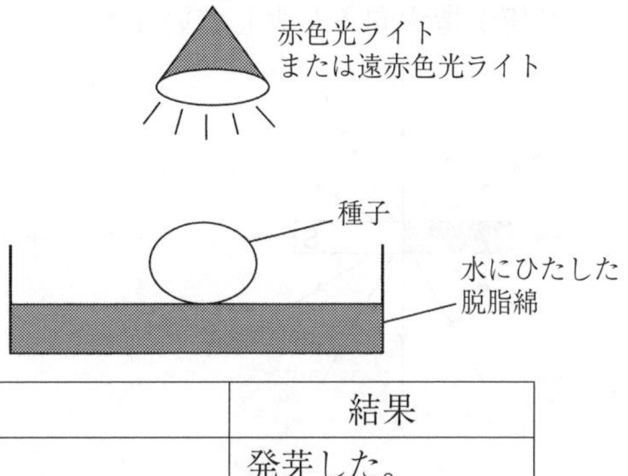

実験	光の当て方	結果
実験５	赤色光のみ当てる。	発芽した。
実験６	遠赤色光のみ当てる。	発芽しなかった。
実験７	赤色光→遠赤色光の順番に当てる。	発芽しなかった。
実験８	遠赤色光→赤色光の順番に当てる。	発芽した。
実験９	赤色光→遠赤色光→赤色光の順番に当てる。	発芽した。
実験10	赤色光→遠赤色光→赤色光→遠赤色光の順番に当てる。	発芽しなかった。
実験11	赤色光も遠赤色光も当てない。	発芽しなかった。

ただし，実験11以外の実験において，光を当てる合計時間は同じであるとし，その他の条件は発芽に最も適した条件であるとします。

〔10〕 この実験からどのようなことがいえますか。次のア～エの中から１つ選び，記号で答えなさい。

ア．赤色光だけが当たったときのみ発芽する

イ．遠赤色光だけが当たると発芽する

ウ．赤色光と遠赤色光の両方が当たると発芽しない

エ．最後に遠赤色光が当たると発芽しない

〔11〕 実験５～11と右の図を参考に，次の文章中の①・②にあてはまる語句を，下のア～オからそれぞれ１つずつ選び，記号で答えなさい。

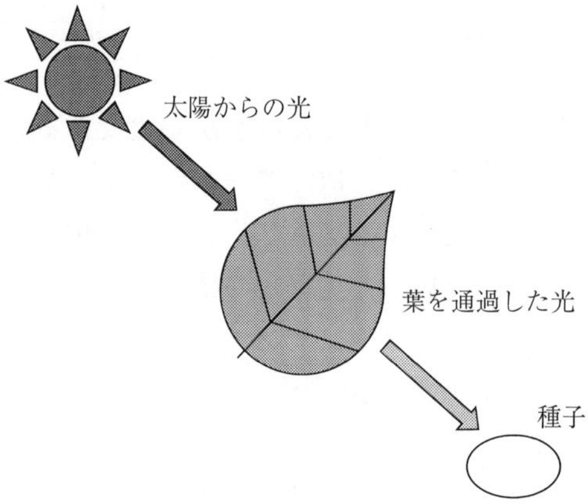

太陽からの光は赤色光も遠赤色光もふくんでいます。太陽からの光が葉を通過するときに，赤色光の多くは吸収されますが，遠赤色光はあまり吸収されません。つまり，葉を通過した光は遠赤色光の割合が(①)なります。このためレタスの種子は他の植物の葉の下では発芽しません。これはレタスの種子が発芽後すぐに(②)をしなければならないため，光が当たらない環境では発芽しないようになっているからです。

ア．呼吸　　イ．蒸散　　ウ．光合成　　エ．大きく　　オ．小さく

3 磁石と電流のはたらきを調べました。

〔１〕 磁石のまわりに砂鉄をまきました。できた模様を線で結んだものとして，正しいものを次のア～エから１つ選び，記号で答えなさい。ただし，図中の矢印は，方位磁針《じしん》を置いたときにＮ極が指す向きを表しています。

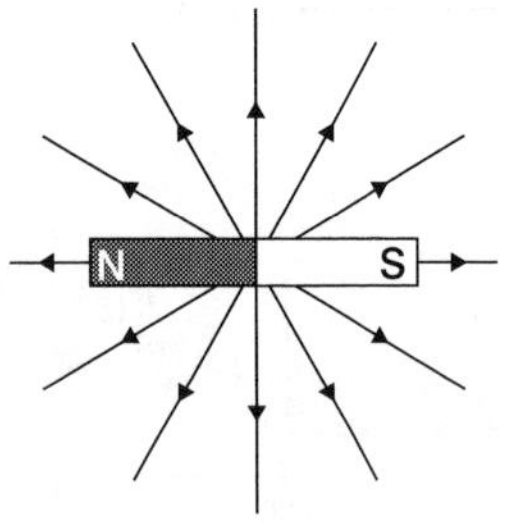

ア

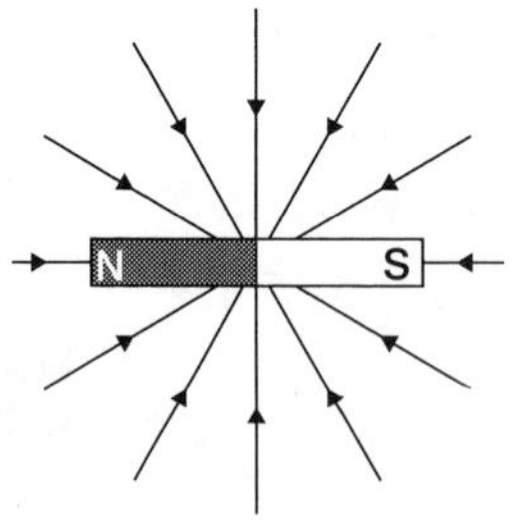

イ

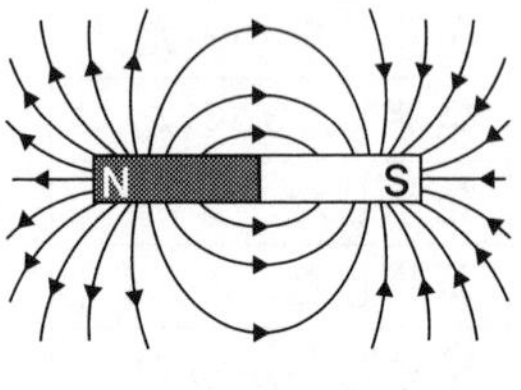

ウ

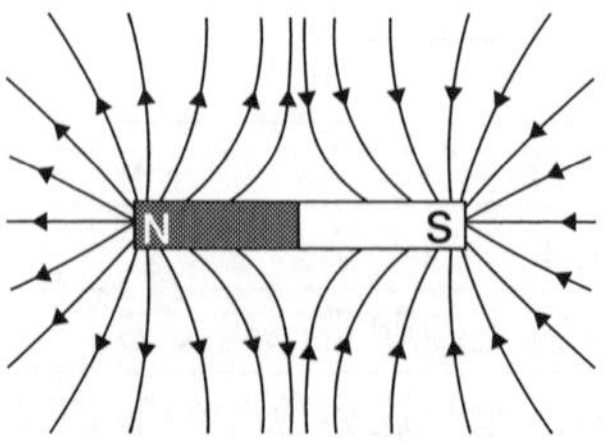

エ

〔２〕 磁石の特徴《とくちょう》として正しいものを次のア～オからすべて選び，記号で答えなさい。

ア．磁石は，全ての金属を引きつけることができる。

イ．パソコンは，磁石を近づけると壊《こわ》れてしまうことがある。

ウ．磁石は，違《ちが》う極同士を近づけるとしりぞけあう。

エ．磁石は，折れてしまうと磁石の性質を失う。

オ．磁石の素材によって，砂鉄を引きつける強さが違う。

［図１］のように，方位磁針を置いた水平な板に導線を通し電流を流すと，図のような向きに方位磁針の針がふれました。これを参考に，以下の問いに答えなさい。

［図１］

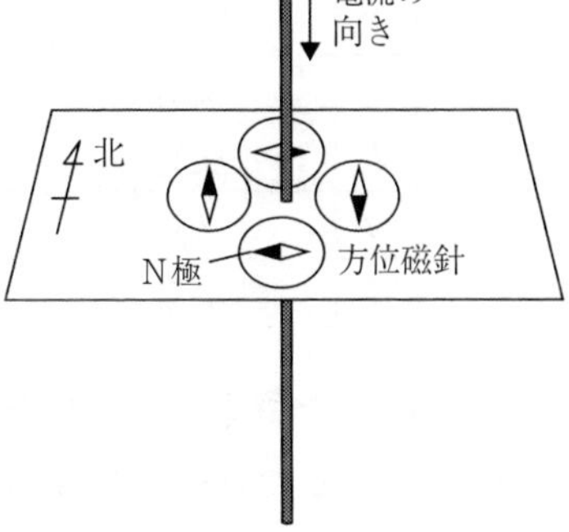

〔３〕［図２］のような回路をつくり，方位磁針を使って針の動きを調べました。

(1) 導線の上に方位磁針Ａ，Ｂを置いて，スイッチを入れると針が動きました。Ａ，Ｂの方位磁針の針の動く向きを［図３］のア・イからそれぞれ１つずつ選び，記号で答えなさい。

［図２］

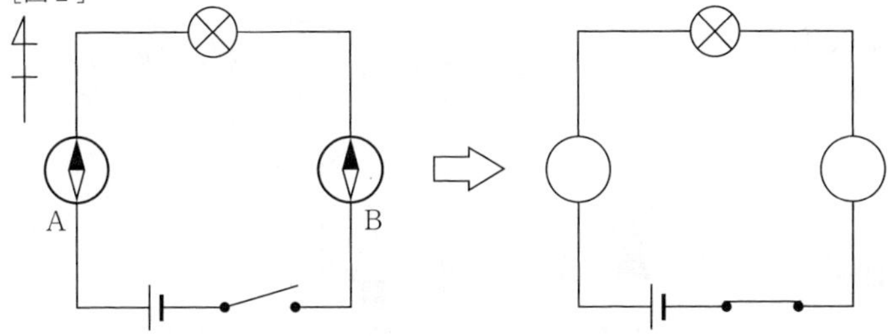

［図３］

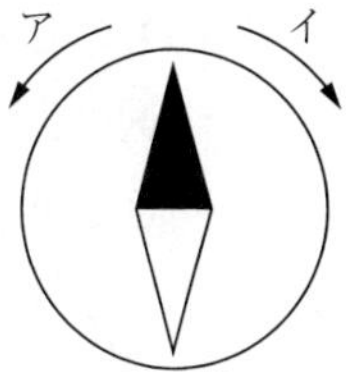

(2) ［図２］の回路を次の①～④のように条件を変えて，スイッチを入れたときのＡの方位磁針の針の動き方を調べました。方位磁針の針の動く向き，ふれはばの大きさは(1)のＡと比べてどうなりますか。下表中のア～キの中から１つずつ選び，それぞれ記号で答えなさい。

① 方位磁針を導線の下に置く

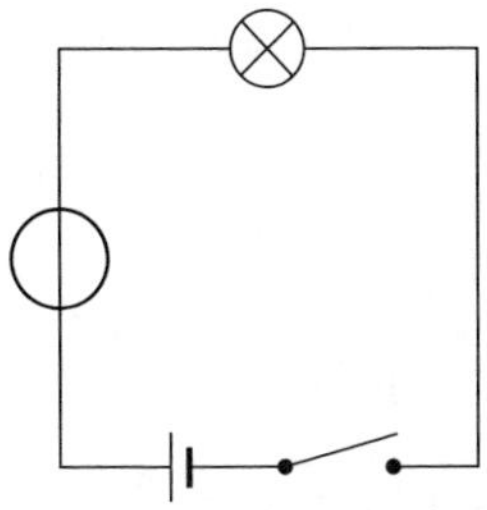

② 電池の向きを反対にする

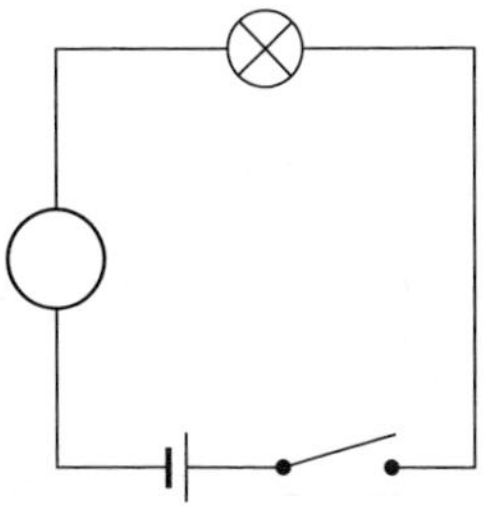

③ 電池を２個並列に接続する

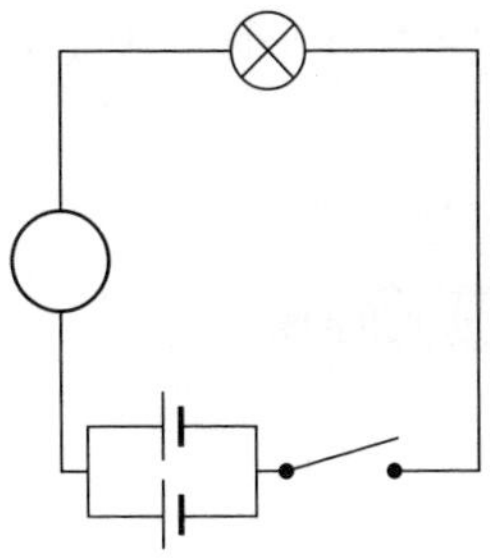

④ Ａの方位磁針に導線を巻きつける

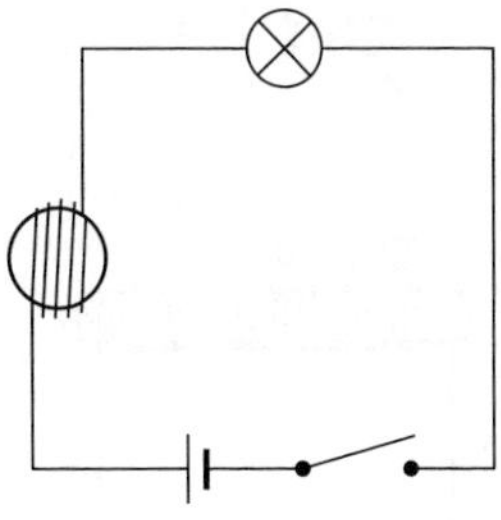

	針の動く向き	ふれはばの大きさ
ア	同じ	同じ
イ	同じ	大きい
ウ	同じ	小さい
エ	反対	同じ
オ	反対	大きい
カ	反対	小さい
キ	動かない	動かない

電磁石をつくって実験をしました。

〔４〕 つくった電磁石を[図４]のように電源装置につなぎ，方位磁針を置きました。X・Yの方位磁針の針の向きとして，正しいものを次のア～エからそれぞれ１つずつ選び，記号で答えなさい。ただし，上向きを北とします。

[図４]

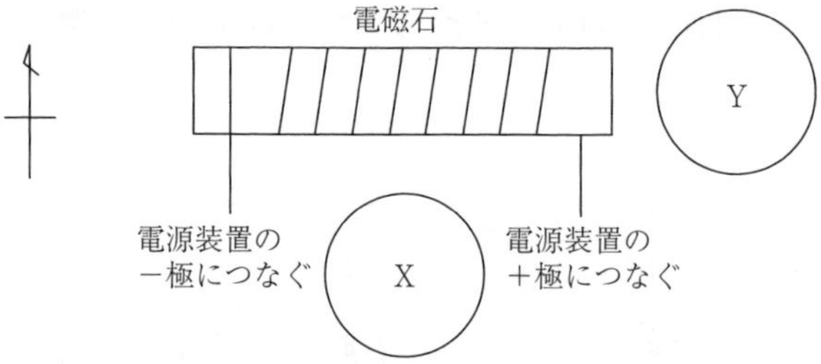

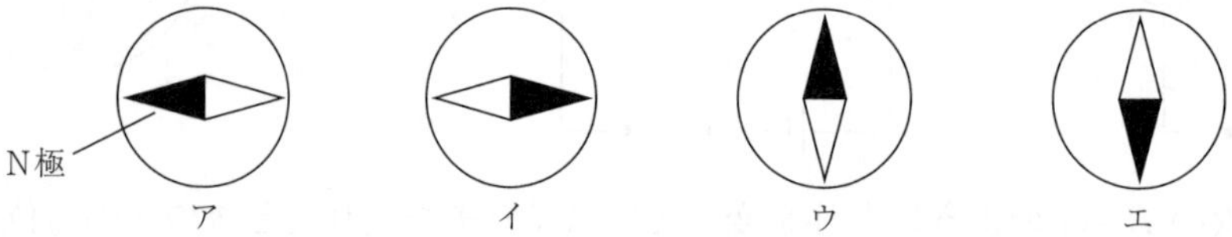

〔５〕〔４〕と同じ電磁石２つを[図５]のように導線でつなぎ，真ん中に方位磁針を置きました。方位磁針の針の向きとして，正しいものを〔４〕のア～エから１つ選び，記号で答えなさい。ただし，上向きを北とします。

[図５]

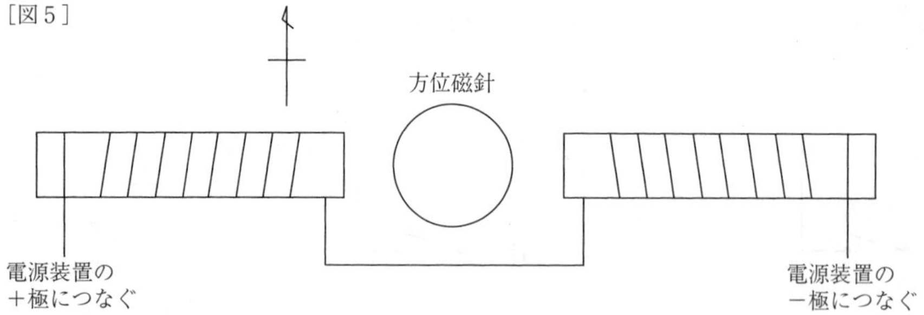

〔６〕 電磁石の強さが何に関係しているかを調べるために，プラスチックの筒《つつ》にエナメル線を巻き，次のような回路をつくって実験をしました。ただし，余ったエナメル線は切らずに束ねてあります。

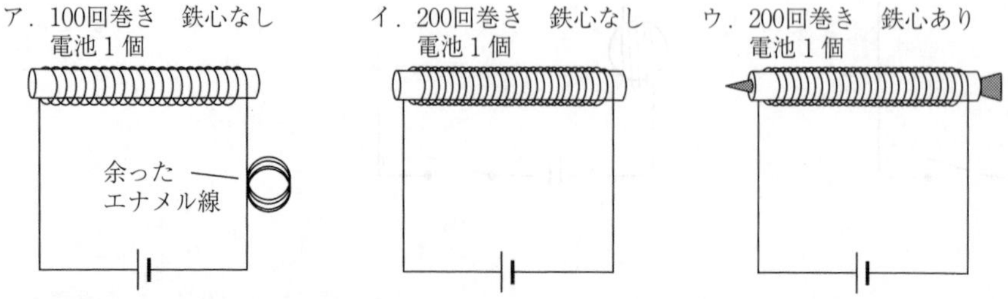

エ．100回巻き　鉄心あり
電池２個直列つなぎ

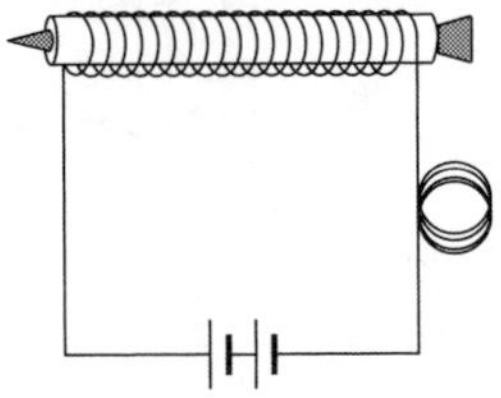

オ．100回巻き　鉄心あり
電池２個並列つなぎ

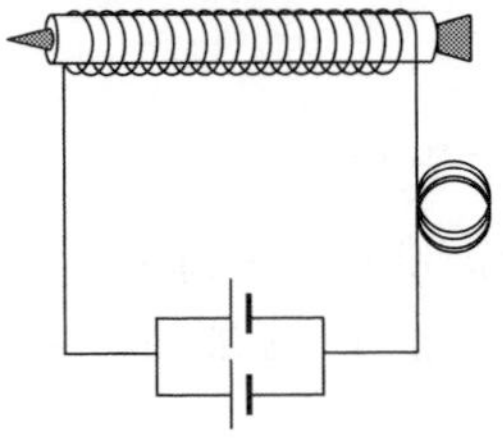

カ．200回巻き　鉄心あり
電池２個直列つなぎ

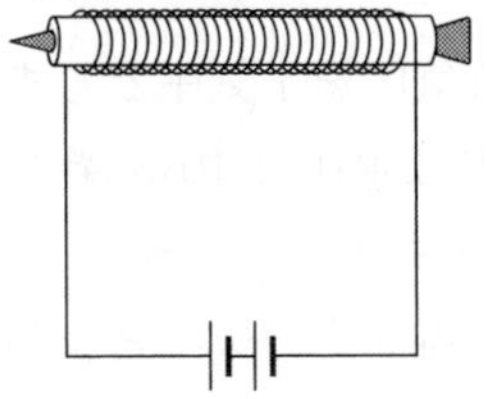

(1)　上の回路の中で，電磁石の強さがいちばん強いものをア～カから１つ選び，記号で答えなさい。

(2)　電磁石の鉄心の有無と，電磁石の強さの関係を調べるためには，どの回路とどの回路を比べればよいですか。上のア～カから２つ選び，記号で答えなさい。

(3)　電磁石のコイルの巻き数と，電磁石の強さの関係を調べるためには，どの回路とどの回路を比べればよいですか。上のア～カから２つずつ２組選び，記号で答えなさい。

(4)　電磁石に流れる電流の大きさと，電磁石の強さの関係を調べるためには，どの回路とどの回路を比べればよいですか。上のア～カから２つずつ２組選び，記号で答えなさい。

4　ひかりさんは，スキューバーダイビングを行うために，水中でおこる現象と身体にどのような変化があるのかを調べてみました。

まずは水温についてです。水は空気にくらべて25倍も熱を（ a ）性質があります。これは水中では空気中の25倍も熱をうばわれるということですから，25℃以下の水中に長い時間潜《もぐ》るときにはウエットスーツが必要です。

次にダイバーが水中マスクをつけて水中のものを見ると，水とマスクのガラスと空気の境目でそれぞれ光が折れ曲がることで，①ものは実際の大きさの３分の４倍に，距離《きょり》は４分の３倍に見えます。

〔１〕　文中の（a）に適する性質は次のア，イのどちらですか。記号で答えなさい。

ア．伝えやすい　　イ．伝えにくい

〔２〕　ダイバーが水中で６m離《はな》れたところに，全長27cmのサンゴを見つけました。下線部①をもとに，次の(1)と(2)に答えなさい。

(1)　ダイバーが水中マスクをつけてサンゴを見ると，何m離れて見えますか。

(2)　ダイバーが水中マスクをつけてサンゴを見ると，全長何cmに見えますか。

続いて水中で感じる重さの違《ちが》いについてです。②水中ではものが押《お》しのけた水の重さと同じ大きさの上向きの力（浮《ふ》力）をうけます。ダイバーが使う道具は陸上では重たいものばかりですが，水中で体のバランスをとりやすいようにできています。一般的なダイビング用タンク（内容積10L）では全体の体積が14Lになり，タンクに空気をいっぱいに入れると陸上では16kgになります。水中では，海水の重さは１Lあたり１kgなので，１Lのものにはたらく浮力は（ b ）g分となります。したがって，タンク全体には（ c ）kg分の浮力がはたらきます。

〔３〕　文中の（b）に適する数値を答えなさい。

〔４〕　文中の（c）に適する数値を，下線部②を参考にして求めなさい。

決まった面積（$1\,cm^2$や$1\,m^2$）あたりにはたらく力の大きさを圧力といいます。空気の重さによる圧力を気圧，水の重さによる圧力を水圧といいます。

海面にかかる気圧を1気圧とします。

また，水中では水圧は10m深く潜るごとに1気圧ずつ増えます。したがって，水深30mではダイバーは海面での気圧と合わせて（ d ）気圧の力をうけることになります。

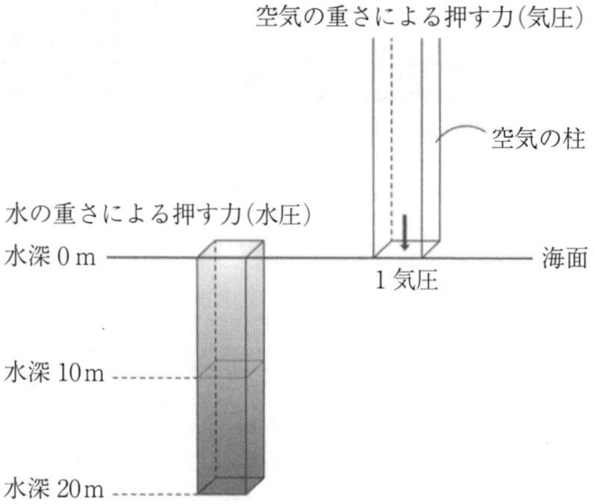

〔5〕 文中の(d)に適する数値を答えなさい。

温度が変わらなければ，気体の体積は圧力が2倍になると2分の1倍，3倍になると3分の1倍になります。例えば水面で1Lの空気は，水深10mで半分の（ e ）mL，水深30mでは（ f ）mLになってしまいます。反対に水深30mで空気をいっぱい吸って息を止めて浮《ふ》上すると，肺の中の空気は水面で（ g ）倍にふくれあがることになり，肺は破裂《れつ》してしまいます。ですから，潜《せん》水では浮上するときに決して息を止めてはいけません。

ダイバーは高圧の空気ボンベを取り付けて，水圧と同じ圧力で③空気を吸うので，陸上で100分間もつ空気も，水深40mでは（ h ）分間になってしまいます。

〔6〕 文中の（e）～（h）に適する数値を答えなさい。

〔7〕 下線部③の空気の成分について，体積での割合で窒《ちっ》素が78%，酸素が21%を占《し》めています。二酸化炭素が占める割合は何%ですか。最も適する数値を次のア～カから1つ選び，記号で答えなさい。

ア．0.2　　イ．0.4　　ウ．0.02　　エ．0.04　　オ．0.002　　カ．0.004

また，気体は圧力(気圧や水圧)に応じて液体の中に限界になるまで溶《と》けこみます。温度が変わらなければ，水に溶ける気体の重さは気圧が2倍になると2倍，3倍になると3倍になります。深く潜るほどに水圧が大きくなるので，④潜水中のダイバーの体内に溶ける空気の重さも増えます。このとき，酸素は体内で消費されますが，窒素は血液を通じて筋肉などの組織に多く残ります。浮き上がる速さが大きいと急激に圧力が下がり，体内に溶けきれなくなった窒素が細かいあわになります。このあわが血液を止めたり組織を圧迫《ぱく》したりすることを防ぐため，浮上する途《と》中で停止時間をもうけます。

〔8〕 下線部④について，体重50kgの女性(体内水分量26L)で考えてみました。次の問いに答えなさい。ただし，1気圧のとき，30℃の水1Lに溶ける窒素の重さは0.017gとし，答えは小数第3位を四捨五入して，小数第2位まで答えなさい。

(1) 窒素が1気圧のとき，30℃の水26Lに溶ける窒素の重さは何gですか。

(2) 5気圧で30℃の水26Lに溶けていた窒素が1気圧になったとき，溶けきれなくなった窒素の重さは何gですか。

こととはいえ、弱いサルをいじめて、決して勝てないようにすることは、ひきょうなやり方にも思えるから。

エ　群れにおける上下関係をけんかの勝敗によって決めることは、一見公平なやり方に見えるが、実際には、けんかを始める前から強い弱いの順位は決まっているから。

問四　――線３「ところが、ゴリラはちがった」とありますが、「けんか」が起こったときの「サル」と「ゴリラ」のちがいについて、ていねいに説明しなさい。

問五　［Ｘ］・［Ｙ］に入る言葉として、最も適当なものを次の中からそれぞれ選び、記号で答えなさい。

ア　地域社会　　イ　対等社会
ウ　未開社会　　エ　階層社会
オ　成熟社会　　カ　自由社会

問六　――線４「わたしたち〜住んでいるのだろう」とありますが、筆者の考え方について説明したものとして最も適当なものを次の中から選び、記号で答えなさい。

ア　最近の日本社会には、実力で強いか弱いかの順位が決まる点で、サルの社会と同じように公平なシステムがあると言えるが、勝ち負けをつけずに平等な集団生活を実現させているゴリラの社会を目指すべきである。

イ　最近の日本社会は、弱い者いじめをしてでも勝者であろうとする者が多いという点で、サルの社会と共通しているが、むやみに勝ち負けをつけようとせず、誰《だれ》もが安心して暮らせるゴリラの社会を手本とするべきである。

ウ　最近の日本社会は、サルの社会のように勝つことにこだわるあまり、相手を傷つけたり新たな問題を招いたりすることがあるが、平和的な問題解決を目指すゴリラの社会を理想とするべきである。

エ　最近の日本社会には、「強い者＝正義」が、「弱い者＝悪」を倒そうとするという、サルの社会と同じような傾向があるが、お互いに尊重しあおうという意識が共有されているゴリラの社会を見習うべきである。

すことに、親たちは気づいていない。勝つためには、サルのように相手を屈服《くっぷく》させ、相手に負けを認めさせねばならない。それに傷つき、恨《うら》みを抱《いだ》いた仲間は去っていくかもしれない。でも、ゴリラのように「負けない」ことを目標にすれば、相手はメンツを保ったまま引き分けることができる。仲間を失うことなく、かえってけんかによって相手をよく知ることにつながる。

人間の子どもたちもおそらくだれもが、ゴリラのように負けたくないと思っている。でも、周囲が勝つことを奨励するので、勝とうと努力した結果、友達を失って孤独《こどく》になっているのではないだろうか。あるいは負けたくない思いが高《こう》じて、勝ち組についていじめに加わることになってはいないだろうか。勝敗にこだわらず、ゴリラのようにけんかを止めることに注意を向けるようにすれば、たがいに対等につきあえるのになあと思う。

（山極寿一《やまぎわじゅいち》『人生で大事なことはみんなゴリラから教わった』 家の光協会より）

※１ ドラミング…ゴリラが両腕《うで》で自分の胸をたたく動作。
※２ シルバーバック…成熟したオスのゴリラ。背中に銀色に見える白い毛を生やしていることから、こう呼ばれる。
※３ 礼賛《らいさん》…素晴らしいものとして、ほめたたえること。

問一 ――線ａ「敢然《かんぜん》と」・ｂ「憤然《ふんぜん》として」・ｃ「エスカレート」とありますが、ここでの意味として最も適当なものを後の中からそれぞれ選び、記号で答えなさい。

ａ「敢然と」
ア 我を忘れて　イ 思い切って
ウ ためらいながら　ウ 仕方なく

ｂ「憤然として」
ア 深く考えない様子で　イ あやしみ驚く様子で
ウ ひどく腹を立てる様子で　エ 泣きさけぶ様子で

ｃ「エスカレート」
ア 激しくなること　イ 複雑になること
ウ 決着がつくこと　エ 勢いよく始まること

問二 ――線１「ゴリラのような胸たたきがあったらいいのに」とありますが、その理由として最も適当なものを次の中から選び、記号で答えなさい。

ア 言葉とちがって、胸たたきによる自己主張は、内容が単純であることが多いため、誤解を生む可能性がないから。
イ 言葉よりも胸たたきのほうが、簡単な方法ではあるが複雑な内容をくわしく正確に伝えることができるから。
ウ 胸たたきとちがって、言葉の使用は、相手との関係を複雑にするので、自己主張の手段として不便でしかないから。
エ 胸たたきは、言葉とちがって、適切な距離を取りながら相手と向き合うことができる自己主張の手段だから。

問三 ――線２「とても合理的だが〜ずるいと思う」とありますが、筆者がこのように思うのはなぜですか。その理由として最も適当なものを次の中から選び、記号で答えなさい。

ア 勝ちそうなサルに加勢するやり方は、けんかを早く終わらせ、群れの安定を保つためには良いことだが、それが弱い者を群れからのけ者にすることにもつながっているから。
イ 群れの秩序を安定させるために、強いサルを勝たせようとすることは理解できるが、いつでも勝ちそうなほうの味方をするという態度は、平等なものには見えないから。
ウ 群れにおける、強弱の順位の秩序を安定させるために必要な

ざわざわと不安定になり、あちこちでいざこざが起こったりする。サルたちはそういった騒《さわ》ぎを避《さ》けたいので、なるべく順位に沿《そ》って勝ちそうなサルに加勢するのである。

　でも、わたしにはそんなサルたちのやり方が弱い者いじめに見えてしまう。サルたちは強い弱いという順位の秩序《ちつじょ》を守ることが群れの安定をもたらすとして、勝ちそうなサルに味方するのだろう。人間はちがう。人間は平等意識が強く、体が大きいからといって上に立てるわけではない。体の大きい者も小さい者も、みんな平等につきあうことができるのが人間の社会だ。サルのように勝ちそうなほうに味方するのは、ひきょうなやり方だと思う。だから、サルの社会は人間とはちがうと思っていたし、ゴリラもサルのように強いゴリラがいばっているんだろうと予想していた。

　3ところが、ゴリラはちがった。けんかをしても、体の小さなゴリラはa敢然《かんぜん》と大きなゴリラに向かっていく。メスの体はオスの半分ぐらいしかないのに、オスにb憤然《ふんぜん》として歯向かう。しかも、ゴリラには負けを認めるような表情がない。サルにはグリメイスという、歯をむき出す、一見人間の笑いに似たような表情がある。弱いサルが強いサルにおびやかされたときに見せる表情だし、けんかに負けると決まってこの表情を示《しめ》す。すると、勝ったサルはそれ以上攻撃することはせずに、自分の強さを見せつけるように肩を怒《いか》らせ、しっぽを上げて立ち去る。

　チンパンジーにもグリメイスがあるが、ゴリラにはない。けんかに負けると低くうなって体を丸くしてうずくまるだけだ。これはそれ以上の攻撃から身を守る姿勢《しせい》だ。あるいは金切《かなき》り声を上げて、周囲の助けを呼ぶ。すると、その声を聞きつけて、周囲のゴリラはゴッゴッと非難の声を発し、けんかがcエスカレートしそうになるとみんなが割って入る。

　その場合、割って入ったゴリラたちは、けんかをしているどちらのゴリラにも加勢しない。ここは、わたしの感心したところだ。ゴリラの仲裁《ちゅうさい》は、どちらかに加勢して勝ち負けをはっきりさせてけんかを終わらせるのではない。けんか自体を止めることが目的なのだ。けんかをしているゴリラたちも勝敗をつけずに、メンツを保《たも》ったまま引き分けられる。そもそもゴリラの集団では、サルのような強い弱いといった順位がない。もちろん、体の大きさにはちがいがあって、それに応じて力の強さには差がある。でも、それを表面に出してつきあわず、たがいに対等であろうとするのがゴリラの社会の特徴なのである。

　そんなゴリラの仲裁を見ていて、気がついたことがある。「勝とう」とすることと「負けまい」とすることはちがうということだ。

　ニホンザルは勝ち負けを重視して、勝者に味方する。ゴリラは勝ち負けをつくらずに、けんかを止める。どちらを重視するかによって社会のつくり方がちがうのだ。ニホンザルは強い弱いがはっきりした　X　、ゴリラはだれもが同じようにつきあおうとする　Y　をつくる。争い事をどうやって解決するかによって、社会のあり方はちがってくるのである。

　さて、4わたしたち人間はどちらの社会に住んでいるのだろう。日本にも「虎《とら》の威《い》を借《か》る狐《きつね》」ということわざがある。強い者の力を借りていばることをいう。サルの勝者びいきは、強い者にこびて弱い者をやっつけようとするのだから、このことわざに近い態度だろう。それはあまり感心しない行為だと考えられている。だとすれば、ゴリラの態度のほうが人間のめざす社会に近いのではないだろうか。

　でも、気になることがある。どうも最近の日本社会では、勝つことばかりが※3礼賛《らいさん》されるようになってはいないだろうか。親たちも子どもが勝つことを奨励《しょうれい》して、学校の成績やスポーツの結果に一喜一《いち》憂《ゆう》する。でも、子どもにとって勝つことがじつは友達との関係をこわ

自分らしく輝くためには学校で教わる事だけで満足するべきではないということに気が付いたから。

イ　自分の意志で夢に向かって努力をする藤原さんを見ているうちに、仲間外れになることを恐れずに自分の気持ちにそって行動したいと思ったから。

ウ　誰に何を言われようと自分の気持ちにうそをつかない藤原さんの強さにふれ、彼女といつも一緒に行動することでもっと多くのことを学びたいと望んだから。

エ　学校に居心地《いごこち》の悪さを感じながらも自分を曲げない藤原さんを見て、自分も他人の悪口を言う佐奈やまゆに対してはっきりと注意をするべきだと決意したから。

三　次の文章を読んで、後の問いに答えなさい。

19世紀の中ごろに、アフリカで欧米《おうべい》の探検家が初めてゴリラに出くわしたとき、ゴリラのオスが※1ドラミングをするのを見て腰《こし》をぬかすほど驚《おどろ》いた。ゴリラが攻撃《こうげき》してくると思って、思わず銃《じゅう》の引き金を引いたのだ。そして、ゴリラが戦い好きの恐《おそ》ろしい動物だと探検記に描《か》き、そのイメージが一般に広がってしまった。おかげでゴリラは獰《どう》猛《もう》で危険な猛獣《もうじゅう》というレッテルをはられ、１００年以上も厳重な檻《おり》に入れられて動物園に展示《てんじ》されることになったのである。その誤解が解《と》かれたのは、20世紀の後半になって野生のゴリラの調査《ちょうさ》が始まってからのことである。ドラミングはじつは自己主張であって、戦いの宣言ではなかったのだ。

　人間の世界でも自己主張は難しい。主張しすぎると相手にきらわれるし、主張しなければ相手に無視される。相手の関心を引き出し、相手にきらわれないためにはどうしたらいいか、わたしたちはいつも悩《なや》んでいる。1ゴリラのような胸たたきがあったらいいのに、と思うことがある。胸たたきは、相手とちょうどいい距離《きょり》をとって自己を主張し、相手の関心と反応を引き出すとてもいい手段なのだ。人間は胸をたたく代わりに、言葉を投げかける。でも、言葉は意味を伝えるので、かならずしも自分の正直な気持ちが伝わるとは限らない。言葉が誤解されて、相手を傷《きず》つけてしまったり、相手の怒りを買うことになったりする。人間は言葉を持ったために、便利なこともできたけれど、かえってややこしいことも抱《かか》え込《こ》んだんだなあ、とつくづく思う。

　ゴリラを見ていて、とても驚いたことがある。※2シルバーバックのオス同士がけんかをしたとき、子どもたちがオスたちにしがみついてけんかを止めたのである。おかげで、シルバーバックたちは深い傷を負《お》わずに引き分けることができた。こんな光景はサルでは見たことがなかった。

　ゴリラの調査をする前につきあっていたニホンザルでは、おとなのオス同士の争いに子どもたちが割《わ》って入ることはない。だって、自分より力の強いサルを止めようとしたら、逆《ぎゃく》に反発されて自分が傷つく恐れがある。だから、けんかに割って入って止めるのは、群《む》れの中でもっとも強いオスザルであることが多い。

　サルがほかのサルのけんかに参加するやり方は、2とても合理的だが、わたしはちょっとずるいと思う。サルたちがけんかを始めると、みんな勝ちそうなサルに加勢《かせい》するのだ。サルの間にはどのサルが強いか弱いかを認め合う順位があって、それをどのサルも熟知《じゅくち》している。だから、けんかが始まると、周囲のサルはどちらが強いかを知っていて、強いサルに味方して弱いサルを攻撃する。勝ち負けを早く決めたほうがけんかは長引かずにすむからだ。たまに、ふだん弱いサルが力を増《ま》して勝ちそうになると、今度は手のひらを返したように周囲はそのサルに加勢する。負けたサルはしっぽを巻《ま》いて逃げ去り、勝ったサルと順位は逆転する。でも、こういった変動が起こると、群れ全体が

えで誕生会に誘い、私を困らせようとしているのだということ。

イ　私を誕生会に誘いたいというよりも、私を藤原さんから引き離すことで、彼女をいっそう孤立《こりつ》させようとしているのだということ。

ウ　転校してきたばかりの私を誕生会に誘うことで歓迎《かんげい》し、また参加する人数を増やして少しでも盛大な会にしようとしているのだということ。

エ　転校してきたばかりなので、私が仲間外れを恐《おそ》れて断らないと知ったうえで、誕生会を口実にグループに取り込もうとしているのだということ。

問三　――線３「スカートに両手をこすりつける」とありますが、ここでの「私」の気持ちの説明として最も適当なものを次の中から選び、記号で答えなさい。

ア　今までと同様、自分の意に反することにたやすく同意してしまった自分を情けないと思っている。

イ　二人には行くと返事をしたものの、藤原さんとの約束を破ろうとする自分が許せないでいる。

ウ　約束を破りたくはないが、とりあえず二人に合わせておくほうが得策だと自分に言い聞かせている。

エ　本心から言った言葉ではないので、それを佐奈とまゆに見破られないかと不安に思っている。

問四　――線ａ・ｂ「嵐」とありますが、それらが表すものとして適当なものを次の中からそれぞれ選び、記号で答えなさい。

ア　佐奈とまゆへの不快感

イ　自分の本音を知られてしまうあせり

ウ　自分の意にそぐわない言動をとることへの不安

エ　藤原さんがいじめられることへの懸念《けねん》

オ　仲間外れになることへの恐れ

問五　――線４「ノートをさっと自分の方へ引き寄せた」・６「ノート、見せてもらっていい？」とありますが、それらの説明として最も適当なものを次の中から選び、記号で答えなさい。

ア　藤原さんはスペイン語に興味のない私にノートを見せてもどうせわからないだろうと思ったが、私は学校で教わらないスペイン語を彼女が独学でどうやって勉強しているのかぜひとも知りたかった。

イ　藤原さんは私にからかわれることを気にして見せたくないと思っており、私もその気持ちに感づいてはいたが、彼女がどのくらいスペイン語を身につけているのか試してみたいという興味の方がまさった。

ウ　藤原さんはスペイン語が好きだという秘密を私に知られることを警戒《けいかい》したが、私は彼女が夢に向かっている自分の努力を誰《だれ》かに分かってほしがっているのではないかと察し、さらに話を開きたいと思った。

エ　藤原さんはスペイン語を勉強していることを私からからかわれるのではないかと不安になったが、私は彼女が自分の好きなことに対してどのように取り組んでいるのかをもっと見てみたかった。

問六　――線５「藤原さんの顔は～輝《かがや》いている」とありますが、「私」は「藤原さん」のどのような点についてそう感じたのですか。ていねいに説明しなさい。

問七　――線７「やっぱり……藤原さんとの約束を優先したい」とありますが、「私」がそのように思った理由として最も適当なものを次の中から選び、記号で答えなさい。

ア　学校にいる時とは別人のように輝いている藤原さんを見て、

「う、うん……。やっぱり少しは読み書きしたり、しゃべれるようになったりしてから行きたいって思って」

「すごい……」

「……勉強は嫌いじゃないけど……学校に行くと疲《つか》れる。古い建物を見たり、こういうのを作ったりしとる方が、私は、楽しい」

5藤原さんの顔は学校にいる時と全然違《ちが》って、輝《かがや》いている。

「6ノート、見せてもらっていい？」

【はじめまして】

¡Mucho gusto!（ムーチョ　グスト）

¡Mucho gusto! ¡Mucho gusto! ¡Mucho gusto!

【私はいちかです】

Soy Ichika.（ソイ　イチカ）

Soy Ichika. Soy Ichika. Soy Ichika. Soy Ichika. Soy Ichika. Soy Ichika.

Me llamo Ichika.（メ　ジャモ　イチカ）

Me llamo Ichika. Me llamo Ichika. Me llamo Ichika.

「うわっ……」

全然きれいにまとめられてなんかいない。

蛍光《けいこう》ペンを引いたり、線で囲ったりもない。

ひたすら、スペイン語を書きなぐっている。ノートの裏に、うつるくらい。

でも、本当に、スペイン語を身につけたいと思っている気迫《きはく》が伝わってくる。

私……こんなふうに勉強したこと、なかったな。

ただただ、テストの点数を取るためだけだった。志望校に合格するためだけの勉強だった。

藤原さんは、一人の時間を、前に進むことに、自分の夢のために使っているんだ。

私はひとりぼっちには耐えられないと思って、約束をやぶろうとしているのに。

（7やっぱり……藤原さんとの約束を優先したい）

でもそう思っただけで、またぎゅっと胃が縮む気がした。

（高田由紀子《たかだゆきこ》『君だけのシネマ』PHP研究所より）

※1　アミに言ったひとこと…中学受験まで三か月間学校を休むよう母に強要され苦しんでいた時、アミが気遣《きづか》ってくれたのに「……るせえんだよ！」と怒鳴《どな》ってしまったこと。

※2　カフェコーナー…佐渡島で住むことになった祖母（さっこちゃん）の古い家は、映画好きの祖母がカフェコーナーやブックコーナーを併設《へいせつ》した映画館に改築している途中である。

※3　サグラダファミリア…スペインの教会で、建築家アントニ・ガウディの未完成作品として有名。

問一　——線1「空気読めんし」とありますが、これは「藤原さん」のどのような点を言ったものですか。最も適当なものを次の中から選び、記号で答えなさい。

ア　頭の良さを何気なく自慢《じまん》する点

イ　あまり自己主張をしない点

ウ　人の悪口を言うと止まらない点

エ　周囲と合わせようとしない点

問二　——線2「……そうか。だから、誘ってるんだ」とありますが、「私」は「まゆ」のどのような意図に気が付いたのですか。最も適当なものを次の中から選び、記号で答えなさい。

ア　私が土曜日に藤原さんと出かける約束をしたことを知ったう

ながら談笑《だんしょう》していた。

　まさか、また藤原さんが来てるってことはない……よね？

　おそるおそるブックコーナーをのぞくと、すらりとした背中が見えた。

　うわ、また来てる！

　本当は、そのまま自分の部屋へ行きたい気分だった。でも、土曜日に行けなくなったと言わなきゃいけない。

「藤原さん」

　思いきって声をかけると、藤原さんはゆっくりと顔を上げた。白い紙をはさみで切っている。

「何やってるの」

「※3サグラダファミリアのポップアップカード、私も作ってみたいと思って」

　テーブルの上には、小さな白い紙片が散乱している。藤原さんの手元を見ると、カフェに飾《かざ》ってあった立体カードとそっくりなサグラダファミリアが完成しつつあった。

「わ、すごい」

　藤原さんはカードにメガネがくっつくんじゃないかと思うくらい顔を近づけると、はさみの先端《せんたん》を使って最後の仕上げをした。

「できたあ」

　藤原さんは、小さい子がママに見せるみたいに、私にカードを広げてみせた。精巧《せいこう》なサグラダファミリアがゆっくりと立体的に浮《う》かび上がってくる。

「わあ……」

　小さな窓がいくつも細かくていねいに切り抜《ぬ》かれ、鋭《するど》い塔《とう》が何本も建っている。

「すごい……！　見本なしで作ったの？」

「うん。頭の中に、もうイメージはできてたから」

　藤原さんは角度を変えながらカードを眺めて、頬《ほお》を赤くした。

「サグラダファミリアって……スペインにあるんだよね？」

「うん。二〇二六年に完成する予定なんだって」

「えっ、まだできていないの？」

「うん……ガウディが亡くなってから百年後に完成予定なんだって……。でも、このカードは完成後をイメージして作ってみたんだ」

　藤原さんはカードをうれしそうに眺めると、ふーっとため息をついた。

「ああ、完成する前にスペインに行って、本物を見てみたいなあ」

「えっ、完成する前がいいの？」

「造っている途中《とちゅう》を見たいの。そして、完成した姿も……」

　熱に浮かされたように早口で言う藤原さんの横顔は白く光って、なぜかきれいに見えた。

　藤原さんが切った紙や厚紙を掃除《そうじ》すると、下からサグラダファミリアの本とノートが出てきた。

「サグラダファミリアって……まだできていないのに、廃墟みたいな感じもするね」

「うん。だから……好きなのかもしれない」

　藤原さんがうなずきながら、4ノートをさっと自分の方へ引き寄せた。

　ノートの表紙には「español」と書いてあった。

「これ……もしかしてスペイン語？」

　藤原さんの表情がさっと曇《くも》る。

――「なんでスペイン語なんだっつーの！」

　はき捨てるような佐奈の言葉を思い出した。

「もしかして、そのノートでスペイン語、勉強してるの？」

胃が縮むような感覚がして、私は小六の卒業式のことを思い出した。私が入っていたアミたちのグループが集まって、校庭で写真を撮《と》っていた。

さっさと帰ればよかったのに、なぜかその場から動けなくなり、風景を眺《なが》めるようにみんなが撮影《さつえい》するのを見つめていた。

撮影が終わると透明《とうめい》で厚い壁《かべ》ができたみたいに、みんな私をスルーして校門を出て行く。

「じゃ、あとでねー」

「アミ、待ち合わせ何時だったっけ？」

「だから、二時じゃなくて、二時半ね！」

ふいに、グループの一人と目が合った。やべっという顔をすると、彼女はすぐに視線をそらして、アミに話しかけた。

「何歌おっかなー？」

「もー泣ける歌はやめよーね」

カラオケの相談をしながら、名札に花をつけたアミたちが見えなくなるまで、私はその場に立ち尽《つ》くしていた。

あのメンバーと、また、同じ中学校へ行く。

そう思うと、もうこのままどこかへ消えてしまいたい思いにかられた。

だって、だれも、私を必要としていない。私としゃべりたいと、思っていない。

むしろ、私としゃべるのは、自分にとって損だ、自分を不幸に巻き込《こ》まないで、と思っているのがわかる。

自分につめを立ててひっかきたいくらい、※1アミに言ったひとことを悔《く》やむ。

でも……過去はもう取りもどせない。どうしたら、いいんだろう。

わからないわからないわからないわからない……。

……簡単だ。

ここで、みんなに、合わせればいいんだ。

私が嫌《きら》われているわけじゃない。藤原さんが嫌われているんだから。

藤原さんのために、またひとりぼっちになるなんて、耐《た》えられない。

心も体も空っぽになって、その中を乾《かわ》いた砂が風に吹かれて通りすぎていって、砂すらもなくなって、ザラザラとした感触《かんしょく》だけが残っているような、あんな気持ちにだけは、二度と、なりたくない。

「……うん、じゃあ、私も行っていい？」

言ってしまったあと、胃から何かがせり上がってくるような気がした。

母の意見に同意できないのに、無理やり「はい」と言わされた時と同じ、苦くて重いものが。

（大丈夫《だいじょうぶ》、大丈夫）

[3]スカートに両手をこすりつける。

「やった！」

佐奈とまゆがハイタッチして、私もそれに加わった。

二人がはしゃぐ声がすぐそばで聞こえているのに、遠く感じた。

私はa嵐をさけて、どこに行こうとしているんだろう？

そこは、本当に、安心できる場所なんだろうか？

わからないわからないわからないわからない……。

OKの返事をしたのに、私の心の中でb嵐はどんどんひどくなっていった。

帰宅するとすぐに、※2カフェコーナーをのぞいた。

さっこちゃんはおばさん二人組と、「人生フルーツ」のチラシを見

二〇二二年度 桐光学園中学校

【国語】〈第二回試験〉（五〇分）〈満点：一五〇点〉

注意　本文の表現については、作品を尊重し、そのままにしてありますが、設問の都合上、省略した部分、表記を改めた部分があります。
また、特に指示のないかぎり、句読点も一字に数えます。

一　**――線(あ)～(お)のひらがなを漢字に直しなさい。**

1　(あ)きゅうきゅう車を呼ぶ。
2　(い)さいしんの注意を払う。
3　会社の(う)ぎょうせきが悪化する。
4　(え)しふくを肥やす。
5　大学で(お)こうぎを聞く。

二　**次の文章を読んで、後の問いに答えなさい。**

【登場人物】
・いちか（藤原さん）…何かに集中すると周りが見えなくなる性格。クラスの中で距離《きょり》を置かれている。
・佐奈《さな》・まゆ…転校してきた「私」に初めて声をかけてくれ、その後も何かと話しかけてくれるクラスメイト。
・アミ…小学校時代の親友。「私」の一言で仲たがいした。

> 中学に入学してすぐに不登校になった「私」は、父の仕事の関係で佐渡島《さどがしま》に引っ越し、島の中学に通いはじめました。

「ねえ、なんでいちかが『廃墟《はいきょ》』って呼ばれとるか知っとる？」
「六年の卒業文集って〝好きなこと〟とか書いたりするじゃん？　あの場所にさ」
佐奈とまゆが顔を見合わせてくすくすと笑った。
「廃墟&《アンド》スペイン語――って書いてあったの。ウケるでしょ」
「廃墟ってなんだよ、って感じ。自分が特別だとでも思ってんのかな」
「しかもさあ、なんでスペイン語なんだっつーの！」
佐奈がおかしさを隠《かく》しきれないという感じで、かん高い声を出す。
「頭はいいらしいけど1空気読めんし」
まゆの言い方がどんどんキツくなる。
……うん。わかる。
藤原さんにイラッとするのも、悪口を言い出すと止まらないのも。
私だって、アミと仲の良かった時は、他の子の悪口を言ったことがある。
炭酸を飲んだ時に似ていた。ちょっとだけでやめようと思っても、甘《あま》くて、スカッとして、止められない。
「ねえ、土曜日の午後、部活休みだから、佐奈の誕生日会やろうって言ってるんだ。本当は来週の火曜日なんだけど、ちょっと早めにみんなでお祝いしようって」
まゆが私の両肩《りょうかた》にポンと手を置いた。
えっ……土曜日は誘《さそ》われてるって言ったよね？
2……そうか。だから、誘ってるんだ。
まゆは誘ってくれただけなのに、真正面から強い風にあおられたみたいに息苦しくなった。
ここで「うん」って言わなきゃ、嵐《あらし》はもっとひどくなるんだろう。
ここで「うん」って言わなきゃ、私はまた一人になってしまうかもしれない。

2022年度 桐光学園中学校 ▶解説と解答

算　数　＜第２回試験＞（50分）＜満点：150点＞

解　答

[1] (1)　2　　(2)　3　　(3)　38　　(4)　6000　　(5)　430　　[2] (1)　2000　　(2)　40　　(3)　8　　(4)　1440　　(5)　41　　[3] (1)　4 : 3　　(2)　7 : 3　　(3)　77cm²　　[4] (1)　22番目　　(2)　①　41番目　　②　$38\frac{7}{9}$　　[5] (1)　３本　　(2)　８個　　(3)　32個　　(4)　17個

解　説

[1] 四則計算，逆算，約数と倍数，割合と比，過不足算

(1)　$\left(\frac{3}{5}-\frac{1}{3}\right)\div\frac{2}{15}=\left(\frac{9}{15}-\frac{5}{15}\right)\div\frac{2}{15}=\frac{4}{15}\div\frac{2}{15}=\frac{4}{15}\times\frac{15}{2}=2$

(2)　$40-7.5\times\frac{4}{5}\div\square=38$より，$7.5\times\frac{4}{5}\div\square=40-38=2$　よって，$\square=7.5\times\frac{4}{5}\div2=\frac{15}{2}\times\frac{4}{5}\times\frac{1}{2}=3$

(3)　500÷８＝62余り４より，１から500までの整数のうち，８で割り切れる整数は62個ある。また，199÷８＝24余り７より，１から199までの整数のうち，８で割り切れる整数は24個ある。よって，200から500までの整数のうち，８で割り切れる整数は，62－24＝38(個)ある。

(4)　兄の所持金の，$1-\frac{1}{3}=\frac{2}{3}$と，弟の所持金の，$1-\frac{1}{5}=\frac{4}{5}$が等しいので，最初の兄と弟の所持金の比は，$\left(1\div\frac{2}{3}\right):\left(1\div\frac{4}{5}\right)=\frac{3}{2}:\frac{5}{4}=6:5$である。最初の兄，弟の所持金をそれぞれ６，５とすると，$6\times\frac{1}{3}+5\times\frac{1}{5}=3$が3000円にあたる。よって，最初の兄の所持金は，$3000\times\frac{6}{3}=6000$(円)と求められる。

(5)　１脚《きゃく》につき６人ずつ座らせると，最後の長いすには４人が座り，長いすが８脚余ることから，あと，(６－４)＋６×８＝50(人)座ることができる。すると，５人ずつ座らせる場合と６人ずつ座らせる場合で，座ることのできる人数の差は，30＋50＝80(人)となる。１脚あたりに座る人数を５人から６人にすると，６－５＝１(人)の差ができるので，長いすは，80÷１＝80(脚)ある。よって，生徒は，５×80＋30＝430(人)いる。

[2] 速さ，角度，面積，体積，辺の比と面積の比

(1)　Ｐ地点からＱ地点までにかかった１時間，つまり60分のすべてを毎分60mで進んだとすると，60×60＝3600(m)進んだことになるが，実際のＰ地点とＱ地点の道のりは3.2km，つまり3200mなので，実際に進んだ道のりより，3600－3200＝400(m)だけ多くなる。毎分60mで１分進むのを，毎分50mで１分進むのに置きかえるごとに，進む道のりが，60－50＝10(m)ずつ短くなることから，毎分50mでは，400÷10＝40(分)進んだことがわかる。よって，Ｐ地点から峠《とうげ》までは，50×40＝2000(m)である。

図①

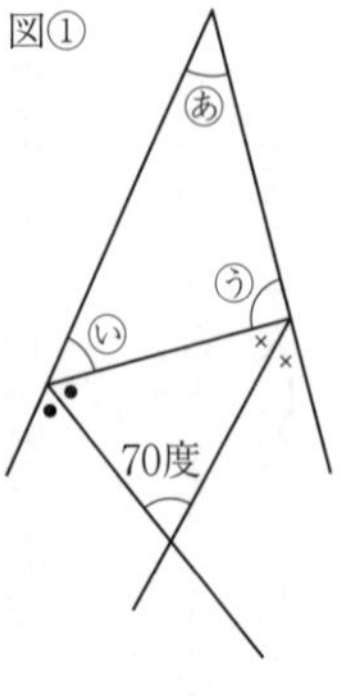

(2)　三角形の内角の大きさの和は180度なので，上の図①で，●＋×＋70＝180(度)より，●＋×＝180－70＝110(度)で，(●＋×)×２＝110×２＝220(度)となる。よって，角㋑＋角㋒＝180×２－(●＋×)×２＝360－220＝140(度)とわかる。したがって，角㋐の大きさは，180－140＝40(度)と求められる。

(3)　下の図②は，問題文中の図２の図形を４等分したうちの左上を取り出したもので，その他の部分も，向きが異なる合同な図形となっている。図②のように，斜《しゃ》線部分の一部を移動させると，点線で表した長方形になり，この長方形の面積は，１×２＝２(cm^2)だから，問題文中の図２の斜線部分の面積は，２×４＝８(cm^2)となる。

図②

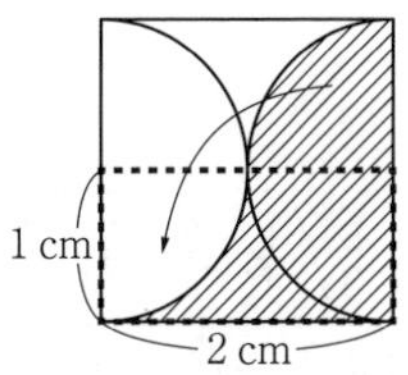

図③

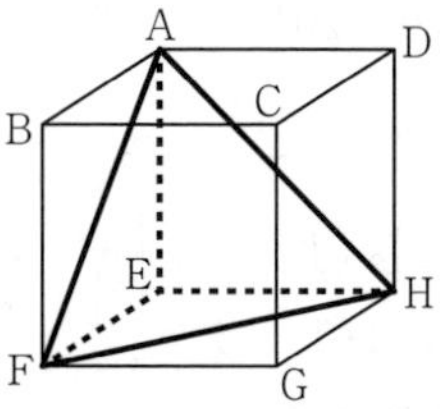

図④

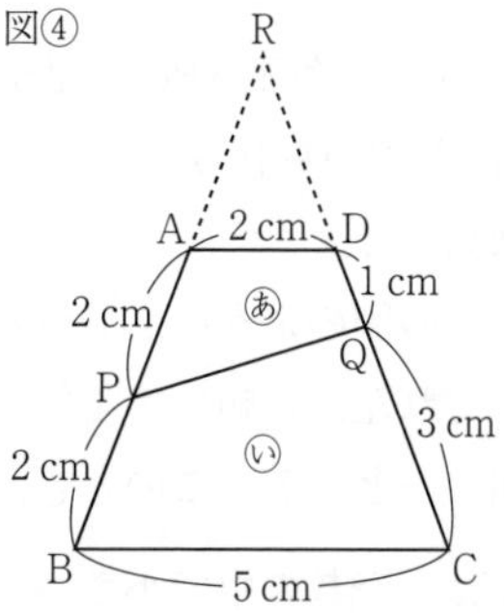

(4)　問題文中の立方体を，３点Ａ，Ｆ，Ｈを通る平面で切ると，上の図③に太線で示したような三角すいＡ－EFHと，それ以外の部分の２つに分かれる。三角すいＡ－EFHの体積は，$12\times12\div2\times12\times\frac{1}{3}=288$($cm^3$)で，それ以外の部分の体積は，12×12×12－288＝1440(cm^3)だから，大きいほうの立体の体積は1440cm^3である。

(5)　上の図④のように，ABをＡの方向にのばした直線と，CDをＤの方向にのばした直線との交点をＲとする。三角形RADと三角形RBCは相似で，相似比は，RA：RB＝RD：RC＝AD：BC＝２：５だから，RA：AB＝RD：DC＝２：(５－２)＝２：３である。また，APとPBはともに２cmなので，ABの長さを，２＋２＝４と３の最小公倍数である12とすると，RA：AP：PB＝$\left(12\times\frac{2}{3}\right)$：(12÷２)：(12÷２)＝８：６：６となる。同様に，DCの長さも12とおくと，RD：DQ：QC＝$\left(12\times\frac{2}{3}\right)$：$\left(12\times\frac{1}{1+3}\right)$：$\left(12\times\frac{3}{1+3}\right)$＝８：３：９である。よって，三角形RADの面積を，RA×RD＝８×８＝64とすると，三角形RPQの面積は，(８＋６)×(８＋３)＝154，三角形RBCの面積は，(８＋６＋６)×(８＋３＋９)＝400となる。したがって，㋐と㋑の面積の比は，(154－64)：(400－154)＝90：246＝15：41と求められる。

3　平面図形―相似，辺の比と面積の比，面積

(1)　右の図①で，BEとECの長さをそれぞれ１，３とすると，AM＝MD＝(１＋３)÷２＝２となる。三角形AFDと三角形CFEは相似で，相似比は，DA：EC＝(２＋２)：３＝４：３だから，AF：FC＝４：３である。

図①

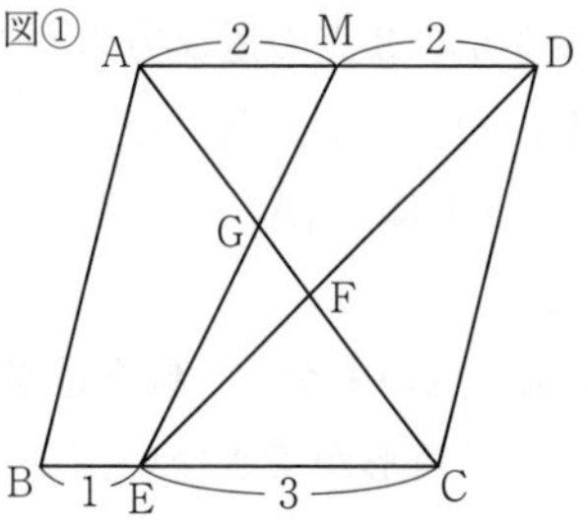

図②

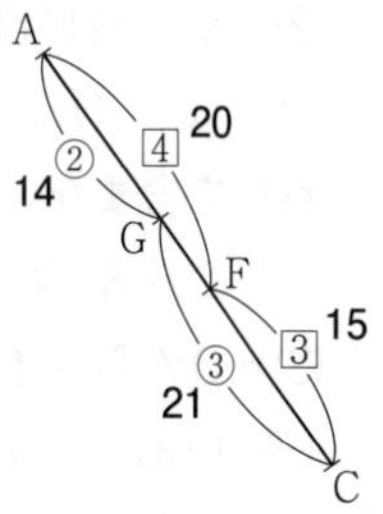

(2)　三角形AGMと三角形CGEは相似で，

相似比は，MA：EC＝２：３だから，AG：GC＝２：３である。また，(1)より，AF：FC＝４：３なので，上の図②のように，ACの長さを，４＋３＝７と，２＋３＝５の最小公倍数である35とすると，$AF=35\times\frac{4}{4+3}=20$，$AG=35\times\frac{2}{2+3}=14$となる。よって，AG：GF＝14：(20－14)＝14：６＝７：３とわかる。

(3)　MG：GE＝AG：GC＝２：３，DF：FE＝AF：FC＝４：３より，三角形GEFの面積は，三角形MEDの面積の，$\frac{3}{2+3}\times\frac{3}{4+3}=\frac{9}{35}$だから，四角形MGFDの面積は，平行四辺形ABCDの面積の，$1\times\frac{1}{2}\times\frac{1}{2}\times\left(1-\frac{9}{35}\right)=\frac{13}{70}$とわかる。これが$52cm^2$だから，平行四辺形ABCDの面積は，$52\div\frac{13}{70}=280(cm^2)$である。さらに，三角形GECの面積は，三角形ABCの面積の，$\frac{3}{2+3}\times\frac{3}{1+3}=\frac{9}{20}$だから，三角形ABCの面積の，$1-\frac{9}{20}=\frac{11}{20}$にあたる四角形ABEGの面積は，$280\times\frac{1}{2}\times\frac{11}{20}=77(cm^2)$と求められる。

4　数列

(1)　右の図のように，分母が同じ分数で区切って，それぞれ左から順に第１組，第２組，第３組，第４組，…とする。

$\frac{1}{1}\Big/\frac{1}{2},\ \frac{3}{3}\Big/\frac{1}{3},\ \frac{3}{3},\ \frac{5}{3}\Big/\frac{1}{4},\ \frac{3}{4},\ \frac{5}{4},\ \frac{7}{4}\Big/\frac{1}{5},\ \cdots$

このとき，第N組の分数の分母はNで，第N組にはN個の分数がある。$\frac{1}{7}$の分子の１は，奇《き》数の中で小さい方から１番目の数だから，$\frac{1}{7}$は第７組の１番目の分数である。よって，初めから数えて，１＋２＋３＋４＋５＋６＋１＝22(番目)となる。

(2)　①　並んでいる分数の分子はすべて奇数なので，約分して１となるとしたら，分母も奇数でなければならない。また，どの組も最後の分数は１以上だから，分母が奇数であれば，約分して１となる分数は必ずその組の中に１個含《ふく》まれる。約分して１になる分数を，分母が小さい順に並べると，$\frac{1}{1}$，$\frac{3}{3}$，$\frac{5}{5}$，$\frac{7}{7}$，$\frac{9}{9}$，…だから，５回目に１と書きかえられる数は$\frac{9}{9}$である。これは第９組目の，(９＋１)÷２＝５(番目)の分数だから，初めから数えて，１＋２＋…＋８＋５＝(１＋８)×８÷２＋５＝41(番目)となる。　②　それぞれの組の和を調べると，順に，$\frac{1}{1}=1$，$\frac{1}{2}+\frac{3}{2}=\frac{4}{2}=2$，$\frac{1}{3}+\frac{3}{3}+\frac{5}{3}=\frac{9}{3}=3$，$\frac{1}{4}+\frac{3}{4}+\frac{5}{4}+\frac{7}{4}=\frac{16}{4}=4$，…と，第$N$組の分数の和は$N$になることがわかる。①より，５回目に１と書きかえられるのは41番目の$\frac{9}{9}$だから，41番目の数までのすべての数の和は，$1+2+\cdots+8+\frac{1}{9}+\frac{3}{9}+\frac{5}{9}+\frac{7}{9}+\frac{9}{9}=(1+8)\times8\div2+\frac{25}{9}=36+2\frac{7}{9}=38\frac{7}{9}$と求められる。

5　場合の数

(1)　３点Ａ，Ｄ，Ｏを選ぶと１本の直線ができるように，ＡとＤのような円周上で点Ｏをはさんで向かい合う２つの点と，点Ｏを選ぶと，１本の直線ができる。このような選び方は，{Ａ，Ｄ，Ｏ}，{Ｂ，Ｅ，Ｏ}，{Ｃ，Ｆ，Ｏ}の３通りあるので，直線は３本できる。

(2)　正三角形ができるような３点の選び方のうち，点Ｏを含むような選び方は，{Ａ，Ｂ，Ｏ}，{Ｂ，Ｃ，Ｏ}，{Ｃ，Ｄ，Ｏ}，{Ｄ，Ｅ，Ｏ}，{Ｅ，Ｆ，Ｏ}，{Ｆ，Ａ，Ｏ}の６通りある。また，点Ｏを含まないような選び方は，{Ａ，Ｃ，Ｅ}，{Ｂ，Ｄ，Ｆ}の２通りある。よって，正三角形は，６＋２＝８(個)できる。

(3)　ＯからＡまでの７個の点の中から３個を選ぶ選び方は全部で，７×６×５÷(３×２×１)＝35(通り)ある。そのうち，三角形ができない選び方は，(1)の３通りだから，三角形は，35－３＝32(個)できる。

(4) 下の図１の三角形BCDのように，三角形ABCと合同で，点Ｏを含まない三角形は，三角形ABCを除いて，三角形BCD，CDE，DEF，EFA，FABの５個できる。また，下の図２の三角形OACのように，三角形ABCと合同で，点Ｏを含む三角形は，三角形OAC，OBD，OCE，ODF，OEA，OFBの６個できる。さらに，下の図３で，三角形ABCと三角形OABは，底辺をABにとると高さの等しい三角形なので，面積も等しい。この三角形OABのような，点Ｏを含む正三角形は，三角形OAB，OBC，OCD，ODE，OEF，OFAの６個できる。したがって，三角形ABCと面積が等しい三角形は，５＋６＋６＝17(個)できる。

図１
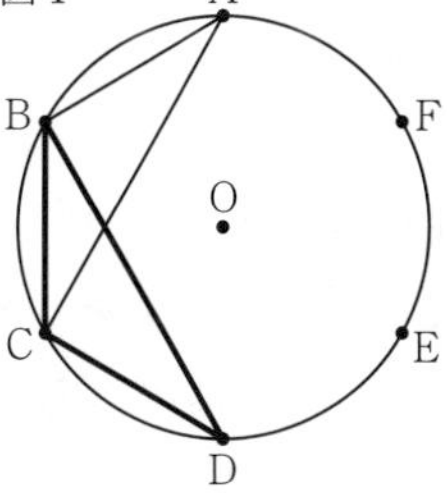

図２
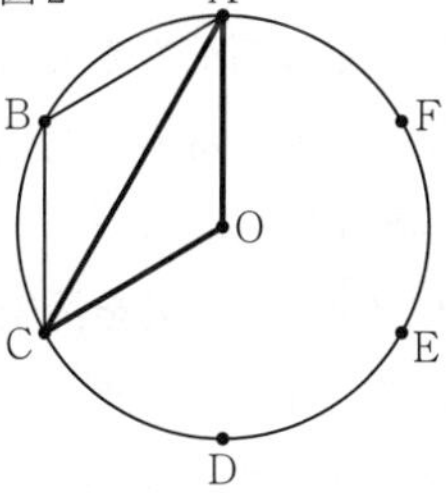

図３
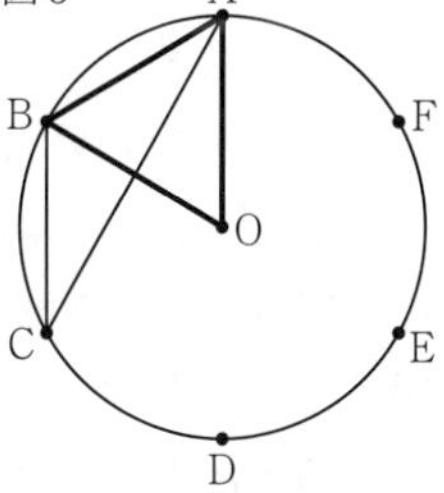

社 会 ＜第２回試験＞（40分）＜満点：100点＞

解 答

1 **問１** ① ６ ② ３ ③ ２ ④ １ ⑤ 12 ⑥ 10 **問２** (1) 横浜(桜木町) (2) ３ **問３** ４／(例) SNSでは年齢や性別などでうそをつくことが簡単なので，悪い大人はいい人のふりをしてだまして誘い出しており，とても危険だから。 **問４** ３ **問５** (1) 持続 (2) ４ **問６** (例) 児童労働が行われていることと，一日の労働時間が長すぎること。 **2** **問１** (1) **あ** 白神山地 **い** 小笠原 (2) ３ **問２** (1) ３ (2) ４ **問３** **A** ２ **B** ３ **C** ６ **問４** (1) ３ (2) (例) 遊泳中に津波警報等が発令されたとき，視覚的に伝えるために使われている旗である。 **3** **問１** ① 吉野ヶ里(遺跡) ② 平清盛 ③ 承久(の乱) ④ 長篠(の戦い) ⑤ 種子島 ⑥ (フランシスコ・)ザビエル **問２** ３ **問３** ２ **問４** ３ **問５** １ **問６** (例) 徳政令という法令を出して，御家人の借金を帳消し(棒引き)にした。 **問７** ⑦ 九州 ⑧ (例) 貿易の利益(を増やす) ⑨ (例) 禁止した(弾圧した)

解 説

1 技術革新を題材とした問題

問１ ① 石炭は世界各地で採れる地下資源で，18世紀後半にイギリスで始まった産業革命以降現在まで，重要な燃料として用いられている。 ② 蒸気《じょうき》機関は，石炭などを燃やして水をふっとうさせ，発生した蒸気を動力として機械を動かすしくみで，18世紀後半にイギリスで実用化されたことにより，手工業から機械工業への変化が起こった。なお，この変化にともなう社会や経済の変化を産業革命という。 ③，④ 糸や織物をつくる繊維工業，食料品工業など，比較《ひかく》的軽いものをつくる工業をまとめて軽工業という。一方，鉄鋼などをつくる金属工業や，自動車などをつくる機械工業，化学工業は，まとめて重工業(重化学工業)とよばれる。　⑤　コンピューターとインターネット技術の発達は，情報通信産業の進歩と拡大につながった。　⑥　19世紀後半，アメリカのベルによって電話機が発明され，日本にも間もなく輸入された。

問2　(1)　1872年に日本で初めて開通した鉄道は，新橋(東京都)と，当時最大の貿易港であった横浜(神奈川県，現在の桜木町駅)を結んだ。　(2)　江戸時代には士農工商という身分制度があったが，その下に位置づけられた人々もおり，つらい労働につかされたり不当な差別を受けたりした。明治時代に解放令が出され，法的にはほかの身分と平等とされたが，その後も差別は根強く残り続けた。

問3　SNSをふくめ，インターネット上では名前をかくしたり人格をいつわったりすることができるので，SNSの中でいい人であっても，信用するのは危険である。

問4　1　「利根川」ではなく「阿賀野《あがの》川」が正しい。　2　三重県四日市市では，石油化学工場から排出された亜硫酸《ありゅうさん》ガス(二酸化硫黄《いおう》)が大気を汚染したことで，四日市ぜんそくという公害病が発生した。　3　水俣《みなまた》病について，正しく説明している。　4　富山県の神通《じんづう》川流域では，上流の神岡鉱山(岐阜県)から流れ出たカドミウムが川を汚染したことで，イタイイタイ病という公害病が発生した。

問5　(1)　SDGsは2015年に国連サミットで採択《さいたく》された「持続可能な開発目標」の略称で，2030年までに国際社会が達成するべき17のゴール(目標)と169のターゲット(達成基準)が示されている。

(2)　2021年試算では大規模太陽光の発電コストが一番低いので，4が選べる。なお，原子力，石炭火力とも，2015年試算に比べて2021年試算のほうが発電コストが上がっている。一方，洋上風力は2015年試算に比べて2021年試算のほうが発電コストが下がっている。

問6　現在，子供を働かせることは，その時期に必要な学習の機会をうばうなどの理由から問題とされているが，当時は8～9歳の子供が労働に従事していたことがわかる。また，たとえば日本の労働基準法では1日8時間が労働時間の基準とされているが，当時は12時間以上におよぶ長時間労働を子供にさせていたことになる。

2　自然と災害を題材とした問題

問1　(1)　**あ**　青森県と秋田県にまたがる白神山地は，世界最大級のブナの原生林が残されていることや動植物の多様な生態系が育まれていることから，1993年にユネスコ(国連教育科学文化機関)の世界自然遺産に登録された。　**い**　小笠原《おがさわら》諸島(東京都小笠原村)を形成するおよそ30の島々は，かつて一度も大陸とつながったことがなく，独自の進化をとげた動植物が多いことが評価され，2011年に世界自然遺産に登録された。　(2)　北海道の知床《しれとこ》半島は，流氷の育む海の生態系と手つかずに近い陸の生態系の連鎖や，シマフクロウなどの貴重な動物が見られることから，2005年に「知床」として世界自然遺産に登録された。なお，1は屋久島，2は白神山地，4は小笠原諸島，5は奄美《あまみ》・沖縄(登録名は「奄美大島，徳之島《とくのしま》，沖縄島北部及《およ》び西表《いりおもて》島」)。

問2　(1)　ラムサール条約は正式には「特に水鳥の生息地として国際的に重要な湿地に関する条約」といい，1971年にイランのラムサールで採択された。条約に参加する国は，渡り鳥などの水鳥の生息地として重要な湿地を登録し，その保全をはからなければならない。なお，下関条約は日清戦争(1894～95年)，ポーツマス条約は日露戦争(1904～05年)，ベルサイユ条約は第一次世界大戦(1914～18年)の講和条約。　(2)　1はカルデラについての説明で阿蘇《あそ》山(熊本県)など，2はリアス海岸についての説明で三陸海岸南部(岩手県・宮城県)など，３は三角州についての説明で広島平野などで見られるが，４の砂漠は日本では見られない。

問３　**A**　2011年３月11日，宮城県の牡鹿《おしか》半島沖を震源とするマグニチュード9.0の巨大地震(東北地方太平洋沖地震)が起こり，地震の揺《ゆ》れや，これにともなって発生した津波によって東日本の太平洋沿岸地域は大きな被害を受けた。この一連の災害を，東日本大震災という。　**B**　2014年９月，岐阜県と長野県にまたがる御嶽《おんたけ》山の山頂付近で水蒸気爆発が発生した。噴石《ふんせき》に当たるなどして多くの登山客が亡くなり，戦後最大の火山災害となった。　**C**　長崎県南東部の島原半島にそびえる雲仙岳《うんぜんだけ》(雲仙普賢《ふげん》岳)は，1990年から火山活動が活発になり，1991年には大規模な火砕流《かさいりゅう》が発生して多くの犠牲《ぎせい》者を出した。

問４　(1)　ハザードマップは，火山の噴火や洪水，土砂災害など，それぞれの災害について作成され，危険度や避難《ひなん》経路，避難所などが示されている。　(2)　図１は「津波フラッグ」とよばれる旗，図２は「津波避難場所」を示すピクトグラム(図記号)で，いずれも津波への備えである。海水浴場で津波警報が発表され，サイレンや放送によってこれを伝えても，聴覚に障がいのある人や，泳いでいて音が聞き取りにくい状態にある人には伝わらないおそれがある。旗を使えば，こうした人たちにも目で見て危険を伝えることができる。

3　弓矢と鉄砲の歴史を題材とした問題

問１　①　吉野ヶ里遺跡は佐賀県にある弥生時代の環濠《かんごう》集落跡で，敵の攻撃《こうげき》に備えて集落のまわりに濠《ほり》や柵《さく》がめぐらされていた。矢がささった人骨は，この時代に争いがあったことを示している。
②　平安時代末に京都で起こった２度の戦乱に勝利して勢力をのばした平清盛は，1167年に武士として初めて太政《だいじょう》大臣となり，政治の実権をにぎった。　③　1221年，政治の実権を朝廷の手に取りもどそうと考えた後鳥羽《ごとば》上皇は，全国の武士に鎌倉幕府打倒をよびかけて承久《じょうきゅう》の乱を起こしたが，幕府軍に敗れて隠岐《おき》(島根県)に流された。　④　1575年，愛知県東部で長篠《ながしの》の戦いが起こった。この戦いでは，織田信長・徳川家康の連合軍が鉄砲を有効に使い，武田勝頼《かつより》の騎馬《きば》隊を破った。　⑤　種子《たねが》島は鹿児島県の南方に浮かぶ細長い島で，ポルトガル人によって日本に初めて鉄砲が伝えられた地として知られる。　⑥　フランシスコ・ザビエルはイエズス会のスペイン人宣教師で，1549年に鹿児島に流れ着き，日本にキリスト教を伝えた。

問２　一番左の写真は骨角器で２の説明が，左から二番目の写真は縄文土器で４の説明が，右から二番目の写真は磨製石器で１の説明があてはまる。一番右の写真は石斧《せきふ》とよばれる磨製石器で，木の棒の先に結びつけ，斧として用いた。３は弥生時代のようすを説明した文である。

問３　はにわは古墳時代につくられた素焼きの土製品で，さまざまな形のものが古墳の頂上や周囲に並べられた。なお，銅鐸《どうたく》は祭りごと，石包丁は稲作のための道具で，いずれも弥生時代に使用された。また，中国の歴史書『後漢書』東夷《とうい》伝によると，弥生時代の57年，倭《わ》(日本)の小国の一つであった奴国《なこく》の王が，後漢(中国)の光武帝から「漢委奴国王《かんのわのなのこくおう》」と刻まれた金印をさずけられた。

問４　1183年，源義仲の軍に敗れた平氏は西国に逃亡《とうぼう》した。その後，源義経らの軍勢が1185年の壇《だん》ノ浦《のうら》の戦いで平氏を破り，平氏は滅亡《めつぼう》した。こののち，源頼朝は不仲となった源義経を捕らえるという名目で，国ごとに守護，荘園・公領ごとに地頭を置くことを認められた。

問５　てつはうは元軍が用いた火薬兵器で，集団戦法とともに日本の武士を苦しめた。なお，２度にわたる元寇《げんこう》(元軍の襲来《しゅうらい》)で，日本の武士は元軍を撃退することに成功したが，新たな土地を得られたわけではなかった。そのため，幕府は戦った武士に十分な恩賞(ほうび)を与えられなかったが，竹崎季長《たけざきすえなが》は幕府の恩沢奉行《ぶぎょう》であった安達泰盛《あだちやすもり》と交渉《こうしょう》し，肥後(熊本県)の地頭職を得た。

問6　鎌倉時代後半になると，分割相続による領地の細分化や貨幣《かへい》経済の広がりなどのため，御家人の生活は苦しくなっていった。そこで，鎌倉幕府は1297年に永仁の徳政令を出し，御家人が一般の人からした借金を帳消しにし，借金をするさいに渡した土地を取りもどすことを認めた。

問7　⑦　地図から，近畿と九州に特に教会が多いことが読み取れる。　⑧　地図にある博多や平戸，長崎などは，南蛮《なんばん》貿易の港として栄えた。地図には，キリスト教信者となった領主(キリシタン大名)の名が書かれているが，彼らの中には，南蛮貿易の利益を目的としてキリスト教を保護した者もいたと考えられる。　⑨　織田信長は，敵対する仏教勢力に対抗させるねらいもあってキリスト教を積極的に取り入れた。1582年に織田信長が本能寺の変でたおされたのち，豊臣秀吉は1587年にバテレン追放令を出し，キリスト教の宣教師(バテレン)を国外追放とした。南蛮貿易を続けたことや人々の信仰を禁止しなかったことから，キリスト教の禁止は徹底《てってい》しなかったが，グラフからもわかるように，キリスト教の信者の数はあまり増えなくなった。

理　科　＜第２回試験＞（40分）＜満点：100点＞

解　答

1〔1〕イ　〔2〕ボーリング調査　〔3〕肺胞　〔4〕ウ　2〔1〕子葉　〔2〕イ　〔3〕ア　〔4〕エ　〔5〕(例)　発芽に肥料は必要ない。　〔6〕ヨウ素液　〔7〕ウ　〔8〕(例)　発芽に種子内のデンプンが使われたから。　〔9〕油　〔10〕エ　〔11〕①　エ　②　ウ　3〔1〕ウ　〔2〕イ，オ　〔3〕(1)　A　イ　B　ア　(2)　①　エ　②　エ　③　ア　④　オ　〔4〕X　ア　Y　イ　〔5〕ウ　〔6〕(1)　カ　(2)　(例)　イとウ　(3)　(例)　アとイ，エとカ　(4)　ウとカ，エとオ　4〔1〕ア　〔2〕(1)　4.5m　(2)　36cm　〔3〕1000　〔4〕14　〔5〕4　〔6〕e　500　f　250　g　4　h　20　〔7〕エ　〔8〕(1)　0.44g　(2)　1.76(1.77)g

解　説

1　小問集合

〔1〕　月は太陽と同じく，東の地平線からのぼり，南の空の高いところを通って，西の地平線にしずむ。東の空に見える月は，これから南の空の高いところに向かってななめ右上に動いていく。

〔2〕　大きな建物を建てる前には，地盤《じばん》が大きな建物の重さにたえられるかどうかなどを調べるため，ボーリング調査を行うのがふつうである。この調査では，パイプを地下深くまで打ち込《こ》んで，地盤の試料をぬき取って調べたり，開けた穴を使って地盤の強さを測ったりする。

〔3〕　肺は肺胞《はいほう》と呼ばれるとても小さなふくろが非常にたくさん集まったつくりをしている。

〔4〕　植物はせんい質が多いため，食べたときに消化に時間がかかる。そのため，一般《いっぱん》に植物をよく食べる動物ほど，体の大きさのわりに消化管が長い。

2　種子の発芽についての問題

〔1〕 発芽して最初に出る葉を子葉，それ以降につける葉を本葉という。なお，子葉が地上に出てこないで地中にとどまるものや，本葉の前に初生葉という葉をつけるものもある。

〔2〕 インゲン(インゲンマメ)の種子には，側面にへそと呼ばれる部分がはっきり見られる。種子はへそから水を吸ってふくらみ，へそ近くの種皮をやぶって根が出てくる。

〔3〕 インゲンは双《そう》子葉類なので，2枚の子葉が開く。この子葉は種子の大部分をしめていたため，種子が2つに割れて開いたようなすがたをしている。

〔4〕 調べたい条件である水の有無以外は条件が同じになっている実験1と実験3を比べる。

〔5〕 実験1と実験4で異なっているのは肥料の有無である。そして，両方の実験とも発芽したので，発芽に肥料は必要ない(肥料があってもなくても発芽する)ことがわかる。

〔6〕，〔7〕 デンプンの有無を調べるときには，ヨウ素液を用いる。ヨウ素液はデンプンと反応すると青紫《むらさき》色に変化する。ここでは，もっとも近い青色を選ぶ。

〔8〕 インゲンの種子には発芽に必要なデンプンなどの養分がたくわえられているので，発芽する前のインゲンにヨウ素液をかけると青紫色に変化する。ところが，発芽後しばらくたつまでの間にたくわえていた養分はほとんど使いきってしまうため，ここでヨウ素液をかけても色が変化しない。

〔9〕 アブラナやゴマの種子は，発芽に必要な養分として主に油をたくわえている。そのため，これらの種子は食用油の原料となる。

〔10〕 赤色光も遠赤色光も当たっている実験8と実験9で発芽しているので，ア～ウは当てはまらない。エは，発芽しなかった実験6，7，10に共通することとして，正しい。

〔11〕 ① 太陽からの光が葉を通過するとき，赤色光の多くは吸収され，遠赤色光はあまり吸収されないのだから，葉を通過した光は遠赤色光の割合が大きい。 ② 遠赤色光の割合が大きい光が当たるということは，葉のかげになっていると考えられる。そのような場所は光合成に不向きなので，レタスの種子は遠赤色光の割合の大きい光が当たっているうちは発芽しない。

3 磁石と電流のはたらきについての問題

〔1〕 永久磁石の磁界は，N極の先端《せんたん》から広がるように出ていて，S極の先端へ向かって集まっている。まいた砂鉄は磁界にそって模様をえがくので，ウが選べる。

〔2〕 アについて，磁石は鉄やニッケルなどの限られた種類の金属しか引きつけない。ウについて，磁石の違《ちが》う極同士を近づけると引きつけあう。エについて，磁石は折れてもそれぞれに新しいN極とS極ができて，磁石としての性質は失わない。

〔3〕 ⑴ 図1のように，導線のまわりには電流の流れてくる方向から見て右回りに磁界が発生していて，方位磁針のN極は磁界の向きに向く。図2で，方位磁針Aは，導線の上の左から右へ向かう磁界の中にあるので，N極は右に動く。一方，方位磁針Bは，導線の上の右から左へ向かう磁界の中にあるため，N極は左に動く。 ⑵ ① 方位磁針は右から左へ向かう磁界により，方位磁針Aと反対に動く。流れる電流の大きさは変わっていないので，ふれはばは変わらない。 ② 電池の向きを反対にすると，回路を流れる電流の大きさは変わらないが，電流の向きが変わることで磁界の向きも逆になる。よって，方位磁針は反対に動くもののふれはばは変わらない。 ③ 電池を並列に増やしても，回路に流れる電流の大きさや向きは変わらないので，方位磁針の動きは変化しない。 ④ 方位磁針に対して①と②の回路を何個も並べたのと同様になり，方位磁針は方位磁針Aとは反対に動き，ふれはばはとても大きくなる。

〔4〕 コイルを流れる電流の向きにあわせて右手でコイルをにぎるようにしたとき，親指のある方がＮ極となる。図４の電磁石では右端がＮ極，左端がＳ極となるので，磁力線にそって，方位磁針Ｘはアのようになり，方位磁針Ｙはイのようになる。

〔5〕 図５で，左側の電磁石の右端はＳ極，右側の電磁石の左端もＳ極になっている。また，両方の電磁石は同じもので，流れる電流も同じだから，両方の電磁石とも発生する磁界の強さは同じである。したがって，方位磁針はどちらの磁界の影響《えいきょう》も受けない場合と同じように，Ｎ極が北を指したままとなる。

〔6〕 (1) 電磁石の強さは，鉄心があるほうが強く，また，コイルの巻き数が多く，流れる電流が大きいほど強くなる。 (2) 鉄心の有無だけが違い，それ以外の条件(巻き数と電池のようす)が同じもの同士であるイとウを比べるとよい。なお，アとオを比べる場合も，電池のようすは異なるが，コイルに流れる電流の大きさは同じなので，正解となる。 (3) 巻き数だけが違い，それ以外の条件(鉄心の有無と電池のようす)が同じもの同士を比べるとよく，アとイ，エとカがある。なお，ウとオも，電池のようすは異なるが，コイルに流れる電流の大きさは同じなので，正解になる。
(4) コイルに流れる電流の大きさだけが違い，それ以外の条件(鉄心の有無と巻き数)が同じもの同士を比べるとよく，ウとカ，エとオが選べる。

4 水中でおこる現象についての問題

〔1〕 直後に「これは水中では空気中の25倍も熱をうばわれるということです」とあることから，水は空気より熱を伝えやすいといえる。

〔2〕 (1) 距離《きょり》は４分の３倍に見えるので，$6\times\frac{3}{4}=4.5$(m)離《はな》れて見える。 (2) ものの大きさは３分の４倍に見えるため，$27\times\frac{4}{3}=36$(cm)に見える。

〔3〕 １Ｌのものにはたらく浮力《ふりょく》は，海水１Ｌの重さと同じなので，ここでは，$1\times1000=1000$(ｇ)である。

〔4〕 タンク全体の体積は14Ｌなので，タンクの中身に関係なく，タンクは14Ｌの海水を押《お》しのける。よって，タンクにはたらく浮力は，$1\times14=14$(kg)である。

〔5〕 水深30ｍでは水面より，$30\div10=3$(気圧)増えて，$1+3=4$(気圧)の力を受けることになる。

〔6〕 **e** 水深10ｍでは水面より１気圧増えて２気圧の力を受けるので，圧力は２倍となる。よって，水面で１Ｌの空気は，$1\times1000\times\frac{1}{2}=500$(mL)になる。 **f** 水深30ｍでは４気圧の力を受けるので，水面で１Ｌの空気は，$1\times1000\times\frac{1}{4}=250$(mL)となる。 **g** 水深30ｍから水面に浮上すると，４気圧から１気圧になる$\left(気圧が\frac{1}{4}になる\right)$ので，体積は４倍にふくれあがる。 **h** 水深40ｍでは，水面より，$40\div10=4$(気圧)増えて５気圧の力を受ける。したがって，陸上で100分間もつ空気の量が$\frac{1}{5}$になるのと同様なので，$100\times\frac{1}{5}=20$(分間)になる。

〔7〕 空気中の二酸化炭素の割合は約0.04％である。

〔8〕 (1) １気圧のとき，30℃の水１Ｌに溶《と》ける窒素《ちっそ》の重さは0.017ｇなので，水の体積が26Ｌの場合は，$0.017\times26=0.442$より，0.44ｇ溶ける。 (2) ５気圧のもとでは水26Ｌに対して窒素が，$0.44\times5=2.2$(ｇ)溶けている。これを１気圧にすると，窒素は0.44ｇしか溶けていられないので，$2.2-0.44=1.76$(ｇ)の窒素が溶けきれなくなって細かいあわとなる。なお，１気圧のもとで水26Ｌ

に溶ける窒素の重さを0.442ｇとして，0.442×５－0.442＝1.768より，1.77ｇと求めても正解となる。

国　語　＜第２回試験＞（50分）＜満点：150点＞

解　答

一　下記を参照のこと。　二　**問１**　エ　**問２**　イ　**問３**　ウ　**問４**　**a**　オ　**b**　ウ　**問５**　エ　**問６**　（例）　居心地が悪そうに過ごしている学校とはちがい，ここでは自分の好きなことに取り組んで生き生きとしている点。　**問７**　イ　三　**問１**　**a**　イ　**b**　ウ　**c**　ア　**問２**　エ　**問３**　イ　**問４**　（例）　サルは，秩序を守るために強いものに加勢して勝敗をつけるが，ゴリラは対等であろうとするために勝敗にこだわらないというちがいがある。　**問５**　**X**　エ　**Y**　イ　**問６**　ウ

●漢字の書き取り

一　ⓐ　救急　ⓘ　細心　ⓤ　業績　ⓔ　私腹　ⓞ　講義

解　説

一　漢字の書き取り

ⓐ　急病やけがなどの手当てをすぐにすること。　ⓘ　細かなところまで心を配ること。　ⓤ　仕事や研究などでなしとげたことがら。　ⓔ　「私腹を肥やす」は，“立場や地位を利用して，自分の財産を増やす”という意味。　ⓞ　学問や研究について教え聞かせること。

二　出典は高田由紀子《たかだゆきこ》の『君だけのシネマ』による。仲間外れになるのをおそれ，藤原《ふじわら》さんとの約束をやぶることにした「私」だったが，夢に向かって努力する藤原さんを見て心がゆれる。

問１　「空気を読む」は，その場の雰囲気《ふんいき》を察知することをいい，その場にいる人たちに合わせることが期待される。よって，「空気が読めない」とは，周囲に合わせない点を言っていることになる。

問２　ぼう線２の直前の文に注目する。「私」が藤原さんと土曜日に約束していると知ったまゆは，あえてその日に「私」を誘《さそ》っているのである。前の部分から，まゆや佐奈《さな》が藤原さんを嫌《きら》っていることが明らかなので，「私」を藤原さんから引き離《はな》し，いっそう藤原さんを孤立《こりつ》させるねらいなのだと考えられる。

問３　仲間外れにされた経験のある「私」は，また仲間外れにされるのをさけるため，藤原さんとの約束をやぶることにためらいを感じつつ，まゆの誘いに乗ってしまう。同意できないことに賛成させられたときと似た心持ちになった自分に「大丈夫」と言い聞かせているので，ウが合う。

問４　**a**　藤原さんとの約束より，まゆたちの誘いを優先することを「嵐《あらし》」をさけることとしている。まゆたちの誘いを断ると，嫌われている藤原さんの仲間とみなされて自分も仲間外れにされる恐れがあるのだから，オが合う。　**b**　仲間外れになるのをさけるためにまゆの誘いを受けたものの，それは藤原さんとの約束をやぶることを意味していた。喜ぶまゆたちと一緒《いっしょ》にはしゃいでみたがしっくりこない感じを「嵐」と表現しており，それは藤原さんとの約束をやぶりたくない気持ちと裏腹な言動をとることへの不安といえる。

問５　ノートの表紙の文字を見た「私」がスペイン語かと聞くと藤原さんは顔を曇《くも》らせ，スペイン

語を勉強しているのかと確認するとためらいがちに肯定《こうてい》しているので，スペイン語のことでからかわれるのではないかと藤原さんが不安に思っていることが推測できる。だが，「私」は藤原さんのスペイン語への取り組み方をもっと知りたいと思い，ノートを見たいと言っているので，エがよい。

問６　仲間外れにされている藤原さんは，「学校に行くと疲《つか》れる」と言っているとおり，学校では居心地が悪いものと思われる。一方，ブックコーナーにいる時の藤原さんは，好きなことに取り組むことでいきいきし，輝《かがや》いていると「私」は感じている。

問７　仲間外れになるのをおそれ，「私」は藤原さんとの約束をやぶることにためらいを感じつつも，まゆたちのさそいに乗った。だが，自分の夢に向かって努力をする藤原さんを見ているうち，「私」も仲間外れになるのをおそれず，自分の気持ちを大切にして行動したいと思うようになったのである。

三　**出典は山極寿一《やまぎわじゅいち》の『人生で大事なことはみんなゴリラから教わった』による。**秩序《ちつじょ》を守るために強い者に加勢するサルとちがい，対等であろうとして勝敗にこだわらないゴリラの社会に人間は学ぶべきだと述べている。

問１　**a**　「敢然《かんぜん》」は，心を決めて，思い切って行うようす。　**b**　「憤然《ふんぜん》」は，ひどく怒ったようす。　**c**　「エスカレート」は，規模などが拡大し，激しくなること。

問２　人間の自己主張は言葉を使うが，「言葉は意味を伝えるので，かならずしも自分の正直な気持ちが伝わるとは限らない」のである。これに対して「胸たたきは，相手とちょうどいい距離《きょり》をとって自己を主張し，相手の関心と反応を引き出すとてもいい手段」なので，「胸たたきがあったらいいのに」と感じるのだから，エが合う。

問３　ぼう線２に続く部分から読み取る。サルのけんかでは，ほかのサルは勝ちそうなサルに加勢する。弱いサルが勝つと，群れの中での順位が逆転して群れ全体が不安定になるので，それをさけるためにサルたちは，勝ちそうなサルに味方するのだが，筆者はそれをひきょうだと感じているので，イが合う。

問４　サルは，強い弱いという順位の秩序を守るために勝ちそうなサルに味方して勝敗をつける。一方，ゴリラはどちらかに加勢して勝敗をつけることはしない。ゴリラの社会はたがいに対等であろうとするため，勝敗をつけないのである。

問５　**X**　サルは強い弱いに応じて順位があるので，「階層社会」といえる。　**Y**　ゴリラの社会はたがいに対等であろうとするので，「対等社会」である。

問６　同段落を参照する。「日本にも『虎の威を借る狐』ということわざがある」ように，日本には，サルの態度に近い面がある。これに対し筆者は，「ゴリラの態度のほうが人間のめざす社会に近いのではないだろうか」としている。よって，ウが選べる。実力で順位が決まるのを「公平なシステム」とは言っていないこと，弱い者いじめをしてでも勝者であろうとする者が最近の日本社会には多いとは書かれていないこと，最近の日本社会には「強い者＝正義」「弱い者＝悪」という図式があるとは書かれていないことから，ア，イ，エは誤り。

2021年度　桐光学園中学校

〔電　話〕 (044) 987－０５１９
〔所在地〕 〒215-8555　神奈川県川崎市麻生区栗木３－12－１
〔交　通〕 小田急多摩線―「栗平駅」より徒歩10分

【算　数】〈第１回試験〉 (50分) 〈満点：150点〉

注意　１．定規・コンパスは使用できません。
　　　２．円周率は3.14とします。
　　　３．比はできるだけ簡単な整数の比で表しなさい。

1　次の□にあてはまる数を求めなさい。

(1)　$2-\left\{1-\left(\frac{3}{4}-\frac{1}{3}\right)\div\frac{3}{4}\right\}\times0.75=\square$

(2)　$1.9-\left(\frac{5}{8}\times2.4-\frac{2}{5}\div\square\right)=0.6$

(3)　64の約数のうち，２けたの約数は□個あります。

(4)　縦《たて》と横の長さの比が３：５で，面積が60cm²の長方形のまわりの長さは□cmです。

(5)　弟が毎分52mの速さで家を出発してから□分後に，兄が自転車で毎分208mの速さで家から弟を追いかけたところ，２分で追いつきました。

2　次の□にあてはまる数を求めなさい。

(1)　ノート３冊とえんぴつ13本の代金の合計は1320円です。また，ノート１冊の代金とえんぴつ３本の代金が等しくなっています。ノート１冊とえんぴつ１本の代金の合計は□円です。ただし，消費税は考えないものとします。

(2)　40人学級の体重の平均は35.5kgで，そのうち男子21人の体重の平均は39.3kgです。この学級の女子19人の体重の平均は□kgです。

(3)　ある学級の全員に，色紙を１人につき３枚ずつ配ると40枚余り，１人につき６枚ずつ配ると32枚不足します。色紙は□枚あります。

(4)　１個70gの金属のおもりＡと１個50gの金属のおもりＢがあります。ＡとＢを合わせて13個とり，重さをはかったら810gありました。おもりＡは□個あります。

(5)　図１のような１辺の長さが８cmの正方形があります。半径１cmの円がこの正方形の辺に接しながら，内側を１周して元の位置まで転がります。円の通る部分の面積は□cm²です。

図１

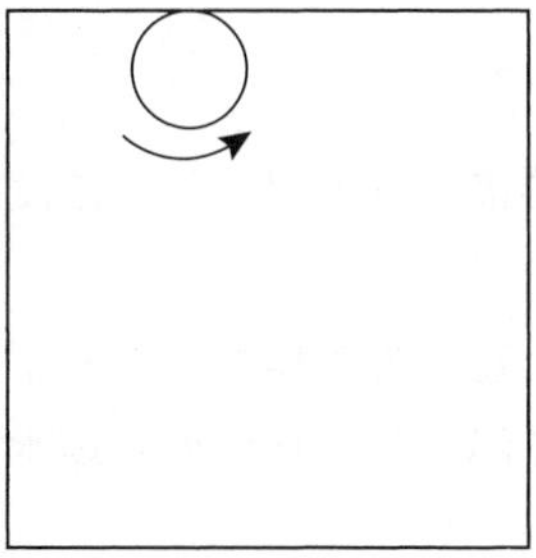

(6)　図２において，下の斜《しゃ》線部分の図形を，直線BCのまわりに１回転してできる立体の体積は［　　　　］cm^3 です。

図２

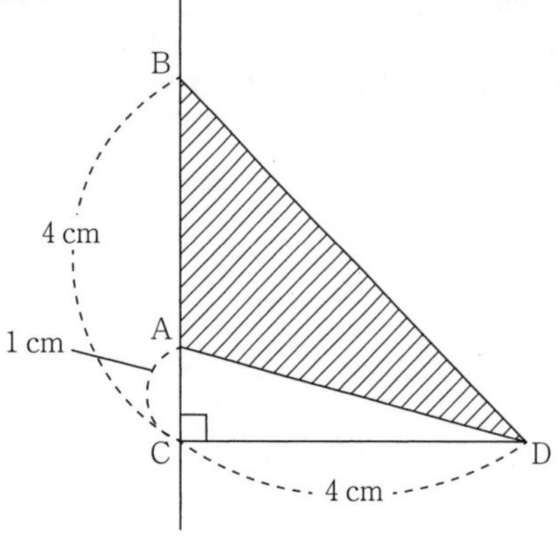

3　図の四角形ABCDは平行四辺形です。点Eは辺ABを１：１に分ける点で，点Fは辺BCを１：２に分ける点です。EDとACの交点をG，FDとACの交点をHとするとき，次の問いに答えなさい。

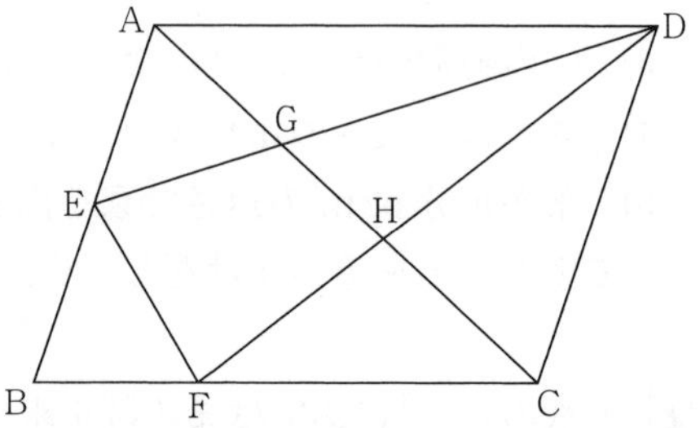

(1)　三角形AEGと三角形DGCの面積の比を求めなさい。

(2)　AG：GHを求めなさい。

(3)　四角形ABCDの面積が 120cm^2 のとき，四角形GEFHの面積を求めなさい。

4　整数 A を x 回かけ合せた数を $A〔x〕$ と表すことにします。

例えば，

$2〔3〕=2\times2\times2=8$

となります。このとき，次の問いに答えなさい。

(1)　$3〔4〕$を求めなさい。

(2)　$5〔15〕\times25〔2〕\times125〔2〕=5〔x〕$ であるとき，x にあてはまる数を求めなさい。

(3)　$7〔6〕\times49〔3〕\div343〔y〕=1$ であるとき，y にあてはまる数を求めなさい。

5　３つの容器A，B，Cに濃《のう》度《ど》の異なる食塩水が100ｇずつ入っています。それぞれの容器に入っている食塩水の濃度は，Aは９％，Bは14％，Cは22％です。このとき，次の問いに答えなさい。

(1)　Aの食塩水20ｇに含まれる食塩の量は何ｇですか。

(2)　Aから20ｇ，Bから30ｇ，Cから50ｇの食塩水をとり，別の容器に入れて混ぜると濃度は何％になりますか。

(3)　A，B，Cから食塩水をそれぞれとり，容器Dに入れて混ぜると13％の食塩水になりました。その後，A，B，Cに残っているすべての食塩水を容器Eに入れて混ぜると18％の食塩水になりました。このとき，容器Dに入っている食塩水は何ｇですか。

【社　会】〈第１回試験〉（40分）〈満点：100点〉

1　Ａ～Ｅの歴史上の人物の発言について，後の問いに答えなさい。

Ａ：私は尾張国(現在のア愛知県)の出身で，周辺の大名や寺院と戦い，天下統一を進めました。しかし，道半ばで家臣の明智光秀に攻められ自害しました。

Ｂ：私はイ福島県の出身で，幼いころに負った左手のやけどが医師を志すきっかけとなりました。北里柴三郎の伝染《せん》病研究所で学んだ後，アメリカに渡り細菌《きん》学や血清学の分野で大きな成果を上げました。その後，アフリカで黄熱病の研究をしていましたが，その病気にかかり命を落としました。

Ｃ：私は遣唐使とともに中国に渡り，仏教を学びました。帰国後，紀伊国(現在のウ和歌山県)の高野山に金剛峯寺を建立《こんりゅう》し，真言宗を開きました。

Ｄ：私はアメリカ東インド艦《かん》隊司令長官として，相模国(現在のエ神奈川県)浦賀に４隻《せき》の軍艦を率いてやってきました。大統領の国書を提出し，開国を要求しました。翌年《よくねん》，再び日本を訪《おとず》れて幕府との間で条約を結びました。

Ｅ：私は学者の家に生まれました。宇多天皇の下《もと》では朝廷で活躍《やく》し，遣唐使の廃《はい》止を提案しました。しかし，その後，藤原氏の策《さく》略により筑前国(現在のオ福岡県)の大宰府に左遷《せん》され，その地で生涯《しょうがい》を終えました。現在では学問の神様として多くの受験生から尊敬《そんけい》されています。

問１　Ａ～Ｅのそれぞれに登場する「私」の名前を答えなさい。

問２　下線部ア「愛知県」は工業生産額(総計)が日本１位(2016年)である。以下の製造品の中で愛知県が１位のものを２つ選び，番号で答えなさい。

１．輸送用機械　　２．食料品　　３．石油製品・石炭製品

４．鉄鋼《こう》業　　５．セメント

問３　下線部イ「福島県」は日本で３番目に面積が大きい都道府県であるが，福島県より大きい都道府県を２つ選び，番号で答えなさい。

１．北海道　　２．岩手県　　３．新潟県　　４．長野県　　５．岐阜県

問４　下線部ウ「和歌山県」は果物の生産がさかんであるが，和歌山県が全国生産量１位でないもの(2018年)を２つ選び，番号で答えなさい。

１．みかん　　２．うめ　　３．かき　　４．ぶどう　　５．りんご

問５　下線部エ「神奈川県」の政令指定都市には桐光学園のある川崎市以外に横浜市と相模原市がある。以下の都市の中で政令指定都市でないものを２つ選び，番号で答えなさい。

１．浜松市　　２．北九州市　　３．宇都宮市　　４．金沢市　　５．堺市

問６　下線部オ「福岡県」に構成遺産《いさん》のある世界文化遺産として，正しいものを２つ選び，番号で答えなさい。

１．白川郷・五箇山の合掌造り集落

２．明治日本の産業革命遺産 製鉄・製鋼，造船，石炭産業

３．「神宿る島」宗像・沖ノ島と関連遺産群

４．長崎と天草地方の潜伏キリシタン関連遺産

５．百舌鳥・古市古墳群ー古代日本の墳墓群ー

問７　下線部ア～オの県の形を次の中からそれぞれ選び，番号で答えなさい。

※各県の縮尺《しゅくしゃく》は同じではありません。また，方位は北を上としています。

島などを省略してある県もあります。

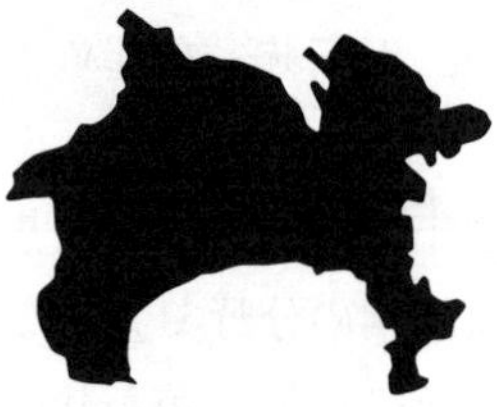
1

2

3

4

5

6

2 以下の日本国憲法の条文について，後の問いに答えなさい。
※条文は旧仮名づかいで記してあります。
問題の都合上，条文中の一部を省略している場合があります。

第１条「天皇は，日本国の［ ① ］であり日本国民統合の［ ① ］であつて，この地位は，主権の存《そん》する日本国民の総意に基く。」

第４条「天皇は，この憲法の定める ア国事に関する行為《い》のみを行ひ，国政に関する権能《けんのう》を有しない。」

第14条「すべて国民は，法の下に［ ② ］であつて，［ ③ ］，信条，性別，社会的身分又は門地により，政治的，経済《ざい》的又は社会的関係において，差別されない。」

第25条「イすべて国民は，健康で文化的な最低限度の生活を営む権利を有する。」

第37条「すべて刑《けい》事事件においては，被《ひ》告人は，公平な裁《さい》判所の迅《じん》速な［ ④ ］裁判を受ける権利を有する。」

第41条「ウ国会は，国権の最高機関であつて，国の唯《ゆい》一の［ ⑤ ］機関である。」

第66条「エ内閣は，法律《りつ》の定めるところにより，その首長たる内閣総理大臣及びその他の国務大臣でこれを組織する。」

第69条「内閣は，衆議院で不信任の決議案を可決し，又は信任の決議案を否《ひ》決したときは，［ ⑥ ］日以内にオ衆議院が解散されない限り，総辞職をしなければならない。」

第76条「すべて司法権は，最高裁判所及び法律の定めるところにより設置するカ下級裁判所に属する。」

第86条「内閣は，毎会計年度のキ予算を作成し，国会に提出して，その審《しん》議を受け議決を経なければならない。」

問１　上の条文中の ① ～ ⑥ にあてはまる語句や数字を答えなさい。

問２　下線部アの「国事に関する行為《い》」は，「国事行為」とよばれるが，これにあてはまらないものを，次の中から１つ選び，番号で答えなさい。

１．衆議院の解散　　　　　２．国会の召集

３．地方裁判所裁判官の任命　　４．内閣総理大臣の任命

問３　下線部イの権利を何というか，次の中から１つ選び，番号で答えなさい。

１．生存権　　２．財産権　　３．自由権　　４．参政権

問４　下線部ウについて，国会に関する説明として誤《あやま》っているものを，次の中から１つ選び，番号で答えなさい。

１．憲法改正の発議が出来る。

２．不適任だと思われる国会議員をやめさせるかどうか判断する弾劾裁判のしくみがある。

３．国会議員の中から内閣総理大臣を指名する。

４．本会議の定足数は総議員の３分の１以上である。

問５　下線部エについて，内閣の仕事にあてはまらないものを，次の中から１つ選び，番号で答えなさい。

１．政令の制定　　　　　　２．条約の締《てい》結

３．国事行為に対する助言と承認　　４．国政調査権の行使

問６　下線部オについて，衆議院の解散による総選挙後に初めて開かれる国会の名称《しょう》として正しいものを，次の中から１つ選び，番号で答えなさい。

１．通常国会　　２．臨時国会　　３．特別国会　　４．緊急集会

問７　下線部カについて，下級裁判所の中には高等裁判所があるが，高等裁判所がおかれていない都市を，次の中から１つ選び，番号で答えなさい。

１．神戸　　２．東京　　３．福岡　　４．名古屋

問８　下線部キについて，2019年度一般《いっぱん》会計予算（当初予算）の額として最も近いものを，次の中から１つ選び，番号で答えなさい。

１．１兆円　　２．11兆円　　３．101兆円　　４．1010兆円

3　次の文章を読んで，後の問いに答えなさい。

今から100年ほど前の1921年11月，立憲政友会の総裁《さい》として，本格的な政党内閣を組閣していた ① が東京駅で刺《し》殺されました。華族ではないことから ② 宰相《さいしょう》として民衆《しゅう》には人気でしたが，政治汚職《おしょく》事件などが多発していたことに怒《いか》りを感じた青年による犯行でした。

① は，ア1856年に盛岡藩の家老の家に誕《たん》生しました。1867年10月の ③ により，江戸幕府が消滅《めつ》した後，15代将軍であった ④ を支持する旧幕府軍と新政府軍の間で，戊辰戦争が発生しました。この時，盛岡藩は旧幕府軍に所属していたことから明治政府に対して賠償《ばいしょう》金を支払《はら》う必要があり， ① の家でも土地や家屋を売却《きゃく》したという話も残っています。後に，新聞記者などを経《へ》て，外務省に採用され，イ1894年に条約改正を成功させた外務大臣 ⑤ と出会ったことから，政治家としての道が開かれ

たとされています。また，［⑤］との関係から，ウ銅山を経営する会社の副社長に就《しゅう》任《にん》したこともありました。

1918年に富山県の漁村からはじまった［⑥］が全国に拡《かく》大し，それまでの内閣総理大臣が辞職しました。そこで，［①］が19代目の内閣総理大臣となりました。エ帝国議会における演説に使う一人称《しょう》を「私」に変えたのは［①］といわれています。また，諸《しょ》説ありますが，岩手県の名物である「わんこそば」誕生のきっかけに関係しているという説もあります。

問１　文中の［①］～［⑥］にあてはまる語句・人名を答えなさい。

問２　下線部アについて，1856年よりも後に発生した出来事を，次の中から１つ選び，番号で答えなさい。

１．日米和親条約が調印された。

２．外国船(異国船)打払令が出された。

３．桜田門外の変が発生した。

４．天保の改革がはじまった。

問３　下線部イについて，1894年における改正内容を１行で書きなさい。

問４　下線部ウについて，この銅山は日本で初めての大規模な公害問題に関係があるといわれる。栃木県にあるこの銅山の名前を答えなさい。

問５　下線部エについて，当時の帝国議会の説明として誤《あやま》っているものを，次の中から１つ選び，番号で答えなさい。

１．衆議院と貴族院で構成される二院制をとっていた。

２．衆議院議員の選挙において，女子の選挙権は認《みと》められていなかった。

３．1890年の開設から1947年に廃止されるまで，議会は90回程度開かれた。

４．帝国議会のすべての議員は国民の選挙で選ばれた。

【理　科】〈第１回試験〉（40分）〈満点：100点〉

1　以下の各問いに答えなさい。

〔１〕 次の表のように，子メダカの数，水温，えさの回数を変えた水そうＡ～Ｅを用意して，メダカの成長のしかたを調べました。１回にあたえるえさの量は同じであるとして，以下の⑴～⑶の差を調べるためには，Ａ～Ｅのどの２つを比べるとよいですか。それぞれ２つずつ選び，記号で答えなさい。ただし，その他の条件は同じであるとします。

水そう	子メダカの数(匹)	水温(℃)	えさの回数
A	10	25	３日に１回
B	10	10	１日に１回
C	20	10	３日に１回
D	20	25	１日に１回
E	10	25	１日に１回

⑴ 水温のちがいによる，成長の差を調べる。

⑵ メダカの数のちがいによる，成長の差を調べる。

⑶ えさの回数のちがいによる，メダカの成長の差を調べる。

〔２〕 次の各問いに答えなさい。

⑴ メダカのメスの特徴《とくちょう》を次のア～エから２つ選び，記号で答えなさい。

ア．尻《しり》びれの後ろが短い。

イ．尻びれが平行四辺形に近い。

ウ．背びれに切れこみが無い。

エ．背びれに切れこみがある。

⑵ 右の図のような水そうで成熟《せいじゅく》したオスとメスのメダカを飼育し，産卵《さんらん》させて子メダカをふやそうと思います。産卵した卵《たまご》をより多くふ化させるためには，この水そうに何を入れるとよいでしょうか。ただし，明るさ・水温・えさ・メダカの数は適切な条件であるとします。

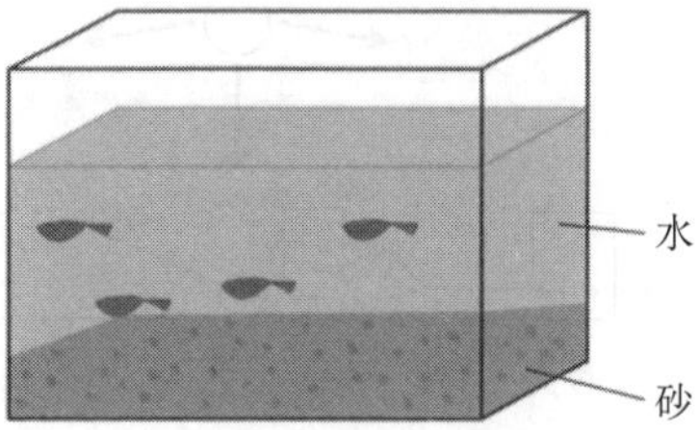

⑶ メダカの卵を観察するときには，右の図のようなけんび鏡を使います。図のＡ～Ｃの名前を答えなさい。

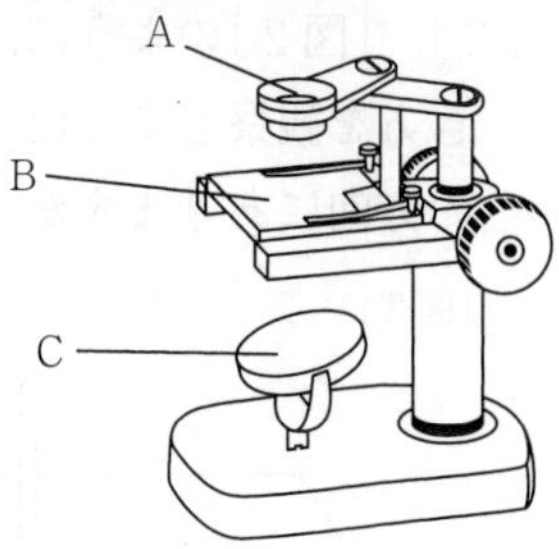

⑷ ⑶のけんび鏡を使うときの注意として間違《まちが》っているものを，次のア～エから１つ選び，記号で答えなさい。

ア．日光が直接あたる明るい場所に置く。

イ．Ａをのぞきながら Ｃの向きを変え，明るく見えるようにする。

ウ．観察するものはＢの上に置く。

エ．調節ネジでＡを動かして，はっきり見えるところで止める。

⑸ 精子と卵が結びつく(合体する)ことをなんといいますか。

⑹ メダカも含め，生物の体は「細胞《さいぼう》」とよばれる小さなつぶが集まってできています。メダカの精子と卵が合体して最初の１つの細胞となります。その後に分裂《ぶんれつ》を繰り返して数を増や

すことで，メダカの体ができていきます。細胞は１回分裂すると数が２倍になります。もし１回分裂するのに毎回２時間かかるとすると，12時間後には１個の細胞が何個になりますか。次のア～オから１つ選び，記号で答えなさい。

ア．12個　　イ．24個　　ウ．48個　　エ．64個　　オ．128個

(7)　次のア～エは，メダカの卵が育つときに見られる変化について述べたものです。ア～エをメダカの卵が育つ順に並《なら》べなさい。

ア．卵の中の小さなあわのようなもの(油てき)が少なくなる。

イ．泳ぎだす。

ウ．心臓《しんぞう》が動きだす。

エ．眼球ができる。

(8)　25℃の水温で，メダカの卵がかえるのに必要な日数にもっとも近いものを，次のア～エから１つ選び，記号で答えなさい。

ア．６日　　イ．11日　　ウ．20日　　エ．38日

(9)　卵からふ化したばかりのメダカはえさを食べません。その理由を簡単《かんたん》に説明しなさい。

2　太陽と月について，以下の各問いに答えなさい。

ある年の春分の日に，神奈川県で太陽の動きとかげについて観察しました。

〔１〕〔図１〕は正午ころの太陽の位置を表しています。このあと，太陽は〔図１〕のどの方向に移動しますか。〔図１〕のア～エから１つ選び，記号で答えなさい。

〔図１〕

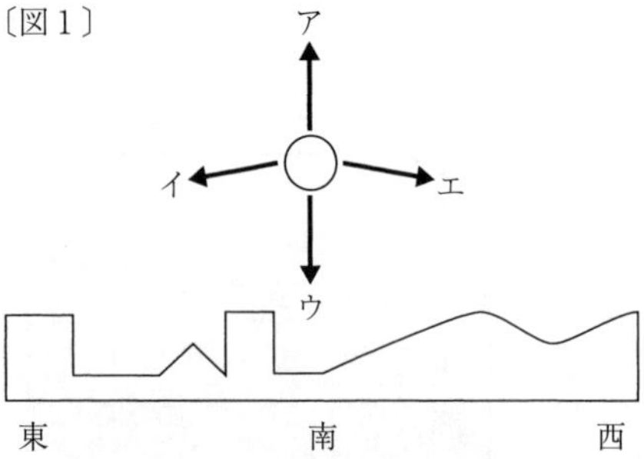

〔２〕〔図２〕のように，画用紙の上にねん土で棒《ぼう》を真っ直ぐに立て，太陽がつくる棒のかげのでき方を観察しました。〔図３〕はこの様子を真上から見たものです。太陽は〔図３〕のア～エのどの方向にありますか。１つ選び，記号で答えなさい。

〔図２〕

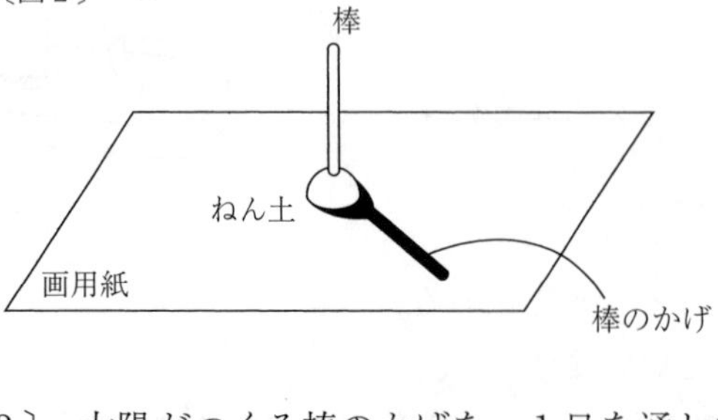

〔図３〕

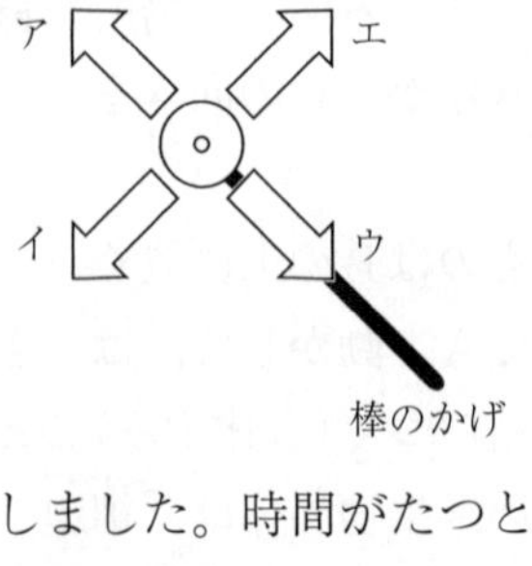

〔３〕　太陽がつくる棒のかげを，１日を通して観察しました。時間がたつとかげの先たんは，どのように動きますか。次のア～エから１つ選び，記号で答えなさい。

ア．西から北を通って東へと動く。

イ．西から北を通ったあと，東を通り南へと動く。

ウ．東から北を通ったあと，西を通り南へと動く。

エ．東から北を通って西へと動く。

〔４〕 太陽がのぼってしずむまでの間，かげの先たんはどのような線をえがきますか。もっとも近いものを，次のア～オから１つ選び，記号で答えなさい。

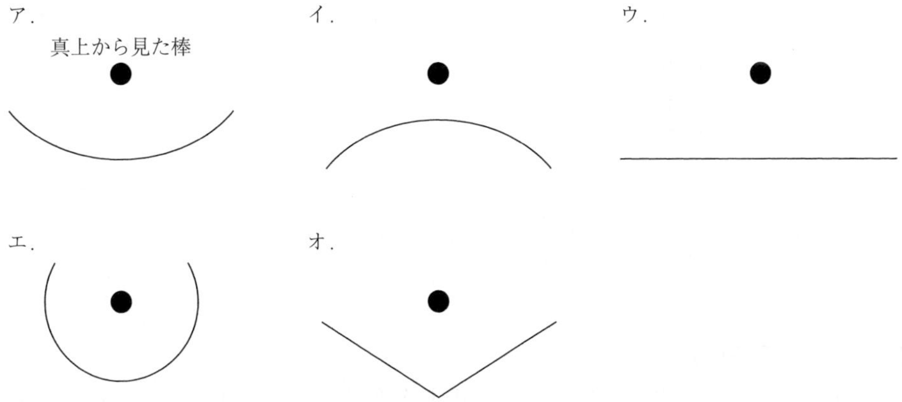

〔５〕〔図４〕は春分の日に太陽に照らされた地球のようすを表しています。同じ時刻《じこく》でもＡ～Ｅ地点ではかげの長さがちがいます。そこで，かげの長さはどのようにして決まるかを調べるために，〔図５〕のようにねん土の上に立てた棒を電灯で照らしました。その結果，電灯がより高い位置から棒を照らした方が，かげの長さは短くなることがわかりました。

〔図４〕

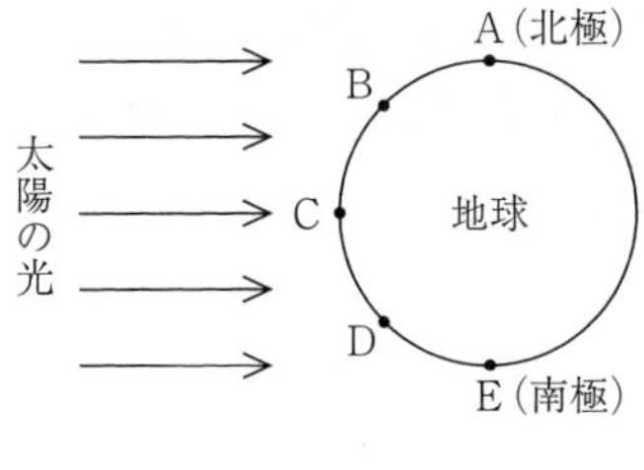

〔図５〕

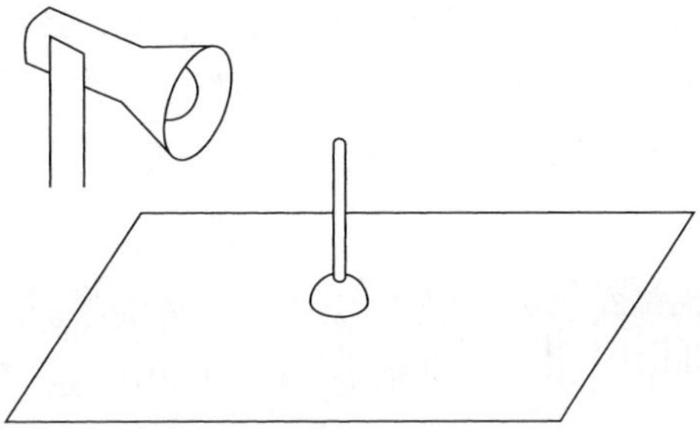

⑴ 春分の日の正午ころ，かげの長さが最も短くなるのは，〔図４〕の地球上のＡ～Ｅのどの辺りですか。Ａ～Ｅから１つ選び，記号で答えなさい。

⑵ 日本で１年間のうち，正午ころのかげの長さが最も短くなる時期はいつですか。次のア～エから１つ選び，記号で答えなさい。

ア．春分のころ　　イ．夏至のころ　　ウ．秋分のころ　　エ．冬至のころ

神奈川県で月の動きについて観察しました。

〔６〕〔図６〕のように，東の空に満月が見えました。このあと，月は〔図６〕のどの方向に移動しますか。〔図６〕のア～エから１つ選び，記号で答えなさい。

〔図６〕

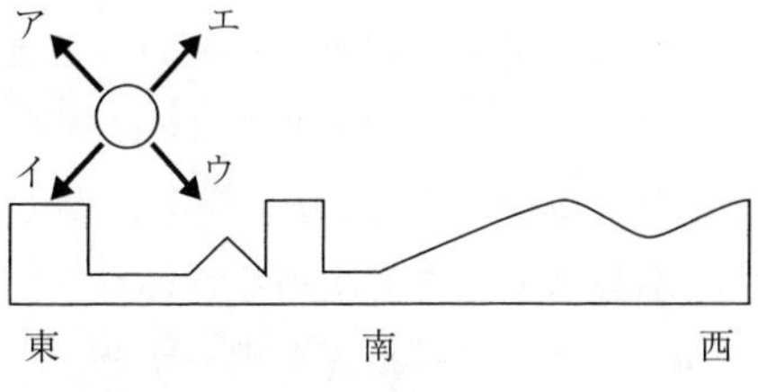

〔７〕 １ヶ月の間，月の形を観察しました。

⑴ 晴れているにもかかわらず，１日の間，ずっと月

が見えない日がありました。このときの月を何といいますか。

(2) 〔図７〕は太陽と月の位置関係を観察したものです。A～Cの位置に月があるとき，それぞれの月の形はどのように見えますか。下のア～オから１つずつ選び，記号で答えなさい。

〔図７〕

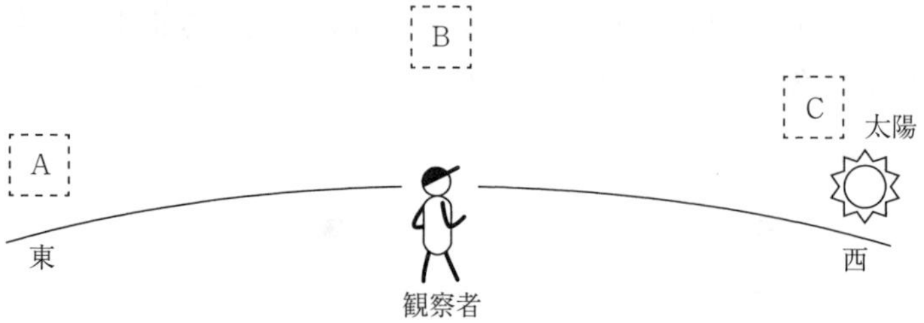

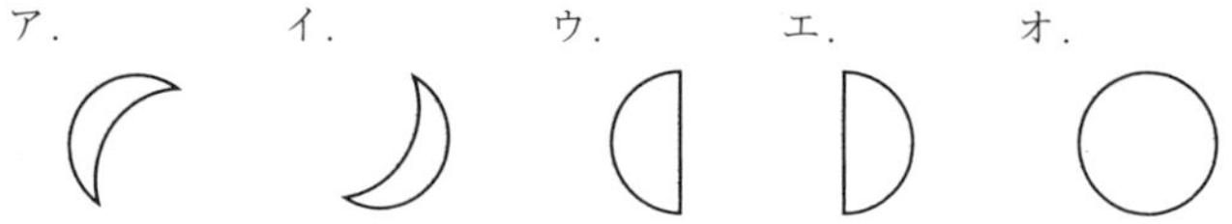

3 以下の各問いに答えなさい。

台の上に，ろうそくを立てて火をつけると，ほのおをあげて燃えます。燃えているあいだは，ろうそくはどんどん短くなっていきます。

この燃えているろうそくに，コップを触《ふ》れないようにかぶせました。しばらくすると，ろうそくは残っているのに火は消えてしまいました。

木でできたわりばしも，火をつけるとほのおをあげて燃えますが，ほのおが見えなくても，燃えていることがあります。

〔１〕 下線部について，ろうそくのほのおが消えるのはなぜですか。簡単《かんたん》に説明しなさい。

〔２〕 穴《あな》をあけたカンに，均一なサイズのわりばしを入れて燃やしたとき，もっとも効率《こうりつ》よく燃えるのはどれですか。次のア～エから１つ選び，記号で答えなさい。

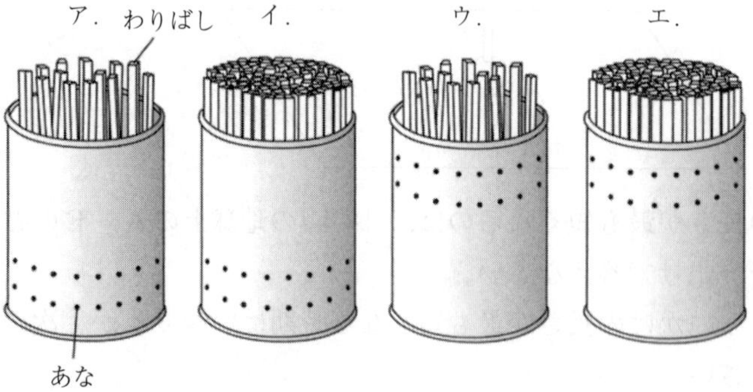

鉄でできているスチールウールに火をつけると，ほのおはほとんど見えませんが，黒っぽくなります。これは，スチールウールと酸素が結びついて，別の物質になったからです。このように金属が「燃える」ということは酸素と結びつくことです。

〔３〕 スチールウール1.4gに火をつけて，完全に燃やしてから重さをはかると２gでした。スチールウール4.5gを完全に燃やすのに必要な酸素は何gですか。小数第２位を四捨《しゃ》五入して小数第１位まで求めなさい。

〔４〕 アルコールAを燃やすと，二酸化炭素と水だけができます。このアルコールAの重さを変

えて，燃やしたときに使われた酸素の重さ，そのときにできた二酸化炭素と水の重さを調べると，〔表１〕のようになりました。

〔表１〕

燃やしたアルコールＡの重さ（g）	使われた酸素の重さ（g）	できた二酸化炭素の重さ（g）	できた水の重さ（g）
4	6	5.6	4.4
10	15	14	X

(1)　〔表１〕のＸにあてはまる数を答えなさい。

(2)　二酸化炭素についての文として間違《まちが》っているものを，次のア～エから１つ選び，記号で答えなさい。

ア．二酸化炭素は空気より重い気体である。

イ．ドライアイスは二酸化炭素が固体になったものである。

ウ．ものが燃えると，必ず二酸化炭素ができる。

エ．二酸化炭素は水に溶けると，炭酸水になる。

(3)　燃やしたアルコールＡの重さ，できた二酸化炭素と水の重さは実験で調べることができます。しかし，使われた酸素の重さは実験では直接調べることができないため，計算で求めます。〔表１〕を参考にして，下の式の［　　］に「アルコールＡ」「二酸化炭素」「水」のいずれかを入れて，正しい式を完成させなさい。

使われた酸素の重さ＝［　①　］の重さ＋［　②　］の重さ－［　③　］の重さ

次に，酸素，二酸化炭素，ちっ素について，それぞれの気体３Ｌの重さを調べると〔表２〕のようになりました。ただし，気体の体積はすべて同じ条件ではかりました。また空気中のちっ素と酸素の体積の比は４：１とします。

〔表２〕

	酸素	二酸化炭素	ちっ素
気体３Ｌの重さ（g）	4	5.5	3.5

(4)　空気５Ｌに含《ふく》まれる酸素は何Ｌですか。

(5)　酸素３Ｌを含む空気の体積は何Ｌですか。

(6)　４gのアルコールＡを燃やすのに，必要な量の酸素を含む空気の体積は，最低何Ｌですか。

(7)　空気３Ｌの重さは何gですか。

ウ　一つの基準がすべてだと考えてしまうと、そのものさしでは測れない価値に気付かないままになってしまうから。

エ　一つの基準だけでは、植物の成長をさまたげる原因がどのようなものであるのか解明することができないから。

問三　――線３「地べたで暮らす雑草たち」とありますが、その説明として最も適当なものを次の中から選び、記号で答えなさい。

ア　他の植物との競争に負けたため、横に大きな葉を広げて生きのびている。

イ　何度踏まれても立ち上がる強さを持つために、地面の養分を独占している。

ウ　広い範囲に種子を運ぶことができるので、他の植物よりも優れている。

エ　上に伸びようとする競争とは違《ちが》う方法で、生きようとしている。

問四　――線４「この競争」とありますが、植物が何のために、どのようにすることですか。わかりやすく説明しなさい。

問五　――線５「オオバコがあります」について。

(1)　「オオバコ」の特徴として適当なものを次の中から二つ選び、記号で答えなさい。

ア　踏まれてもいいように細部まで強固な構造をしている。

イ　踏まれることが自分の仲間を増やすことにつながる。

ウ　大きな葉で他の植物よりも太陽の光を独占している。

エ　上に伸びる植物よりも簡単に成長できる仕組みがある。

オ　自由に伸び成長するために踏まれる場所を選んでいる。

カ　丈夫でしなやかな構造をしているため折れにくい。

(2)　オオバコの種子の散布に対する筆者の評価が簡潔《かんけつ》に示されている部分を文中から十二字以内で探し、初めの三文字を答えなさい。

問六　本文の内容として最も適当なものを次の中から選び、記号で答えなさい。

ア　どんな生物でも目に見える成長を気にしがちだが、その成長は意味がない。

イ　重要な成長は周囲からは見えないので、自分自身で基準を考えるべきだ。

ウ　植物に限らず、成長は必ずしも一つの基準で判断できるものではない。

エ　成長の仕方にとらわれず、個人の生き方を尊重することが大切だ。

っているはずです。まさに逆境をプラスに変えているのです。

逆境をプラスに変えるというと、※2ポジティブシンキングのように、悪いことを良いこととして考えることかと捉《とら》えられがちです。

確かにマイナスのことをどのようにプラスに捉えるかは大切です。

しかし、単なる※3レトリックではなく、実際に雑草はより合理的に、より具体的に、マイナスを確かなプラスに変えているのです。

踏まれた雑草は立ち上がりません。

踏まれた雑草は上にも伸びません。

そもそも、立ち上がらなければならないのでしょうか。

そもそも、上に伸びなければならないのでしょうか。

踏まれて生きる雑草を見ていると、そんなことを教えられます。

上に伸びることしか知らなければ、踏まれたときにポキンと折れてしまいます。

踏まれたままでもいいのです。

伸びる方向は自由です。横に伸びたっていいのです。

そして、本当は伸びなくたっていいのです。

上に伸びることができなくなったとき、横にも伸びることができなくなったとき、雑草はどんな成長をすると思いますか。

そうです。

雑草は下に伸びます。

根を伸ばすのです。

根を伸ばしても、見た目には成長していないように見えるかもしれません。しかし、見えないところで根が成長していきます。

根は植物を支え、水や養分を吸収《きゅうしゅう》する大切なものです。

人間も、「根性」や「心根《こころね》」という言葉を使います。

本当は、根っこが大事だと知っているのです。

（稲垣栄洋《いながきひでひろ》『はずれ者が進化をつくる
生き物をめぐる個性の秘密』筑摩書房より）

※1　先にも…本文より前に、植物は光のエネルギーを用いて、水と二酸化炭素から生きるために必要なエネルギー物質を合成（光合成）することについて書かれていることを指す。

※2　ポジティブシンキング…積極的で前向きな考え方のこと。

※3　レトリック…特別な効果をねらった言葉の表現方法のこと。

問一　――線1「植物の成長を～があります」とありますが、「草丈」についての説明として最も適当なものを次の中から選び、記号で答えなさい。

ア　一般的になじみはないが、植物の成長を測る重要な基準の一つとなっている。

イ　一見してわかりにくい植物の成長を、簡単に測るための基準の一つとなっている。

ウ　植物のあらゆる種類の成長を、誰もが公平に測ることができるたった一つの基準になっている。

エ　植物の複雑な成長を測ることができる、たった一つの基準になっている。

問二　――線2「高さで測れる～と知ることです」とありますが、なぜ知る必要があるのですか。その説明として最も適当なものを次の中から選び、記号で答えなさい。

ア　一つの基準では様々な特徴を正確に測ることがむずかしく、他と比べて価値を判断することができないから。

イ　一つの基準だけで複雑な成長をとらえていると、上に伸びる植物の優れている点を見落としてしまうから。

光を求める植物たちにとって、自分がどれだけ伸びたのかという絶対的な高さは、じつは重要ではありません。光を浴びるために大切なのは、他の植物よりも、少しでも高く伸びるという相対的な高さです。そして、他の植物よりも少しでも上に葉を広げようと上へ上へと伸びるのです。

植物たちはこうして激しい競争を繰り広げています。

踏まれる場所の雑草は、本当に4この競争に参加しなくても大丈《だいじょう》夫《ぶ》なのでしょうか。

もちろん、大丈夫です。

よく踏まれる場所には、上へ上へと伸びようとする植物は生えることができません。上へ伸びても踏まれて折れてしまうからです。

そのため、草高がゼロの横に伸びる雑草も、小さな小さな雑草も、広げた葉っぱいっぱいに太陽の光を存分に浴びています。こんなに光を独占《どくせん》している植物は、他の場所ではなかなか見られません。

踏まれる場所に生える代表的な雑草に、5オオバコがあります。

オオバコは漢字では、「大葉子」といいます。その名のとおり、大きな葉を持っているのが特徴《とくちょう》です。その葉は見た目にはとても柔《やわ》らかです。しかし、その葉の中には丈夫な筋《すじ》がしっかりと通っています。だからオオバコの葉は、踏みにじられてもなかなかちぎれないのです。柔らかいだけでは簡単にちぎれてしまいます。柔らかさの中に固さがあるから、その柔らかな葉は丈夫なのです。

また、葉とは逆に、茎の外側は固い皮で覆《おお》われていて、茎の内部は柔らかいスポンジ状の髄《ずい》が詰《つ》まっています。固いだけでは強い力がかかると耐《た》えきれずに折れてしまいます。柔らかいだけではちぎれてしまいます。固さの中に柔らかさがあるから、その頑強《がんきょう》な茎はしなやかで折れにくいのです。

「柔《じゅう》よく剛《ごう》を制す」という言葉があります。この言葉は、剛（固いもの）よりも柔（しなやかなもの）が強いと解釈《かいしゃく》されることが多いですが、本当はそうではないようです。本来の意味は、「柔も剛もそれぞれの強さがあり、両方を併《あわ》せ持つことが大切である」という意味だそうです。

踏まれるところに生える雑草の多くは、固さと柔らかさを併せ持った構造をしています。固いだけでも柔らかいだけでも踏みつけに耐えることはできません。固さと同時にしなやかな柔らかさを持ち、柔らかさの中にしっかりとした固さを持っている。それが踏まれて生きる雑草の強さの秘密《ひみつ》なのです。

しかし、オオバコのすごいところは、それだけではありません。

踏まれる場所に生える雑草にとって、踏まれることはつらいことなのでしょうか？

オオバコの例を見てみることにしましょう。

植物は種子をタンポポのように綿毛《わたげ》で飛ばしたり、ひっつき虫と呼《よ》ばれるオナモミやセンダングサのように他の動物にくっつけたりして、広い範囲《はんい》に散布します。

オオバコはどうでしょうか。

オオバコの種子は水に濡《ぬ》れるとゼリー状の粘着《ねんちゃく》液を出します。そして、靴《くつ》や動物の足にくっつきやすくするのです。

こうして、オオバコの種子は人や動物の足によって運ばれていきます。車に踏まれれば車のタイヤにくっついて運ばれていきます。

こうなると、オオバコにとって踏まれることは、耐えることでも、克服《こくふく》すべきことでもありません。

踏まれなければ困《こま》るほどまでに、踏まれることを利用しているのです。道ばたのオオバコたちは、どれも、みんな踏んでもらいたいと願

三　次の文章を読んで、後の問いに答えなさい。

1植物の成長を測る方法に「草高《くさだか》」と「草丈《くさたけ》」があります。

この二つの言葉は、よく似ていますが、意味するところは違《ちが》います。草高は「根元からの植物の高さ」を言います。一方、草丈は「根元からの植物の長さ」を言います。

何だ、同じじゃないかと思うかもしれませんが、そうではありません。

確かに上に伸《の》びる植物にとっては、草高と草丈は同じです。しかし、踏《ふ》まれながら横に伸びている雑草はどうでしょうか。横に伸びてゆくので、草丈は大きくなっても、上に伸びることはないので、草高はゼロのままです。

アサガオが二階まで伸びましたと喜んでみたり、もうこんなに伸びたからそろそろ草を刈《か》ろうかと言ってみたり、人間は、植物の成長を「高さ」で測りたがります。それが一番、簡単《かんたん》な方法だからです。

しかし、まっすぐ上に伸びることだけが成長ではありません。

身の回りの雑草を見てみてください。

みんな曲がったり、傾《かたむ》いたりしながら成長しています。まっすぐに伸びている雑草は一つもないのです。

横に伸びたり、斜《なな》めに伸びたり、何度も曲がったり、雑草の伸び方はそれぞれです。そんな複雑な成長を測ることは大変です。そのため人間は、植物を「高さ」で評価します。人間の持っているものさしは、まっすぐなものさしです。そのため、まっすぐな高さで測ることしかできないのです。

「高さで評価される」ということは、皆さんにとっては成績や偏差値《へんさち》という言葉が当てはまるかもしれません。「高さ」という尺度《しゃくど》は大切な尺度です。「高さ」で測ることはダメなことではありません。成績は悪いより良いほうがいいに決まっていますし、成績が良い人はほめられるべきです。

しかし、それだけのことです。それはたった一本のものさしで測ったたった一つの尺度に過ぎません。大切なことは、2高さで測れることは、成長を測るたった一つの尺度でしかないと知ることです。雑草の成長がそうであるように、「何が大切か?」を考えれば、「高さ」がすべてではありません。

まっすぐなものさしで、すべての成長を測ることはできません。そしておそらく、本当に大切なことは、ものさしでは測ることのできないものなのです。

人々が行き交《か》う歩道の隙間《すきま》に、雑草が生えているのを見かけます。あるものは茎《くき》を横に伸ばしていたり、あるものは大きくなることなく、身を縮《ちぢ》ませています。そんな雑草を見て、何だかかわいそうと思ってしまうかもしれません。3地べたで暮らす雑草たちを惨《みじ》めに思ってしまうかもしれません。しかし、本当にそうでしょうか。

確かに他の植物たちが、天に向かって高々と伸びようとしているのと比べると、踏《ふ》まれている雑草は成長していないように見えます。他の植物が高く高くと縦《たて》に伸びているのに、踏まれる場所の雑草は本当に縦に伸びることをあきらめてしまって良いのでしょうか。

植物が上に向かって伸びようとするのには、理由があります。

※1先にも説明しましたが、植物が成長をするためには、光を浴びて光合成をしなければなりません。光を浴びるためには、他の植物よりも高い位置に葉をつけなければなりません。もし、他の植物よりも低ければ、他の植物の陰《かげ》で光合成をしなければならなくなります。有利に光合成をするためには、他の植物よりも少しでも高く伸びなければならないのです。

いでほしいと考えている。

エ　洗濯のような取るに足りないことまで気が回るほど、杏子は素晴らしい人物であったことに気づき、彼女を失う運命を受け入れるしかないことを残念に思っている。

問六　――線6「『いらん！』　反射的に叫《さけ》んでいた」とありますが、この時の「廉太郎」の説明として最も適当なものを次の中から選び、記号で答えなさい。

ア　仕事を辞めたとたんに家事をするように要求されて、これまで一家を支えてきたという思いがふみにじられたことに、がまんできなくなっている。

イ　杏子の話は自分にとって必要なことだと思いつつも、その内容があまりにも細かすぎて、自分の性格には合わないと感じてうんざりしている。

ウ　杏子が万が一のことを考えて教えていたことを、自分は余計なお世話だと決めつけたことを恥ずかしく思い、急に怒るふりをしてごまかそうとしている。

エ　杏子がいなくなるという現実を彼女自身から突き付けられ、その現実に直面していくことに耐えきれなくなり、目をそらそうとしている。

問七　――線7「この女の～それだけはたしかだった」について。

(1)　これまでの「廉太郎」と「杏子」について述べたものとして最も適当なものを次の中から選び、記号で答えなさい。

ア　口うるさく妻を注意することが多い廉太郎に対して、杏子は不満を隠《かく》し、夫に気づかれないように理想的な妻を演じていた。

イ　妻に対し強気な言動をしながらも、一人では暮らしていけそうにない廉太郎に対して、杏子はそんな夫を支えていこうとしていた。

ウ　必死に妻の病気を治そうとする廉太郎に対して、杏子は夫の世話を焼くことを通して、病という現実から逃げようとしていた。

エ　妻の本心にまったく気づかないでいる廉太郎に対して、杏子は失望するとともに、そんな夫との生活に嫌気《いやけ》がさしていた。

(2)　この時の「廉太郎」の説明として最も適当なものを次の中から選び、記号で答えなさい。

ア　珍《めずら》しくわがままを言う杏子に対して、それをかなえてやるのが夫である自分のつとめだと思い、気が進まないものの杏子の希望にそおうとしている。

イ　杏子の強い口調から、彼女の死がさけられないものだと覚悟して、病気を治すことよりも今まで二人で出来なかったことをしていきたいと考えている。

ウ　死を覚悟して、自分に強く訴えてくる杏子の気持ちを受け止めて、これまでの態度を改めて、杏子と向き合わなければならないと実感している。

エ　必死になっている杏子の態度は病気のせいだからと思い、これまで以上に杏子を救う手段を見つけてやらなければいけないと決心している。

エ　うそがばれて

問二　――線１「盆《ぼん》休みのようで、盆休みでない」とありますが、ここでの「廉太郎」について述べたものとして最も適当なものを次の中から選び、記号で答えなさい。

ア　急に暇になったことをごまかすように、やってみたいことを次々と考えてみたが、時間が足りないこともあり、とりあえず杏子の看病に専念しようとしている。

イ　杏子のために仕事を辞めて意気込んでいたものの、何をしたらいいか、良い考えが浮かんでこなかったため、まずは自分にできることからやってみようとしている。

ウ　退職してできた区切りのない毎日を持て余して、あれこれと考えるところがあったものの、とにかくいまは杏子のことを最優先にしたいと考えている。

エ　やっと持つことができた自由な時間を有意義に使おうと思いをめぐらしたが、やはり残り時間の少ない杏子の人生を、もう一度輝《かがや》かせてあげたいと思っている。

問三　――線２「最後まで読んで～首を傾《かし》げた」・３「言ってしまってから～冷や汗をかいた」とありますが、これらの表現から「廉太郎」についてどのようなことが読み取れますか。その説明として最も適当なものを次の中から選び、記号で答えなさい。

ア　落ち着いてじっくり物事を考えることができず、まったく妻のことを思いやるところがない。

イ　自分に対する他人の気づかいをいっこうに気に留めないで、さらに自分の言動についても反省するところがない。

ウ　どんな深刻《しんこく》な状況《じょうきょう》であっても、表向きは明るくふるまってうまくやりすごそうとしているところがある。

エ　後で気づくこともあるが、思いこみだけで判断したり、その場の気分で発言するなど、軽率《けいそつ》なところがある。

問四　――線４「洗濯のしかたを覚えましょうか」とありますが、この時の「杏子」の説明として最も適当なものを次の中から選び、記号で答えなさい。

ア　仕事を辞めて時間を持て余している夫に、今まで自分がしてきたことを見せて、仕事の代わりにやるべきことがまだあることを伝えようとしている。

イ　自分がいなくなった後のことを考えて、時間の許すかぎり夫が一人で暮らしていくために必要な生活の方法を教えようとしている。

ウ　自分のために仕事まで辞めた妻思いの夫のために、長女夫婦《ふうふ》や次女らと円満に過ごすための方法をすべて伝えようとしている。

エ　毎日の家事に集中させることで、すべてを投げ打っても治らない自分の病に向き合わなければならない夫のつらさを、軽くしようとしている。

問五　――線５「結婚《けっこん》してから～気のせいではなかったようだ」とありますが、この時の「廉太郎」の説明として最も適当なものを次の中から選び、記号で答えなさい。

ア　杏子の言葉で自分でも何となく感じていたことに納得がいき、彼女が細やかな心配りでずっと自分を支えてくれていたことに改めて気づかされている。

イ　のんびり屋だと思っていた杏子の意外な一面を発見したことで、いままで家庭を守ってきてくれた彼女にずっと冷たく接していたことを反省している。

ウ　家の中で感じてきた居心地の悪さの原因が、杏子の目立たない思いやりであったことに気づき、自分にはもう気をつかわな

けれども二人はやがて、一人になるのだ。

遺《のこ》されるのが杏子なら、さほど問題はなかったのかもしれない。でも廉太郎は――。

荒れ放題の家の中、ゴミに埋《う》もれて眠る老いさらばえた男の姿《すがた》が脳《のう》裏《り》に浮かぶ。気温は上昇し続けているのに、腹の底がぞわりと震《ふる》えた。

俺はいったい、いくつまで生きるんだ？

杏子を失うかもしれないという衝撃《しょうげき》が強すぎて、その後も続く己《おのれ》の人生にまで、頭が回っていなかった。仕事を辞めて親しい友人もおらず、毎日出来合いのものを食べ、いつか迎えが来るその日までゆっくりと衰《おとろ》えてゆく。

頭はいつまではっきりしているのだろうか。体はどこまで動くのか。ぽっくり逝《ゆ》くのが理想ではあるが、だとしたら誰《だれ》が見つけてくれるのか。

そういった不安が波のごとく押し寄せてきて、廉太郎の表情を曇《くも》らせる。

すぐ近くに、杏子の訴《うった》えるような瞳があった。

「お願いします。もうあまり、時間がないんです」

余命一年と宣告《せんこく》されてから、すでに三カ月が経《た》っていた。まさか医師の言うとおりきっちり一年なわけはなく、それより短い可能性だってある。杏子のタイムリミットが迫《せま》っているのは、たしかだった。

廉太郎は左の肘《ひじ》を掻《か》きむしる。猛烈《もうれつ》な痒《かゆ》みは後からきた。蚊《か》に食われていた。

「あら、すみません。私が出入りしたときについてきたんですね」

あまり掻いちゃいけませんと手を取られる。肘の下がずいぶん腫《は》れている。

「不思議ですね。私、少しも刺《さ》されないんですよ。毎年この時期は庭仕事をしていると、ヤブ蚊が多くて難儀《なんぎ》したのに」

半袖《はんそで》のブラウスから突き出た杏子の腕《うで》には、点滴《てんてき》の痕《あと》が残っていた。抗がん剤を投与したときのものが、なかなか消えない。

「吸《す》わなくても分かるんですね。この血はまずいって」

左肘に添《そ》えられた杏子の手を、廉太郎は真上から握り込んだ。

7 この女の「お願い」は、聞かないと必ず後悔《こうかい》することになる。先のことは分からなくても、それだけはたしかだった。

（坂井希久子《さかいきくこ》『妻の終活』祥伝社より）

※1 億劫《おっくう》…めんどうである。

※2 美智子…廉太郎と杏子の長女。

※3 デリケートな…扱いが難しい。

※4 長年の労をねぎらってくれた…長年働いてきたことに感謝してくれた。

問一 ――線a「縦《たて》の物を横にもしない」・b「訝《いぶか》しみ」・c「虚《きょ》を突かれて」とありますが、文中における意味として最も適当なものを後の中からそれぞれ選び、記号で答えなさい。

a 縦の物を横にもしない

ア こだわりが強く人に頼ることができない

イ 他人の言うことを受け入れられない

ウ 素直に自分のことを表現できない

エ めんどうくさがって何もしない

b 訝しみ

ア 期待をこめて　　イ 興味を抱いて

ウ 不思議に思って　　エ 悪意を感じて

c 虚を突かれて

ア 事態に納得できなくて

イ 想定外で動揺して

ウ 絶望的になって

洗濯洗剤のＣＭが流れてもろくに見ておらず、違いに着目したことなどない。メーカーが違うだけで、洗剤などどれも同じではないのか。

だが知らないと素直《すなお》に答えるのは腹立たしい。廉太郎が黙《だま》っていると、杏子は勝手に説明をはじめた。

「弱アルカリ性が、一般的な洗濯物に使う洗剤です。それよりも洗《せん》浄《じょう》力は落ちますが、中性洗剤は色柄《いろがら》ものに。ウールやシルクといった※3デリケートな素材もこちらです。蛍光剤入りは白いシャツや肌着など、白いものをより白く仕上げます。洗剤の種類によって分け洗いをすると、あまり失敗しませんよ」

廉太郎だって独身時代は一人暮《ぐ》らしをしたこともあるが、どれもまとめてコインランドリーで洗っていた。5結婚《けっこん》してからワイシャツが黄ばみづらくなったと思っていたのは、決して気のせいではなかったようだ。

「家庭で洗えるかどうか不安なものは、洗濯表示のタグを見てください。これは私がさっきまで着ていたサマーニットですけれど、ほら、桶《おけ》に手を突《つ》っ込《こ》んでいる絵がついているでしょう。これは手洗いできますのマークです。桶にバッテンがついていると家では洗えませんから、気をつけてくださいね」

洗濯表示？　そんなものが衣類の一枚一枚についていることすら、廉太郎は知らなかった。

「ちなみにこの表示、数年前に国際規格に変わったので、それ以前に買った服には別のマークがついています」

「ややこしい！」

そんな細々《こまごま》したことを、唐突《とうとつ》に覚えろと杏子は言う。狭い洗面所は蒸《む》し暑く、廉太郎は次第に苛立《いらだ》ってきた。

「なんだ、仕事を辞《や》めたとたんにこの扱《あつか》いか」

もはや稼《かせ》ぎがないのだから、家のことを手伝えというわけだ。昨日は※4長年の労をねぎらってくれたというのに、見事な手のひら返しである。

「すみません。私がお父さんより長生きできるなら、こんなことをする必要はなかったんですけど」

はっと息を呑《の》む音が聞こえた。自分の呼吸《こきゅう》だと気づくのに、しばらくかかった。

「お父さんが一人になってからのことを考えると、心配でたまらないんです」

6「いらん！」

反射的に叫《さけ》んでいた。杏子はまだ生きているのに、三年五年と生きるかもしれないとさっき思ったばかりなのに、いなくなった後のことなど考えたくはなかった。

「だけど今のままじゃ、この家はすっかりゴミ屋敷《やしき》になってしまいますよ」

「なればいいじゃないか。そんな心配をするくらいなら、自分の体を治せ！」

「治らないんですってば。何度言えば分かるんですか！」

杏子がついに語調を荒《あら》らげた。あまりにも珍《めずら》しい事態に、廉太郎はc虚《きょ》を突かれて言葉をなくす。細い手が、ぎゅっとスカートを握《にぎ》りしめた。

「私がいなくなったら、あなたの健康を守れるのはあなただけなんです。娘たちに迷惑《めいわく》はかけられないでしょう？」

涙の幕《まく》を張った瞳《ひとみ》がきらきらと輝《かがや》いている。杏子が美しく見えるときは、なぜか胸が引き絞《しぼ》られるように苦しい。

廉太郎だって無論《むろん》、娘たちの世話になるつもりはなかった。彼女らは自分の人生で手一杯《ていっぱい》なのだし、同居を願っても気詰まりなだけ。この家で夫婦二人、老いてゆけばいいと思っていた。

その程度のことはやってくれたっていいだろう。どのみち旅費は、夫の退職金から出ているに違《ちが》いないのだ。

まったく女というものは、見せかけの平等ばかりを追い求めたがる。

投げ捨てるように新聞を置き、縁側《えんがわ》の向こうの庭を眺《なが》める。狭《せま》いがよく手入れされた庭だ。日が高くなる前にと、杏子が鍔広《つばびろ》の帽子《ぼうし》を被《かぶ》って草むしりをしている。三日で丈《たけ》を高くする夏草との攻防《こうぼう》は、きりがない。

「もう、そのくらいにしておけ」

網戸《あみど》越しに声をかける。病身なのだからゆっくりしていればいいのに、杏子ときたらさっきからちょこまかと動き回ってばかりいる。

「おい、杏子」

「分かってますよ。でも、もう少しむしっておかないと」

「いいじゃないか。ちょっとくらい草が生えていても、べつに死ぬわけじゃない」

3言ってしまってから、失言だったかと冷や汗をかいた。

杏子はふーっと息を吐《は》き、腰《こし》を叩《たた》きながら立ち上がる。

「それもそうですね」

首に掛《か》けたタオルで汗《あせ》を拭《ぬぐ》い、笑顔《えがお》を見せた。

むしった草をゴミ袋《ぶくろ》に詰《つ》めてから、玄関に回る。「あらあら、すごい汗」と呟《つぶや》きながら、洗面所に入って行った。

食べるものに制約はあれど、見たところ杏子は元気そうだ。抗《こう》がん剤《ざい》治療《ちりょう》がはじまってもこの調子なら、悲観するようなことはなにも起きないんじゃないか。案外このまま、三年五年と生き永《なが》らえそうな気がする。

この暑さが治まったら、やっぱり二人で旅行に行こうか。田舎《いなか》の母が健在のころは年に一度は広島に帰っていたが、七回忌《き》の法要を済《す》ませてからは少しも遠出をしていない。指折り数えてみればもう十年。早いものだと驚《おどろ》いた。

「※2美智子は今日から秋田か」

洗面所に向かって声をかけるも、水を使っているらしく返事がない。

美智子たちはお盆には夫の哲和《てつかず》くんの実家へ、正月には廉太郎の家へ顔を出すのが習いになっている。なんでも哲和くんの実家が豪雪《ごうせつ》地帯で、冬は移動が困難《こんなん》だからそういう取り決めになったらしい。

次女の恵子が盆休み返上で働いているのは毎年のことだし、この家には仏壇《ぶつだん》がないから、これといってなにもすることがなかった。

「お父さん、ちょっと来てください」

杏子が呼んでいる。やれやれ、虫でも出たか。廉太郎は座卓《ざたく》に手をつき、立ち上がった。

汗を拭《ふ》き、着替《きが》えを済ませた杏子が洗濯機《せんたくき》の横に立ってにこにこと笑っている。

どうせ草むしりの後に汚《よご》れ物が出るからと、洗濯機は回していなかった。洗濯籠《かご》の中には廉太郎が昨日《きのう》脱《ぬ》ぎ捨てたポロシャツが、バスタオルなどと一緒《いっしょ》になって入っている。

「4洗濯のしかたを覚えましょうか」と、杏子が言った。

「洗濯？」

なにを言いだしたのかとb訝《いぶか》しみ、廉太郎は眉《まゆ》を寄せる。

「そんなもの、洗濯機に入れてボタンを押すだけだろう」

「ええ。そうですけど、それだけでもないんです」

杏子は少し背伸びをし、洗濯機の上部に設置したラックに並《なら》ぶボトルを指差した。

「たとえば洗剤一つ取っても、これが弱アルカリ性、中性、蛍光《けいこう》剤入り。どう使い分けるかご存《ぞん》じですか？」

存じているわけがない。驚きの白さとか洗い上がりふんわりとか、

二〇二一年度 桐光学園中学校

【国　語】〈第一回試験〉（五〇分）〈満点：一五〇点〉

注意　本文の表現については、作品を尊重し、そのままにしてありますが、設問の都合上、省略した部分、表記を改めた部分があります。
また、特に指示のないかぎり、句読点なども一字に数えます。

一 **――線あ～おのひらがなを漢字に直しなさい。**

1　食後にかぜ薬をあふくようする。
2　友だちの意見にいさんせいする。
3　お墓参りに行ってお経をうとなえる。
4　無事に合格したことをえほうこくした。
5　春から家と学校を自転車でおおうふくする。

二 **次の文章を読んで、後の問いに答えなさい。**

> 定年を過ぎても働いていた「廉太郎《れんたろう》」は、妻「杏子《きょうこ》」の余命を知ったことをきっかけに、長年働いていた会社を退職した。

開け放した窓《まど》からは、風はそよりとも入ってこない。その代わりに鳴きしきる蟬《せみ》の声が耳につき、まだ午前七時台というのにじりじりと、気温が上がってゆくのを肌《はだ》で感じる。

朝晩《ばん》は窓を開け放てばどうにか過ごせるが、日中はやはりエアコンに頼《たよ》らなければならないだろう。年寄り夫婦《ふうふ》が熱中症《しょう》により、家の中で死んでいたという記事が朝刊に載《の》っている。

こめかみがじんわりと汗ばんできた。老眼鏡《ろうがんきょう》を外し、廉太郎は目《め》頭《がしら》を揉《も》む。

1盆《ぼん》休みのようで、盆休みでない。この先休みという概念《がいねん》が自分にはないのだと思うと、不思議な気分だ。長年にわたり平日と休日に切り分けられた日常を、なんの疑《うたが》いもなく過ごしてきたというのに。

その垣根《かきね》がなくなった今は、なにをするのも自由のはず。世界ミステリ全集の読破《どくは》とか、毎日八時間寝たいとか、釣《つ》り竿《ざお》だけを持って一人旅とか、働き盛《ざか》りには時間がなくて諦《あきら》めてきた諸々《もろもろ》が積み重なっている。

ところがこの歳《とし》になってみると、新聞を隅《すみ》から隅まで読み通そうとしても目が疲《つか》れるし、もっと寝たいと思っても六時前には目が覚める。それに、今さら新しいことをするのは※1億劫《おっくう》だ。

若いころの願望は、そのときに実現しておかないと気力体力がついてこないのだと分かる。我が身を取り巻く環境も変わってしまった。自分のことは、後回しでいい。それよりも、杏子と過ごす時間を大切にしたい。

眼鏡《めがね》をかけ直し、読みかけの投書欄《らん》に目を落とす。『夫よりも友達と』と題された、六十歳女性の文章である。

曰《いわ》く、定年を迎《むか》えた夫との温泉旅行が苦痛以外のなにものでもない。a縦《たて》の物を横にもしない夫。荷造りすら人任《まか》せで、旅館に着けば「母さんお茶」、風呂に行くときは替《か》えの下着を出してやってと、けっきょく世話を焼かされる。夫は百名湯《めいとう》を制覇《せいは》するつもりでいるが、どうせなら温泉は気心の知れた女友達と行きたい。だって彼女たちは放っておいても、自分のことは自分でしてくれるのだから。

2最後まで読んで廉太郎は首を傾《かし》げた。もう一度読み返してみたが、やはり投稿《とうこう》者の意図が分からなかった。これのどこが苦痛だというのだろう。

旅館にいれば、掃除《そうじ》も料理もその後片づけからも解放されるのだから、羽を伸ばすには充分《じゅうぶん》ではないか。荷造りだの茶を淹《い》れるだの、

2021年度

桐光学園中学校　▶解説と解答

算　数　＜第１回試験＞（50分）＜満点：150点＞

解　答

1 (1)　$1\frac{2}{3}$　(2)　2　(3)　3　(4)　32　(5)　6　**2** (1)　240　(2)　31.3　(3)　112　(4)　8　(5)　47.14　(6)　50.24　**3** (1)　1：4　(2)　5：4　(3)　$24cm^2$　**4** (1)　81　(2)　25　(3)　4　**5** (1)　1.8 g　(2)　17%　(3)　180 g

解　説

1　四則計算，逆算，約数と倍数，比の性質，長さ，旅人算

(1)　$2-\left\{1-\left(\frac{3}{4}-\frac{1}{3}\right)\div\frac{3}{4}\right\}\times0.75=2-\left\{1-\left(\frac{9}{12}-\frac{4}{12}\right)\div\frac{3}{4}\right\}\times0.75=2-\left(1-\frac{5}{12}\times\frac{4}{3}\right)\times0.75=2-\left(1-\frac{5}{9}\right)\times\frac{3}{4}=2-\frac{4}{9}\times\frac{3}{4}=2-\frac{1}{3}=1\frac{2}{3}$

(2)　$\frac{5}{8}\times2.4=\frac{5}{8}\times\frac{12}{5}=\frac{3}{2}$より，$1.9-\left(\frac{5}{8}\times2.4-\frac{2}{5}\div\square\right)=0.6$，$1.9-\left(\frac{3}{2}-\frac{2}{5}\div\square\right)=0.6$，$\frac{3}{2}-\frac{2}{5}\div\square=1.9-0.6=1.3$，$\frac{2}{5}\div\square=\frac{3}{2}-1.3=1.5-1.3=0.2$　よって，$\square=\frac{2}{5}\div0.2=0.4\div0.2=2$

(3)　64の約数は，1，2，4，8，16，32，64の7個あり，そのうち2けたのものは，16，32，64の3個ある。

(4)　縦の長さが3cmのとき，横の長さは5cmなので，長方形の面積は，$3\times5=15(cm^2)$となり，$60cm^2$にならない。そこで，$60\div15=4=2\times2$より，縦の長さが，$3\times2=6$(cm)のとき，横の長さは，$5\times2=10$(cm)なので，長方形の面積は，$6\times10=60(cm^2)$となる。この長方形のまわりの長さは，$(6+10)\times2=32$(cm)である。

(5)　毎分208mの速さで進む兄が，毎分52mの速さで進んでいた弟に2分で追いついたのだから，兄が出発するとき，弟は家から，$(208-52)\times2=312$(m)だけ前にいたことになる。よって，兄は弟が家を出発してから，$312\div52=6$(分後)に自転車で追いかけたことになる。

2　消去算，平均，過不足算，つるかめ算，図形の移動，体積

(1)　ノート1冊の代金とえんぴつ3本の代金が等しいので，ノート3冊の代金は，えんぴつ，$3\times3=9$(本)の代金と等しい。すると，ノート3冊とえんぴつ13本の代金は，えんぴつ，$9+13=22$(本)の代金と等しくなる。これが1320円だから，えんぴつ1本の代金は，$1320\div22=60$(円)，ノート1冊の代金は，$60\times3=180$(円)で，ノート1冊とえんぴつ1本の代金の合計は，$180+60=240$(円)となる。

(2)　学級全体の体重の合計は，$35.5\times40=1420$(kg)で，男子21人の体重の合計は，$39.3\times21=825.3$(kg)だから，女子19人の体重の合計が，$1420-825.3=594.7$(kg)となる。よって，女子の体重の平均は，$594.7\div19=31.3$(kg)とわかる。

(3)　色紙を1人につき3枚ずつ配るのと，6枚ずつ配るのとでは，必要な色紙の枚数は，学級全体では，$40+32=72$(枚)の差ができる。すると，1人あたり，$6-3=3$(枚)の差ができるから，この学級の人数は，72÷３＝24(人)で，色紙は，３×24＋40＝112(枚)ある。

(4)　おもりＢを13個とったとすると，重さの合計は，50×13＝650(ｇ)になるが，これは810ｇよりも，810−650＝160(ｇ)少ない。おもりＢ１個をおもりＡ１個と取りかえるごとに，重さの合計は，70−50＝20(ｇ)ずつ重くなるから，おもりＡは，160÷20＝８(個)ある。

(5)　円の通る部分は，右の図１の斜線《しゃせん》で示した部分になる。この図形は，１辺の長さが８cmの正方形から，１辺の長さが，８－１×２×２＝４(cm)の正方形と，４すみの黒い部分を除いたものである。４すみの黒い部分を合わせた図形は，右上の図２のように，１辺の長さが２cmの正方形から，半径１cmの円を除いたものと等しく，この面積は，２×２－１×１×3.14＝４－3.14＝0.86(cm^2)である。

図１

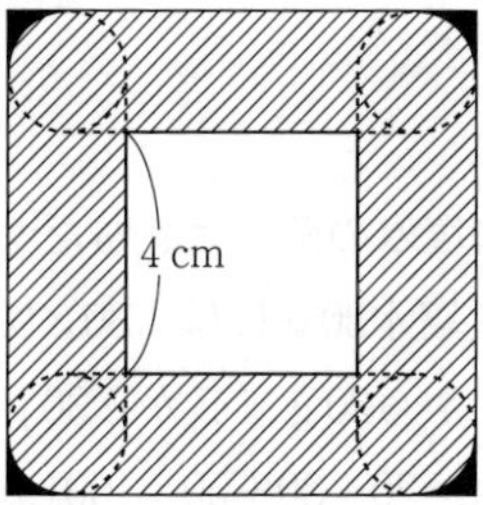

図２

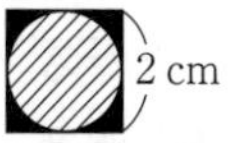

よって，円の通る部分の面積は，８×８－４×４－0.86＝47.14(cm^2)と求められる。

(6)　問題文中の図形を，直線BCのまわりに１回転すると，右の図３のような，底面の半径４cm，高さ４cmの円すいから，底面の半径４cm，高さ１cmの円すいをくり抜《ぬ》いた立体ができる。この立体の体積は，４×４×3.14×４×$\frac{1}{3}$－４×４×3.14×１×$\frac{1}{3}$＝４×４×3.14×（４－１）×$\frac{1}{3}$＝16×3.14＝50.24(cm^3)である。

図３

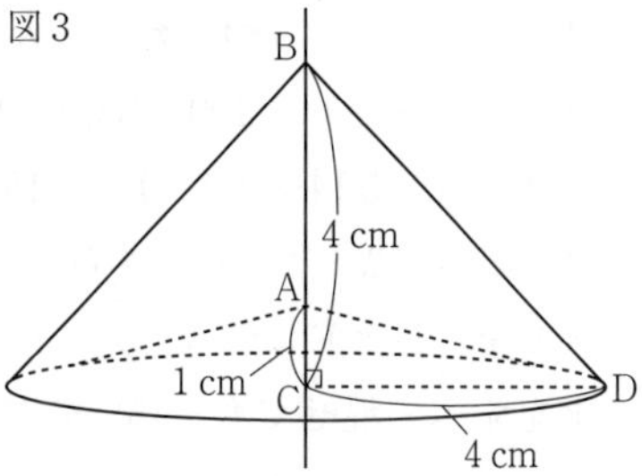

3　平面図形―辺の比と面積の比，相似，面積

(1)　三角形AEGと三角形DGCは相似で，相似比は，AE：CD＝１：（１＋１）＝１：２である。このとき，三角形AEGと三角形DGCの面積の比は，（１×１）：（２×２）＝１：４となる。

(2)　(1)より，AG：GC＝１：２で，また，三角形AHDと三角形CHFの相似より，AH：HC＝AD：CF＝（１＋２）：２＝３：２である。これらの長さの比をまとめると，右の図のようになる。このとき，ACの長さを，１＋２＝３と，３＋２＝５の最小公倍数である15とすると，AGの長さは，15×$\frac{1}{1+2}$＝５，CHの長さは，15×$\frac{2}{3+2}$＝６，GHの長さは，15−（５＋６）＝４とわかる。よって，AG：GH＝５：４である。

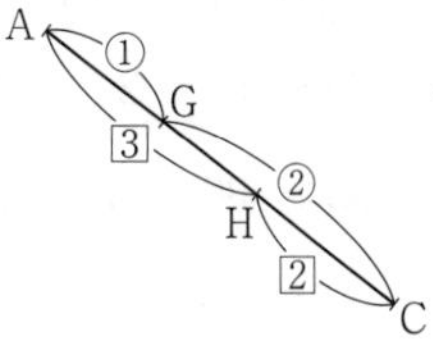

(3)　四角形ABCDの面積の比を，（１＋１）×（１＋２）＝６とすると，三角形AEDは，１×３÷２＝1.5，三角形EBFは，１×１÷２＝0.5，三角形FCDは，２×２÷２＝２，三角形EFDは，６－(1.5＋0.5＋２)＝２と表せる。すると，三角形EFDの面積は，120×$\frac{2}{6}$＝40(cm^2)となる。また，三角形ACDの面積は，120×$\frac{1}{2}$＝60(cm^2)で，(2)より，AG：GH：HC＝５：４：６だから，三角形GHDの面積は，60×$\frac{4}{5+4+6}$＝16(cm^2)である。よって，四角形GEFHの面積は，40−16＝24(cm^2)と求められる。

4　約束記号

(1)　３〔４〕＝３×３×３×３＝81

(2)　25＝５×５，125＝５×５×５より，25〔２〕＝25×25＝（５×５）×（５×５）＝５〔４〕，125〔２〕＝125×125＝（５×５×５）×（５×５×５）＝５〔６〕である。よって，５〔15〕×25〔２〕×125〔２〕＝

5〔15〕×５〔４〕×５〔６〕＝５〔(15＋４＋６)〕＝５〔25〕より，x＝25となる。

(3)　49＝７×７より，49〔３〕＝49×49×49＝(７×７)×(７×７)×(７×７)＝７〔６〕である。つまり，７〔６〕×49〔３〕＝７〔６〕×７〔６〕＝７〔(６＋６)〕＝７〔12〕となる。７〔６〕×49〔３〕÷343〔y〕＝１であるためには，343〔y〕＝７〔12〕であればよい。343＝７×７×７なので，７〔12〕＝(７×７×７)×(７×７×７)×(７×７×７)×(７×７×７)＝343×343×343×343＝343〔４〕より，y＝４となる。

5　濃度《のうど》

(1)　Ａの食塩水の濃度は９％だから，Ａの食塩水20ｇには，20×0.09＝1.8(ｇ)の食塩が含《ふく》まれる。

(2)　Ｂの食塩水30ｇには，30×0.14＝4.2(ｇ)，Ｃの食塩水50ｇには，50×0.22＝11(ｇ)の食塩が含まれる。Ａから20ｇ，Ｂから30ｇ，Ｃから50ｇの食塩水をとり，別の容器に入れて混ぜると，食塩水の重さは，20＋30＋50＝100(ｇ)，食塩の重さは，1.8＋4.2＋11＝17(ｇ)になるので，濃度は，17÷100×100＝17(％)になる。

(3)　Ａ，Ｂ，Ｃ３つの容器に入っている食塩水をすべて混ぜると，食塩水の重さは，100＋100＋100＝300(ｇ)，食塩の重さは，100×0.09＋100×0.14＋100×0.22＝45(ｇ)になるから，濃度は，45÷300×100＝15(％)となる。さらに，Ａ，Ｂ，Ｃに入っていた食塩水すべてを，ＤとＥに分けて入れたのだから，ＤとＥに入っている食塩水をすべて混ぜても，15％の食塩水が300ｇできる。つまり，Ｄに入っている13％の食塩水と，Ｅに入っている18％の食塩水をすべて混ぜると，15％の食塩水が300ｇできることになる。このとき，ＤとＥの食塩水に含まれる食塩の量を面積図で表すと，右上の図のようになる。２つの長方形の面積の合計と，点線で示した長方形の面積は等しいから，長方形アと長方形イの面積も等しい。アとイの縦の長さの比は，(15－13)：(18－15)＝２：３なので，横の長さの比は，$\frac{1}{2}:\frac{1}{3}$＝３：２である。よって，Ｄに入っている食塩水は，300×$\frac{3}{3+2}$＝180(ｇ)とわかる。

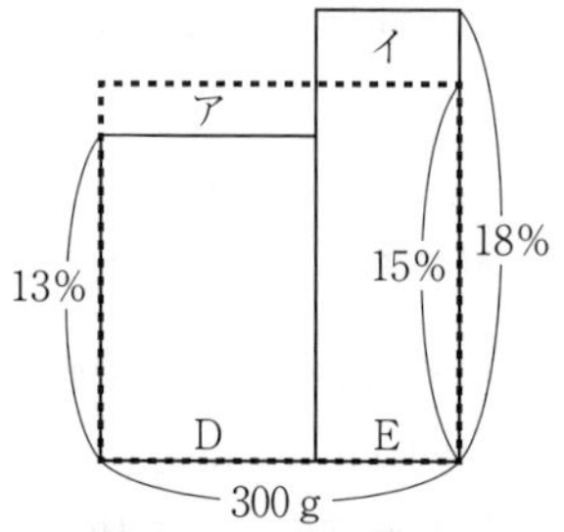

社　会　＜第１回試験＞(40分)＜満点：100点＞

解　答

1　**問１**　**Ａ**　織田信長　**Ｂ**　野口英世　**Ｃ**　空海　**Ｄ**　ペリー　**Ｅ**　菅原道真　**問２**　１，４　**問３**　１，２　**問４**　４，５　**問５**　３，４　**問６**　２，３　**問７**　**ア**　４　**イ**　５　**ウ**　６　**エ**　１　**オ**　２　**2**　**問１**　①　象徴　②　平等　③　人種　④　公開(裁判)　⑤　立法(機関)　⑥　10(日)　**問２**　３　**問３**　１　**問４**　２　**問５**　４　**問６**　３　**問７**　１　**問８**　３　**3**　**問１**　①　原敬　②　平民(宰相)　③　大政奉還　④　徳川慶喜　⑤　陸奥宗光　⑥　米騒動　**問２**　３　**問３**　領事裁判権の撤廃(廃止)　**問４**　足尾(銅山)　**問５**　４

解説

1　５人の歴史上の人物を題材とした地理と歴史の問題

問１　**A**　織田信長は尾張《おわり》国(愛知県西部)の戦国大名で，1560年の桶狭間《おけはざま》の戦いで今川義元を破って勢力を拡大し，各地の戦国大名を倒して全国統一事業を進めた。また，比叡山《ひえいざん》の焼き討《う》ちを行い，全国の一向一揆《いっき》の本拠地《ほんきょち》であった石山本願寺を降伏《こうふく》させるなど，仏教勢力と激しく対立した。しかし，1582年，京都の本能寺にいたところを家臣の明智光秀《あけちみつひで》に攻められ，自害した(本能寺の変)。
B　野口英世は福島県出身の細菌《さいきん》学者で，北里伝染病研究所などで学んだあと，アメリカに渡って梅毒の研究で業績を上げた。その後，黄熱病研究のためにアフリカに渡ったが，みずから同病に感染して亡くなった。　**C**　空海(弘法大師)は讃岐《さぬき》国(香川県)出身の僧で，学問僧として804年に遣唐使船で唐(中国)に渡り，帰国後，高野山(和歌山県)に金剛峯寺《こんごうぶじ》を開いて真言宗の開祖となった。
D　ペリーはアメリカの東インド艦隊《かんたい》司令長官で，1853年，浦賀(神奈川県)に来航し，日本に開国するよう求めた。そして，翌54年に再び来航したペリーと幕府との間で日米和親条約が結ばれ，日本は開国した。　**E**　894年，遣唐大使に任命された菅原道真は，唐がおとろえていることや航海上の危険を理由に，遣唐使の廃止を朝廷に提案して受け入れられた。道真は宇多天皇の信任も厚く，その後，右大臣にまでなったが，左大臣の藤原時平の策略によって筑前《ちくぜん》国(福岡県)の大宰府《だざいふ》に左遷《させん》され，２年後にその地で亡くなった。死後には生前の業績が称えられ，「学問の神様」として全国各地の天神(天満宮)にまつられるようになった。

問２　愛知県では，世界的な自動車メーカーの本社やその関連工場が多く集まる豊田市を中心として自動車産業が発達しており，輸送用機械の出荷額が全国で最も多い。また，沿岸部の東海市には製鉄所が立地しており，鉄鋼の出荷額も全国第１位である。なお，食料品は北海道，石油製品・石炭製品は千葉県，セメント(ポルトランドセメント)は山口県が出荷額全国第１位。統計資料は『データでみる県勢』2021年版などによる(以下同じ)。

問３　日本で最も面積が大きい都道府県は北海道で，以下，岩手県，福島県，長野県，新潟県の順となっている。

問４　和歌山県は温暖な気候と山の斜面の水はけのよさを生かした果物の栽培がさかんで，みかん，うめ，かきの生産量が全国第１位となっているが，ぶどうは山梨県，りんごは青森県の生産量が全国で最も多い。

問５　2020年２月時点で，全国には，札幌市(北海道)，仙台市(宮城県)，さいたま市，千葉市，横浜市・川崎市・相模原市(いずれも神奈川県)，静岡市・浜松市(静岡県)，新潟市，名古屋市(愛知県)，京都市，大阪市・堺市(大阪府)，神戸市(兵庫県)，岡山市，広島市，福岡市・北九州市(福岡県)，熊本市の20の政令指定都市がある。なお，宇都宮市は栃木県，金沢市は石川県の県庁所在地。

問６　福岡県には，『「神宿る島」宗像《むなかた》・沖ノ島と関連遺産群』のすべての構成遺産と，官営八幡製鉄所など，「明治日本の産業革命遺産　製鉄・製鋼，造船，石炭産業」にふくまれるいくつかの構成遺産がある。なお，１は岐阜県と富山県，４は長崎県と熊本県，５は大阪府に構成遺産が立地している。

問７　１　神奈川県は，南東部に三浦半島が突《つ》き出す形や，南部の弓なりの海岸線，埋立《うめたて》地が続く直線的な東部の海岸線などが特徴となっている。　２　福岡県は，北東部で本州側に突き出す企《き》救《く》半島や，北西部で博多湾が入りこむ形などが特徴となっている。　３　岐阜県はおおむね，上に小さな四角形，下に大きな四角形を重ねたような形をしている。　４　愛知県は，南東部の渥《あつ》美《み》半島と南西部の知多半島が三河湾を抱きかかえるような形になっている。　５　福島県はおおむね横長の四角形をしており，東部には比較《ひかく》的なだらかな海岸線がのびている。　６　和歌山県は紀伊半島の西部を占《し》め，南北に弓なりにのびている。また，南東部に飛び地があることも特徴となっている。

2 日本国憲法と政治のしくみについての問題

問１　①　日本国憲法は第１条で天皇の地位について，「日本国の象徴であり日本国民統合の象徴」と定めている。　②，③　日本国憲法第14条は，「すべて国民は，法の下に平等であって，人種，信条，性別，社会的身分又《また》は門地により，政治的，経済《けいざい》的又は社会的関係において，差別されない」と定め，国民に法の下の平等を保障している。　④　裁判《さいばん》は原則として公開で行われ，日本国憲法第37条ではこれを「すべて刑事《けいじ》事件においては，被告人は，公平な裁判所の迅速《じんそく》な公開裁判を受ける権利を有する」と規定している。　⑤　日本国憲法第41条は国会の地位についての条文で，国会を「国権の最高機関であって，国の唯一《ゆいいつ》の立法機関である」と定めている。　⑥　日本国憲法第69条の規定にもとづき，内閣は衆議院で不信任の決議案が可決されるか，信任の決議案が否決《ひけつ》されたときには，10日以内に衆議院を解散しない限り，総辞職しなければならない。

問２　地方裁判所裁判官は，最高裁判所が作成した名簿《めいぼ》にもとづき，内閣が任命するので，３があてはまらない。

問３　日本国憲法第25条は，社会権の１つとして，「健康で文化的な最低限度の生活を営む権利」である生存権を国民に保障している。

問４　弾劾《だんがい》裁判は，裁判官として不適切な言動などのあった裁判官を裁くための裁判で，弾劾裁判所は国会内に設置され，国会議員が裁判官の役割をつとめる。よって，２が誤《あやま》っている。

問５　国政調査権の行使は国会が内閣に対して持つ権限なので，４があてはまらない。

問６　衆議院が解散されると，その後40日以内に総選挙が行われ，総選挙後30日以内に特別国会(特別会)が開かれる。会の初めにそれまでの内閣が総辞職し，その後，新しい内閣総理大臣の指名が行われる。なお，１の通常国会は毎年１月に召集され，会期は150日(１回だけ延長できる)で，おもに予算の審議が行われる。２の臨時国会は，内閣またはいずれかの議院の総議員の４分の１以上の要求で召集される。４の緊急集会は，衆議院の解散中に緊急の必要がある場合，内閣の要求によって参議院で開かれる。

問７　高等裁判所は東京・大阪・札幌・仙台・名古屋・広島・高松・福岡の８都市におかれているが，神戸にはない。

問８　少子高齢化にともなう社会保障費の増大などから，近年の日本の一般会計予算(当初予算)は100兆円を上回る状態が続いているので，３が選べる。

3 江戸時代末から大正時代までの人物やできごとについての問題

問１　①，②　1918年，立憲政友会総裁の原敬《たかし》が最初の本格的な政党内閣を組織した。原は爵位《しゃくい》を持たない平民出身の首相として「平民宰相《さいしょう》」とよばれ，期待を集めたが，労働運動や普通選挙に反対をとなえ，1921年に東京駅構内で暗殺された。　③，④　倒幕の機運が高まる中，江戸幕府の第15代将軍徳川慶喜《よしのぶ》は1867年10月，前の土佐藩主であった山内容堂のすすめにしたがって朝廷へ政権を返す大政奉還を行った。これによって江戸幕府は滅《ほろ》び，長く続いた武士の世の中も終わった。　⑤　陸奥《むつ》宗光《むねみつ》は紀州藩(和歌山県)出身の外交官で，第２次伊藤博文内閣で外務大臣になると，日清戦争が起こる直前の1894年７月にイギリスと日英通商航海条約を結び，条約改正を実現し，領事裁判権の撤廃に成功した。　⑥　1918年に入ると，シベリア出兵を見こした米商人らが米の買い占めや売りおしみを行ったため，米の価格が急上昇して国民の生活が苦しくなった。同年８月，富山県の漁村の主婦らが米屋に押しかけて米の安売りなどを求める行動を起こし，これが新聞で報道されたことによって，同じような騒《さわ》ぎが自然発生的に全国に広がり，政府は軍隊まで出動させてこれをしずめた。これが米騒動《そうどう》で，寺内正毅《まさたけ》内閣はその責任をとって総辞職し，代わって原敬内閣が成立した。

問２　１は1854年，２は1825年，３は1860年，４は1841年のできごとなので，３が選べる。

問３　1894年に外務大臣の陸奥宗光がイギリスとの間で結んだ日英通商航海条約によって領事裁判権(治外法権)が撤廃《てっぱい》され，日本で罪を犯した外国人を日本の法律で裁けるようになった。なお，1911年には外務大臣の小村寿太郎《じゅたろう》がアメリカとの交渉で関税自主権を完全に回復し，江戸時代末に結ばれた不平等条約の改正が達成された。

問４　足尾銅山は栃木県西部にあった鉱山で，明治時代には銅山から流れ出た鉱毒で渡良瀬《わたらせ》川流域の田畑が汚染され，流域の人びとが大きな被害を受けた。日本で初めての大規模な公害問題ともいわれる足尾鉱毒問題は，地元出身の衆議院議員であった田中正造がその解決に力をつくしたことでも知られる。

問５　帝国議会は衆議院と貴族院の二院制で，衆議院議員は選挙によって選出されたが，貴族院議員には選挙はなく，皇族や華族，国家功労者，多額納税者などが任命された。

理　科　＜第１回試験＞（40分）＜満点：100点＞

解　答

1　〔１〕(1)　B，E　(2)　D，E　(3)　A，E　〔２〕(1)　ア，ウ　(2)（例）水草を入れる。　(3)　**A**　レンズ　**B**　ステージ　**C**　反射鏡　(4)　ア　(5)　受精　(6)　エ　(7)　ア→エ→ウ→イ　(8)　イ　(9)（例）腹に養分の入ったふくろをもつから。

2　〔１〕エ　〔２〕ア　〔３〕ア　〔４〕ウ　〔５〕(1)　C　(2)　イ　〔６〕エ　〔７〕(1)　新月　(2)　**A**　オ　**B**　エ　**C**　イ　**3**　〔１〕（例）酸素が足りなくなったから。　〔２〕ア　〔３〕1.9ｇ　〔４〕(1)　11　(2)　ウ　(3)　①　二酸化炭素　②　水　③　アルコールA　(4)　１L　(5)　15L　(6)　22.5L　(7)　3.6ｇ

解　説

1　**メダカについての問題**

〔１〕(1)　水温の条件以外はすべて同じ条件になっているＢとＥを比べる。　(2)　子メダカの数以外はすべて同じ条件になっているＤとＥを比べる。　(3)　えさの回数以外はすべて同じ条件になっているＡとＥを比べる。

〔２〕(1)　オスの背びれには切れこみがあるが，メスの背びれには切れこみがない。また，オスの尻《しり》びれは大きくて平行四辺形のような形をしているが，メスの尻びれは後ろが短く，三角形に近い

形をしている。　⑵　メダカのメスは産卵すると水草に卵をなすりつけるので，水そうには水草を入れるとよい。なお，水草は光合成によって，メダカの呼吸に必要な酸素を放出してくれるので，その点でも水草を入れるとよい。　⑶　図は解剖顕微《かいぼうけんび》鏡といい，卵のように立体的なものをつぶさずに観察できる。Ａはレンズ，Ｂはステージ(のせ台)，Ｃは反射鏡である。　⑷　日光が直接あたる場所に置くと，反射鏡で反射した直射日光がレンズを通して直接目に入り，とても危険である。　⑸　精子と卵が結びつく(合体する)ことを受精といい，受精してできたものを受精卵という。メダカの受精卵の直径は約１mmである。　⑹　２時間たつごとに１回分裂《ぶんれつ》するので，12時間後までに分裂する回数は，12÷２＝６(回)である。よって，12時間後の細胞《さいぼう》の数は，１×２×２×２×２×２×２＝64(個)になる。　⑺，⑻　産卵直後は卵の中に小さなあわのようなもの(油てき)が全体的に見られるが，まもなく油てきが片すみに集まっていき，その反対側にはからだになるはいばんができる。そして，２～３日後には眼球ができ始め，４～５日後には心臓が動き始めて，約11日後には卵から子メダカが出てきて泳ぎだす(水温が25℃のとき)。　⑼　卵からかえったばかりの子メダカの腹には養分が入ったふくろがある。この養分を使ってくらすため，卵からかえったばかりの子メダカはえさを食べないでじっとしている。

2　太陽と月の動きについての問題

〔1〕　地球の自転により，太陽は東からのぼり，南の空を通って西にしずむように見える。図１の太陽は南にあるので，このあと西(エの方向)に動いていく。

〔2〕　棒のかげは太陽とは反対の側にできる。図３の棒のかげはウの方向にできているので，太陽はアの方向にある。

〔3〕　太陽は東からのぼり，南の空を通って西にしずむという動きをするから，太陽とは反対の側にできる棒のかげの先たんは西から北を通って東へと動く。

〔4〕　春分(と秋分)の日は，太陽は真東からのぼって真西にしずみ，棒のかげの先たんは棒の北側で西から東へと移動する直線をえがく。

〔5〕　⑴　図４で，Ｃ地点では真上(地面に対して90度の方向)から太陽の光があたり，かげの長さが最も短くなる(真上から光があたるので，かげはほとんどできない)。　⑵　１日のうちでは，正午ころに太陽が南中したとき，太陽の高さが最も高くなる。そして，１年間のうちでは，夏至の日に太陽が南中したときが，太陽の高さが最も高く，かげの長さが最も短くなる。

〔6〕　月も太陽と同じく東からのぼり，南の空を通って西にしずむように見える。図６の月は東にあるので，このあと南(エの方向)に動いていく。

〔7〕　⑴　地球から見て太陽と月が同じ方向にある日は，地球からは月の光っている部分(月は太陽側の半分が太陽の光を反射して光っていて，その反対側の半分は光っていない)がまったく見えない。このような月を新月という。　⑵　図７で，太陽は西の地平線近くにあり，夕方である。夕方に，Ａの東の地平線近くに見えるのはオの満月，Ｂの南の空に見えるのは月の右半分が光ったエの上げんの月，Ｃの南西の空に見えるのはイの三日月である。

3　ものの燃え方についての問題

〔1〕　ろうそくなどのものが燃えるには，燃えるのに十分な量の酸素が必要である。燃えているろうそくにコップをかぶせると，コップの中の空気に含《ふく》まれる酸素がろうそくの燃焼に使われて減っていき，まもなく酸素が足りなくなってほのおが消える。

〔2〕 わりばしが燃えると，カンの中のあたためられた空気が上に上がっていくが，このときカンの下に穴があいていると，この穴から新しい空気が入ってきてカンの中で下から上への空気の流れができる。よって，燃えている部分に酸素があたえられ続け，わりばしが効率よく燃える。また，燃えている部分に新しい空気が十分ふれるように，割りばしはすき間をあけてカンに入れた方がよく燃える。

〔3〕 スチールウール1.4 gが完全に燃えると２ gになるとき，スチールウールと結びついた酸素の重さは，２－1.4＝0.6（g）である。よって，スチールウール4.5 gを完全に燃やすのに必要な酸素の重さは，0.6×4.5÷1.4＝1.92…より，1.9 gである。

〔4〕 (1) 表１で，４＋６＝10，5.6＋4.4＝10より，燃やしたアルコールＡの重さと使われた酸素の重さの合計は，できた二酸化炭素と水の重さの合計と等しいことがわかる。よって，燃やしたアルコールＡの重さが10 gのとき，これと使われた酸素の重さの合計は，10＋15＝25（g）なので，できた水の重さは，25－14＝11（g）と求められる。　(2) 物質をつくる成分に炭素が含まれていると，燃えたときに二酸化炭素が発生するが，炭素を含んでいないスチールウール（鉄）を燃やしても，二酸化炭素は発生しない。　(3) 燃やしたアルコールＡの重さと使われた酸素の重さの合計は，できた二酸化炭素と水の重さの合計と等しい。よって，使われた酸素の重さを求めるときは，できた二酸化炭素と水の重さの合計から燃やしたアルコールＡの重さを引く。　(4) 空気中のちっ素と酸素の体積の比は４：１なので，空気に含まれる酸素は空気の体積の，$1\times\frac{1}{4+1}=\frac{1}{5}$である。よって，空気５Ｌに含まれる酸素の体積は，$5\times\frac{1}{5}=1$（Ｌ）となる。　(5) 酸素３Ｌを含む空気の体積は，$3\div\frac{1}{5}=15$（Ｌ）になる。　(6) 表１より，４ gのアルコールＡを燃やすのに使われた酸素は６ gで，表２より，酸素４ gの体積は３Ｌなので，酸素６ gの体積は，$3\times\frac{6}{4}=4.5$（Ｌ）である。この4.5Ｌの酸素を含む空気の体積は，$4.5\div\frac{1}{5}=22.5$（Ｌ）である。　(7) 空気３Ｌに含まれる酸素の体積は，$3\times\frac{1}{5}=0.6$（Ｌ），ちっ素の体積は，３－0.6＝2.4（Ｌ）である。表２より，酸素0.6Ｌの重さは，$4\times\frac{0.6}{3}=0.8$（g），ちっ素2.4Ｌの重さは，$3.5\times\frac{2.4}{3}=2.8$（g）なので，空気３Ｌの重さは，0.8＋2.8＝3.6（g）と求められる。

国　語　＜第１回試験＞（50分）＜満点：150点＞

解　答

一 下記を参照のこと。　二 **問１** **a** エ　**b** ウ　**c** イ　**問２** ウ　**問３** エ　**問４** イ　**問５** ア　**問６** エ　**問７** (1) イ　(2) ウ　三 **問１** ア　**問２** ウ　**問３** エ　**問４** （例）植物が有利に光合成をして栄養を作り出すために，他の植物よりも高く上に伸びようとすること。　**問５** (1) イ，カ　(2) 逆境を　**問６** ウ

●漢字の書き取り

一 ㋐ 服用　㋑ 賛成　㋒ 唱（える）　㋓ 報告　㋔ 往復

解　説

一　漢字の書き取り

㋐　薬を飲むこと。　㋑　他の人の意見に同意すること。　㋒　音読みは「ショウ」で，「唱和」などの熟語がある。　㋓　結果や経過などを知らせること。　㋔　行くことと帰ること。

二　出典は坂井希久子《さかいきくこ》の『妻の終活』による。妻である杏子《きょうこ》の余命を知り，会社を退職して自宅で過ごすようになった夫の廉太郎《れんたろう》が，妻とのやり取りを通して，妻に反発してきた自分のあり方や今後の生活に思いを向け，そして妻の切実な思いに気づかされる場面である。

問１　**a**　「縦の物を横にもしない」は，“めんどうくさいと思って何一つとしてしようとしない”という意味。朝刊に投書した六十歳《さい》の女性の夫は，家事などはめんどうくさがって何もしない人であった。　**b**　「訝《いぶか》しみ」は，“不思議に思って”“疑わしく思って”という意味。廉太郎は，杏子が「洗濯《せんたく》のしかたを覚えましょうか」と，いきなり言いだしたので，不思議に思ったのである。　**c**　「虚《きょ》を突《つ》かれて」は，“油断や弱点につけ込《こ》まれて”という意味。杏子が「語調を荒《あら》らげ」て反論してくることなど予想していなかった廉太郎は，動揺《どうよう》して言い返せなくなったのである。

問２　続く内容に注目する。会社に勤めていたときは平日と休日がはっきりと分けられていたが，今はその「垣根《かきね》」がなくなり「なにをするのも自由」だから，「働き盛りには時間がなくて諦《あきら》めてきた諸々《もろもろ》」のことができる状況《じょうきょう》にある。しかし，「気力体力」がついてこなかったり，「我《わ》が身を取り巻く環境《かんきょう》」が変わったりして，思うようにはいかないので，「自分のことは，後回し」にして，「杏子と過ごす時間」を「大切にしたい」と思うようになったのである。よって，以上の内容がまとめられているウが正しい。

問３　廉太郎は，温泉には世話を焼かされる夫とではなく「気心の知れた女友達」と行きたいという女性の投書を読み，「これのどこが苦痛だというのだろう」と，その人の気持ちを理解しようとしない。また，杏子に草むしりを止めるように言っても従わなかったので感情的になり，余命を知らされている杏子に向かって「べつに死ぬわけじゃない」と言ってしまってから，自分の失言に気づいた。これらのことから，思い込みで物事を決めたり，その場の気分で発言したりする廉太郎の軽率《けいそつ》ともいえる一面が読み取れる。

問４　廉太郎は，杏子が洗濯のしかたをいきなり教えはじめたことには，会社を辞《や》めた自分に「家のことを手伝え」という意図があるのではないかと思ってどなった。これに対して，杏子は「お父さんが一人になってからのことを考えると，心配でたまらないんです」と自分がいなくなった後の廉太郎を心配する心情を打ち明けている。杏子は，廉太郎が一人で暮らしていくために必要なことの第一歩として，洗濯を教えようと思ったのである。よって，イがよい。

問５　廉太郎は，「結婚《けっこん》してからワイシャツが黄ばみづらくなった」と感じてはいたが，その理由を深く考えたことはなかった。しかし，杏子から「白いシャツや肌着《はだぎ》」などの「白いもの」を「蛍《けい》光剤《こうざい》入り」の洗剤で洗濯すると「より白く仕上げ」られると聞いてその理由がわかり，杏子の細かい心配りが長年にわたって続けられていたと改めて知ったのである。

問６　廉太郎は，自分がいなくなった後に夫が困るのを心配して杏子が洗濯を教えてくれているという真意を聞き，はっと息を呑《の》んだ。杏子の余命が長くないという現実を突きつけられて理解はしているが，杏子が「いなくなった後のことなど考えたくはなかった」ので，妻の言葉をさえぎるように思わず「いらん！」と叫《さけ》んでしまったのである。

問７　⑴　ぼう線７からは，今までの生活において，杏子の言葉に反発して「お願い」を聞き入れなかったことで後悔《こうかい》した経験が廉太郎にはあるということが想像できる。杏子は，今までも大切な局面では「お願い」をして，廉太郎を支えてきたものと考えられる。　⑵　廉太郎は，「お願いします」と言う杏子の「訴《うった》えるような瞳《ひとみ》」を見て，「時間がない」という杏子の言葉のとおり，「杏子のタイムリミット」が確実に迫《せま》っていることを実感した。直前の，左肘《ひだりひじ》に添《そ》えられた「杏子の手」を「握《にぎ》り込んだ」ようすからは，杏子の切実な思いを受け入れ，杏子の思いに向き合おうという気持ちが読み取れる。よって，ウがふさわしい。

三　**出典は稲垣栄洋《いながきひでひろ》の『はずれ者が進化をつくる　生き物をめぐる個性の秘密』による**。植物の成長を測るのに「高さ」だけが尺度ではないことや，踏《ふ》まれる所に生えている雑草の生きていくための構造や仕組みについて説明された文章である。

問１　人間は，植物の成長を，「一番，簡単な方法」である「草高」で測ろうとするが，植物は「曲がったり，傾《かたむ》いたりしながら成長」しているので，「高さ」だけが成長を知る方法とはいえない。あまり一般《いっぱん》的ではないが，「草丈《たけ》」は「根元からの植物の長さ」を測るので，「横に伸《の》びて」いく植物の成長も測ることができる重要な尺度の一つといえる。よって，アの内容が合う。

問２　問１でみたように，植物の成長を知るには「高さ」のほかに長さという尺度もあるので，「高さ」という尺度は「たった一つの尺度でしかない」といえる。人間も「成績や偏差《へんさ》値」など「高さ」で評価されることが多いが，「まっすぐなものさし」で測る「高さ」だけでは，植物も人間も「すべての成長を測ること」はできない。つまり，一つの基準だけでは，知ることのできない成長に気づかないこともあるので，「高さ」だけが尺度ではないと知るべきなのである。

問３　地べたで「踏まれている雑草は成長していないよう」に見えるので「惨《みじ》め」な感じがするが，「よく踏まれる場所」には「上へ上へと伸《の》びようとする植物」がない。だから，雑草は「広げた葉っぱいっぱいに太陽の光を存分に浴び」られるので，成長のために必要な光合成が十分に可能となる。踏まれている雑草は，上に伸びようとする植物とは違《ちが》う方法で生きているといえるので，エがよい。

問４　植物は成長のために光合成をしなければならないので，光を浴びるために「他の植物よりも高い位置」に葉をつけようとし，「他の植物よりも少しでも上に葉を広げようと上へ上へ」と伸びる競争をしている。

問５　⑴　オオバコの柔《やわ》らかそうに見える葉の中には「丈夫《じょうぶ》な筋」が入っているため，「踏みにじられてもなかなかちぎれない」という性質がある。また，茎は外側が「固い皮で覆《おお》われ」ていて，内部は「柔らかいスポンジ状の髄《ずい》が詰《つ》まって」いるため，「しなやかで折れにくい」という性質がある。オオバコは，葉も茎も「固さと柔らかさを併《あわ》せ持った構造」をしているから折れにくいのである。よって，カは内容に合う。さらに，オオバコの種子は「水に濡《ぬ》れるとゼリー状の粘着《ねんちゃく》液」を出すので，「靴《くつ》や動物の足にくっつきやすく」なるという性質がある。つまり，踏まれることを利用して，種子を「広い範囲《はんい》に散布」しているのだから，イも正しい。　⑵　他の動物に踏まれるのは「マイナス」のようにも思われるが，オオバコは踏まれることで種子を広範囲に散布するという「プラス」に変えている。このオオバコの種子の散布方法を，筆者は「逆境をプラスに変えている」と評価している。

問６　問２でみたように，人間が尺度の基準としている持っている「ものさし」は「まっすぐなものさし」であるため，植物だけではなく，人間についても「成績や偏差値」といった「高さ」を基準として評価するのがふつうとなっている。しかし，一つの基準だけで，「すべての成長を測ること」はできないのだから，ウが正しい。

2021年度　桐光学園中学校

〔電　話〕(044) 987―０５１９
〔所在地〕〒215-8555　神奈川県川崎市麻生区栗木３―12―１
〔交　通〕小田急多摩線―「栗平駅」より徒歩10分

【算　数】〈第２回試験〉（50分）〈満点：150点〉

注意　１．定規・コンパスは使用できません。
　　　２．円周率は3.14とします。
　　　３．比はできるだけ簡単な整数の比で表しなさい。

1　次の□にあてはまる数を求めなさい。

(1)　(1＋0.8＋0.6＋0.4＋0.2)－(0.9＋0.7＋0.5＋0.3＋0.1)＝□

(2)　$\frac{5}{6}\times\frac{3}{5}+(1+\square)\div\frac{2}{5}=4$

(3)　８時21分の２時間25分前は□時□分です。

(4)　５で割ると３余り，７で割ると５余る２けたの整数で，最も小さい数は□です。

(5)　ある動物園では，子どもの入園料は大人の入園料の半額です。大人２人と子ども３人の入園料の合計金額は4970円となります。子どもの入園料は□円です。ただし，消費税は考えないものとします。

2　次の□にあてはまる数や記号を答えなさい。

(1)　ある長方形の縦《たて》の長さを60％長くし，横の長さを□％長くすると，面積はもとの長方形の２倍になります。

(2)　男子16人，女子14人のクラスで行ったテストの平均点は54.2点で，女子の平均点は55点でした。男子の平均点は□点です。

(3)　ある店でお弁当を買い，店内で食べると10％の消費税がかかり，持ち帰りにすると８％の消費税と容器代15円がかかります。店内で食べるときよりも持ち帰りにした方が安くなるのは□円より高いお弁当を買う時です。ただし，容器代には消費税はかからないものとします。

(4)　図のような円柱を，底面の中心Oを通り底面に垂直な面で切るとき，切り口の形として最も適当なものを①～④から選ぶと□です。

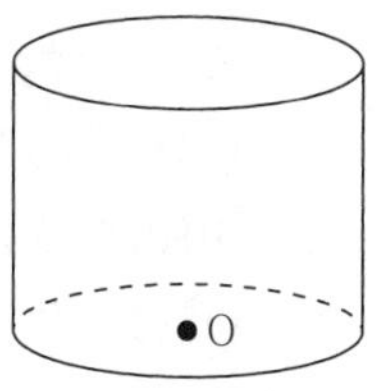

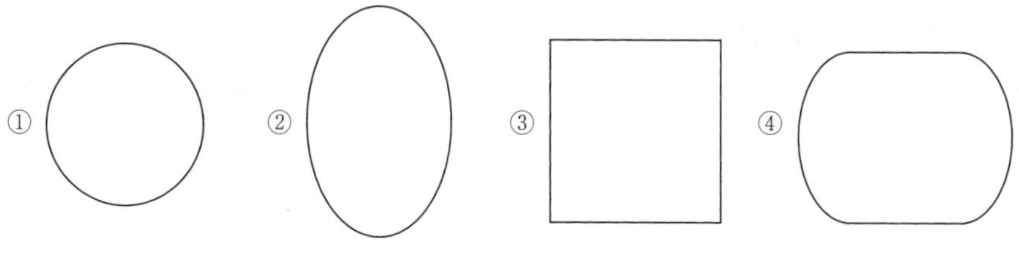

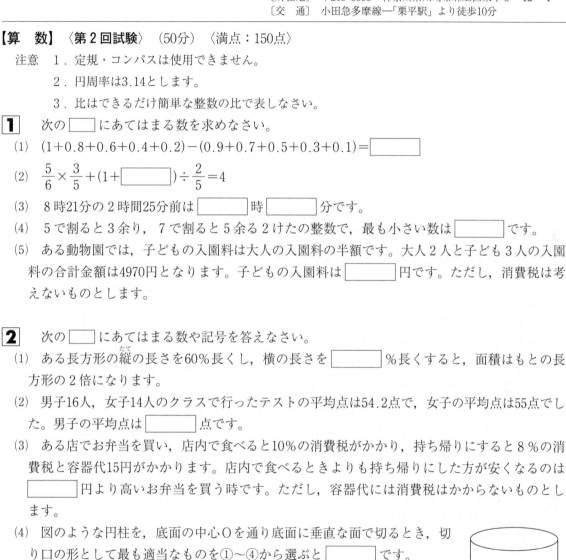

(5)　図１は，底面が半径２cmの円となる円すいの展開図です。円すいの表面積は［　　　］cm^2 です。

図１

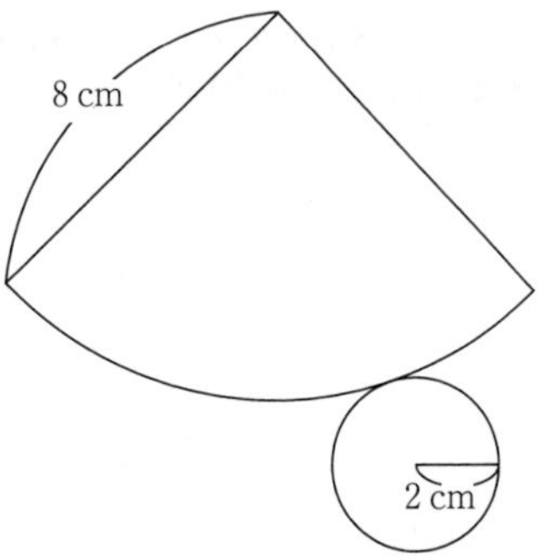

図２

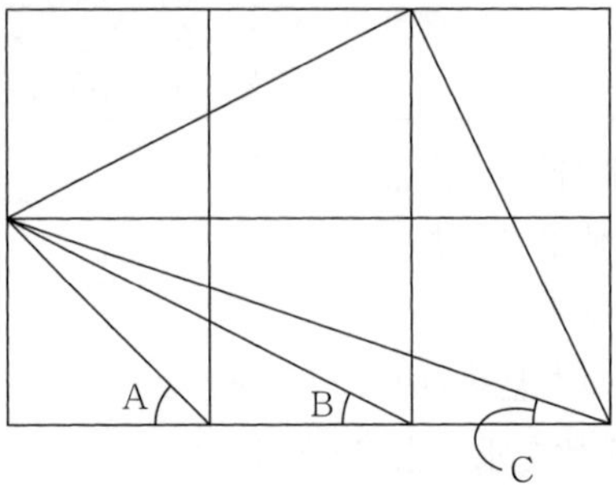

(6)　上の図２のように，６個の正方形とそれらの頂点を結んでできる図形に対して，角A，角B，角Cの大きさの合計は［　　　］度です。

3　図のように，最も小さい正方形の一辺を道とする町があり，太郎くんはA地点を出発し，１分間で一辺を進む速さで道を移動します。ただし，P地点は工事中のため，通ることができません。このとき，次の問いに答えなさい。

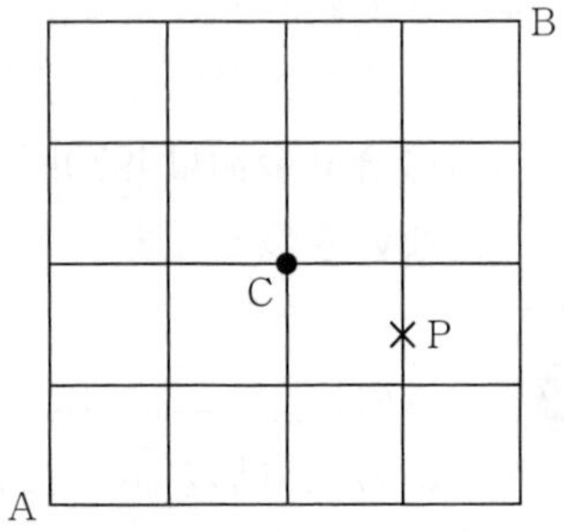

(1)　太郎くんがA地点からC地点まで４分間で移動します。A地点からC地点までの道順は何通りありますか。

(2)　花子さんは，太郎くんがA地点を出発するのと同時にB地点を出発し，太郎くんと同じ速さで道を移動します。このとき，

①　４分後に２人が出会う可能性がある場所は何か所ありますか。

②　４分後に２人は出会いました。太郎くんと花子さんが出会うまでに通った道をつなげて，A地点からB地点までの１つの道順として数えます。道順は何通りありますか。

4　１が A 個並んだ整数を２回かけた数をⒶとします。例えば，

③＝111×111＝12321

となります。このとき，次の問いに答えなさい。

(1)　⑤を求めなさい。

(2)　⑩の各位の数字の中には，８が何個ふくまれますか。

(3)　Ⓧの各位の数字の中には３が４個ふくまれます。X にあてはまる，最も小さい整数を求めなさい。

5　図のような直方体を組み合わせた形の風呂に，36℃の湯が５cmの深さまで入っています。給湯口から風呂に入る湯は，以下の①，②，③のように自動設定されています。

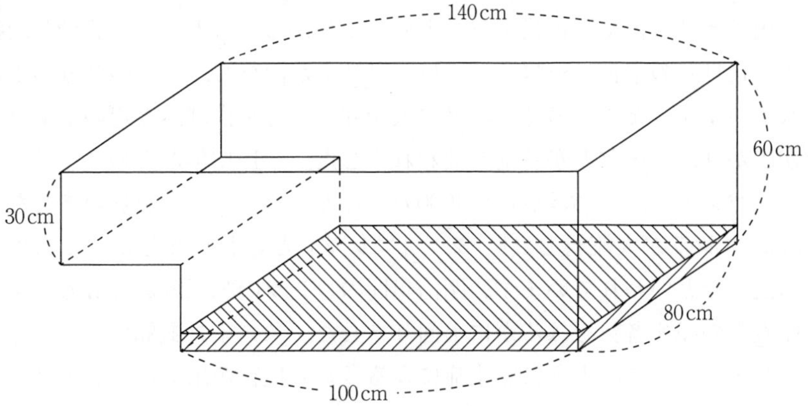

①　湯の温度が42℃未満のときは，１分間に１℃ずつ上がるように毎分16Lの湯が入り，温度は42℃まで一定の割合で上がり続ける。

②　湯の温度が42℃に達すると，１分間に１℃ずつ下がるように毎分20Lの湯が入り，温度は38℃まで一定の割合で下がり続ける。

③　38℃まで下がった後，満水になるまで①，②の給湯を繰《く》り返す。

このとき，次の問いに答えなさい。

(1)　６分後，何cmの深さのところまで湯が入りますか。

(2)　40cmの深さまで湯が入るのは，湯を入れ始めてから何分何秒後ですか。

(3)　風呂がちょうど満水になったとき，風呂の湯は何℃ですか。

【社　会】〈第２回試験〉（40分）〈満点：100点〉

1　次の文章を読んで，後の問いに答えなさい。

人類と感染《せん》症の歴史はとても古く，古代エジプトのミイラからは ア天然痘《てんねんとう》に感染した痕《あと》が確認されています。14世紀の中世ヨーロッパでは イペストが流行し，人口の３分の１が死亡したともいわれています。またこの時にユダヤ人が井戸に毒を投げ込んだのが病気の原因という ウデマが広がり，ユダヤ人が各地で襲《おそ》われました。エ1918年からのスペイン風邪（インフルエンザ）のパンデミック（大流行）は4000万人ともいわれる人命を奪《うば》いました。

日本では オ1858年にコレラが大流行し「［　※　］コレラ」といわれました。これはアメリカの軍艦《かん》が持ち込んだといわれています。明治年間のコレラの総死者数は37万人をこえ，日清戦争・日露戦争の戦死者数をはるかに上回りました。スペイン風邪についても日本では39万人が死亡しました。このように感染症による多くの犠牲《ぎせい》が出る中，感染者をおさえるために，様々な感染対策がおこなわれました。

日本の感染症対策は1897年の「伝染病予防法」の制定に始まります。その後多くの感染症の予防《ぼう》や治療《りょう》が可能になっていくと，1998年には「感染症法」が制定されました。感染症法では，国・カ地方自治体などの関係機関が連携《けい》し対応することがうたわれており，治療にあたっても キ患者の人権に最大限配慮《りょ》するために必要な対応をおこなうこととされています。

人類と感染症の戦いはこれからも続くことが予想されます。私たち一人ひとりが普段《ふだん》から クパンデミックを意識した対策を心がけたいものです。

問１　二重下線部について，以下の文中の［①］～［③］にあてはまる語句・人名を答えなさい。

19世紀の終わりに，日本は朝鮮半島をめぐって中国の清と対立を深め，戦争を開始した。日本は勝利し，台湾や遼東半島を得ることとなったが，こうした日本の動きを警戒したロシアは，ドイツ・フランスをさそい［　①　］をおこなって遼東半島を返還させた。日本国内ではロシアへの危《き》機感が高まり，1904年には日露戦争が始まった。日本は多くの犠牲を出しながらも，日本海海戦では連合艦隊司令長官［　②　］の指揮する艦隊がロシア艦隊を破った。最終的にはアメリカの仲介《かい》で［　③　］条約が結ばれ，日本は南樺太などを得た。

問２　下線部アについて，以下の問いに答えなさい。

⑴　天然痘のワクチンを開発した人物を，次の中から１人選び，番号で答えなさい。

１．シーボルト　　２．ジェンナー
３．モース　　　　４．クラーク

⑵　天然痘は1980年に根絶が宣言された。宣言した世界保健機関の略称《しょう》を，次の中から１つ選び，番号で答えなさい。

１．WTO　　２．WHO　　３．ILO　　４．UNESCO

問３　下線部イについて，以下の問いに答えなさい。

⑴　ペストは中国の雲南省に侵攻《しんこう》したある国の軍隊が，ペスト菌を持ったノミや感染したネズミをヨーロッパへもたらしたことで大流行したといわれている。この軍は13世紀に２度

も日本に来襲《しゅう》した。この日本への来襲を何というか答えなさい。

(2) 日本政府により香港に派遣《けん》され，ペスト菌を発見した日本人を，次の中から1人選び，番号で答えなさい。

1．北里柴三郎　2．伊藤博文　3．杉田玄白　4．平賀源内

問4　下線部ウについて，現在もマスメディアやSNSなどのソーシャルメディアでデマやフェイクニュースが流れることがある。そのために，私たちには情報をうのみにせず，信頼《らい》できる情報は何かを判断する能力が必要になる。この能力を何というか，次の中から1つ選び，番号で答えなさい。

1．マーケティング　2．バリアフリー

3．メディアリテラシー　4．サブスクリプション

問5　下線部エについて，この年に終わった戦争の内容として正しいものを，次の中から1つ選び，番号で答えなさい。

1．日本軍が南満州鉄道の線路を爆破し，中国軍のしわざであるとして攻撃を始めた。

2．日本は真珠湾を攻撃し，アメリカやイギリスと戦争を始めた。

3．この戦争で，戦車や毒ガスなどの新兵器が使われた。

4．この戦争での死者数は1000万人ともいわれ，1918年からのスペイン風邪による死者よりも多い。

問6　下線部オについて，この年から翌年にかけて，江戸幕府が尊王攘夷派を弾圧《だんあつ》した事件がおこった。この事件の内容として誤《あやま》っているものを，次の中から1つ選び，番号で答えなさい。

1．幕府は攘夷を唱える坂本龍馬らを死刑にした。

2．当時の大老は井伊直弼であった。

3．当時，幕府は独断で開国したとして，批《ひ》判されていた。

4．この事件の後，井伊直弼は暗殺された。

問7　［※］に入る元号を答えなさい。

問8　下線部カについて，地方自治体の機関に地方議会がある。地方議会の内容として誤っているものを，次の中から1つ選び，番号で答えなさい。

1．法律の制定　2．条例の制定

3．予算の議決　4．首長への不信任の議決

問9　下線部キについて，感染症患者の人権が守られていなかった例がある。ある病気の患者は，法律によって強制的に療養所に入れられ，社会から隔離《かくり》される生活を強いられた。またこの病気がほとんど感染しないことがわかってからも，国は政策《さく》を変えなかったので，長い間差別や偏《へん》見に苦しんできた。そこで患者たちが国を訴《うった》えた結果，隔離政策が間違っていたことを認める判決が下され，国は患者・回復者に謝罪した。この病気を次の中から1つ選び，番号で答えなさい。

1．四日市ぜんそく　2．イタイイタイ病

3．水俣病　4．ハンセン病

問10　下線部クについて，次の資《し》料は現在の感染症対策のポスターと，約100年前のスペイン風邪に対して当時の日本政府が国民への注意喚《かん》起に使ったポスターである。資料を見て，現在の感染症対策と当時の対策との共通点と相違《い》点(違い)について説明しなさい。

青森県のホームページより

厚生労働省のホームページより

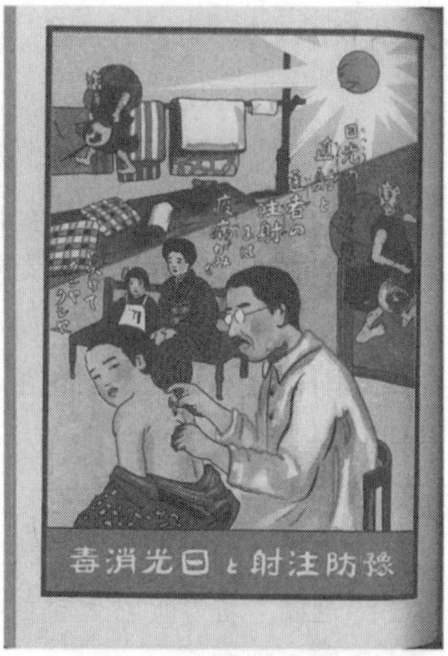

内務省衛生局 著「流行性感冒」より

2　桐光学園中学校では，希望者による「江の島フィールドワーク」をおこなっています。次の地形図を見てフィールドワークに関する後の問いに答えなさい。

地形図10,000分の１「江の島」より抜粋　一部改変

問１　地形図中のＡ～Ｃの地図記号をそれぞれ１つずつ選び，番号で答えなさい。

１．工場　　２．灯台　　３．神社
４．漁港　　５．寺院　　６．果樹園
７．針葉樹林　　８．広葉樹林

問２　集合場所から見て江の島はどちらの方位にあるか，次の中から１つ選び，番号で答えなさい。

１．東　　２．西
３．南　　４．北

問３　江の島に向かうために，「江の島弁天橋」を渡った。手元の地形図を定規《じょうぎ》で測ると５センチメートルであり，先生が持っていた25,000分の１の地形図だと２センチメートルであった。実際の距離《きょり》は何メートルか，答えなさい。

問４　右の写真は「江の島大橋」を地形図上の矢印の方向で撮影《さつえい》したものである。ここに写っている有名な地形として正しいものを，次の中から１つ選び，番号で答えなさい。

１．リアス海岸

２．扇状地

３．盆地

４．陸繋《けい》砂州

問５　地形図中の★印の場所には，右のマークがついている建物があった。このマークがついている建物はどのような建物か，簡《かん》単に説明しなさい。

問６　地形図「Ｄ」の地点では，赤土の崖《がけ》を見つけた。先生の解《かい》説によると火山灰《ばい》が積もってできた赤土で，関東平野を広く覆《おお》うものだと分かった。この火山灰が積もってできた赤土を何とよぶか，答えなさい。

写真：赤土の崖

問７　地形図「Ｅ」の地点では，皆で記念写真を撮影《さつえい》した。「Ｅ」地点の風景として適当なものを選び，番号で答えなさい。

1

2

3

4

問８　江の島を歩いてみると階段《だん》が多く複雑な地形であることに気づき，学校に戻ってから江の島の地形断面図をつくった。地形図上の「Ｆ－Ｇ」の地形断面図として，最も適当なものを次の中から選び，番号で答えなさい。断面図の左がＦ，右がＧとする。

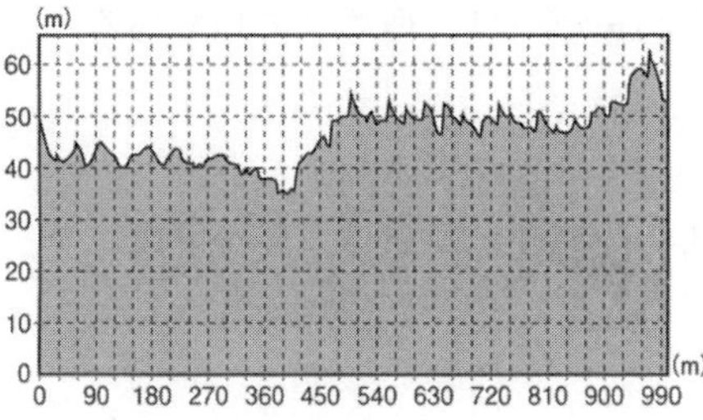

1

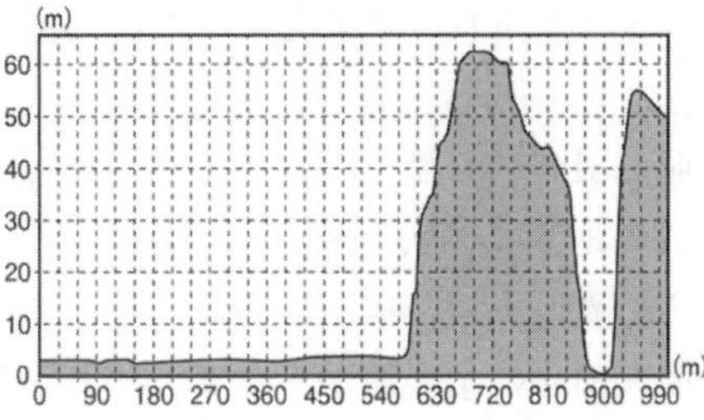

2

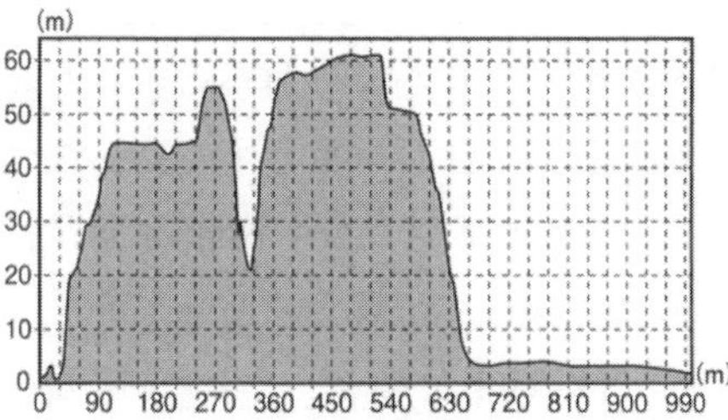

3

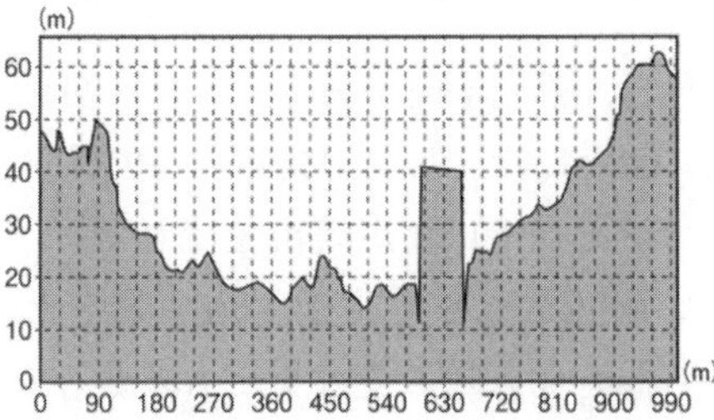

4

国土地理院ウェブサイトより作成

問９　後日，フィールドワークの振り返りをした。先生が江の島の昔の地形図を見せてくれた。**2**の冒頭の地形図とこの地形図を参考に，下の文のうち，誤《あやま》っているものを１つ選び，番号で答えなさい。

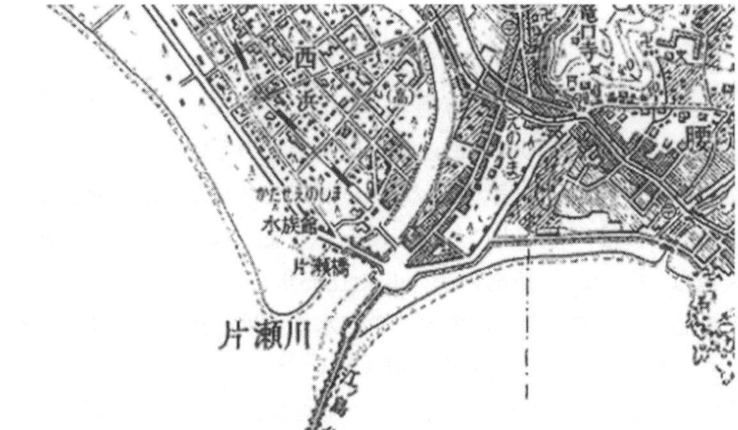

昭和31年11月30日発行

〈編集部注：編集上の都合により原図の80％に縮小してあります。〉

1．フィールドワークで見学した湘南港やヨットハーバーは，埋《う》め立て地であることがわかる。

2．昭和31年にも橋をつかって江の島(江ノ島)へ行くことができた。

3．この地域には鉄道が走っておらず，集合場所の片瀬江ノ島駅は元号が平成になってからできた新しい駅，線路である。

4．昭和31年に水族館があることがわかる。

3 次の文章を読んで，後の問いに答えなさい。

昨年夏，桐光学園がある川崎市に初めて水族館が誕《たん》生しました。以前からあった商業施《し》設内に新たに設立した水族館としては日本初ということで，注目を集めました。この水族館のコンセプトは，川崎市を流れる［①］や，アジア・アフリカ・南米と世界各地の美しい水辺とそこで生活する生物をとりあげることにあります。［①］周辺には，ア旧石器時代以降の遺跡《いせき》なども多数存在し，日本最古の歌集である［②］にもたくさんの歌が残されています。東京都狛江市にはこの川を讃《たた》える石碑《ひ》がありますが，その文字は，イ寛政の改革を推《すい》進した老中［③］のものであるとされます。また，この石碑を再建するにあたり，次の１万円札の肖像《しょうぞう》画に決定している，近代の実業家［④］が費用の半分ほどを負担《たん》したといわれています。そして，この川は現代にいたるまで多くの水害をもたらしており，ウ約100年前の1914年，周辺住民が堤防《ていぼう》の建設をめぐり，アミガサ事件とよばれる民衆《しゅう》運動を展《てん》開しました。

水族館のはじまりには４つの傾《けい》向があります。17世紀にヨーロッパではじまった熱帯魚の飼《し》育ブーム，エ18世紀に盛《さか》んになる博物学，動物学の流れ，オ産業革命以降の博覧《らん》会開催《さい》の流れ，大学などの教育機関の研究所から発展したものという４つです。日本国内では，1882年に上野動物園の一角に観魚室(うをのぞき)が開設されたのが，水族館の最初ともいわれます。また1897年には，神戸市にろ過装《そう》置をともなう水槽《そう》を有する水族館が開かれました。この水族館は，［⑤］条約に調印した1895年に，京都で開かれた博覧会に協力した神戸市が遊園地内に設置したものです。この水族館はカ1902年に湊川神社に移された後に閉《へい》館しました。湊川神社は，キ室町幕府を開いた［⑥］と戦って敗れた，楠木正成をまつる神社です。また，最初の私設水族館としては，1899年に浅草に開館した水族館があります。この水族館の２階には余興場《よきょうじょう》とよばれる施設がありました。ここで結成された劇団を題材とした小説を書いた［⑦］は，『雪国』や『伊豆の踊子』などの作品も残し，1968年にノーベル文学賞を受賞したことで有名です。

問１　文中の［①］～［⑦］にあてはまる語句・人名を，次の中から選び，それぞれ番号で答えなさい。

1．足利尊氏	2．足利義満	3．大江健三郎	4．川端康成
5．古今和歌集	6．相模川	7．渋沢栄一	8．下関
9．多摩川	10．新渡戸稲造	11．万葉集	12．松平定信
13．水野忠邦	14．ワシントン		

問２　下線部アについて，旧石器時代にひろく使用された石器の製作方法と名称《しょう》を，新石器時代

に主流となった石器の製作方法との違《ちが》いが分かるように説明しなさい。

問３　下線部イに関連して，寛政異学の禁という政策で，江戸幕府が武士にすすめた学問を，次の中から１つ選び，番号で答えなさい。

１．蘭学　　２．朱子学(儒学)　　３．神学　　４．医学

問４　下線部ウについて，次の史料は当時の周辺住民が水害の原因と考えていたことである。史料から読みとれる水害の原因としてあてはまらないものを，下の中から１つ選び，番号で答えなさい。

史料

一．下流ニ架設セル三橋カ一原因
一．(対岸の)築堤及上置腹附カ二原因
一．堤外地ニ果樹密埴カ三原因
一．砂利採掘カ四原因

＊架設…橋をかけること
＊上置腹附…盛り土のこと
＊密埴…密集していること(密植)

① 沿岸新堤塘築造陳情書より抜粋

１．砂《じゃ》利の採掘《くつ》　　２．下流に設置した３つの橋
３．下流に設置したダム　　４．堤防《ていぼう》の外にあるたくさんの果樹

問５　下線部エについて，18世紀におきた出来事として誤《あやま》っているものを，次の中から１つ選び，番号で答えなさい。

１．徳川吉宗が改革《かく》をはじめた。
２．天明のききんが発生した。
３．ラクスマンが根室に来航した。
４．大阪(大坂)の役で豊臣氏がほろぼされた。

問６　下線部オについて，九州に建設され，日本の鉄鋼《こう》産業を支え，現在その一部が構《こう》成資産として世界遺産に登録されているものを，次の中から１つ選び，番号で答えなさい。

１．鐘ヶ淵紡績会社　　２．八幡製鉄所
３．池貝鉄工所　　４．東京芝浦製作所

問７　下線部カについて，1902年の出来事として正しいものを，次の中から１つ選び，番号で答えなさい。

１．関税自主権の回復　　２．西南戦争の発生
３．米騒動の発生　　４．日英同盟に調印

問８　下線部キについて，室町時代の人物として誤っているものを，次の中から１人選び，番号で答えなさい。

１．紫式部　　２．雪舟　　３．世阿弥　　４．細川勝元

【理　科】〈第２回試験〉（40分）〈満点：100点〉

1　次の〔１〕～〔６〕のスケッチには，それぞれ１つだけ間違《まちが》いがあります。解答欄《らん》ａに間違っている部分の番号を答え，解答欄ｂに間違いを正しく直す説明を書きなさい。

〔１〕 カイコの成長

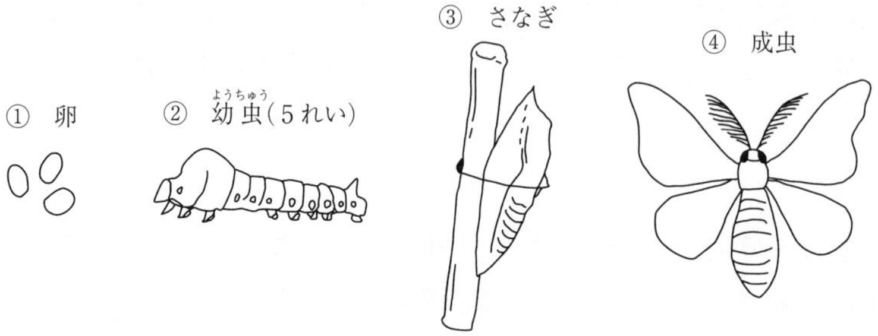

〔２〕 ショウリョウバッタの腹《はら》側

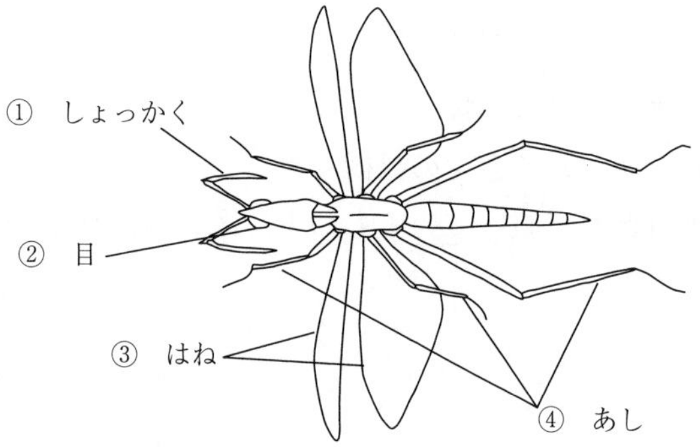

〔３〕 ヘチマの各部分

〔４〕 ヒトの内臓《ないぞう》

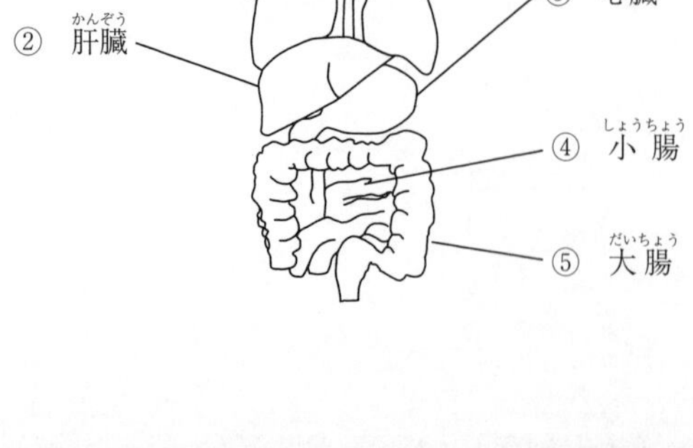

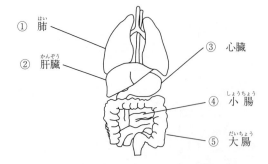

〔５〕 冬の大三角

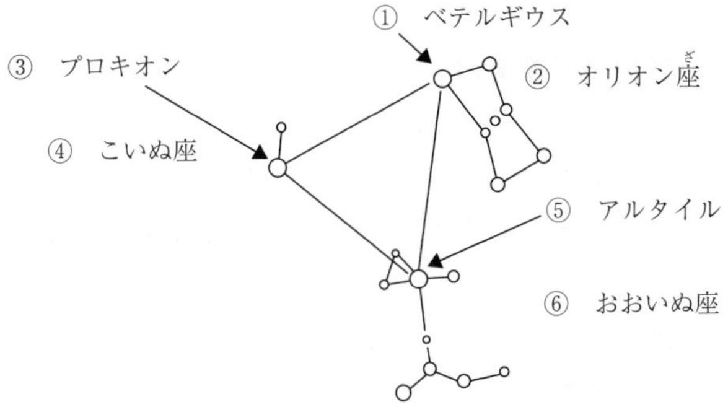

〔６〕 メダカ

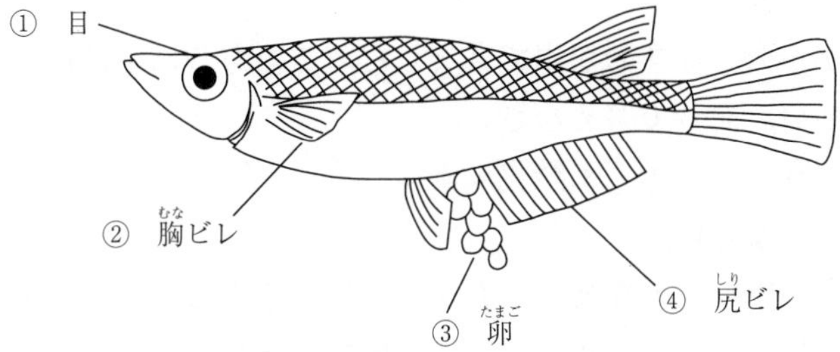

2 以下の各問いに答えなさい。

〔図１〕のように，実験用ガスコンロを使って，水を熱していく実験をしました。

〔図１〕

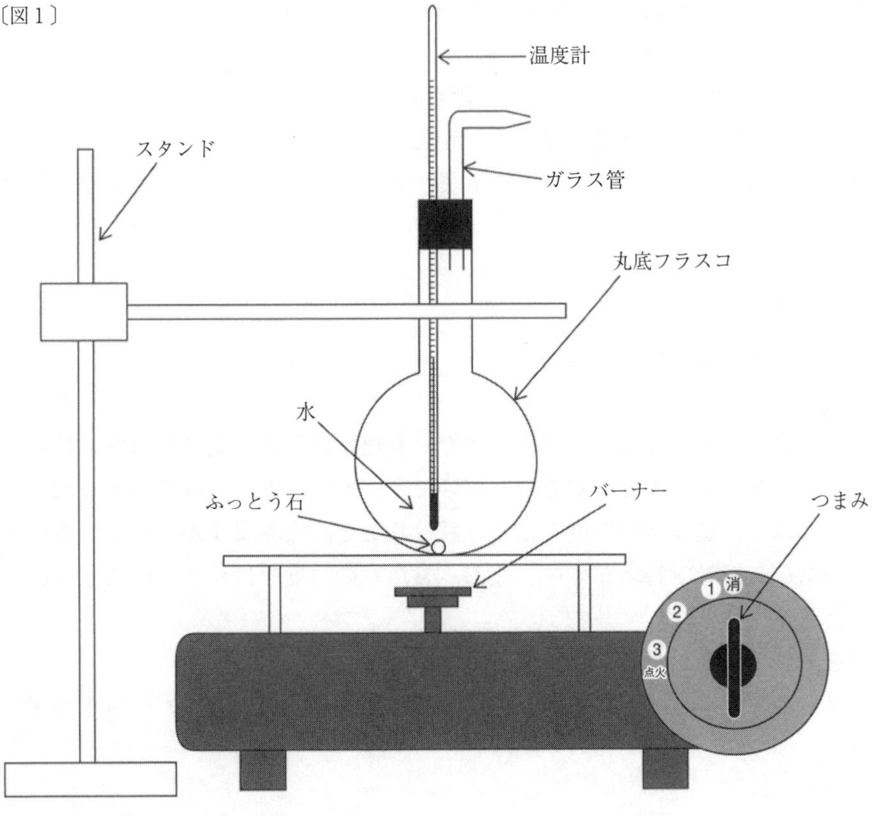

〔1〕 実験用ガスコンロを使うときの注意として正しいものを，次のア～オから2つ選び，記号で答えなさい。

ア．風でほのおが消えないように，窓《まど》などは閉《し》めて換気《かんき》はしない。

イ．燃えやすいものを近くにおかない。

ウ．ガスコンロのつまみは音がならないように静かに点火の位置までまわす。

エ．つまみはカチッと音がするまでまわす。バーナーに火がつかなくてもしばらくつまみはそのままにしておく。

オ．バーナーに火がついたら，火の大きさはつまみをまわして調節する。

〔2〕 バーナーに火をつけると，すぐに丸底フラスコがくもりました。くもったのは丸底フラスコのどこですか。次のア～ウから1つ選び，記号で答えなさい。

ア．内側　　イ．外側　　ウ．内側と外側

〔3〕 90℃くらいになると，沸《ふっ》とう石から大きなあわが出てきました。このあわは主に何からできていますか。次のア～エから1つ選び，記号で答えなさい。

ア．空気　　イ．水素　　ウ．水じょう気　　エ．二酸化炭素

〔4〕 次の文を読み，以下の各問いに答えなさい。

温度が(あ)℃くらいになると，水の中で大きなあわがさかんに出てきました。これを沸とうといいます。また，ガラス管の先を見ると，湯気《ゆげ》が(　い　)出ていました。

⑴ 文中の(あ)と(い)の答えとして正しい組み合わせを，次のア～エから1つ選び，記号で答えなさい。

ア．(あ) 100 (い) ガラス管の口から直接

イ．(あ) 100 (い) ガラス管の口から少し離《はな》れたところから

ウ．(あ) 110 (い) ガラス管の口から直接

エ．(あ) 110 (い) ガラス管の口から少し離れたところから

⑵ 文中の下線部の湯気は何でできていますか。かんたんに書きなさい。

⑶ 水が沸とうしている間，水の温度はどうなりますか。次のア～エから1つ選び，記号で答えなさい。

ア．高くなっていく。

イ．低くなっていく。

ウ．高くなったり，低くなったりする。

エ．変わらない。

⑷ 食塩水は水より高い温度で沸とうします。また，食塩水は濃《こ》さが濃ければ濃いほど高い温度で沸とうします。ある濃さの食塩水を熱していくと，やがてある温度で沸とうしました。沸とうしたあとしばらく食塩水の温度をはかり続けるとどうなりますか。正しいものを⑶のア～エから1つ選び，記号で答えなさい。なお，食塩水の温度をはかっているときに食塩は生じないものとします。

〔5〕 試験管に水を入れて，こおらせて氷にする実験をしました。

⑴ 水をこおらせるのに，もっとも効果的な方法はどれですか。次のア～エから1つ選び，記号で答えなさい。

ア．氷水でひやす。

イ．氷でひやす。

ウ．よくひやした水に食塩を溶かした食塩水でひやす。

エ．氷に食塩を混ぜたものでひやす。

(2)　こおらせる前の水に温度計を入れると，温度計のめもりと液は右の図のようになっていました。このとき水の温度は何℃ですか。次のア～エから１つ選び，記号で答えなさい。なお，長い横線が10℃のめもりです。また温度計の１めもりは１℃とします。

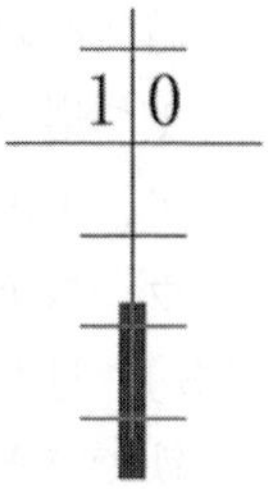

ア．８℃　　イ．９℃

ウ．11℃　　エ．12℃

(3)　水をこおらせて氷にすると，氷の体積はもとの水の体積と比べて10分の１だけ変化しました。こおらせた後の氷の体積が100 cm^3 のとき，こおらせる前の水の体積は何 cm^3 ですか。割《わ》り切れないときは，小数第１位を四捨《しゃ》五入して整数で答えなさい。

(4)　実験に使っていた試験管を机《つくえ》の上に落として割ってしまいました。このあとどのようにすればよいですか。正しいものを，次のア～エから１つ選び，記号で答えなさい。

ア．すぐに割れた試験管を手でひろい集めて，先生に報告する。

イ．すぐに机の上にあったぞうきんを使って割れた試験管をひろい集めて，先生に報告する。

ウ．すぐに先生に知らせて，指示をうける。

エ．割れた試験管はそのままにして，新しい試験管をもらって実験を続ける。

〔６〕　銅を熱する実験をしました。

(1)　〔図２〕のように，先が３つに分かれている銅のほそい棒《ぼう》を用意しました。棒の左のはしのXのところを熱しました。右のはしA，B，Cのうち早く熱が伝わるのはどれですか。次のア～エから１つ選び，記号で答えなさい。なお，３つに分かれた先の棒の長さと太さはどれも同じです。

ア．A　　イ．B　　ウ．C　　エ．A，B，Cとも同じ

〔図２〕　横から見た図

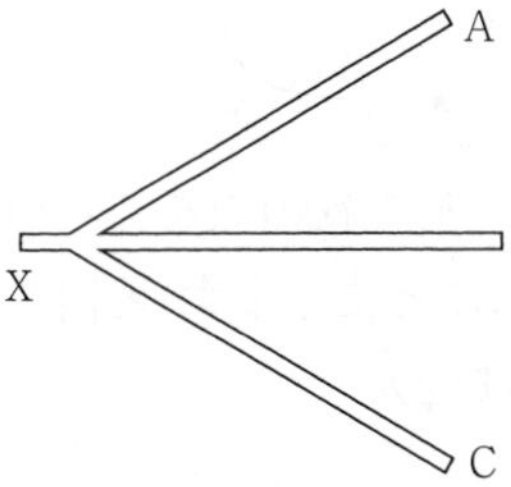

〔図３〕　銅の板を上から見た図

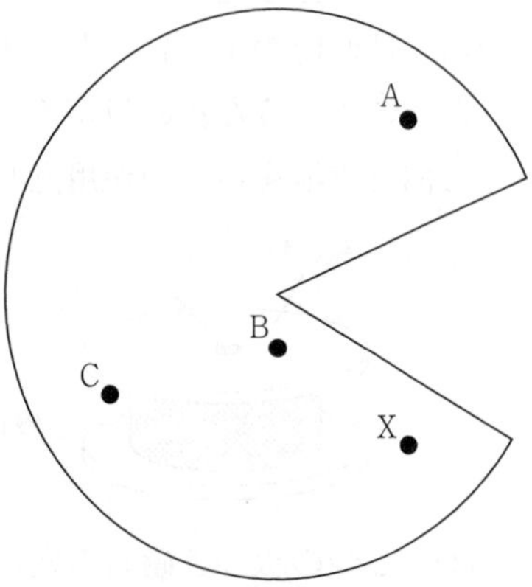

(2)　〔図３〕のような形の銅の板の点A～点Cにろうをぬり，点Xのところを下から熱しました。点A～点Cのろうが溶ける順番を答えなさい。なお，点Aと点Cは点Xから等しい距離《きょり》にあります。なお，銅の板は厚さは均一で，板は地面と水平にしてあります。

3　磁石《じしゃく》と電流について，以下の各問いに答えなさい。

〔１〕 右の棒《ぼう》磁石のア～ウの中で，鉄をよく引きつけるところはどこですか。すべて選び，記号で答えなさい。

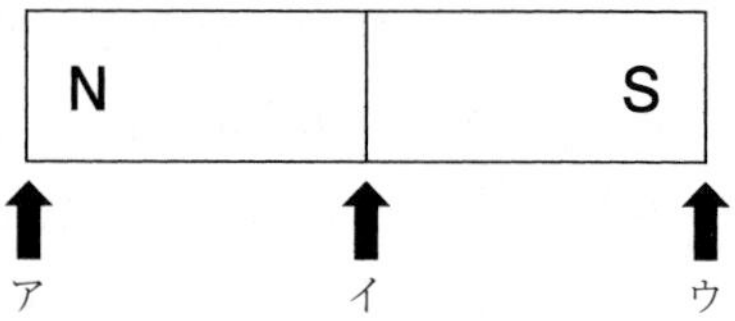

〔２〕 次のア～エの中で磁石にくっつくものはどれですか。１つ選び，記号で答えなさい。

ア．１円玉　　　　　　イ．10円玉

ウ．スチールウール　　エ．アルミニウムの空き缶《かん》

〔３〕 見た目はまったく同じの棒ア～ウがあります。この中で１本だけが磁石で，あとの２本は鉄でできています。これらの中でどれが磁石か調べるために，以下のように２本ずつ近づけました。ア～ウのうちどれが磁石ですか。１つ選び，記号で答えなさい。

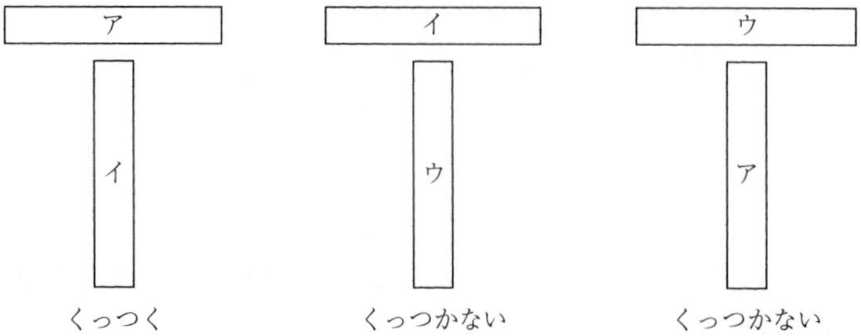

〔４〕〔図１〕のように電池と豆電球，導線をつなぎ，導線の先たんＡとＢをつなぐと豆電球が光りました。しかし〔図２〕のように，導線の先たんＡとＢを鉄製のジュースの缶につなぐと，豆電球は光ると予想していましたが，光りませんでした。〔図２〕で，導線の先たんＡとＢをつなぐ場所を変えずに，豆電球が光るようにするためには，この缶をどうしたらよいでしょうか。

〔図１〕

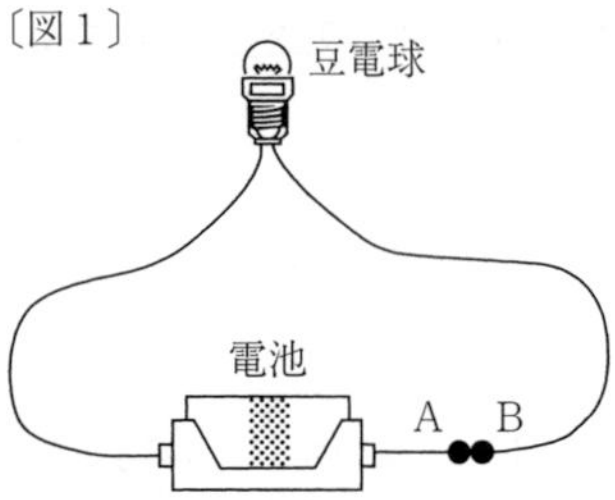

〔図２〕

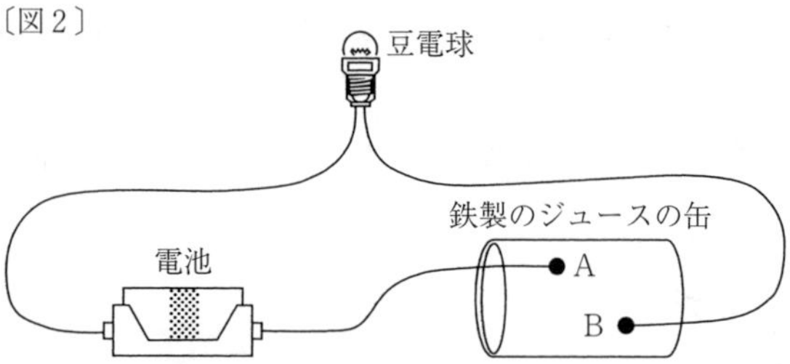

〔５〕〔図３〕のように，ドーナッツ形の磁石の上と下に，ドーナッツ形の鉄の板をくっつけました。このような鉄の板がくっついた磁石(これを板つき磁石とよぶことにします)と同じ豆電球と同じ電池をいくつか用意しました。ただし，磁石は電流を通しません。

〔図３〕

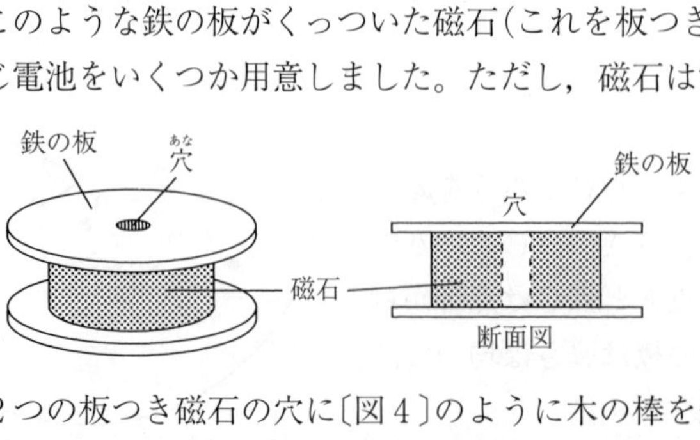

(1) ２つの板つき磁石の穴に〔図４〕のように木の棒を通したところ，上の板つき磁石が宙《ちゅう》に浮《う》きました。この状態で鉄の板Ａ～Ｄに，〔図４〕のように豆電球Ｘ，Ｙと電池をつなぎました。２つの豆電球はどうなりますか。次のページのア～エから１つ選び，記号で答えなさい。ただし，土台は木でできているものとします。

〔図４〕

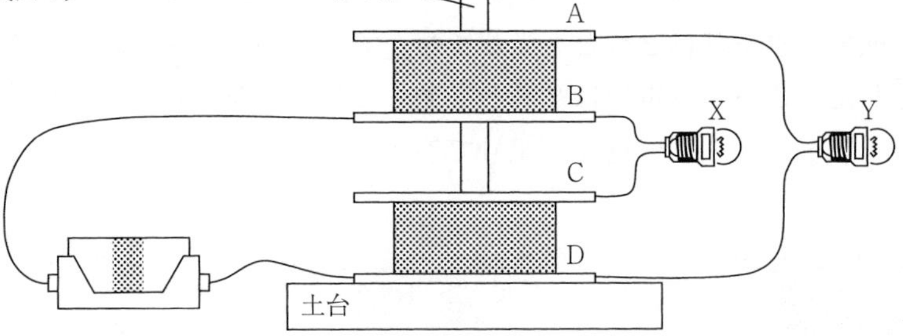

ア．豆電球X，Yの両方が光る。　　イ．豆電球Xだけ光る。
ウ．豆電球Yだけ光る。　　エ．豆電球X，Yの両方とも光らない。

(2)　(1)の状態から，上の板つき磁石をひっくり返したところ，〔図５〕のように２つの板つき磁石はくっつきました。ただし，板つき磁石をひっくり返しても，鉄の板についた導線ははずれないものとします。なお，(3)からあとの問題も同じく導線ははずれないものとします。

〔図５〕

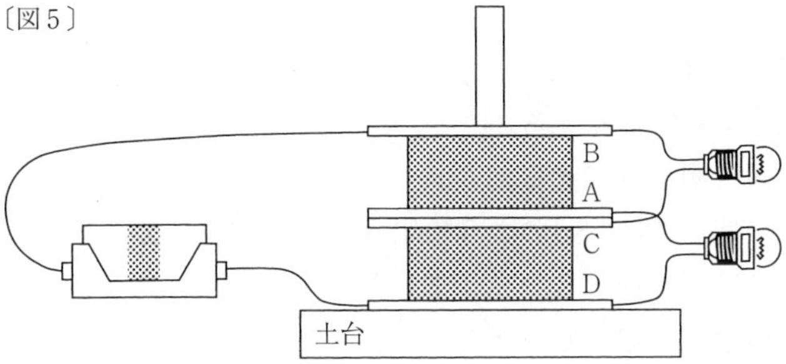

①　(1)の〔図４〕の豆電球Xは，〔図５〕で上の豆電球と下の豆電球のどちらですか。『上』または『下』のどちらかで答えなさい。

②　２つの豆電球はどうなりますか。次のア～エから１つ選び，記号で答えなさい。

ア．豆電球X，Yの両方が光る。
イ．豆電球Xだけ光る。
ウ．豆電球Yだけ光る。
エ．豆電球X，Yの両方とも光らない。

(3)　板つき磁石を４つ，土台を２つ使って〔図６〕のように組み，２つの豆電球と導線，電池をつなぎました。この状態では豆電球は２つとも光りませんでしたが，ア～エの中で１つの板つき磁石をひっくり返したところ，豆電球は２つとも光りました。ひっくり返した１つの板つき磁石はどれですか。ア～エから１つ選び，記号で答えなさい。ただし，磁石はひっくり返すだけで，並《なら》び方は変えないものとします。なお，(4)からあとの問題も並び方は変えないものとします。

〔図６〕

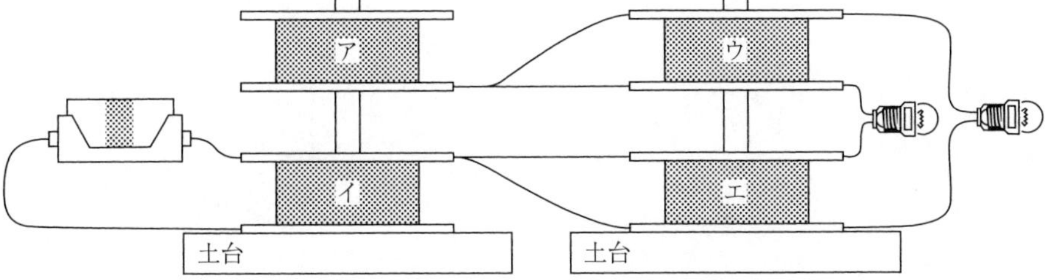

(4)　板つき磁石を４つ，土台を２つ使って〔図７〕のように組み，２つの豆電球と導線，電池をつなぎました。この状態では豆電球は２つとも光りませんでしたが，ア～エの中で２つの板つき磁石をひっくり返したところ，豆電球は２つとも光りました。ひっくり返した２つの板つき磁石はどれですか。ア～エから２つ選び，記号で答えなさい。

〔図７〕

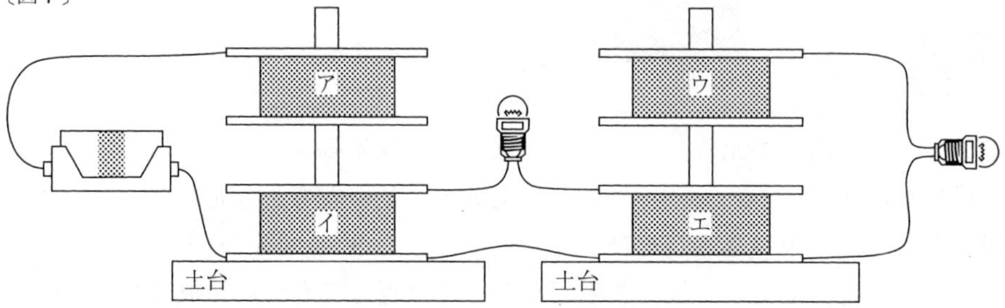

(5)　(3)と(4)の豆電球が２つとも光ったとき，その明るさはどのようになりますか。次のア～ウから１つ選び，記号で答えなさい。

ア．(3)の豆電球の方が(4)の豆電球より明るく光る。

イ．(4)の豆電球の方が(3)の豆電球より明るく光る。

ウ．(3)の豆電球と(4)の豆電球は同じ明るさで光る。

(6)　板つき磁石を６つ，土台を２つ使って〔図８〕のように組み，豆電球W，X，Y，Zと導線，電池をつなぎました。この状態では豆電球は３つ光りましたが，１つだけ光りませんでした。光らない豆電球をW～Zから１つ選び，記号で答えなさい。

〔図８〕

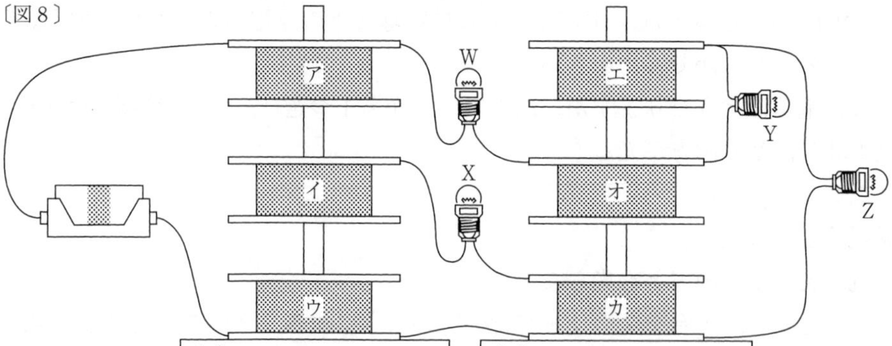

(7)　(6)の状態から，ア～カの中で２つの板つき磁石をひっくり返したところ，豆電球は４つとも光りました。ひっくり返した２つの板つき磁石はどれですか。ア～カから２つ選び，記号で答えなさい。

かになってしまった、ということ。

ウ　自然との調和を求め、20世紀の人類は完璧《かんぺき》な建築システムを作り上げたのに、そのシステムは逆に自然を遮断《しゃだん》するものとなり、これまで自然と人間との間には存在しなかった対立を生み出してしまった、ということ。

エ　20世紀の人類は、厚い壁からガラスを使った建築へと転換し、人間と自然とをつなぐことを目指してきたのに、その目標とは正反対の結果を招き、自らの建築システムの誤《あやま》りが露《あら》わになってしまった、ということ。

(2)　また、「最高の優等生が、最ももろかった」とありますが、その理由として最も適当なものを次の中から選び、記号で答えなさい。

ア　人間の技術を超えた強大な力を持つ自然について深く想像せず、自らの技術が完璧だと過信していたから。

イ　3・11ほどの自然災害を経験したことがなく、建物の強度の設定が不十分であったと言わざるをえないから。

ウ　自然との調和を求める建築には反対する理由がなく、行き過ぎた技術開発を社会が監視《かんし》してこなかったから。

エ　万全な強度の建物だと自負していても、自然とつながるためのガラスは素材としては弱いものでしかないから。

問五　――線4「庇に～もはや内部と呼ぶ必要もない」とありますが、なぜ「内部と呼ぶ必要もない」のですか。その理由として最も適当なものを次の中から選び、記号で答えなさい。

ア　庇によって風を通した国立競技場は、内と外をつなぐという20世紀建築のテーマを実現したから。

イ　国立競技場の庇は、20世紀建築におけるガラスとは異なり、空間を内外に区分けするものではないから。

ウ　風と光を取り入れ、様々な表情を見せる国立競技場は、内と外との境界を決めることができないから。

エ　自然の風と光を生かした国立競技場は、人工的な空調や照明を必要とする室内特有の暗さがないから。

問六　――線5「庇や縁側《えんがわ》といった曖昧《あいまい》な装置」とありますが、これらの「装置」はどのような役割を果たすと筆者は考えていますか。ていねいに説明しなさい。

問七　本文全体をふまえ、「国立競技場」を設計した筆者の考え方の説明として最も適当なものを次の中から選び、記号で答えなさい。

ア　人間が自然との一体感を味わうことができる建物は、外部とも内部とも言えない曖昧な空間を持つ日本家屋だけであり、国立競技場はその伝統的な日本家屋の構法を世界に知らしめるものでなければならない。

イ　ガラスを使った20世紀建築は、人間を建物内部に閉じ込めるという点では石やレンガを使った昔の建築と変わりがないため、国立競技場は建物の外部で人々に解放感を与えるものであるべきだ。

ウ　原子力システムは人間社会を破壊するものにすぎないことが3・11で明らかになった以上、国立競技場は、原子力などの人工的なシステムを人間が完全に手放すべきことを訴《うった》えかけるものでなければならない。

エ　人間に完璧な環境を提供するという20世紀建築の考え方は思い上がりであるため、国立競技場は、人間が小さな存在であることを自覚し、自然の中で生きる場を模索《もさく》してきた日本的な知恵を示すものであるべきだ。

※１　モダニズム…伝統を否定《ひてい》し、常に新しさを求める傾向《けいこう》。
※２　ミース・ファン・デル・ローエ…ドイツの建築家。次のフィリップ・ジョンソンはアメリカの建築家。
※３　シーグラムビル…ミースとフィリップが設計し、１９５８年に建てられたガラス張りが特徴《とくちょう》のニューヨークの高層ビル。
※４　リアリティ…ここでは「現実」という意味。
※５　インフラ…道路や上下水道など経済活動のもとになるもの。
※６　フィクション…作り話。

問一　[Ⅰ]～[Ⅳ]に入る言葉として最も適当なものを次の中からそれぞれ選び、記号で答えなさい。（ただし、同じ記号を二度使ってはいけません。）

ア　だから　　イ　しかし
ウ　たとえば　エ　確かに

問二　――線１「自然と人間とは決定的に切断された」とありますが、その説明として最も適当なものを次の中から選び、記号で答えなさい。

ア　石やレンガを使った建築では自然を身近に感じられたが、ガラスを使った建築では、人間にとって自然はただ眺《なが》めるだけのものになった、ということ。
イ　人間が生きる環境は自動車や原子炉《ろ》などの人工物であふれてしまい、自然と呼べるものが完全に失われてしまった、ということ。
ウ　建物内の人間の生活が人工的なシステムで支えられているだけでなく、そのシステムを維持していくこと自体への大きな危険性が伴《ともな》うようになった、ということ。
エ　室内環境の維持を空調機などの人工的なシステムに頼るあまり、人間は厳しい自然の中で生きる力を失ってしまった、ということ。

問三　――線２「日本は～優等生であった」とありますが、筆者は「日本」のどのような点を指して「優等生」と表現しているのですか。その説明として最も適当なものを次の中から選び、記号で答えなさい。

ア　アメリカから学んだガラス張りの建築方法を用いて、20世紀に最もかっこいいとされたライフスタイルを実現し、その方法を世界に広めた点。
イ　建物の内外の壁を取り払《はら》うという20世紀建築の課題を、ガラスの箱を積み重ねる新たな手法で克服《こくふく》し、その手法をアメリカとともに主導してきた点。
ウ　アメリカが発明したガラス張りの建築方法は、人間と自然とを切り離すものだったのに、人間と自然とをつなぐものだと考えてその方法をひたむきに実行しようとした点。
エ　ガラスを使った建築には、多大なエネルギー消費が必要となることを知りながら、そのアメリカの建築方法を価値《かち》あるものとして一心に学んだ点。

問四　――線３「最高の優等生が～感じられる」について。

(1)　「歴史の皮肉」とありますが、その説明として最も適当なものを次の中から選び、記号で答えなさい。

ア　自然と人間とをつなぐための建築を20世紀の人類は目指したが、それは当然地震や津波などの自然現象を排除《はいじょ》するものではなかったため、自らの建築が意図せず災害を招いてしまった、ということ。
イ　20世紀の人類が生んだ建築は、空調などの人工的なシステムによってはじめて成り立つものであるため、自然と人間とをつなぐという考え方がそもそも無意味であったことが明ら

2日本は20世紀システムの優等生であった。

このシステムの破綻《はたん》を、決定的な形で人々につきつけたのは、２０１１年３月11日の、東日本大震災であった。20世紀の人類が築き上げてきたシステムが、いかにもろく、いかに傲慢《ごうまん》であったかを、大地震と大津波とが、われわれに教えてくれた。3最高の優等生が、最ももろかったというのは、歴史の皮肉とも、必然とも感じられる。

20世紀の人類は、コンクリートと鉄とガラスを使って、人工的な箱を次々と建設し、増殖《ぞうしょく》させ、世界を覆《おお》いつくした。このガラスの箱は、工業技術の力によって万全な強度を持ち、人工的な空調システム、給排水《きゅうはいすい》システム、照明システムによって、人間に完璧《かんぺき》な環境を提供する——完璧な箱であると、人々は確信し、うぬぼれていたのである。

しかし、自然という大きな※4リアリティの前では、このガラスの箱は何物でもなかった。この箱を支えていたはずの原子力のシステムも、大きな波に洗い流されて機能を失い、機能を失っただけではなく、放射能を周囲に撒《ま》き散らした。

20世紀というシステム、工業化社会というシステムが、そしてその象徴であったコンクリートとガラスと鉄でできた箱が、いかに傲慢で無力であったかを、われわれに、つきつけた。

２０２０年のオリンピックの会場となる国立競技場は、３・11がつきつけたものをしっかりと受け止め、反映したものにしなければならない。ガラスによって内と外をつなぐというのは、そのシステムで利益を得ている※5インフラ産業、建設産業が考え出した工業化社会の※6フィクションである。

ガラスによって、内と外とを区画するのではなく、大きな庇《ひさし》を張り出すことによって、涼《すず》しい風の通る、気持ちのいい内部を作り出そうと、僕らは考えた。4庇によって守られたその場所は、もはや内部と呼ぶ必要もない。それは内部でも外部でもなく、ただ人間という弱い生き物が、自然というとてつもなく大きくて厳《きび》しいものの中で、だましだまし、なんとかギリギリ暮《く》らしていくことのできる、ささやかな場所なのである。

そもそも、そのような考え方、そのような自然観に基づいて、日本の建築物は作られてきた。たび重なる地震、災害が、自然というものの大きさ、強さ、そして人間というものの弱さ、はかなさを日本人に叩《たた》き込《こ》んできた。［Ⅳ］、日本人は、閉じた箱を作ろうとせず、5庇や縁側《えんがわ》といった曖昧《あいまい》な装置を使って、自然に開きながら、自然の美しさを身体で感じながら、自分達のささやかな場所を確保してきたのである。

２０２０年の国立競技場のデザインのベースになっているのは、この日本の知恵、諦《あきら》め、謙虚《けんきょ》さである。

大きな庇を重ねることで、弱い人間を守るというのが、新しい国立競技場のデザインの基本的な発想である。箱に閉じ込《こ》めて、人間を守ろうとすると、その箱の環境を維持《いじ》するために、さらなる人工的なシステム(たとえば空調、照明)を構築しなければならず、そのシステムを維持するために、莫大《ばくだい》なエネルギーが必要となる。無理なシステムの上にさらなる無理なシステムを重ねなければならず、嘘《うそ》の上に嘘を重ねなければならない。その結果、地球という繊細《せんさい》な場所、繊細なバランスは破綻してしまう。

箱のかわりに、庇を重ねてできる新しい国立競技場では、風と光の計算が極めて重要になる。日本人は昔から、風と光を上手《じょうず》に取り入れ、あるいは上手に防ぐことで、自分のまわりの環境を守ってきた。どの季節にはどのような風が吹《ふ》き、どの季節のどのような時間には、どのような光が射《さ》すかを計算しながら、庇の深さ、高さ、形状を決定してきたのである。

（隈《くま》　研吾《けんご》『ひとの住処《すみか》　１９６４—２０２０』新潮社より）

次の中から二つ選び、記号で答えなさい。

ア　私は大人になるにつれて、次第に母への愛情を失っていったが、母の死が目前に迫ったことで愛情がよみがえり、何とか最後まで母につくし続けようとしている。

イ　子どもの頃《ころ》に贈った口紅を母が今でも大切に持っていたのを知ったことで、大人になった現在の自分はむしろ母を苦しめているのだと思い、いたたまれなくなっている。

ウ　大人になった私は母に色々とつくしてきたが、自分が贈ったことすら忘れていた口紅に、いまだに愛着を持ち続けている母の思いの深さに心を打たれた。

エ　口紅を買うための私の努力を知っているにもかかわらず、死後のことを妻に頼んでいる母に激しい怒りを感じ、その場にはいられなかった。

オ　母の病状を知った私は、妻と死を意識している母との会話を聞いて動揺し、その場にいられなくなったが、何とか落ち着きを取り戻そうとしている。

三　次の文章を読んで、後の問いに答えなさい。

筆者・隈研吾《くまけんご》は２０２０年に開催予定であった東京オリンピックに向け、新たに建設された国立競技場（２０１９年11月完成）の設計者である。

僕らがもうひとつ大事にしたのは、建物と森とをつなぐことである。建築の内と外とをつなぐというのは、20世紀建築の大きなテーマであった。石やレンガを積んで厚い壁《かべ》の建築を作るやり方から、コンクリート、鉄の柱、大判のガラスを組み合わせて作る開かれた建築への転換《てんかん》が、20世紀初頭に起こった。ガラスを多用した、その透明《とうめい》な建築スタイルは、※1モダニズム建築と呼ばれ、人々を熱狂《ねっきょう》させた。建築家も建設業界もガラスの箱の大キャンペーンを開始したのである。人間はガラスによって再び自然とつながったと、狂喜したのである。

そのようなガラスの箱を縦《たて》に積み重ねた超高層《ちょうこうそう》ビルは、20世紀の都市のシンボルとなり（たとえば※2ミース・ファン・デル・ローエとフィリップ・ジョンソンの※3シーグラムビル、１９５８）、新しい時代の新しいワークスタイルやライフスタイルの象徴《しょうちょう》ともなった（［Ⅰ］新宿の超高層ビル群）。郊外《こうがい》という新しくできた「素敵な環境《かんきょう》」に暮《く》らし、ガラスのタワーで働くというのが、最もかっこいいとされたのが、20世紀という時代であり、工業化社会という文明であった。

その大きなガラスは、本当に内と外をつないでいたのだろうか。［Ⅱ］視覚的には、内と外はつながっていて、ガラスの箱の中からも、外の景色を眺《なが》めることができた。外を歩く人々も、内で何が起こっているか、大体察することはできた。

［Ⅲ］、実のところ、内と外は、少しもつながっていなかった。むしろモダニズム建築によって、このガラスの箱によって、1自然と人間とは決定的に切断された。内部の環境、すなわち室内環境は、膨《ぼう》大《だい》なエネルギーを消費する空調機システムによってしか、制御《せいぎょ》できなかったからである。その空調機を廻《まわ》し続け、その箱の中の照明器具をともし続けるために、石油を垂《た》れ流し続ける必要があり、安全性も不確かな原子炉を廻し続ける必要があったのである。そのガラスの箱と郊外を通勤《つうきん》するために発明された自動車という道具も、石油の垂れ流しに支えられ、走り廻っていた。それが、20世紀という時代の正体であり、ガラスの箱の正体だったのである。

アメリカで発明されたこのシステムは、あっという間に世界に伝播《でんぱ》し、第二次大戦後の日本は、そのシステムを最も見事に学習した。

から選び、記号で答えなさい。

ア　住み慣れた実家を出て、独立しようとする息子の成長を素直に喜べず、靖子との結婚を認められないでいることに、心苦しさを感じている。

イ　大切に育ててきた息子が、結婚によって新しい家庭を作り、今まで育てた恩を忘れて自分を捨てようとすることに、さびしさを感じている。

ウ　長年一緒に生活してきた息子が、結婚して自分のもとから離れることになり、結婚相手に息子を奪《うば》われたように感じている。

エ　結婚して新しい家庭を築く決心をした息子の意思を尊重《そんちょう》したいが、今後は親子として二度と関われなくなるため、息子との別れを悲しく感じている。

問三　――線３「私は急に～隠《かく》した」とありますが、それはなぜですか。その理由として最も適当なものを次の中から選び、記号で答えなさい。

ア　だらしない自分が、裕福で洗練《せんれん》された明紀の家に迷惑をかけていることが分かったから。

イ　田舎者で、靴下も買えない我が家の事情を明紀に知られてからかわれるのを恐れたから。

ウ　明紀の家と自分の家の暮らしぶりの違いに圧倒《あっとう》され、恥ずかしくなったから。

エ　我が家と明紀の家との格差に傷《きず》つき、母が恥をかかないように見苦しい部分を見せまいと思ったから。

問四　――線４「私がへばりつくように見ている」とありますが、この時の「私」の気持ちとして最も適当なものを次の中から選び、記号で答えなさい。

ア　おかあちゃんにきれいになってもらうために、どうしてもあの口紅を手に入れたいなあ。

イ　あの口紅をつければ、おかあちゃんも人前で恥ずかしくならず自信が持てるのになあ。

ウ　おかあちゃんが明紀のお母さんのようにあの口紅をつければ、裕福になれるのになあ。

エ　あの口紅をつけておかあちゃんが参観日に来てくれれば、みんな喜んでくれるのになあ。

問五　――線５「小銭を数えることも～包んでくれた」とありますが、それはなぜですか。その理由として最も適当なものを次の中から選び、記号で答えなさい。

ア　子どもが化粧品売り場に来たので驚いたが、買い物をするだけの所持金があることを知り、お客として対応するべきと考えたから。

イ　必死にかき集めたと思われる小銭を見て、その男の子の努力を感じ取り、母親への贈《おく》り物が少しでも高級品に見えるように、外見だけでも美しく見せたいと考えたから。

ウ　男の子が口紅を買おうとする行動は理解できなかったが、その真剣《しんけん》な様子に押され、喜んでもらえるようにできる限りの良い仕事をしたいと考えたから。

エ　母親への贈り物を買おうとして、子どもが一生懸命《けんめい》に口紅の代金を用意したことを想像し、その気持ちを大切にして協力したいと考えたから。

問六　〰〰線「それね、あたしのお守りなのよ」とありますが、「母」にとって、「お守り」であるこの「口紅」とはどのようなものですか。ていねいに説明しなさい。

問七　――線６「胸に詰《つ》まった重苦しさを～深く大きく息を吸《す》った」とありますが、ここでの「私」の様子の説明として適当なものを

「あたしが死んだときには、死に化粧にこの口紅を使ってもらえないかね？」

「何を言い出すんですか、もう」

「だから、もしものときにね……。それと、こんな古い口紅、形見に残してもしょうがないから、一緒にお棺《かん》の中に入れてほしいの。そうすれば、あたしもいくらか淋しくないし。ねえ、だから靖子さん、お願いね、そうしてもらえる？　本当にお願いね」

靖子に懇願《こんがん》する母の声に居《い》たたまれなくなった私は後退りするようにその場を離れた。非常口の扉《とびら》を開け外階段の踊《おど》り場へ出ると、6胸に詰《つ》まった重苦しさを全部吐《は》き出し、深く大きく息を吸《す》った。

微《かす》かに赤味《あかみ》の残った空に『夕やけ小やけ』のメロディーが流れ、晩秋の冷たい風が錆《さ》びた鉄柵《てっさく》の隙間《すきま》から私の頬《ほお》に吹きつけてくる。

気を落ち着かせようとし、上着の内ポケットから煙草《たばこ》を取り出すと、その一本をくわえた。ライターを添《そ》えたが、胃の方から咽《むせ》び上がる感情に唇が震《ふる》え、煙草は小刻《こきざ》みに上下し、うまく火が点《つ》けられない。くわえた煙草を右手で取り、そのまま掌《てのひら》の中でくしゃくしゃに握《にぎ》りしめると、もう一方の掌で、震える声を封《ふう》じ込めるように口を覆《おお》った。

贈った本人さえ忘れていたたった一本の口紅が、ずっと母の支えになっていたとは……。

少年だった私の方が、何倍も母を喜ばせていたと思うと、急に今の自分がちっぽけな人間に感じられた。

ただ、贈り物も温泉も、母に喜んでもらいたかっただけだ。そして、そういうことができるようになった私を「立派《りっぱ》になった」「よく頑張った」と褒《ほ》めてほしかった……。

靖子が言うように、歳をとって素直《すなお》な気持ちを口にできなくなったとしても、たとえどんなに冷たい態度をとろうと、子どもの、いや私の心根《こころね》にはいつも、母に褒められたいという思いがあった。

その場に座《すわ》り込みうなだれると、大粒《おおつぶ》の涙が頬を伝い、ぼろぼろと足元に落ちてゆく。もうそれを止める術《すべ》はなかった。

（森《もり》　浩美《ひろみ》『家族の言い訳』双葉社所収「おかあちゃんの口紅」より）

※1　靖子《やすこ》…「私（＝貴志《たかし》）」の妻。
※2　無理からに…無理に。
※3　不憫《ふびん》…気の毒。
※4　目抜《めぬ》き通り…人がたくさんいる通り。
※5　レーシングセット…車でレースをするおもちゃ。
※6　和泉屋《いずみ》…「私」の家の近くにあったデパート。
※7　怪訝《けげん》そうな…不思議そうな。
※8　物色…目的にあったものを探すこと。

問一　**――線1「靖子の笑い声に～癒《いや》される」とありますが、それはなぜですか。その理由として最も適当なものを次の中から選び、記号で答えなさい。**

ア　母の今後が気がかりで暗い気持ちになってしまったが、母と妻が楽しそうに会話をしている様子に、気持ちが救われたから。

イ　母と妻の様子が気になって隠《かく》れて病室の中を覗《のぞ》いたが、二人で楽しそうに会話している雰囲気《ふんいき》と、母の思いのほか元気そうな様子に安心したから。

ウ　母に冷たい態度で接している自分とは違《ちが》い、母を大切にしてくれる妻の行き届《とど》いた気配《きくば》りに感心し、今後は母の世話を全てまかせられると思ったから。

エ　母の検査結果が非常に悪いものであったことをどのように伝えるか悩《なや》んでいたが、母の前で自分の顔を立ててくれる妻を見て、介護《かいご》のつらさを忘れられたから。

問二　**――線2「『これで、こっちには～呟《つぶや》いた」とありますが、この時の「母」について述べたものとして最も適当なものを次の中**

した。

随分《ずいぶん》経《た》ってから人伝《ひとづて》に聞いた話だが、明紀の母親は東京から嫁《とつ》いできた人だった。

子どもの淡《あわ》い、いや愚《おろ》かな願いだったのかもしれないが、口紅をつければ私の母も明紀の母親のように綺麗になれるのではないかと思った。

翌日《よくじつ》、私《わたし》は※6和泉《いずみ》屋へ自転車を走らせ、化粧品売り場で口紅がいくらするのか下見をした。ガラスのカウンターの上に、口紅は並べてあった。4私がへばりつくように見ていると、店員《てんいん》に※7怪訝《けげん》そうな顔をされた。

私が予想していたものより遥《はる》か上の値段《ねだん》に落胆《らくたん》した。いっそのこと、隙《すき》を見て盗《ぬす》んでしまおうかとも思ったが、とてもそんな度胸《どきょう》はなかった。

お年玉の残りでは足らず、何日か思い巡《めぐ》らせた結果、瓶《びん》集めを思いついた。当時、清涼飲料水《せいりょういんりょうすい》の空き瓶を店に持って行くと十円になった。それからしばらくの間、友だちからの遊びの誘《さそ》いも断って、家に帰ると自転車を漕《こ》いで※8物色に出掛《でか》けた。

町工場《こうば》が集まった地区には、ブロック塀《べい》の上に、若《わか》い工員が返却《へんきゃく》を面倒《めんどう》がって放置したコーラの瓶があった。道端《みちばた》にはたんぽぽの花に混《ま》じって、捨《す》てられた瓶が土に突《つ》き刺《さ》さるように埋《う》まっていた。それらを集めては水道の水で一生懸命《けんめい》汚《よご》れを落とし、それから商店へ持ち込《こ》み、換金《かんきん》した。

同じ店ばかりに持ち込むとヘンに思われそうだったので、自転車の籠《かご》に幾《いく》つか積み込んでは、離れた商店へも運んだ。

母の日の数日前、私は十円玉でパンパンになったビニール袋を抱え、和泉屋へと向かった。

店員のおばさんに「母の日のプレゼントにするんだ」と告げると、5小銭を数えることも嫌《いや》がらず、綺麗な包装紙《ほうそうし》で口紅を包んでくれた。私は母の日にその口紅を母に手渡し、次の授業参観は口紅をつけてきてくれと頼んだ。

母の目にはみるみる涙《なみだ》が溜《た》まり、母は私を抱《だ》きしめると何度も「ありがとうね、貴志」と言い、髪《かみ》の毛がくしゃくしゃになるほど頭を撫《な》でた。

私は子どもながらに、大きな仕事をやり遂《と》げたような満足感と、感謝される喜びを初めて味わった。

……そんな遠い記憶が、蘇《よみがえ》った。

「貴志が買ってくれた口紅は、参観日に一度使ったきり、あとはもったいなくて使えなかった……。でもね、ずっとあたしのお守りになってるんだよ」

「お義母さん、それでよかったんですよ」

「実はね、近所のお店の人から聞いてたの。あの子が、空き瓶を集めてお金に換《か》えてるって。何でそんなことをって恥ずかしい気がしたんだけど、そのお金で口紅買ってくれたんだから、恥ずかしいなんて言ったら罰《ばち》が当たっちゃうところだったね」

母は知っていたんだ……。今思えば、だから「これはどうやって手に入れたんだ？」と尋《たず》ねることもしなかったのだろう。

「淋しいときも苦しいときも、その口紅を見ると頑張《がんば》れたの」

「お義母さん、泣かないで下さいよ。私、もらい泣きしちゃうじゃないですか」

「ああ、ごめんなさいね」

病室の様子は見ることはできないのに、ふたりの表情が手に取るように分かる。

「靖子さん、ひとつお願いがあるんだけど」

「はい……」

るとき、玄関《げんかん》で見送るんだけど、あの子、振《ふ》り向かないで帰っちゃうんだよね。それが淋《さび》しくて……」

「達也《たつや》も最近はそんなところがありますから。でも、男の子はみんな気恥《きは》ずかしいんじゃないですか？」

「靖子さん、あたしはね、あの子が結婚したとき、こんな言い方したら靖子さんのご両親に悪いんだけど、息子《むすこ》を取られちゃった気になって」

梅丘《うめがおか》に家を建てると告げたとき2「これで、こっちには戻らないんだね」と淋しそうに母が呟《つぶや》いたことを思い出す。

私はそのとき「婿養子《むこようし》に入るわけじゃないし、そんな顔をするなよ」と素っ気《そけ》なく答えた。

トイレに向かう年老いた入院患者《かんじゃ》が、ゆっくり私の前をお辞儀《じぎ》しながら歩いて行く。

「靖子さん、その引き出し開けてもらえる？」

「この引き出しですか？」

靖子が引く引き出しのキキッと擦《す》れた音が聞こえる。

「その中に、赤い布袋《ぬのぶくろ》があると思うんだけど」

「布袋ですか？　あ、はい、ありました」

「中に、口紅《べに》があるでしょう？」

「はい」

「それね、あたしのお守りなのよ。貴志が小学生の……あれは四年生だったかな。母の日にくれたの」

「ま、貴志さんが」

「今度、授業参観に来るときは、それをつけて来てくれって言われたのよ。いつもあたしが見窄《みすぼ》らしい格好《かっこう》ばかりしてたから、※3不憫《ふびん》になったんじゃないのかね」

口紅……。小学四年……。母の日……。

遠い記憶がその言葉に引っ張られるように、私の頭の中に浮かんできた。

そうだ。私が母に贈ったものだ。

小学四年のとき岡田明紀《おかだあきのり》という級友がいた。

町には中心部に住む「町の子」と呼ばれた子どもたちがいた。大概《たいがい》は会社勤《づと》めや※4目抜《めぬ》き通りに店を構えるうちの子で、比較《ひかく》的裕福な家庭の子を意味した。その中でも明紀は普段《ふだん》からぱりっとした半ズボンと白いシャツを着ていた。

明紀の母親は、学校の行事で学校を訪《おとず》れるとき、きちんと化粧《けしょう》をし、濃紺《のうこん》のスーツ姿《すがた》でやって来た。マセた女子の間では「明紀くんのお母さんは綺麗《きれい》だ」という評判になっていた。

ある日、明紀が自慢《じまん》する※5レーシングセットを見るために、数人の級友と町の高台にあった明紀の家に行くことになった。

よく手入れされた垣根《かきね》に囲まれた家も美しく感じたが、通された居間の整理整頓《とん》された様には驚《おどろ》かされた。きょろきょろと見渡《わた》すと、テーブルの上には白いレースのクロスが敷《し》かれ、革張《かわば》りのソファが置いてあった。我《わ》が家には無縁《むえん》の物ばかりだった。3私は急に気後《きおく》れし、慌《あわ》てて穴の開いた靴下《くつした》の先を引っ張って隠《かく》した。

私の母は掃除《そうじ》が苦手というより、そういう能力が欠如《けつじょ》しているのではないかと思うくらい部屋の中は足の踏《ふ》み場もなく物が散乱し、食《しょく》卓《たく》として置かれたコタツは一年中、部屋から片《かた》づけられることはなかった。

明紀の母親は、薄茶《うすちゃ》色のスカートに白いブラウスを着ていて、特別な日でもないのに化粧をしていた。その唇《くちびる》には口紅が塗《ぬ》られていた。

「召《め》し上がれ」と、おやつに出されたイチゴのショートケーキを、慣れないフォークを使いこなせず横倒《よこだお》しにしてしまい恥ずかしい思いを

二〇二一年度 桐光学園中学校

【国　語】〈第二回試験〉（五〇分）〈満点：一五〇点〉

注意　本文の表現については、作品を尊重し、そのままにしてありますが、設問の都合上、省略した部分、表記を改めた部分があります。
また、特に指示のないかぎり、句読点なども一字に数えます。

一　**――線Ⓐ～Ⓞのひらがなを漢字に直しなさい。**

1　劇団がⓐかいさんする。
2　日ごろからⓘしっそな生活を心がける。
3　問題点をⓤれっきょする。
4　キャプテンのⓔじゅうせきを果たす。
5　この街には高層ビルがⓞりんりつしている。

二　**次の文章を読んで、後の問いに答えなさい。**

> 子ども時代に母と貧しい生活をおくっていた「私（＝貴志《たかし》）」は、大人になって裕福《ゆうふく》な生活ができるようになった。母を温泉旅行や食事に連れて行ったり、贈《おく》り物をしたものの、母がいつも「もったいない」と口にするところが気に入らず、ついきびしく当たってしまう。そんなある日、体調を崩《くず》して田舎《いなか》の病院に入院した母の精密検査《せいみつけんさ》の結果を聞きに行くように妹から頼《たの》まれた。そこで母の病気がかなり進行した胃がんであることを医師から告げられ、動揺《どうよう》した「私」は重い足取りで母の病室へ向かった。

母の病室の前まで歩くと、出入口が開け放たれた部屋から、※1靖《やす》子《こ》と母の声が聞こえ、私はふと立ち止まった。医師から告知をされたせいで、病室から漏《も》れてくる母の声まで細って聞こえた。

私は見えない水で顔でも洗うように両手で顔を拭《ぬぐ》うと、※2無理かに稳《おだ》やかな表情を作った。

いざ病室に入ろうとしたとき「靖子さん、あの子は私のことが嫌《きら》いなんじゃないかね？」という母の声に踏《ふ》み出しかけた足先を止めた。

「何言ってるんですか、お義母《かあ》さん、貴志さんはそんなこと思ってないですよ、ははは」

靖子が穏やかに笑い返す。

私は後退《あとずさ》りをし、出入口から離《はな》れると廊下《ろうか》の壁《かべ》に背中《せなか》を押《お》しつけ身を潜《ひそ》めた。

「そうだといいけど……。昔からよく叱《しか》られたし。なかなか帰って来てくれることもないし」

「たまたま忙《いそが》しかっただけで、いつも気にかけてますよ」

「あの子は気難《きむずか》しいから、靖子さんみたいなやさしい人が一緒《いっしょ》になってくれてよかった」

私は靖子と結婚したとき、靖子がこの田舎《いなか》者の両親とうまくやってくれるだろうかと心配した。が、むしろ、私より両親のことを気にかけてきてくれた。

「貴志さんは、口では冷たいようなことも言ってますけど『そろそろお袋《ふくろ》の誕生日じゃないか？』とか『母の日はどうする？』なんて気にしてますもの。私が贈《おく》ったことにしてくれるのも、その方が嫁《よめ》としての私の株《かぶ》が上がるって分かってくれているんです。そういうところがある人なんですよ、素直《すなお》じゃないだけで。ホント、いい歳《とし》をして困《こま》ったもんですね、ははは」

1靖子の笑い声にほんの少し私の気持ちが癒《いや》される。

「昔ね、貴志が大学に行ってた頃、たまに帰って来て、また東京に戻《もど》

2021年度

桐光学園中学校 ▶解説と解答

算　数　＜第２回試験＞（50分）＜満点：150点＞

解　答

[1] (1)　0.5　(2)　$\frac{2}{5}$　(3)　５時56分　(4)　33　(5)　710　[2] (1)　25　(2)　53.5　(3)　（省略）　(4)　③　(5)　62.8　(6)　90　[3] (1)　６通り　(2)　①　５か所　②　58通り　[4] (1)　123454321　(2)　１個　(3)　13　[5] (1)　17cm　(2)　17分36秒後　(3)　41.6℃

解　説

[1] 計算のくふう，逆算，時計算，約数と倍数，分配算

(1)　(１＋0.8＋0.6＋0.4＋0.2)－(0.9＋0.7＋0.5＋0.3＋0.1)＝(１－0.9)＋(0.8－0.7)＋(0.6－0.5)＋(0.4－0.3)＋(0.2－0.1)＝0.1×５＝0.5

(2)　$\frac{5}{6}\times\frac{3}{5}=\frac{3}{6}=\frac{1}{2}$より，$\frac{5}{6}\times\frac{3}{5}+(1+\square)\div\frac{2}{5}=4$，$\frac{1}{2}+(1+\square)\div\frac{2}{5}=4$，$(1+\square)\div\frac{2}{5}=4-\frac{1}{2}=\frac{8}{2}-\frac{1}{2}=\frac{7}{2}$，$1+\square=\frac{7}{2}\times\frac{2}{5}=\frac{7}{5}$　よって，$\square=\frac{7}{5}-1=\frac{7}{5}-\frac{5}{5}=\frac{2}{5}$

(3)　１時間＝60分より，８時21分－２時間25分＝７時81分－２時間25分＝５時56分となる。

(4)　７で割ると５余る整数は，小さいほうから，５，12，19，26，33，…である。この中から，５で割ると３余る整数をみつければよい。５の倍数の一の位の数は０か５なので，５の倍数に３を加えた数の一の位の数は，３か８である。よって，33と求められる。

(5)　子どもの入園料を１とおくと，大人の入園料は２である。このとき，大人２人と子ども３人の入園料の合計は，２×２＋１×３＝７で，この金額が4970円となる。よって，子どもの入園料である１あたりの金額は，4970÷７＝710(円)とわかる。

[2] 割合と比，平均とのべ，分割，展開図，角度

(1)　もとの長方形の縦と横の長さを，それぞれ１とおくと，面積は，１×１＝１である。縦の長さは60％長くなったので，60％＝0.6より，縦の長さは，１×(１＋0.6)＝1.6となる。また，面積はもとの長方形の２倍になったので，１×２＝２である。よって，横の長さは，２÷1.6＝1.25とすればよいので，1.25－１＝0.25より，横の長さを25％長くしたことになる。

(2)　クラス全体の平均点は54.2点，クラスの人数は，16＋14＝30(人)なので，(合計点)＝(平均点)×(人数)より，クラスの合計点は，54.2×30＝1626(点)とわかる。また，女子14人の平均点は55点なので，女子の合計点は，55×14＝770(点)であり，男子の合計点は，1626－770＝856(点)となる。よって，男子の平均点は，856÷16＝53.5(点)と求められる。

(3)　（省略）

(4)　円柱を点Ｏを通り底面に垂直な面で切ると，下の図１のように，切り口は長方形になる。よって，③があてはまる。

(5)　展開図を組み立てると，下の図２の円すいとなる。底面積は，２×２×3.14＝４×3.14(cm^2)である。また，円すいの側面積は，(母線)×(底面の円の半径)×(円周率)で求められるので，８×２×3.14＝16×3.14(cm^2)となる。よって，表面積は，４×3.14＋16×3.14＝(４＋16)×3.14＝20×3.14＝62.8(cm^2)とわかる。

図１
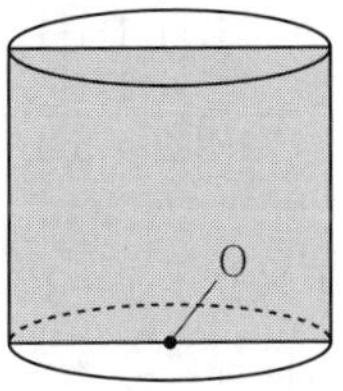

図２
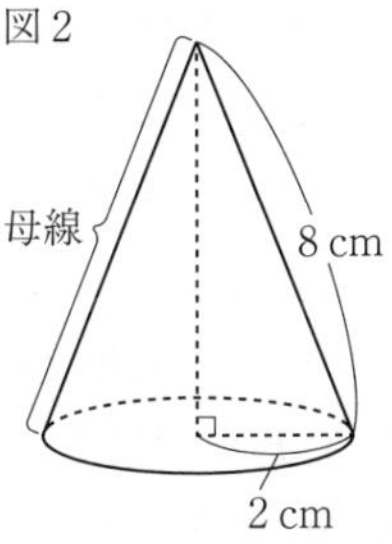

図３
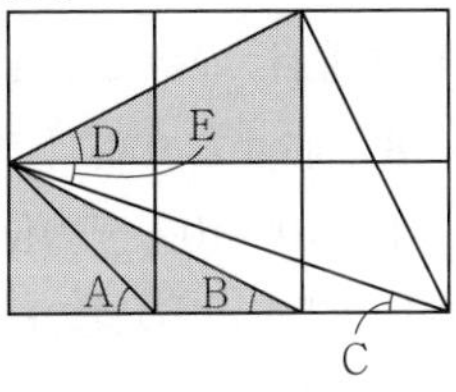

図４
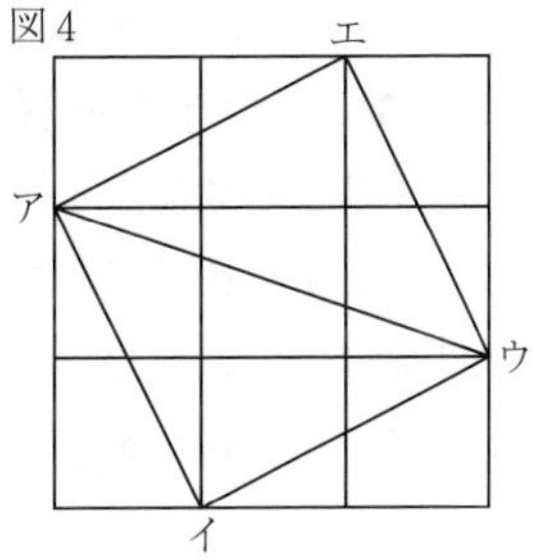

(6)　上の図３で，角Ａは直角を二等分した角なので45度である。次に，かげをつけた２つの直角三角形は合同なので，角Ｂと角Ｄは等しい。また，錯角《さっかく》は等しいので角Ｃと角Ｅは等しいから，角Ｂと角Ｃの和は，角Ｄと角Ｅの和と等しい。さらに，角Ｄと角Ｅの和は，上の図４の角エアウに等しく，図４で四角形アイウエは正方形で，三角形アウエは直角二等辺三角形である。よって，角エアウの大きさは45度であり，角Ｂと角Ｃの和も45度とわかる。以上から，角Ａ，角Ｂ，角Ｃの大きさの合計は，45＋45＝90(度)となる。

3　場合の数

(1)　太郎くんは，４分間でＡ地点からＣ地点まで移動するので，最短距離《きょり》で進むとわかる。たとえば，右の図１の地点アに最短距離で進むには，図１の矢印でかいたように，左か下の地点からアに移動する道順しかないので，アに最短距離で進む道順は，１＋１＝２(通り)とわかる。同様にそれぞれの地点に最短距離で進む道順を考えると，地点イと地点ウは，それぞれ，１＋２＝３(通り)ずつある。地点Ｃに最短距離で進むには，地点イか地点ウから進むしかないので，Ａ地点からC地点までの道順は，３＋３＝６(通り)と求められる。

図１
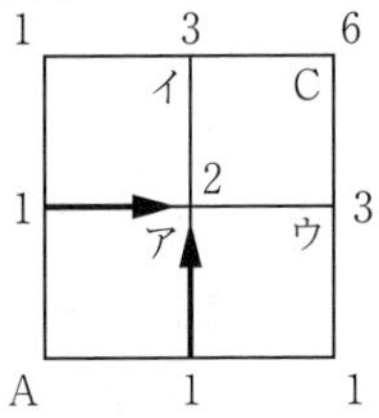

(2)　①　４分間で１人が進むことのできる距離は，小さな正方形の一辺の４つ分の距離である。Ａ地点を出発した太郎くんが，４分間で遠回りせずにたどり着ける地点は，右の図２で●をつけた５か所の地点で，これは，Ｂ地点を出発した花子さんが遠回りせずに４分間でたどり着ける地点も同じである。よって，出会う可能性がある場所は５か所とわかる。　②　①より，２人が４分後に出会うとき，２人とも遠回りせずに進むから，２人の通った道をつなげて１つの道順をつくると，最短距離でＡ地点からＢ地点まで進む道順になる。そこで，Ａ地点からＢ地点まで進む道順の数をかくと，右上の図３のようになる。このとき，Ｐ地点は通ることができないため，Ｐ地点の上にある交点に行くには，左の地点から進むしかないことに注意する。したがって，図３より，Ａ地点からＢ地点までの道順は58通りあるとわかる。

図２
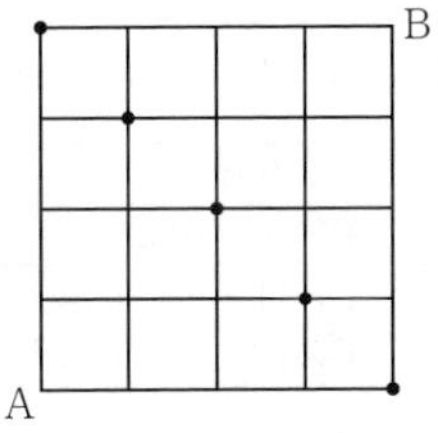

図３
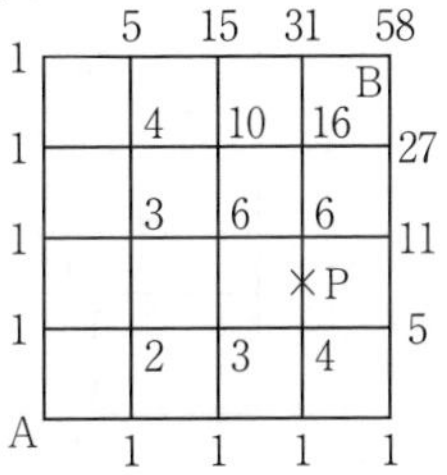

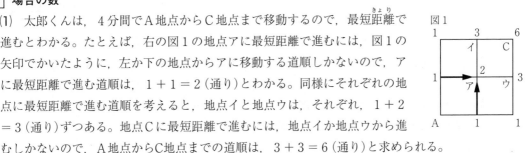

4 整数の性質

⑴　筆算をすると，右の図１のようになる。よって，⑤＝11111×11111＝123454321となる。

図１

					1	1	1	1	1
×					1	1	1	1	1
					1	1	1	1	1
				1	1	1	1	1	
			1	1	1	1	1		
		1	1	1	1	1			
	1	1	1	1	1				
	1	2	3	4	5	4	3	2	1

⑵　⑩の値を筆算で求めるには，下の図２のような計算をすればよい。そのとき，⑩の各位の数字を小さい方から考えると，一の位(右から１番目)の数は１，十の位(右から２番目)の数は，１＋１＝２，…となり，右から８番目の数は，１×８＝８，右から９番目の数は，１×９＝９，そして，右から10番目の数は，１×10＝10の一の位なので０となる。右から11番目の位の数は，右から10番目の位の数の繰《く》り上がりの１を加えた，１×９＋１＝10の一の位なので，右から11番目の位は０とわかる。右から12番目以降の数についても同様に考えると，各位の数は下の図３のようになり，８は１個しかふくまれないことがわかる。

図２

```
                     1 1 1 1 1 1 1 1 1 1
×                    1 1 1 1 1 1 1 1 1 1
--------------------------------------------
                     1 1 1 1 1 1 1 1 1 1  ┐
                   1 1 1 1 1 1 1 1 1 1    │
                     ⋮                    │10行
   1 1 1 1 1 1 1 1 1 1                    ┘
--------------------------------------------
```

図３

右から□番目の位	右から□番目の位の数
⋮	⋮
8	１×８＝８より８
9	１×９＝９より９
10	１×10＝10より０
11	１×９＋１＝10より０
12	１×８＋１＝９より９
13	１×７＝７より７
14	１×６＝６より６
⋮	⋮

⑶　⑵と同様に考えて，右から３番目の数は３とわかる。また，Xを大きい数として，図３と同様に考えると，下の図４のようになり，右から12番目の数は３とわかる。ここでX＝12とすると，13番目の位の数は，１×11＋１＝12なので２となり，その後，位の数は減少するので，３は４個ふくまれない。そこで，X＝13とすると，図４の続きは下の図５のようになり，各位の数字の中に３が４個ふくまれるとわかる。よって，13と求められる。

図４

右から□番目の位	右から□番目の位の数
⋮	⋮
3	１×３＝３より３
⋮	⋮
9	１×９＝９より９
10	１×10＝10より０
11	１×11＋１＝12より２
12	１×12＋１＝13より３

図５

右から□番目の位	右から□番目の位の数
13	１×13＋１＝14より４
14	１×12＋１＝13より３
15	１×11＋１＝12より２
16	１×10＋１＝11より１
17	１×９＋１＝10より０
18	１×８＋１＝９より９
19	１×７＝７より７
⋮	⋮
23	１×３＝３より３
⋮	⋮

5 水の深さと体積

図１

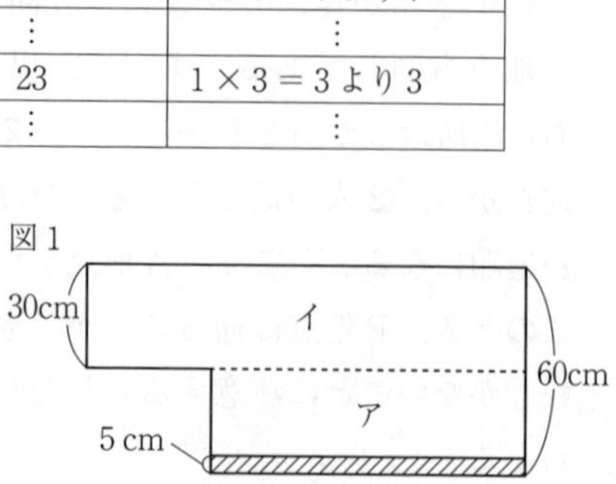

⑴　はじめの湯の温度は36度であり，42度まで給湯①を行う。給湯①では１分間に１度ずつ湯の温度が上がるので，給湯①の時間は，(42−36)÷１＝６(分)である。給湯①では１分間に，16Ｌの湯が入るので，６分間で入る湯の体積

は，１L＝1000cm^{3}より，16×６×1000＝96000(cm^3)となる。右上の図１でアの部分の底面積は，100×80＝8000(cm^2)であり，はじめに湯が５cm入っていたので，６分後の湯の深さは，５＋96000÷8000＝17(cm)と求められる。なお，アの部分の高さは，60－(30＋５)＝25(cm)なので，６分後，湯はアの部分をこえない。

(2) 40cmの深さまで湯が入るのは，(1)の後，図１のアの部分に，30－17＝13(cm)だけ湯が入り，さらにその後，イの部分に，40－30＝10(cm)の湯が入ったときである。そのとき，(1)の後に入る湯の体積は，100×80×13＋140×80×10＝104000＋112000＝216000(cm^3)＝216000÷1000＝216(L)となる。また，６分後に①の給湯を終え，②の給湯となるので，②の給湯を行う時間は，(42－38)÷１＝４(分間)だから，②の給湯で入る湯の体積は，20×４＝80(L)である。次に再び①の給湯が始まるが，そのときの①の給湯の時間は，(42－38)÷１＝４(分間)で，入る湯の体積は，16×４＝64(L)となる。よって，６分後から②と①の給湯により，80＋64＝144(L)の湯が入り，湯の深さが40cmになるには，さらに，216－144＝72(L)の湯が入らなければならない。したがって，次に②の給湯が始まり，湯の深さが40cmになるまでの時間は，72÷20＝3.6(分)とわかるので，湯を入れ始めてから，６＋４＋４＋3.6＝17.6(分後)，0.6×60＝36(秒)より，17分36秒後と求められる。

(3) 給湯を始めてから，６＋４＋４＝14(分間)で，①と②の給湯により入ったそれぞれの湯の体積は，右の図２のようになる。①の給湯を終えたときの温度は42度，②の給湯を終えたときの温度は38度で，いつでも一定なので，はじめの①の給湯を除いて，その後は，②の給湯による80L，①の給湯による64Lを繰り返す。(1)より，６分後の湯の深さは17cmなので，６分後から満水になるまでに入る湯の体積は，100×80×(30－17)＋140×80×30＝104000＋336000＝440000(cm^3)＝440000÷1000＝440(L)である。よって，440÷(80＋64)＝３余り８より，②と①の給湯の周期を３回繰り返した後に，②の給湯を，８÷20＝0.4(分)行うと満水になるとわかる。①の給湯の後は42度で，②の給湯によって温度が１分につき１度下がるので，42度から，１×0.4＝0.4(度)下がる。したがって，満水になったときの湯の温度は，42－0.4＝41.6(度)と求められる。

図２

時間	給湯の種類	入った湯	給湯終了時の温度
０分後から６分後	①	96L	42度
６分後から10分後	②	80L	38度
10分後から14分後	①	64L	42度

※　編集部注…学校より，２の(3)に不備があったため，この問題については受験生全員を正解にしたとの発表がありました。

社　会　＜第２回試験＞（40分）＜満点：100点＞

解　答

１ **問１**　①　三国干渉　②　東郷平八郎　③　ポーツマス　**問２**　(1)　２　(2)　２　**問３**　(1)　元寇(蒙古襲来，文永の役・弘安の役)　(2)　１　**問４**　３　**問５**　３　**問６**　１　**問７**　安政　**問８**　１　**問９**　４　**問10**　(例)　スペイン風邪当時も現在も，外出時のマスクの着用や咳エチケットなどがすすめられている点が共通しているが，当時すすめられていた日光消毒が現在はすすめられていないことや，現在は３つの密を避けることがすすめられているが，当時はすすめられていないことが異なる。　[2]　**問１**　**A**　2　**B**　5　**C**　8　**問２**　3　**問３**　500(メートル)　**問４**　4　**問５**　(例)　津波から避難するための建物　**問６**　関東ローム(層)　**問７**　2　**問８**　3　**問９**　3　[3]　**問１**　①　9　②　11　③　12　④　7　⑤　8　⑥　1　⑦　4　**問２**　(例)　石を打ち欠いただけの打製石器　**問３**　2　**問４**　3　**問５**　4　**問６**　2　**問７**　4　**問８**　1

解　説

[1]　感染症《かんせんしょう》を題材とした問題

問１　①　1894～95年の日清戦争に勝利した日本は，清(中国)から台湾や遼東《リャオトン》半島などをゆずり受けた。しかし，日本の大陸進出を警戒《けいかい》したロシアは，ドイツとフランスをさそって三国干渉《かんしょう》を行い，遼東半島を清に返還するよう迫《せま》った。これらの国に対抗するだけの力がなかった日本は，賠《ばい》償《しょう》金の増額と引きかえに，やむなくこれに応じた。　②　東郷《とうごう》平八郎は鹿児島県出身の軍人で，1904～05年の日露戦争のさいには連合艦隊《かんたい》司令長官として日本海海戦を指揮し，ロシアのバルチック艦隊を破って日本の優勢を決定づけた。　③　日露戦争では，日本，ロシアとも戦争の長期化を避《さ》けたいと考えたため，アメリカ大統領セオドア＝ルーズベルトに仲介《ちゅうかい》を求め，これによってアメリカの軍港ポーツマスで講和会議が開かれた。この会議で結ばれたポーツマス条約により，ロシアは韓国に対する日本の指導権を認め，樺太の南半分を日本にゆずり渡すこと，遼東半島南部の大連と旅順の租借権，南満州鉄道およびそれにともなう権利を日本にゆずり渡すことなどが取り決められた。

問２　(1)　ジェンナーはイギリスの医師で，天然痘《とう》の研究にたずさわり，18世紀末に種痘法という天然痘の予防法を発見した。　(2)　世界保健機関は，感染症の拡大防止をふくむ保健衛生の分野を担当する国際連合(国連)の専門機関で，WHOと略される。なお，１のWTOは世界貿易機関，３のILOは国際労働機関，４のUNESCO(ユネスコ)は国連教育科学文化機関の略称。

問３　(1)　13世紀後半，中国に元を建国したモンゴル帝国第５代皇帝のフビライ＝ハンは，日本に服属を求めて使者を送ってきた。しかし，鎌倉幕府の第８代執権《しっけん》北条時宗がこれを強く断ったことから，フビライは1274年の文永の役と1281年の弘安の役という２度にわたり，大軍を北九州に派遣して攻《せ》めてきた。この２度の元軍の来襲《らいしゅう》は，元寇《げんこう》(蒙古《もうこ》襲来)とよばれる。　(2)　北里柴三郎《しばさぶろう》は，19世紀末，ドイツ留学中に破傷風の血清療法《りょうほう》を発見し，世界的に知られる細菌《さいきん》学者となった。日本に帰国したあと，政府によって香港《ホンコン》に派遣され，そこでペスト菌を発見した。北里は伝染病研究所・北里研究所・慶應義塾大学医学部などを創設するなど，医学や教育の場で広く活躍《かつやく》した。

問４　「リテラシー」とはもともと読み書きの能力のことで，ここから，与えられた材料の中から必要な，あるいは正しいものを選び出す能力といった意味合いで用いられるようになった。情報化社会の進展やインターネットの普及《ふきゅう》によって，現代の社会には膨大《ぼうだい》な量の情報があふれていることから，メディアの発信する情報をさまざまな角度から批判的に読み取る能力であるメディアリテラシーの重要性が高まっている。なお，マーケティングは，商品がよく売れる仕組みをつくる企業活動といった意味で用いられる。バリアフリーは，障がいを持つ人や高齢者などが生活していくうえで障害(バリア)となるものを社会から取り除いていこうという考え方をいう。サブスクリプションは，商品をそれぞれ購入《こうにゅう》して支払いをするのではなく，料金を支払うことで製品やサービスを一定期間利用することができる形式のことで，インターネット上での雑誌購読などで多く用いられている。

問５　1914年，サラエボ事件(オーストリア皇太子夫妻暗殺事件)をきっかけとして，第一次世界大戦が始まった。ヨーロッパが主戦場となったこの戦争では，戦車や戦闘機，毒ガスなどの新兵器が用いられ，各国の国民すべてを巻きこむ総力戦が行われた。なお，１は満州事変，２は太平洋戦争についての説明。４について，第一次世界大戦によって世界的に広まったスペイン風邪《かぜ》(インフルエンザ)死者数は「4000万人」とあるので，1000万人をはるかに上回る。

問６　1858年，江戸幕府の大老井伊直弼《なおすけ》は朝廷の許可なくアメリカとの間で日米修好通商条約を結んだが，これを批判する声が多く出た。これに対し，井伊は同年から翌59年にかけて反対派を弾圧し，厳しく処罰《しょばつ》する安政の大獄《たいごく》を行ったが，その報復として1860年，桜田門外の変で暗殺された。坂本龍馬《りょうま》は薩長同盟の成立に貢献《こうけん》したことで知られる志士で，1867年に京都で暗殺された。

問７　安政は1854～59年まで用いられた元号で，この間には安政の五か国条約(1858年)や安政の大獄(1858～59年)などのできごとがあった。このころ，貿易の開始によって来日した外国人によってコレラがもたらされ，「安政コレラ」とよばれて多くの死者を出した。

問８　日本国憲法は第41条で国会を「唯一《ゆいいつ》の立法機関」と定め，法律を制定する権限である立法権を国会のみに認めている。よって，１が誤っている。

問９　ハンセン病はらい菌という菌による感染症で，感染力は弱く，治療法も開発されているが，長い間，国の政策によって患者《かんじゃ》は隔離《かくり》され，差別や偏見に苦しんできた。しかし，1996年になってようやく患者の隔離などにつながっていた法律が廃止され，2001年には国が患者らに謝罪した。なお，１の四日市ぜんそく，２のイタイイタイ病，３の水俣病と新潟(第二)水俣病は合わせて四大公害病とよばれ，いずれも公害が原因となって発生した。

問10　共通点としては，マスクの着用や「咳《せき》エチケット(約100年前のポスターでは「『テバナシ』に『セキ』をされては堪《たま》らない」と書かれている)」がよびかけられていることがあげられる。一方で，約100年前によびかけられていた「日光消毒」は現在はすすめられておらず，むしろ「自宅療養」がすすめられている。また，現在は「３つの密(密閉・密集・密接)」を避け，ソーシャルディスタンシング(人と一定の距離をあけること)がよびかけられているが，約100年前のポスターからは，そうした注意を読み取ることはできない。

２　江の島周辺の地形と地形図の読み取りについての問題

問１　A(☼)は灯台の地図記号で，灯台の光を上から見た形と，周囲に光が出ているようすを図案化したものである。B(卍)は寺院の地図記号で，寺院で見られる卍が地図記号として用いられている。C(Q)は広葉樹林の地図記号で，広葉樹を横から見たようすを図案化したものである。なお，そのほかの地図記号はそれぞれ，工場が(⚙)，神社が(⛩)，漁港が(⚓)，果樹園が(ó)，針葉樹林が(Λ)で表される。

問２　特にことわりがない場合，地形図では北が上，右が東，下が南，左が西を示す。集合場所からみて江の島は下に位置しているので，南にあたる。

問３　実際の距離は，(地形図上の長さ)×(縮尺の分母)で求められる。よって，縮尺が25000分の1

の地形図上で２センチメートルの距離は，２×25000＝50000センチメートル＝500メートルとなる。

問４　地形図からわかるように，江の島と対岸は細くのびた砂州《さす》によって結ばれている。このように，陸と島をつなぐほど発達した砂州を陸繋《りくけい》砂州といい，陸繋砂州によって陸地とつながった江の島のような島を陸繋島という。陸繋砂州と陸繋島としては，ほかに函館市(北海道)がよく知られる。

問５　示されたものは津波避難《ひなん》ビルのマークで，右下に津波，中央に人，左上にビルが図案化されている。このマークは，津波に対して安全な避難ビルを示しており，津波から避難するさい，近くに高台がない場合でも，津波から避難できるじょうぶな高いビルであることを表している。

問６　関東平野の台地や丘陵《きゅうりょう》地には，富士山や箱根山，赤城山，浅間山などが噴火したさいの火山灰が降り積もってできた，関東ローム(層)とよばれる赤褐色《せきかっしょく》の地層が広がっている。

問７　E地点は海岸に近く，すぐ北側には崖《がけ》がある。この条件にあてはまる写真は２である。

問８　F，Gはいずれも海上かそれに近い場所であり，Fの右側には２つの山がある(Dがある付近で標高が低くなっている)ことなどから，３と判断できる。

問９　昭和31年の地形図にも「かたせえのしま」駅やこれにつながる線路(━■━■━)が見られるので，３が誤っている。

3　各時代の歴史的なことがらについての問題

問１　①　関東山地の笠取《かさとり》山を水源とする多摩《たま》川は，東京都を西部から南東部に向かって流れ，下流では東京都大田区と神奈川県川崎市の境を形成して東京湾に注ぐ。　②　『万葉集』は現存する日本最古の歌集で，奈良時代後半に編さんされた。『万葉集』には，天皇や貴族から農民にいたるさまざまな身分の人たちのよんだ約4500首の和歌が収められている。　③　松平定信は1787年に江戸幕府の老中になると，祖父にあたる第８代将軍徳川吉宗の政治を理想とし，財政再建や幕府の権威《けんい》の向上をめざして寛政の改革とよばれる幕政改革を推進した。　④　渋沢《しぶさわ》栄一は埼玉県深谷市出身の実業家で，日本初の銀行である第一国立銀行を設立したほか，大阪紡績《ぼうせき》会社などさまざまな会社の設立や経営にたずさわり，「日本資本主義の父」とよばれる。2024年度発行予定の１万円札には，渋沢の肖像《しょうぞう》画が使われることになっている。　⑤　1895年，日清戦争の講和条約として下関条約が結ばれた。この条約で清(中国)は，朝鮮が独立国であることを認めるとともに，日本に多額の賠償金を支払い，台湾や遼東半島などをゆずり渡すこととなった。　⑥　1336年，足利尊氏は京都に光明天皇を立て，対立していた後醍醐《ごだいご》天皇を奈良の吉野に追いやった。そして1338年に征夷《せいい》大将軍に任命され，室町幕府を開いた。　⑦　川端康成《かわばたやすなり》は大正～昭和時代に活躍した小説家で，代表作に『雪国』や『伊豆の踊子《おどりこ》』がある。1968年には，日本人で初めてノーベル文学賞を受賞した。

問２　旧石器時代には，石を打ち欠いただけの打製石器が用いられた。時代が進んで新石器時代になると，石を磨《みが》いて丸くしたりするどくしたりする工程が加わった磨製石器も，広く使われるようになった。なお，日本では縄文時代が新石器時代にあたる。

問３　松平定信は寛政の改革の中で，幕府の学問所では朱子学《しゅしがく》(儒学《じゅがく》の一派)以外の学問を禁止するという寛政異学の禁を出した。朱子学は身分秩序《ちつじょ》を重んじる学問で，武士を頂点とする身分制度によって人民を支配する江戸幕府にとっては，都合のよい学問であった。

問４　１は史料の４つめの内容に，２は１つめの内容に，４は３つめの内容にあてはまる。史料の２つめは「対岸に築いた堤防および盛り土が２つめの原因」といった内容で，３の内容にあてはまるものはない。

問５　17世紀初め，1614年の大阪(大坂)冬の陣《じん》と1615年の大阪夏の陣の２回にわたる大阪の役が起こった。江戸幕府は豊臣氏の本拠《ほんきょ》地であった大阪城を攻め，夏の陣で豊臣秀頼《ひでより》を自害に追いこんで豊臣氏をほろぼした。なお，１は1716年，２は1782年，３は1792年のできごと。

問６　八幡製鉄所は現在の北九州市に建設され，1901年に操業を開始した。八幡製鉄所は日本の重工業における産業革命の先がけとなり，その後も日本の鉄鋼業を支えた。2015年には，ほかの多くの構成遺産とともに「明治日本の産業革命遺産―製鉄・製鋼，造船，石炭産業」としてユネスコの世界文化遺産に登録された。なお，１の鐘《かね》ケ《が》淵《ふち》紡績会社は紡績業(綿花から綿糸をつくる工業)の会社，３の池貝鉄工所は工作機械の会社，４の芝浦《しばうら》製作所は機械類や電気機械などの会社で，いずれも現在の東京都で設立された。

問７　１は1911年，２は1877年，３は1918年，４は1902年のできごとなので，４が正しい。

問８　紫式部は平安時代の女流作家で，藤原道長の娘である彰《しょう》子《し》に仕え，長編小説『源氏物語』を著した。よって，１が誤っている。

理　科　＜第２回試験＞（40分）＜満点：100点＞

解　答

1〔1〕　a　③　　b　(例)　さなぎはまゆの中にある。　〔2〕　a　①　　b　(例)　しょっかくはまっすぐ。　〔3〕　a　④　　b　(例)　実はかたまらずに１つずつなる。〔4〕　a　③　　b　(例)　胃である。　〔5〕　a　⑤　　b　(例)　シリウスである。〔6〕　a　③　　b　(例)　オスは卵を産まない。　2〔1〕　イ，オ　〔2〕　イ〔3〕　ウ　〔4〕　(1)　イ　(2)　小さな水のつぶ　(3)　エ　(4)　ア　〔5〕　(1)　エ(2)　ア　(3)　$91cm^3$　(4)　ウ　〔6〕　(1)　エ　(2)　B→C→A　3〔1〕　ア，ウ〔2〕　ウ　〔3〕　イ　〔4〕　(例)　缶の表面をやすりでけずる。　〔5〕　(1)　エ　(2)①　上　②　ア　(3)　イ　(4)　ア，ウ　(5)　ア　(6)　X　(7)　ア，オ

解　説

1　生物と天体についての問題

〔1〕　カイコは完全変態をするこん虫で，さなぎになる前にまゆをつくり，その中でさなぎになる。

〔2〕　ショウリョウバッタのしょっかくは曲がっておらず，まっすぐのびている。

〔3〕　ヘチマのめ花はくきに１つずつばらばらについていて，受粉して実ができるときには，め花１つにつき実が１つできる。つまり，実は１つずつはなれてでき，④のように実がまとまってできることはない。

〔4〕　③は食道と小腸の間にある胃である。心臓は２つの肺の間にある。

〔5〕　冬の大三角は，オリオン座のベテルギウス，こいぬ座のプロキオン，おおいぬ座のシリウスからなる。アルタイルはわし座にあり，夏の大三角の１つである。

〔6〕　図のメダカは，背ビレに切れこみがあり，尻《しり》ビレが平行四辺形に近い形なので，オスである。よって，卵を産むことはない。

2 水のすがた，熱の伝わり方についての問題

〔１〕 アについて，実験用ガスコンロを使うときは，不完全燃焼を防ぐためにじゅうぶん換気《かんき》をする必要がある。ウとエについて，点火のさいは，つまみをカチッという音がするまでまわし，火がつかないときにはつまみを元の位置までもどして，再び同じ手順を行う。

〔２〕 実験用ガスコンロで使う燃料用のガスは，燃えると水蒸気を発生する。そのため，火をつけて間もないときは，ガスが燃えて発生した水蒸気がまだあたたまっていない丸底フラスコにふれて冷やされ，丸底フラスコの外側に水てきとなってつくので，丸底フラスコの外側がくもることがある。

〔３〕 丸底フラスコの中の水の温度は加熱部分から上がっていくため，温度計が100℃になっていなくても，沸《ふっ》とうが始まっている場合がある。そのため，沸とう石から出てくる大きなあわは，主に水蒸気からできていると考えられる。

〔４〕 (1) 水の温度が100℃くらいになると，水の中で水から水蒸気への変化がさかんに起こるようになり，水の中から大きなあわがたくさん沸《わ》き立つようになる。これを沸とうという。 (2) 水が沸とうすると，ガラス管の口からは水蒸気が出てくる。水蒸気はとう明なので，ガラス管の口のすぐ近くには何も見えない。しかし，口から少し離《はな》れると，水蒸気が冷えて小さな水のつぶにもどるため，湯気となって白く見えるようになる。 (3) 沸とうしているときは，加えられた熱が水から水蒸気へすがたを変えるのに使われるため，温度は100℃くらいのまま変化しない。 (4) 沸とうが始まると，水が水蒸気に変化して空気中へにげてしまうため，だんだん濃《こ》い食塩水になる。すると，沸とうする温度も高くなるため，食塩水の温度も高くなるように変化していく。

〔５〕 (1) 氷に食塩を混ぜると，温度が０℃よりも低くなる。そのため，氷に食塩を混ぜたもので冷やすと，水はこおりやすくなる。 (2) 温度計の１めもりが１℃なので，温度計がさしている温度を整数値で表すと８℃になる。 (3) 氷の体積はもとの水の体積と比べて$\frac{1}{10}$だけ増えるから，$\left(1+\frac{1}{10}\right)\div 1=1.1$(倍)になる。よって，氷の体積が$100cm^3$のとき，こおらせる前の水の体積は，$100\div 1.1=90.9\cdots$より，$91cm^3$と求められる。 (4) 割れた試験管を直接手で集めたりぞうきんでひろい集めたりするのは，ガラス片で手を切るおそれがある。また，ガラス片に有害な薬品が付着している危険性もある。よって，すみやかに先生に知らせ，どのように対応すればよいか指示をうけるのがよい。

〔６〕 (1) Ａ，Ｂ，ＣのいずれもしているＸからの距離《きょり》が同じなので，熱が伝わる順番は同時である。 (2) 熱しているＸの位置から，銅の板の中を通ったときの最短距離が短い順に，ろうがとけるだけの熱が伝わる。最短距離は短い順にＢ，Ｃ，Ａとなるので，ろうがとける順番もＢ，Ｃ，Ａになる。

3 磁石と電流の流れかたについての問題

〔１〕 棒磁石の磁力は，棒磁石の両たんにあるＮ極とＳ極が最も強く，鉄をよく引きつける。棒磁石の真ん中あたりは磁力がほとんどなく，鉄を引きつけない。

〔２〕 磁石にくっつくのは鉄やニッケルなどだから，鉄でできたスチールウールがあてはまる。１円玉はアルミニウム，10円玉は主に銅からできているため，磁石にくっつかない。

〔３〕 鉄の棒と磁石がくっつく場合，磁石の極部分で磁力が強く，中央部で磁力が弱いことから，

たてを向いている棒に注目すると，棒イだけが横を向いている棒にくっついているから，棒イが磁石であると考えられる。

〔4〕　鉄製のジュースの缶《かん》の表面には，さびを防止するなどの理由から電気を通さない塗料《とりょう》がぬられている。よって，表面をやすりなどでけずり，あらわれてきた鉄の部分に導線の先たんをそれぞれつなぐとよい。

〔5〕　ここでは，図４～図８の電池の左側を＋極とする。また，板の上下はひっくり返す前の状態の上下とする。　(1)　ＡとＣが電池とつながっていないため，豆電球Ｘ，Ｙはどちらも光らない。(2)　①　上の豆電球は，Ｂ，Ｃと導線でつながっているので豆電球Ｘである。　②　図５では，電池→Ｂ→上の豆電球Ｘ→Ｃ→Ａ→下の豆電球Ｙ→Ｄ→電池の順に電流が流れ，豆電球Ｘ，Ｙの両方が光る。　(3)　図６で，イをひっくり返すと，イの下の板とアの下の板がくっつき，電池→イの下の板→アの下の板→ウの上下の板→２つの豆電球→エの上下の板→イの上の板→電池の順に電流が流れ，豆電球が２つとも光る。　(4)　真ん中の豆電球の一方はイの上の板につながっているが，ここから電池までの電気の通り道がと切れているので，アをひっくり返して，アの上の板がイの上の板とくっつくようにする。また，真ん中の豆電球のもう一方はエの上の板につながっているが，ここから電池までの電気の通り道もと切れているので，ウをひっくり返して，ウの上の板がエの上の板とくっつくようにする。　(5)　(3)の回路は豆電球の並列つなぎ，(4)の回路は豆電球の直列つなぎになるから，(3)の回路の豆電球の方が明るく光る。　(6)　豆電球Ｘは，一方がイの上の板，もう一方がカの上の板につながっているものの，これらから電池までの電気の通り道がと切れているため，光らない。　(7)　(6)より，豆電球Ｘを光らせるには，ア～ウのいずれか１つと，エ～カのいずれか１つをひっくり返せばよい。まず，アをひっくり返すことで，アの上の板とイの上の板がくっついて，電池→アの上の板→イの上の板→豆電球Ｘという電気の通り道ができる。そして，オをひっくり返すことで，オの上の板とカの上の板がくっつき，豆電球Ｘ→カの上の板→オの上の板→豆電球Ｙ→エの上の板→豆電球Ｚ→カの下の板→ウの下の板→電池という電気の通り道ができて，豆電球Ｘが光るようになる。なお，豆電球Ｗは豆電球Ｘと並列つなぎになり，アとオをひっくり返しても光ったままとなる。

国語　＜第２回試験＞（50分）＜満点：150点＞

解答

一　下記を参照のこと。　二　**問１**　ア　**問２**　ウ　**問３**　ウ　**問４**　ア　**問５**　エ　**問６**　（例）　息子が自分のために頑張って瓶集めをして手に入れてくれたものであるため，自分が苦しいときに心の支えとなるもの。　**問７**　ウ，オ　三　**問１**　Ⅰ　ウ　Ⅱ　エ　Ⅲ　イ　Ⅳ　ア　**問２**　ウ　**問３**　ウ　**問４**　(1)　エ　(2)　ア　**問５**　イ　**問６**　（例）　人間と自然とを切り離すことなく，両者を巧みにつなぐことで弱い人間を守る役割。　**問７**　エ

●漢字の書き取り

一　(あ)　解散　(い)　質素　(う)　列挙　(え)　重責　(お)　林立

解　説

一　漢字の書き取り

ⓐ　ばらばらになること。　ⓘ　ぜいたくではないこと。　ⓤ　いくつも並べ立てること。

ⓔ　重い責任。　ⓞ　林のようにたくさん並んで立っていること。

二　出典は森浩美《もりひろみ》の『家族の言い訳』による。自分が四年生のときに贈《おく》った口紅を，母が今も大切にしてくれていたと知った「私」は，大人になってから，母に感謝の思いを口にできなくなっていたことを反省する。

問1　「私」が，母の胃がんを告知された後の場面であることをふまえて考える。重い足取りで向かった病室から「あの子は私のことが嫌《きら》いなんじゃないかね？」などの母の言葉が聞こえて，母の容態を心配するはずの自分が母を心配させていることに情けなくなったと考えられるが，妻の靖子《やすこ》は母の気持ちに寄り添《そ》い，母の不安も「私」の未熟さも笑い飛ばし，二人の間を取り持つように明るくふるまってくれている。そんな妻の明るさに，暗い気持ちになっていた「私」は少し救われたのである。

問2　前の部分で，母は「私」が結婚《けっこん》したときに「息子《むすこ》を取られちゃった気になって」いたと，ふりかえっている。母は，これまでずっと一緒《いっしょ》に過ごしてきた息子がいなくなることを淋《さび》しく思ったのだから，ウがよい。

問3　ぼう線3の前からは，「私」が裕福《ゆうふく》な明紀《あきのり》の家の立派さに圧倒《あっとう》されているようすが読み取れる。場違《ちが》いなところに来てしまったと「気後《きおく》れ」した「私」は，穴の開いた靴下《くつした》を履《は》いていることがみっともなく，恥《は》ずかしく感じたものと想像できるので，ウが正しい。

問4　カウンターに「へばりつくように見ている」のは，どうしてもほしいという気持ちのあらわれである。「私」は，「口紅をつければ私の母も明紀の母親のように綺麗《きれい》になれるのではないか」と思った。「私」が口紅をどうしても手に入れたかったのは，母にきれいになってもらいたかったからだと考えられるので，アが合う。

問5　「私」は，「母の日のプレゼントにするんだ」と店員のおばさんに告げている。その言葉から，店員のおばさんは「私」が母親への贈り物のためにたくさんの小銭《こぜに》を貯《た》めたことを理解し，母親思いの男の子の気持ちをうれしく思って，少しでも力になれればと協力してくれたのである。

問6　母は「淋しいときも苦しいときも，その口紅を見ると頑張《がんば》れた」と言っており，その口紅を「お守り」と表現している。この口紅を見て母が頑張れたのは，息子が空き瓶《びん》を集めて，必死で手に入れた金で買ってくれたものだからである。

問7　ウは，本文の最後のほうに，「贈った本人さえ忘れていたたった一本の口紅が，ずっと母の支えになっていたとは……」とあるので正しい。オは，母が口紅を「一緒にお棺《かん》の中に入れてほしい」と言うのを聞いて，「居《い》たたまれなくなった」と，ぼう線6の少し前にあるので内容に合う。なお，アは，「愛情を失っていった」，イは「むしろ母を苦しめている」，エは「激しい怒《いか》り」が誤りである。

三　出典は隈研吾《くまけんご》の『ひとの住処《すみか》—1964-2020』による。コンクリートと鉄とガラスを使った人工的な建築ではなく，日本の知恵《ちえ》を利用し，風と光を上手に取り入れた謙虚《けんきょ》な建築を提案している。

問1　Ⅰ　新しい時代の新しいワークスタイルやライフスタイルを象徴《しょうちょう》する超《ちょう》高層ビルの例として，「新宿の超高層ビル群」があげられているので，具体例をあげるときに用いる「たとえば」

があてはまる。　Ⅱ　「大きなガラスは，本当に内と外をつないでいたのだろうか」という問いかけに対して，後で視覚的な面ではその通りであると認めているので，相手の言葉に同意する意味の「確かに」がよい。　Ⅲ　前では，大きなガラスが内と外をつないでいたとする一方で，後では，少しもつながっていなかったと述べられているので，前のことがらを受けて，それに反する内容を述べるときに用いる「しかし」があてはまる。　Ⅳ　自然災害《さいがい》が，日本人に自然の大きさと人間の弱さを叩《たた》き込《こ》んできたことが，後で述べられた，日本人が庇《ひさし》や縁側《えんがわ》などの建築物を作ってきたことの理由にあたるので，前のことがらを理由・原因として，後にその結果をつなげるときに用いる「だから」がよい。

問２　後にあるように，「ガラスの箱」は，空調システムや照明器具などによって維持《いじ》されている人工的な環境《かんきょう》である。このような環境を支えるためには，石油を垂《た》れ流し続け，原子炉《ろ》を廻《まわ》し続ける必要があるが，人々が「完璧《かんぺき》な箱」だと思っていた，この20世紀の建築は自然の大きな力の前には無力であり，この箱を支えるシステムは，放射能を周囲に撒《ま》き散らしてしまったと述べられている。よって，ウが合う。

問３　「20世紀システム」とは，大きなガラスによって，「内部の環境」を「自然」から切断する建築の方法を指す。日本は，アメリカで発明されたこのシステムを「最も見事に学習し」て実行しようとしたので，「優等生」と言われているのである。よって，ウが正しい。

問４　⑴　「皮肉」とは，“よかれと思ってしていたことが，かえってよくない結果につながってしまうこと”を表す。ここでは，「ガラスによって再び自然とつながった」ように見えた「20世紀システム」をひたむきに実行していたのに，実は自然とはつながっていなかったということを，大災害によって教えられたことを指している。　⑵　日本は，「20世紀システム」を最も見事に学習していた。つまり，人工的なシステムを過信して，自然の力を軽視していたのだと想像できる。よって，アがよい。

問５　前で述べられているように，国立競技場はそもそも「内と外とを区画する」という考え方で作られていない。だから，「庇によって守られたその場所」が，「内部」なのか「外部」なのかを考える必要はないのである。

問６　最後の段落に，日本人は昔から，風と光を上手に取り入れたり防いだりすることで「自分のまわりの環境を守ってきた」とある。国立競技場の「大きな庇」は，そのような「日本の知恵」をベースにして，「自然に開きながら，自然の美しさを身体で感じながら」，「弱い人間を守る」役割を果たすものである。よって，「庇や縁側」の役割は，自然とつながることで，弱い人間を守ることだといえる。

問７　問６でもみたように，筆者は「日本の知恵」をベースにして，「内と外とを区画するのではなく，大きな庇を張り出すことによって，涼《すず》しい風の通る，気持ちのいい内部を作り出そう」と考えた。よって，エが合う。　なお，アは「日本家屋だけ」，イは「建物の外部で」，ウは「完全に手放す」が誤りである。

Dr.福井の
入試に勝つ! 脳とからだのウルトラ科学

睡眠時間や休み時間も勉強!?

みんなは寝不足になっていないかな？　もしそうなら大変だ。睡眠時間が少ないと，体にも悪いし，脳にも悪い。なぜなら，眠っている間に，脳は海馬《かいば》という部分に記憶をくっつけているんだから。つまり，自分が眠っている間も頭は勉強しているわけだ。それに，成長ホルモン（体内に出される背をのばす薬みたいなもの）も眠っている間に出されている。昔から言われている「寝る子は育つ」は，医学的にも正しいことなんだ。

寝不足だと，勉強の成果も上がらないし，体も大きくなりにくく，いいことがない。だから，睡眠時間はちゃんと確保するように心がけよう。ただし，だからといって寝すぎるのもダメ。アメリカの学者タウブによると，10時間以上も眠ると，逆に能力や集中力がダウンしたという研究報告があるんだ。

睡眠時間と同じくらい大切なのが，休み時間だ。適度に休憩するのが勉強をはかどらせるコツといえる。何時間もぶっ続けで勉強するよりも，50分勉強して10分休むことをくり返すようにしたほうがよい。休み時間は，散歩や体操などをして体を動かそう。かたまった体をほぐして，つかれた脳を休ませるためだ。マンガを読んだりテレビを見たりするのは，頭を休めたことにならないから要注意！

頭の疲れに関連して，勉強の順序にもふれておこう。算数の応用問題や理科の計算問題，国語の読解問題などを勉強するときには，脳のおもに前頭葉という部分を使う。それに対して，国語の知識問題（漢字や語句など）や社会などの勉強では，おもに海馬《かいば》という部分を使う。したがって，それらを交互に勉強すると，１日中勉強しても疲れにくい。

Dr.福井（福《ふく》井《い》一成《かずしげ》）…医学博士。開成中・高から東大・文Ⅱに入学後，再受験して翌年東大・理Ⅲに合格。同大医学部卒。さまざまな勉強法や脳科学に関する著書多数。

Memo

Memo

出題ベスト10シリーズ

①国語読解ベスト10

②漢字合格の2790題

③計算合格の820題

④図形問題ベスト10

■過去の入試問題から出題例の多い問題を選んで編集・構成。受験関係者の間でも好評です！

有名中学入試問題集

●男子校編

●女子校編

■中学入試の全容をさぐる!!
■首都圏の中学を中心に、全国有名中学の最新入試問題を収録!!

※表紙は昨年度のものです。

算数の過去問25年分

■筑波大学附属駒場
■麻布
■開成

○名門３校に絶対合格したいという気持ちに応えるため過去問実績No.1の声の教育社が出した答えです。

都立中高一貫校 適性検査問題集

■都立一貫校と同じ検査形式で学べる！

●自己採点のしにくい作文には「採点ガイド」を掲載。
●保護者向けのページも充実。
●私立中学の適性検査型・思考力試験対策にもおすすめ！

スーパー過去問の 解説執筆・解答作成スタッフ（在宅）募集！

※募集要項の詳細は、10月に弊社ホームページ上に掲載します。

2025年度用
中学スーパー過去問

■編集人 声の教育社・編集部
■発行所 株式会社 声の教育社
〒162-0814 東京都新宿区新小川町8-15
☎03-5261-5061(代) FAX03-5261-5062
https://www.koenokyoikusha.co.jp

※本書の内容についての一切の責任は当社にあります。内容・解説・解答・その他は当社ホームページよりお問い合わせ下さい。

よくある解答用紙のご質問

01

実物のサイズにできない

拡大率にしたがってコピーすると，「解答欄」が実物大になります。配点などを含むため，用紙は実物よりも大きくなることがあります。

02

A3用紙に収まらない

拡大率164％以上の解答用紙は実物のサイズ（「出題傾向＆対策」をご覧ください）が大きいために，Ａ３に収まらない場合があります。

03

拡大率が書かれていない

複数ページにわたる解答用紙は，いずれかのページに拡大率を記載しています。どこにも表記がない場合は，正確な拡大率が不明です。

04

１ページに２つある

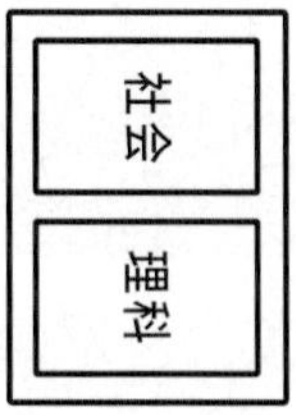

１ページに２つ解答用紙が掲載されている場合は，正確な拡大率が不明です。ほかの試験回の同じ教科をご参考になさってください。

桐光学園中学校

【別冊】入試問題解答用紙編

禁無断転載

解答用紙は本体からていねいに抜きとり、別冊としてご使用ください。

※　実際の解答欄の大きさで練習するには、指定の倍率で拡大コピーしてください。なお、ページの上下に小社作成の見出しや配点を記載しているため、コピー後の用紙サイズが実物の解答用紙と異なる場合があります。

●入試結果表

年度	回	項目		国語	算数	社会	理科	4科合計	合格者
2024	第1回	配点(満点)		150	150	100	100	500	最高点
		合格者平均点	男	96.2	108.7	68.4	75.9	349.2	男 441
			女	101.0	84.0	62.8	65.3	313.1	女 382
		受験者平均点	男	90.2	87.7	60.4	65.0	303.3	最低点
			女	94.5	70.3	56.0	57.5	278.3	男 316
		キミの得点							女 269
	第2回	合格者平均点	男	85.9	101.9	63.2	72.3	323.3	最高点
			女	84.9	81.6	49.1	61.0	276.6	男 395　女 348
		受験者平均点	男	77.5	80.4	52.3	62.5	272.7	最低点
			女	80.2	66.0	43.8	54.7	244.7	男 288
		キミの得点							女 230
2023	第1回	配点(満点)		150	150	100	100	500	最高点
		合格者平均点	男	77.8	106.6	64.4	74.1	322.9	男 407
			女	82.2	92.5	53.9	68.2	296.8	女 361
		受験者平均点	男	68.6	88.5	55.4	64.1	276.6	最低点
			女	75.5	79.0	47.0	58.6	260.1	男 290
		キミの得点							女 268
	第2回	合格者平均点	男	110.6	90.7	80.8	64.4	346.5	最高点
			女	109.7	73.7	73.1	54.5	311.0	男 423　女 414
		受験者平均点	男	92.6	75.7	71.9	53.9	294.1	最低点
			女	95.9	61.0	64.0	45.7	266.6	男 319
		キミの得点							女 267
2022	第1回	配点(満点)		150	150	100	100	500	最高点
		合格者平均点	男	99.1	126.6	83.0	78.0	386.7	男 445
			女	96.1	102.9	75.4	70.5	344.9	女 450
		受験者平均点	男	89.7	107.2	73.2	68.9	339.0	最低点
			女	89.7	90.5	67.6	64.2	312.0	男 341
		キミの得点							女 300
	第2回	合格者平均点	男	101.6	102.8	83.1	76.7	364.2	最高点
			女	99.7	79.8	78.9	66.1	324.5	男 422　女 415
		受験者平均点	男	90.4	79.8	76.2	66.9	313.3	最低点
			女	93.1	69.8	71.8	60.7	295.4	男 332
		キミの得点							女 267

〔参考〕満点(合格者最低点)　2021年：第1回 500(男 394・女 335)　第2回 500(男 326・女 280)

※　表中のデータは学校公表のものです。ただし、4科合計は各教科の平均点を合計したものなので、目安としてご覧ください。

２０２４年度　桐光学園中学校

算数解答用紙　第１回

番号		氏名		評点	／150

1	(1)	
	(2)	
	(3)	
	(4)	
	(5)	

2	(1)	
	(2)	
	(3)	
	(4)	
	(5)	
	(6)	

3	(1)	人
	(2)	人
	(3)	人

4	(1)	個
	(2)	個
	(3)	個

5	(1)	毎時　　　km
	(2)	km
	(3)	分間

（注）この解答用紙は実物を縮小してあります。Ｂ５→Ａ３（163％）に拡大コピーすると、ほぼ実物大の解答欄になります。

〔算　数〕150点(学校配点)

1　各６点×５　2　各８点×６　3　(1)　６点　(2)　８点　(3)　10点　4　(1)　６点　(2)　８点　(3)　10点　5　(1)　６点　(2)　８点　(3)　10点

２０２４年度　桐光学園中学校

社会解答用紙　第１回

番号		氏名	

評点	／100

1

問1	①	国名	位置	②	国名	位置

問2　　問3 (1)　(2)　(3)　(4)

問4 (1)　(2)　　問5 (1)　(2)　　問6

問7

2

問1 ア　イ　ウ　エ　県　　問2

問3	(1)	X	海流	Y	海流	(2)	X		Y	

問3 (3)

問4	中部地方		近畿地方	
	県	県庁所在地　市	県	県庁所在地　市

3

問1 ①　時代　②　③

④

問2

問3　　問4　　問5　　問6

問7

問8

問9

（注）この解答用紙は実物を縮小してあります。Ｂ５→Ａ３(163%)に拡大コピーすると、ほぼ実物大の解答欄になります。

〔社　会〕100点(学校配点)

1　問１～問６　各３点×12<問１は各々完答>　問７　４点　2　問１，問２　各２点×５　問３　(1)，(2)　各２点×４　(3)　６点　問４　各３点×２<各々完答>　3　問１　各２点×４　問２　４点　問３～問６　各２点×４　問７　４点　問８　２点　問９　４点

２０２４年度　　桐光学園中学校

理科解答用紙　第１回

番号		氏名		評点	／100

1	〔1〕		
	〔2〕		
	〔3〕		
	〔4〕		
2	〔1〕		
	〔2〕	①	②
	〔3〕	cm³	
	〔4〕		
	〔5〕		
	〔6〕		
	〔7〕		
	〔8〕		
	〔9〕		
	〔10〕	cm³	
3	〔1〕	(1) ①	
		(1) ②	
		(1) ③	
		(2) ①	②
		(2) ③	④
		(3)	
3	〔2〕		
	〔3〕	(1)	
		(2)	匹
	〔4〕		
	〔5〕	(1)	
		(2)	
		(3) 型	
		(3) 理由	
4	〔1〕	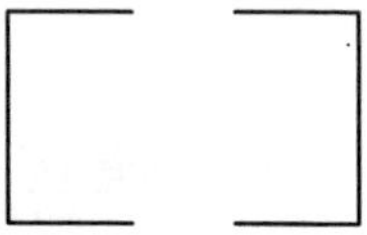	
	〔2〕	(a)	
		(b)	
	〔3〕	倍	
	〔4〕	倍	
	〔5〕	倍	
	〔6〕		
	〔7〕		
	〔8〕		

（注）この解答用紙は実物を縮小してあります。172％拡大コピーをすると、ほぼ実物大の解答欄になります。

〔理　科〕100点(学校配点)

1　各２点×４　2　〔1〕,〔2〕　各２点×３　〔3〕～〔6〕　各３点×４　〔7〕　２点　〔8〕,〔9〕　各３点×２　〔10〕　４点　3　〔1〕　各２点×８＜(1)の③は完答，(2)は各々完答＞　〔2〕～〔5〕　各２点×８＜〔2〕,〔3〕の(1)は完答＞　4　〔1〕～〔3〕　各３点×４　〔4〕　４点　〔5〕　３点　〔6〕　４点　〔7〕　３点　〔8〕　４点

２０２４年度　桐光学園中学校

国語解答用紙　第一回

番号　　氏名　　評点　／150

一
㋐ ようさん
㋑ せいざ
㋒ うんちん
㋓ ろうどく
㋔ かくぎ

二
問一　Ⅰ　Ⅱ　Ⅲ　Ⅳ　　問二　a　b

問三　　問四　　問五

問六

問七　　問八　　問九

三
問一　a　b　　問二

問三　(1)　A　B　C　D　E

問三　(2)

問四　　問五　(1)　(2)

問六　　問七　・

（注）この解答用紙は実物を縮小してあります。B５→A３(163%)に拡大コピーすると、ほぼ実物大の解答欄になります。

〔国　語〕150点(学校配点)

一　各３点×５　二　問１～問５　各４点×９　問６　15点　問７～問９　各４点×３　三　問１，問２　各４点×３　問３　(1)　各４点×５　(2)　16点　問４～問７　各４点×６

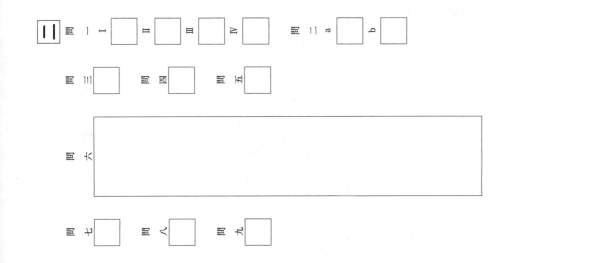

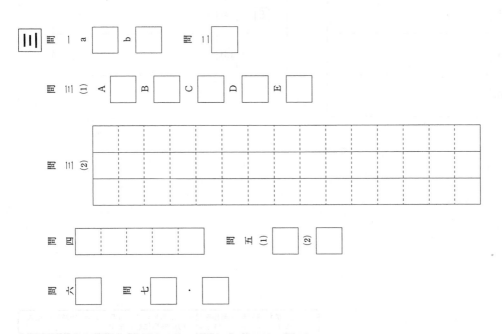

２０２４年度　　桐光学園中学校

算数解答用紙　第２回

番号		氏名		評点	／150

1	(1)	
	(2)	
	(3)	時間　分　秒
	(4)	
	(5)	

2	(1)	
	(2)	
	(3)	
	(4)	
	(5)	
	(6)	

3	(1)	g
	(2)	粒
	(3)	株

4	(1)	倍
	(2)	倍
	(3)	倍

5	(1)	
	(2)	
	(3)	

（注）この解答用紙は実物を縮小してあります。Ｂ５→Ａ３(163%)に拡大コピーすると、ほぼ実物大の解答欄になります。

〔算　数〕150点(学校配点)

1　各６点×５　2　各８点×６　3　(1)　６点　(2)　８点　(3)　10点　4　(1)　６点　(2)　８点　(3)　10点　5　(1)　６点　(2)　８点　(3)　10点

２０２４年度　桐光学園中学校

社会解答用紙　第２回

番号		氏名		評点	／100

1

問1　時　分　問2　問3

問4

問5　(1)　(2)

問6　問7　問8

問9　(1)　(2)　(3)

問10

2

問1　①　省　②　時代　③

問2　④　⑤　協定　⑥

問3　問4

問5　(1)　(2)　問6

問7　(1)　(2)　問8　(1)　(2)

問9　問10

3

問1　問2

問3

問4　問5　問6　問7

問8　問9　問10

（注）この解答用紙は実物を縮小してあります。Ｂ５→Ｂ４(141%)に拡大コピーすると、ほぼ実物大の解答欄になります。

〔社　会〕100点(学校配点)

1　問1～問9　各3点×12＜問4は完答＞　問10　各2点×2　2　問1～問6　各2点×11＜問5の(1)は完答＞　問7～問10　各3点×6　3　各2点×10

２０２４年度　桐光学園中学校

理科解答用紙　第２回

番号		氏名		評点	／100

1	〔1〕			
	〔2〕			
	〔3〕			
	〔4〕			
2	〔1〕	(1)		
		(2)		
		(3)		
		(4)		
		(5)		
	〔2〕	(1)	ア	
			イ	
		(2)		g
		(3)	酸化銅	g
			銅	g
		(4)		g

3	〔1〕	(1)		(2)		
	〔2〕					
	〔3〕					
	〔4〕	A		B		
	〔5〕					
	〔6〕	(1)		(2)		
		(3)		(4)		
	〔7〕	(1)	①			
			②			
		(2)				
		(3)				
4	〔1〕	(1)				
		(2)				g
		(3)	①			cm
			②	に		cm
	〔2〕	(1)				
		(2)				g
		(3)				g
	〔3〕	(1)				g
		(2)				g
		(3)				cm

（注）この解答用紙は実物を縮小してあります。Ｂ５→Ａ３（163%）に拡大コピーすると、ほぼ実物大の解答欄になります。

〔理　科〕100点(学校配点)

1　各２点×４　2　〔1〕　(1)～(3)　各２点×４　(4)　３点　(5)　２点　〔2〕　(1)～(3)　各３点×５　(4)　４点　3　各２点×15<〔2〕，〔7〕の(2)は完答>　4　各３点×10

２０２４年度　桐光学園中学校

国語解答用紙　第二回

番号		氏名		評点	/150

一

㋐ き　く
㋑ ふくしゅう
㋒ つと　める
㋓ へいこう
㋔ すいさつ

二

問一　問二　問三　問四　問五

問六

問七　・　問八　・

三

問一　A　B　C　D　問二

問三

問四　問五　問六

問七　問八　問九

問十

（注）この解答用紙は実物を縮小してあります。Ｂ５→Ａ３（163%）に拡大コピーすると、ほぼ実物大の解答欄になります。

〔国　語〕150点(学校配点)

一　各３点×５　二　問１　各４点×５　問６　15点　問７，問８　各５点×４　三　問１，問２　各４点×５　問３　15点　問４～問９　各５点×６　問10　15点

２０２３年度　　桐光学園中学校

算数解答用紙　第１回

番号		氏名		評点	／150

1	(1)	
	(2)	
	(3)	
	(4)	
	(5)	

2	(1)	
	(2)	
	(3)	
	(4)	
	(5)	
	(6)	

3	(1)	
	(2)	番目
	(3)	個

4	(1)	
	(2)	
	(3)	

5	(1)	度
	(2)	倍
	(3)	cm

（注）この解答用紙は実物を縮小してあります。Ｂ５→Ａ３（163%）に拡大コピーすると、ほぼ実物大の解答欄になります。

〔算　数〕150点（学校配点）

1　各６点×５　2　各８点×６　3　(1)　６点　(2)　８点　(3)　10点　4　(1)　６点　(2)　８点　(3)　10点　5　(1)　６点　(2)　８点　(3)　10点

2023年度　　桐光学園中学校

社会解答用紙　第1回

番号		氏名		評点	／100

1

問1　問2　問3　問4

問5

問6

問7　(1) a　党 b　党 c　議席

(2)

問8　問9 A　B

2

問1　問2　問3　問4

問5　問6　問7　問8

問9　問10　問11　問12

問13　問14　問15

問16

3

問1　問2　問3　問4

問5　問6

問7 (1)　(2)　(3)

（注）この解答用紙は実物を縮小してあります。Ｂ５→Ｂ４（141％）に拡大コピーすると、ほぼ実物大の解答欄になります。

〔社　会〕100点（学校配点）

1　問1～問4　各3点×4　問5　8点　問6～問8　各4点×4＜問7は各々完答＞　問9　各2点×2

2　問1～問8　各2点×8　問9～問16　各3点×8　3　各2点×10

２０２３年度　桐光学園中学校

理科解答用紙　第１回

番号		氏名		評点	／100

1	〔1〕	番目			
	〔2〕				
	〔3〕	①		②	
2	〔1〕				
	〔2〕	秒			
	〔3〕	cm			
	〔4〕				
	〔5〕	表1		表2	
	〔6〕	秒後			
	〔7〕	秒			
	〔8〕				
	〔9〕	→ → → →			
	〔10〕				
3	〔1〕	①		②	
		③		④		⑤
	〔2〕	色			
	〔3〕				
	〔4〕				
	〔5〕				
	〔6〕	①			
		②			
	〔7〕	③		④	
		⑤		⑥		⑦
	〔8〕				
	〔9〕				
4	〔1〕	二酸化炭素			
		窒素			
	〔2〕				
	〔3〕	cm^3			
	〔4〕	m^3			
	〔5〕				
	〔6〕				
	〔7〕	cm^3			
	〔8〕	mg			
	〔9〕	m			
	〔10〕				
	〔11〕				

（注）この解答用紙は実物を縮小してあります。Ｂ５→Ａ３（163%）に拡大コピーすると、ほぼ実物大の解答欄になります。

〔理　科〕100点(学校配点)

1, 2　各３点×13＜1の〔3〕, 2の〔5〕, 〔9〕は完答＞　3　〔1〕　①・②　２点　③～⑤　２点　〔2〕, 〔3〕　各２点×２　〔4〕～〔6〕　各３点×４＜〔6〕は各々完答＞　〔7〕　③・④　３点　⑤～⑦　３点　〔8〕, 〔9〕　各２点×２　4　〔1〕　各２点×２　〔2〕～〔4〕　各３点×３　〔5〕　２点　〔6〕～〔9〕　各３点×４＜〔6〕は完答＞　〔10〕, 〔11〕　各２点×２

二〇二三年度　桐光学園中学校

国語解答用紙　第一回

番号　　氏名　　評点 ／150

一
あ ようじん
い きょうぎ
う ちょうせつ
え さいてん
お さんせい

二
問一 a　b
問二
問三
問四
問五　問六　問七　問八

三
問一
問二　ワーク
問三　問四　問五
問六　・
問七　〜
問八
問九

（注）この解答用紙は実物を縮小してあります。Ｂ５→Ａ３（163%）に拡大コピーすると、ほぼ実物大の解答欄になります。

〔国　語〕150点（学校配点）

一　各３点×５　二　問１，問２　各２点×３　問３　６点　問４　16点　問５〜問８　各10点×４　三　問１，問２　各２点×２　問３〜問５　各７点×３　問６　各８点×２　問７　２点　問８　16点　問９　８点

２０２３年度　桐光学園中学校

算数解答用紙　第２回

番号		氏名		評点	／150

1	(1)	
	(2)	
	(3)	
	(4)	
	(5)	

2	(1)	
	(2)	
	(3)	
	(4)	
	(5)	
	(6)	

3	(1)	通り
	(2)	通り
	(3)	通り

4	(1)	cm
	(2)	BE：EC＝　　：
	(3)	cm^2

5	(1)	：	
	(2)	①	個
		②	個

（注）この解答用紙は実物を縮小してあります。Ｂ５→Ａ３（163％）に拡大コピーすると、ほぼ実物大の解答欄になります。

〔算　数〕150点(学校配点)

1　各６点×５　2　各８点×６　3　(1)　６点　(2)　８点　(3)　10点　4　(1)　６点　(2)　８点　(3)　10点　5　(1)　６点　(2)　①　８点　②　10点

２０２３年度　桐光学園中学校

社会解答用紙　第２回

番号		氏名	

評点	／100

1

問１

問２　(1)　①　②　人　③　条約　④　7年

(2)

問３　問４　問５　(1)　(2)

問６　A　B

問７

2

問１　あ　い

問２　(1)

(2)

問３　(1)　(2)　栽培　(3)

問４　(1)　(2)　問５　問６　問７

3

問１　①　②　③　④　⑤　⑥　⑦　⑧　⑨

問２

問３　古墳の形態

説明

問４

（注）この解答用紙は実物を縮小してあります。Ｂ５→Ａ３(163%)に拡大コピーすると、ほぼ実物大の解答欄になります。

〔社　会〕100点(学校配点)

1　問１，問２　各２点×６　問３～問７　各４点×７　2　問１　各２点×２　問２　(1)　２点　(2)　８点　問３～問７　各２点×８　3　問１　各２点×９　問２～問４　各４点×３<問３は完答>

２０２３年度　　桐光学園中学校

理科解答用紙　第２回

番号		氏名		評点	／100

1	〔1〕				
	〔2〕	①		②	
		③			
	〔3〕	座			

2	〔1〕	a	
		b	aの食べ物は　　　　である。
	〔2〕	a	
		b	aの卵は　　　　である。
	〔3〕	a	
		b	aのあしは　　　　である。
	〔4〕	a	
		b	aの花は　　　　である。
	〔5〕	a	
		b	
	〔6〕	a	
		b	

3	〔1〕	
	〔2〕	%
	〔3〕	g
	〔4〕	
	〔5〕	
	〔6〕	
	〔7〕	g
	〔8〕	倍
	〔9〕	
	〔10〕	

4	〔1〕		
	〔2〕	(1)	m
		(2)	m
	〔3〕		m
	〔4〕		m
	〔5〕		m
	〔6〕	(1)	m
		(2)	m
		(3)	m
		(4)	秒

（注）この解答用紙は実物を縮小してあります。Ｂ５→Ａ３（163%）に拡大コピーすると、ほぼ実物大の解答欄になります。

〔理　科〕100点（学校配点）

1 〔1〕 3点＜完答＞ 〔2〕 各2点×3 〔3〕 3点 2 a 各2点×6 b 各3点×6 3 〔1〕～〔8〕 各3点×8＜〔5〕は完答＞ 〔9〕，〔10〕 各2点×2 4 各3点×10

二〇二三年度　桐光学園中学校

国語解答用紙　第二回

番号		氏名		評点	/150

一

あ	い	う	え	お
きょうそう	いぎ	しゅうとく	きゅうさい	きかん

二

問一 a　b　問二　問三　問四

問五　問六　問七

問八

三

問一 Ⅰ　Ⅱ　Ⅲ

問二　問三　問四

問五　問六　問七

（注）この解答用紙は実物を縮小してあります。B５→B４（141%）に拡大コピーすると、ほぼ実物大の解答欄になります。

〔国　語〕150点(学校配点)

一 各３点×５　二 問１　各４点×２　問２，問３　各６点×２　問４～問６　各８点×３　問７　６点　問８　15点　三 問１　各４点×３　問２，問３　各10点×２　問４，問５　各９点×２　問６，問７　各10点×２

２０２２年度　桐光学園中学校

算数解答用紙　第１回

番号		氏名		評点	／150

1	(1)	
	(2)	
	(3)	
	(4)	
	(5)	

2	(1)	
	(2)	
	(3)	
	(4)	
	(5)	
	(6)	

3	(1)	個
	(2)	個
	(3)	円

4	(1)	AF：AH＝　　：
	(2)	EF：FG＝　　：
	(3)	cm^2

5	(1)	g
	(2)	g
	(3)	g

（注）この解答用紙は実物を縮小してあります。Ｂ５→Ａ３(163%)に拡大コピーすると、ほぼ実物大の解答欄になります。

〔算　数〕150点(学校配点)

1 各6点×5　2 各8点×6　3 (1) 6点 (2) 8点 (3) 10点　4 (1) 6点 (2) 8点 (3) 10点　5 (1) 6点 (2) 8点 (3) 10点

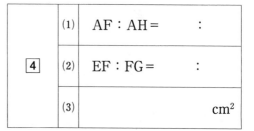

２０２２年度　　桐光学園中学校

社会解答用紙　第１回

番号		氏名		評点	／100

1

問１　①　②　③　④　⑤

問２　問３　問４　問５　問６

問７　カ　キ　ク　ケ　コ

2

問１　①　権　②　③　院

問２　問３　問４　問５

問６　問７　問８

問９

問10　(1)　④　⑤　⑥　(2)　(3)　(4)

3

問１　①　②　③　城　④　絵　⑤　⑥

問２　問３

問４　(1)　(2)

(注)　この解答用紙は実物を縮小してあります。Ｂ５→Ｂ４(141%)に拡大コピーすると、ほぼ実物大の解答欄になります。

〔社　会〕100点(学校配点)

1　問１　各２点×5　問２～問７　各３点×10　2　問１～問９　各２点×11　問10　各３点×6　3　各２点×10

２０２２年度　桐光学園中学校

理科解答用紙　第１回

番号		氏名		評点	／100

1	〔1〕			
	〔2〕			
	〔3〕			cm
	〔4〕	①		
		②		
	〔5〕			
2	〔1〕	(1)		
		(2)		
	〔2〕	名前		
		特徴		
	〔3〕			
	〔4〕	(1)		
		(2)		
		(3)		(秒)
		(4)	①	警報
				警報
			②	警報
		(5)	①	
			②	
3	〔1〕	①		②
		③		④
		⑤		
	〔2〕	(1)		(2)

3	〔2〕	(3)	
		(4)	
	〔3〕	(1)	g
		(2)	%
		(3)	
	〔4〕	(1)	g
		(2)	g
		(3)	
4	〔1〕	①	
		②	
		③	
		④	
		⑤	
		⑥	
	〔2〕		
	〔3〕	①	
		②	
		③	
	〔4〕		
	〔5〕		%
	〔6〕		

（注）この解答用紙は実物を縮小してあります。167%拡大コピーをすると、ほぼ実物大の解答欄になります。

〔理　科〕100点(学校配点)

1　各２点×５<〔4〕は完答>　2　〔1〕～〔3〕　各２点×５　〔4〕　(1)，(2)　各２点×２　(3)　３点　(4)　①　各２点×２　②　３点　(5)　各３点×２<②は完答>　3　各２点×15　4　〔1〕，〔2〕　各２点×７　〔3〕　各３点×３　〔4〕　２点　〔5〕　３点　〔6〕　２点

二〇二二年度　桐光学園中学校

国語解答用紙　第一回

番号　　氏名　　評点　／150

一

あ　すじみち
い　しじょう
う　ほうこ
え　ないぞう
お　すんぜん

二

問一　a　b
問二
問三
問四
問五
問六
問七
問八
問九

三

問一　a　b
問二
問三　(1)
(2)
問四
問五
問六

（注）この解答用紙は実物を縮小してあります。B５→A３（163%）に拡大コピーすると、ほぼ実物大の解答欄になります。

〔国　語〕150点(学校配点)

一　各３点×５　二　問１　各３点×２　問２～問６　各７点×５　問７　16点　問８，問９　各８点×２　三　問１　各３点×２　問２　７点　問３　(1)　24点　(2)　７点　問４，問５　各５点×２　問６　８点

2022年度　桐光学園中学校

算数解答用紙　第2回

番号		氏名		評点	／150

1	(1)	
	(2)	
	(3)	
	(4)	
	(5)	

2	(1)	
	(2)	
	(3)	
	(4)	
	(5)	

3	(1)	AF：FC＝　　：
	(2)	AG：GF＝　　：
	(3)	cm^2

4	(1)		番目
	(2)	①	番目
		②	

5	(1)	本
	(2)	個
	(3)	個
	(4)	個

（注）この解答用紙は実物を縮小してあります。Ｂ５→Ａ３（163%）に拡大コピーすると、ほぼ実物大の解答欄になります。

〔算　数〕150点（学校配点）

1 各６点×５　2 各８点×５　3 (1) ６点 (2) ８点 (3) 10点　4 (1) ６点 (2) ① ８点 ② 10点　5 (1) ６点 (2), (3) 各８点×２ (4) 10点

２０２２年度　　桐光学園中学校

社会解答用紙　第２回

番号		氏名		評点	／100

1

問１　①　②　③　④　⑤　⑥

問２　(1)　(2)

問３　番号

理由

問４　　問５　(1)　(2)

問６

2

問１　(1)　あ　い　(2)

問２　(1)　(2)　　問３　A　B　C

問４　(1)

(2)

3

問１　①　遺跡　②　③　の乱

④　の戦い　⑤　⑥

問２　　問３　　問４　　問５

問６

問７　⑦　⑧　⑨

(注)　この解答用紙は実物を縮小してあります。Ｂ５→Ａ３(163%)に拡大コピーすると、ほぼ実物大の解答欄になります。

〔社　会〕100点(学校配点)

1　問１　各２点×６　問２～問６　各４点×７<問３は完答>　2　各３点×10　3　問１～問５　各２点×10　問６　４点　問７　各２点×３

2022年度　桐光学園中学校

理科解答用紙　第2回

番号		氏名		評点	／100

1	〔1〕			
	〔2〕			
	〔3〕			
	〔4〕			
2	〔1〕			
	〔2〕		〔3〕	〔4〕
	〔5〕			
	〔6〕			
	〔7〕			
	〔8〕			
	〔9〕		〔10〕	
	〔11〕	①	②	
3	〔1〕			
	〔2〕			
	〔3〕	(1)	A	B
		(2)	①	
			②	
			③	
			④	
	〔4〕	X	Y	
	〔5〕			

3	〔6〕	(1)	
		(2)	と
		(3)	と
			と
		(4)	と
			と
4	〔1〕		
	〔2〕	(1)	m
		(2)	cm
	〔3〕		(g)
	〔4〕		(kg)
	〔5〕		(気圧)
	〔6〕	e	(mL)
		f	(mL)
		g	(倍)
		h	(分間)
	〔7〕		
	〔8〕	(1)	g
		(2)	g

(注) この解答用紙は実物を縮小してあります。167%拡大コピーをすると、ほぼ実物大の解答欄になります。

〔理　科〕100点(学校配点)

1 各2点×4　2 〔1〕～〔4〕 各2点×4 〔5〕 3点 〔6〕, 〔7〕 各2点×2 〔8〕～〔11〕 各3点×5　3 各2点×16<〔2〕, 〔3〕の(1)は完答>　4 〔1〕 3点 〔2〕～〔6〕 各2点×9 〔7〕, 〔8〕 各3点×3

二〇二二年度　桐光学園中学校

国語解答用紙　第二回

番号		氏名	

評点 ／150

一

㋐ きゅうきゅう

㋑ さいしん

㋒ ぎょうせき

㋓ しふく

㋔ こうぎ

二

問一　問二　問三

問四 a　b　問五

問六

問七

三

問一 a　b　c

問二　問三

問四

問五 X　Y　問六

（注）この解答用紙は実物を縮小してあります。B５→A３（163%）に拡大コピーすると、ほぼ実物大の解答欄になります。

〔国　語〕150点(学校配点)

一 各３点×５　二 問１～問３　各６点×３　問４　各８点×２　問５　６点　問６　18点　問７　６点　三 問１　各３点×３　問２　８点　問３　10点　問４　18点　問５　各８点×２　問６　10点

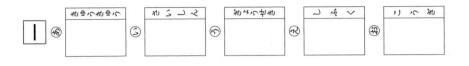

２０２１年度　　桐光学園中学校

算数解答用紙　第１回

番号		氏名	

評点	／150

1	(1)	
	(2)	
	(3)	
	(4)	
	(5)	

2	(1)	
	(2)	
	(3)	
	(4)	
	(5)	
	(6)	

3	(1)	：
	(2)	：
	(3)	cm^2

4	(1)	
	(2)	
	(3)	

5	(1)	g
	(2)	%
	(3)	g

（注）この解答用紙は実物を縮小してあります。Ｂ５→Ａ３（163%）に拡大コピーすると、ほぼ実物大の解答欄になります。

〔算　数〕150点（学校配点）

1　各６点×５　2　各８点×６　3　(1)　６点　(2)　８点　(3)　10点　4　(1)　６点　(2)　８点　(3)　10点　5　(1)　６点　(2)　８点　(3)　10点

2021年度　　桐光学園中学校

社会解答用紙　第1回

番号		氏名		評点	／100

1

問1

A		B		C	
D		E			

問2　　問3　　問4

問5　　問6

問7

ア		イ		ウ		エ		オ	

2

問1

①		②		③	
④	裁判	⑤	機関	⑥	日

問2　　問3　　問4　　問5

問6　　問7　　問8

3

問1

①		②	宰相	③	
④		⑤		⑥	

問2

問3

問4　　銅山　　問5

（注）この解答用紙は実物を縮小してあります。B５→B４（141%）に拡大コピーすると、ほぼ実物大の解答欄になります。

〔社　会〕100点（学校配点）

1　問1　各2点×5　問2～問7　各3点×10＜問2～問6はそれぞれ完答＞　2　問1　各2点×6　問2～問8　各4点×7　3　各2点×10

２０２１年度　　桐光学園中学校

理科解答用紙　第１回

番号		氏名		評点	／100

1	〔1〕	(1)		(2)
		(3)		
	〔2〕	(1)		
		(2)		
		(3)	A	
			B	
			C	
		(4)		
		(5)		
		(6)		
		(7)	→ → →	
		(8)		
		(9)		

2	〔1〕					
	〔2〕					
	〔3〕					
	〔4〕					
	〔5〕	(1)				
		(2)				
	〔6〕					
	〔7〕	(1)				
		(2)	A		B	
			C			
3	〔1〕					
	〔2〕					
	〔3〕	g				
	〔4〕	(1)				
		(2)				
		(3)	①			
			②			
			③			
		(4)	L			
		(5)	L			
		(6)	L			
		(7)	g			

（注）この解答用紙は実物を縮小してあります。167％拡大コピーをすると、ほぼ実物大の解答欄になります。

〔理　科〕100点(学校配点)

1 〔1〕 各２点×３ 〔2〕 (1), (2) 各３点×２＜(1)は完答＞ (3), (4) 各２点×４ (5) ３点 (6) ２点 (7) ３点＜完答＞ (8) ２点 (9) ３点 2 各３点×11 3 〔1〕～〔3〕 各３点×３ 〔4〕 (1)～(3) 各３点×３＜(3)は完答＞ (4)～(7) 各４点×４

二〇二二年度　桐光学園中学校

国語解答用紙　第一回

番号　　氏名　　評点　／150

一
㋐ ふくよう
㋑ さんせい
㋒ とな える
㋓ ほうこく
㋔ おうふく

二
問一　a　b　c
問二
問三
問四
問五
問六
問七　(1)　(2)

三
問一
問二
問三
問四
問五　(1)　・　(2)
問六

（注）この解答用紙は実物を縮小してあります。B5→B4（141%）に拡大コピーするとほぼ実物大の解答欄になります。

〔国　語〕150点(学校配点)

一　各3点×5　二　問1　各4点×3　問2～問6　各8点×5　問7　各10点×2　三　問1～問3　各5点×3　問4　14点　問5　各8点×3　問6　10点

２０２１年度　桐光学園中学校

算数解答用紙　第２回

番号		氏名		評点	／150

1	(1)	
	(2)	
	(3)	時　　分
	(4)	
	(5)	

2	(1)	
	(2)	
	(3)	
	(4)	
	(5)	
	(6)	

3	(1)	通り
	(2)①	か所
	(2)②	通り

4	(1)	
	(2)	個
	(3)	

5	(1)	cm
	(2)	分　　秒後
	(3)	℃

（注）この解答用紙は実物を縮小してあります。Ｂ５→Ａ３（163%）に拡大コピーすると、ほぼ実物大の解答欄になります。

〔算　数〕150点（学校配点）

1　各６点×５　2　各８点×６　3　(1)　６点　(2)　①　８点　②　10点　4　(1)　６点　(2)　８点　(3)　10点　5　(1)　６点　(2)　８点　(3)　10点

２０２１年度　桐光学園中学校

社会解答用紙　第２回

番号		氏名	

評点	／100

1

問1 ①　②　③

問2 (1)　(2)

問3 (1)　(2)　問4　問5

問6　問7　問8　問9

問10

2

問1 A　B　C

問2　問3 メートル　問4

問5

問6　問7　問8　問9

3

問1 ①　②　③　④　⑤　⑥　⑦

問2

問3　問4　問5　問6　問7

問8

〔社　会〕100点(学校配点)

1 問1, 問2　各2点×5　問3～問9　各3点×8　問10　6点　2 問1　各2点×3　問2～問9　各3点×8　3 問1　各2点×7　問2　4点　問3～問8　各2点×6

２０２１年度　桐光学園中学校

理科解答用紙　第２回

番号		氏名	

評点	／100

1	〔1〕	a	
		b	
	〔2〕	a	
		b	
	〔3〕	a	
		b	
	〔4〕	a	
		b	
	〔5〕	a	
		b	
	〔6〕	a	
		b	

2	〔1〕		
	〔2〕		
	〔3〕		
	〔4〕	(1)	
		(2)	
		(3)	
		(4)	
	〔5〕	(1)	
		(2)	
		(3)	cm³
		(4)	
	〔6〕	(1)	
		(2)	→ →
3	〔1〕		
	〔2〕		
	〔3〕		
	〔4〕		
	〔5〕	(1)	
		(2)	①　②
		(3)	
		(4)	
		(5)	
		(6)	
		(7)	

〔理　科〕100点(学校配点)

1 a　各2点×6　b　各3点×6　2 〔1〕 3点＜完答＞ 〔2〕, 〔3〕 各2点×2 〔4〕 (1), (2) 各3点×2 (3) 2点 (4) 3点 〔5〕 (1), (2) 各2点×2 (3), (4) 各3点×2 〔6〕 各3点×2＜(2)は完答＞ 3 各3点×12＜〔1〕, 〔5〕の(4), (7)は完答＞

二〇二二年度　桐光学園中学校

国語解答用紙　第二回

番号		氏名		評点	/150

一

あ かいさん　い しっそ　う れっきょ　え じゅうせき　お りんりつ

二

問一　問二　問三　問四　問五

問六

問七　・

三

問一 Ⅰ Ⅱ Ⅲ Ⅳ　問二　問三

問四 (1) (2)　問五

問六

問七

（注）この解答用紙は実物を縮小してあります。B5→B4（141%）に拡大コピーすると、ほぼ実物大の解答欄になります。

〔国　語〕150点(学校配点)

一 各3点×5　二 問1，問2　各5点×2　問3〜問5　各6点×3　問6　20点　問7　各8点×2　三 問1　各3点×4　問2，問3　各6点×2　問4，問5　各7点×3　問6　16点　問7　10点

大人に聞く前に解決できる!!

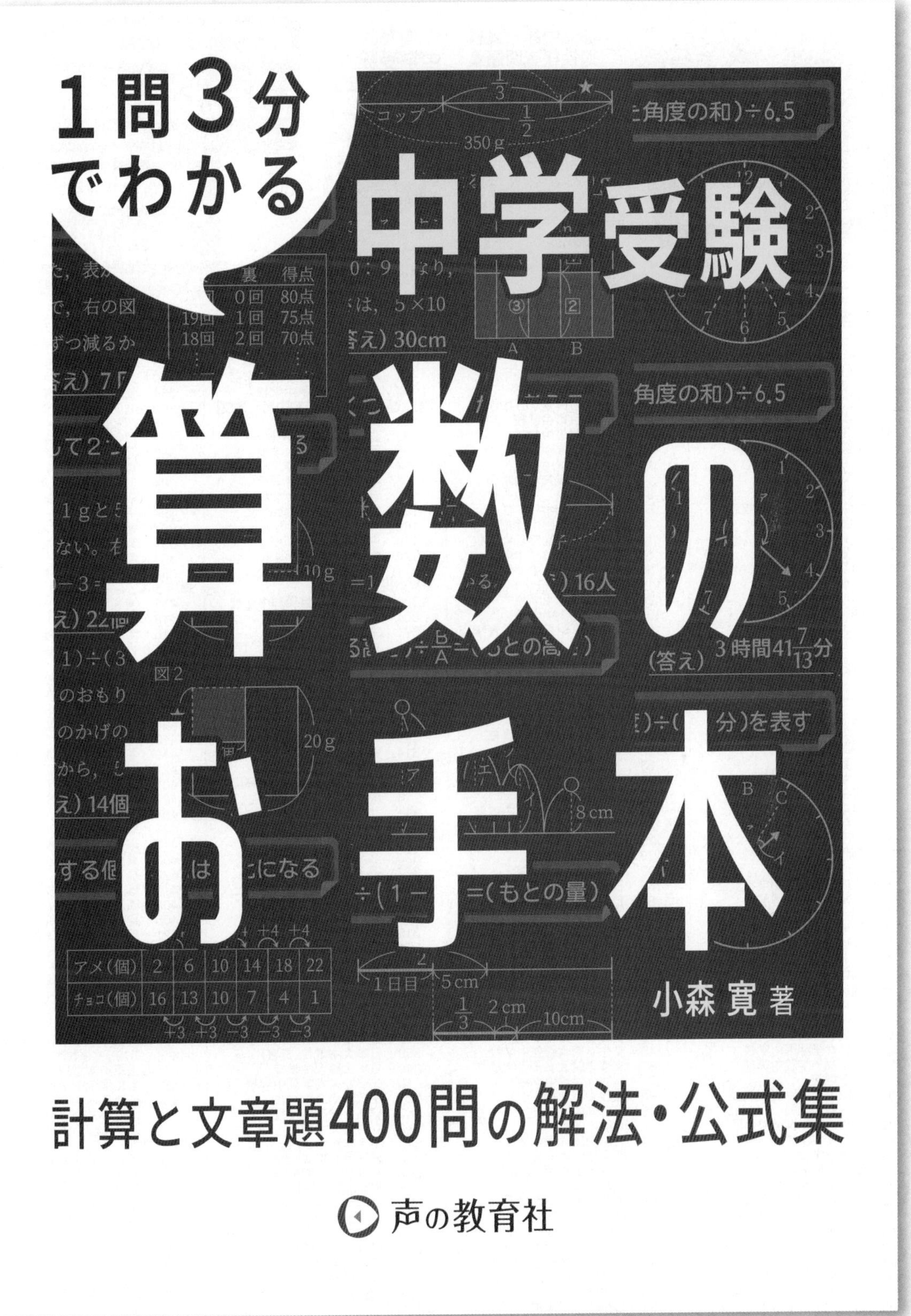

基本から応用まで全受験生対応!!

定価1980円(税込)